도올,
시진핑을 말한다

도올 김용옥 지음

통나무

목 차

증보신판 서문_ 시진핑 후기 5년 중국의 핵심

중국공산당 제19차 전국대표대회 시진핑 보고報告를 듣고 나서

부록

—— 金仁惠

증보신판 서문

중국공산당제19차전국대표대회
시진핑 보고報告를 듣고 나서

시진핑 후기 5년 중국의 핵심

천태산 일대일로 국제회의 주제강연

나는 중국공산당 19대가 끝난 직후 절강성浙江省 태주시台州市 천태현天台縣 천태산 기슭에서 열린 일대일로一帶一路 국제회의에 초빙되어 주제강연을 했다. 나에게 주어진 제목은 "평화On Peace"였는데 국제회의이므로 영어로 발표해달라고 해서 나는 중국으로 떠나기 전날 밤, 영어로 강연고를 집필했다.

본시 나는 국제회의같은데 참석하는 것을 좋아하지 않는 사람이고, 내가 완결지어야만 하는 원고가 산더미처럼 쌓여있던 차라 출국의 엄두도 내지 못했다. 그래서 내가 출국하려면 사진담당, 기록담당 수행원과 아내와 같이 가야한다고 빼팅겼다. 그랬더니 나를 포함해서 4명의 일체 비용을 전담하고 4명을 다 회의 참석자로서 정식초청하겠다는 것이다. 일반회의에서는 기대하기 어려운 의외의 환대였다. 그런데도 그것을 거절한다는 것은 한중관계의 우호가 너무도 절실한 상황에서 뚜렷한 명분이 서질 않았다. 그래서 안갈려고 버티다가 급박하게 결정이 내려졌고, 강연고도 절박한 상황에서 순전한 내 영어실력으로 고집스럽게 운필하였다. 내 영어문장은 매끄럽지는 않지만 한학의 깊이를 담어내는데는 통상적인 영어문장 보다는 소박한 의미를 더 정확히 전달할 수 있다. 보통 주제강연은 미리 원고를 보내 사전점검을 받아야하는 것이 중국의 상례인데, 전혀 그러한 요청도 없었다. 변화된 중국의 놀라운 모습이기도 했다. 그런 연유로 나는 대회로 떠나기 전날 밤에야 촉박하게 원고를 집필하게 되었던 것이다. 그 원고를 소개하면 다음과 같다.

신사숙녀 여러분, 주제강연자로서 이 위대한 일대일로의 국제포럼에 서게 된 것을 영광스럽게 생각합니다. 마침 중국공산당 제19차대회가 성공적으로 폐막되었고, 중국은 명실공히 "신시대新時代 New Age"로 접어들었습니다. "신시대"란 시진핑 주석이 그의 연설문 속에서 특별한 의미부여를 한 중국의 새로운 비젼입니다. 중국은 정말 새로운 시대로 접어들었습니다. 새시대란 무엇일까요. 나는 말합니다: 신시대란 평화의 시대라고!

지나간 시대의 전쟁패러다임은 군사적 대결을 불러일으켰

습니다. 이것은 정말 인간의 어리석음이지요. 이제 이 전쟁패러다임은 조화와, 동적 평형과, 유교가 말하는 중용의 새로운 평화패러다임으로 전환되어야 합니다. 그럼 물어야죠: "평화란 무엇이냐?" 평화가 무엇이냐구요? 그 대답은 너무도 쉽죠. 평화는 바로 인민이 원하는 것입니다. 보통사람들의 삶의 일상적 체험이 목표로 하는 것이 바로 평화죠. 전쟁 없이 평화롭게 살고 싶은 것은 인간의 본능에 속하는 것입니다.

나는 이 자리에 있는 중국친구들에게 묻고 싶어요. 여러분들은 또 하나의 항미원조抗美援朝전쟁을 원하십니까? 아니죠. 누가 원해요? 그럼 또 묻죠. 대한민국의 사람들이 또 하나의 한국동란을 원한다고 생각하세요? 아니죠! 절대 아니죠. 그럼 북조선의 인민들이 전쟁을 하고 싶어 안달한다고 생각하세요? 아니죠. 당연히 그들은 평화를 원하죠. 평화라는 것은 우리 인간이 문명을 만든 본질적 이유입니다. 평화라는 것은 유교식으로 말하자면 주자朱子가 말하는 "리理"라 말할 수 있지요. 리는 조화들의 조화the Harmony of Harmonies를 향해 문명의 모든 요소들을 활성화시키는 "힘"이지요.

아아~ 『중용』 1장의 유명한 말을 인용하면 매우 이해가 쉽겠군요: **中也者, 天下之大本也; 和也者, 天下之達道也。致中**

和, 天地位焉, 萬物育焉。 중中이라는 것은 천하의 대본大本이다. 화和라고 하는 것은 천하의 달도達道이다. 중과 화를 지극한 경지에까지 밀고 나가면 하늘과 땅이 바르게 자리를 잡을 수 있고, 그 사이에 있는 만물이 잘 자라나게 된다.

이 전통적 고전의 어휘 중에서 "중中"과 "화和"라는 말을 합치면 그것이 바로 우리가 21세기에서 말하는 평화Peace라는 개념이 되는데, 그것을 저는 "조화들의 조화the Harmony of Harmonies"라고 표현한 것입니다. 우리를 둘러싼 우주 전체가 평화를 향해 움직이고 있습니다. 그래서 공자의 손자인 자사子思가 중中을 천하의 "대본大本"이라 말한 것입니다. 우주의 궁극적인 리理라는 뜻이지요. 그리고 "화和"는 인간세상이 달성해야만 할 도, 즉 "달도達道"라고 말했습니다. 중은 대본이고 근본이고, 화는 달도고 목적인 셈이지요. 이 중과 화가 제자리를 잡으면 천지가 바로 잡히고 만물이 즐겁게 자라난다고 했으니 그들은 평화라는 개념을 유기체적 우주 전체에 확대시킨 것이지요.

그런데 왜 세상사람들은 남북한이 전쟁을 일으키려고 하고 있다고 생각할까요? 한국사람들, 특별히 북조선사람들은 호전적인 사람들이다, 이렇게 생각하죠. 그들은 전쟁에 휘말려들기를 사랑한다고 말이죠. 세상에 이런 넌센스가 어디 있습니까? 왜 그들이 전쟁을 원해요? 이런 넌센스는 기본적으로 미국의 정책입안자들의 희망을 정당화하고 싶어하는 뉴스미디어의 인사들이 날조해내는 정보의 인상에서 유래되는 것이죠. 개명한 한국인은 누구라도 외관적으로 호전적으로 보일 수밖에 없는 북한사람들의 태도는 역사적으로 세계질서를 아직도 냉전적 구조 속에서 파악하기를 사랑하는 미국의 정치인들에 의하여 조장된 것이라고 믿습니다. 냉전질서를 유지해야, 미국의 무기를 수출해야 하는 경제질서가 잘 관리되거든요.

그런데 사실 이 냉전질서는 한국전쟁이 만들었잖아요? 한국인들은 그 냉전질서를 만드는 데 희생당했습니다. 그리고 그 희생의 대가가 아직도 냉전질서를 계속 걸머지라고 우리를 강요하고 있는 것입니다. 이것이 바로 한국민중의 비극이지요. 나는 지금 세계사의 가장 처절한 압축판인 남·북한 현대사의 만화경 속으로 들어가진 않겠어요. 나는 단지 말하고 싶어요. 세계인들에게 호소하고 싶습니다. 현금 북조선의 난황에 대해 우리 모두가 책임이 있다고! 정말 우리는 북한을 너무 깔봤죠. 그들의 정당한 요구나 호소에 귀를 기울이지 않았어요.

공자사상 전체를 한마디로 압축하라 하면 어떤 단어가 생각날까요? "인仁"이죠. 인! 인은 "자비로움"이 아닙니다. 그것은 인성humanity의 가장 근원적인 "심미적 감수성Aesthetic Sensitivity" 같은 것이죠. 그것은 공자의 도덕적 가치관의 사다리에서 최상의 경지를 나타내는 동적인 규범입니다. 공자는 그의 제자 어느 누구에게도 이 최상의 규범은 허락하지 않았습니다. 그만큼 소중하고 인간이 달성하기 어려운 것이죠. 그런데 또 공자는 이렇게 말하죠: **仁遠乎哉? 我欲仁, 斯仁至矣。**인이 멀리 있다고? 내가 진짜로 인을 원해봐! 인은 곧 나에게로 달려온다구!

지금 우리가 정직하게 물어봐야 할 것은, 과연 우리가 진짜로 평화를 원하고 있느냐 하는 것에 관한 것입니다. 정말 평화를 간절히 원한다면 평화는 우리에게 곧 달려옵니다. 그런데 우리는 평화를 원하고 있질 않아요. 평화를 부르고 있질 않아요. 평화를 초대하고, 평화를 나의 삶 속에서 실천하려고 하고 있질 않아요! 우리는 정말 반성해야 합니다. 우리는 정말 세계사의 패러다임 쉬프트를 갈구하고 염원해야 합니다. 진정 하나님을 믿는 사람들이라면 하나님에게 바로 이것을 빌어야 합니다.

북조선의 문제는 절대로 강압적 방식에 의해 해결될 수 없습니다. 우리는 북한이 왜 그러한 자세를 취하는지 인내심을 가지고 이해해야 합니다. 궁극적으로 그들이 원하는 것은 군사대결이 아니죠. 서로를 인정mutual recognition하자는 것이죠. 여기 "책임"을 운운하지 맙시다. "평화"만을 이야기 합시다. 지금 여러분 앞에서 기조연설을 하고 있는 저는 한국인입니다. 그리고 나는 인간입니다. 여러분과 똑같은 인간입니다. 이 세계의 여러분들이 북조선 사람들이 잘못하고 있다고 생각하시면, 그 모든 잘못은 나의 책임이라고 말하겠습니다. 그들은 나와 같은 피를 나눈 친형제들입니다. 송대유학의 선하先河, 11세기의 장재張載는 이렇게 말했어요: **乾稱父, 坤稱母, 予茲藐焉, 乃混然中處。故天地之塞, 吾其體; 天地之帥, 吾其性。民吾同胞, 物吾與也。** 하늘(건乾)을 아버지라 이르고 땅(곤坤)을 어머니라 이른다. 나는 이 양자사이에서 한 미물로서 태어났고 아버지·어머니 사이에서 태어난 만물과 혼연일체가 되어 그 가운데서 살고 있다. 그러므로 천지에 가득찬 모든 것이 곧 나의 몸Mom이요, 천지를 거느리는 운행질서가 곧 나의 성性이다. 만백성과 나는 같은 탯줄을 공유한 동포同胞요, 만물과 나는 더불어 같이 살아가는 친구들이다.

이것은 우리 유교적 휴매니즘의 성전이죠. 여러분들 누구나 이 「서명西銘」을 잘 알잖아요. 서양의 어떠한 종교적 전통보다도 더 본질적 우주적 공감을 말하고 있지요. 하나님은 초월자가 아니죠. 바로 하늘과 땅이에요. 그런데 하늘은 나의 아버지고, 땅은 나의 엄마라는 것이죠. 그 아버지와 엄마를 둔 만물 모두가 나와 핏줄을 나눈 동포同胞라는 것이죠. 그러니까 저기 있는 저 천태산의 바위도 내 동포예요. 그런데 하물며 북한의 사람들이 내 동포가 아니란 말입니까? 나와 나는 별종이란 말입니까?

『노자』 제2장에 이런 말이 있지요: **天下皆知美之爲美, 斯惡已。皆知善之爲善, 斯不善已。** 하늘아랫 사람들이 모두 아름다움을 아름다움이라고만 알고 있다. 그런데 그것은 실상 추함이다. 하늘아랫 사람들이 모두 선善(좋음)을 선이라고 알고 있다. 그런데 그것은 불선不善(좋지 못함)일 뿐이다. 여기서도 선善의 반대가 악惡이 아닙니다. 선의 반대는 "불선不善"일 뿐이죠. 선과 악이 우리 동방인의 사유 속에서는 실체화된 적이 없습니다. 존재론적 실체일 ontological substance 수 없다는 것이죠.

북한의 사람들은 악惡할 수 없습니다. 그들은 기껏해야 좋지 않을 수 있다, 불선不善하다, 그 정도이겠지요. 그러나 좋지 않음은 곧 좋음이 될 수 있지요. 북한을 악으로 규정하는 자들이야말로 "악의 축Evil Axis"이겠지요.

신시대중국특색사회주의의 핵심은 "생태문명건설the construction of Ecological Civilization"입니다. 생태문명의 건설은 모든 대립되는 가치들을 조화시킬 때만이 가능한 것입니다. 이 조화를 나는 "조화들의 조화"라고 부르는데, 이것은 중국 고전의 "생생지역生生之易"이라는 개념에서 따온 것입니다. 나는 시 주석의 강연을 다 들었어요. 그리고 세밀히 분석했지요. 그런데 10분 안에 그것을 다 말할 수는 없겠군요. 그런데 시 주석의 입에서 "인민의 아름다운 삶美好的生活," "아름다운 중국美麗的中國," "아름다운 사회주의美麗的社會主義"이라는 말이 나왔을 때 나는 무척 기뻤습니다. 공산주의가 말하는 주요모순이 이제는 생산력과 생산관계 운운하는 그런 것이 아니라, 인민이 추구하는 아름다운 삶에 대한 열정과 개혁개방이 추구한 불균형하고 부패한 경제발전 사이의 모순관계라는 것이죠.

이제 중국공산주의는 맹목적 진보를 목표로 하지 않습니다. 인간의 전인적 발전과 생태적 환경의 순환의 보전을 원합니다. 중국의 공산주의는 이제 심미적 경지로 들어간 것이지요. 나는 시진핑 주석이 세계의 어느 리더와도 다른 새로운 타입의 세계 영도력의 방양榜樣을 제시해줄 것을 갈망합니다. 우리는 중국이 맹자가 말하는 대로 천하의 대도를 실천하는 대장부의 길을 걸어갈 수 있도록 도와야 할 것입니다.

저는 이 기념비적인 강연을 끝내면서 나의 친구 신치辛旗(중국 국제우호연락회 부회장)가 "무명영웅광장無名英雄廣場"(주로 대만에서 처결된 1,100여 명의 인민해방군의 특공대원들을 기리기 위한 은피전선열사隱避戰線烈士기념비)에 남긴 아름다운 시 한 수를 읊고자 합니다: **嗚呼! 大音希聲, 大象無形。來兮精魄, 安兮英靈。長河爲咽, 青山爲證· 豈曰無聲? 河山即名!** 오호라! 슬프도다. 거대한 우주의 음악은 소리가 없고, 거대한 우주의 모습은 형체가 없도다. 역사의 소용돌이 속에서 소리없이 희생당한 숱한 정백精魄이여 여기에 오시라! 영령英靈들이여, 이제 편안히 쉼을 얻으시라! 장하長河는 흐느껴 울고, 청산青山은 그 슬픈 사연을 기록해 놓았다. 어찌 소리없다 말하리요? 바로 저 강물과 산하가 그들의 이름이 아니고 또 무엇이리오?

감사합니다.

나의 강연을 들은 사람들의 충격적 반응

2017년 11월 11일 천태종의 본산인 국청사國淸寺가 자리잡고 있는 그곳 온천산장溫泉山莊 3층 회의청에서 카랑카랑한 나의 목소리는 이 내용의 연설을 한 줄 한 줄 울려 퍼트렸다. 강연의 참석자들은 긴장감에 휩싸이지 않을 수 없었다. 참석자들의 공통된 의견은 "공명共鳴의 전율"이 장내의 분위기를 휘감았다는 것이었다. 그들은 "꽁밍共鳴"이라는 단어를 계속 뇌까렸다. 그도 그럴 수밖에 없는 것이 대한민국에서 온 한 사상가라는 사람이 지금 세기적 대결국면의 엄중한 시절에 그토록 끝까지 북한의 입장을 철저히 디펜스하고, 조선이 북조선이든 남조선이든 한 민족이며 하나의 공동운명체라는 것을 선포하는 배짱 있는 논리를 국제사회의 여론의 장에서 도무지 접해본 일이 없기 때문이었다.

우리는 현금의 중국이 개혁개방의 선두를 달리고 있고 외견상 자본주의적인 자유로운 분위기를 지니고 있기 때문에, 중국이 북한보다는 우리와 더 가까울 줄로 착각한다. 아무것도 모르는 젊은 아동이라면 모르되 나이가 지긋한 공산당간부라면 "항미원조抗美援朝"를 실존적 체험 속에서 직·간접으로 느껴본 사람들이다. 그들은 건국의 과정에서 조선인들과 더불어 투쟁했다. 또 북조선의 성립은 그들에게는 혈맹으로서 공산주의 국제운동의 굳건한 동지애적 전선을 구축하는 사건이었고, 북한의 대중·대소관계 줄다리기의 틈바구니 속에서도 가장 굳건한 지지기반은 역시 중국이었다. 중국은 "민주"라는 레토릭은 거부하지 않지만 결코 민주주의국가가 아니다. 공산당의 영도력을 집정의 제1원리로 삼는 연역적인 지도체제를 가지고 있으며 이러한 지도체제의 유지를 위해서도 북한의 극단적 유일사상 지배체제의 중앙집중력과 그 충성심의 순결성은 자기위안의 근거가 된다. 따라서 근원적으로 중국이 중국특색사회주의를 운운하는 한에 있어서는 근원적으로 북한의 붕괴를 소망하지는 않는다.

내가 이 강연고를 발표하는 시기는 대체적으로 미국이 중국으로 하여금 북한을 압박하도록 강권하는 시기였다. 그러기에 내가 북한의 입장을 두둔하는 듯한 인상을 준다는 것이 매우 부담스러운 측면도 있었다. 나는 주제강연을 진행시키면서 조심스럽게 중국고위들의 눈치를 보았지만 결국 쥐뿔개뿔 눈치볼 필요는 아무것도 없다는 자신감으로 강경하게 어조를 휘몰아갔다. 그러나 나의 조심스러운 예감과는 달리 장내의 모든 사람들이 처음에는 의아스러운 표정을 짓더니 나중에는 고개를 끄덕이며 나에게 수긍하는 신호를 보냈다. 중국에서 나같은 외부인사가 강연을 할 때, 박수를 치는 사례는 거의 없다. 그런데 나의 강연은 가슴에서 우러나오는 열렬한 박수를 세 번이나 끌어내었다.

내가 연단에서 내려왔을 때, 많은 사람들의 얼굴이 상기되어 있었다. 그리고 나의 모습을 기이하게 바라보는 시선이 역력했다. 도무지 나같은 스타일로 말하는 사람이 별로 없는 것이다. 나는 영어로 말했기 때문에, 나의 비서를 통해 내가 연단에 올라가기 전에 나의 연설 영어전문을 동시통역자들에게 배분하도록 했다. 그것은 나의 세심한 배려였다. 원문이 일찍 배포되어도 문제가 발생할 수 있다. 직전에 동시통역자들 손에 나의 강연고가 주어지면 그들은 여유 있게 나의 원고에 정확히 상응하는 중국말을 구사할 수가 있다. 나의 강연고의 내용은 이와 같이 하여 유려한 중국어로 중국인청중들에게 정확하게 전달되었던 것이다. 강연이 끝났을 때 중국인들은 나를 외경의 눈빛으로 쳐다보았다.

그러나 서양에서 온 사람들, 특히 미국에서 온 리버럴한 참석자들은 나를 둘러싸며 "원더풀"의 환호성을 계속 질러댔다. 그리고 하루속히 당신의 목소리가 전 세계에 울려 퍼져야 한다고, 정말 전 세계인들이 한국의 문제를 왜곡하고 있다고, 당신은 정말 모든 사람에게 큰 깨달음을 주었다고 이구동성으로 찬사를 보냈다.

중국불교 8대종파와 한국불교의 공창共創 Co-creation

요번에 내가 천태산을 간 이유는 물론 국제회의에 참석하는 사명감도 컸지만, 불교철학자로서, 중국역사의 사가로서 내심 국청사國淸寺와 수탑隋塔을 보고 싶었던 갈망이 결정적인 동기가 되었다. 내가 죽기 전에 언제 다시 국청사를 볼 기회가 있으리오?

우리가 흔히 중국불교사에서 명멸한 수없이 많은 종파가 있지만, 가장 중요한 종단으로서 8대종파를 드는데, 보통 성性, 상相, 태台, 현賢, 선禪, 정淨, 율律, 밀密이라는 말로써 8대종파를 약칭한다. 성性은 삼론종三論宗을 가리키는데 이 종파는 법성종法性宗으로도 불리기 때문이다. 상相은 유가종瑜伽宗인데 또한 법상종法相宗으로도 불리기 때문에 그렇게 약칭한다. 법상종은 자은종慈恩宗, 유식종唯識宗으로도 불린다. 우리는 보통 유식종이라는 말을 즐겨 쓴다. 태台는 천태종天台宗, 법화종法華宗이라고도 한다. 현賢은 화엄종인데 그 집대성자인 현수賢首 법장法藏, 643~712의 이름을 따서 현수종賢首宗이라고도 부른다. 선은 선종禪宗이고, 정은 정토종淨土宗이고, 율은 율종律宗이고, 밀은 밀종密宗 또는 진언종眞言宗을 가리킨다.

이 성·상·태·현·선·정·율·밀의 8대 종파 중에서 북방불교를 대표하는 것으로 보통 화엄종을 들고, 남방불교를 대표하는 것으로 천태종을 든다. 이론적으로도 이 두 종파의 이론이 가장 정합적인 체계를 갖추었다고 볼 수 있는데, 우리 한국인에게는 천태보다는 화엄이 더 익숙하게 느껴지는데 그만큼 북방불교의 영향이 더 직접적이라 말할 수 있을지 모르겠다. 사실 역사를 제대로 알고 보면 "영향"이라는 말은 잘못된 언어이다. 모든 주체성을 실체화하여 고정불변의 주체를 중국역사의 장에다가만 설정해놓고 우리는 종속적 위치에서 "배운다"든가 "영향을 받는다"는 식으로 이야기하는 것은 근원적으로 당대의 역사적 실상을 정확히 파악하는 자세가 아니다. 의상義湘, 625~702은 해동의 지류가 아니라 동아시아불교의 전체적 흐름 속에서 화엄종의 본류를 창건한 사람 중의 하나였다. 화엄종단이라는 것 자체가 처음부터 체계를 갖춘 종파로서 엄존한 것이 아니라 생성중의 운동이었다. 의상은 화엄종의 제3조라 일컫는 법장法藏, 643~712이 종단을 본격적으로 구성하기 전에 이미 제2조인 지엄智儼, 602~668과 함께 화엄의 교리형성에 헌신하였다. 또한 법장의 제자인 심상審祥도 신라의 고승으로서 일본에 건너가 나라奈良시대의 화엄종의 개조가 된다. 나라 대안사大安寺에 주석하였고, 금종사金鐘寺(후일의 동대사東大寺)에서 『화엄경』을 강하였다.

우리나라 승려들의 활약상을 국부적인 지역활동으로 파악하는 것 자체가 우리 고대사의 성격에 대한 근원적인 왜곡에서 기인하는 것이다. 우리는 고대사 자료의 애매성에 관하여 갑론을박을 하고 앉아 있을 것이 아니라 확실한 역사자료로부터 명백한 사실과 포괄적인 해석을 유도해 내야 하는 것이다. 동아시아 불교라는 종교·사상·문화운동 자체의 핵심에 우리역사가 자리잡고 있었던 것이다. 당시 우리역사의 문화적 역량은 결코 중국에 뒤지지 않았다. 중국문명의 성취는 우리가 같이 참여하여 이룩한 것이다.

두순杜順과 지의智顗

우리가 화엄을 북방불교로 보는 이유는 그 초조初祖인 두순杜順, 557~640이 옹주雍州 만년현萬年縣 두릉杜陵 사람이고(이곳은 지금 서안시西安市에 속한다), 말년에 서안 부근의 종남산終南山에 머물렀고, 화엄종이 결국 서안을 중심으로 성립했기 때문이었다. 당태종은 두순杜順을 만나 문답을 나누었는데 그를 불러 "제심帝心"이라 했다고 한다. 그래서 두순을 "제심존자帝心尊者"라 부르기도 한다. 당태종 때 서안에 지어진 화엄사華嚴寺(번천8대사樊川八大寺 중의 하나)는 화엄종의 조정祖庭으로 불린다.

이와는 대비적으로 남방불교의 대표로 꼽히는 천태종天台宗은 절강성 태주시 천태현 천태산 기슭에 있는 국청사國淸寺를 조정으로 하여 자리 잡는데, 바로 이 국청사를 창건한 인물이 지의智顗, 538~598이고, 지의야말로, 화엄이 제3조인 현수 법장法藏, 634~712에 이르러 집대성된 것과 마찬가지로, 초조인 혜문慧文, 550~577, 제2조인 남악南嶽 혜사慧思, 514~577에 뒤이어 제3조로서 천태교의를 집대성하기에 이른다. 이 천태산 지역은 본시 양무제의 활동무대였다는 것을 생각하면 위진남북조시대의 남조 영역에 자리잡았기에 남방불교의 대명사로 인식되기에 이른 것이다.

화엄종의 초조인 두순杜順이 당태종의 지인이었고 천태종의 제3조인 지의智顗가 수양제와 교분이 두터웠다는 사실로 미루어 보아도, 천태종의 성립이 화엄종의 성립보다 대략 1세기가 빠르다는 것을 알 수 있다.

앞서 말한 성·상·태·현·선·정·율·밀의 8대종파는 기실 종단이 성립된 역사의 순서chronological order를 말하고 있기도 한데, 법성(삼론종)과 법상(유식종)은 불교가 중국화되기 이전의 인도불교의 이론형태를 그대로 지키고 있는 것이며 독립된 종단으로서의 활약도 제약된 범위에 머물렀다. 중국불교를 위한 단단한 이론적 기초를 제공했을 뿐이다. 그러니까 중국화된 중국대승불교의 종단으로서 확고한 축을 구축한 것은 기실 천태종이 최초라고 말할 수 있다. 그만큼 중국불교사에서 국청사國淸寺의 위상은 확고한 것이다. 천태종의 소의경전은 『법화경』이고 화엄종의 소의경전은 『화엄경』이다. 『법화경』은 『묘법연화경妙法蓮華經 *Saddhararma-puṇḍarīka-sūtra*』의 줄임말인데 이 경전은 확고한 산스크리트어 원본이 있다. 이 경전은 기원전 1세기부터 기원후 1세기 사이에 대승불교가 만개했던 시절, 여러 사람의 손을 거쳐 점차적으로 서북 인도에서 성립하였다. 원전은 네팔계본과 중앙아시아계본으로 나누어지는데 네팔본이 완정하다.

『법화경』의 한역본 3종, 그리고 쿠마라지바

『법화경』은 현존하는 한역본으로서는 3종이 있다.

1) 축법호竺法護, 『정법화경正法華經』 10권, 서진西晋, 286년역.
2) 구마라집鳩摩羅什, 『묘법연화경妙法蓮華經』 7권, 요진姚秦, 406년역.
3) 사나굴다闍那崛多 등, 『첨품묘법연화경添品妙法蓮華經』 7권, 수隋, 601년역.

이 중 7권 28품의 쿠마라지바Kumarajīva, 344~409c.의 『묘법연화경』은 한漢으로부터 당唐에 이르는 600여 년의 역경사업 중에서 최승最勝의 걸작이라 할 만큼 탁월한 작품이며, 『묘법연화경』 자체에 대해서도 "대승불교 제1등의 경" "제경의 왕王"이라고 칭하는 평가가 결코 과장된 것은 아니다. 쿠마라지바는 어렸을 때 "파계하지 않으면 크게 불법을 일으켜 무수한 인간을 구하게 될 것"이라는 예언을 어느 나한에게 들었으나, 결국 장안에서 10인의 미녀와 더불어 살게 되는 삶을 강요당한다. 결국 쿠마라지바는 겉으로 보면 계율을 파괴한 파계승이었지만, 그가 그 기간 동안에 일으킨 역경사업의 규모나 심도, 그리고 언어에 대한 심미적 감각은 파·불파를 논할 수 있는 차원을 뛰어넘는다. 쿠마라지바는 흙탕물 진흙 속에서 피어오르는 백련의 아름다움을 말하는 『묘법연화경』의 세계에 번뇌 속에서 해탈된 삶을 살고자 하는 자신의 실존의 고뇌를 투영하였을 것이다. 그래서 그는 한 줄 한 줄 전력투구全力投球, 거체전진擧體全眞의 사력을 다했을 것이다. 『묘법연화경』의 번역이 완성된 시점은 그의 이승에서의 삶이 거의 막바지였다(3년 후 열반).

『화엄경』의 성립: 불타발타라와 실차난타

『묘법연화경』에 비하면 『화엄경』은 산스크리트 원본이 불확실하다. 그렇다고 중국에서 날조된 경전은 절대 아니고, 다양하게 여기저기서 성립된 부분적 경전들이 AD 3세기경 중앙아시아에서 종합되어 오늘의 모습을 갖춘 것이다. 『화엄경』은 그 이론의 성격이 매우 중국인의 사유방식과 본질적으로 상통하는 측면이 많아 중국적인, 매우 중국적인 불교논리형성에 지대한 공헌을 하였다. 유식사상 → 화엄사상 → 선불교사상으로의 발전경로는 중국불교사에 유니크한 색깔을 입혀주고 있다. 『화엄경』의 온전한 한역으로는 보통 "구경舊經"이라 부르는 불타발타라佛陀跋陀羅Buddhabhadra, 359~429가 번역한 『육십화엄경六十華嚴經』이 있고(8회會 34품品), "신경新經" 혹은, "당경唐經"이라 부르는 실차난타實叉難陀Śikṣānanda, 652~710가 번역한 『팔십화엄경八十華嚴經』이 있다. 보통 우리가 의거하는 『화엄경』은 후자의 80권 짜리이다(9회會 39품品).

구경의 역자 불타발타라는 거의 쿠마라지바와 동시대의 사람이며, 이름을 각현覺賢이라고도 한다. 원래 싯달타와 같은 고향사람(Kapilavastu)인데, 서북 인도의 계빈국罽賓國에서 출발하여 해로를 거쳐 중국에 왔다. 계빈국에서 인더스강을 거쳐 갠지스강 상류로 가서, 그곳에서 갠지스강을 따라 내려와 하구에서 버마에 상륙, 육로를 통해서 캄보디아해안으로 나와, 그곳에서 배를 타고 베트남의 하노이 부근까지 왔다. 하노이에서 배를 타고 산동반도의 청주青州까지 왔다. 그곳에서 다시 황하를 따라 당시 후진後秦의 수도였던 장안長安으로 갔다. 장안은 이미 후진의 문환제文桓帝 요흥姚興에 의하여 극진하게 대접받고 있던 쿠마라지바의 텃밭이었다. 쿠마라지바는 처음에는 불타발타라를 환대했으나 사상적 계보가 워낙 달랐다. 학풍과 사상연원이 다르고 선법禪法의 전승이 달랐다. 결국 불타발타라는 쿠마라지바의 막강한 학단에 의하여 배척받고 여산廬山의 혜원慧遠, 334~416에게 의지하였다가 최후에는 동진의 수도 건강建康(南京)에서 숨진다. 쿠마라지바에게는 『화엄경』이 결코 매력적인 경전이 아니었던 것 같다.

『팔십화엄경』을 번역한 실차난타는 현재 신강성의 파미르고원 북쪽 호오탄Xoten(和田) 사람인데, 측천무후가 구역의 『화엄경』에 미비함이 있음을 알고, 호오탄에 사람을 보내어 범본梵本과 역자를 같이 모셔올 것을 명함으로써 중국에 오게 된 고승이다. 실차난타는 695년에 낙양에 와서 대편공사大偏空寺에서 역경을 개시하였다(699년에 완성).

『화엄경』의 성격

『화엄경』의 온전한 이름은 『대방광불화엄경大方廣佛華嚴經 *Buddhāvataṁsakanāma-mahāvaipulya-sūtra*』이다. 여기 "크다"는 의미의 "대大"와, "방광方廣"은 단순히 크다는 뜻이 아니라, 시간과 공간을 초월하는 무한대의 부처, 즉 비로자나불毘盧遮那佛Vairocana을 지시하는 것이다. 비로자나불은 역사상의 한 시점에 색신色身으로서 존재한 제약된 존재가 아니다. 그것은 모든 존재를 포섭하는 존재이며, 존재를 초월하는 존재이다. "바이로자나Vairocana"라는 말은 인도에서는 "빛나는 태양"이라는 말이며, 그것은 "광명편조光明遍照"를 의미하며 제약된 존재들의 시간, 공간을 초월하여 영원히 빛나는 무한대의 부처를 의미한다. 그것은 밀교에서는 "대일여래大日如來"라는 말로도 표현된다("대일"의 원어는 "Mahāvairocana"이다).

그것은 쉽게 말하면 만다라曼荼羅maṇḍala 전체를 의미하며, 우리가 증득證得한 심상으로서 그릴 수 있는 우주의 전체, 즉 법신으로서의 대일大日을 가리키는 것이다. 이 비로자나불은 화엄(장엄한 화장세계)에 의하여 장식된 모습으로 나타나는데, 우리는 화엄을 모란꽃이나 장미꽃이나 연꽃과도 같은 화려한 꽃들만을 상상하기 쉬우나, 화엄의 원래 뜻은 이름 없는 초라한 온갖 잡초를 포섭하는 의미를 지니고 있다. 『화엄경』을 초기 번역자들은 "잡화경雜華經"이라고 번역했는데, 실상 그 번역이 더 정확한 원의를 전하고 있다. "화엄華嚴"의 산스크리트어는 간다뷰하 gaṇḍavyūha인데, "간다gaṇḍa"는 "잡화雜華"를 의미하고, "뷰하vyūha"는 "엄식嚴飾"을 의미한다. 즉 "화엄"은 "잡화엄식"이다. 즉 비로자나 분이 만다라세계는 모든 잡스러운 꽃에 의하여 장엄하게 장식되는 것이다. 그러니까 깨달음의 본질적 세계는 장미꽃이나 모란꽃의 화려한 자태나 울 밑에 소리 없이 피어있는 가냘픈 냉이꽃의 자태가 완전히 동일한 가치선상에의 존재의 연계로서 파악되어야 하는 것이다. 울 밑의 봉숭아도 소리 없이 거체전진擧體全眞하고 있는 것이다.

여기서 우리는 비로자나불을 주체로 한 『화엄경』의 세계가 "일즉일체一卽一切, 일체즉일一切卽一"을 말하는 법계法界*Dharma-dhatu*의 보편연기이론으로 발전하게 되는 근본적 소이연을 발견하게 되는 것이다.

법法과 불佛: 인간관의 차이

자아! 여기서 내가 화엄사상을 너무 자세하게 강론하다 보면 본론에서 너무 빗나가게 되므로 각설하고, 천태산에서 느낀 감회를 진설하는 원래 자리로 돌아가기로 하자! 우선 우리가 화엄과 천태를 말할 때, 꼭 염두에 두어야 할 대강大綱은, 화엄 즉 『대방광불화엄경』은 어디까지나 "대방광불"이 주체가 된 경전이고, 천태 즉 『묘법연화경』은 "묘법"이 주체가 된 경전이라는 사실이다. 다시 말해서 『화엄경』은 "불佛"을 말하고 『법화경』은 "법法"을 말한다. 불은 비로자나불이요, 법은 "묘법妙法"을 말하는데, "묘妙"라는 것은 "진공묘유眞空妙有"의 묘이다. "묘법"을 초기번역에서는 "정법正法"(축법호의 10권 번역이 "정법화경正法華經"이다) 이라고 번역했는데, 정법이란 곧 진리를 말하는 것이고, 제법실상諸法實相을 말하는 것이고, 진여眞如tathatā를 말하는 것이다. 불교에서는 "불"과 "법"이 결코 상대적이거나 대립적인 개념이 아니므로, 제법을 불의 입장에서 접근하든, 법의 입장에서 접근하든 구극적으로는 동일한 결론에 이르게 되겠으나, 불佛과 법法이라는 상이한 입장에서 접근한 화엄과 천태의 설법방식은 무엇보다도 인간을 바라보는 시각에 있어서 확연한 차이를 노정露呈시킨다.

불佛의 입장에서 바라보면 인간은 곧 불이 된다. 인간은 애초로부터 불인 것이다. 화엄의 입장에서 보면 인간만이 부처가 아니라, 산천초목이 다 부처인 것이다. 산山도 천川도 다 불성佛性의 현기現起인 것이다. 산山은 부처의 상相이요, 천川의 소리는 부처의 설법인 것이다. 인간의 번뇌나 오탁汚濁, 그러니까 우리가 악惡이라고 규정하는 모든 것은 가현假現의 존재이며, 잠시 덮인 구름일 뿐이다. 그 모든 어둠은 불의 광명光明으로 다 사라진다. 이러한 화엄의 낙천적 세계관은 중국에 고유한 선진사상의 인간관의 일반전제와 매우 잘 들어맞는다.

선진先秦 고경古經의 사유에는, 앞서 말했듯이 선과 악이 이원적으로 대립하지 않는다. 노자도 선善에 대해 불선不善을 말했을 뿐이고, 공자도 3인이 길을 걸어가면 그 속에 반드시 스승으로 모실 만한 사람이 있다고 말하면서 "선자善者"에 대하여 "불선자不善者"를 말했을 뿐이다(7-21. 그 외로도 13-15, 13-24, 16-11, 17-7, 19-20 등을 참조). "불선不善"(선하지 못함)은 그 자체로서 실체가 아니다. 항상 선으로 되돌아 갈 수 있는 가현적인 것이다.

구원론의 전제: 일체개고와 원죄

여기에 인도적 사유와 중국적 사유의 근원적인 차이를 엿볼 수 있다. 선진문헌에서는 인간은 결코 구원해야만 하는 그 무엇이 아니다. 인간은 구원의 대상the object of salvation이 아니다. 인간은 본래 희노애락의 존재이며 그것의 불화不和 상태를 놓고 악을 운운할 수는 없다. 인간은 죄의 존재가 아니며, 천지와 대등한 모든 가능성을 함장한 위대한 존재일 뿐이다. 이러한 인간관에서는 근원적으로 종교적 구원Redemption의 파토스가 생겨나지 않는다.

그러나 인도적 문화배경, 특히 산스크리트어라는 인도유러피안 언어의 종교적 내음새가 배인 불교는 역시 기독교와 대동소이한 인간관의 바탕을 가지고 있다. "일체개고一切皆苦"라는 사법인四法印 중 한 명제가 이미 인간은 구원의 대상이 될 수밖에 없다는 것을 암시하고 있다. 그러나 "고苦" 자체를 악惡으로 규정하지 않는다면 인간이 구태여 고苦로부터 벗어나야 할 해탈解脫의 동력이 생기질 않는다. 이러한 문제의식은 중국문화사의 매우 본원적인 사상충돌을 형성하고 있는 것이다.

하여튼 인간을 죄罪나 苦와 같은 근원적인 한계상황으로써 옥죄어 들어가는 존재설정이 없이는 종교는 잘 성립하지 않는다. 인간에게 본질적인 죄의식을 심어주어야만 모든 종교는 흥행이 잘되고 장사가 잘되는 것이다. 그러니까 중생衆生이 곧 본래불本來佛임을 말하는 화엄의 사상은 종교로서 장사를 해먹기가 점점 힘들게 된다. 화엄의 교학은 엄청난 이론체계를 구축해가지만 종단은 결코 홍성하질 못했다. 결국『화엄경』의 "성기품性起品"사상은 중국의 "선종禪宗"을 탄생시키는 데 지대한 공헌을 했다. 화엄의 본래불사상이 없이 선禪은 탄생되지 않는다. 교외별전敎外別傳이라 칭하는 "직지인심直指人心, 견성성불見性成佛"의 선적 사유는 화엄의 성기론의 중국적 발전이다. 임제의현臨濟義玄, ?~766은 화엄의 성기性起(모든 현상은 그 진실한 본성本性에 따라 일어난 것이다)사상의 극치라고 말할 수도 있다. 우리나라에도 구례에 화엄사가 있고 화엄종단의 활동도 타국에 비하면 융성했던 편이지만 결코 지속적이질 못했다.

『법화경』의 방편과 비유

이 화엄사상에 비하면, 천태종은 보다 종교적인 이론결구를 잘 구비하고 있다고 말할 수 있다. 천태종의 소의경전인『묘법연화경』은 앞서 말한 바대로 어디까지나 "묘법," "정법"을 말한다. 그것은 비로자나불과 같은 추상적, 절대적 부처를 내세우는 것이 아니라, 카필라성의 왕자였던 석가모니 부처가 인도 왕사성 영축산에서 설법하는 것으로 시작하고 있는 것이다. 다시 말해서 석가모니부처께서 세상에 오신 근본 뜻을 밝히려는 것이다.『법화경』을 특징 지우는 것은 "방편方便upāya"이라는 주요테마와 깨우침을 주기 위하여 동원되는 다양한 "비유譬喩"적 설법이다(화택의 비유, 가난한 아들의 비유 등 법화칠유法華七喩가 유명). "방편"이라는 것은 중생을 이끌기 위한 교화의 방법, 교묘한 수단, 중생에게 진리를 밝히기 위하여 동원하는 잠정적 수단을 의미 한다. 『법화경』에서는 3승(성문승, 연각승, 보살승)의 가르침이 그 지근에 따라 방편적으로 설한 가설적 가르침일 뿐이며 진리는 결국 일승一乘이 있을 뿐이라고 설파한다(회삼귀일會三歸一). 비유 역시 중생의 깨달음을 돕기 위해 쉬운 일화를 들어 진리를 말하는 일종의 방편이라고도 말할 수 있다. 그러니까 『법화경』은 구체적인 인간, 불완전한 인간, 다양한 지근智根의 인간을 전제로 하고 있다. 천태교학은 화엄의 성기性起론적 사유와는 달리 불성을 절대선으로 파악하지 않는다.

『법화경』의 과정철학: 부처도 불완전하다

불성 속에도 악이 포함되어 있다고 보는 것이다. 부처의 깨달음조차도 불완전한 것일 수 있다고 보는 것이다. 천태가 불성 속에 악이 구비되어 있다고 보는 가장 중요한 이유는 "감응感應"을 중시하기 때문이다. 부처가 우리 중생의 소원을 이루어주기 위해서, 구원의 손길을 뻗칠 수 있게 되기 위해서는, 반드시 중생의 내면에 있는 악惡을 부처가 감응感應하지 않으면 안된다. 중생의 고통을 이해하지 않으면 안된다. 그러기 위해서는 부처 속에도 악이 있지 않으면 아니 된다고 보는 것이 천태교학의 핵심이다. 천태교학에서는 부처도 본래 악을 구비한 존재이며, 그럼에도 그 악을 극복해가는 과정적 존재이기 때문에, 생명력을 지니는 살아있는 부처가 될 수 있다고 생각하는 것이다. 『법화경』에서 말하는 메시지 중에서 매우 지속적으로 나타나는 충격적인 메시지는 해탈은 이름뿐이라는 것이다. 고통의 속박을 끊으려면 해탈이라 이름하고 또 이러한 사람들이 해탈을 얻었다고 말하지만, 단지 허망함을 떠난 것을 이름붙인 것일 뿐, 실로 그것은 일체해탈을 얻은 것이 아니라고 갈파한다. 고승들이 연로하여 스스로 열반에 이르렀다고 생각하는 것도 착각에 불과하다고 갈파한다. 싯달타가 보리수 아래에서 홀연히 증득했다 하는 것도 착각에 불과하다. 해탈은 그렇게 일시점의 사건일 수 없다고 포효한다. 그것은 백천만억 아승기겁의 무량무변한 생애를 통하여 지속된 사건이다. 『묘법연화경』은 결국 모든 인간에게 구원의 가능성을 다 열어놓고는 있지만, 그것은 무한한 반복을 통하여 달성되는 과정적 사건이라고 보는 것이다.

『법화경』과 지의의 천태교리의 차이

쿠마라지바가 『법화경』을 역한 시대와 지의智顗가 천태종의 교리를 만든 시대는 대략 두 세기의 시차가 있다. 그러니까 지의智顗라는 인물이 『법화경』에 근거하여 천태의 교리를 만든 것은 『법화경』 그 자체에만 즉卽한 것이라고 말하기는 어렵다. 지의는 매우 중국적인 문화소양이 풍부한 인간이었으며 『법화경』을 원용하여 자신의 독자적인 해석체계를 구축하였다고 볼 수 있다. 그러니까 『법화경』과 천태교의를 동일시 하는 것도 문제가 있다.

지의, 그는 누구인가?

천태종의 집대성자인 지의智顗는 속성을 진陳씨라 하고, 자字는 덕안德安이다. 그 조상들은 영천潁川(하남성 허창許昌)에서 살았으나 진晋나라 때의 난을 피하여 형주荊州 화용華容(호북성 화용현)에 천거하여 살았다. 지의는 양무제 대동大同 4년(538) 7월에 화용에서 태어났다. 엄마가 독실한 불교신자였는데 지의는 어려서부터 머리가 총명하여 불경을 암송하는 탁월한 재능을 보였다. 지의는 15세 때 세사의 무상함을 깨닫고 가국家國의 다난多難함에 출가의 각오를 세웠으나 부모가 허락지 아니 하므로 불경만을 연마하였다. 양말梁末의 난세에 부모님이 차례로 돌아가시자 3년상을 마치고 의연히 상주湘州의 과원사果願寺로 투분한다. 처음에는 율장律藏에 정통하였고, 후에 대현산大賢山(형양衡陽 남부)에 올라 『법화경』, 『무량의경無量義經』, 『보현관경普賢觀經』 3부를 불과 20일 만에 독피히고 그 오이비지奧義秘旨를 궁진窮盡한다. 이때 이미 그는 어떠한 교리적 구상을 성취한 것으로 보인다. 그는 선법禪法에 대한 학습이 부족하다고 느껴(이 시대의 선禪dhyāna은 선종을 의미하지 않는다. 명상, 정신집중, 그러니까 삼매의 다른 표현으로 이해하면 족하다), 그 방면으로 조예가 깊은 대사를 찾아나선다. 그리고 드디어 대소산大蘇山에서 수도하고 계시던 남악南嶽 혜사慧思 선사를 뵙기에 이른다. 때는 진문제陳文帝 천가天嘉 원년(560)이었다.

남악 선사는 지의를 보자마자 일견여고一見如故(옛 지기를 만난 듯)라, 찬탄하여 말하기를, "오호라 내가 옛날에 영취산에서 부처님께서 법화를 말씀하시는 것을 그대와 더불어 들었거늘 숙연이 닿아 또 다시 왔구나!" 하였다. 즉시 그를 위하여 보현도량을 설하고 『법화경法華經』의 제14품인 「안락행품安樂行品」을 강론하였다. 지의는 가르침에 따라 봉행하였고, 종조도만從早到晩 근학고수勤學苦修하였다. 양나라 말년(남조 양나라는 502~557, 55년간 지속된 남조 3번째의 조대)에 나라가 어지러워지고 대소산도 전화에 휘말려 절간 유지가 심히 어려웠다. 향나무가 없어 측백나무로 대신하였고, 측백나무가 없어지자 밤나무로, 밤나무가 없어지자

소나무로 향을 피웠다. 지의는 이렇게 곤궁한 중에도 14일 동안의 수지修持 끝에 『법화경』의 제23품인 「약왕보살본사품藥王菩薩本事品」에 이르렀을 때, 갑자기 심신이 활연豁然해지며 조용히 입정入定하여 영산일회靈山一會를 친견하였다. 이에 지광智光이 휘발輝發하고, 법화삼매法華三昧에 오입悟入하여 장풍長風이 태허太虛를 노닐 듯 고저를 막론하고 제법의 실상에 통달하였다. 깨달은 경지를 혜사 선사에게 고하자, 혜사는 즉시 그에게 인가印可하고 법화삼매의 오지奧旨를 연설演說하였다. 그리고 말한다: "내가 법을 설한 자 중에 그대는 제일이다. 於說法人中最爲第一。" 내가 생각컨대 지의는 천재적인 사람이요, 사고가 매우 조직적인 사람이었다. 지의는 선생을 잘 만났다. 혜사는 권위주의가 없었고, 지의의 천재성을 질투심 없이 있는 그대로 포용하였다. 나도 청년시절에 오묘한 인가印可의 체험이 있는지라, 이 훌륭한 사제의 정분을 잘 이해할 수 있다. 이 인가의 장면이야말로 "대소묘오大蘇妙悟"라 부르는데, 이 깨달음의 계기야말로 진정한 천태종의 출발이었다고 확언할 수 있다.

이때 혜사는 『대품반야경』의 금자사경金字寫經을 완성하고 스스로 그 현의玄義를 강론하였는데 항상 지의로 하여금 대강代講케 하였다. 선생이라도 이런 자리를 제자에게 내어준다는 것이 쉽지 않은 법, 혜사의 위대한 인품을 헤아릴 수 있다. 지의의 대강을 듣는 자, 감복하지 아니 하는 자가 없었다. 『대품반야경』의 강독을 끝냈을 때 이미 혜사는 지의의 도업道業이 완성되었음을 알고 그를 하산시킨다. 지의가 혜사 선사 밑에서 수학한 지가 벌써 7년이라는 세월이 흘렀다. 혜사는 임별지제臨別之際에 지의에게 간곡한 엄훈嚴訓을 내린다: "그대야말로 법을 손에

쥐고 모든 인연을 머물게 할 수 있는 사람이다. 등燈을 전하고 중생을 교화시켜라! 단지 이 법맥을 끊는 최후의 단종인斷種人이 되지 말지어다.汝可秉法逗緣, 傳燈化物, 莫作最後斷種人。" 이 마지막 혜사의 한마디가 결국 지의가 자신의 고매한 경계에 머물지 않고 천태종이라는 중국불교 최초의 본격적인 종단을 창조하고 계승시키는 내면적 동력이 된 것이다.

은사에게 배별拜別하고 법희法喜 등 27인의 사문과 더불어 남경으로 와서 홍법弘法한다. 처음에는 와관사瓦官寺에 주석하였다. 그때 지의의 나이 30세였다.

남경에서 천태산으로

당시 남경은 남조의 불교문화가 최고로 융성했던 도회都會였다. 지의는 그곳에서 『대지도론大智度論』, 『차제선문次第禪門』 등의 대승경전을 강했는데, 수많은 고승대덕, 명사숙학名師宿學이 찾아와 지의와 담론하기를 즐겼고, 그의 강론을 듣고, 심열성복心悅誠服하지 않는 이가 없었다. 많은 자들이 제자의 예禮를 집執하였으니 그의 문도는 날로 많아졌다. 그가 『법화경』의 강론을 개開하니 황제와 왕공대신들이 철조輟朝하고 와서 들었다. 그러나 이렇게 문전성시를 이룰수록 지의의 마음에는 부족감이 더해갔다. 오는 이 중에 선오자禪悟者는 적어지고, 도량이 점점 정치화 되어가는 것은 선교禪教 방면의 자신의 수행이 부족한 탓이라고 생각하고 은수隱修의 결심을 굳혔다. 때마침 천태산 속에 유승幽勝이 있다는 소리를 듣고 모든 연緣을 식息하고 그곳에서 평생지지平生之志를 펼칠 염두를 밀고 나갔다. 진선제陳宣帝의 만류, 복야僕射(당시의 재상) 서릉徐陵의 눈물어린 권유에도 불구하고, 금릉을 떠나 절강 천태산으로 발길을 옮긴다. 때는 진陳 태건太建 7년(575)이었다.

국청사의 유래

그해 가을에 지의는 천태산에 당도하여 산수승경山水勝境을 유심遊尋하면서 서수지처棲修之處를 멱구覓求하는데 석교石橋에서 우연히 한 노승을 만났다(속설에 이 노승의 이름을 정광定光이라 한다). 노승이 말한다:

"선사께서는 절 지을 자리를 구하러 다니시는 것 같은데, 저 산 아래에 황태자 사기寺基가 하나 있소만 내가 기꺼이 양보하고 드리지요."

"요즈음 같아서는 초사草舍 한 칸 짓기도 어려운데 당신이 선심 쓴들 내가 언제 그런 절을 지을 수 있겠소?"

"지금은 때가 아니라오今非其時. 세 나라(북제北齊, 북주北周, 남조의 진陳을 가리킨다)가 곧 한 나라로 될 때가 오고 있소. 그 대세를 휘몰아 여기 절을 지을 수 있을 것이오. 내가 예언하오. 절이 이루어지면寺若成, 나라가 깨끗해질 것이오國卽淸. 절을 짓게 되면 반드시 국청사國淸寺라 이름하시오."

지의는 천태산 서남 구석에 불롱佛隴이라 부르는 언덕이 하나 있어 그곳에 초암草菴을 하나 짓고 대중과 함께 수도하였다. 후에 사중捨衆하고 홀로 화정봉華頂峰으로 두타행頭陀行을 수修하고 천마天魔를 항복降伏시킨다. 이 이후로 지의는 일반 선정禪定의 수련공부를 지양하고 절대지관경계絶對止觀境界(지止는 삼매의 의미이며 모든 잡념을 중지시킨다는 의미가 있다. 관觀은 위파사나의 의미이며 대상의 실상을 있는 그대로 파악한다는 뜻이다. 지와 관은 서로 통합되어 절대적인 경지를 이루어야 한다)로 전향한다. 두타행을 결속한 후에 지의는 불롱으로 돌아와 선사禪寺를 하나 건수建修한다. 그러나 교통이 불편하고 기근이 들어 제승諸僧이 다 떠난다. 지의와 혜작慧綽 두 사람만 남아 초근목피로 연명한다.

"천태대사"라 칭하여짐

진나라의 선제宣帝가 이 소식을 듣고 태건太建 9년(577)에 시풍현始豐縣(현재 태주시台州市 천태현天台縣의 당시 이름)의 조調의 일부를 절간의 비용으로 충당케 한다. 황제의 후사厚賜 덕분에 심경여일心境如一, 여전히 여정수지勵精修持하여 진실하게 홍법이생弘法利生(불법을 넓히며 민중의 삶을 이롭게 하였다)하니, 떠났던 승려들이 다시 돌아오고 명성이 대진大震하고 영향이 일원日遠하여 사람들이 그를 천태산과 동일시하여 "천태대사天台大師"라고 부르게 되었다.

진나라의 선제가 병으로 죽고 그를 뒤이은 남조의 마지막 황제 진소주陳少主(선제의 아들이며 진숙보陳叔寶라 부르는데 좀 어리석었던 인물 같다. 정치감각이 부족했다)는 지덕至德 3년(585) 정월에 군신에게 묻는다: "이 땅 석문釋門 중 누가 제일인고?"

복야 서릉徐陵이 대답한다: "와관선사瓦官禪師(지의가 와관사에서 주지한

적이 있어 그렇게 불렀다)의 덕매풍상德邁風霜, 선감연해禪鑑淵海, 그 누가 따를 수 있겠나이까? 폐하께서 그를 불러 환도還都케 하시면 도속道俗(도인과 속인)이 다 큰 감화를 입게 될 것이외다." 소주가 주상奏上하는 것을 듣고 견사遣使하여 진경進京케 하였다. 7차례에 걸쳐 직접 쓴 편지를 보내 영청迎請하였으나 지의는 칭병하고 완언사절婉言謝絶하였다. 동양주東揚州 판리判吏인 영양왕永陽王의 고권苦勸으로 하는 수 없이 금릉으로 발을 옮기니 그때 지의의 나이 48세였다. 소주少主는 그 이야기를 듣고 대희大喜하여 사신을 성밖으로 내보내 영접하고, 지의대사를 영요사靈耀寺로 거주시켰다. 경京에 온 후로 황궁 내외에서 진소주에게 경론經論을 선강宣講하였다.

영요사가 터가 비좁고 입선안중立禪安衆키에 불편하므로 곧 광택사光宅寺로 거소를 옮기었다. 진소주는 지의대사를 존중하여 국사國師로서 모시었고, 대사 앞에서 오체투지하여 사신대시捨身大施하였고, 황후 및 황태자도 궁내에서 천승재千僧齋를 설設하여 보살계를 받았고, 귀의제자가 되었다. 이때는 바로 중국역사에서 남북조시대가 끝나고 수나라로 다시 통일되어가는 대변혁의 시기였다.

수문제 개황開皇 9년(589)에 수나라는 진나라를 멸망시킨다. 지의대사는 솔중率衆하여 금릉을 떠나 여산廬山으로 피난했다. 다음해, 수문제는 사신을 보내어 지의대사에게 문안 드렸다. 정치적으로 조대가 바뀌어도 문화인·종교인에 대한 존숭은 변할 수 없다. 수문제는 지의에게 메시지를 보냈다: "같이 더불어 불교를 진작시켜 세인을 교화합시다."

진왕 양광과의 해후: 총지와 지자

개황 11년(591) 당시의 진왕晉王 양광楊廣(수문제의 둘째 아들, 나중에 이 양광이 수양제隋煬帝가 된다. 진나라를 멸망시키는 데도 결정적인 공을 세웠다. 계위에 관하여 여러 이야기가 많다)은 지의대사를 양주揚州로 부른다. 진왕 양광은 천승재千僧齋를 설하고 대사로부터 보살계를 받기를 간청한다. 지의대사는 양광에게 말했다: "대왕이 자신의 존위尊位를 굽히어 겸손하게 성스러운 사업을 받들고자 하니 총지總持라는 법명을 드리겠소."

여기 "총지"는 다라니dhāraṇī의 한역이다. 다라니陀羅尼는 주문의 일종인데, 수행자가 마음의 산란을 방지하기 위해 집중하여, 교법이나 교리를 계속 기억하도록 하는 일종의 기억술적인 주문이다. 진언mantra, 명주明呪vidyā, 심진언心眞言hṛdaya-mantra과도 상통한다. 언어를 통하여 존재를 환기시키고 사상事象을 지배한다. "총지"는 지의의 사상에 있어서 중요한 의미를 지닌다. 진왕은 이에 부응하여 이와 같이 말했다: "대사께서는 부처님을 전하고 법등을 밝히시니 선칭하여 지자라 부르오리다. 大師傳佛法燈, 宣稱智者。" 이후로 지의는 "지자대사智者大師"라고 불린다. 이 역사적 두 거봉이 만나는 장면은 매우 중요하다. 수양제와 지의대사는 여기서 깊은 인간적 신뢰감을 주고받은 것 같다. 수양제는 지의보다 나이가 31세나 어리므로 양자의 관계가 친구관계라 말할 수는 없어도 수양제는 지의를 정말 깊게 존경했고, 천태종의 탄생에 지대한 공헌을 하였다. 중국사람들은 정치적 가치를 항상 우위에 두는 성향이 있어, 지의를 꼭 "지자대사智者大師"라고 부른다. "천태대사"라는 이름이 더 어울릴 것 같은데 정말 뻔때 없는 "지자대사"라는 이름을 통용한다.

수양제가 바친 이름이기 때문이다.

마지막 보은사업

이 사건 후에 지의는 양광의 만류에도 불구하고 양주揚州를 떠나 남악 형산衡山으로 간다. 그곳에서 돌아가신 은사 혜사를 추모하는 모든 사업을 완료한 후에 개황開皇 12년(592)에 고향 형주荊州로 돌아가 생지지은生地之恩에 보답하는 모든 일을 한다. 그리고 고향에 옥천사玉泉寺를 건립한다. 수문제는 그곳에 사액한다. 그곳에서 2년 동안 홍교弘敎하는 동안에 그의 핵심사상이 담겨있는 『법화문구法華文句』, 『마하지관摩訶止觀』을 강하였다. 개황 15년(595) 봄, 또 다시 양광의 간청으로 양주揚州에 와서 『유마경維摩經』을 선강하고 『정명경소淨名經疏』를 지었다. 이해 9월 지의는 지나간 삶의 마무리를 마치고, 또 다시 천태산으로 복귀하여 계속해서 『정명경소』를 썼다. 이때 그의 나이 58세였다. 그가 산사를 떠나 있었던 10여 년간 산내 사원은 황폐해지고 인적이 끊어지고 정원에는 수목이 우거져 숲을 이루었다.

양광에게 돌아가는 중에 열반: 마지막 게송

개황 17년(597) 겨울, 진왕 양광(이때도 양광은 제위에 오르지 못했다)은 또 다시 특사를 보내어 대사를 양주에 봉영奉迎하려 하였다. 대사는 그의 부름에 응하여 마지막 행차를 하기 전에 절간에 있던 모든 것을 빈민에게 나눠주고 앞으로 이곳에 지어야 할 절에 대한 설계도를 완성했다. 그리고 엄하게 승중僧衆에게 훈계하였다: "훗날 절을 세운다면 반드시 내가 남긴 이 법에 의존해야 한다後若造寺, 一用此法." 양주로 가는 대사의 행렬이 신창新昌(당시는 옥주沃州라 불렀다) 석성石城 대불사의 불상 앞에 이르렀을 때 대사는 발병하였다. 지의대사는 스스로 일어설 수 없다는 것을 알았다. 그가 문인에게 남긴 마지막 말은 다음과 같다: "바라제목차는 너희들의 종앙이요, 사종삼매는 너희들의 명도이다.波羅提木叉, 是汝宗仰 ; 四種三昧, 汝明導。"

"바라제목차波羅提木叉prātimokṣa"라는 것은 보통 "계본戒本"이라고도 하는데, 해탈을 위하여 비구, 비구니들이 지켜야 할 계율의 체계, 계율의 조문을 말한다. 처음에는 간단한 것이었으나 나중에 매우 복잡한 십중금十重禁 등의 계율이 명시되었다. "사종삼매"도 상좌삼매常坐三昧, 상행삼매常行三昧, 반행반좌삼매半行半坐三昧, 비행비좌삼매非行非坐三昧를 말하는 것으로 이것도 수행기간에 지켜야 할 계율인데, 삼매에 이르는 방식에 관한 것이다. 바라제목차는 너희들이 우러러 받들어야 할 으뜸가는 것이요, 사종삼매는 너희들의 삶을 밝게 이끌어갈 계율방식이라는 것이다. 요즈음 선사들의 멋있는 시적인 게송과는 달리, 매우 딱딱한 계율의 훈계임을 알 수 있다. 다시 말해서 천태종의 근본에는 매우 엄격한 계율이 있다는 것을 말해준다.

그리고 대사는 제자들에게 『무량의경』을 칭송해달라고 부탁했다. 그리고 단정히 앉아서 적멸하였다. 이때가 11월 24일 미시未時였다(양력으로 598년 1월 7일이다. 그의 사망연도를 597년으로 잡는 것은 음력기준이다). 세수 60이요, 승랍은 40이었다. 탑은 진각사眞覺寺에 세워졌다.

양광에게 쓴 유서

대사는 적멸하기 전에 양광에게 편지를 썼다: "천태산 아래에 내가 계속 보아온 비상히 좋은 자리가 하나 있소. 그곳에 가람을 하나 세워주오. 가람이 서는 것을 이 두눈으로 보지 못하고 눈을 감으니 참으로 유감이오."

대사가 입적入寂한 후 제자 관정灌頂이 유서와 『정명경소』를 들고 양주로 가서 양광에게 바쳤다. 양광은 유서를 들고 눈물을 흘리며 어쩔 줄을 몰랐다. 바로 사마司馬 왕홍王弘에게 명하여 제자 관정灌頂을 따라 천태산에 가서 천승재를 설하고 지의대사의 설계대로 사찰을 건조하게 하였다. 수나라 인수仁壽 원년(601) 범우梵宇의 대강이 조성되었다. 초명은 "천태사天台寺"라 했는데, 대업大業 원년(605) 양광이 수양제로 등극하고 난 후, "국청사國淸寺"라는 사액을 내리고 사원의 증축과 자금과 사원에 딸린 땅을 확보해준다. 수양제가 죽을 때까지 공사는 내내 계속되었고 의녕義寧 원년(617)에 전면적으로 준공되기에 이르렀다. 수양제의 지의대사에 대한 향심이 얼마나 지극했는지를 알 수 있다. 결국 수양제가 천태종의 조정祖庭을 만들었고 수당불학의 물리적 기초를 놓았음을 알 수 있다. 그러한 수양제가 어찌하여 고구려원정에 전력투구하여 을지문덕 등 고구려군사들에게 그토록 혹독한 패배를 당하면서도 3차에 걸친 그 막대한 국력낭비를 감행하고 끝내 망국피살亡國被殺되는 비운의 군주가 되었단 말인가! 외면적으로 좀 비상식적으로 보이는 이러한 사태에 관해서도, 우리는 고조선에서 고구려에 이르는 우리역사대맥의 존엄한 실상을 통찰해야만 하는 것이나, 이러한 주제는 여기서 각설키로 한다.

수대고찰, 교관총지

오늘날 국청사는 사원점지占地가 7.3만m²에 이르고 전당 등 건축은 800여 칸, 건축면적은 2.4만m²에 이른다. 대찰이기는 하지만 우리나라의 대찰규모에 비하여 더 크다는 느낌이 들지 않는다. 웅혼한 기상으로 말하자면 우리나라의 대가람들이 더 생동감이 있다고 말할 수도 있다. 중국의 대가람에는 축적된 불교문화가 단절되어 있는 것이다. 국청사의 정문은 수색문樹塞門(『논어』 3-22에 그 용례가 있음)처럼 담으로 되어 있고 옆으로 작게 출입구가 나있는데, 그 담에는 "수대고찰隋代古刹"이라는 글씨가 쓰여져 있다. 그 길 건너편 담에는 "교관총지教觀總持"라는 글씨가 크게 쓰여져 있는데, "총지"는 이미 앞서 설명한 바와 같다. 이 "교관총지"라는 한마디야말로 천태종을 설명하는 가장 간결한 이디엄일 것이다. "총지"는 일법一法 가운데 일체법一切法을 지持하고, 일문一文 중에 일체문一切文을 지하고, 일의一義 중에 일체의一切義를 지한다는 의미이므로, 결국 교와 관을 같이 포섭하여 하나도 유실됨이 없이 한다는 뜻이다.

"교教"라는 것은 교상문教相門이요, "관觀"이라는 것은 관심문觀心門의 간칭簡稱이다. 교라는 것은 불교의 교리교의敎理敎義이며 사상진수이며 테오리아*theoria*에 속하는 것이다. 관이라는 것은 결국 위빠사나 vipaśyanā의 별칭이며 관심觀心의 관법觀法이며, 대상을 있는 그대로 관觀하는 것이다. 그것은 이성적 사유의 공부가 아닌 마음의 공부이며 프락시스*praxis*에 속하는 것이다. 우리나라 불교사를 말할 때 보통 선교양종禪教兩宗 운운하면서 선종과 교종의 대립을 말하고, 선승과 학승의 대립을 말하는데, 이러한 불교사의 기술방법 자체가 매우 촌스러운 것이다. 우리나라 불교는 애초로부터 선교를 통합했다는 데 그 특질이 있는 것이다. 모든 것을 분열·대립으로서만 파악하는 일제식민지사관의 장난이 불교사에도 개입되어 있는 것으로 보인다.

교敎와 선禪은 중국불교의 시작부터 이미 통합되어 있었다

"교관총지"라는 말은 이미 당나라 불교에 앞서 수나라 때부터 교와 관(=선)이 통합되어야만 참다운 불교라는 생각이 있었던 것이다. 지의는 교법을 선양한 40년 동안 혜문慧文과 혜사慧思의 학설을 계승하고 발전시켰으며 지관쌍운止觀雙運과 해행병진解行竝進의 방법론을 일관되게 제창하였다. 이론과 실천은 반드시 모든 찰나찰나에 통합되어야 하는 것이다. 이론을 모르는 선승이 어찌 선승일 수 있으며, 선을 모르는 이론가가 어찌 고매한 학승이라 말할 수 있겠는가! 지의 당시에도 남중의리南重義理하고 북중선관北重禪觀한다는 학풍의 갈림이 있었으나 지의는 이 남과 북의 학풍을 철저히 통합하여 천태의 교의를 만들었고, 따라서 조야朝野와 불교사중四衆의 경앙을 받았으며, 진·수 양조의 국사가 되었고, 제왕과 승려계의 존숭을 얻었다. 그 인격의 위대함, 학행學行의 정심精深은 세인의 공앙共仰하는 바 되었고, 그는 "동토의 석가東土釋迦"라 불릴 만큼 존경을 받았다. 그의 『법화현의法華玄義』, 『법화문구法華文句』, 『마하지관摩訶止觀』은 그의 제자 관정灌頂이 필록한 것인데 "천태삼대부天台三大部"로 불리는 중국불교의 걸작이다.

교상판석이란 무엇인가?

우리가 지의의 사상을 이해하기 위해서는 우선 "교상판석敎相判釋"이라는 개념을 이해하지 않으면 안된다. "교상판석"은 문자 그대로 석가

모니 부처님이 성도한 후에 돌아가실 때까지 설법한 그 방대한 가르침(教)의 진상(相)을 판별하고 해석한다는 말이 되겠는데, 보통 약하여 "교판教判" "교상教相" "교시教時"라 하기도 하는데 중국에서는 일반적으로 "판교判教*pan-jiao*"라는 말도 많이 쓴다. 나는 약관의 나이에 황똥메이方東美Thomé H. Fang, 1899~1977와 같은 대철학자의 대승불교사강론을 들었는데 강의 중에서 "판교"를 계속 언급하시면서 그것이 중국불교를 탄생시킨 가장 근원적인 이론적 결구라고 말씀하셨는데 나는 도무지 그런 말을 이해할 수가 없었다. 중요하다고 해서 도서관에 가서 그에 관해 조사해본들, 매우 소략한, 그리고 매우 유치하게 들리는 경전들의 분류방법에 지나지 않는 몇 마디였기 때문이다. 어릴 때 해결될 수 없는 의문을 품고 평생을 산 한 인간의 삶의 과정이 결국 "생명의 기쁨Joy of Life"이 아닐까 그렇게 생각한다. 교판의 의미가 요즘에나 와서 좀 알 것 같다는 느낌이 드는 것이다.

교판 혹은 판교라는 것은 방대한 대소승경전에 담긴 석존의 설법을 중국인 나름대로 이해하려고 노력한 결과의 산물이다. 제 경전의 말씀을 교상教相 혹은 교시教時에 따라 분류(判)하고 그 분류의 차제次第의 정당성을 해석(釋)하여, 그렇게 함으로써 불교경전의 근본진리 및 불도수행의 구극적 목표를 확립하려고 한 경전해석학經典解釋學Buddhist Scripture Hermeneutics이라 말할 수 있다. 중국인들에게 불교라는 것이 인식된 것은 동한 말부터였으며 위진의 현학시대를 거쳐 남북조시대에나 와서 본격적으로 이해되기 시작했는데, 그것은 진실로 중국인이 미처 상상할 수도 없었던 장황한 언어의 홍수였다. 단음절의 간결한 시적인 뜻글을 가지고 있었던 중국인에게 다음절의 산문적인 소리글의 세계는 그야말로 충격적인 "구라의 잔치"였다. 그리고 선진시대부터 단계적으로 불경이 유입된 것이 아니라, 대승불교가 이미 충분히 익은 다음에 일시에 휘몰아치기 시작했으므로 중국인들은 대·소승경전의 시간적 선후나 그 성격의 차별을 조직적으로 이해할 길이 없었다.

그래서 불경을 역사에 즉해서, 다시 말해서 연대기적으로 이해하는 것이 아니라 자기들이 불교(불의 가르침)에 대하여 생각하는 가치를 기준으로, 가치론적으로 불경을 서열 지우는 방식을 택했던 것이다. "서열"이라고는 하지만, 중국인들은 관료주의적 사고가 심해 높낮이를 따지는 습성이 분명 있기는 하지만, "서열"에 따라 불경의 가치론적 폄하가 이루어지는 것은 아니다.

여기에 바로 "방편"이라는 개념의 중요성이 등장한다. 서열은 서열이되, 이것은 부처님이 지근知根이나 정황에 따라 응변한 방편서열이라는 것이다. 예를 들면, 부처님께서 처음에 『화엄경』을 강의하셨다. 그런데 대중이 홍두깨비 같은 화엄의 화려한 언어를 알아듣지 못한다. 그렇다고 부처님이 이 무식한 놈들 하고 대중을 내버릴손가? 그렇다면 방편을 바꾸어야 한다. 아주 쉬운 언어로 쓰여진 개론적인, 입문적인 소승경전의 내용을 설했다. 그러다가 차츰 어려운 경전으로 나아갔다. 처음에는 분별을 강조하다가 점점 원융한 데로 나아갔다, 등등의 설법전략이 세워지는 것이다. 그리고 이것을 하루라는 시간의 추이에 따라 배열하기도 한다. 새벽에 설법한 것, 낮의 설법, 그리고 원융한 황혼의 설법… 이 하루의 설법은 아마도 석가모니의 한 생애 전체의 과정일 수도 있을 것이다.

교판은 설교자의 불교총론, 종단의 간판

실상 이 배열은 매우 간단하다. 그러나 간단한 몇 개의 대표적 경전을 배열하는 것으로 우리는 설법자의 가치관, 즉 불교에 대한 인식체계를 알 수가 있다. 바로 그 인식체계는 그 종단의 성격을 드러내는 것이 된다. 위진남북조시대로부터 수당불학에 이르기까지, 야단법석의 법단이 마련되면, 설법자는 법석에 올라 제일 먼저 "개제開題"의 주요테마로서 반드시 교상판석을 말하는 것이 통례였다고 한다. 다시 말해서 교판이야말로 그 설교자의 "불교총론"인 셈이었다. 또한 종단을 형성하여 "개종開宗"을 선언할 때도 제일 먼저 내거는 것이 "우리 종단의 교판상석"이었다. 따라서 각 종파의 교상판석은 차이가 있게 되는 것이다.

이 교판은 4세기의 축도생竺道生, 355~434(동진東晋, 유송劉宋에 걸쳐 활약한 불교승려. 본성은 위魏씨. 쿠마라지바의 역경사업에 참여, 일가를 이루었다. 반야학, 열반학, 법화경론의 선구)으로부터 시작하여 육조시대의 다양한 교판이 있으나 그것을 여기 다 소개할 수는 없고, 단지 지의야말로 그 이전에 존재했던 다양한 교판을 섭렵하여 수당불학의 디프 스트럭쳐가 된 최초의 완정한 교상판석을 확립했다. 다시 말해서 지의의 교판이야말로 천태종이라는 종단간판의 출발을 의미하는 것이고, 그것은 수당불학의 총론에 해당되는 것이라고도 말할 수 있다.

지의의 오시팔교

지의의 사상은 "오시팔교五時八教"라는 한마디로 요약될 수 있다. 우선 시時에 따른 교판은 다음과 같다.

제1시 : 화엄시華嚴時Time of Wreath

제2시 : 녹원시鹿苑時Time of the Deer Park = 아함시阿含時

제3시 : 방등시方等時Time of Transformation = 탄가시彈呵時Time of Rebuke

제4시 : 반야시般若時Time of Wisdom = 도태시淘汰時Time of Selection

제5시 : 법화열반시法華涅槃時Time of the Lotus and Nirvana Sutras

이 5시는 어디까지나 시간을 따라 말한 통시적 분류diachronic classification라 말할 수 있다. 그러나 8교는 전교傳教의 방법과 불타의 교법 자체의 성격을 규정한 공시적 분류synchronic classification라 말할 수 있다. 8교 중 앞의 4교는 화의사교化儀四教라 하는데 다음과 같다.

1. 돈교頓教Abrupt Doctrine
2. 점교漸教Gradual Doctrine
3. 비밀교秘密教Mystic Doctrine
4. 부정교不定教Indeterminate Doctrine

그리고 나중의 장·통·별·원 4교를 "화법사교化法四教"라 하는데 이것은 부처님의 교법 자체의 성격을 규정한 것이다.

1. 삼장교三藏教The Doctrine of Pitakas — 소승이론을 가리킨다.
2. 통교通教The Doctrine of Common to All — 삼승 공통의 가르침이며 대승의 초보에 해당된다
3. 별교別教Distinct Doctrine — 순수 대승의 가르침. 보살승을 위한 것이며 중도中道의 경지이다.
4. 원교圓教Round Doctrine — 원만구족, 일체융섭, 일체만족, 일체상즉상입의 가르침.

수탑과 천태산 전경

수탑의 웅혼한 기품 있는 모습. 벽돌의 정교한 라인은 감탄을 자아낸다. 모퉁이마다 깨진 모습이 드러나 있는데 그곳은 원래 목재로 지어진 "비첨두공飛檐斗拱"이 있었던 곳이었다. 이 목재가 타버린 것은 이미 당 무종武宗 회창법난會昌法難(845) 때의 일이었을 것이다. 이 탑의 온전한 모습은 55페이지의 양비탑에서 추측할 수 있다. 황제국인 고려의 문종 제3자 대각국사 의천은 이 탑이 완성된지 5세기만에 이곳에 와서 대장경판각의 서원을 세웠고(1085년) 황도 개성에 국청사를 개창하였다. 의천대장경("속장경"이라 부르는 것은 일본학자들의 비하음모임)은 결국 "팔만대장경"이라는 세계 최대문화사업의 초석이 되었다.

이외에도 "일심삼관一心三觀," "삼제원융三諦圓融," "성구선악性具善惡," "일념삼천一念三千" 등 지의의 사상은 풍요로운 조직을 과시하고 있으나 여기는 본시 불교사를 강론하는 자리가 아니므로 각설하기로 한다. 지의의 천태교설은 폴 틸리히의 조직신학에 비교할 수 있다고 나는 생각한다. 불교교리를 전체적으로 조직한 것이다.

나는 요번 여행을 통하여 천태산을 직접 둘러보면서, 중국불교의 역사적 현장의 가장 중요한 길목에서 중국불교사를 통관하는 생생한 통찰을 얻었다. 사람을 만나지 않으면 도무지 역사가 보이질 않는다. 지의라는 인간을 해후하지 않으면 천태종을 알 길이 없고, 천태종을 알아야 『법화경』이 보이고, 『화엄경』이 보인다.

위대한 수탑과의 해후

이 두 경전을 통관해야 비로소 수당불학이 보이고, 송대의 찬란한 유학사상이 보인다. 내가 요번 여행에서 얻는 지적 소득은 무궁하지만 각설키로 하고 마지막 한마디, 나에게 가장 깊은 감명을 준 예술품 수탑隋塔에 관해 몇 마디만 남기려 한다. 당나라 이전, 수나라 시대의 건축물을 있는 그대로 볼 수 있는 상황이 흔치 않다. 소주蘇州 호구산虎丘山(춘추시대 오나라의 왕 합려闔閭를 이 산에 묻었는데 3일이 지난 후에 가보니 백호가 무덤 위에서 웅크리고 앉아 있었다고 한다. 그래서 호구산이라는 이름이 붙었다) 꼭대기에도 "중국의 피사의 사탑"이라 불리는 운암사탑雲岩寺塔이 있는데 그것도 오대 후주後周 현덕顯德 6년(959)에 짓기 시작하여 북송 건륭建隆 2년(961)에 완성한 것이다.

그러나 이 수탑은 자그마치 수나라 개황開皇 연간에 시작하여, 인수仁壽 원년(601) 10월에 완성된 것이다. 그런데 이 탑은 정6면 9층인데 높이가 59.4m 이르고 한 변의 길이가 4.6m이다. 그런데 이 탑은 온전히 구

운 벽돌을 켜켜이 쌓아올린 것인데, 벽돌의 색깔은 강황색絳黃色인데 고풍의 기품이 그윽하기 그지없다. 더구나 매 층마다 불감佛龕이 있는데 그 옆으로 외벽 탑전상에 삼존불을 조각해 넣었는데 그 신태神態가 핍진하고 조형이 생동한다. 이 탑은 국청사 경내에 있는데도 불구하고 사람들이 별로 가보는 사람이 없다. 그러나 이 수탑이야말로 중국 전토에서 우리가 만날 수 있는 가장 아름다운 고예술품 중의 하나이다. 이것은 지의대사가 입적하고 난 후, 진왕 양광(수양제)이 지의대사가 자기에게 보살계를 베푼 것을 보은하기 위하여 만든 것인데, 양광의 정성과 문화적 감각이 잘 드러나 있다.

이 탑은 철골이나 어떠한 지지물이 없이 벽돌의 힘만으로 1400여 년의 성상을 견디어 낸 것은 가히 기적적이라 말하지 않을 수 없다. 조금도 기울어지지 않았고 1400년 전의 그 모습을 그대로 유지하고 있다. 흘립屹立하고 있는 자태를 쳐다보면 수대의 노동자들·기술자들의 문화적 역량이 얼마나 대단했는가를 알 수 있다. 이 탑이 1400여 년을 그 모습대로 버틸 수 있었던 이유로써 다음의 4가지 원인을 든다.

1. 완벽하게 견고한 암층 위에 지어졌다.

2. 벽돌을 구워낸 기술이 너무도 정밀하다. 벽돌이 완벽하게 정제整齊한 라인을 유지하고 있으며, 울퉁불퉁하지 않아 균형감각을 철저히 유지하고 있다.
3. 탑전塔磚을 점합粘合시킨 시멘트가 점토와 찹쌀을 빻아 만든 것이라고 하는데 현대적 기술로서도 상상하기 힘든 신비한 힘을 과시하고 있다.
4. 무엇보다도 건설자들이 거체전진, 성의를 다했다는 것이다.

김현정의 뉴스쇼, 김어준의 뉴스공장

내가 이 천태산 일대일로국제회의에 참석케 된 인연은 김현정의 뉴스쇼(2017년 10월 27일)와 관련이 있는지도 모르겠다. 중중무진연기의 세계는 어떠한 하나의 사건이 어떠한 인과적 파장을 몰고올지 도무지 알 수 없다. 하여튼 CBS 뉴스쇼에 내가 출연하게 됨으로써 한국의 뉴스 미디어와 관련된 모든 매체에 미친 파장은 가히 혁명적인 것이었다. 그리고

이 양비탑梁妃塔은 수탑에서 멀지 않은 곳, 적성산赤城山 꼭대기에 있는 것이다. 수탑보다도 63년이나 빠른 시기에 조성된 것이나 현존하는 모습은 1947년 중건된 것이다. 수탑의 각 층 처마양식의 온전한 모습을 이로써 미루어 알 수 있다. 『문선』을 지은 소명태자昭明太子의 아들 악양왕岳陽王 소찰蕭詧이 대동 4년(538)에 그의 후궁을 위하여 세운 것이다.

사흘 후에 김어준의 TBS 뉴스공장에서의 나의 출연은 CBS의 파장을 몇 배로 증폭시켰다. 김어준은 나에게 31분이라는 예외적인 시간을 할당했다. 여타 대기중이던 출연자들이 기꺼이 자기 시간을 줄여주었기 때문에 가능했다.

시진핑은 2002년 11월 21일, 천태산이 있는 이곳 절강성의 당서기로 취임했다. 그리고 5년 후 2007년 3월 24일 상해시 서기로 임명된다. 절강성에서의 활약이 그에게 상해시위 서기라는 엄청난 기회를 가져다준 셈이다. 그리고 상해시 서기 7개월 만에, 2007년 10월 22일, 중공17대에서 정치국 상무위원 제6위로 리커치앙을 누르고 진입한다. 그는 5년 후 중공18대에서 중국 최고의 리더가 될 수 있는 확고한 기반을 구축한 것이다. 이 과정의 기구한 드라마는 본서에 이미 잘 서술되어 있다.

후진타오의 완전은퇴, 중국정치의 로우 엔트로피

2012년 11월 중공18대에서 후진타오가 완전은퇴를 선언하고, 시진핑에게 당, 군, 국가의 최고실권의 권좌를 물려준 사건은 실로 중국역사에서 처음 있는 일이었다. 나는 본서에서 중국정치를 단순한 정파간의 파워게임으로 보아서는 안된다는 것을 누누이 강조했다. 우선 "태자당"이라는 것은 완전한 픽션이다. 존재하지도 않고 아무런 기능성이 없다. "공청단파"라는 것은 자연스럽게 형성된 선후배관계이므로 어느 정도 리얼리티가 있다. 사실 중국의 정가를 휘어잡은 가장 강력한 패거리, 실세는 지앙쩌민이었다. 지앙은 실제로 20년 동안 군림했고, 시진핑의 첫 5년 동안에도 지앙의 사람들은 실세로서 조직을 움직이고 있었다. 그런데 외면적으로 보면 시진핑의 등장은 지앙쩌민 패거리(幫幇)의 도움에 의한 것이다. 그러나 시진핑이 정치다운 정치를 실현하기 위해서는, 그의 "중국몽"을 실현하기 위해서는 부득불 지앙빵을 무력화시키지 않으면 안된다. 자기를 도와준 사람을 친다는 것은 결코 쉬운 일이 아니다. 그래서 그는 "중국몽"을 말하면서도 애매한 "꿈"을 말한 것이 아니라, 반드시 "의법치국依法治國"을 말하고, "종엄치당從嚴治黨"을 말했다. 나라는 법으로 다스리고, 당은 엄격한 잣대로 기율을 잡겠다는 것이다. 그가 말하는 "꿈"은 오직 "부패척결"이었고, 당의 영도력은 당을 리드하는 사람들의 도덕성으로만 가능해진다는 것이다. 오늘과 같이 부패가 만연한 사회, 루쉰이 비꼰 대로 "차뿌뚜어差不多"로 다 통하는 사회, 법이라는 객관적 잣대objective governing principles가 사라지고 인맥, 연줄, 인정, 서로 봐주기, 적당히 해먹기로 통하는 사회가 되면 결국 당의 영도력을 유지할 수 없게 된다는 것이다. 중국은 서구의 어느 나라와도 달리 기나긴 유교전통 위에 있으며, 엄청난 인구가 단일체제 하에 묶여있다. 이런 나라는 당의 영도력이 없이는 다스릴 수 없다는 것이다. "중국특색의 사회주의"는 결국 당의 영도력이 없이는 그 특색을 살릴 수 없다. 그 특색이란 내가 보기에는 "낮은 엔트로피"이다. 로우 엔트로피low entropy라는 말은 정치적 세계의 질서감이 높다는 말이다. 이 질서감은 오직 당의 영도력으로 확보되는데, 그 영도력 확보의 첩경은 당원들의 도덕성, 모범적 헌신, 대의大義에의 자기희생이다. 이것이 중국유교전통의 가장 바람직한 모습이기도 한 것이다.

과연 황제권력 구축이냐?

시진핑 전기 5년은 이러한 엄격한 잣대 속에서 어김없이 진행되었고, 그 과정에서 수많은 사람들이 숙청되는 것처럼 보였기에, 세계의 언론은 시진핑이 자기권력기반확보에 광분한 인물처럼 그려댔다. 모든 권좌에 자기 사람을 심어 새로운 독재권력을 구축하려고 한다는 것이 외신들의 일관된 입장이었다. 저널리즘이란 본시 권좌에 있는 사람이 좋고 정당한 일을 하는 것을 달가워하지 않는다. 좋고 정당하다 하면 칭찬을 해야 하는데 칭찬하는 것은 저널리즘의 임무가 아니라고 생각한다. 어떻게 해서든지 흠집을 내고, 비꼬고, 센세이셔널한 추문을 드러내고, 그렇게 해서 사람들의 주목을 끌려 하는 것이다. 나는 시진핑과 아무런 개인적 커넥션이 없다. 만난 적도 없고, 그가 나를 알 리도 없다. 그렇지만 시진핑 제1기 5년 동안 한국언론이 중국에 대해 보도하는 것을 보면 그저 가소롭기 그지없었다. 너무도 중국사회변화를 근본적으로 파악하지 못하고 있는 것이다.

후츠운후아냐? 츠언민얼이냐?

요번 중공19대를 바라보는 한국언론의 시각은 아주 단순했다: "후츠운후아胡春華냐? 츠언민얼陳敏爾이냐?" 이 말은 구체적으로 "격대지정隔代指定"이라는 중국공산당의 관례를 놓고 하는 말이다. 격대지정이라는 것은 "접반인接班人"(후계자)을 대(代)를 걸러(隔) 지정한다는 뜻인데, 예를 들면 떵샤오핑이 지앙쩌민에게 자리를 넘길 때, 이미 지앙쩌민 다음에 올 사람(후진타오)을 같이 공표했다는 것이다. 그럼으로써 지앙의 집권기간이 10년에 달했을 때 확실하게 후진타오에게 자리가 넘어가는 리더십 체인지leadership change를 어김없이 수행하도록 만들었다는 것이다. 그런데 이 리더십 체인지의 과정이 10년 단위로 깔끔하게 이루어지는 것이 아니고, 당대회가 5년마다 열리므로, 10년의 한 중간에 열리는 당대회 때 차기인물이 당중앙정치국 상무위원에 들어옴으로써 두 번째 5년의 임기 동안은 결국 차기 인물과 같이 정국을 이끌어나가는 형국이 된다(같이 이끌어간다기보다는 차기 인물이 5년 동안 최고인의 수업을 받는 셈이다).

그러니까 시진핑은 후진타오의 집정 5년이 되었을 때 신세대(50대代) 상무위원 최우선위로 들어갔고, 그렇게 함으로써 후진타오 집정 10년이 완료되었을 때 당총서기직을 확고하게 물려받을 수 있었던 것이다. 이러한 방식을 취하게 되면, 중국의 리더십은 10년마다 바뀌지만 실제로 1인자의 권좌에 앉는 것은 15년이 된다. 앞의 5년은 실습기간이며, 다음 5년은 홀로 국정을 수행하며, 다음 5년은 차기 실습자가 있는 상태에서 같이 국정을 운영하게 된다. 나의 설명이 좀 번쇄하게 느껴질지 모르겠으나 알고보면 매우 단순한 매커니즘이다.

민주제도의 핵심

우리가 근대적 "민주국가"임을 자랑하는 것은, 오직 대통령이 국민이 직접 뽑는 선거에 의하여 제도적으로 교체된다는 그 사실 하나에 있다. 과거 왕정(조선왕조나 유럽의 왕조들)에 있어서 가장 큰 문제는 최고권력자의 주기적 교체가 이루어지지 않았다는 데 있다. 혈통이나 연줄에 의한 변화나 자연사에 의존하는 폐습은 악정의 폐해를 국민이 다 감당해야 하는 불행을 개선할 방도가 없었다. 세계정치사에 있어서 리더십 체인지처럼 확고한 근대성의 징표가 되는 것도 없다.

그런데 중국은 선거라는 방식을 통하지 않으면서도 확고한 제도적 리더십 체인지를 이룩한 인류정치사의 매우 희귀한 사례에 속한다. 그리고 이 제도는 어떠한 이론적 근거에 의하여 문서화된 법제에 의하여 만들어진 것이 아니라, 역사에 명멸하는 인간들의 인적 관계와 역사적 상황의 함수가 얽혀 자연스럽게 형성해나간 결과의 산물이다. 중국역사의 꿍꿍이속은 참 알기가 어려운 것이다.

그러니까 외국 미디어의 사람들에게는 이러한, 확고하게 법제화되지 않은 사례에 관하여 여러 가지 추측이 난무할 수밖에 없다. 그리고 이전의 관례를 따른다면 2017년 10월의 당대회야말로 차기의 접반인이 상무위원 중 접반인 우선위로 들어오는 광경을 보게 될 것이라고 잔뜩 긴장해 있었던 것이다. 그래서 모든 미디어의 시선은 "후츠운후아냐? 츠언민얼이냐?"하는 이 "아이더 오아"에 집중되어 있었던 것이다.

격대지정은 일회적 사건에 불과, 역사의 정칙이 아니다

그러나 나는 이 문제에 관하여 매우 다양한 견해를 수용하고 있었다. 우선 "격대지정"이라는 것은 중국공산당의 리더십 체인지의 매커니즘에 있어서 꼭 지켜져야만 하는 관습법일 수 없었다. 실제적으로 "격대지정"은 중국현대사에 있어서 떵샤오핑의 권위와 깊은 사려를 배경으로 이루어진 극히 일회적 사건에 불과했다. 격대지정의 사례는 떵샤오핑-지앙쩌민-후진타오의 계승사례 단 한 건에 국한되는 문제였다. 일례를 들면 시진핑이 격대지정에 의하여 권좌를 획득했다고 한다면, 이미 지앙쩌민이 후진타오에게 권좌를 넘길 때 이미 격대지정접반인으로서 시진핑을 지목했어야 했다. 그러나 그때는 지앙쩌민은 시진핑이 이 세상에 존재하는지조차도 알지 못했다. 시진핑이 5년 앞서 상무위원으로 진입한 사건을 격대지정으로 말할 수도 있지만 그것은 진정한 의미에서 후진타오처럼 격대지정된 것은 아니다. 격대지정이라는 역사적 배경이 전혀 없는 상황에서 지앙빵과 후빵의 갈등관계의 틈새로 갑자기 튀어오른 완벽하게 "우발적인 필연"이었다. 시진핑은 전혀 격대지정과는 관련이 없다. 따라서 시진핑은 임기 5년차에 차기접반인을 미리 지정해야만 하는 하등의 의무나 관례나 강제성 있는 법제에 복속되어 있질 않았다. 더구나 시진핑은 후진타오 제2기 5년 동안에 접반인으로 있으면서 뿨시라이, 링지후아, 저우용캉 등의 반체제음모와 같은 부작용을 체험했다.

사실 후츠운후아는 꾸준하게 실적을 쌓아 고위직에 오른 인물이지만 근원적으로 시진평계열의 사람이 아니다. 뚜렷하게 공청단의 간부로서 성장한 사람이었다. 시진핑이 자기의 중국몽을 실현하기 위해서 자기계열의 사람을 쓰고 싶어하는 것은 너무도 정당한 것이다. 그것은 중국의 체제를 이해하는 사람이라면 너무도 당연한 처사라는 것을 이해할 수 있다. 그것을 독재권력의 아성을 구축하기 위한 작업으로 헐뜯는 것은 형평 있는 평가가 아니다. 시진핑이 투쟁하고 있는 것은 한가로운 상식적 갑론을박이 아니라 목숨을 걸어야 하는 혁명적 용호상박이다.

츠언민얼은 완벽한 시진핑의 사람이며 시진핑이 절강성에서 당서기를 하고 있을 중요한 시기에 절강성 선전부 부장으로서 시진핑의 고스트 라이터 노릇을 해서 시진핑의 위상을 제고시키는 데 매우 큰 공헌을 했다. 그 뒤로 시진핑이 애지중지하여 츠언민얼을 키웠다. 츠언은 시진핑의 이례적인 발탁을 통하여 급진적인 성장을 한 사람이다. 그러나 츠언민얼은 어디까지나 중문과 출신의 고전소양이 좀 있는 문학소녀 같은 인물이지, 중국이라는 거대세계를 휘어잡을 수 있는 정치적 역량을 담지한 큰 인물로서 사람들에게 인지되지는 않는다. 정치적 역량으로 본다면 후츠운후아가 당연히 츠언민얼을 능가한다고 보겠으나 후츠운후아 역시 중문과 출신의 엘리트로서 공청단의 후광을 받으며 안전하게 성장한 인물이지 중국역사의 핵심적 고뇌를 깊게 체험한 자이언트적인 인물은 아니다. 시진핑이 츠언민얼을 고도성장하게끔 만든 배경에는 후츠운후아의 독주를 막기 위한 상쇄적 역할을 담당할 사람이 필요했고, 또 시선분산용 기능의 담지자로서 츠언민얼을 활용했을 가능성이 높다. 시진핑이 츠언민얼을 고속성장시켜 접반인을 만든다는 것도, 자기와 깊은 소통을 해보지도 못한 후츠운후아에게 권좌를 넘긴다는 것도 모두 불안한 사태였을 뿐 아니라, 시진핑으로서는 그렇게 해야 할 "머스트"가 전혀 없었다.

19차 당대회의 결론: 격대지정하지 않겠다

당대회의 결론은 매우 명쾌했다: "내 임기 10년 동안에는 접반인을 지정하지 않겠다." 사실 이러한 결정은 중국 정치권력의 핵심에 있는 모든 사람이 환영할 만한 결단이었다. "격대지정"은 떵샤오핑과 지앙쩌민과의 특수한 관계에서만 의미 있었던 상황이며, 그 상황은 지금 존재하지 않는다. 그런데 한국의 언론은 한결같이 격대지정의 관례를 깨고 "황제권력"을 구축했다고 떠들었다. 주어진 10년 동안 권력의 분산이나 시선의 분산이나 추문이 없이 충실하게 의법치국의 임무를 수행하겠다는 시진핑의 결의가 어떻게 "황제권력의 구축"으로 해석되어야만 한단 말인가! 이 모든 추론이 한국언론매체에 종사하는 사람들의 무지 내지는 본질에 대한 무관심, 주체적 판단의 결여에서 비롯되는 것이다. 그런데 이러한 사람들의 비아냥은 이러한 선에서 그치지 않는다. "격대지정"을 하지 않은 것은, 도올의 말대로, 그 나름대로 정당성이 있다고 치자! 그러나 "격대지정"을 하지 않은 후유증으로서 만약 시진핑이 임기 10년을 마친 후에도 권력을 이양하지 않고 계속 눌러앉는다면 어쩔 것이냐? 그렇다면 또다시 "시황제習皇帝"의 권력이 구축되는 것이 아니냐?

지금부터 5년 후에 또 눌러 앉겠다면 어쩌나?

물론 이러한 문제에 관하여 어느 누구도 확답을 내릴 수는 없다. 그러나 우리나라의 가장 권위 있는 중국연구소의 소장인 이희옥李熙玉 교수(성균관대 정외과)의 말대로, 모택동의 서거 이후 여태까지 최고지도자의 자리는 계속 교체되어왔다. 아마도 문화혁명이라는 있을 수 없는 악몽을 체험한 중국의 민중이 위정자들에게 부과한 도덕적 압력에 대한 최소한의 응보가 이 리더십 체인지라는 원칙이었다. 북한만 해도 인민의 고통이 가중되는 가장 큰 이유는 바로 이 "주기적인 리더십 체인지"가 부재하다는 바로 이 사실에 있는 것이다. 중국이 개혁개방을 감행할 수 있었던 가장 큰 프라이드 중의 하나가 바로 이 "주기적인 리더십 체인지"를 합리적으로 감행하고 있다는 사실 그 자체였다. 그것이 민주적 선거에 의한 것이든, 정치역학의 내부적 갈등에 의한 것이든 인민의 입장에서 볼 때는 본질적인 차이가 없다. "민주적 선거"에 의한 방식이 항상 최선의 방편을 보장하지 않기 때문이다. 리더십 교체의 그 사실이 지도자가 민중을 설득할 수 있는 가장 기초적인 도덕성근거가 되는 것이다. 과연 시진핑이 5년 후에 권력이양을 하지 않을까? 아니, 하지않고 버틸 수 있을 것인가?

칠상팔하의 원칙고수

한국언론의 황제권력 추론은 매우 구체적인 사실을 무시하고 있었다. 시진핑은 "격대지정"을 하지 않은 대신 "칠상팔하七上八下"의 대원칙을 엄격히 고수했다. "칠상팔하"란 무엇인가? 칠상팔하라는 말은 원래 송나라 고승 종고宗杲(시諡가 보각普覺이고 송나라 효종孝宗으로부터 대혜大慧의 호를 받았다)의 『대혜보각선사어록大慧普覺禪師語錄』 등에 나오는 용례로서 심신心神이 불녕不寧하여 안절부절못하는 것을 나타내는 관용구이다. 그러나 요즈음은 이러한 본래의 뜻과는 전혀 무관하게 요즈음 중국 고위간부들의 재직연령在職年齡에 관한 규정으로서 67세까지는 재임할 수 있지만 68세가 되면 반드시 퇴휴退休(은퇴를 중국에서는 "퉤이시우tuixiu"라고 한다)해야 한다는 뜻으로 쓴다. 중국과 같이 혁명간부들의 성세가 등등하고 연장자에 대한 존경심이 높은 사회에서 이러한 규정은 매우 의미 있는 것이다. 다시 말해서 리더십 체인지가 주기적으로 이루어질 뿐 아니라 세대적으로 이루어져야만 사회균형발전이 보장될 수 있다는 것이다. 중국의 보수세력들은 지금도 유능한 인재가 단지 68세라는 이유로 이직해야 한다는 것은 부당하다고 공공연하게 항변하는 소리도 인터넷상에 돌아다니고 있을 정도다. 그러나 재미있게도 시진핑이 국가주석이 된 후에 2014년에 "당정영도간부직무임기잠행규정黨政領導幹部職

務任期暫行規定"이라는 이름의 은퇴연령규정에 관한 조례가 명시되었다. 이전부터 이러한 규정이 없었던 것은 아니지만, 2014년 6월에 퇴휴연령에 관한 최신규정으로서 명료하게 다시 강조된 것이다. 그런데 이 조례에 해당되는 자는 국가주석, 부주석, 총리, 위원장, 전국정협주석, 군위주석 및 중앙정치국상위로부터 비롯하여 최말단 향, 자치구, 직할시당위서기, 성장에 이르기까지(말단에 가면 은퇴연령은 더욱 낮아진다: 62세는 신임·승임升任 가, 63세는 연임 가, 64세 유임 불가, 65세 반드시 퇴휴) 세세하게 규정되어 있다. 이것은 적우제로서 운영되는 국가가 낡아지는 것을 방지하는 매우 중요한 법적·제도적 장치가 된다. 이러한 퇴휴제도가 있어야만 젊은 이들의 "중국몽"이 가능하게 된다고 시진핑은 본 것이다. 물론 이 조례로부터 획일적인 "칠상팔하"의 원칙이 규정되는 것은 아니지만 시진핑은 고위간부의 임기시작의 나이를 67세까지로써 한정한 것이다.

그렇다면 시진핑은 자기가 정해놓은 규정을 요번 인선에서 지켰나? 안 지켰나? 그 대답은 예스다. 시진핑은 자신의 언약을 철저히 지켰다. 요번에 선발된 상무위원 7인 중에 68세는 한 명도 없다. 뿐만 아니라 중앙정치국위원 25명 중에 단 한 명도 없다. 뿐만 아니라 중앙위원 204명 중에 단 한 명도 없다. 뿐만 아니라 중앙후보위원 172명 중에 단 한 명도 없다. 뿐만 아니라 중국 관료사회 전체에 이러한 관례는 보편적으로 적용된 것이다.

기소불욕 물시어인

자아! 이것은 과연 무엇을 의미하는가? 시진핑은 1953년 6월생이다.

그렇다면 5년 후에 시진핑은 69세가 된다. 칠상팔하의 원칙에 의하면 유임은 불가능하다. 전국의 고위 당·정·군의 간부들에게 모조리 퉤이시우를 명령해놓고 자기 혼자 퉤이시우하지 않는다? 과연 그런 어리석은 행동을 시진핑이 할까? 내가 쓴 이 책을 읽고 시진핑의 인품을 이해하는 자라면, 시진핑의 자애로운 부친 시종쉰習仲勳, 시진핑에게 가장 깊은 도덕적 가치관을 심어준 사람, 그 사람이 시진핑의 가슴에 새겨놓은 황금률이 "기소불욕己所不欲, 물시어인勿施於人"이라는 사실을 상기할 줄 안다면, 시진핑의 칠상팔하의 보편적 단행은 5년 후의 자신의 깨끗한 퉤이시우를 선포한 것과 다름이 없다: "나는 5년 후에 깨끗이 물러나겠다. 그러나 향후 5년 동안 나는 내가 해야 할 일을 할 것이고, 그 중국몽을 실현하기 위하여 나의 뜻을 같이 하는 동지들을 중요한 포스트에 앉힐 것이다." 이희옥 교수도 "격대지정"을 하지 않은 것보다는 "칠상팔하"를 엄격히 지킨 것이 더 중요한 관전포인트가 되어야 한다고 강조한다. 반면, 내년 3월에 열리는 중화인민공화국 제13차 전국인민대표대회(약칭 전국인대全國人大, 중국에서는 "전인대"라는 말을 쓰지 않는다)를 앞두고 현재 당 중앙정치국위원들이 지나치게 시진핑 측근 일변도로 포진되어 있기 때문에 "시진핑 3연임"의 개헌 가능성에 관하여, 언론상 여러 가지 추측이 난무하고 있다. 이러한 문제에 관하여 나는 그러한 가능성 여부를 확신을 가지고 예언할 수 있는 입장에 있지않다. 사상가의 어깨에는 언제나 세계평화를 위하여 중국이 바른 길을 가도록 선도하는 사명이 우선할 뿐이다. 만약 시진핑이 이러한 나의 긍정적 평가를 우스꽝스러운 허언으로 만드는 우행을 감행한다면 결국 중국역사는 또다시 혼란 속으로 퇴행하고 말 것이다.

나의 이러한 분석은 한국언론으로부터 들어볼 수 없었던 내용이었고, 너무도 정당하고 합리적인 논리였기 때문에 한국민중은 나의 언설에 감격하고 감사했다. 그리고 한국언론이 얼마나 세계정세를 왜곡하고 있는가? 아니, 왜곡이라 말하기 이전에 얼마나 기초적인 정보나 다양한 관점을 전하지 않고 있는가 하는 것에 관하여 민중 스스로 반성하고 질타했다. 김현정, 김어준과의 나의 뉴스대담은 언론계의 돌풍이었고 MBC, KBS와 같은 언론이 다시 본위本位로 돌아가야 한다는 당위성을 일깨우는 대사건이었다.

2017년 10월 18일에 있었던 19대(전체명칭은 중국공산당 제19차 전국대표대회中國共產黨第十九次全國代表大會이다)에 관한 시진핑의 보고報告(중국에서는 연설이라는 말보다 "빠오까오"라는 말을 쓴다. 당총서기가 당원들에게 보고하는 것이다)에 관해서도 한국언론의 태도는 동일했다. 19일 한국언론들은 충분한 시간이 있었음에도 불구하고 시진핑의 보고내용에 관하여 아무런 보고나 분석을 발표하지 않았다. 헐뜯는 몇 마디, 그리고 그 기나긴 연설의 내용에 관하여 단지 "황제권력화"의 단서를 추론할 수 있는 몇 개의 피상적 단어만을 들먹거렸다. 그리고 일체 그 내용에 관한 진지한 분석이 없었다. 그리고 단지 3시간 25분이라는 장시간의 빠오까오가 "주책맞다"는 식으로 보고하면서 옆에서 하품을 크게 하면서 지루해하는 지앙쩌민의 얼굴을 크게 내거나, 손목시계를 보여주고 있는 후진타오의 코믹한 모습만을 보도했다. 정확하게 시의 연설은 2017년 10월 18일 오전 9시 6분에 "동지들同志們"이라는 말로 시작하여, 12시 31분에 "중국인민의 아름다운 삶을 향한 바람을 실현하기 위하여 계속 분투합시다

實現人民對美好生活的向往繼續奮鬪!"라는 말로 끝냈다. 우리는, 시진핑이 이 3시간 25분에 걸친 연설을 일어선 채 계속해서 행하였고, 같은 시각에 거기 모인 2,338명의 대표자들뿐 아니라, 전국의 공산당원 1억 명, 공청당원 1억 명, 최소한 2억 명의 사람들이 같이 실시간으로 들었다는 사실을 기억해야 한다. 중국인민은 이 빠오까오를 통하여 지난 5년간의 집정내용을 듣고 향후 5년간의 시정방향에 대한 구체적 감을 잡는다. 그 감을 잡지 못하면 중국사회에서 바른 행동을 하기가 어렵다. 중국은 유례없는 "학습국가"인 것이다. 나는 이 시진핑의 연설을 중국인민들과 함께 같이 들었다(신화통신을 통하여 직파直播됨).

시진핑 빠오까오의 분석

시진핑은 개두開頭에서 "19차전국대표대회가 열린 이 시점은 중국이 소강사회小康社會(『예기』「예운」편에 나오는 개념. "대동사회"의 아랫 단계로서 구체적으로는 "빈곤이 퇴치된 사회"라는 의미를 갖는다)를 전면적으로 건성建成하는 결정적 단계이며, 중국특색사회주의가 신시대新時代로 진입하는 관건시기關鍵時期이다"라고 말했는데, 이 첫마디에 이미 시진평연설의 대강이 드러나있다.

다시 말해서 중국사회는 그 동안의 개혁개방의 시기를 거쳐 이미 "소강사회"에 도달했으며, "소강사회"의 꿈을 달성한 우리 중국인민은 이제 중국특색사회주의를 "신시대新時代New Age"로 진입시켜야 하는 사명을 걸머지고 있다는 것이다. 이 "신시대"라는 매우 평범한 듯이 보이는 이 한마디야말로 중국이 나아갈 길을 예시하고 있는 관건이다. 구시대의 모든 죄악을 씻어버리고, 새로운 가치관, 새로운 사고, 새로운 삶의 양식, 새로운 법치주의에 따라 "불망초심不忘初心, 뢰기사명牢記使命," 초심을 잊지 말고, 사회주의국가건설의 사명을 굳게 명심해야 한다. "중국특색사회주의"라고 할 때 과거 떵-지앙-후의 패러다임 속에서는 강조점이 "중국특색"이라는 한마디에 있었고 그것은 자본주의적 발전을 의미하는 것이었다.

그러나 시진핑패러다임의 강조점은 어디까지나 "사회주의" 이 한마디에 있다. 그러니까 시진핑은 자기 아버지로부터 물려받은 사회주의적 가치관이 뼛속 깊이 물들어 있는 사회주의자이며, 결국 그에게 사회주의라는 것은 "평등"의 실현이며, 그것은 인민들이 "당가작주當家作主"(집에서 주인노릇한다는 의미인데, 결국 인민이 국가의 주인이 된다는 의미로 쓰인다)할 수 있는 사회를 만드는 것이다. 이 신시대의 사회주의는 이제 서구적 가치관에 예속되던 노예적 사고를 다 벗어버리고 인류운명공동체를 주관하는 최강국으로서의 자신감과 자부감을 가지고 독자적인 노선을 걸어가야 한다는 것이다. 그의 강연은 매우 논리적이고 치밀한 개념을 반복적으로 쌓아나갔는데 다음의 13개 항목으로 분단되어 있었다.

1. 과거 5년의 공작과 그것이 이룩한 역사적 변혁.
2. 신시대 중국공산당의 역사사명.
3. 신시대 중국특색사회주의와 그 기본방략(14조).
4. 소강사회를 전면적으로 건설하는 결승의 단계, 그리고 사회주의 현대화국가를 전면적으로 건설하는 새로운 노정을 시작함.
5. 신발전의 이념을 관철함, 현대화경제체계를 건설함(6조).

6. 인민이 당가작주當家作主하는 제도체계를 온전하게 만듦, 사회주의 민주정치를 발전시킴(6조).
7. 중국 고유의 문화에 대한 자신감을 견정堅定하게 함, 사회주의문화가 번영 홍성하도록 추동推動함(5조).
8. 민생의 수평水平을 개선하고 보장하는 수준을 제고시킴, 사회치리社會治理를 창신創新하고 가강加强함(7조).
9. 생태문명체제개혁을 촉진하고, 아름다운 중국美麗中國Beautiful China을 건설함(4조).
10. 중국특색강군中國特色强軍의 길을 달릴 것을 견지堅持함, 국방과 군현대화를 전면적으로 추진함.
11. "일국양제一國兩制"를 견지하여 조국통일을 추진함.
12. 평화발전의 길을 견지함. 인류운명공동체를 구건構建하는 것을 추동함.
13. 전면적으로 종엄치당從嚴治黨하는 자세를 늦추지 않고 견고히 유지함, 중국공산당의 집정능력과 영도수평領導水平을 부단히 제고시킴(8조).

신시대 기본방략

이 13개 항목 중에서 제3항의 신시대중국특색사회주의의 기본방략에 관한 14개조는 자주 인용되는 것이므로 소개하기로 한다. 14개의 "견지堅持"로 되어있다.

1. 당이 중국 당·정·군·민·학 일체공작에 대하여 영도력을 가지는 것을 견지함.
2. 인민이 중심이 됨을 견지함.
3. 전면적으로 개혁을 심화하는 것을 견지함.
4. 신발전이념을 견지함.
5. 인민이 당가작주함을 견지함.

6. 전면적으로 의법치국함을 견지함.

7. 사회주의 핵심가치체계를 견지함.

8. 발전중에 민생을 개선하고 보장하는 것을 견지함.

9. 사람과 자연의 화해공생和諧共生을 견지함.

10. 총체적 국가안전관國家安全觀을 견지함.

11. 당의 인민군대에 대한 절대적 영도를 견지함.

12. 일국양제와 조국통일을 추진함을 견지함.

13. 인류운명공동체를 구건하는 것을 추동함을 견지함.

14. 전면적 종엄치당을 견지함.

여기서 반복적으로 나타나는 문구를 보면 알 수 있듯이, 문제의 핵심은 당의 정·군·민·학學 일체의 공작에 대한 영도력, 즉 당의 절대적 우위를 강조하는 것이다. 그런데 그 당이 내부적으로 부패하면 그 영도력은 자연히 상실되게 마련이다. 그래서 종엄치당을 내내 강조하지 않을 수 없고, 그 종엄치당을 위하여 자기 임기의 모든 정력을 헌납하겠다는 것이다.

사개전면과 오위일체

보통 시 주석의 보고는 "사개전면四個全面"이라는 말과 "오위일체五位一體"라는 말로 요약되는데, 전자는 전략포국戰略布局이라 하고, 후자는 총체포국總體布局이라고 한다. 전략포국이 수단이라면 총체포국은 그 수단이 달성하고자 하는 목표이다. 사개전면은 1)전면건성소강사회全面建成小康社會 2)전면심화개혁全面深化改革 3)전면의법치국全面依法治國 4)전면종엄치당全面從嚴治黨을 의미한다. 그리고 오위일체는 1)경제건설 2)정치건설 3)문화건설 4)사회건설 5)생태문명건설을 의미하는데, 1·2·3의 삼위일체는 16대에서, 4를 포함한 사위일체는 17대에서 나온 것이다. 5의 생태문명건설이야말로 18대에서 나온 것으로 중국특색사회주의의 이론체계의 진일보한 완성체계로서 시진핑 패러다임의 핵심을 형성한다. 시진핑 빠오까오에서 "신시대新時代"라는 말이 35차나 나오고 있는데 결국 "신시대"는 "생태문명건설"을 의미하며, 생태문명건설이야말로 앞의 경제·정치·문화·사회건설을 포섭하는 개념으로서 중국현대사에 새롭게 등장한 시진핑사상의 핵심이라고 말할 수 있다.

그것은 모든 대립적 가치를 화해시키는 것이며, 전통적 맑스·레닌주의의 모순개념을 근원적으로 초탈하는 것이다. 역사를 추동하는 주요모순이 생산력과 생산관계간의 충돌이 아니라, 인민의 날로 증장增長하는 아름다운 삶美好生活에 대한 수요와 개혁개방으로 인한 무차별적 발전이 초래시킨 불평형不平衡과 불충분不充分간의 모순으로 이미 전화되었다는 것이다. 소강사회를 거의 달성해가고 있는 중국인들은 아름다운 삶에 대한 수요가 날로 늘어나고 광범해지고 있기 때문에, 단지 물질주의적 성장을 원하기보다는, 민주, 법치, 공평, 정의, 안전, 환경에 대한 광범한 개선을 요구하고 있다는 것이다. 결국 시진핑의 중국몽은 단순한 발전이 아닌 아름다운 삶, 아름다운 중국, 아름다운 사회주의라고 하는 심미적 균형감각을 요구하고 있는 것이다. 도농의 격차, 빈부의 격차, 권력의 편중을 줄이는 것을 시진핑은 "신시대"의 중국특색사회주의로서 제시하고 있는 것이다. 그는 "공부共富" "향부享富"를 요구하고 있는 것이다.

신판에서 추가된 것

더 이상 긴 이야기를 하는 것은 췌언贅言이 될 것 같다. 나는 결코 시진핑을 찬양하고 있는 것은 아니다. 그를 바르게 쳐다보자는 것이다. 지금도 중국에 가서 이야기를 나누어보면 시진핑에 대해 부정적인 평가를 하는 사람들이 40%는 족히 된다. 그런데 40%의 인간들은 대체적으로 기득권층이다. 교수나 관료, 부유한 층의 사람들은 불편한 심기를 드러낸다. 그러나 서민들, 그리고 특히 젊은이들은 압도적인 지지를 표명한다. 그리고 중국사회에서 작은 일에 있어서까지 부패의 측면은 현저하게 감소하고 있다. 시진핑은 인민에게 미래에 대한 꿈을 심어주는 데 성공하고 있다고 나는 확신한다. 중국현대사에서 시진핑만큼 평화로운 방법에 의해 대의를 위하여 자기세력기반을 확고하게 만든 인간은 없었다. 그것은 분명한 정치가 시진핑의 탁월한 개인적 역량이다. 그리고 그렇게 역량 있는 지도자가 중국이라는 대국을 관리하고 있다는 사실에 대해 우리는 감사해야 한다. 최근 문재인 대통령의 방중(2017. 12. 13~16.)에 관해서 우리나라 언론이 왈가왈부하는 소리를 들어보면 가소롭기 그지없다. 미국에 가서는 어떠한 부당한 대접을 받든지 찍소리 못하는 한국의 언론이 중국에 대해서는 어찌하여 그토록 가혹한 절차의 잣대를 들이미는가? 한국인들은 무의식적으로 중국을 깔본다. "뙤놈," "때놈," "짱꼴라" 운운하던 기나긴 세월의 아라야식에 간직된 편견을 아직도 불식 못하고 있는 것이다. 정치는 오직 현실이고, 공생共生을 도모하는 것이고, 자국의 이익을 우선시 하는 것이다. 더 이상 췌언을 삼가겠다.

이 신판에는 당중앙정치국위원 25명의 삶의 역정이 상세히 보고되어 있다(통나무 김인혜 부장 작성). 이러한 정보는 어디서도 얻기 어려울 것이다. 그리고 이 신판이 출간되는 시점까지 충실한 연표가 첨가되었다. 그리고 다양한 체제조직도가 첨가되었다. 이 책은 완벽한 현대사는 아닐지라도 우리시대의 한국인이 중국정치세계를 바라본 가장 유용하고도 정확한 업적으로 남을 것이다. 본서는 결국 한 시대를 스치는 가랑잎으로 역사의 수레바퀴 자국에 남을지는 몰라도 우리시대의 지성의 힘을 느끼게 만드는 프라이드로서 영원히 기억될 것이다.

김정은은 조선민주주의인민공화국 창건70주년을 맞이하는 2018년 신년사에서, 남북 사이 제기되는 모든 문제는 남북이 원칙상 주체적으로 풀어나가려는 확고한 입장과 관점을 가져야 하며, 민족적 화해와 단합을 도모하는 유리한 조건과 환경을 조성해야 한다고 말하면서, 평창올림픽을 우리 민족의 평화적 위상을 과시하는 계기로 삼아야 한다고 언명하였다. 이러한 언어를 비꼬는 자세로 대할 것이 아니라 순수한 마음으로 포용하고 그 진의를 격려해가면서 우리 스스로 세계평화를 선도하는 이니시어티브를 과시해야 한다. 평창올림픽이 남북화해는 물론 세계평화의 새로운 장을 여는 계기가 될 수 있기만을 갈망한다.

— 2018년 1월 2일 탈고 —

서序

현재 이 지구상에서 가장 인구가 많고, 가장 군대가 많고, 가장 돈이 많은, 단일한 한 나라의 최고영도인에 대하여, 그의 삶과 그의 권력획득과정과 그의 가치관, 지향점 등 그 모든 것을, 마치 부처님이 손오공이 놀고있는 손바닥을 들여다보듯이 총체적으로 조감한다는 것은 결코 쉬운 일이 아니다. 아마도 중국정부는 내가 그런 작업을 하는 것에 관하여 편하게 느끼지는 않을 것이다.

그러나 이 작업은 중국인을 위한 것이 아니다. 어디까지나 한국인을 위한 것이다. 그리고 나의 소망은 시진핑 본인이 이 책의 내용을 개인적으로 한번 숙독해주었으면 하는 것이지만 그런 희망은 절망일 뿐이다. 한국어를 제대로 번역할 수 있는 중국인은 극극소수에 지나지 않는다. 그만큼 현재 중국의 학문은 뛰어난 특정분야의 업적은 많지만 다양성을 결하고 있다.

나는 시진핑의 바이오그라피에 관하여 쓰려는 것이 아니다. 그리고 나는 그의 인생역정을 정치권력투쟁으로 바라보지도 않는다. 나의 진정한 목적은 중국현대사를 하나의 철학으로서 다루려 하는 것이다.

지금 우리 주변에서 일어나고 있는 사건들을 하나의 철학으로서 바라보는 시각이 없으면 현대사는 체계화되지 않는다. 지금사只今史를 모르면 어제사를 알 수가 없고, 또 내일사를 알 수가 없다. 중국의 지금사를 바르게 이해하는 사람만이 춘추전국시대의 역사나 철학까지도 제대로 알 수 있게 된다. 그러나 우리나라 대학학부에서도 현대사를 가르치는 선생이 거의 없다. 철학이 빈곤하기 때문이다. 독자들이 나중에 스스로 판단하겠지만 나는 시진핑의 인생을 하나의 철학이야기a story of philosophy로 썼다. 그리고 그 인생철학으로부터 우리나라 사람들에게, 특히 한국의 정치인들에게 교훈을 전하기 위하여 이 책을 썼다. 나는 한국의 민중들이 널리 이 책을 읽어주기를 갈망하고 있다.

손문은 민족, 민권, 민생이라 하여 삼민주의三民主義Three Principles of the People를 말했다. 손문이 말한 "민족"은 만청에 대한 것이지만, 우리는 한 민족이 둘로 갈라졌으니 우리에게 민족은 여전히 중요한 잇슈이다. "민권"은 일반평민의 권리를 말한 것인데, 남·북한이 다 부실하다. "민생民生Principles of People's Livelihood"은 항상 남한정치의 주요 잇슈이다. 한국의 정치는 "민생"을 위한 정치라 말해도 과언이 아닐 것이다. 민생에 관하여 그럴듯하게 구라를 잘 떠드는 인간이라야 선거에서 이길 확률이 높다. 그런데 민생에 관하여 구라를 잘 치는 인간이 민생을 해결한 적이 없다. 국민은 민생주의에 적합하다고 생각하는 지도자를 뽑지만 그 지도자는 항상 민생을 망친다.

가장 민생을 잘 해결할 듯해서 뽑아놓은 인간이 하천을 준설하고 무용지물의 운하를 만드는 데 국고를 탕진하고 온갖 비리를 저지르고도 버젓이 큰소리치며 잘살고 있다. 국민은 이런 식의 사기에 계속 당할 것이다. 민주의 핵인 선거라는 매카니즘이 이런 사기를 계속 조장하고 있다.

민생이 사기꾼들의 농간이 되는 이유는 민생을 해결할 수 있는 가장 근원적인 해법이 은폐되어 있기 때문이다. 손문은 민생의 핵심을 "절제자본節制資本"(사인私人이 국민생계國民生計를 조종操縱할 수 없다는 뜻)이라고 말했는데 우리나라 같이 몇 명의 사인私人 자본가가 국가전체를 말아먹고 있는 나라에서(대기업주의) 손문의 민생을 실천하기란 매우 어려울 것 같다.

그렇다면 민생의 해법이란 무엇인가? 그 해법의 유일한 통로가 바로 "금강산관광" "개성공단"과 같은 남북공동사업의 출로였다. 이것은 남한의 민생측면에서 보면 "퍼붓기"가 아니라 "퍼받기"이다. 그런데도 이러한 명백한 해법들이 하찮은 이념적 관성·타성·독주·강제 속에서 묵살되고 있는 것이다.

한국의 민생해결은 "남북통일"밖에 없다. 그러나 우리는 더 이상 "통일Unification"이라는 말을 써서는 아니 된다. "통일"은 필연적으로 "합병Merging"을 의미하기 때문이다. 누가 누구를 병합하든지간에 통일은 비극이다! 통일 대신 우리는 "화해"라는 말을 써야 한다. "화해"라는 말보다 더 구체적인 말은 "자유왕래"이다. 휴전선을 허물고, DMZ를 세계인들의 산림공원으로 조성하고, 김일성대학 학생이 서울대학에서 자유롭게 학점을 따는 그날이 오면 "통일의 문제"는 민중 스스로 그들의 감각에 따라 진전시킬 것이다. 그 프로세스에 우리나라 정치인이나 권력자들은 연역적 카테고리를 강요하면 안된다.

그런데 "자유왕래"는 어떻게 가능한가? 자유왕래의 선행조건은 "상호인정"이다. 남한은 북한의 체제를 인정하고, 북한은 남한의 체제를 인정해야 한다. 삶의 존재양식을 있는 그대로 수용해야 하는 것이다. "상호인정"을 위해 공식적으로 필요한 것은 "휴전협정"을 "종전협정"으로, "평화협정"으로 전환시키는 것이다. 이 전환을 위해서 우리는 중국과 미국의 협조를 구해야 한다. 그들의 협조가 이루어지지 않더라도 남·북한 당사자들의 케리그마 즉 "선포"만으로도 충분히 그러한 잇슈를 세계인들에게 주지시켜야 한다. 가장 중요한 것은 남·북한의 마음자세고, 인식구조이고, 이니시어티브를 쟁취해나가는 과단성이다. 우리 민족은 우리 민족의 미래를 스스로 결정해야 한다. 우리 운명을 스스로 개척해야 한다.

현재 미국보다도 오히려 중국은 이러한 문제에 관하여 매우 긍정적인 자세를 가지고 있다. 남북화해를 환영하는 입장이다. 우리 정치인들이 가슴에 새겨야 할 것은 우리 민족은 중국·일본·미국·러시아 4대강국에 대하여 항상 등거리외교를 유지해야 한다는 것이다. 그 밸런싱 속에서만 우리 민족은 생존이 가능하다.

이 책은, 단순히 시진핑 개인에 관하여 말하는 것이 아니라, 한국의 지성인들로 하여금 중국문명을 정확히 이해하게 만들고, 한국의 정치인들로 하여금 시진핑과 같은 무게 있는 상식적 지도자가 중국을 영도하고 있는 기간 동안에 남북화해를 진전시킬 수 있는 그 많은 것을 따내도록 도움을 주기 위한 것이다.

중국은 반만년 동안 우리의 우방이다. 미국은 몇십 년의 우방에 불과하다. 중국을 바로 이해하는 길만이 우리의 살길이다. 나는 시진핑의 정치개혁이 인류에게 새로운 빛을 던져줄 수 있기를 갈망한다. 시진핑의 한계에 관해서, 그리고 그의 정책의 결함에 관한 나의 철학적 성찰에 관하여, 나는 하고 싶은 이야기가 많았지만 이 글의 유기체적 특성상 그것을 충분히 토로할 수 없었다. 지면의 한계, 시간의 한계로 부득이 현재의 모습으로 만족할 수밖에 없었다.

2016년 8월 13일

천산재에서

프롤로그

2015년 하반기에, 나는 2014년 일년 동안 중국에서 활약한 체험을 책으로 펴내는 작업을 했다. 그런데 그 기간 동안 나는 또 한국예술종합학교에서 예술철학을 강의했고 또 중국 사천사범대학四川師範大學에서 중국철학을 강의했다. 진실로 한 인간이 감당키 어려운 버거운 스케쥴이었다. 그런데 나의 예정되었던 책, 『도올의 중국일기』는 그 원고가 자그마치 200자 원고지 1만 매에 달하는 분량이다. 그 책은 나의 중국체험을 매일 쓰는 일기형식으로 기술한 것인데, 그것을 상재上梓함에 있어서, 그 체험의 역동성을 살리기 위해 사진을 대거 편집하여 문장의 흐름과 병행시키기로 했다. 그러니까 사진이 정지된 그림자라 할지라도 그 나름대로의 동적 리듬을 가지고 동영상처럼 움직이는 것이다. 나는 원고내용과, 그 내용과 상관된 사진과, 또 매 사진에 첨가되는 캡션(사진설명)이 삼위일체의 조화를 이루도록 유기적으로 구성하였다. 한국학중앙연구원의 김현 교수가 "시청각인문학"의 모범교본이라는 재미있는 표현을 썼는데, 그 표현에 별로 미흡함이 없을 것 같다.

내가 쓴 『도올의 중국일기』는 그 분량이 매권 352페이지에 달하며 여태까지 5권이 상재되었다. 이 『일기』 다섯 권은 상재되자마자 매스컴의 열광적 호응을 얻었다. 인문학의 집대성이라 할 만큼, 역사, 문학, 철학, 종교, 정치, 사회 각 방면의 탐색이 모두 한 자리에서 정치精緻하고도 원융한 모습을 드러냈기 때문이다. 그리고 그것은 한국사에 대한 우리의 인식을 뒤바꾸어놓았을 뿐만 아니라 실제로 우리민족 아이덴티티의 현주소를 새롭게 규정하는 혁명적인 발상을 초래하였다. 그리고 그와 더불어 중국역사를 "중원중심사고"로부터 해방시켜 아주 새롭게 조망케 만드는 다양한 시각들을 제공하였다.

그리고 때마침 국사교재 국정교과서화(전국의 중고생 학도들에게 단 하나의 국찬 국사교재를 강요함)를 강행하는 박근혜 대통령의 이해하기 어려운 강경자세에 힘입어, "역사란 무엇인가"라는 테마와 관련하여 다양한 해석시각과 왜곡사례를 논하는 나의 『중국일기』는 한국의 지성계에 일파만파의 영향을 주었다. 그리고 나의 『중국일기』는 곧 민중과 지식인들에게 사랑을 받는 책이 되었다.

이러한 특수한 정황 속에서 나는 중국의 현대사를 새롭게 탐구해야만 했다. "모든 역사는 현대사"라고 하는 크로체의 명제를 문자 그대로 해석할 때, 그 "현대사"는 오늘 내가 살고있는 시대의 역사, 즉 지금사只今史를 의미하지 않을 수 없다. 나의 실존을 구성하고 있는 역사적 환경이야말로, 내가 바라보는 모든 인류사의 족적에 대한 해석의 원점을 형성하고 있는 것이다.

중국을 이해하는 것은 중국의 현대사를 이해하는 것이다. 중국의 현대사는 문자 그대로 중국의 오늘의 역사이다. 중국의 오늘의 역사라는 것은 현금의 중국을 구성하는 다양한 요소에 대한 총체적 조감을 요구하는 것이지만, 그 중에서도 가장 대표적인 것은 역시 중국의 권력구조를 파악하는 것이다.

중국의 권력구조란 무엇인가? 그것은 중국사회를 지배하는 "체제system"의 연구를 말하는 것이다. 그 체제는 점點과 선線의 구조를 가지고 있다. 점이란 소쉬르의 언어학이 말하는 바, 공시적共時的 구조synchronic structure를 가리키는 것이고, 선이란 통시적通時的 구조diachronic structure를 가리키는 것이다. 권력구조에 관한 연구방편으로서 가장 쉬운 접근방법은 그 정점에 있는 권력자의 모든 것을 파악하는 것이다. 현재 그 정점의 권력자는 시진핑習近平이다.

시진핑은 2007년 10월에 거행된 중공17대(중국공산당 제17차 전국대표대회)에서 중국공산당 중앙정치국 상무위원의 한 사람(당시 9명)으로 뽑히기까지, 우리에게 아니 세계인에게, 아마도 중국인 일반인들에게조차 잘 알려지지 않았던 인물이었다. 별로 거명된 적이 없었던 무색투명한 인간이 어떻게 갑자기 상무위원의 한 사람이 되었으며, 그것도 후진타오胡錦濤의 총애받던 측근으로서 당총서기의 후보로 자주 거명되었던 리커치앙李克强의 서열(제7위)을 누르고 제6위의 서열을 확보함으로써 포스트 후진타오시대의 최고권력자가 되는 길을 확정지을 수 있었던가?

한국인들은 중국에 관하여 표면에 드러난 정치적 사건만을 산발적 정보로서 접할 뿐이다. 지금 우리는 중국의 최고지도자가 시진핑이라는 그 사실만을 알고 있다. 그러나 대부분의 사람들은 시진핑이 누구인지, 그가 어떻게 성장했으며, 그는 어떠한 이념적 지표를 가지고 있는지, 그의 성격이 어떠한지, 그는 14억의 인구 중의 한 사람일 뿐인데, 과연 어떠한 방식으로, 어떠한 권력의 루트를 통하여, 어떠한 합법적 절차를 통하여 최고권력을 획득하게 되는지에 관해 거의 아는 바가 없다.

일례를 들면, 우리는 박근혜 대통령이 어떻게 최고권력자가 되었는가 하는 문제를 생각하게 되면, 박근혜라는 인간의 사람됨의 내면을 소상히 알지는 못한다고 할지라도, 그의 가족관계나, 학교를 다닌 경력, 그리고 정당활동의 여정, 그리고 선거과정에 있었던 일, 그리고 국민 모두가 참여하고 목도한 합법적 절차에 의하여 그가 최고권력자가 된 과정, 이런 것들에 관하여 그 합의된 프로세스의 대강을 국민 모두가 알고 있다. 이것은 우리의 정치적 과정political process이 공개되어 있다는 것을 의미한다.

그러나 중국의 경우, 이 정치과정이 거의 공개된 것이 없다. 전국대표대회(당)나 전국인민대표대회(국가)의 결과만을 접할 수 있을 뿐, 그 결과가 도출된 과정에 관하여 국민이나 매스컴의 참여가 거의 봉쇄되어 있다. 시진핑은 과연 어떻게 14억 인구의 최고지도자가 되었나? 이 "어떻게"를 알고있는 사람은 중국에도, 한국에도, 일본에도, 미국에도 거의 없다. 극소수의 권력자들이 알고 있다고 해도 그것은 알고 있는 것이 아니다. 제각기 그 정치과정에 관한 해석의 입장이 다를 것이기 때문에 그들의 지식은 각기 상이한 관점을 내포할 것이다.

시진핑은 과연 누구인가? 과연 그는 어떠한 지도자인가? 이 질문은 인류 공동의 과제상황들을 위하여 반드시 제기되어야만 하는 중요한 질문이다. 그러나 이 질문에 대답한다는 것은 결코 쉬운 일이 아니다.

귀주성貴州省 서기 츠언민얼陳敏爾의 글씨

츠언민얼은 1960년생으로 절강성 제기諸暨 사람이다. 소흥사범전과학교紹興師範專科學校 중문과를 나와 중국고전의 소양이 있다. 1982년 9월 공산당원이 된 후로 절강성에서 계속 간부직책을 맡았다. 시진핑이 절강성에서 서기로 활약할 동안(2002~7년) 성위상위省委常委 선전부 부장으로서 시진핑을 보좌하여 그의 두터운 신임을 얻었다. 츠언민얼이 나에게 보내준 글씨인데 연구실 벽에 걸어놓았다. "도법자연道法自然"은 『노자』에서 왔다. 글씨가 품격이 있다.

정보가 너무도 제한되어 있기 때문이다. 그리고 산만한 저널리즘의 정보는 문제의 핵심, 다시 말해서 중국사회의 심층구조를 파악하는 핵심적 인식의 틀을 흐리게 할 때가 많다. 진지하고도 심층적인 관점을 결한 산만한 사실들의 조합은 끊임없는 오해만을 생산한다.

그러한 오해의 대표적인 사례가 중국의 현정치를 몇몇 당파의 권력투쟁의 틀로써 분석하는 것이다. 우리나라 저널리즘의 상투적 분석방식은 일본 저널리즘의 천박한 당파적 분석방식의 저급한 모사에 따라, 흔히 "강파江派"(강택민계열의 파벌, "상해파"라고도 한다), "단파團派"(공청단계열의 사람들로서 후진타오—원지아빠오溫家寶 중심의 파벌), "태자당太子黨"(혁명고급간부자제들의 파벌)간의 대립·알력을 서슴치 않고 운운하는 것이다. 어떠한 사건이 일어나면, "태자당과 단파간의 알력이 심화되었다"든가, "태자당이 강파에 대한 반격을 시작했다"든가 하는 터무니없는 명제를 마치 재미있는 드라마의 실상인 것처럼, 분석의 필치를 교묘하게 전개하는 것이다.

그런데 이러한 분석의 대부분은 "개소리"에 지나지 않는다. 그리고 그것은 중국정치의 실상에 대한 정당한 개념적 장치가 아니다. 그리고 실제로 그러한 분석방식은 "현실적으로 일어나고 있는 사상事象"과의 괴리를 일으킬 때가 많다. 이러한 괴리를 기자들이 상상력을 동원하여 땜질하면 그것을 마치 기발한 사태의 줄기인 것처럼 독자들은 증폭시켜 나가게 되는 것이다. 개소리는 개소리만 낳을 뿐이다. 여여如如한 실상實相에 접근할 수가 없다.

"권력투쟁"에 관하여 이야기하자면, 그 인간학적 속성의 최기본단위는 궁극적으로 "개인the Individual"일 뿐이다. 당파적 관계는 그 개인의 권력을 형성해가는 과정에서 일어나는 자연적인 "꾸안시關系"이지만, 그 권력의 형성이 꾸안시에 대한 절대적인 복종이나 충성심, 집단 아이덴티티로 성취되는 것은 아니다. 중국의 영원한 삼국지의 세계에는 "의리"는 있으되 "절대적 충성absolute loyalty" 같은 것은 존재하지 않는다.

홍문연鴻門宴에서 항우가 패공沛公을 살려주는 은혜를 베풀었다고 해서 패공이 항우를 치지 않는 그러한 의리는 지속되지 않는다. 항우는 왜 바보스럽게 유방劉邦(=패공)을 죽여야만 하는 자리에서 구태여 유방을 살려주었을까? 그 진의는 무엇일까? 이러한 문제는 실로 대답하기 어려운 문제이며, 또 다양한 해석의 틀을 요구하는 것이다.

오늘날 중국정치를 바라보는 가장 긴요한 핵은 실로 매우 단순한 것이다. 그것은 시진핑이라는 인간, 그 인간을 이해하는 것이다. 시진핑이라는 한 인간의 총체적 이해가 없이 시진핑이 형성·추진해나가고 있는 중국역사의 족적은 바르게 분석되지 않는다. 그렇다면 시진핑, 그 인간은 어떻게 이해할 수 있는가?

그 가장 정확한 접근방법은 오늘 일어나고 있는 사태의 공시적 구조를 파악하면서, 오늘의 시진핑이 있게 되는 모든 통시적 선線들을 튕겨내는 것이다. 제일 중요한 것은 시진핑의 전기자료이다. 다음에는 그 전기자료와 관계된 모든 인간들의 전기자료이다. 나는 랄프 왈도 에머슨Ralph Waldo Emerson, 1803~1882이 "역사란 알고 보면 인간의 전기들일 뿐이다"라고 한 말을 매우 의미심장하게 받아들인다. 우리는 인명·지명과 같은 고유명사를 죽은 문자심볼로서만 기억하고 그것을 살아있는 핏줄의 맥박으로 공감하질 못한다. 그래서 역사는 죽어버린 역사, 의미없는 사건들의 나열, 인형극의 그림자만 나부끼는 스테이지가 되어버리고 마는 것이다.

중국의 현대사는 우리에게 너무도 중요하다. 그런데 최근 나는 『도올의 중국일기』를 펴내면서 중국의 현대사를 새로 써야만 하겠다는 의욕에 불타게 되었다. 그렇게 의욕이 불타오르게 된 이유는 내가 『도올이 본 한국독립전쟁사』(EBS 10부작 다큐멘타리: "독립운동"이라는 제목을 "독립전쟁"으로 바꾸어야만 하는 이유는 『중국일기』에 상설됨)를 만들면서 한국현대사와 중국현대사에 대한 통찰을 획득했고, 그 통찰이 『중국일기』에서 심화되면서 시진핑을 바라보게 되는 통시적 맥락이 나의 의식의 지평에서 적나라하게 드러났기 때문이다.

우리는 현대사를 상식적인 인상impression으로 말해서는 아니 된다. 심오한 천착이 필요하다. 심오한 천착은 전문적인 정보의 수집을 요구한다. 한마디로 "공부를 깊게 해야하는 것"이다. 현대사를 논구하는 자들이 공부를 깊게 하지 아니 하고, 다시 말해서 역사적 체험의 공감대를 넓히지 아니 하고, 무슨 "통신사발" 운운하는 정보나부랭이로 중국현황에 대한 선각자임을 자처하는 그런 위선은 척결되어야 마땅하다. 지금부터 내가 말하는 "시진핑"의 점과 선을 통하여 우리국민이 현대중국이라는 리바이어탄의 실체를 깨닫게 되는 실마리를 보다 심도있게 발견할 수 있기만을 갈망하면서 프롤로그를 대신한다.

대기오염에 휩싸인 뻬이징 근교(북서쪽 50Km) 명십삼릉明十三陵의 신도神道를 내가 걸어가고 있다(2007년 12월 27일). 심각한 대기오염은 중국 개혁개방경제의 정당성을 근원적으로 회의케 만든다. 시진핑 정권이 해결해야만 하는 거대한 과제 중의 하나이다.

시진핑이 집권하기 직전 과연 쿠데타가 있었을까?

우선 시진핑에 관해 무어라 운운하기 전에 최근 한국신문에 보도된 시진핑 관련기사를 한번 훑어보자! 사실 현대사라고 하는 것은 나 같은 철학자가 운위할 수 있는 영역이 되기에는 너무도 현상적이고 유동적이다. 우선 현재 진행중인 역사는 확정적인 심오한 철학적 판단을 내리기에는 너무도 베일에 가려있는 부분이 많고, 또 살아있는 인간을 대상으로 하기 때문에 그 판단을 지원하는 내면의 가치나 정황성이 전혀 다른 성격으로 전환될 수 있기 때문이다.

현대사는 진행중이라서 객관화시키기가 매우 어렵다. 확정적 판단의 대상이 될 수 없다. 그렇다고 현대사를 기자류 인간들의 현장르뽀에만 맡겨두는 것은 현대를 살아가는 사상가에게 매우 무책임한 짓이다. 현대를 알아야만 현대에 대한 명료한 비판이나, 미래를 설계할 수 있는 비전이 생겨나는 것이다.

그것이 제아무리 가변적·유동적 위험성을 내포한다 할지라도 오늘을 살아가는 우리는 현대사에 대하여 의식있는 판단을 형성해야만 하는 것이다. 그것이 잘못된 판단으로 판명된다면 끊임없이 수정을 가해야 할 것이다. 역사란 사실facts을 바탕으로 하는 것이지만, 그 사실의 나열만으로는 역사는 이루어지지 않는다. 역사란 사실의 선택이다. 그리고 그 사실의 선택이 엮어내는 논리의 체계이다. 나는 그러한 논리의 체계를 사실史實historical facts이라고 부른다.

> 시진핑 중국 국가주석이 연말을 맞아 핵심지도부그룹에 "부패를 방지하기 위해 가족들을 엄격하게 교육하고 단속하라"고 요구했다. 시 주석은 지난 28~29일 열린 중앙정치국 '민주생활회'에서 "권력과 지위에 우월감을 가져서는 안된다"며 이같이 말했다고 신화통신이 30일 보도했다. 시 주석은 "중앙정치국 동지들은 가족과 부하들을 엄격하게 교육·관리·감독해야 하며, 문제점이 발견되면 즉시 일깨워주고 바로잡아야 한다"고 말했다. 그는 "공적 일이든, 개인적 일이든 당성을 가지고 자기단속을 강화해야 한다"며 "당성은 나이가 들면서 저절로 성장하는 것이 아니며 계속 향상시키려는 노력이 필요하다"고 말했다. 중국공산당 중앙정치국은 모두 25명으로 구성돼 있으며 모두 지도자급 반열에 속한다.
>
> 시 주석이 정치국원들에게 자기단속과 가족단속을 주문한 것은 반부패운동이 시작된 후 지난 3년 동안 중국 전·현직 고위층과 가족들이 부정부패혐의로 잇달아 처벌됐기 때문이다. 시 주석은 낙마한 저

우융캉周永康 전 상무위원, 뽀시라이薄熙來 전 충칭시 당서기, 쉬차이허우徐才厚 전 중앙군사위 부주석, 링지후아令計劃 전 통일전선공작부장 사례를 거론하며 이들로부터 교훈을 얻어야 한다고 주문했다.

이 기사는 『경향신문』 2015년 12월 31일(목) 제18면에 실린 것으로 오광철 뻬이징 특파원의 송고이다. 이 기사는 매우 간단한 내용을 싣고 있는 듯이 보이지만 여기에 나오는 고유명사들을 대충이라도 정확히 파악하지 않으면 그 축약된 의미를 이해할 수가 없다.

사람이름만 해도 시진핑 이외로, 저우용캉, 뽀시라이, 쉬차이허우, 링지후아 4사람의 이름이 병론되고 있다. 이 4사람이야말로 시진핑이 국가주석으로 등극하기 전에 중국의 권력체계를 장악하고 있었던 가장 핵심적 실세였다. 뽀시라이薄熙來는 시진핑 이전에 이미 민중 사이에서 가장 인기가 높았던 정치인이었고, 나이도 시진핑보다 4살 위다. 그리고 저우용캉周永康은 중국의 석유산업 전체를 한손에 장악한 인물로서 공안·법원·검찰·사법의 지배자였다. 중국의 모든 무장경찰력이 그의 지휘권 하에 있었다. 게다가 그는 중앙정치국 상무위원 9명 중의 한 사람이었다. 상무위원은 어떠한 경우에도 처벌의 대상이 되지 않는다는 불문율이 있었다. 쉬차이허우徐才厚는 중앙군사위원회 부주석으로서 중국인민해방군의 명령체계를 장악하고 있었던 가장 핵심적 실세였다.

링지후아令計劃는 "중판中辦"(중국공산당 중앙위원회판공청의 약칭)이라고

하는 당과 국가, 군대의 모든 기밀정보를 장악하고 있는 당 중추신경계의 대뇌와도 같은 강력한 기관의 주임이었다. 도대체 군·경찰·정보의 전 국가체계를 좌지우지할 수 있는 세 사람의 이름, 게다가 뽀시라이薄熙來와 같은 대중정치인의 이름이 겹쳐지면 그 권력의 실세범위는 중국이라는 폴리테이아를 말아먹고도 남는다.

이들이 모조리 거의 같은 시기에 완벽하게 권좌에서 물러났을 뿐 아니라 부패의 상징으로서 역사에 다시금 명예를 회복할 수 없는 나락으로 영락하여 영어囹圄의 신세가 되었다. 아무리 과감한 개혁이라 할지라도 정상적인 국가체제 내에서 이 정도의 정상인물군을 일시에 감방에 처넣는다는 것은 결코 쉬운 일이 아니다. "반부패"라는 명분이나 정책이 새로운 정부의 목표로 설정되었다 할지라도 그토록 과격한 실천이 국민들의 눈앞에 정치적 프로세스로서 펼쳐졌다는 사실은 전대미문의 사태라 하지 않을 수 없다.

시진핑이 2012년 11월 당 총서기에 취임한 이래 불과 2년 남짓한 기간 동안에 "부패척결"의 명분으로 자그마치 25만 명이 넘는 공산당원이 체포되고 처벌받았다. 상기의 기사에서 인용된 4사람의 신세는 25만 명의 숙청분위기와 오버랩되어 있는 것이다. 우리는 중국을 그냥 평온한 이웃나라 대국으로만 알고, 가끔 들려오는 빙산의 일각 같은 기사거리만으로 그냥 까십의 한 가닥으로 씹어버리고 만다. 그러나 시진핑의 등장은 그 자체가 하나의 미스테리일 뿐만 아니라, 그가 등장한 후에 벌어진 모든 사태는 평상적인 논리로서는 설명이 되질 않는다. 과연 중국에는

뿨시라이薄熙來. 1949년 7월 3일생. 산서성 정양현定襄縣 사람. 태어난 곳은 뻬이징. 혁명원로 명문가 자손.

저우용캉周永康. 1942년 12월 3일생. 강소성 무석현無錫縣 사람. 북경석유학원北京石油學院에서 지구물리 탐사를 전공. 그러니까 원래 석유채굴 전문가이다. 중화인민공화국 공안부부장, 중앙정법위원회 서기 역임.

쉬차이허우徐才厚. 1943년 6월 22일생. 요녕성 대련시 와방점瓦房店 사람. 여대시旅大市 제8중학, 하얼삔군사공정학원 전자공정계 졸업. 1971년 4월 중국공산당 가입. 중국인민해방군의 주요영도자로서 계급은 상장上將에 이르렀고, 중앙정치국 위원, 군사위원회 부주석 역임.

링지후아令計劃. 1956년 10월 22일생. 본성은 링후令狐라는 복성이다. 그 아버지 링후예令狐野는 그 두 번째 부인에게서 5명의 자녀를 낳았는데, 방침, 정책, 노선, 계획, 완성이라는 혁명용어를 써서 이름을 붙였다. 산서성 평륙현平陸縣 사람. 1976년 6월에 중국공산당에 가입. 호남대학 공상관리학工商管理學 전공으로 학부·석사를 마쳤다. 후진타오의 심복으로 중앙판공청 주임이 되었고 중공중앙통전부統戰部 부장, 정치협상회의 제12차전국위원회 부주석 역임.

무슨 일이 벌어지고 있는 것일까?

그토록 이름이 없던 무명의 지사가 어떻게 그토록 치열한 권력투쟁의 틈바구니를 뚫고 당·군·국가의 권력을 일시에 장악한 최고의 권력자가 되었는가? 14억 인구의 한 사람에 불과한 그가, 과연 그도 한 평범한 인간일진대, 어떠한 방법으로 어떠한 과정을 통하여 현존하는 지상의 최대권력이라고도 말할 수 있는 자리에 오를 수 있었는가?

생각해보라! 그가 권좌에 앉자마자 상기의 4사람을 처단할 수 있었다는 것은 그의 권력이 이미 후진타오胡錦濤는 물론 지앙쩌민江澤民의 권력양태를 능가했다는 것을 의미한다(2012년 3월 19일, 이 4사람이 주동하여 정변을 일으켰다는 것은 대체로 인정되는 사실이다. "3·19군사정변"이라고 불린다). 실제적으로 시진핑의 권력양태는 이미 떵샤오핑鄧小平의 권력을 능가했다고 사계의 전문가들은 평하고 있다. 우선 시진핑은 마오나 떵과 직접적 연緣이 없는 최초의 중국공산당 지도자이다. 후진타오만 해도 떵샤오핑이 직접 점지한 인물이었기에 지앙쩌민의 견제에도 불구하고 지도자 지위에 오를 수 있었던 것이다. 시진핑은 스스로를 평하여 "혁명의 제2세대"라고 말한다. 이 말은 무엇을 뜻하는가?

제1세대를 마오 쩌똥이라 한다면, 제2세대는 떵샤오핑, 제3세대는 지앙쩌민, 제4세대는 후진타오가 되어야 한다. 그렇다면 시진핑은 "제5세대"가 되어야 마땅하다. 그럼에도 불구하고 시진핑이 자신을 혁명 제2세대라고 말하는 것은 이미 떵샤오핑을 뛰어넘어 자신을 진정한 마오의 계승자로서 자기정체성을 규정하고 있는 것이다. 참으로 과감한 발언이라 하지 않을 수 없다.

떵은 마오가 죽은 후에야 비로소, 목숨을 부지한 덕분에, 권좌에 오를 수 있었다. 떵은 지앙에게 권력을 백지수표로 넘기지 않았다. 떵은 지앙에게 권력을 이양하면서도 군사위 주석이라고 하는 핵심 포스트는 넘기지 않았다. 마찬가지로 지앙 또한 후진타오에게 국가주석과 당 총서기 자리는 넘기면서도 군사위 주석 자리는 넘기지 않았다.

다시 말해서 후진타오시대까지는 "상왕정치"가 계속된 권력중층구조가 엄존해 있었다. 그런데 후진타오는 시진핑에게 자리를 넘길 때, 아주 깨끗하게 백지수표로 넘겨주었다. 일시에 당・국가・군의 최고지위를 다 넘겨준 것이다. 이것은 중화인민공화국의 건국 이래 최초의 새로운 국면이다. 이것은 후진타오의 권력의 단절을 의미할 뿐만 아니라, 4반세기를 유지해온 지앙쩌민 권력의 단절을 의미하는 것이기도 했다.

2012년 11월 15일, 제18차 당대회에서 시진핑을 총서기로 하는 신지도부가 선출되고 후진타오가 군사위 주석을 포함해 모든 자리를 시진핑에게 물려주고 정계에서 완전히 은퇴하기로 결정했을 때, 시진핑은 다음과 같이 당당히 선언했다.

> **"솔선해서 당 지도자의 지위를 물려준 것은 후진타오 지도부의 숭고한 인품과 절조를 나타내는 것이다."**

이것은 은퇴하는 후진타오를 치켜세우는 극찬처럼 들릴 수도 있지만, 실상 후진타오와 동반추락하는 지앙쩌민의 권력단절의 역사적 순간을 만천하에 선언하는 케리그마이기도 했던 것이다. 보통의 관계 같으면 삼사三辭(세 번 사양하고 받는다)의 분위기라도 비쳐야 한다. 그런데 시진핑은 후진타오의 공수표를 역사적 필연인 것처럼 선언하면서 당당하게 받았다. 엊그제까지도 권력의 내음새가 없는 듯이 보였던 그가 어떻게 그렇게 당당할 수 있는가? 시진핑은 출발부터 일체 원로들의 간섭을 받지 않고 정권을 운영할 수 있는 제도적 기반을 마련할 수 있었던 것이다.

몇년 전 한국외국어대학에 교환교수로 와있던 모 뻬이징대학 교수와 나는 중국어문법에 관해 주기적으로 토론하는 모임을 갖곤 했는데, 그 교수는 중국의 많은 지식인들이 시진핑의 권력을 박약한 기반 위에 서 있다고 판단하고 있으며, 리커치앙李克强이 시진핑보다는 훨씬 더 유식하고 똑똑하고 사리판단이 명확하며 지금 서열이 낮다고는 해도 최후판결은 어떻게 뒤바뀔지 장담할 수 없다고 말했다. 그때는 시진핑의 등극 이전의 상황이었다. 그만큼 시진핑은 기반이 없고 불안한 듯이 보였다.

그러나 내가 생각하기에 그 교수의 판단은 사태를 명확하게 인식하지 못했다. 중국인들도 중국현대사의 실상에 어두운 것이다. 시진핑의 권력은 리커치앙과는 비교될 수도 없는 막강한 것이다. 중국권좌의 속성으로 볼 때, 제1등과 제2등의 차이는 제1등과 제99등의 차이와도 같은 것이다. 그런데 어떻게 시진핑은 그토록 막강한 권력을 일시에 당당하게 선포할 수 있었는가? 이 문제는 실로 중국현대사 전체의 복선구조를 총체적으로 규명하지 않으면 풀릴 수 없는 인간세 희유의 미스테리라고 말할 수밖에 없다.

혁명의 성지 옌안延安에 서있는 마오쩌똥의 동상이 옌안 황토고원의 인민생활영역을 배경으로 서있는 모습이 매우 싱그럽다. 옌안에 있을 때의 마오는 정말 위대한 인간의 모습이 있었다. 그러나 그는 혁명을 칼로써가 아니라 붓으로써 완성했다. 그래서 그는 진정한 투쟁의 동지애적 너그러움을 체현하는 데는 미치지 못했던 것 같다. 1949년 10월 1일 중화인민공화국을 선포한 이후 그의 행태는 우매한 황제의 역정을 방불케 했다. 그러나 그는 아직도 혁명의 리더로서의 도덕성 때문에 중국역사의 구심점 역할을 잃지 않고 있다.

중국공산당 입당서사와 당서열구조
인치와 법치

"저는 중국공산당에 가입하는 것을 지원합니다. 본인은 당의 강령을 옹호하고, 당의 장정章程을 준수하고, 당원의 의무를 이행하며, 당의 결정을 집행하고, 당의 기율을 엄수하며, 당의 비밀을 보호하고 지킬 것입니다. 본인은 당에 충성하며, 적극적으로 공작하며, 공산주의를 위하여 죽을 때까지 분투할 것입니다. 어느 때고 당과 인민을 위하여 모든 것을 희생할 준비가 되어 있습니다. 저는 영원히 당을 배반하지 않을 것입니다.我志願加入中國共產黨, 擁護黨的綱領, 遵守黨的章程, 履行黨員義務, 執行黨的決定, 嚴守黨的紀律, 保守黨的秘密, 對黨忠誠, 積極工作, 爲共產主義奮鬪終身, 隨時準備爲黨和人民犧牲一切, 永不叛黨。"

여기 나오는 "기율엄수," "비밀보수," "희생일체," "영불반당"이니

하는 따위의 말들은 우리의 일상적 감각에는 좀 무시무시하게 들린다. 그러나 이것은 중국공산당에 가입하는 사람이라면 누구든지 암송하여 서약해야만 하는 자랑스러운 "중국공산당 당원입당서사誓詞전문"이다. 현재 이 서약을 하고 입당한 당원은 8천 8백만 명에 이른다(2014년 말 통계). 이 숫자는 날로 증가추세에 있으며 줄어들지 않는다. 다시 말해서 중국의 젊은이들은 아직도 공산당에 입당하는 것을 "꿈의 실현"으로 여긴다.

이 서사誓詞는 역사적으로 변천하였는데 현재 인용된 서사는 중국공산당 12대十二大(1982년 9월)에서 결정된 다섯 번째의 것이다. 최초의 홍군시기의 서사는 매우 간약簡約한 6마디였다: "엄수비밀嚴守秘密, 복종기율服從紀律, 희생개인犧牲個人, 계급투쟁階級鬪爭, 노력혁명努力革命, 영불반당永不叛黨。"

앞서 인용한 경향신문 기사에 "중앙정치국위원 25명"이라는 말이 있는데, 우리의 일상적 감각으로는 진실로 그 권좌의 무게를 실감하기란 결코 쉽지 않다. 중국인구를 보통 13억이라 말한다. 2014년 말의 공식 집계는 13억 6,782만인데, 실상 등록되지 않은 인구만 해도 1억은 된다고 보기 때문에 중국인구는 14억으로 말하는 것이 보다 실제정황에 가깝다. 그러니까 중국에 가면 길거리의 대략 15명 중의 한 명이 공산당원이라고 보면 될 것이다. 그런데 8,800만 명의 공산당원 중에서 중국공산당 당대회대표는 2,270명이다. 그 중에서 중앙위원이 205명이다. 그러니까 중앙위원이 된다는 것은 매 위원이 중국공산당원 40만 명 중에 한 사람의 확률로 뽑힌 것이다. 한 사람이 40만 명 이상의 중국공산당원을 대표하는 중앙위원이 205명인데, 그 중에서 중앙정치국위원(중앙위원회 전체회의에서 선거로 뽑힌다)이 25명이다. 이 25명 중에서 7명이 상무위원이다. 간칭 상위常委라 하는데(온전한 명칭은 중국공산당 중앙정치국 상무위원회 위원: 이들 역시 중앙위원회 전체회의에서 선거로 뽑힌다), 중국의 최고권좌라 말할 수 있다. 반드시 이 상무위원 7명(2007년 시진핑이 처음 뽑힐 때는 9명이었다) 중에서 한 사람, 총서기가 뽑힌다. 이 총서기가 중화인민공화국 국가주석이 되는 것이다. 중국공산당 권력구조를 알기 쉽게 도표로 표시하면 다음과 같다.

현재 중앙정치국 상무위원 7명의 명단은 다음과 같다: 시진핑(1953. 6. 중국공산당 중앙위원회 총서기), 리커치앙李克强(1955. 7. 중화인민공화국 국무원 총리). 장떠지앙張德江(1946. 11. 전국인대 상무위원회 위원장), 위정성兪正聲(1945. 4. 중국인민정치협상회의 전국위원회 주석), 리우윈산劉雲山(1947. 7. 중앙서기처 서기), 왕치산王岐山(1948. 7. 중국공산당 중앙기율검사위원회 서기), 장까오리張高麗(1946. 11. 중화인민공화국 국무원 제1부총리). 시진핑과 리커치앙을 제외한 나머지 5명은 시진핑보다 모두 나이가 많다. 다음 회기에서 물갈이가 될 운명이라는 것을 암시하고 있다.

그리고 정치국위원 25명의 나이를 보아도 과반수 이상이 시진핑보다 나이가 많다. 그리고 많은 사람이 시진핑보다도 더 화려한 경력을 가지고 있다. 그런데 이런 정치국위원 25명을 모아놓고, "너희들 조심해라! 너희들 저우용캉, 뿨시라이, 쉬차이허우, 링지후아 꼴나지 않게 조심하란 말야! 특히 가족이나 주변의 부하들이 부패·타락하지 않게 단속 잘하란 말야! 당성黨性이란 꼰대가 된다구 절로 성장하는 게 아니란 말야! 나이 하고 무관하게 방심하지 않고 끊임없이 향상노력을 해야 한단 말야! 너희들 가족 중에서 한 놈이라도 부패사실이 드러나면 가루도 안 남고 골로 갈 줄 알아라! 말 안 들으면 죽어!"

물론 말이야 점잖게 했겠지만, 알고보면 이런 소리다. 이제, 과연 독자들은 시진핑의 권력위상의 현주소를 깨달을 만도 할 것이다. 자아, 그럼 시진핑은 어떻게 이렇게 단기간 내에 막강한 권력을 장악할 수 있었을까?

우선 인간적으로 말해서 한 인간이 "반부패"를 외칠 때, 더구나 그것이 공공연한 국시國是 수준의 국가목표라고 한다면, 그 "반부패"를 외치고 겁을 주는 인간 스스로에게 부패혐의가 있거나, 사생활의 약점이 잡히거나 한다면 택도 없는 이야기가 될 것이다. 그럼 시진핑은 그토록 오랫동안(1979년부터 중앙군사위판공실비서로서 벼슬살이한 것으로 친다면 36년간 줄곧 공직생활을 했다) 관직에 있었으면서 단 한 건도 흠집 잡힐 만한 짓을 안했단 말인가? 과연 시진핑의 주변의 가족이나 친지들은 부패에 연루된 자가 없는가? 이런 문제를 시시콜콜 따질 필요는 없겠지만, 어느 정도 명료한 해답을 주기 위해서는 우선 시진핑이라는 인간의 생활사, 그 바이오그라피적인 정보를 세심하게 파들어가지 않으면 안된다.

그런데 사실 더 중요한 질문은 이런 것이다. 아무리 중국사회가 부패했다고는 하지만, 과연 한 사람이 막강한 권력을 장악하는 것이 정당한가? 중국현대사의 가장 자랑스러운 사례는 중국이 왕정의 질곡을 타파하고 전혀 새로운 공화정(정치적 결정을 내릴 수 있는 권리가 한 사람이 아닌 정치사회 구성원 전체에 속한다는 관념을 원리로 삼는 정부형태. 정치적 제도가 시민의 공동선을 증진시키는 것을 목표로 삼는다) 체제로 나아가게 만드는데 가장 큰 공헌을 한 사람, 바로 그 사람이 최고권력자의 지위에 연연하지 않은, 쑨원孫文, 1866~1925의 사례이다. 그런데 가장 부끄러운 사례는 공산혁명을 완수하고 새로 수립한 중화인민공화국의 국가질서, 그 법적 질서가 엄존함에도 불구하고 1인의 임의적 결단에 의하여 모든 합리적 체계를 묵살하고 농단하여 국가를 혼미에 빠뜨린 마오쩌똥毛澤東, 1893~1976의 사례이다.

그런데 어떤 사람은 시진핑의 막강한 권력이, 마오쩌똥과도 같은 1인 집중의 독재권력의 위험성을 내포할 수도 있지 않겠냐는 질문까지도 한다. 그러나 시진핑의 권력은 막강하지만 절대권력이 아니다. 마오의 권력은 절대권력이지만 실상 막강하지 못했다. 그것은 "루안치빠짜오亂七八糟"의 난동이었다. 마오의 권력은 임기가 없는, 오직 그의 신체적 종료만을 기다리는 황제皇帝의 권력이었다. 그러나 시진핑의 권력은 10년이라는 명료한 기한설정이 되어있는 권력이다.

10년 후에 그는 다음의 후계자에게 깨끗하게 백지수표를 물려주어야 한다. 이것은 이미 부동의 제도가 되었다. 그리고 막상 10년이라고는 하지만 관례에 따르면 차기 후계자의 위상은 이미 5년차에 열리는(2017년 10월경: 그러니까 우리나라 차기 대통령이 결정되는 것과 비슷한 시기) 중국공산당 제19차 전국대표대회(보통 중공당대회中共黨大會라고 약칭한다)에서 결정되는 것으로 예정되어 있다. 한마디로 마오의 권력을 "인치人治의 권력"이라고 한다면, 시의 권력은 "법치法治의 권력"이다.

여기 "인치人治"와 "법치法治"라는 개념이 매우 헷갈리는 방식으로 사용되고 있는데, 그 개념을 좀 명료하게 할 필요가 있다.

원래, "인치人治"라는 말은 유가의 정치사상을 대변하는 개념으로서 법가法家의 법치法治라는 개념과 상대를 이루며 그 함의도 긍정적인 맥락에서 이해되었던 개념이다. 『중용』 제20장에 보면, "위정재인爲政在人, 취인이신取人以身"이라는 말이 있다. 정치를 한다는 것은 제대로 된 사람을 얻는 데 있고, 사람을 얻는다는 것은 정치를 행하는 군주의 몸에 바른 덕성이 배어있어야만 한다는 뜻이다. 같은 장에 또한 공자의 말씀으로서 인용된 유명한 구절이 있다: "문무지정文武之政, 포재방책布在方策。 기인존其人存, 즉기정거則其政擧; 기인망其人亡, 즉기정식則其政息。"

문왕과 무왕의 이상적 정치는 목판이나 간책에 널브러지게 쓰여져 있어도, 그러한 가치를 구현할 수 있는 사람이 있으면 그 정치는 흥할 것이고, 그러한 사람이 없으면 그 정치는 쇠락하고 만다는 뜻이다. 그러니까 아무리 국가의 제도나 법laws and institutions이 잘 되어있어도 그것을 운영하는 인간의 훌륭한 덕성이 보장되지 않으면 그 법과 제도는 그 자체로는 아무런 의미가 없으며, 힘을 발휘할 길이 없다는 것이다.

여기서 말하는 "기인其人"이라는 개념은 유교의 정치사상에 있어서는 특별한 의미를 지니게 되었다. 결국 정치의 핵심은 기인其人 즉 "그 치자의 사람됨"에 있다는 것이다. 사실 내가 알기로는, 유가사상을 현대정치사적 개념의 맥락에서 "인치人治"로서 규정한 것은 샤오꽁취앤蕭公權, 1897~1981의 대작 『중국정치사상사中國政治思想史』(1941년 6월 26일 사천성 성도에서 탈고脫稿. 1954년 대만에서 출간됨)를 기점으로 하는 것이다. 샤오는 유가와 묵가의 사상을 모두 인치人治Government by Men라고 규정하였고, 법가의 사상을 법치法治Government by Law, 도가의 사상을 무치無治Government by Non-governing라고 규정하였다.

그리고 유가는 귀족관점을, 묵가는 평민관점을, 법가는 군주관점을,

도가는 개인관점을 유지한다고 보았다. 유가는 주나라 종실의 종법을 옹호하였고, 묵가는 종법을 반대하였고, 법가는 종법을 방기放棄하였으며, 도가는 일체의 제도를 염기厭棄하였다고 간결하게 규정하였다(샤오꽁취앤의 『중국정치사상사』에 관해서는 내가 하와이대학에서 나오는 학술잡지 *Philosophy East and West* Vol.31 No.3, 1981, pp.355~376에 리뷰를 한 적이 있다. Leo S. Chang張純과 공저). 그런데 법가의 원조라고 불리는 『순자』의 「군도君道」편에는 다음과 같은 명언이 있다: "유난군有亂君, 무난국無亂國; 유치인有治人, 무치법無治法。" 난군은 있으나 난국은 없다. 치인은 있으나 치법은 없다. 이것은 무슨 뜻일까?

세상을 어지럽히는 것은 결국 통치자일 뿐이고, 국가 자체를 어지러운 국가라고 규정할 수는 없다는 것이다. 세상을 질서로 몰아가는 사람은 있을 수 있으나, 법 그 자체로써 세상을 질서로 몰아갈 수는 없다는 것이다. 치인은 있으나 치법은 없다! 결국 치治Order의 주체는 법Law이 아니라 사람Man이라는 것이다. 그러니까 성악을 말하고 예악과 법의 중요성을 말한 순자도 인치라는 유가적 관점을 포기하지 않았던 것이다. 인치는 중국정치사상의 대맥을 형성한다. 그래서 조조보다는 유비를 민중이 더 사랑했던 것이다.

그러나 요즈음 중국에서 말하는 인치와 법치는 전혀 이러한 전통적 학술개념 맥락과는 성격이 다른 것이다. 요즈음의 "인치"라는 것은 최고의 통치자인 그 사람(반드시 최고통치자가 아니더라도 모든 조직의 최상위 실권자)이 객관적 법제 질서를 무시하고 권력을 주무르는 현상을 말하고,

"법치"는 그러한 난잡한 인치에 대하여 질서정연한 객관적 법률이나 법도에 따라 정치를 행하는 것을 말한다.

나는 "중국공산당 당원입당서사誓詞"를 연변대학 뒷켠에 있는 연변렬사능원延邊烈士陵園에 갔다가 우연히 목격하게 되었다. 그 붉은 판에 노란 글씨로 써있는 서사전문을 읽어보는 순간 벅찬 느낌과 동시에 두려움이 나를 엄습했다. 내가 가르치고 있는 학생의 상당수가 이런 입당맹세를 외친 젊은이들이라는 사실이 뭔가 중국사회를 바라보는 실마리를 제공하는 것처럼 보였다. 이 능원에 모셔진 열사는 17,733명인데 그 대부분이 한국인이다. 그리고 "革命烈士永垂不朽"라는 기념탑의 글씨는 1992년 당시 지앙쩌민江澤民 총서기의 글씨이다.

혁명렬사영생하리
革命烈士永垂不朽
入党誓词

무리한 미국, 합리적인 중국

요즈음 중국을 여행하다보면 고속도로변에도 인치에서 법치로 돌아가자는 표어가 눈에 많이 띄는데, 그것은 이제 마오나 떵샤오핑이나 지앙쩌민이 마구 권력을 주무르던 시대를 종언시키고 새로운 객관적 통치질서objective governing principle를 지향해나가자는 소망을 표현하고 있는 것이다. 중국사람 누구에게든지 법치와 인치, 그 뜻을 물어보면 아무도 나처럼 설명하지 않는다. 그러나 실상 그 적나라한 진의는 이러한 맥락을 내포하는 것이다. 시진핑은 유가적 가치를 사랑하지만 실상 순자적 사유를 지향하는 사람이다. 그는 사회주의 정통파라는 자기인식에서 한 치도 일탈하지 않는다.

시진핑 권력에 대한 찬반의 논의는 아직도 여러 갈래가 있지만, 그가 마오 이래의 최강의 권력기반을 이미 확보한 것은 움직일 수 없는 사실이다. 2007년까지만 해도 그토록 성세가 없고 나약한 것처럼 보였던 한 인간이 과연 어떻게 그토록 막강한 권력기반을 확보했을까? 그 기반은 무엇일까? 이러한 문제는 중국 최근세사의 통시적 관점에서 현 중국사회가 구조적으로 당면한 당위성의 문제를 총체적으로 파악하지 않으면 풀리지 않는다. 단순한 권력투쟁의 역학적 관계 속에서 해석될 수는 없는 것이다.

현대사 문제를 다룬다는 것은 매우 어려운 일이다. 당장 매일 신문에 떠오르는 기사조차도, 곧바로 내가 지금 집필하고 있는 주제에 결정적인 영향을 줄 수 있기 때문이다. 이 논문을 쓰고 있는 현재의 시점에서도 시진핑과 관련된 중대한 사안들이 마구 전개되고 있는 것이다. 며칠 전(2016년 1월 28일), 각 신문 1면에 북한의 4차 핵실험 후 미국이 추진하고 있는 고강도 대북제재안에 관하여 존 케리 미 국무장관과 중국 외교부 부장 왕이王毅(1953년생으로 시진핑과 동갑. 뻬이징 제2외국어학원에서 일본어를 전공하고 난카이대학에서 경제학석사를 획득, 주일본 중국대사를 역임. 일본통의 직업외교관. 당중앙위원)가 중국외교부에서 논의하는 과정에서 드러난 의견 차이가 소상히 실렸다.

우리나라 같으면 미 국무장관이 직접 와서 외교적으로 무엇을 강력히 요청할 경우, 그러한 레벨의 요청에 대하여 주체적으로 당당하게 이의를 제기하는 경우가 거의 없다. 이승만정권 이래 미국은 자유민주주의liberal democracy의 상징이었다. 자유민주주의 수호자로서 구세주 같은 이미지를 지녔으며 완벽한 도덕성의 구현체였다.

우리나라가 중화인민공화국과 정식으로 수교한 것은 1992년 8월 24일이다. 지앙쩌민江澤民이 중국공산당 중앙위원회 총서기로 있을 시절이었다. 수교 후 우리나라를 처음 방문한 중국의 수뇌도 지앙쩌민이었다. 1995년 11월 14일, 김영삼 대통령은 지앙쩌민과 청와대에서 한중정상회담을 갖고 국제정세와 경제협력증진방안을 비롯한 양국현안에 관해 폭넓게 논의했다. 같은 해 중국공산당 복건성위원회 부서기였던 시진핑習近平도 한국을 방문하여 한국기업을 복건성에 유치하려고 안간힘을 썼다. 지앙쩌민은 중국현대사의 구시대 패러다임에 속하는 인물이며, 시진핑은 그 패러다임을 벗어나 있다. 이 주제는 향후에 상설될 것이다.

그래서 우리는 미국의 뒷다리라도 붙잡고 살아야 하며, 미국이 요구하는 것은 무조건 따라야 한다. 그래야 미국의 보호 아래 안전할 수 있다고 하는 국민적 콘센서스가 우리나라의 모든 정치적 행위를 결정해왔다. 단 한 번도 정면으로 미국과 대결해본 적이 없는, 자기자신의 정체성을 "약소국"으로만 규정하는 멘탈리티 속에서는 그러한 외교적 문제를 초월적으로 전관全觀할 수 있는 여유가 도무지 생겨나지 않는 것이다.

한마디로 외교가 부재한 것이다. "외교"라는 것은 상대방의 강약을 불문하고 최소한 상대방을 대등한 인격체로 쳐다볼 수 있을 때만이 가능한 것이다. 아무리 강자라도 약점은 있게 마련이며, 또한 타 강자들과의 역학관계에서 발생하는, 약자가 활용할 수 있는 "패"는 무궁무진하게 존재하는 것이 인간세의 오묘함이다. 우리에게는 "외교"가 부재하고 오직 굴종과 복종과 눈치, 비겁만 존재한다. 언제 어떻게 이 모양이 되었는지 도무지 딱하기 그지없다. 사마천의 『사기』「열전」에 나오는 춘추·전국시대의 그 많은 책사들의 활약이란, 대체로 약소국을 대변하는 지혜로운 선비들이 목숨을 걸고 강대국들간의 균형과 견제를 활용하는 기지에 관한 것이다.

존 케리 미 국무부장관은 중국에게 김정은정권에게 이득을 가져다줄 수 있는 모든 국경무역을 제한하여 대북압박을 강화해줄 것을 촉구했다. 이에 대해 왕이王毅 중국 외교부 부장은 양자회담 후에 발표한 공동기자회견에서 "새로운 유엔안보리의 대북제재결의안이 한반도의 상황을 악화시켜서는 안된다. 제재는 근원적으로 국제적인 노력의 목표일 수 없다. 우리의 목표는 지역 내의 평화와 안정을 유지하는 것일 뿐이다"라고 당당히 말했다. 왕이 부장은 "한반도 비핵화, 대화·협상을 통한 문제해결, 한반도의 평화안정 중에서 어느 것도 빠져서는 안된다. 북핵문제는 대화와 협상을 통한 해결이 유일한 방법"이라고 강조했다.

자아! 이 양자의 레토릭을 한번 객관적으로 비교해보자! 미 국무장관 케리라는 인물은 깡패 두목이 타자를 묵살하는 듯한 일방적 협박의 논리만을 설파하고 있을 뿐이다. 이에 비하면 왕이의 논리는 정연한 쌍방적 대화와 협상의 가능성을 추구하고 있다. 전자는 전쟁의 논리이고 후자는 평화의 논리이다. 전자는 죽음의 논리고 후자는 삶의 논리이다. 케리는 얼떨 초점 없는 표정을 짓고 있고, 왕이는 야무지게 현실을 응시하면서 신념에 찬 자기의 논리를 설득하려고 애쓰고 있는 표정을 짓고 있다. 케리 본인 스스로 자기가 국제사회에 설득력이 있을 수 없는 일방적 강요의 논리를 펴고있다는 것을 잘 알고있는 것이다. 중국은 미국에 설득 당하지 않았다. 주체적으로 자기 보이스를 당당히 펼쳐내고 있는 것이다.

존 케리 미 국무장관이 2016년 1월 27일 중국외교부에서 왕이 외교부 부장과 대북 제재를 논의하기 위해 만나고 있다.

생각해보라! 북핵의 문제는 일차적으로 중국의 책임이 아니다. 중국도 당연히 북핵을 원치 않는다. 북핵은 오로지 그렇게 발전하지 않을 수 없는 방향으로 미국이 휘몰아온 것이다. 책임을 운운한다면 그것은 오로지 미국의 책임에 속하는 문제일 뿐이다. 미국이 저질러놓은 일의 뒷감당을 중국 보고 하라니, 중국 입장에서는 어이가 없을 수밖에 없는 것이다.

클린턴 대통령만 해도 임기 말년에는 북한을 친히 방문하여 평화적 방법으로 북핵의 발전가능성을 원천봉쇄하려는 현명한 대책을 수립했었다. 클린턴의 폭넓은 평화외교전략이 계승되지 않은 채 미국정치판도가 판갈이 된 것이 한반도의 불행이라면 불행일 수 있을 것이다. 오바마는 그의 정책기조와 무관하게 아시아의 정세에 대하여 매우 무지하고 소홀하다는 느낌을 우리로서는 지니지 않을 수 없다.

북한이 핵무기개발에 박차를 가하는 이유는 약소국으로서는 그것이 가장 비용이 적게 들면서 국제적으로 절대적인 협상의 가치를 지니는 패를 확보해주기 때문일 뿐이다. 핵무기가 약소국인 북한에게 경제적 이득을 가져오는 것도 아니고, 국격을 상승시키는 것도 아니고, 민생을 풍요롭게 만들어주는 것도 아니다. 북한사회를 점점 불안하게 만들며 외교적인 난제를 증폭시킬 뿐이다.

그런 것을 북한사회 리더들이 모를 리 없다. 그럼에도 불구하고 북한이 핵개발에 안간힘을 쓰는 것은 국력의 여유가 있기 때문에 그런 것이 아니다. 여유가 없는 약소국이기 때문에 오히려 매달릴 수밖에 없는 마지막 "깡다귀"에 불과한 것이다. 알고보면 가련한 약자의 몸부림!

생각해보라! 북한이 뭐가 그토록 대단한 것이 있는가? 북한의 예술이 대단한가? 북한의 학술이 대단한가? 북한의 일반과학 수준이 대단한가? 북한의 경제가 풍요로운가? 이렇게 검증될 수밖에 없는 다양한 사실들은 너무도 명백한 진실을 우리에게 말해주고 있다. 북한은 휘몰리고 있는 것이다. 그나마 유일한 출구가 핵무기의 위세밖에는 없는 것이다. 오~ 가련한 광대여!

기실 그것은 위세가 아닌 허세이다. 왜 그토록 위험한 허세를 부리는가? 약자의 허세는 확고한 목적을 가지고 있다. 그것은 자신의 존재감을 인정받고 싶다는 갈망이다. 어찌 북한이 원하는 것이 전쟁일 수 있으리오? 20세기의 초반의 세계사를 누빈 일본 같은 강국의 군국주의도 그토록 비참한 최후를 맞이했는데, 하물며 북한이 세계를 상대로 전쟁을 감행한다면 며칠의 허장성세는 부릴 수 있을지 몰라도 결국 자신의 패망을 초래할 뿐이라는 것을 왜 모르겠는가?

단지 핵무기는 파급력이 크기 때문에 자신의 존폐의 결과와 무관하게 상대방에게 결정적인 타격을 가할 수 있다. 그래서 냉혹한 국제관계의 현실 속에서는 거의 유일한 협상용 허세카드가 될 수 있다고 믿는 것이다. 사실 북한이 핵무기를 개발한다는 사실을 근원적으로 조급하게 "전쟁도발"이라는 사태로 바라보는 것은 오히려 위기상황을 조장하는 결과만을 가져온다.

국제관계에서 통용되는 말로서 "디퓨즈to defuse"라는 말이 있다. 폭탄이나 지뢰로부터 신관을 뽑아낸다는 말인데, 위기를 해소시키고, 긴장을 완화하고, 상황을 안전하게 만든다는 뜻으로 쓴다. 미국이 해야할 일은 대북압박을 강화해서 국제질서의 위기감을 증대시키고 미 대북협박에 국제사회가 동참하도록 만드는 것이 아니다. 북한이라는 폭탄을 디퓨즈시킴으로서 근원적으로 평화와 상생의 논리를 창출해야 하는 것이다.

미국은 민주국가이다. 그리고 얼마든지 설득될 수 있는 나라이다. 그리고 얼마든지 이권의 계산 여하에 따라 정책의 변화가 수반될 수 있는 나라이다. 미국의 역사는 고착된 것이 아니다. 미국도 변화, 진화중에 있는 것이다. 생각해보라! 내가 말하는 "북한의 디퓨즈"는, 미국이 작심만 한다면, 쉽게 이루어질 수 있는 것이다. 작심한다는 것은 곧 생각을 바꾸어도, 인식을 회전시켜도 미국에게 이득이 있을 수 있다는 것을 깨닫도록 만든다는 것이다. 그렇다면 북한을 어떻게 디퓨즈시켜야 할 것인가? 그것은 매우 간단하다.

미국이 북한에 압박을 가하는 것이 아니라, 북한을 인정하는 것이다. 북한을 증오하는 것이 아니라 사랑하는 것이다. 북한을 인정한다는 것은 무엇을 뜻하는가? 북한과 국교를 수립하고 타협과 원조의 홍정을 감행하는 것이다. 도대체 바로 코밑에 있는 위험요소였던 쿠바와, 그리고 중동화약고의 한 중심축이었던 이란과 국교를 정상화시키는 용단을 감행하는 미국이 왜 북한문제는 양아치논리에도 못 미치는 대결국면으로만 휘몰아가는가?

양아치들도 약자에 대한 배려를 할 줄 안다. 양아치들도 협상과 양보를 모르면 양아치노릇조차 할 수가 없는 것이다. 이것은 대결이 불가피해서가 아니라, 동아시아정세를 관망하는 미국의 시각이 근원적으로 무지와 탐욕과 허세와 무시에 사로잡혀 있기 때문이다.

미국은 북한을 협박하는 것이 아니라 실은 남한을 깔보고 있는 것이다. 중국도 깔봐왔으나, 중국은 더 이상 깔봄을 당하지 않는다. 만약 존 케리 국무장관의 논리에 중국이 설득되었다면 우리는 그러한 중국에게 박수를 보내야 할까? 중국이 우리의 우방이 되었다고 기뻐해야 할 것인가? 이것은 시진핑이라는 새로운 중국의 지도자가 확고한 권력기반과 안정된 역사인식과 생산적인 미래비젼을 획득함으로써 전개되는 새로운 세계사의 양상이라고 파악해야 마땅하다.

2007년 10월 3일, 내가 평양 능라도 대동강변의 5·1경기장(20만 7천 평방미터에 15만 명 수용능력을 갖춤)에서 찍은 아리랑축전. 이것 역시 구시대의 허세문화를 대변한다. 그러나 그 장쾌한 아름다움과 10만 인민이 동원되는 매스게임의 오차 없는 치열한 일체감은 인류역사상 유례가 없는 고도의 예술성을 과시하고 있다.

개성공단 폐쇄, 사드?
참으로 가소로운 이야기!

불행하게도, 케리의 헛걸음이 헛걸음으로 끝나지 않는다는 데 우리 역사의 비극이 항존한다. 미국의 협박이 시진핑 정권에게 먹히지 않았다는 사실, 북한에 대한 그릇된 인식 때문에 미국이 체면을 구겼다는 사실은 그 시점에서 종결되지 않는다. 미국은 반드시 그 구겨진 체면을 "반카이"(만회挽回에 해당되는 일본말인데 독특한 뉘앙스로서 우리말에 편입되었다. 나는 정치적 악의를 내포하지 않은 일본어계열의 어휘도 타 언어계열의 어휘와 동등하게 사용될 수 있다고 생각한다) 해야만 하는 것이다.

그런데 이건 또 웬 아닌 밤에 홍두깨인가? 박근혜정부는 케리의 참변이 있고나서 13일만에(2016년 2월 10일) 갑자기 밑도 끝도 없이 개성공단 폐쇄를 발표한 것이다. 미국은 케리의 설득이 중국에 먹혀들어가지 않자, 사드THAAD(Terminal High Altitude Area Defense, 고고도미사일방어체계)의 한반도배치문제를 제기했는데 박근혜정부는 그 문제를 긍정적으로 검토하겠다면서 공식협의에 들어갔다. 뿐만 아니라 2월 16일, 박근혜 대통령은 북한을 일방적으로 규탄하는 강경논조 일색의, 판에 박힌 내용 없는 국회연설을 했다. 아무리 잘 봐주려고 연설내용을 뜯어봐도 합리적이거나 감동적인 진실을 전하는 언사는 일언반구도 찾아볼 수 없다. 북한은 무조건 나쁜 놈이고, 무조건 타도해야 마땅하다는 것이다. 그 목표를 위해서는 국민 모두와 국제사회가 협력하여 북한을 꼼짝 못하게 만들어야 한다는 것이다. 아무리 고민해봐도, 내 상식으로는 일국의 최고지도자가 해야 할 레토릭들은 아닌 것 같다.

그런데 우리나라 언론은 이러한 사태의 전반적 추이에 대하여 그 정당성을 시인하고 찬양하는 긍정적 반응으로 도배질되어 있다. 부정적인 언설을 강하게 내비칠 수 있는 분위기가 전혀 깔려있지 않기 때문에 정당한 토의 자체가 아주 어색하고 궁색하게 느껴지곤 하는 것이다. 어떤 논리를 설득력 있게 펼칠 수 있으려면 그 배면에 그 논리를 지지하는 감정적 편안함이나 공감의 상승대가 깔려있어야 한다. 모든 것이 차단되는 높은 담벼락 밑에서 가열찬 연설은 하기 어렵다.

우선 개성공단은 정치적 이념이나 정부의 통치행위의 수단으로서 임의적으로 열고 닫고 할 수 있는 장난감이 아니다. 그것은 우리 민족이 민족화합을 향한 미래의 가능성을 위해, 남북의 소통과 협업의 현실적 채널로서 어려운 고비고비를 넘어가면서 마련한 현대사의 공든 탑이다. 이 공든 탑을 하루아침에 아무런 토의과정이 없이 갑자기 무너뜨린다는 것은 정치행위의 상궤를 벗어나는 것이다. 대한민국의 주권은 국민에게 있고, 모든 권력은 국민으로부터 나온다는 문항을 총강 제1조로 삼고있는 우리나라 헌법의 자유민주주의적 토대는 미국의 헌법이나 독립선언서에까지 소급될 수 있는데, 그 핵심사상의 하나가 록크의 자연권에 관한 것이다.

존 록크John Locke, 1632~1704는 개인의 재산권을 자연권으로 간주하였으며 정부라는 규제기관의 존립근거를 그 정부의 관할에 속한 개인의 재산권의 보호에 있다고 보았다. 다시 말해서 개인의 재산권의 보호는 민주주의의 출발점이며, 모든 보수정권의 헌법적 기강이다. 그런데 박근혜정권은 개성공단에 입주한 공장운영자들의 재산권보호는커녕, 그들

2003년 6월 30일 개성공업지구건설 착공식에 참석한 필자. 이때만 해도 이곳은 허허벌판이었다. 원래 주요군대주둔지역이었던 광활한 지역을 소개시켜 이런 공업지구를 건설한 것이다. 우리가 그동안 투자해온 자본과 무형의 자산은 천문학적 숫자에 이른다. 어찌 이 공든 탑을 대통령의 말 한마디로 무너뜨릴 수 있단 말인가!

삶의 공든 탑에 대한 애착이나 정념, 그리고 존재가치나 희망, 그 모든 것을 일시에 아무런 예고 없이 묵살하는 폭력적 행위를 눈꺼풀 하나 까닥거리지 않고 자행하였다.

그것은 연해주지역 신한촌 등의 지역에서 행복하게 살고 있던 한민족을 느닷없이 중앙아시아로 이주시키는 스탈린의 정책과 형식상 크게 다를 바 없다. 개성공단에 모든 삶의 땀방울을 송두리째 남기고 온 기업주들의 가슴에는 지금도 피멍이 맺혀 분노가 끓어오르리라! 어찌 탁상공론의 필기 쪽지 하나로 그런 국가대사의 진로를 결정 지우는 어마어마한 사건을 일으킬 수 있으랴! 화해와 상생相生의 장을 하루아침에 군사대결과 상살相殺의 장으로 바꾸다니! 메르스 허풍 하나로 국민경제가 장기침체에 이르렀던 것을 기억하는 서민들은 기억하시라! 나의 말을! 앞으로 개성공단폐쇄의 부작용은 메르스 허풍의 수천 배가 되는 광풍을 휘몰고 오리라! 개성공단이 폐쇄된 것이 아니라 우리 경제, 우리 민생의 탈출구가 원천봉쇄 되었다는 것을 기억하시라!

왜 꼭 선거 때만 되면 "북풍"이 부나? 개성공단폐쇄라는 초대강수가 총선에 유리하리라고 보는가? 과연 2010년의 천안함사태가 연이은 지방선거에 유리하게 작용했었나? 내가 말하고자 하는 것은 대한민국에는 "정치"가 부재하다는 것이다. 대한민국의 정치는 대한민국이라는 공동체의 구성원을 구속하는 공동의 결정을 내리는 합의과정이다. 그것은 반드시 대한민국 공민의 공동선을 위한, 그들 자체의 문제의식과 결단에 의한 프로세스가 되어야 한다. 그런데 일차적으로 그러한 결정과정을 대한민국 공민의 구체적 삶 이외의 외재적 허상이나 이념이라는 함수가 지배한다면 그것은 정치라 말할 수 없는 것이다. 우리의 문제는 우리 자신의 과제상황으로서, 우리의 내재적 역량으로 해결해나가야 마땅하다. 어떠한 경우에도 북한은 우리나라 정치과정의 종속함수이지 주도함수가 될 수 없다.

사드만 해도 그렇다. 그것은 미국의 대중對中·대한반도 압박이라는 차원에서 인식할 문제가 아니라, 오히려 우리가 미국을 압박할 수 있는 협상카드로서 활용할 수도 있다. 그것은 진나라에 화씨벽和氏璧을 들고 가는 조나라의 인상여藺相如가 당대의 복잡한 정세를 파악한 것처럼, 외교적 저력을 과시할 수 있는 자원으로 인식할 수도 있다. 사드를 핑계로 중국으로 하여금 북한을 견제케 할 수도 있으며, 또 미국의 군사전략에 대한 우리 스스로의 입장을 보호하는 다양한 묘책을 강구할 수도 있다. 인상여의 외교는 결국 조나라가 화씨벽을 끝내 내어주지도 않았고, 진나라가 15개 성을 내어주지도 않은 고착상태로 종결되고 말았다. 협상카드는 까발리지 않을 때만 카드인 것이다. 우리가 미국의 말을 곧이곧대로 잘 듣는다고 반드시 미국의 보호를 잘 받을 수 있는 것은 아니다. 우리의 일상적 관계에 있어서도 비굴한 친구는 보호하지 않는다. 주체성이 강한 존엄한 인격체를 오히려 잘 보호해준다. 우리는 존엄한 인격체로서 미국의 대접을 받을 수 있는 충분한 자격이 있다. 왜냐하면 한국의 지정학적 위치는 미국에게 너무도 중요하기 때문이다.

박근혜 대통령의 강경일로의 국회연설을 동아시아지역에서 체면을 과시하려는 미국의 입김으로 이해하고 말 수도 있겠지만, 아주 거시적인 관점에서 민족자결의 이니시어티브를 생각한다면, 우리는 미국의 시각을 교정시켜줄 수 있는 거대한 정치가의 혜안을 요청해야만 한다. 북한의 문제는 대결의 국면으로 몰고 가면 갈수록 미궁에 빠진다. 그리고 대북제재는 어떠한 경우에도 소기의 목적을 달성할 수가 없다. 우리는 끊임없이 민족의 진로를 스스로 결정해나가는, 모든 대결을 화해로 전환시키는, 모든 상극을 상생의 관계로 역전시키는 지혜의 대원칙을 포기하면 안된다.

야세르 아라파트 팔레스타인 자치정부 수반과도 평화를 위한 절충을 경주했던 클린턴 대통령의 버거운 시도들을 미국의 현 정권이 동아시아 정책의 기조로서 회복할 수 있는 주체적 실마리들을 우리가 스스로 마련해 나아가야 한다. 몇 년 전까지만 해도 뉴욕필하모닉이 평양에서 장중한 오케스트라를 펼치지 않았던가? 끄덕하면 "개성공단폐쇄"와 같은 대결국면으로 후퇴하는, 케케묵은 자학적 모멸의 퇴로로 역행하는 우행을 반복해서는 아니 된다. 한민족은 평화의 이니시어티브를 장악할 수 있는 충분한 역량과 국제적 환경을 지니고 있다. 오직 과거의 악몽과 이념적 경직성 때문에 스스로의 창조적 미래를 기획하고 조정하고 실천하는 슬기를 발현하지 않고 있을 뿐이다. 이 답답한 심사를, 언부진의言不盡意라, 과연 무엇으로 다 표현할 수 있으리오!

어쩌다 현금의 정치상황을 논급하다 보니 우리의 참혹한 현황에까지 이르게 되었으나, 우리가 지금 확연히 인식해야 할 것은 중국은 정치제도상의 기나긴 악습의 적폐로 인하여 물들여진, 중국사회에 내재하는 구조적 죄악들을 근원적으로 말소하고 새로운 법치, 즉 제도적 개선을 위해 보람찬 내일을 향한 행보를 계속하고 있는 반면, 우리나라는 제도적 개선이나 바른 비젼의 설정이 없이 잘 구축된 허울을 갉아먹는 비생산적인 퇴행을 대책 없이 일삼고 있다는 것이다.

최근『한겨레』(2016년 2월 15일, 국제 14면)에 "시진핑, 원로들 정치훈수 금지령"이라는 제목의 기사가 났다. 여기서 "원로들"이라는 말은, 그 함의의 핵심을 뚫고 들어가면 "원로들 중의 원로"인 그 한 사람을 타게트로 삼고 있다. 그 "원로들 중의 원로"는 말할 건덕지도 없이 "지앙쩌민江澤民"이다. 그런데 이 기사는 "중국이 원로 퇴직간부들의 영향력을 차단하는 제도적 장치를 마련했다"라는 명제로부터 시작하고 있다. 다시 말해서, "원로의 영향력 차단"이라는 문제가 지앙쩌민과 같은 특정 원로를 겨냥했을 뿐 아니라, 국가행정부서 전반에 걸쳐 퇴직한 간부들이 자기 후임들에게 영향력을 행사하는 관행을 총체적으로 차단시키는 제도적 개선을 마련했다는 의미인 것이다. 그런데 이러한 "제도적 개선"에 대하여, 한겨레신문의 베이징 특파원(성연철)은 "시 주석의 독주체제가 더 강화할 것이란 분석도 뒤따른다"라는 멘트를 달아놓고 있다. 이 기사의 소제목까지도 "시 주석 독주체제 더 강화할 듯"이라고 되어 있다.

이러한 언어사용은 아주 짤막하게 객관적 사실을 전하는 듯이 보이지만 실제로는 사실을 크게 왜곡하는 가치판단을 내포하고 있다. 전문적 지식을 갖지 못한 사람에게는 매우 평범한 사실을 전하는 진부한 내용으로 들릴 수도 있다. 그리고 시진핑이 권력자들을 다 배제시키고 혼자 독주하려나보다 하고 막연한 그림을 그릴 수도 있는 것이다. 그러나 시진핑이 말하는 "원로간부들의 영향력 차단"이라는 것은 거의 중국사회를 혁명시키고도 남을 거대한 체제변혁과 관련되어 있다.

생각해보라! 만약 리우사오치劉少奇, 1898~1969가 1959년 4월 중화인민공화국 주석이 된 후에 마오쩌똥의 영향력이 완벽하게 차단되었다고 한다면 문화대혁명이라는 비극도 일어나지 않았을 것이다. 군사주석위 떵샤오핑이 총서기 후야오빵胡耀邦, 1915~89의 노선을 개무시하지 않았더라면 천안문사태라는 비극은 일어나지 않았을 것이다. 다시 말해서 원로정치의 봉쇄라고 하는 문제는 시진핑의 개인의 권력의 향배의 문제라기보다는 마오쩌똥으로부터 지앙쩌민에 이르는 기나긴 제도적 악폐를 단절시킨다는 문제와 관련이 있다. 이것은 기실 "시진핑의 독주"와는 아무런 관련이 없다. 중국의 행정체계를 합리화시키는 가장 선행되어야만 할 핵심과제의 과감한 실천이라는 테제와 관련되어 있는 것이다.

"독주"라고 한다면, 일례를 들면 시진핑이 중앙정치국위원 25명의 의견을 전적으로 무시한다든가, 또는 군사, 행정, 사법처리에 관한 결정들이 민의에 역행한다든가, 그가 내세우는 정책비전이 일반민중의 호응을 전혀 얻지 못하든가 한다면 우리는 당연히 "독주"라는 표현을 쓸 수 있다. 그러나 원로들의 훈수를 차단한다고 하는 것은 당연히 제거되어야 할 썩은 고름살을 도려내는 것이요, 모든 행정권한의 정당한 정위正位를 회복하는 것이다. 그것이 어떻게 "독주"라는 문제와 관련될 수 있겠는가? 이것은 중국정치현실을 바라보는 시각이 아직도 케케묵은 당파싸움, 몇몇 패거리들의 권력각축이라는 안일한 인식구조에 매몰되어 있다는 것을 방증하고 있다.

"뻬이따이허회의北戴河會議"라는 것이 있다. 뻬이따이허는 하북성 친황도시秦皇岛市에 있는 유명한 해변별장지인데 이곳에서 당대회가 열리기 전에 정치국위원 현역과 원로가 함께 모여 당대회의 결의사항을 미리 토의하고 사전조율 하는 비밀회의를 연다. 이 뻬이따이허회의는 1950년대 마오쩌똥시대로부터 존속되어 내려오는 특별한 관행이었다. 이 뻬이따이허회의야말로 중국공산당 원로들의 부패가 바톤텃치 되어 계승되는 은밀한 매카니즘의 원흉이었다. 은퇴한 당 고관이 참석하여 영향력과 여론을 형성할 수 있었던 역사와 전통을 자랑하는 무대였다. 후진타오는 한때 이 회의를 중단시켰다가 결국 다시 열었다. 결국 다시 연 뻬이따이허회의에서 후진타오는 지앙쩌민의 판뒤집기에 당한다. 후 주석은 끝까지 자기 후임으로서 리커치앙李克强을 밀고 싶어했다. 그러나 그의 바램은 수포로 돌아갔다.

진정한 중국의 혁명지도자 리우사오치劉少奇. 호남사람. 장정 참가. 신사군의 조직자. 1959년부터 1968년까지 중화인민공화국 주석으로 활약하면서 대약진운동의 부작용을 잘 마무리하여 오히려 마오의 시기를 샀다. 그의 아들 리우위앤劉源(인민해방군 상장)은 시진핑을 크게 도와준다.

결론부터 말하자면 시진핑을 국가주석으로 앉힌 힘은 후에게서 왔다기보다는 지앙의 라인에서 온 것이다. 지앙쩌민—쩡칭홍曾慶紅(1939~ : 중국공산당 중앙서기처 서기, 중앙정치국 상무위원, 중화인민공화국 부주석 역임. 지앙 파워그룹의 핵심)의 현명한 연합전선에 의하여 결국 시진핑은 국가주석, 당총서기, 군위주석 자리에 오를 수 있었다. 다시 말해서 시진핑을 오늘의 모습이 있게 만든 가장 큰 공로자는 지앙쩌민이었다. 그러나 현금 시진핑의 모든 개혁화살은 지앙쩌민을 향하고 있다. 그리고 지앙의 정치사회적 영향력을 완벽하게 차단하는 제도적인 개혁도 어김없이 진행시키고 있다. 『한겨레』 기사는 시진핑이 뻬이따이허회의를 완벽하게 폐지시켰다는 내용까지 싣고 있다. 이것은 "독주"의 문제가 아니라, 자기 권력의 독주까지도 차단시키는 체제개혁의 문제인 것이다.

인간적으로 자기를 위대하게 만들고, 바른 권력을 행사할 수 있는 모든 가능성을 제공해준 은인을 죽일 수 있는가? 그럼에도 불구하고 과연 그러한 일을 할 수 있겠는가? 여기에 바로 시진핑의 위대함이 있다. 그리고 시진핑의 "지앙 죽이기"는 역사의 필연이요, 대의의 구현이다. 바로 이 점이 우리가 풀어야만 할 21세기의 『삼국지』의 한 테마인 것이다. 영웅호걸들의 이야기!

중국은 과연 일당독재국가인가?

"일당독재"라는 말이 있다. 과연 우리는 중국을 "일당독재국가"라고 불러야 할까? 중화인민공화국헌법 제1장 총강總綱 제1조는 다음과 같다: "중화인민공화국은 공인계급이 영도하는, 공농연맹을 기초로 삼는 인민민주전정專政의 사회주의국가이다. 사회주의제도는 중화인민공화국의 근본제도이다. 어떠한 조직이나 개인이 사회주의제도를 파괴하는 것을 금한다. 中華人民共和國是工人階級領導的, 以工農聯盟爲基礎的人民民主專政的社會主義國家。社會主義制度是中華人民共和國的根本制度。禁止任何組織或者個人破壞社會主義制度。"

이미 헌법 모두冒頭에 "인민민주전정人民民主專政"이라 쓰여 있으므로 중국의 사회체제를 우리의 체제와 같은 것으로 볼 수는 없을 것이다. 여기 가운데 "민주"라는 말이 들어있지만, 그 다음에 "전정專政"이라는 말은 명백히 "독재국가"임을 표방하고 있는 것이다. "민주"와

"전정"은 실제로 양립하기 어려운 개념이다. "전정"이라는 말은 프롤레타리아독재라는 개념에서 유래된 것이다. "민주전정"이란 "민주적인 독재"를 의미하는 것일까? 하여튼 좀 이해하기 어렵다. 그런데 "민주"라는 말 앞에 또 "인민"이라는 말이 있다. 사실 우리가 말하는 "민주"라는 개념의 "민民"은 어디까지나 "개인individual"이다. 한 개인의 인간으로서의 존엄과 권리가 보장된다는 의미를 내포하고 있다. 그러나 중국에서의 "인민"은 개인이 아닌 프롤레타리아계급 전체이며, 다중多衆이다.

민주의 주체가 개인이 아니라 다중의 인민이다. 따라서 "민주"의 의미도 개인의 권리를 중심으로 하는 자유민주주의사상과는 근원적으로 다르다. 개인의 권리가 아닌 다중 전체의 이익이나 복지가 개인에 우선할 수 있기 때문이다.

빠알간 표지의 중화인민공화국헌법책을 펼치면, 현행 헌법이 1982년 12월 4일 제5계 전국인민대표대회 제5차회의에서 통과되었고, 당일 전국인민대표대회 공고公告로 공포시행公布施行 되었다고 명기하고 있는데, 이것은 우리에게는 놀라운 사실이 아닐 수 없다. 우리나라의 헌법이 대한민국정부의 수립(1948년 8월 15일)과 더불어 1948년 7월 17일 제헌국회에서 공포시행된 것, 그리고 그 헌법이 오늘날 우리나라의 현행헌법과 그간 9차례의 개정의 시련을 겪었다 해도 기본적으로 사상적인 연속성을 유지하고 있다는 사실을 생각하면 중국헌법의 경우에는 그러한 연속성이 결여되어 있다는 사실에 좀 당혹감을 느끼게 된다.

우리는 1949년 10월 1일, 30만 명의 시민과 군인이 천안문광장에 모인 그 자리에서 중앙정부 주석 마오쩌똥이 중화인민공화국의 성립을 선포한 사건을 너무 문자 그대로 나이브하게 받아들이는 경향이 있다. 역사의 장은 역사서의 장처럼 니트하게neatly 넘어가지 않는다. 마오의 중화인민공화국의 선포는 전시체제 하의 선포였다. 그 시점에서 새로운 국가체제가 확립된 것도 아니고, 사회주의국가 또는 공산주의국가의 골격이 완성된 것도 아니다. 각 방면에서 아직도 긴장과 전투가 계속되고 있었고, 국가최고권력기관으로서의 전국인민대표대회도 아직 결성되지 않았다. 중국인민정치협상회의(정협)가 전인대를 대신하는 기관으로 기능하고 있었을 뿐이다. 정협의 각 정당 정식대표 142명 가운데 공산당

1949년 10월 1일, 천안문 성루에서 마오쩌똥이 중화인민공화국 중앙인민정부의 성립을 선포하고 있다. 이때만 해도 마오쩌똥의 권력기반은 취약했다. 오른쪽의 수염 기른 할아버지가 장란張瀾, 1872~1955이다. 그는 민주동맹주석이었는데 극비리 모셔와서 중앙인민정부의 부주석으로 추대되었다. 그는 정협의 상징이었다. 모택동 왼쪽 옆에 있는 사람은 린뿨취林伯渠, 1886~1960인데 호남인으로 1921년에 중국공산당에 입당한 혁명동지, 중앙인민정부위원회 비서장으로서 개국전례 개시를 선포했다.

대표는 16명에 불과했다. 그리고 이 당시는 헌법을 제정할 여유조차 없었다. 그래서 정협의 『공동강령』으로 헌법을 대신케 했다.

헌법이라고 부를 수 있는 것이 처음 제정된 것은 1954년 9월 20일 제1계 전국인민대표대회 제1차회의에서였다. 이 회의에서 통과된 4장 106조를 제1부 중화인민공화국헌법이라고도 부르고, 54헌법五四憲法이라고도 부른다. 그 뒤로 54헌법에 엄중한 결점이 있다고 판단되어 1975년 1월 17일 제4계 전국인민대표대회 제1차회의에서 제2부 중화인민공화국헌법을 통과시켰다. 그러나 이때는 모택동이 죽기 전이었으며 문화대혁명이 진행중이었다. 따라서 75헌법이라고 불리는 이 헌법은 매우 농후한 문혁색채를 띠고 있었다. 국가체제를 정당하게 대변할 수 있는 헌법의 구색을 갖추지 못했다. 그러니까 역으로 말하자면 문혁이라는 광란이 제멋대로 춤을 출 수 있었던 것도 헌정질서의 개념조차 정착되지 않은 시기였기에 그런 행태가 가능했었다고 말할 수도 있을 것이다. 모택동과 4인방의 사적인 의지가 헌법 위에 자리잡고 있었던 것이다.

그 뒤로 제3부 중화인민공화국헌법이 1978년 3월 5일에 있었던 제5계 전국인민대표대회 제1차회의 석상에서 통과된다. 모두 4장 60조에 이르는데 78헌법이라고 약칭한다. 78헌법은 4인방이 타도된 이후 형세의 변화를 반영하고는 있지만, 그것 또한 헌법으로서의 규모를 갖추지 못했다. 계급투쟁을 강령으로 견지하는가 하면 문혁시기에 사용하던 용어를 그대로 썼다. 엄근嚴勤한 헌법이 아니었다.

현재 중국이 의거하는 헌법은 82헌법인데 1982년 12월 4일 제5계 전국인민대표대회 제5차회의에서 정식으로 통과되어 반포된 것이다. 1978년 12월 중공 11계 3중전회를 기점으로 개혁개방의 거대한 변화가 일어났고, 그에 따른 사회·정치·경제·이념영역의 변화를 수용하여 근원적으로 새로운 헌법을 제정해야만 하는 필요가 발생했던 것이다. 그리하여 계급투쟁을 강령으로 하는 기본노선을 포기하고 계급관계를 과학적으로 분석하는 새로운 이론을 확립하게 된 것이다.

법치국가의 헌정주의를 표방하는 새로운 국가로서의 중국은 82헌법을 기준으로 삼는다. 75헌법과 78헌법의 문혁적 성격을 부정하고 54헌법의 정신을 계승했다고는 하지만, 54헌법도 1936년에 소련에서 제정된 스탈린헌법을 기조로 삼은 것이라서 중국의 진화된 현실에 들어맞질 않는다. 82헌법은 그 후로도 1988년 4월 7계 인대 1차회의, 1993년 3월 8계 인대 1차회의, 1999년 3월 9계 인대 2차회의, 2004년 3월 10계 인대 2차회의에서 4차의 수개修改를 거쳤다. 82헌법의 내용은 계급투쟁을 강령으로 하는 문화대혁명적 사유를 취소하고, 국가의 근본임무가 사회주의 현대화건설을 진행시키는 데 있다는 것을 못박았다.

경제특구의 설립, 조국의 평화통일대업의 실현, 개체경제가 공유제경제의 보충이라는 등등의 새로운 핵심내용을 첨가시켰다. 공민의 기본권리와 의무가 전면적으로 균형보강되었다. 전국인대의 회의제도가 보완되었다. 중국의 현행헌법이 아직도 문혁의 영향을 완전히 탈피하지 못했으며 전면적인 개정이 필요하다는 논의도 있으나 하여튼 중국의 헌법은 이상적인 완전성보다는 역사적 연변演變을 보다 충실히 반영하는 현실성이 돋보이는 법체계라 할 것이다.

지금 "일당독재"라는 얘기를 하다가 이야기가 좀 빗나갔는데, 중국이 과연 일당독재국가인가 하는 문제는 한국인들의 막연한 역사의식이나 정치체제에 관한 편견을 수정해야만 풀릴 수 있는 문제이다. 우선 "당Party"이라는 것이 무엇인가? 우리가 흔히 당, 즉 정당political party이라고 말하는 것은 구성원들 사이에 모종의 정치적 지향성의 일치를 기반으로 하여 결성되어, 국민의 이익을 집약하고, 선거민의 지지를 배경으로 정권을 담당하거나 정권의 획득을 목적으로 하는 정치집단이다. 그러니까 우리가 생각하는 정당은 대의제 민주주의를 전제로 하는 것이며, 시민과 권력을 연결하는 다리이다. 그것은 권력의 사제자이며 의회정치의 프로모터라고 말할 수 있다. 그러나 중국에는 이러한 정당정치나 전국적 규모의 선거제도가 존재하지 않는다. 국회의 핵심요소로서의 정당이 근원적으로 존재하지 않는다.

모든 국가의 정치체제라는 것은 알고 보면 그 체제를 형성시킨 역사적 체험이 반드시 그 바탕을 이루고 있다. 미국의 헌법도 독립전쟁의 승리 후에 연방파와 반연방파의 대립, 즉 국가체제를 소수 엘리트 주도의 강력한 중앙집권적 정부체제로 갈 것이냐, 일반인민에 의한 순수한 공화주의체제를 수립할 것이냐, 하는 대립의 역사적 고민 속에서 탄생된 타협의 산물이다. 그것은 기본적으로 연방파의 승리를 상징하고 있다. 하여튼 헌법이 하늘에서 뚝 떨어지는 것이 아니라 땅의 역사 속에서 어렵게 태어난 것이라는 뜻이다.

우리의 헌법이 역사성을 결여하고 있다고 하는 뜻은 1948년의 제헌국회를 이끌어 간 주체세력이 우리민족 역사적 체험의 담당자가 아닌 외재적 권위에 의하여 부과된 아웃사이더였다는 데 그 깊은 이유가 있다. 김구의 임정세력이나, 여운형이 이끈 건준세력이 해방공간 정치권력이 주체가 되었다고 한다면 우리역사의 진행방식은 매우 달라졌을 것이다.

중국역사에 있어서 개화기를 통하여 만청이라는 절대왕정의 타도를 외치고 의회민주주의를 향한 순수한 공화정의 수립을 외친 근대정신의 주류는 어디까지나 동맹회同盟會를 중심으로 한 손문세력이었다. 손문이야말로 "주향공화走向共和"의 대세였고, 주류였고, 주체였다. 그러나 이 세력은 정당한 계승자를 얻지 못했다.

1921년 7월, 상해에서 중국공산당이 결성된다. 1911년의 손문이 주도한 신해혁명을 생각하면 10년이나 뒤늦게, 그것도 아주 초라하게 시작하였다. 이때만 해도 중국공산당은 사회민주주의, 무정부주의 등등의 다양한 이데올로기가 혼재하였고, 레닌이 이끄는 코민테른의 직접적 지배를 받았다. 그리고 당시 중국 전체의 공산당원은 50여 명밖에 되질 않았다. 이 50여 명의 공산당이 불과 30년 만에 세계최대의 "당"으로 성장해갔고, 지금까지도 그 독자적 아이덴티티와 체제를 확고하게 보지하고 있는 것은 참으로 놀라운 사실이라 아니 할 수 없다.

지금 천안문에 걸려있는 마오쩌똥의 사진은 1949년 10월 1일 개국대전開國大典 때에도 이미 걸려 있었다. 그때로부터 오늘에 이르기까지 계속 걸려있는 이 사진은 중국이라는 국가의 모든 아이러니를 상징하고 있다. 마오쩌똥은 국민의 사랑을 받을 만큼 중화인민공화국의 성립과정에서 도덕성을 발휘한 큰 인물임에 틀림없다. 그리고 그러한 이유 때문에 오늘날까지 그는 국민의 사랑을 받는다. 그러나 그가 최고의 집권자가 된 후부터 그는 철저히 그러한 도덕성을 파괴했다. 그는 창업의 천재일지는 모르나 수성守成의 악마라 할 수 있을 만큼 중국인민의 희망을 좌절시켰다. 대약진운동의 과정에서 4천만 인민의, 그리고 문화대혁명의 광란 속에서 3천만의 인민이 목숨을 잃었다. 문혁의 트라우마 속에 아직도 이를 갈고, 치를 떨고 있는 인민의 억울함은 결코 개혁개방의 화사함으로 덮어질 수 없다. 나는 중국이 정말 위대한 중국이 되기 위해서는 평화롭게, 국민의 합의에 의하여 저 천안문에 걸려있는 초상화를 떼어낼 수 있어야만 한다고 생각한다. 마오의 초상화가 걸려있는 한 중국은 자신의 합리성을 개척해나가는 데 불필요한 한계를 걸어놓고 있는 셈이다.

中华人民共和国万岁
世界人民大团结万岁

당, 군, 국가의 이해

이 상해에서 결성된 공산당이 주체가 되어 결국 1927년 8월 1일에는 중국공농혁명군中國工農革命軍이 결성된다(이 명칭이 인민해방군의 최초의 명칭이다). 중국공농혁명군은 정강산井岡山에서 다시 결집된 이후, 그러니까 1928년 5월부터 중국공농홍군中國工農紅軍이라는 이름으로 바꿔어 불리기 시작했다. 그래서 우리는 보통 인민해방군의 초기명칭을 "홍군紅軍"이라고 한다. 중국의 공산당운동은 1917년 러시아 10월혁명October Revolution이 성공한 이후 1919년 5·4운동의 자유로운 사상물결의 흐름을 타고 이대조李大釗, 1889~1927의 조직적 활동을 통하여(1920년 3월 맑스학설연구회馬克思學說硏究會 조직, 동년 10월 북경공산주의소조北京共產主義小組 조직), 당으로 결성되기에 이른 것이다. 그러니까 당초에는 신문화운동의 리버럴한 사조에 바탕한 것이라 할 수도 있다. 그런데 기실 중국의 공산당결성은, 우리나라의 공산당운동의 출발보다도 뒤늦게 이루어진 것이다.

레닌의 혁명운동에 직접 가담한 조선여인 김 알렉산드라 스탄케비치 Kim Alexandra Petrovna Stankevich, 1885~1918가 백군파에 의하여 처형되기 5개월 전에, 이동휘 등 조선인 사회주의자들을 하바로프스크에 결집시켜 한인사회주의자동맹을 결성한 것이 1918년 4월 28일이다(블라디보스톡 제2차 당대회에서 한인사회당으로 재출범). 그러니까 중국공산당의 출범보다 3년이 빠르다.

그러나 한인사회당의 출발과 중국공산당의 출범은 애초로부터 그 성격이 다르다. 전자는 혁명의 자기토양을 갖지 못한 이국에서의 외로운 투쟁이었으며, 스탄케비치가 죽음 앞에서 선포하였듯이 볼셰비키혁명을 돕는 것이 궁극적으로 조국의 독립을 이룩하는 첩경이라고 믿은 혁명외적 목표가 있었다. 따라서 한인사회당의 출발은 이념적으로 취약한 구조를 지니고 있었다. 이러한 이념적 취약성은 나중에 자유시참변의 혼란에까지 이어진다.

그런데 비하면 중국공산당의 출범은 다양한 사조가 무질서하게 집결되었지만 중국사회의 근원적 문제들, 불평등사회구조의 개선, 불평등조약의 파기, 외세의 지배로부터의 해방, 근대시민사회로의 이행 등등의 매우 본질적인 주제에 대하여 확고한 이념적 스탠스를 가질 수 밖에 없었으며, 그 발전과정은 자내적 토양 속에서의 변용ideological transformation을 거치지 않을 수 없었다. 결국 소련 코민테른의 형식주의-권위주의적 지배체계 속의 모든 이념구조가 모택동의 실전주의-토착주의적인 빨치산·농민혁명이론 앞에 무릎을 꿇고 마는 것이다.

손문은 1919년 10월 10일 중화혁명당中華革命黨을 중국국민당中國國民黨으로 개편하고 혁명의 국내발판을 든든히 하기 위한 노력을 경주한다. 그러나 당시 미국·영국·프랑스와 같은 서방의 열강들은 국민당에 대한 지원을 외면했다. 손문은 일본에게도 원조의 손길을 뻗쳤으나 일본은 그 호소에 아무런 답장을 하지 않았다. 그런데 손문을 지원한 것은 레닌이었다. 우리는 국공합작이라는 손문의 정책을 좀 생소하게 바라보는 경향이 있다. 그러나 연소용공聯蘇容共·국공합작의 반제국주의 통일전선의 결성은 코민테른이 국민당을 적극 지원했다는 사실을 전제로 하면 너무도 자연스러운 귀결이다. 손문의 테제는 어디까지나 공화제를 확립하기 위한 혁명이었고, 그를 위해 사회주의운동을 포섭해야 한다는 공감의식을 망명시절부터 가지고 있었다. 손문은 공산주의라는 것도 결국 중국 고래로부터 내려오는 대동사상大同思想의 일종일 뿐이라고 생각했다. 그가 삼민주의 속에서 "민생"을 강조한 것도 사회주의적 개혁을 염두에 둔 것이다. "손대포"라는 별명이 붙은 그의 인생은 허풍이 센 인간처럼 보이기도 하지만, 그는 그만큼 작은 일에 구애됨이 없었고, 공화제의 이념에 철저했으며, 불가사의不可思議에 가까운 포용력을 견지했다. 그는 진실로 보기 드문 역사적 거인이었다.

제1차 국공합작의 가장 중요한 성과가 황포군관학교의 창설이다. 네덜란드 출신의 국제공산주의자 마링Hendricus Maring, 1883~1942은 코민테른의 대표로서 손문에게 중국혁명을 수립하는 데 무엇보다도 훌륭한 정당이 필요하며 이 정당은 반드시 노동대중과 연합하지 않으면 안 된다, 그리고 혁명적 군사역량을 확립하기 위해서는 유력한 군관학교를 만들지 않으면 안된다고 역설하였던 것이다.

황포군관학교가 창설되는 바로 그 해, 레닌은 서거하였고, 다음 해는 손문이 죽는다. 손문이 죽기 전에 한 일 중에서 가장 비극적인 결단이 장개석蔣介石, 1887~1975을 황포군관학교 교장으로 임명한 사건이다. 장개석은 철저히 자신을 손문의 접반인接班人(=승계자)으로서 위장하고, 자신의 모든 존재이유를 손문의 영화를 드러내는 것으로 가장하였지마는, 그는 철두철미 손문의 포용성을 배제하였다. 황포군관학교의 교장으로서 군권을 장악하고 그 인맥의 유대를 공고히 하면서 그는 새로운 군벌의 시대를 열었다. 그리하여 중원대전中原大戰으로 치달았던 것이다.

이 과정에서 장개석은 국가보위라는 사명을 외면하고 철저히 공산당을 박멸하는 정책을 폈다. 그러니까 공산당에 의한 홍군의 창설이라는 것은 새로운 군벌싸움의 틈바구니 속에서 살아남기 위한 처절한 자구책이었다. 손문의 포용정책이 계속되었더라면, 공산당은 정당조직으로서만 활동을 전개하고 군사적 혁명의 주체로서 성장하기 힘들었을지도 모른다. 아이러니칼하게도 홍군을 결성케 만든 것은 장개석이라고 말할 수도 있다. 남창기의南昌起義, 추수기의秋收起義, 광주기의廣州起義, 상남

손문은 1866년 11월12일 광동성 광주부廣州府 향산현香山縣 취형촌翠亨村에서 태어났다. 빈곤한 가정에서 6남매 중 5째로 태어났다. 1878년 5월 형을 따라 하와이 호놀룰루에 가서 공부하다가 뜻이 맞질 않아 17살에는 고향 향산현으로 돌아왔다. 홍콩의 발췌서실拔萃書室·중앙서원中央書院에서 공부했고, 1887년 1월에는 홍콩화인서의서원香港華人西醫書院이라는 의과대학에 들어갔다. 1892년 7월 의대를 최우수성적으로 졸업하고 마카오에 있는 경호의원鏡湖醫院(1871년에 창건)에서 의사노릇을 했다. 그가 청진기를 가슴에 걸고 있는 청년시절의 모습이 동 병원의 정원에 우뚝 서있다. 이 시절에 이미 그의 가슴은 혁명의 열기로 가득 차있었다.

HOSPITAL
KIANG WU
鏡湖醫院

기의湘南起義, 황마기의黃麻起義 등, 다양한 도시·농촌운동의 영욕을 거쳐 정강산井岡山에서 "주모군朱毛軍"이라는 홍군의 핵이 형성되기까지의 과정은 장개석의 공산당박멸이라는 불행한 군사정책이 빚어낸 하나의 생존투쟁이자, 역사적 필연이었다. 탄압은 순교적 영화를, 패배는 수많은 무용담의 감격을 지어낸다.

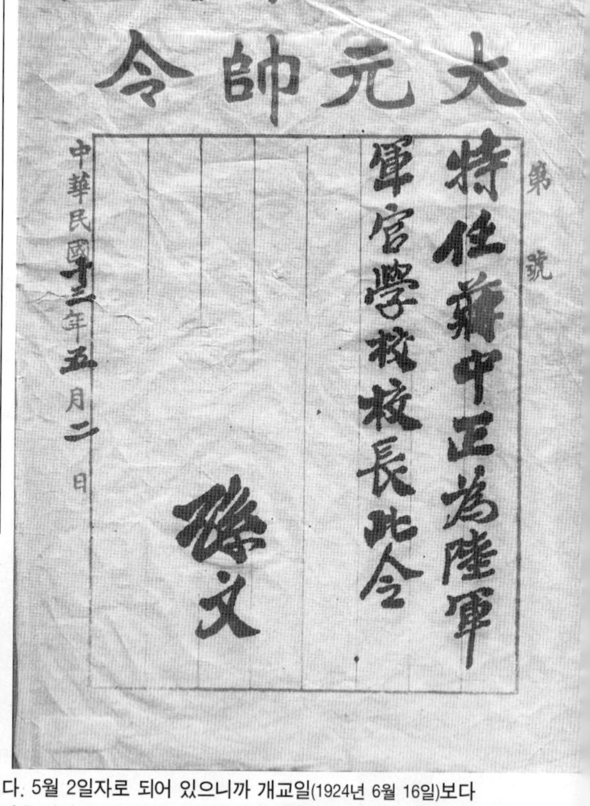

大元帥令

第 號

特任蔣中正為陸軍軍官學校校長此令

孫文

中華民國十三年五月二日

손문의 특징 중의 하나가 사람을 보는 눈이 까다롭지가 않다는 것이다. 그만큼 포용적이지만, 그만큼 낭패도 많다. 술렁술렁 일을 진행하는 그의 스타일은 대국을 관장하고 소국에 얽매이지 않는다는 것이다. 허풍쟁이라는 별명도 있지만 그만큼 그의 인격은 거대하였다. 20세기 동아시아 현대사에 있어서 손문만큼 거대한 인격을 찾기가 어렵다. 여기 손문이라는 대원수가 장중정(장개석)을 황포군관학교의 교장으로 임명하는 사령장이 있다. 5월 2일자로 되어 있으니까 개교일(1924년 6월 16일)보다 한 달 반 빠르다. 같이 찍은 사진은 학교개교일날 찍은 것이다. 장개석은 동맹회의 진기미陳其美를 통하여 손문을 처음 만났는데(1910년 6월), 손문은 장개석의 우직한 충성심에 감명을 받은 것 같다. 장개석은 황포군관학교 개교 전해에 소련을 방문했는데 그 기간 동안에 이미 그의 사상은 극도로 우경화되어 있었다.

이 홍군이 "장정長征"이라는 불가사의한 역정을 거쳐 연안 지역에 새로운 거점을 마련하고, 아사 직전의 상태에서 자기들을 괴멸시킬 수도 있는 역량을 지녔던 장학량張學良이라는 오묘한 휴매니스트의 도움을 받아 제2차 국공합작이라는 재기의 기회를 얻어 팔로군과 신사군으로 다시 웅비하는 행운의 역정은 여기 내가 부언한 필요가 없다. 내가 말하고자 하는 것은 1949년 10월 1일 중화인민공화국이 선포되기까지의 역정은 결코 마오쩌똥이라는 개인의 리더십에 의하여 독점될 수 없다는 것이다. 수없는 지사들의 헌신과 인민들의 희생, 그리고 그 세력을 적대하는 세력들 사이에서의 정치역학이 빚어내는 우연과 필연의 이중주가 그려낸 역사의 멜로디라는 사실을 우리는 망각해서는 아니 된다.

"일당독재"라는 말을 해설하다가 논지가 좀 광연廣衍되었으나, 내 말의 요지는 이러하다. 중국공산당은 1921년 7월 1일에 결성되었다(제1차 전국대표대회는 상해에서 7월 23일 개최되었으나 중국공산당 성립기념일은 7월 1일로 정했다). 그리고 이 공산당의 리더십 하에 1927년 8월 1일 홍군이 창설되었다(홍군의 최초의 명칭은 중국공농혁명군이다. 1928년 5월 이후 중국공농홍군中國工農紅軍이라 개칭되어 줄곧 "홍군"으로 약칭되었다. 제2차 국공합작 이후부터 홍군은 국민혁명군제8로군, 국민혁명육군신편제4군 등으로 발전되었다. 국공합작이 깨지고 제2차 국공내전 시기인 1948년 11월 1일부터 8로군, 신사군, 동북항일연군 등을 통합하여 "중국인민해방군People's Liberation Army of China"이라는 새로운 편제의 칭호를 사용하게 된 것이다). 그리고 홍군 즉 인민해방군이 1949년 10월 1일 중화인민공화국이라는 국가를 성립시켰다.

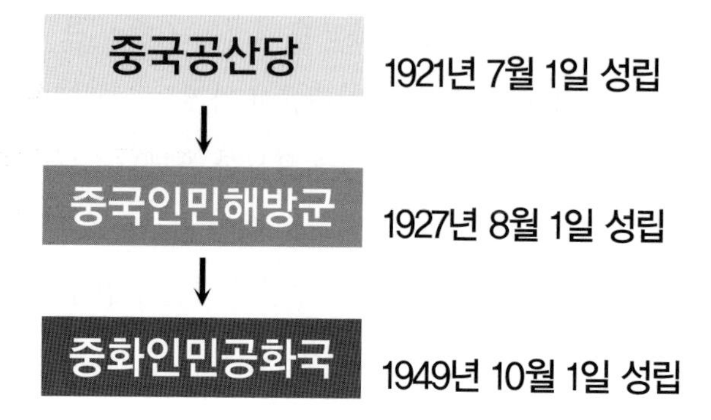

그러니까 중국의 역사적 체험에 즉해서 말한다면, 중화인민공화국이라는 나라를 성립시킨 주체는 중국인민해방군이라는 군대이고, 중국인민해방군이라는 군대의 주체는 어디까지나 중국공산당이다.

따라서 "주권재민主權在民"이라고 하는 포퓰라 소브린티popular sovereignty의 국가개념에서 본다면, 국가 위에 군軍이 있고 군 위에 당黨이 있다고 하는 중국의 국가체제는 우리의 상식적 개념으로는 잘 파악이 되지 않는다. 중국에서는 "국군國軍"이라는 말은 존재하지 않는다. 다시 말해서 국가라는 행정조직 속에서 국방부장관에게 소속되어 있는 군대가 아닌 것이다. 다시 말해서 행정수반인 대통령의 명령체계를 수행하는 조직이 아닌 것이다. 중국의 인민해방군은 국군이 아닌 "당군黨軍"이다. 형식상 군의 주체가 국가가 아닌 당黨인 것이다.

조선민족의 사회주의운동사를 생각할 때 너무도 중요한 위치를 차지하는 인물, 한국 최초의 공산주의자라는 타이틀을 지닌 휴매니스트 김 알렉산드라 스탄케비치Kim Alexandra Petrovna Stankevich, 1885~1918를 우리는 잊을 수 없다. 그녀는 우수리스크에서 멀지 않은 조선인 이민농촌마을, 시넬리니꼬보에서 태어나 매우 훌륭한 러시아교육을 받고 우랄 지방으로 가서 볼셰비키의 유력한 지도자가 되었다. 그리고 고향 지역으로 돌아와 하바로프스크에서 한인사회주의자동맹을 창립했다. 얼마 전까지만 해도 하바로프스크에서 그녀가 소비에트 외무장관으로 일했던 건물에는(칼 맑스 거리 22번지) 그녀의 얼굴이 새겨져 있는 동판이 자랑스럽게 걸려 있었으나 지금은 온데간데 없이 사라져버리고 말았다. 우리 정부가 조금만 신경을 썼다면 그 기념동판표지는 그대로 보존되었을 수 있었는데 너무도 아쉽다.

알렉산드라 스탄케비치가 하바로프스크시 소비에트 외무장관으로 일했던 건물의 전경. 내가 갔을 때는 이 건물이 레노베이션중이었다. 옛 22번지를 나타냈던 간판만 건물 안에 버려져 있었는데, 그 간판만이라도 주워올 것을 … 이 사진을 볼 때마다 그런 아쉬움이 나에게 남는다.

여기는 바로 알렉산드라 스탄케비치가 사형당한 아무르강변의 우쩌스절벽이다. 아무르강은 얼음이 깨져 흘러 내리는 소리로 쩡쩡 울리고 있었다. 스탄케비치는 하바로프스크가 일본군과 백군파에 의하여 함락되는 바람에 포로가 되어 죽는다. 악명 높은 깔뮈꼬프의 심문을 받고 죽음의 차량으로 들어간다. 심문과정에서 스탄케비치는 이와 같이 말했다: "나는 볼셰비키다. 나는 소비에트 정권, 프롤레타리아와 억압받는 제 민족의 정권을 위하여

투쟁했고 투쟁하고 있다. 나는 조선인민들이 러시아인민과 함께 사회주의혁명의 승리를 달성하는 경우에만 자유와 독립을 달성할 수 있다고 굳게 믿고 있다." 그녀는 이 절벽에서 눈을 싸맨 흰 수건을 벗어버리고 13발자국을 걸은 후 총알을 맞이했는데, 13발자국은 조선 13도를 상징했다. 그녀의 유언과 함께 핏물이 아무르강을 물들였다.

인민해방군은 국군 아닌 당군

인민해방군은 국가행정조직의 일부가 아닌 당조직 속에 편입되어 있으며, 그 정점에는 중국공산당중앙위원회가 있다. 그 아래 당중앙군사위원회가 있고, 그 아래 인민해방군총부인 총참모부, 총정치부, 총후근부總後勤部, 총장비부總裝備部인 4부가 있어 육·해·공군 및 제2포병(미사일부대)을 총괄한다(이 4부는 반부패투쟁과 연관된 2016년의 중앙군사위원회 개혁을 통하여 7개 부청으로 바뀌었다: 판공청辦公廳, 연합참모부, 정치공작부, 후근보장부, 장비발전부, 훈련관리부, 국방동원부라는 7개 부청으로 바뀜. 4부는 이미 전설이 되었다. 심양, 북경, 난주蘭州, 제남, 남경, 광주, 성도의 7대군구도 동부, 서부, 남부, 북부, 중부의 5개전구戰區로 개편되었다. 시진핑개혁이 휘몰아 온 거대한 변화라 말하지 않을 수 없다).

중국의 20세기 투쟁사는 총구로부터 국가가 생겨났고, 그 총구는 당이 지휘한다는 명제로 압축될 수 있다. 『중국공산당장정章程』 총강에도 다음과 같이 명시되어 있다: "중국공산당은 인민해방군과 기타 인민무장역량의 영도를 견지한다. 中國共産黨堅持對人民解放軍和其他人民武裝力量的領導."

그리고 『국방법國防法』 제19조에도 다음과 같이 명기되어 있다: "중화인민공화국의 무장역량은 중국공산당의 영도를 받는다. 무장역량 중의 중국공산당조직은 중국공산당장정에 의거하여 활동을 진행한다. 中華人民共和國的武裝力量受中國共産黨領導. 武裝力量中的中國共産黨組織依照中國共産黨章程進行活動."

『중국인민해방군정치공작조례』 제10조에도 다음과 같이 규정되어 있다: "중국인민해방군의 정치공작은 반드시 다음과 같은 원칙을 준수해야 한다: 당의 군대에 대한 절대적 영도를 견지해야 한다. 中國人民解放軍政治工作必須遵循以下原則: 堅持黨對軍隊的絶對領導." "당의 군대에 대한 절대영도The absolute leadership of Party over Army"는 깨질 수 없는 원칙이며, 군대가 당에 대한 독립성을 주장하거나 당과 병권을 다툰다는 등의 행위는 허락될 수 없다. 그만큼 당의 조직은 군대 내에 치밀하게 침투되어 있다.

군대가 국가의 군대가 아닌 당의 군대인 이상, 당黨이 국가에 대하여 절대적인 우위를 갖는 것은 너무도 당연한 것이다. 우리나라의 경우는 대통령이 헌법과 법률이 정하는 바에 의하여 국군을 통수하는 것으로 되어 있지만(제74조), 국군의 정치적인 중립성은 상식에 속하는 것이다.

그러나 중국의 경우 군대는 당의 영도에 예속되는 것이다. 중국은 당의 천하이다. "국國"이라는 개념이 전통적으로도 "천자의 천하"보다는 급이 낮은 제후국의 위상을 지녔다는 것을 생각하면, 논의의 차원을 달리하는 주제이지만, 오늘날의 국國과 당黨의 하이어라키도 이해가 갈 수 있다.

하다못해 대학의 조직에 있어서도 일개대학교의 수장이 총장이 아니라 그 위에 있는 당서기이며, 단과대학에도 학장보다는 당서기가 더 중요한 직책을 담당한다. "당조黨組dang-zu"가 모든 중앙・지방국가기관, 인민단체, 경제조직, 문화조직, 사회조직에 설치되어 영도의 핵심작용을 발휘하고 있는 것이다. 군대 내에도 당위원회(단團급), 기층당위원회(영營급), 당지부(련連급)가 설치되어 있어 당조직의 치밀한 네트워크가 형성되어 있다. 천안문 앞 광장을 지나가는 인민해방군의 군사퍼레이드를 보면 각 대열의 앞에 반드시 두 사람의 지휘관이 나란히 행진하고 있다. 한 사람은 군사지휘관(군사주관軍事主官이라 부른다)이고, 또 한 사람은 정치지휘관(정치주관政治主官이라 부른다)이다. 군사작전의 예선호령預先號令(준비지령)이나 작전명령의 문서에도 두 지휘관이 연서連署하도록 되어있다. 두 사람 사이에 마음이 맞을 때는 아무런 문제가 없지만 생각이 엇갈릴 때는 복잡한 문제가 생길 수도 있다. 정치지휘관은 단급團級까지는 "정치위원"(정위)이라 부르고, 영營에서는 "정치교도원," 련連에서는 "정치지도원"이라 부른다. "정치공작기관"은 대군구・집단군・사師・려旅에서는 "정치부"가 있고, 단團에는 "정치처"가 있다. 영營 이하의 단위에는 정치공작기관이 없다.

중국공산당은 당중앙군사위원회Party Central Military Committee를 통하여 인민해방군에 대한 통수권을 장악하고 있다. 그런데 1982년의 헌법에는 국가조직 내에 "국가중앙군사위원회國家中央軍事委員會State Central Military Committee"가 신설되었다. 당중앙군사위원회가 아닌 국가중앙군사위원회가 전국의 군사력을 통일지휘하고, 군사전략과 작전방침을 결정한다고 되어 있는데, 이러한 측면에서 보면, 중국의 군대는 "당군"이 아닌 "국군國軍"인 것처럼 보일 수도 있다. 국가중앙군사위원회의 주석主席은 전인대가 선출하고 파면하는 것으로 되어 있다는 측면에서 보면 더더욱 그러하다.

그러나 이것은 하나의 착각에 불과하다. 당중앙군사위원회와 국가중앙군사위원회는 이름을 달리하고 체제상 다른 조직체계 속에 위치하고

2015년 9월 3일 천안문 앞을 지나간 "중국인민 항일전쟁 및 세계반파시스트전쟁 승리 70주년 기념대회" 열병식. 이름이 매우 길고 독특하다. 우리가 알아야 할 사실은 그 이름에 "항일전쟁"이라는 말이 최초로 들어갔다는 사실이다. 그리고 이 퍼레이드야말로 시진핑권력의 분기점을 이루는 사건이었다. 권력이 안착되었다는 것을 세계사에 알린 것이다. 일본은 총리는커녕 대사도 얼씬거리지 않았다. 그런데 국가수반으로서는 푸틴과 박근혜의 참석이 상징적이었다. 박근혜 대통령의 치세기간 중 박수 받을 만한 유일한 행위였을지도 모른다. 잊지 말자! 우리 전남 광주 태생의 천재적 음악가 정율성의 노래가 중국인민해방군가라는 사실을!

있는 듯이 보이지만 이 두 개의 조직을 구성하는 멤버는 완전히 동일하다. 그러니까 이것은 2개의 조직이 같이 일하는 것이 아니라, 하나의 조직이 간판만 두 개를 내걸은 것이다. 국가중앙군사위원회는 당과 군의 국가조직과의 연계성을 표현하는 명목일 뿐이지 실질이 아니다. 인민해방군의 지도·지휘의 권한은 오직 당중앙과 당중앙군위에 집중되어 있을 뿐이다. 공산당에 의한 군의 절대지도는 국방의 순결과 통일을 확보하고 집중과 안정을 보장하는 것이다. 국가국무원 조직 내의 국방부國防部는 명목적 존재에 지나지 않는다.

설명이 좀 길어진 듯하나, 지금 논의의 요지는 중국은 당黨과 군軍과 국國이 서로 불가분不可分의 삼위일체三位一體를 형성하고 있는 독특한 체계의 국가라는 것이다.

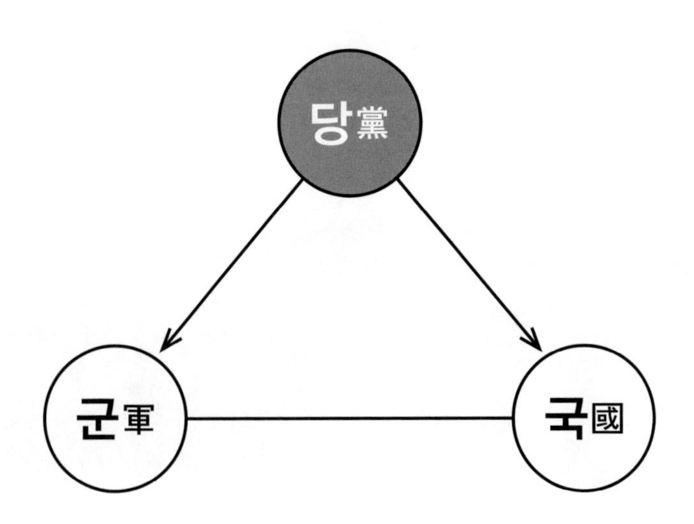

이 삼위일체 중에서도 역시 성부聖父의 절대적 위치를 차지하고 있는 것이 당이다. 이 당은 군軍과 국國의 조직 내에 물이 스미듯이 완벽하게 침투되어 있는 것이다. 이러한 당중심의 국가체계는 러시아 볼셰비키 혁명 후에 레닌의 복안에 의하여 처음 시작된 것이다. 그러나 이러한 중국식 삼위일체의 권력복합체의 유기적 끈끈함을 소련의 정치체제는 발전적으로 유지하지 못했다. 소련은 1970년대부터 당과 군대와 국가가 각각 자기 자신의 관료체계를 구축하여 이익집단화되어 갔으며, 그 사이의 긴밀한 연대가 단절되었다. 위기의 시대가 닥치자 소련의 공산당(CPSU, The Communist Party of The Soviet Union)은 기댈 국가도 군대도 없었다. 미하일 고르바쵸프의 페레스트로이카Perestroika(재구성의 뜻)와 글라스노스트Glasnost(개방)는 불가피했던 시대적 요구였지만, 결국 소련공산당 자체의 와해와 연방의 해체를 초래하였던 것이다. 그러니까 대비적으로 논구하자면 중국이 그토록 부패와 불합리와 잇따른 정변의 도가니에 휩쓸리면서도 중국공산당의 확고한 영도력과, 당과 군대와 국가의 삼위일체적인 유기적 통합성을 유지하고 있다는 것은 진실로 인류사의 한 기적적 사례라 말하지 않을 수 없는 것이다.

중국에서 최고의 권력자가 된다고 하는 것은 우리나라에서처럼 국가수반 즉 대통령이 된다고 하는 것을 의미하지 않는다. "국가주석國家主席"은 권력서열에서 하위의 개념이며, 실권을 장악하지 못한다. 반드시 "당총서기"가 되어야 하고, 더더욱 중요한 것은 "중앙군사위원회 주석"(=당중앙군사위원회 주석=국가중앙군사위원회 주석)이 되는 것이다. 중앙군사위원회 주석자리를 직접 장악하지 못한 당총서기나 국가주석은 허수아비꼴이 되는 것이다. 역사적으로 이 세 자리는(국가주석, 당총서기, 군사위원회 주석) 한 사람이 동시에 취임하는 예는 흔치 않았다. 마오쩌뚱 시대에는 마오의 두루뭉술한 주먹구구식의 절대권력 때문에 이 세 자리의 위상이 분명치 않았을 수도 있지만, 마오조차도 대약진운동과 인민공사화운동의 실패에 대한 외형적 책임을 진다는 제스츄어로, 1959년 4월, 국가주석자리를 유소기劉少奇에게 내어놓았다. 그러나 물론 모택동은 중국공산당 중앙위원회 주석자리와 당중앙군사위원회 주석자리는 죽을 때까지(1976년 9월 9일) 꽉 움켜쥐고 있었다.

우수리스크 역 앞에 아직도 우뚝 서있는 레닌동상. 레닌은 결코 페레스트로이카의 여파로 역사에서 그 위상이 무너질 인물은 아니다. 레닌은 그의 후계자 스탈린과는 달리 인류사에 "평등"이 무엇인가를 실제로 가르쳐 준 거인이었으며, 그 인간됨이 사특함이 없었다.

유소기는 국가주석과 국방위 주석(1954년부터 1975년까지는 중공중앙군사위원회와 국방위원회가 병존했다)의 자리에 취임함으로써 그의 생애를 비극적인 종말로 휘몰아가지 않을 수 없었다. 마오는 결국 유소기의 실무정치의 탁월함에 따른 자신의 위신저하를 만회시키기 위하여 "문혁"이라는 전대미문의 망동을 저질렀다. 그리고 유소기의 사후 그 빈 주석자리를 탐내는 듯한 인상을 풍긴 임표林彪, 1906~1971를 제거한다.

등소평의 경우만 해도, 우리는 1978년부터 1997년 그의 죽음까지 20년간을 "등소평시대"라고 부를 수 있는데, 그 기간 동안에도 등소평은 단 한 번도 "국가주석"의 자리에 앉지 않았다. 등소평은 "소평小平"(작은 평화, 나서지 않는 평화. 소강사회적인 평등)이라는 이름 그대로 권좌의 형식적 지위를 탐내지 않고 실질적 권력만을 장악했다. 제1세대적인 카리스마가 있는 마지막 인물이었기 때문에 그것이 가능했다. 가장 중요한 당중앙군사위원회 주석자리조차도, 1981년부터 89년까지만 차지하고 있었고, 1989년 천안문사건의 소용돌이 속에서 강택민에게 당총서기자리와 당중앙군사위원회 주석자리를 내주어 강택민체제를 구축했다. 등소평은 일생을 통하여 단 한 번도 공산당과 중화인민공화국의 최고영도인 자리를 담임한 적이 없었지만, 실제적인 최고영도인으로서의 그 카리스마가 한 번도 흔들린 적이 없다.

백묘흑묘白猫黑猫의 실사구시론, "빈곤이 사회주의는 아니다"라는 현실부응적인 강고한 신념, "솜 속에 바늘이 있다"라고 말하여지는 그의 위인爲人의 다면성은 모택동에 의하여 원칙 없이 망가져버린 중국사회를 근대화시키는 데 엄청난 힘을 발휘했지만, 상왕정치의 모델을 만들고, 개혁개방의 효율성만을 서두르고 그 효율성의 부작용을 억제할 수 있는 제도적·도덕적 원칙을 수립하지 못한 점, 그리고 인척과 측근의 부패를 방조한 점 등등은 그의 한계로 남을 뿐 아니라 후대에 악영향을 끼쳤다.

1917년 11월 6~7일(당시 러시아력으로 10월 24~25일이었기 때문에 10월혁명Octover Revolution이라고 부른다), 볼셰비키 혁명이 성공하고(우리의 김 알렉산드라 스탄케비치도 레닌의 혁명을 동지로서 도왔다), 1922년 12월 30일 소비에트사회주의공화국연맹(소련)이 출범하기까지 레닌은 헌신적으로 대중을 설득했다. 그가 만든 "소련"은 약 70년을 유지했지만 그 나름대로의 논리를 지니고 있었다.

최근 나는 주한 러시아대사 알렉산더 티모닌Alexander A. Timonin과 친구로서 한담을 한 적이 있는데, 티모닌은 미하일 고르바쵸프가 한 정치가로서 얼마나 훌륭한 비젼과 인품을 지닌 인물이었나를 말했다. 그리고 페레스트로이카가 소기한 바가 결코 소련연방의 해체가 아니었다고 말했다. 소련도 중국의 모델을 따라갈 수 있었다면 좋았을 것이라고 말했다. 그만큼 중국공산당의 국가통제력이 소련의 정치가들에게도 부럽게 보였던 것이다. 그러나 독립한 연맹국가 인민들의 입장에서 보자면 고르바쵸프의 페레스트로이카로 인해 생긴 역사의 균열, 그리고 옐친정권의 부패, 무능, 무비젼은 매우 고마운 신의 선물이었을 수도 있다.

우크라이나의 노동자들이 노동자들의 아버지 레닌을 쓰러뜨리고 있다. 나는 이 지역을 김우중 회장과 함께 방문한 적이 있다.

민주와 민본

그러니까 내가 말하고자 하는 것은 중국의 권력구조와 그 명목상의 직책구조는 최근까지도 끊임없이 진화되어온 것이며, 고정된 포스트가 변동 없이 계승되어온 것은 아니라는 것이다.

우리의 논의는 애초에 과연 중국을 "일당독재국가"라고 부를 수 있는가라는 문제와 관련된 것이다. 미국이나 일본이나 한국의 저널리스트들은 보통 중국의 정치체제를 말할 때, 일당독재라는 말을 서슴치 않고 사용한다. 나는 이 용례를 정면으로 부정할 생각은 없다. 그러나 중국공산당은 우리가 보통 "당"이라고 말할 때의 당, 즉 삼권분립체제 속의 국회를 구성하는 한 요소로서의 정당, 즉 의회정치를 전제로 하는 시민과 권력의 연결고리로서의 정당을 의미하지 않는다.

중국공산당은 그러한 국가의 한 정당a political party이 아니라 국가를 초월하는, 그러면서 군대라는 막강한 무력을 자신의 지배 속에 전속시키고 있는, 절대권력이다. 따라서 중국공산당의 중국은 일당독재의 국가라기보다는, 국가라는 전 체제가 중국공산당의 표상으로서 존재하는 당전정국가黨專政國家라 해야 할 것이다. 일당독재는 타 당의 활약에 의하여 전복될 수도 있지만, 중국공산당은 일당이 아닌 국가 전체이므로 전복될 수가 없다. 근원적으로 대상화되기가 어렵다. 천안문사태에 대하여 등소평이 취한 스탠스도 국가에 대한 당의 우월성, 그 영도력을 양보할 수 없다는 것을 의미했다. 당지도체제의 비양보라는 최후일선의 고집의 대가로 그는 개혁·개방을 급격히 추진시켰다. 그것이 바로 그 유명한 "남순강화南巡講話"(1992)이다.

그러니까 중국의 양심적인 청년학생들은 천안문광장에서 민주화를 외쳤지만, 그 외침은 결과적으로 중국공산당의 전정체제를 더욱 강고하게 제도화시켰고, 급속한 경제발전의 추진에 따른 사회불균형과 도덕적 해이를 가속화시켰다고도 말할 수 있다. 학생들의 민주화절규가 오히려 중국을 더 권위주의적이고 비도덕적인 국가로 만드는 아이러니를 초래했다고도 말할 수 있는 것이다.

우리가 중국공산당을 바라보는 시각을 "일당독재"라는 우리의 상식적 관념이 아닌 초국가적인 "또 하나의 국가"로서 세팅할 때, 매우 재미있는 문제가 발생한다.

절대권력은 절대적으로 부패할 수밖에 없다고 하는 상식적이고도 비극적인 진단 외로도, 우리는 긍정적인 측면에서 중국공산당의 전정을 분석해볼 수 있다. 우리 정치사는 분명 다당제를 전제로 하는 의회민주주의를 중심축으로 하고 있지만, 다당제의 정당간의 체크 앤 밸런스나 토의를 통한 정책의 진전 같은 것은 유명무실할 뿐 아니라, 실제로 자유당 이래 줄곧 일당독재의 전횡으로 점철되어 왔다.

중국의 공산당은 일당一黨이 아닌 전당全黨이다. 따라서 그것은 한 개의 당으로서 집권의 야욕을 불태우는 것이 아니라, 국가를 운영하는 항구

사진을 보면 "중국공산당 제18차 전국대표대회"라는 현수막이 가운데 있다. 보통 국가의 최고기관인 대회는 "전인대全人大"라 하는 것인데 "인민"이라는 소리가 들어간다. 그러나 전인대는 중요성이 떨어진다. 그 전에 열리는 "당대회"에서 모든 주요결정이 이루어지기 때문이다. 이 18차 당대회는 2012년 11월 8일부터 14일까지, 북경 인민대회당에서 2,309명의 대표의원이 출석한 가운데 진행되었다. 당대회는 5년마다의 10월에 열리는 것이 관례인데, 이 해에만 11월에 열렸다는 것은 그만큼 중국공산당 중앙위원회 총서기 선출의 사전조율이 복잡했다는 것을 의미한다.

적인 공동운명체로서의 자기책임을 지닐 수밖에 없다. 그리고 공산당은 국가와 군대의 체제 그 자체를 의미하기 때문에 그 내에서 수없이 다른 분파와 계보와 정강이 발생할 수밖에 없다. 어떤 의미에서 공산당 내에서의 다른 계보와 권력대립이 의회민주주의의 정당간의 대립보다 더 다양하고 심각할 수도 있다. 그리고 이러한 심각한 대립에도 불구하고 국가의 대계나 대의라고 하는 전체상을 상실하지 않는 어떤 긍정적 흐름을 형성할 수도 있다. 그리고 가장 결정적인 사태는 최고권좌의 리더십이 10년마다 확실하게 교체된다는 것이다. 직접선거라는 제도에 의하지

자랑스러운 최후의 7인. 좌로부터 장까오리張高麗, 리우윈산劉雲山, 장떠지앙張德江, 시진핑, 리커치앙, 위정성兪正聲, 왕치산王岐山. 18차 당대회에서 대표위원 2,309명이 참석하여 중앙위원 205명과 중앙후보위원 171명을 뽑았다. 이들이 중앙위원회를 구성하여 첫 번째 중앙위원 전체회의(1중전회, 2012년 11월 15일)에서 당중앙정치국위원 25명을 선출했다. 이 중에서 톱으로부터 7명이 중앙정치국 상무위원이 되는 것이다.

않고서 최고영도인이 바뀐다고 하는 이 사태는 사회정체停滯를 막는 확고한 매카니즘이 된다.

더구나 그 리더십의 기간이 실제적으로 10년의 전횡을 보장하는 것이 아니라, 하반기 5년은 다음 영도인과 권력을 공유하는 느낌이 있기 때문에, 실제적으로 자기 칼라를 독자적으로 발현하는 기간은 5년일 뿐이다. 전체 10년이라고 해봐야 사실 미국대통령이 보통 8년 해먹는 것보다 2년 길 뿐이다. 우리나라의 경우 어리석게도 조금 뭘 안다고 하는 사람이면 흔히 "개헌" 운운하면서, 5년제 대통령임기가 너무 짧기 때문에 미국식으로 4년 중임제로 바꾸어야 한다고 떠든다. 우리가 5년제 단임에 합의를 본 것은 종신제라 말할 수 있는 "유신헌법"의 악폐를 너무도 뼈저리게 체험했기 때문에, 우리나라의 거개의 집권세력이 "1인독재"의 제도화를 갈망하는 그러한 성향을 보여왔기 때문에, 그에 대한 쐐기를 박기 위해 "5년단임"에 합의한 것이다.

전두환이 대통령으로 취임하여 출발시킨 제5공화국의 헌법의 핵심요소도 7년단임제였고, 그것도 선거인단에 의한 간선제였다. 그것을 5년단임의 직선제로 바꾸기 위해 우리 민중은 6월항쟁(1987년)의 피를 흘려야만 했던 것이다. 5년단임제가 우리 민중이 역사적 실천과정에서 쟁취한 결과물이라고 한다면, 최소한 제6공화국의 대통령들이 그러한 제도에 충분한 의의를 구현할 만한 치정의 가치를 모범적으로 제시해왔다고 한다면, 기간을 연장하는 4년중임제도 고려할 만할 것이다.

그러나 한번 생각해보라! 5년단임이라는 제도조차 국민이 가치있다고 느낄 만한 모범을 보인 자가 단 한 명이라도 있는가? 노태우, 김영삼, 김대중, 노무현, 이명박, 박근혜, 이들 모두가 5년의 집정이 지겹게 길다는 느낌이 들 만큼, 정치의 비젼이나 위인의 역량이 빈곤했으며, 실정을 계속했고, 국민에게 희망을 안겨주는 혁신적 정강정책이 부재했다. 우리나라 정치지도자에게는 5년이 짧은 것이 아니라 너무도 긴 것이다. 이런 수준의 지도자라고 한다면, 4년중임이 아니라, "2년단임" 정도로 되면 더 합리적일지도 모른다. 계속 바뀌면서 다양한 칼라라도 민중이 맛볼 수 있을 테니깐.

5년단임제는 현재 우리 체제에 있어서 결코 불합리한 제도가 아니다. 어떤 정치인이 5년의 기간을 활용해서 자기 정치적 역량을 최대한 발휘하고, 희망의 역사를 창조하여 모든 국민이 그가 역사의 무대에서 빨리 내려오지 않기를 바라는 그러한 열망이 모아졌을 때 비로소 개헌은 가능할 수 있다. 미국의 제도가 결코 민주의 이상은 아니다. 그것은 미대륙 초기 뉴잉글랜드의 특수한 정치상황을 반영한 이권집단의 갈등의 타협의 산물이지 결코 이상적 제도가 아니다. 미국의 선거인단제도는 앨버트 고어가 떨어지고 아들 부쉬가 당선됐을 때 이미 그 엉터리성이 충분히 입증된 것이다. 그것은 단지 제도상의 결함을 의미하는 것이 아니라 미국제도의 근원적인 비민주성을 폭로하는 비극적 사태였다. 연방대법원의 재검표 중지판결 등 그 정치적 프로세스가 완벽하게 비민주적으로 진행되었던 것이다. 부시의 당선 이래 도널드 트럼프의 승승장구의 현상에 이르기까지 미국은 정치적 후진성의 늪에서 헤어나질 못하고 있는 것이다. 미국은 정치적으로 후진국가로 영락하고 있는 것이다.

한국이나 미국이나 "뛰어난" 정치인이 된다고 하는 현상의 배후에는 "잘 튄다"고 하는 경력의 축적이 있다. "뜀"이 곧 "튐"이다. 무엇에 튀는가? 무엇보다 먼저 언론에 튀어야 한다. 언론에 튀기 위해서는 시운도 중요하지만 "튀는" 행동을 잘 해야 한다. 보통 그 "튐"이 당면한 사회가 요구하는 시대사적 가치를 보편적으로 구현하는 정의로운 행동이라면 그 나름대로 정당성이 있을 수 있지만, 자본주의사회에서 언론에 "튄다"고 하는 것은 그러한 보편적 가치와 무관한 그냥 "튐"이다. 즉 인기의 상승이라는 매우 피상적인 목표를 제1의로 하고 있는 것이다. 그리고 정치인으로서 집권과정의 결정적 함수는 "선거" 그 하나가 모든 것을 지배한다. 그 정치가의 이념, 이상, 가치, 성품, 심미적 품격과 무관하게 "투표"의 결과가 그 모든 성패를 좌우한다. 표를 많이 얻으면 성공자가 되고, 못 얻으면 낭패자가 되는 것이다. 그러나 중국정치에서는 이러한 정치패턴, 정치기준이 존재하지 않는다.

중국에는 우선 대규모의 선거라는 것이 존재하지 않는다. 따라서 시운에 아부할 필요도 없고, 민중의 기호에 편승할 필요도 없다. 정치의 원리는 피상적인 민의民意가 아니라 보편적인 공의公義일 뿐이라고 말한다. 따라서 정치인이 된다는 것은 언론에 튀지 않을수록 좋고, 현실적인 치세의 업적의 우량성, 즉 실사구시의 현재적 업적을 실증적으로 쌓아가야 하는 것이다. 이러한 업적의 쌓임에 의하여 인재가 선발되는 과정은

"다수결"의 선발과는 자못 그 성격이 다르다. 이러한 업적쌓임주의를 중국에서는 "적우제積優制"라고 부른다. 적우제의 선발의 기준은 우리가 "민주民主"라고 부르는 서구적 제도와는 매우 다른 것이다.

그래서 중국의 학자들은 자기들의 정치제도를 "민주民主"라고 부르기보다는 전통적인 "민본주의民本主義"의 원리에 기초하고 있다고 항변한다. 민주 아닌 민본! 참으로 애매모호한 표현이기는 하지만, 우리가 현재 유지하고 있는 피상적인 민주제도의 여러 가지 병폐를 생각하면 그 나름대로 뭔가 있는 것 같기도 하다.

중국정치의 전범을 나타내는 경전, 『상서尙書』에는 다음과 같은 말이 있다: "백성은 가까이 할 수는 있으나 아래에 둘 수는 없다. 백성만이 오직 나라의 근본이니, 근본이 견고해야만 나라가 튼튼하다. **民可近, 不可下。民惟邦本, 本固邦寧。**"「五子之歌」.

또 이런 말이 있다: "하느님은 편애하는 자를 가지고 있지 않다. 그래서 오직 유덕자를 도울 뿐이다. **皇天無親, 惟德是輔。**"「蔡仲之命」.

그리고 『상서』「태서泰誓」편에는 잘 인용되는 다음과 같은 말이 있다: "하느님은 우리 민중의 봄을 통하여서만 보시고, 하느님은 우리 민중의 들음을 통하여서만 들으신다. **天視自我民視, 天聽自我民聽。**"

이러한 민본사상은 중국의 고경에 가득 깔려있는 보석과도 같은 것이다. 『노자』에도 "성인(위대한 통치자)은 정해진 마음이 없다. 오직 백성의 마음을 자기 마음으로 삼을 뿐이다. 聖人無常心, 以百姓心爲心。" (49장) 라고 하였다. 이러한 사상은 『맹자』에 오면 매우 구체적인 치세의 방략으로 논의되고 있다. 민중의 봄과 들음을 위배하는 군주는 하시고 민중이 갈아치울 수 있다고 하는 "혁명革命"사상을 시인한 것이다. 그는 심지어 민중의 봄과 들음을 위배하는 하느님은 하느님의 자격이 없다고

2005년 5월 17일, 목단강시에서 내가 찍은 사진이다. 1990년대 내가 북경을 갔을 때만 해도 북경은 조용했고 길거리는 자전거로 가득했다. 북경에서는 이미 자전거가 길거리를 메우는 장면은 목격할 수가 없다. 그 대신 매연이 길거리를 메우고 있다. 개혁개방으로 너무 극심하게 변해가는 중국, 그것이 세계사의 조류를 리드한다는 것 그 자체를 우리로서는 다면적 시각으로 관망해야 할 것이다.

갈파하며 그런 하느님에게 제사지낼 필요가 없다고 선포한다. 신본 종교에 대하여 민본 정치의 우위를 선언하는 것이다.

그런데 어찌하여 중국에는 아테네의 민주주의와도 같은 선거제도나, 제도적인 리더십의 교체사상이나, 귀족에 의한 왕권제약의 제도적 장치 같은 것이 발달하지 않았는가?

2005년 5월 14일 하얼삔역 앞에서. 이날 나는 이 역에서 안중근이 이토오를 쏘았던 그 자리를 마음 속에서 찾았다. 실제로 하도 변했기 때문에 그 물리적 지점을 찾아낼 수는 없었다. 안중근의 마음을 느껴본다는 것, 그 역사의 순간에 감정이입 할 수 있다는 것. 그것이 중요했다.

민주주의는 어느 곳에도 존재하지 않는다
생성중인 방편일 뿐

왜? 왜? 왜? 기실 역사라는 것은 "왜"에 답하지 않는다. 역사는 모두 우리에게 과거로서 인식된다. 그러나 그 "과거"라는 것은 모두 "미래"였다. 미래라는 것은 전적으로 "무無"다. 그 무의 가능성이라는 것은 우리의 "왜"에 합리적인 답안을 작성하는 방식으로 선택되지는 않는다. 역사에는 합리적인 정칙이 없다. 역사의 정칙이라는 것도 결국 인간이 규정하는 것일 뿐이다.

아테네의 민주주의라는 것은 우리가 알고있는 민주주의와는 맥락을 달리하는 것이다. 우선 그것은 방대한 노예인구나 이주민인구, 그리고 여자인구를 제외한 특수한(토지를 소유한) 시민계층에 한정된 문제였다. 그리고 그 인구는 3만 명 정도였으며, 아테네 전체인구 30만 명의 10분의 1에 지나지 않았다. 에클레지아Ecclesia라는 공공의 의회가 1년에 10번 열렸고, 모든 안건은 에클레지아에서 거수擧手로 판결되었는데, 대충 보아서 가·불가를 결정했다. 거수표결 이전에 찬·반의 연사들의 연설이 볼 만한 잔치였다. 에클레지아는 분명 "직접선거"제도였으나, 그곳에 참석하는 사람들이 일정하지를 않았고, 표결의 모든 방식이 매우 엉성했다. 매우 혼란스러운 정치방식이었을 수도 있다. 아테네에 줄곧 민주주의가 있었던 것도 아니고, 오직 투키디데스가 극찬한 페리클레스 Pericles, BC 495~429라는 사람만이 민주제도에 의한 집권을 장기화할 수 있었다. 플라톤은 자기 선생 소크라테스가 민주제도라는 엉터리제도 때문에 억울한 죽음을 당했다고 믿었다.

폴리스라고 하는 지극히 공간적으로 제한되고 고립된 세계 속에서 민주주의는 생겨날 수 있지만, 고대중국과 같은 거대한 토지와 인민을 지닌 곳에서는 민주주의가 발생하기가 매우 어렵다.

근대적 민주주의의 남상이라고 으시대는 영국의 의회민주주의도 귀족세력이 왕권을 제약하기 위하여 고안해낸 것일 뿐, 오히려 희랍의 민주주의보다도 더 경직된 것일 수도 있다. 우리가 말하는 민주주의는 미국이라는 신대륙과 더불어 시작된 것이라고 볼 수 있다. "신대륙"이라고 하는 새로운 시공간, 그러니까 구대륙과의 자유로운 단절이 가능한 풍토 속에서 생겨난 새로운 정치실험이 민주였다고 말할 수 있다. 그러나 미국의 민주도 미국 자체의 사상에서 생겨난 것이 아니라, 유럽전통의 아이디어를 대충 빌려온 것이다. 록크나 룻소나 몽테스키외 같은 사상가들의 삶의 체험에서 형성된 철학적 관념을 원용한 것이다. 그것이 곧 아메리카 신대륙이 원했던 이상을 표현했던 것은 아니다.

미국의 연방주의가 전국적 제도로서 안착된 것이 남북전쟁American Civil War, 1861~1865이 끝난 후의 사건이므로 우리나라의 동학운동Eastern Learning Movement 시기와 겹친다. 다시 말해서 미국의 민주주의라고 해봐야 19세기 중반에 우리 민중이 "인내천"이라는 매우 근대적인 인간평등사상을 자각적으로 구현하려고 했던 그 노력에 비해 월등히 시대적으로, 철학적으로 앞섰다고 말하기도 힘들다. 이승만이 도미하여 제일 먼저 만난 존 헤이John Hay, 1838~1905 미 국무부 장관만 해도 아브라함 링컨의 비서노릇을 했던 사람이니깐, 우리의 역사와 미국의 역사가 알고보면 그렇게 멀리 떨어져 있는 것도 아니다.

세계 의회민주주의의 법제적 남상으로 꼽는 마그나 카르타Magna Carta Libertatum. 데닝 경Lord Denning, 1899~1999이 "모든 시대를 통틀어 가장 위대한 헌법 문서이며, 독재자의 임의적 권력에 대한 개인의 자유를 확립한 위대한 문서"라고 극찬했지만, 기실 대헌장은 아주 질 나쁜 왕(잉글랜드의 킹 존King John of England)과 반역적인 남작그룹 사이의 싸움을 조정하기 위한 타협문서에 불과하다. 교황 인노센트 3세는 그 문서를 무효화시켰는데, 그로써 제1차 남작전쟁First Barons' War이 일어났다. 그것은 캔터베리 주교에 의하여 초안되어 1215년 6월 15일 루니메드Runnymede에서 비준되었다. 1216년, 1217년, 그리고 1225년에 수정되었다. 1215년의 헌장 오리지날이 4부 현존하고 있는데 하나는 링컨성당, 두 개가 영국박물관, 마지막 하나가 솔즈베리성당Salisbury Cathedral에 보관되고 있다. 나는 2003년 8월 11일, 솔즈베리성당에 가서 그 헌장의 원본을 직접 보았다. 800년의 성상을 거친 솔즈베리 원본이 그 보존상태가 가장 완벽하다. 대헌장의 내용의 대부분은 오늘날 민주주의와 별 상관이 없다. 그런데 "자유민은 이 땅의 법이나 그의 동료의 법적인 판단에 의하지 않고서는, 체포되거나 투옥되거나 빼앗기거나 범법화되거나 추방되거나, 어떠한 방식으로도 파괴될 수 없다"는 등등의 구절 때문에 권리청원the Petition of Right(1628), 인신보호법the Habeas Corpus Act(1679), 미국헌법의 권리장전the Bill of Rights(1789년 기안, 1791년 비준)에 심오한 영향을 준 것으로 평가되고 있다.

대헌장이 보관된 솔즈베리 성당의 모습

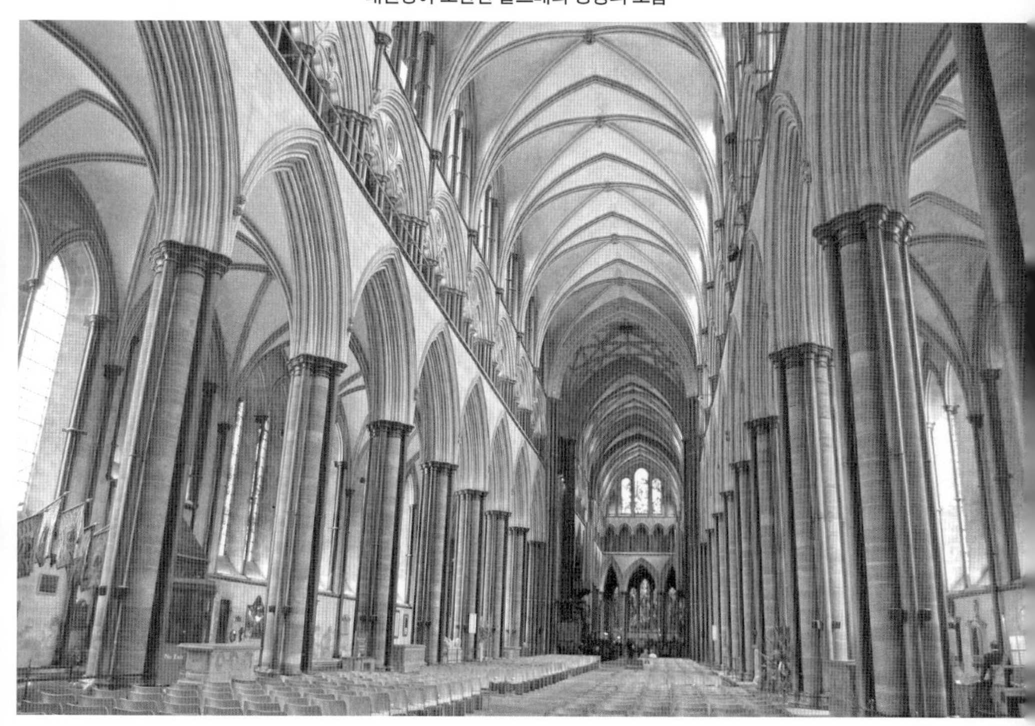

하여튼 내가 말하고자 하는 것은 민주Democracy라는 것이 대단히 유구한 서방의 전통은 아니라는 것이다. 최근 들어 전 세계에 퍼지게 된 새로운 정치질서일 뿐이라는 것이다. 그렇다면 민주는 뭐고 민본은 무엇인가?

민주Democracy란 대중*dēmos*(people)이 직접 다스린다*kratos*(to rule)는 뜻이다. 다시 말해서 민民에게 주권sovereignty을 인정한다는 것이다. 그런데 이 민주라는 말은 금방 문제를 일으킨다. 첫째는 "데모스dēmos"가 과연 누구인가라는 문제이고, 둘째는 "다스린다"고 하는 것이 어떤 방식의 다스림이냐고 하는 것이다. 민중이 직접 다스린다고 하는 예는 고전그리스시대의 아테네나 그 이후의 이탈리아 공국들에서 부분적으로 찾아볼 수는 있지만, 그것도 결국 온전한 "직접민주주의"는 아니다. 결국 국가state의 사이즈가 증대하게 되면, 직접민주주의라는 것은 원칙적으로 불가능해진다. 도시국가city-state가 민족국가nation-state로 이행하게 되면 민주주의는 한결같이 대의제라고 하는 표상정치로 옮아가지 않을 수 없다. 그리고 표상representation의 방식은 무수한 변종이 있다. 하여튼 우리가 근대적 가치로서 말하는 "민주주의"는 직접민주주의direct democracy가 아닌 간접 민주주의이며, 대의적 민주주의이며, 표상적 민주주의이다.

그리고 이 "표상representation"이라고 하는 과정의 개입은 민주주의의 본래적 소이연을 희석시키거나 왜곡시키는 여러 가지 딜레마를 끊임없이 도입한다. 민주주의 속에 살고 있다고 자부하는 인민들이 민주주의에 대하여 끊임없이 의문을 제기하지 않을 수 없는 이유는 그 표상·대의의 과정이 항상 민의를 배반하고 있다고 느끼기 때문이다. 그럼에도 불구하고 민주주의가 대체적으로 인기를 끌고 있는 이유는 1)민주제도는 잔인한 독재자의 출현을 막아준다; 2)대의과정에서 전쟁이 발생하지는 않는다; 3)민주적 정부가 대체로 비민주적 정부보다 경제적으로 융성한다; 4)민주제도가 인간발전(건강, 교육, 개인수입 등)을 도모한다; 5)민주제도는 비민주제도가 보장하지 못하는 시민들의 기본권리를 보장한다; 6)민주제도 안에서 아무래도 비민주국가에 비해 개인의 자유의 폭이 넓다; 7)민주제도 내에서는 비교적으로 높은 수준의 정치적 평등이 존재한다는 등등의 항목을 들 수 있겠으나, 이러한 우월성에 대한 확실한 보장은 존재하지 않는다. 당장의 민주정부들이 그 정부에 소속한 인민들의 문제를 얼마나 신속히 대처하고 해결해나가고 있는가에 따라서만 그 우월성은 유지될 뿐이다.

민주에 대하여 민본이란, 민을 "주主"(다스림*kratos*의 주체)로 설정하지는 않지만, 모든 정치가 민을 근본으로 삼아야 한다는 것이다. 다시 말해서 정치의 뿌리(本)가 민에 있다는 것이다. 다시 말해서 민심을 얻은 자만이 민을 다스릴 수 있는 자격을 얻는다는 것이다. 이것은 또다시 민심을 잃게 되면 그 민심을 위배한 군주는 갈아치울 수 있는 권리가 민에게 있다고 하는 "혁명사상"의 정당성이 생겨난다.

미국의 『독립선언문Declaration of Independence』에는 다음과 같은 구절이 있다.

우리는 모든 인간이 평등하게 태어났다고 하는 진리를 자명한 것으로 받아들인다. … 이러한 권리를 확보하기 위하여 정부가 인간들 사이에서 제도화되었으며, 정부는 그들의 정당한 권력을 지배당하는 인민들의 동의로부터만 보장받으며, 어떠한 형태의 정부이든지간에 이러한 목적을 파괴하는 것이 될 때에는 그 정부를 바꾸든가 철폐하는 것은 인민의 권리라는 것을 자명한 것으로 받아들인다.

이것은 죤 록크John Locke, 1632~1704의 래디칼한 사상을 반영한 것이라고 보통 말하지만, 죤 록크는 기실 다수의 지배를 가능케 하는 민주주의의 제도적 측면에 관해 별다른 관심을 보이지 않았다. 미국의 『독립선언문』을 그 논리만을 추상하여 이야기하자면, 이미 그러한 논리는 『맹자』라는 서물 속에 충분히 구현되어 있다고도 말할 수 있다. 맹자도 인간의 본성이 모두 선하다는 의미에서 평등하다고 보았으며, 결코 수단화될 수 없는 존재라고 보았다. 그리고 모든 제후의 통치는 민중의 동의가 없이는 근원적으로 불가능하며, 민심을 얻지 못하는 권력자는 얼마든지 갈아치울 수 있다고 주장했다. 군주monarch는 가벼운 존재이며 중하게 여겨야 할 존재는 민중이다(군경민중君輕民重). 민중의 삶을 파괴하는 군주는 군주라고 말할 수 없으며 그것은 인仁을 파괴하는 "한 또라이 도적놈"에 불과하다. 그러므로 얼마든지 주살할 수 있다고 주장했다. 맹자 언어의 격렬함을 생각하면 그의 혁명사상은 오늘날 우리가 심상에 그리는 동양의 전제군주통치상과는 자못 다르다.

사실 20세기 서구민주주의적인 "민주"가 "표상"이라고 하는 매카니즘을 벗어나지 못하는 한에 있어서, 표상의 최고권력자는 전통적 모나크(군주)의 실내용에서 크게 다르지 않은 상황이 비일비재하다. 한국의 민주적 대통령은 아직도 조선왕조의 왕의 이미지와 크게 다르지 않다. 이 세상의 모든 약자의 입장을 외면하는 미국의 대통령의 행태도 별로 다를 것이 없다. 우리가 보통 "자유민주주의"라는 말을 별 모순감각이 없이 사용하지만, 이 단어에서도 "자유"와 "민주"는 내면적으로 모순적 충돌을 노정시킨다.

자유는 개인의 자유를 지고의 목표로 삼으며, 민주는 소수의 편협한 이권을 초월하는 다수에 의한 보편적 정의, 공공의 선을 궁극적 지향점으로 삼는다. 개인적 자유의 우위는 최소국가, 최소정부의 논리를 낳는다. 자유주의는 정치에 대한 사법의 우위를 확보하면서 무소불위의 날개를 편다. 자유주의자에게 정의는 전제되는 것이 아니라 사후에 확인되는 것이다. 자유주의는 사법적 주권에 의존할 수 있으므로 민주주의는 거추장스러운 물건이 되어버린다. 그러나 민주주의는 자유가 없으면 민주주의를 작동시킬 수 없으므로 자유주의를 필요로 한다. 이러한 양자의 비대칭성으로 인하여 항상 자유가 민주를 제압한다. 민주는 자유의 광란을 시종 드는 하나의 허울일 뿐이다.

민주가 표상정치의 울타리를 벗어나지 않는 한, 민주주의의 권력체계는 21세기에 있어서조차도 타락한 올리가키oligarchy의 변형 이상의 행태가 아닐 수도 있다. 오늘날 훌륭하게 작동되는 민주주의도 이상적으로 작동되는 모나키monarchy나 아리스토크라시aristocracy(훌륭한 소수 *aristos*에 의한 정치) 그 이상의 것이 아닐 수도 있다. 그렇게 본다면 사실 민주와 민본은 별로 다른 것이 아닐 수도 있다.

그러나 맹자가 말하는 "민본," 그리고 진시황으로부터 광서제에 이르는 군현제 두 밀레니엄의 역사의 사상적 기저를 이룬 "민본"을 오늘 우리가 말하는 "민주"와 동차원에서 대비시킬 수는 없다. 중국의 선진 문헌은 물론 송대 관학의 선비정신을 대변하는 범중엄范仲淹, 989~1052의 그 유명한 「악양루기岳陽樓記」의 "**先天下之憂而憂, 後天下之樂而樂**"(다스리는 모든 자는 천하의 근심은 천하에 앞서 근심해야 하고, 천하의 기쁨은 천하사람이 기뻐한 후에나 기뻐해야 한다)라는 글귀가 말해주듯이, 중국처럼 "민본사상"을 철저히 인성교육의 밑바닥에 깔아놓은 그 도덕기저는 세계 어느 문명에서도 그 유례를 찾아보기 어렵다(조선문명은 그 도덕기저를 더 심화시켰다).

『중용』 20장에도 "**文武之政, 布在方策。其人存, 則其政擧; 其人亡, 則其政息。**"(문왕과 무왕의 훌륭한 정치는 목판이나 간책에 널브러지게 쓰여져 있습니다. 그러나 그러한 가치를 구현할 수 있는 사람이 있으면 그 정치는 흥할 것이고, 그러한 사람이 없으면 그 정치는 쇠락하고 말 것입니다)라는 말이 있다. 다시 말해서 민본정치의 핵심은 인성의 내면에 있다는 것이다. 민본의 가치를 구현하는 사람의 유·무에 따라 그 정치의 거·식이 결정된다는 것이다.

제도에 대한 사람의 우위를 논한 것이다. 이것을 보통 "인치人治"라 부른다. 법치의 조종이라 불리는 사상가 순자조차도 이런 말을 한다: "**法者, 治之端也; 君子者, 法之源也。**"(법이라는 것은 다스림의 말단이다. 군자야말로 법의 근원이다).

우리 어릴 때는 "British Museum"을 "대영박물관"이라고 불렀는데 그것은 "영국박물관"이라고 불러야 마땅하다. 영박에 소속된 도서관이 유명한데 바로 여기서 칼 맑스가 『자본론』을 연구하고 집필하였다. 영국은 근대적 민주주의의 남상으로 여겨지고 있지만 오늘날 브렉시트Brexit의 꼬라지를 보면, 민주주의가 얼마나 취약한 제도인가를 보여준다. 투표자의 대부분이 투표의 내용이나 결과에 대해 무지했던 것이다. 영국인민의 브렉시트 결정은 "직접민주주의"의 폐해와 터무니없는 결과에 관해 하나의 사례를 남겼다. 그것은 "영-미제국"의 축의 붕괴 내지는 퇴조를 상징하는 사건이기도 하다.

민본의 도덕적 바탕이 민주의 제도보다 더 소중

그러나 법치에 대한 인치의 우위를 아무리 논구해도, 인치는 법치의 확고한 장치가 없으면 그 가치의 항구성을 확보할 수가 없다. 맹자는 존 록크가 말하는 혁명의 정당성을 이미 설파했지만 그 "혁명"이 언제, 어떻게, 어떤 방법으로, 누구에 의하여 정당하고 확고하게 달성할 수 있는지에 관해 일체 제도적 디테일을 논구하지 않았고, 국가의 설계를 논파하지 않았다. 맹자 자신은 전국시대의 분위기 속에서 천하에 대한 거대한 통찰이 있는 인물이었지만, 치세에 관한 그의 방략은 "패도"에 대한 "왕도"의 설파였을 뿐, 왕도의 가능성에 관한 제도적 설계institutional plan가 아니었다. 그것은 국가의 플래너로서의 치열한 실천방략이었다기보다는, 유세과정중에서 왕 개인에게 설득하는 도덕적 권유moral persuasion로서 케이스 바이 케이스, 토로된 것이었다.

우선 전국시대의 제후국은 그리스의 폴리스보다는 월등히 많은 인구와 넓은 영토를 가지고 있었기 때문에 민주적 의결기구를 생각한다는 것은 현실적으로 불가능한 방략에 속했다. 뿐만 아니라, 제후국은 이미 엄청나게 세분화되고 발달한 뷰로크라시와 의례가 장엄하게 갖추어져 있었기 때문에, 그 종교적 권위의 종적인 위계질서를 깨기가 어려웠다. 신생도시국가인 아테네와는 상황이 매우 달랐다. 더구나 이념적으로 제후국의 군주는 그 상위 층차인 "천자天子"에게 예속되어 있었으며, 아무리 전국이 패도의 나라들이라고는 하지만 자기를 초월하는 권위를 인정하지 않을 수 없었다. 한 나라만의 독자적인 제도를 구상하기에는 이미 주나라 봉건질서의 전체적인 코스모스의 의례에 예속되어 있었다. 서양의 중세기적 질서가 중국에는 고대의 질서로서 엄존했다.

뿐만 아니라, 전국말기에는 대일통의 사상이 만연하여 전국의 혼란상을 극복하는 것은 통일제국의 출현밖에는 없다는 신념이 일반민중에게까지 유포되어 있었다. 맹자도 왕도를 대일통의 수단으로서 이야기했을 뿐이다. 맹자는 물론 그가 말하는 왕도가 모든 제후국을 통합한 진시황제의 전제주의적·획일주의적·무력일변도의 일통이라고 꿈에도 생각하지 않았다. 각 제후국들이 각기 상이한 아이덴티티를 유지하는 가운데 개방적인 왕도로 연합되는 거대연방 같은 것을 구상했다. 이러한 맹자의 제도적 비젼은 학계에서 상세하게 토론되지 않는다. 현대중국의 비젼이 그렇게 느슨한 왕도에 있질 않기 때문이다. 하여튼 인구, 지리, 전통, 문화, 종교 등 다양한 이유에서 "민본"은 명료한 제도적 장치를 확보하지 못한 채 수천 년을 흘러갔다.

중국은 두 밀레니엄이 넘는 기간 동안 황제권력을 정점으로 하는 중앙집권적 관료체제를 유지했는데, 이 "유지"는 수없는 왕조교체라는 혁명과정을 거쳤다 해도 매우 기적적인 것이다. 이 지구상에서 중국과 같은 거대한 고문명이 고대로부터 여태까지, 동일한 문자와 동일한 고전의 문화적 아이덴티티와 동질적 왕조의 연속성을 과시한 유례는 중국 이외의 타 문명권에서 찾아볼 수 없다.

다시 말해서 유럽역사에서는 문명의 주축이나 언어·민족의 아이덴티티가 끊임없이 이동한 데 비하여 중국은 그러한 주축의 이동이 없었

런던 테임스강변에 있는 영국의 국회의사당. 웨스트민스터 브릿지를 건너와 그 반대편에서 찍었다. 13세기로부터 영국의 의회가 열렸던 곳이지만 1834년 화재로 소실되었고 웨스트민스터홀 등의 몇 개만 살아남았다. 지금의 장엄한 고딕건물은 1840년부터 수십 년간 찰스 베리경Sir Charles Barry과 푸긴Augustus Pugin에 의하여 재건축된 것이다. 하원, 상원, 의회 건물들이 자리잡고 있다. 나는 2003년 8월 12일, 영국 의원 수명의 안내로 의사당 곳곳을 구경하였다. 의회라는 곳은 우리의 상상과는 너무도 다른, 매우 인간적인 작은 방이었다.

다는 것이다. 왕조는 변했어도, 중국이라는 체제를 유지시키는 뷰로크라시는 크게 변하지 않았다. 그 이유는 탐관오리의 발호가 있었다 할지라도 왕조뷰로크라시가 철저한 "민본"사상으로 무장되어 있었고, 그러한 민본사상은 비단 사인士人scholar-administrator의 교양일 뿐 아니라 일반민중의 도덕적 기저를 형성했다.

그러니까 민본사상은 그것이 잘 지켜지냐 안 지켜지냐의 문제를 떠나 중국, 넓게는 한자문화권의 문화적 구조, 의식의 기저, 가치의 기준을 형성했다. 민본이 민주는 아니었다 해도, 민본적 가치는 매우 깊게 문명의 피륙으로 침투되었던 것이다. 서구에서 민주가 발달하게 된 것은 순수히 정치적인 역학에서 일어나게 된 사건이라기보다는 신과 인간, 교황과 국왕, 세속과 신권의 대립이라는 헤브라이즘적인 신화구조가 장착되어 있었기 때문이다. 럿셀이 말하는 대로, 아우구스티누스가 구상한 교회권력의 모든 정서적 구조 속에는 이미 칼 맑스가 구상한 공산당권력과 혁명과 공산사회의 도래가 그대로 장착되어 있었다.

야훼 Yahweh = **변증법적 유물론** Dialectical Materialism

메시아 The Messiah = **칼 맑스** Karl Marx

선민 The Elect = **프로레타리아** The Proletariat

교회 The Church = **공산당** The Communist Party

재림 The Second Coming = **혁명** The Revolution

지옥 Hell = **자본가의 처벌** Punishment of the Capitalist

천년왕국 The Millennium = **공산사회의 도래** The Communist Commonwealth

다시 말해서 중세교권의 모든 명분의 세속화가 곧바로 평등사회를 구현하는 20세기의 가장 어드밴스드 된 정치철학이 될 수 있는 것처럼, 신에 대한 인간의 승리를 구현하는 르네쌍스의 정신은 계약에 의한 왕권의 타도를 쉽사리 외칠 수 있었던 것이다. 그러나 아이러니칼 하게도 인간과 인간의 관계로 엮여진 인본주의사회에서는 관권이 철저히 민본에 대한 책임의식을 지니고 있었기 때문에 왕정의 근원적 전복이나 해소는 쉽게 구상될 수 없었다

하여튼 나는 이 자리에서 중국의 전통사상인 "민본"을 디펜드할 생각은 없다. 단지 중국공산당의 전정에도 매우 심오한 "민본"사상이 깔려있으며, 그것은 중국적 전통가치를 계승한 것이라는 사실만을 지적하려는 것이다. 우리는 우리의 정치체제가 지향하는 가치 이외의 시스템에 대하여 보다 객관적인 이해를 해야한다.

중국을 제대로 이해하지 못하는 것은 곧 우리 국민이 북한의 정치체제나 정치역학이나 북한국민정서를 전혀 이해하지 못하는 사태로 연결되는 것이다. 북한의 체제가 엄존하는 한, 우리는 그들의 주체적 논리에 따라 그 가치를 형량할 필요가 있다. 나의 피상적 인식 속에서 그들의 존재성을 평가하고 무시하면, 그 결과는 나의 무지를 가중시킬 뿐이며 올바른 민족공존의 진로를 도모할 수 없게 된다.

중국 "당-군-국"의 삼위일체체제 속에서 가장 두드러진 성과는, 그들이 전통적 중국문관제도의 정수를 이루는 "적우제"의 방식에 의하여

상당히 안정적으로 민본적 가치를 구현하는 리더십을 구축해나가고 있다는 사실이다. 우리의 "팀"이나 "정당연줄"이나 "선거"에 의하여 형성되어가고 있는 리더십의 퀄리티에 비하여 훨씬 더 "천하위공天下爲公"의 이상을 구현하는 상층인력인프라가 잘 구축되고 있다는 사실을 부정할 수 없다. 현재 중국은 "인치人治"라는 말을 매우 부정적으로 사용

"천하위공天下爲公"이라는 구절은 손문이 일평생 자기의 소신을 표현한 말로서 유명한데, 그것은 『예기』「예운」편에서 왔다. "대동大同"사회의 핵심으로 표방된 공자의 가르침이다. 이 구절을 많은 사람이 애매하게 잘못 해석하는데 천하는 목적어이다. 따라서 "천하를 공으로 삼는다"라고 읽어야 한다. 천하 그 자체를 자기의 사물私物로 생각하는 "천하위가天下爲家"(천하를 자기집으로 생각한다)와 대립되는 말이다. 천하위공은 공화정, 리퍼블릭의 라틴어 어원이 "공적인 것"을 뜻하는 바와 동일하다. 옆의 말은 그가 서거할 때 남긴 유촉遺囑인데 왕정위가 받아썼다: "혁명이 아직 성공하지 못했으니, 동지들은 여전히 변함 없이 노력하시오"(1925년 3월 11일). 위대한 혁명가의 생애였다.

하고 있지만 결국『중용』에서 말하는 "기인존其人存, 즉기정거則其政擧"의 인본주의원칙은 대원리로 작동하고 있는 셈이다.

대중정치로서의 민주도 결국은 인민 모두가 천하위공의 가치관을 몸에 습득하지 않는 한 이루어지기 어렵다. 직접민주주의의 한 사례라 할 수 있는 영국의 국민투표(2016년 6월 23일)에서 브렉시트Brexit(영국의 유럽연합탈퇴)의 판결이 내려진 사태는 영국의 이스태블리쉬먼트의 무지와 몽매, 그리고 맹목성을 잘 말해주고 있다. 민주전통이 가장 오래되었고 국민의 지적 수준이 가장 높다고 평상적으로 인상지어져온 영국문명조차 얼마나 창조적 지적 소수와 대중이 유리되었는지, 그 괴리감을 잘 폭로시켜주고 있다.

결국 민주라는 제도를 작동시키는 것은 좋은 법률만으로는 불가능한 것이다. 그것은『중용』이 말하는 "기인其人"의 원리가 반드시 우선적으로 고려되어야 한다. 사람이 없으면 정치는 돌아갈 수가 없다. 페리클레스Pericles가 없이는 아테네의 민주정은 운영될 길이 없었다.

민주는 근원적으로 불가능하다. 민 전체가 크라티아의 주체가 될 수는 없다. 전쟁도 병사가 싸우는 것이지만 그 병사가 어떤 리더를 만나느냐에 따라 승패가 엇갈린다. 현대사회에서 민주는 결국 "대의제"를 거치지 않고서는 구현될 길이 없다. "대의제"는 한 군주의 인격에 의존하는 것보다는 보다 안정성과 다양성이 있다는 것일 뿐이지만 그것도 훌륭한 리더의 카리스마가 없으면 군주제보다 못할 수도 있다. 정치는 현실일 뿐이다. 그것은 이상이 아니다. 정치는 현실의 범위 속에서 이상을 넓혀 나가고 있을 뿐이다.

내가 시진핑의 생애를 바라보는 시각은, 바로 민본제도의 핵심이라 말할 수 있는, 공과에 대한 심사를 강조하는 관리선발시스템이 어떻게 당정黨政쌍행정체제 속에서 구체적으로 작동하는지를 살펴보는 것이다. 시진핑이라는 "기인其人"이 14억의 인구 중에서 14억의 한 사람일 뿐인 "그 사람"으로 선발되어간 그 생애의 우연과 필연은 『삼국지』의 어느 캐릭터보다도 더 중국적인 재미와 스릴을 과시하고 있다. 그리고 그의 생애의 전 체험과정은 단지 시진핑 개인의 생애가 아닌 중국현대사의 제도사적 진화과정이 오버랩 되어 있다.

그런데 나는 이러한 문제의 대강을 이미 JTBC "차이나는 도올"이라는 프로그램을 통하여 충분히 강술하였다. 그러므로 이 논고에서는 가급적으로 간단히 시진핑의 생애를 약술하고, 그가 겪고 풀어야만 했던 정치투쟁의 미스테리를 스케치하려 한다. 그리고 중국이 시진핑이라는 리더를 맞이하여 풀어나가야만 할 근원적인 문제들을 간단하지만 치열하게 논구하고자 한다.

세느강변에 있는 노틀담사원. 파리의 진정한 중심에 있는 중세 고딕건물의 대표적 건축물이다. 세느강변에서는 이 건축의 남면을 볼 수 있다. 지금 내가 쳐다보고 있는 입구는 노틀담사원의 서면이다. 노틀담이란 "우리의 부인"(Our Lady)이라는 뜻인데, 성모 마리아를 지칭한다. 이 불란서 고딕건축은 교회건물로서는 가장 많이 알려졌고 가장 아름다운 건축으로 인식되고 있는데, 1년에 천만 명 이상의 관광객이 다녀간다. 이 건물터에 아주 오래 전부터 있던 갈리아-로마사원은 신 미트라God Mithra에게 봉헌된 것이었다.

현재 이 사원은 모리스 드 술리 주교Bishop Maurice de Sully의 디자인에 따라 1163년부터 건축이 시작되었는데, 14세기에나 대강 완성되었다. 이 성당은 불란서혁명 기간에 심하게 파손되었다. 불란서혁명의 정신이 반종교적이었기 때문에 이 종교적 상징물을 달갑게 생각하지 않았다. 그것은 억압의 상징이었을 것이다. 1845년~1864년 사이에 대대적인 레노베이션작업이 이루어졌다. 사원 내부의 길이만 해도 130m, 48m 폭에 높이가 35m. 6천 명의 신도를 수용한다. 전체적 발란스의 세부적인 비대칭성은 지루함을 덜기 위한 천재적인 심미감이 유감없이 발현되고 있다. 아름답기 그지없다. 서구 근세문명은 그리스도교 종교문명의 계승과 항거라는 역학 속에서 논의될 수밖에 없다. 유문儒門의 인문주의적 연속성과는 차원을 달리하는 것이다.

내가 나의 생애에서 처음 자금성을 보았을 때는 그 웅장한 스케일과 정교한 심미감에 압도하는 감동이 있었다. 그러나 요즘 가보면 관광객이 너무 많아 지저분하고 매연에 덮여 아름다운 자태가 보이지 않는다. 스케일이 크다는 것만으로 이제 사람을 압도하고 감동시킬 수 있는 시대는 지나 버린 것 같다. 자금성보다는 오히려 경복궁의 아기자기하고 자연스러운 모습이 더 매력적일 수 있다. 이것은 태화전太和殿인데 중국에 현존하는 최대의 목조건물이다. 1420년에 건축되었고, 명·청 양대 황제들이 즉위식을 거행한 곳이다. 대혼大婚, 조회朝會, 원단사연元旦賜宴, 전쟁출정식, 전시진사殿試進士 등의 예식이 이곳에서 거행되었다.

시진핑의 아버지 시종쉰의 교훈
기소불욕 물시어인

시진핑은 조적祖籍으로 말하자면(원적原籍이라고도 말한다) 섬서성陝西省 부평현富平縣 사람이지만 태어나기는 북경北京에서 태어났고, 자라나기도 북경의 고위간부 거주지가 밀집해 있는 종난하이中南海에서 자라났다. 시진핑의 인생은 그의 아버지 시종쉰習仲勳, 1913~2002의 생애와 분리해서 생각할 수 없다. 시진핑의 아버지 시종쉰은 나이가 마오쩌똥보다 20살 어리고, 떵샤오핑鄧小平, 1904~1997보다 9살 어리기는 하지만, 일찍이 어린 나이로부터 중국공농홍군의 활동을 하였기 때문에 중국혁명의 제1세대 그룹으로 분류될 수 있는 사람이다. 영예롭게도 "중국공산당8대원로中共八大元老"의 1인으로 꼽힌다.

시종쉰은 1934년 11월에 이미 정식으로 섬감변구소비에트정부주석陝甘邊區蘇維埃政府主席으로 선출되었다. 시종쉰이 섬감변구(섬서성과 감숙성의 너른 지역)에 혁명근거지를 확고하게 마련해 놓았기 때문에, 중국혁명사의 상징적 핵심이라 말할 수 있는 장정長征, Long March이 섬서성 연안지역으로 끌인할 수 있었던 것이다. 마오쩌똥이 준의회의遵義會議에서 "북상항일北上抗日"을 결정했을 때 그 지향점이 바로 섬감변구혁명근거지였다. 다시 말해서 장정을 감행한 홍군의 궁극적 귀속처가 시종쉰의 품이었던 것이다. 그런데 시종쉰이 섬감변구소비에트정부주석에 당선되었을 때 그의 나이 불과 21세였다. 하여튼 시종쉰은 우리에게 잘 알려져 있지 않은 사람이지만 떵샤오핑과 같은 급의 인물로서 생각해도 무방하다. 시종쉰은 중화인민공화국 국무원부총리(1959~1965), 중국공산당 중앙서기처 서기(1981~1987) 등등의 주요직책을 역임했지만 그는 결코 화려한 인생을 산 사람은 아니었다.

시종쉰은 어린 나이로부터 사회주의원리가 구국의 희망에 부합되는 비젼이라고 굳게 믿고, 그 원리에 충실한 삶의 가치관에 따라 행동했다. "사회주의원리socialist principle"라는 것은 한마디로 인간평등의 존엄성에 관한 것이다. 그러나 "혁명"이란 정치적 곡절을 수반하게 마련이며 그 과정에서 인간을 억압하기도 하고 모함하기도 하고 존엄성에 위배되는 차등의 만행을 저지르기도 한다. 인간의 행위를 지배하는 동기에는 가치관의 논리적 구조가 중요한 함수이기도 하지만 가장 근원적인 것은 그 인간의 타고난 품성이랄까, 심미적 직감이랄까, 비논리적인 인격의 경향성이랄까 하는 것들이다. 시종쉰은 중국정치사의 격랑의 모든 고비에서 자기신념의 원칙을 지켰지만 항상 겸양의 미덕을 발휘했다. 억울한 자기손해를 감내할지언정 남에게 피해주는 일을 하지 않았다. 불의를 참지 않았고 의로운 자들을 보호하는 데 일신의 영욕에 구애됨이 없었다. 그래서 시종쉰은 중국최근대사에 있어서 모든 방면의 사람들로부터 골고루 조용한 칭송을 얻은 인물이다. 그러나 그 개인의 삶의 곡절은 매우 쓰라린 것이었다.

시종쉰이 아들 시진핑에게 어려서부터 가르친 유명한 『논어』의 한 구절이 있다. 아마도 이 한마디는 시진핑의 인생을 지배하는 가치관의 원리가 되었을 것이지만, 이는 진실로 시종쉰의 품성과 인격을 나타내주는 격언이기도 하다. 「위령공」편(15-23)에 공자의 수제자로서 부상富商이었고 충성심이 강했으며 공자 사후에 공자의 학문을 세상에 알리는데 가장 큰 공헌을 한 자공子貢(위衛나라 사람. 공자보다 31살 연하, 안회보다 1살 아래라고 한다)이 공자에게 여쭈어 말하는 장면이 나온다. 이 기록은 내용적으로 관련된 파편이 많이 있으나(4-15, 5-11, 15-2), 그 파편 중에서도 가장 오리지날한 성격을 지니는 문헌이라고 말할 수 있다: "일언으로 종신토록 행할 만한 것이 과연 있겠나이까? 有一言而可以終身行之者乎?"

이 자공의 질문은 「위령공」편의 전체성격으로 보나, 질문의 내용으로 볼 때, 공자가 귀로한 이후 만년에 이루어진 문답의 한 파편으로 간주된다. 자공은 이제 죽음을 앞둔 연로하신 스승님께 간략한 한마디, 일생애를 헌신하여 실천할 가치가 있는 그 한마디를 물은 것이다. 보통 한 사상가에게 그대의 사상을 단 한마디로 나에게 말해줄 수 있는가라고 묻는 것은 넌센스일 뿐만 아니라 결례에 속하는 것이다. 복잡다단한 생의 체험을 단 한마디로 축약한다는 것은 그 삶의 가치를 과도하게 단순화시키며 촌스러운 언어의 희롱으로 끝내버릴 가능성이 높다. 그러나 같은

「위령공」편의 앞머리(15-2)에 공자와 자공 사이에 이루어진 재미있는 대화 한 프라그먼트가 실려있다. 이것 역시 매우 오리지날한 로기온자료에 속하는 것이다.

공자는 자공에게 말한다: "사賜(자공의 이름)야! 너는 내가 많은 것을 배워서, 잡다하게 기억하는 자라고 생각하느냐? 賜也, 女以予爲多學而識之者與?" 자공이 대답하여 말하다: "저는 그렇다고 생각합니다만, 안 그렇습니까? 然, 非與?" 공자는 이에 말씀하신다: "그렇지 아니 하다. 나는 하나로써 세상의 이치를 꿰뚫은 자이니라. 非也! 予一以貫之。"

"여일이관지予一以貫之"라는 마지막 한마디는 공자가 진실로 전하고 싶었던 자신의 모습, 그 구극적 정체였다. 공자는 당대 많은 사람에게 『시詩』, 『서書』나 『춘추』의 편찬자로 알려졌고, 박식의 인간으로 인식되었다. "다학이식지多學而識之"는 박물학적 지식인의 전형이다. 공자는 그러한 지식의 잡다성이나 풍요로움을 추구한 사람이 아니었다. 모든 것을 관통하는 구극적인 하나, 모든 지식을 통합할 수 있는 궁극적인 하나를 끊임없이 추구했다. 공자를 우리가 결코 문헌학자나 사학도의 평범한 전형이 아닌 집대성의 철학자로 존숭하는 이유도 바로 여기에 있다.

사실 서양철학에서도 모든 존재론이나 형이상학은 항상 그 하나, 일자一者(the One, *to hen*)를 추구하게 마련이다. 플로티누스로부터 토마스 아퀴나스에 이르는 중세철학 전체가 "그 하나"에 관한 탐색, 혹은 일자를 전제로 한 연역적 논리의 전개라고 말할 수 있다. 그러나 공자의 사유체계에 있어서 존재론이나 형이상학은 그 그림자도 찾아볼 수 없다. 종교적인 궁극자에 대한 존재론적 관심이 근원적으로 부재하였기 때문이다. 그렇다면 공자가 말하는 "그 하나"라는 것은 과연 무엇일까?

공자가 스스로 자기의 정체성을 밝히는 자리에서 "여일이관지予一以貫之"라고 말하였다면, 그 하나에 대한 궁금증은 자공의 마음속에 깊게 새겨졌을 것이다. 따라서 자공은 그 하나에 대한 궁금증을 직접적으로 공자에게 토로하는 형식을 취하지 않고, 우회적으로 공자에게 문의한다.

이 사진은 시종쉰과 그의 두 아들 시진핑習近平과 시위앤핑習遠平의 단란했던 모습을 보여준다. 당시 시종쉰은 중화인민공화국 국무원비서장으로서 저우언라이 총리를 보필하고 있었다. 아마도 시종쉰의 인생에서 가장 행복한 세월이었을 것이다. 1958년경의 사진으로 추정됨.

사실 「위령공」편의 로기온자료들은 공자학단 말기에 이러한 자공의 탐색을 기둥으로 하여 수집된 것이다.

"일언으로 종신토록 행할 만한 것이 과연 있겠나이까?" 제가 평생 헌신할 수 있는 그 한마디를 가르쳐주십시오. 결국 공자가 그 한마디를 말하게 되면, 공자의 생애에서 가장 소중하게 느낀 그 하나를 말하게 될 것이고, 공자의 사상이 그 한마디 속에 압축될 것이다. 그것은 결국 공자가 "일이관지一以貫之"라고 말한 그 "일자"의 정체를 드러내는 결과를 초래하게 될 것이다. 서양철학사에서는 그 일자라는 것은 플라톤의 최고선, 아리스토텔레스의 부동의 사동자Unmoved mover, 플로티누스의 일자, 또는 스콜라철학에서 말하는 삼위일체, 삼위를 포섭하는 그 일체를 가리키게 된다. 그것은 존재이며 명사적인 실체이다. 그리고 그것은 인간의 언어를 초월하는 그 무엇이다.

그러나 공자와 자공 사이에서 논의되고 있는 그 한마디는 명사적 실체가 아니라 살아있는 인간의 삶의 술부적 사태이다. 자공이 공자에게 "그 한마디一言"를 묻는 것은 자연스러운 것이다. 어느 낯선 사람이 공자에게 그런 질문을 했다면 공자는 함구불언하였을 것이다. 그러나 공자와 자공 사이에서는 끊임없는 교감이 이루어져왔고, 또 그 한마디, 혹은 그 하나를 이야기해도 그 핵심이 왜곡될 여지가 없었다. 서구사상적 맥락에서 이 궁극적 일자는 반드시 하나님, 혹은 하나님과 관련된 관념으로 귀결될 것이다. 서양의 하나님God과 비견될 수 있는 그 한마디에 관하여 공자는 과연 무엇을 말했을까? 종신토록 실천하고 헌신할 만한 그 한마디를 누가 나에게 묻는다면 과연 나는 그 한마디를 쉽게 내뱉을 수 있을 것인가?

공자는 이러한 자공의 질문에 대하여 매우 스스럼없이 그 "일언一言"을 토로한다. 이 시니피앙이야말로 유교의 핵심이라 말할 수 있는 것이다.

공자는 말한다: "그것은 서恕, 그 한마디일 것이다. 其恕乎!" 공자는 그 "일언一言"이야말로 "서恕" 그 한마디일 것이라고 말한다. "서恕"라는 말, 그 한마디가 서양에서 말하는 하나님을 대신할 수 있을까? "서"가 그토록 중요하고 어마어마한 내용을 지니는 시니피앙(기호표현)일까? 우리말에서 "서"는 대체로 "용서容恕"라는 말 이외로는 별다른 함의를 지니지 않는다. 용서, 그 한마디가 서양의 하나님이나 이슬람의 알라보다 더 중요하단 말일까?

"서恕"라는 글자를 한번 살펴보자! 윗부분에는 "같을 여如"자가 자리잡고 있고, 아랫부분에는 "마음 심心"자가 자리잡고 있다. 문자 그대로 풀이하면 "여如+심心"이 되고, 그것은 "내 마음이 타인의 마음과 같아진다"는 뜻이 된다. 서양언어에서 말하는 "엠파티empathy"나 "심파티sympathy"의 함의를 지니게 될 것이다. 그러나 문자학에서는 보통 자형의 부분들을 떼어내어 그 뜻을 조합하는 방식을 금기로 여긴다. 그러나 사실 이 "서恕"라는 회의會意 겸 형성자形聲字의 경우는 그러한 해설이 이 글자의 본의에서 크게 벗어나지 않는다. 글자 그 자체를 전체로 놓고 해석하면, "여如"는 나에 대하여 "너"를 의미하는 "너 여汝"와 상통한다.

그럼 역시 나의 마음에 대한 너의 마음을 뜻하게 된다. 또 "여如"에는 "부드럽다," "친하다"는 뜻이 겹친다. 그러면 상대방의 마음을 부드럽고 친하게 느낀다는 "인仁"의 의미가 도출되게 된다.

신화학적으로 자형을 해석하는 시라카와白川靜는 윗부분의 "여如"를 무녀(女)가 축도祝禱의 기물(口)을 들고 기도하는 모습으로 해석한다. 다시 말해서 무녀가 엑스타시의 상태로 들어가 신의를 깨닫게 되는 경지를 의미한다고 보는 것이다. 그렇게 되면 "서恕"도 신의神意를 깨닫는 것, 신의 마음과 같아지는 것을 의미하게 된다. 하여튼 이러한 다양한 의미가 역사적으로 서恕 이 한 글자에 함축되어 있는 것은 두 말할 나위가 없다.

그런데 상기의 대화에서 가장 중요한 측면은 공자가 자공에게 자기 사상의 일이관지처라 말할 수 있는 그 핵심, 즉 자공이 종신토록 실천하고 헌신할 수 있는 그 가치의 축을 "서恕"라고 토로한 후에, 곧바로 그 "서"를 간략하게 해설하고 있다는 사실이다.

"서," 과연 그 "서"는 무엇인가? 공자는 말한다: "기소불욕己所不欲, 물시어인勿施於人。"(내가 원하지 않는 것은 남에게도 베풀지 말라!). 공자는 단지 이 8글자를 빌어 "서"라는 시니피앙에 부합하는 시니피에를 밝힌 것이다. "서"는 야훼나 알라와 같은 존재가 아니다. 그것은 일자로서의 명사가 아닌 것이다. "서"는 하나의 고정된 관념이 아닌, "기소불욕물시어인," 즉 내가 원치 아니 하는 바를 남에게 베풀지 않는 끊임없는 행위의 과정이다. 그것은 주부가 아닌 술부이며, 명사가 아닌 동사이며,

관념이 아닌 행위이며, 실체가 아닌 과정이다. 자공이 평생토록 간직하고 실천해야 할 그 한마디는 바로 "기소불욕물시어인"이었으며, 그것은 바로 공자가 자기의 사상은 하나로 관통되어 있다고 했을 때의 그 "하나"였던 것이다.

재미있는 또 하나의 문헌학적 사실은 이러한 내용과 관련된 유사한 대화가 『논어』「이인」편에서 공자와 증삼曾參 사이에서 또다시 이루어지고 있다는 사실이다. 주희는 이 공자와 증삼 사이에서 이루어진「이인」편의 대화를 훨씬 더 유교의 중심과제로서 중시했으며 매우 장황한 주석을 달아놓았다. 그런데 이「이인」편의 파편은 공자가 증자가 학단을 형성하고 있는 타지(곡부 밖의 무성武城?)에 방문하였다가 그곳에서 증자와 대화를 나눈 것을 기록한 것이다. 그리고 공자의 말씀에 대하여, 공자가 증자학단을 떠난 후에 증자가 증자 제자들에게 멘트한 것을 같이 기록해놓았다.

공자는 제자 삼參(증자曾子의 이름)에게 이와 같이 말씀하신다: "삼아! 나의 도는 모든 것을 하나로 꿰뚫고 있단다. 吾道一以貫之。" 그러자 증자曾子는 "그렇습니다唯。" 하고 공자님 말씀을 받는다. 그리고 공자께서 증자학단의 대문을 나서 떠나가시자, 증자의 문인 제자들이 증자에게 묻는다: "도대체 무슨 말씀을 하시고 가신 것입니까?" 그러자 증자曾子는 총결론을 내린다: "우리 부자夫子(선생님)의 도道는 충忠과 서恕일 뿐이다. 夫子之道, 忠恕而已矣。"

최근 나는 "고구려패러다임"이라는 나의 생각을 확대시키고 확정짓기 위해서 고구려유적을 탐색하는 작업을 계속하고 있다. 2016년 7월 2일, 중국조선족기업가협회(+대련시 인민정부)는 전중국의 기업가 1천여 명을 모아 대회를 열었는데, 이 역사적인 자리에 나를 주제강연자로 초청하였다. 나는 조선족기업가에게 새로운 정체성과 미래비젼을 제시하는 대강연을 행하였다. 나와 1천여 명의

청중이 혼연일체가 된 감동의 자리였다. 그리고 나는 대련大連에 있는 고구려성인 비사성卑沙城을 답사하였는데 5km에 걸친 참으로 장쾌한 고구려성이었다. 비사성에 올라서 비로소 황해와 발해의 의미를 깨달을 수 있었고, 고조선의 강역에 대한 새로운 인식의 지평을 획득했다(2016년 7월 5일 촬영).

서恕에서 충忠으로
유교 진면목의 왜곡

"부자지도夫子之道, 충서이이의忠恕而已矣。" 이 한마디로 공자의 도는 충忠과 서恕로 요약되고, 이 「이인」편의 파편은 유교의 대강을 말해주는 중심교리근거가 되었으며, 이 프라그먼트의 주인공인 증삼曾參은 공문孔門의 정통후계자로 인가, 계승되었다. 후앗 어 넌센스!

우선 증삼이라는 인물은 공자보다 46세 연하이며, 공단내의 마이너 피겨일 뿐이다. 그는 공문제자 중에서도 가장 어린 그룹에 속하며 그가 공문에 들어온 것은 공자가 죽기 몇 년 전의 지극히 짧은 순간에 지나지 않았다. 따라서 증삼은 공자와 맞대면하여 공자사상의 핵심을 논구할 수 있는 입장에 있질 못했다. 더구나 이 대화파편은 스토리텔링의 시간적 구성을 가지고 있는 것이 특이한데, 우선 이 파편의 기록자들이 증삼을 증자曾子(Master Zeng, 증 선생님)라고 존숭하고 있고, 또한 증자가 곡부에서 떨어진 곳에 독립된 학단을 설립하여 운영하고 있었다는 사실을 말해준다. 이것은 완벽하게 픽션에 속하는 사태이다. 공자 생전에 공문의 이름없는 한 어린 새파란 제자가 "자子"가 붙은 칭호를 가지고 별도의 학단을 운영하고 있었다는 것은 어불성설이다.

그러나 증삼은 공자의 사후에 곡부를 떠나지 않고 곡부 공문의 정통을 지켰으며, 공자의 학문을 정리하는 데 상당한 공헌을 한 인물로서 정평이 있다. 그리고 곡부 외에 자기 학단을 가지고 있었을 가능성이 높다.

그렇다면 이 「이인」편의 대화기록은 공자 사후 몇십 년이 지나, 증자曾子학단 내의 사람들이 자기네 선생인 "증자"의 권위를 높이기 위하여, 공자 생전에 공단 내에서 떠돌아다니던 이야기 중에서 가장 핵심적인 전승을 마치 "공자孔子와 증자曾子" 사이에서 일어난 이야기인 것처럼 각색한 후대창작물로 간주할 수밖에 없다. 증삼을 "증자曾子"로 높여 부른 것, 그리고 증자의 "문인門人"들이라는 표현을 쓴 것, 그리고 공자가 친히 증삼의 학단을 방문한 것, 등등의 이야기요소는 후대날조설을 움직일 수 없는 사실로 만든다. 그런데 이러한 날조의 원형자료는 바로 「위령공」편의 제2자료(予一以貫之)와 제23자료(其恕乎! 己所不欲, 勿施於人)이며, 그 두 대화파편은 모두 공자와 공자의 중후한 애제자 자공(증삼과는 비교할 수도 없는 높은 위치의 제자), 두 사람 사이에서 이루어진 것이다. 「위령공」자료의 오리지날리티는 "여일이관지予一以貫之"라는 표현의 소박함, 그 진정성에서 드러난다.

나는 잡다하게 배워 아는 사람이 아니라, 하나로써 세상의 이치를 꿰뚫는 자일 뿐이다. "여予"라는 표현은 곧 공자 스스로 자신의 인간됨, 그 아이덴티티를 밝힌 것이다. 예수도 제자들에게 자기를 사람들이 누구라고 하더냐 하고 묻는 장면이 공관복음서에 실려있다(마 16:13~20, 막 8:27~30, 눅 9:18~21. 이 세 자료는 대동소이하나 마가자료가 더 오리지날하다). 마가자료에서는 베드로가 나서서 "선생님은 그리스도이십니다"라고 말한다(마태자료에서는 "선생님은 살아계신 하느님의 아들 그리스도이십니다"하고 "그리스도"라는 말을 사람들이 쉽게 알아듣게 부연하고 있을 뿐 아니라, 베드로라는 반석 위에 교회를 세우리라는 예언을 첨가해놓았다). 예수는 세인의 평가를 물었고 또 제자의 스승인식체계를 확인했다.

그러나 공자는 스스로 자기의 아이덴티티를 자기 입으로 명료하게 밝혔다. 예수는 "살아있는 하느님의 아들 그리스도, 즉 세상을 구원할 자"라는 구속론적인 자기 아이덴티티를 제자들의 입을 통해 간접적으로 확인하지만, 공자는 그럴 필요가 없었다. 공자에게는 하나님이라는 "존재자"도 있을 필요가 없었고, 세상을 구원한다는 사명도 자기가 처한 역사적 지평 위에서만 의미있는 가치체계였다. 자신을 구세주로서 규정해야 하는 독단의 필요성이 존재하지 않았다. 나는 단지 하나로써 세상의 이치를 꿰뚫고자 한다. 그런데 "여일이관지予一以貫之"의 소박한 인간 공자의 고백은 증자와의 대화 속에서는 "오도일이관지吾道一以貫之"라는 엄숙한 표현으로 둔갑한다. "일이관지"는 공통되지만 "오도吾道"라는 표현은 이미 공교孔教가 교조화 되고 권위화 되었다는 것을 나타낸다.

또 하나의 뚜렷한 변화는 자공이 공자에게 "종신행지終身行之"의 대상으로서의 "일언一言"을 물었을 때, 그에 대한 공자의 대답 속에서는, 문자 그대로 "한마디一言"인 "서恕"를 말했을 뿐이다. 그리고 그 "서"를 "기소불욕己所不欲, 물시어인勿施於人"이라는 8글자로서 정확하게 해설해놓았을 뿐이다. 그런데 증자는 "부자지도夫子之道, 충서이이의忠恕而已矣"라고 말함으로써 그 오리지날한 맥락에 중대한 변화를 일으켰다. 우선 "부자지도夫子之道"라는 말로써 공자의 소박한 가르침을 명사화시키고 단일개념화시켰다. 그리고 더욱 결정적인 사태는 서恕에다가, 서와 실상 맥락적으로 무관한 "충忠"이라는 새로운 개념을 덮어씌워 놓았다는 것이다. 공자는 "서恕"를 말했을 뿐이다. "충忠"을 말하지 않았다. 『논어』에 "충"의 타 용례가 없는 것은 아니지만 그토록 "서"와 병렬될 수 있는 중요한 개념으로 등장하지는 않는다. 「학이」편 "삼성오신三省吾身"장에 "위인모이불충호爲人謀而不忠乎"(남을 위해 도모함에 충성스럽지 못하지 않았나?)라는 말이 있지만 그것은 증자曾子의 말로서 기록된 것이다. 이어 나오는 공자님 말씀에 "주충신主忠信"이라는 말이 있지만, 그것은 그냥 우러나오는 마음과 믿음(신험) 있는 말을 주로 한다는 뜻이다. "충忠" 역시 마음 심心에 음부인 "중中"이 얹혀진 회의겸형성자인데, "마음속 깊은 곳으로부터 우러나온다," "마음을 다한다(盡心)," 혹은 "경敬"의 마음자세를 뜻하기도 한다.

주희는 충忠과 서恕를 체體와 용用의 신유학 개념으로 설명했다. 전자를 진기盡己 후자를 추기推己, 전자를 중심中心 후자를 여심如心, 전자를 천하지대본 후자를 천하지달도, 전자를 상달上達 후자를 하학下學 등등

온갖 대對가 되는 개념으로써 꿰어맞추고 있지만, 충忠의 원래 의미는 가슴속에서 우러나오는 충정이랄까, 속이 충실하여 결여된 것이 없는 마음이라는 소박한 뜻에서 벗어나지 않는다.

그런데 「이인」편의 증자대화에서 충과 서를 짝으로 말한 것은, 증자의 사상경향이 "효孝"를 강조하는 측면이 있기 때문에 공자사상에 있어서 "충효"라는 개념의 중요성을 이끌어내고자 하는 어떤 의도가 있었다고 보여진다. "부자지도夫子之道, 충서이이의忠恕而已矣"라는 말에서, 첫째로 부자지도夫子之道라는 개념이 너무 공자의 가르침을 교리적으로 정형화

나는 2015년 가을학기 사천성 성도成都에 있는 사천사범대학에서 선진유학의 정신을 강의했다. 학생들은 내 강의를 집중해서 잘 들었다. 이 대학은 장학량이 총장으로 있었던 동북대학이 항일전쟁 시 이쪽으로 피난 오는 계기로부터 시작된 유서 깊은 사범대학이다. 문학원 216호실 학술교류청(12월 1일 촬영). 뒷켠에 역대 이곳을 거친 위대한 인문학 학자들의 사진이 걸려있다.

시켰다는 점과, 둘째는 서恕에 대하여 충忠을 강조하였다는 점과, 셋째는 "충서일 뿐이다"라고, "뿐이다而已矣"를 말함으로써 충서의 개념을 부자지도의 폐쇄적인 전체로 만드는 오류를 범했다는 점, 이 세 가지 오류를 지적할 수 있을 것이다.

동서고금을 막론하고 모든 사상은 초기의 자유롭고 생생한 개방적 사유가 교조화 되고 권위화 되고 교리화 되는 시간적 추이의 과정을 거치게 마련이다. 예수의 사상에 대한 바울의 신학적 사유, 아우구스티누스의 실존적 고뇌에 대한 토마스 아퀴나스의 교리적 논증은 대체로 이러한 추이의 전형이다. 마찬가지로 공자의 가르침은 증자라는 말년제자에 의하여 교조화 되고 권위주의화 되어간 측면이 있다는 것을 부인하기 어려울 것 같다.

공자에게 있어서 "효孝"라는 것은 자식의 부모에 대한 로얄티loyalty를 의미하는 것이 아니라, 자식의 부모에 대한 충심을 유발케 만드는 부모의 헌신적 사랑을 의미했다. 그래서 맹무백孟武伯이 공자에게 효를 물었을 때(2-6), 공자는 그냥 "부모는 오직 자식이 병들까 걱정일 뿐父母唯其疾之憂"이라고만 대답했던 것이다.

내가 말하고자 하는 것은 중국유교의 역사에서 서恕 중심사고가 충忠으로 변질되어 간 어떤 흐름을 결코 외면할 수는 없다는 것이다. 그래서 증자계열에서 성립한 『효경孝經』에서 사士의 덕목을 말할 때, "이효사군즉충以孝事君則忠"(부모를 섬기는 효의 자세로써 군주를 섬기면 충忠하게 된다)

이라고 말한 것은 국가권력의 하이어라키 속에 이미 유교가 교조화 되었다는 것을 말해주는 한 증표일 수도 있다. 그래서 효孝를 말한 소박한 문헌이 제일 먼저 『효경孝經』으로서 경화經化canonization 되는 아이러니가 연출되기도 한 것이다.

내가 말하고자 하는 요지는 「위령공」편의 공자—자공 문답(15-23)이야말로 가장 오리지날한 공자사상의 진면목을 전하는 프라그먼트라는 것이며, "기서호其恕乎! 기소불욕己所不欲, 물시어인勿施於人"이야말로 유교의 알파요 오메가라는 것이다. 유교의 전근간은 오직 "서恕" 한 글자에 있으며, "서"의 의미는 "기소불욕물시어인"이라는 여덟 글자를 벗어나지 않는다는 것이다.

아우구스티누스가 말하는 삼위일체론이나, 무로부터의 창조*creatio ex nihilo*가 "사랑"이라는 개념을 전제로 하지 않으면 논리적으로나 신앙적으로 전혀 풀리지 않는다. 그리스도의 육화Incarnation나 하나님의 창조Creation가 인간과 세계에 대한 신의 사랑이 없이는 설명될 길이 없다. 구약의 하나님과는 달리, 신약의 하나님, 즉 그리스도교의 하나님은 "하나님은 곧 사랑이시다"라는 명제의 주체로서만 그 궁극적 존재이유를 표현한다. 모든 현상적 논리의 궁색한 지경에 달하게 되면 신학자들은 이 한마디로 위기를 모면한다: "하나님은 사랑이시다."

교부철학이나 스콜라철학이 한결같이 "무로부터의 창조"를 고집하는 이유도, 창조는 "유로부터의 변형"이 아닌 온전한 창조가 되어야 하기 때문이다. 유有라는 선재先在의 질료를 인정하게 되면 그 창조는 선재한 질료에 얽매이게 되고, 온전한 창조가 되지 않는다. 창조는 시간과 공간 그 자체의 창조를 의미하며 그것은 모든 가능한 질료, 그 자체의 창조를 수반한다. 무로부터의 온전한 창조는 피창조의 세계를 온전히 사랑하시기 때문이다. 왜 창조를 했는가? 이에 대한 「창세기」의 대답은 "하나님께서 보시기에 참 좋았다"라는 구절일 뿐이다. 하나님의 자유는 하나님의 사랑에 상응한다. 하나님은 이 세계를 사랑하시기 때문에 창조하신 것이다. "무로부터의 창조"라는 테마에 본격적인 철학적 의미를 부여한 것은 아우구스티누스이다. 5세기 아우구스티누스의 이러한 논리는 향후 기독교사 전체를 꿰뚫는다.

한번 생각해보자! "하나님은 사랑이시다"라는 명제에서 하나님은 사랑과 동격이다. 다시 말해서, 하나님은 사랑으로 대체가능한 것이다. 하나님이라는 주부는 사라지고 사랑이라는 술부만 남아도 무방하다. 사랑만 있고 하나님은 있을 필요가 없다. 하나님의 존재 그 자체가 사랑의 행위이기 때문이다. 하나님은 없고 사랑만 있다면, 사랑을 독점하는 주체가 없다면 이 세상은 얼마나 아름다운 세상이 되었을 것인가? 훌륭한 수녀님의 사랑만 이 세상의 행위로 존재하고 그 사랑을 독점하는 야훼나 테오스나 알라가 존재하지 않는다면 이 세상은 진실로 평화로울 것이다. 하나님이 왜 존재론적 주체가 되어야만 하는가? 어차피 하나님은 인간의 언어를 초월하는 추상적 그 무엇이라면 "존재"로서 규정되어야 할 하등의 이유가 없다.

공자의 "서恕"를 이해하기 위해서는 우리는 "하나님은 사랑이시다 God is Love"라는 명제에 대비하여 이런 명제를 구성해볼 수 있을 것이다: "하나님은 서恕이시다." 이 명제에서 "하나님은"이라는 주부는 존재론적 주체로서 존재할 필요가 없다. 그것을 "일이관지一以貫之"로 대치하면 "서恕"가 왜 그렇게 유교의 주요한 덕목으로 등장하는지를 이해할 수 있을 것이다. 우리가 살고있는 이 시공의 인간세를 하나로 꿰뚫고 있는 진리가 바로 "서"인 것이다. "하나님은 서恕이시다"는 곧바로 "이 세계를 하나로 꿰뚫고 있는 진리는 서恕이다"라고 해석될 수 있는 것이다. 서恕는 천하지대본天下之大本이며 천하지달도天下之達道인 것이다.

그렇다면 서恕는 과연 무엇인가? 서는 "용서"와 같은 단순한 하나의 덕목이 아니다. 용서는 사후事後의 관대寬待와 같은 여유로움을 의미하지만, 서恕는 인간의 모든 행위를 규정하는 사전事前의 마음가짐, 존재의 궁극적 관심Ultimate Concern과도 같은 것이다. 그것은 "자기가 원치 않는 것은 남에게도 베풀지 않는다"는 것이다. 『중용』13장에는 이 말은 조금 다른 맥락이기는 하지만 보다 명료하게 포뮬레이트되어 있다: "시저기이불원施諸己而不願, 역물시어인亦勿施於人."(나에게 베풀어보아 원치 않는 것은 또한 타인에게 베풀지 말지어다). 『논어』「안연」편에도(12-2), 중궁仲弓이 인仁에 관하여 공자에게 묻는 자리에서 공자가 답할 때도 "기소불욕물시어인"이라는 말이 또 나온다. 이 8글자가 진실로 얼마나 중요한 공자의 핵심사상인가를 잘 말해주고 있다.

사천사범대학 교육행정학원教育行政學院 건물 앞에 우뚝 서있는 공자상. "만세사표歲師表-공자孔子"라고 기단에 쓰여져 있다. 이 대학은 사범대학이고, 교사를 길러내는 학교이다. 그래서 모든 교사의 사표로서 공자를 존숭하고 있다. 공자는 구세주도 아니고, 하나님의 아들도 아니고, 교주도 아니다. 단지 "인간의 스승"일 뿐이다.

서恕와 디다케
도덕의 황금률은 부정형이 되어야

그런데 이 서恕의 메시지는 모든 문명의 경전에 황금률Golden Rule 혹은 Golden Law이라 하여 다양한 형태로 실려있다. 그만큼 이 메시지는 종교적 권위를 가지는 금언으로 중시되었던 것이다. 그런데 이 황금률은, 특히 기독교 문명권에서 통용되는 양식은 긍정문의 형태를 지니고 있다. "무엇이든지 남에게 대접을 받고자 하는 대로 너희도 남을 대접하라"(마태 7:12, 누가 6:31에 실려있으나 마태보다는 누가자료가 더 원래모습에 가깝다)라든가, "네 이웃을 네 몸과 같이 사랑하라"(마가 12:31, 마태 22:39, 누가 10:27)는 등의 예수의 계명은 긍정문의 형태로 되어있는 것이다. 「위령공」자료에서 말한바 "기소불욕己所不欲, 물시어인勿施於人"의 논리의 맥락에 따라 얘기한다면 "기소욕己所欲, 시어인施於人"(내가 원하는 바를, 타인에게도 베풀어 주어라)이 되는 것이다. 「위령공」자료에는 "불不"과 "물勿"의 부정사가 자리잡고 있는데 반하여 공관복음서자료에는 그러한 부정사가 누락되고 모두 긍정형으로 되어있어, 보다 적극적인 의미

맥락을 지니게 된다.

"네 이웃을 네 몸과 같이 사랑하라"라는 계명은 제2계명으로, "네 마음을 다하고 목숨을 다하고 생각을 다하고 힘을 다하여 주님이신 너의 하나님을 사랑하여라"라는 제1계명에 종속되는 맥락으로 언급되어 있다. 신학자 불트만은 이것은 이웃사랑이란 하나님을 사랑하는 절대적 사랑, 신 앞에서의 자아의 절대적 포기를 의미하는 것으로, 인도주의적 · 윤리적 명령의 차원이 아니라고 갈파한다. 이웃사랑을 통해 신사랑이 결정되는 것이 아니라, 신사랑의 정신에 따라 이웃사랑이 결정된다는 것이다. 하늘에 계신 아버지의 온전하심과 같이 나 자신도 온전하게 이웃을 사랑해야한다는 것이다.

이러한 명제는 매우 추상적인 논의이지만 기독교의 "사랑"을 이야기할 때 항상 언급되는 맥락이며, 들을 때마다 그 언어를 뛰어넘는 논리는 매우 강력하게 들린다. 지금 내가 기아선상에서 허덕이고 있다고 하자! 내 몸이 간절히 원하는 것은 무엇일까? 그것은 말할 것도 없이 배고픔을 해결할 수 있는 음식에 대한 욕구일 것이다. 음식에 대한 나의 몸의 갈망이 있다 하더라도 내 주변의 이웃이 동일한 몸의 갈망으로 허덕이고 있을 때, 나보다도 먼저 이웃의 갈망을 생각하고 그 해결을 실천한다면 그러한 삶의 자세를 우리는 윤리적이라고 말하지 않을 수 없을 것이다.

"너 자신이 원치 않는 것을 타인에게 베풀지 말라"라는 명제와 "너 자신이 진정으로 원하는 것을 타인에게 베풀라"라는 명제는 부정형이 모두 긍정형으로 바뀌었기 때문에 실제로 그 명제의 윤리적 함의가 대차가 없는 것처럼 보일 수도 있다. 과연 그럴까?

내가 JTBC "차이나는 도올"이라는 강의를 하면서 수강자 9명에게 이 두 명제의 차이를 문의한 적이 있다. 대부분의 젊은 한국인 수강자들은 별 차이가 없는 것처럼 보인다고 말했다. 부정형과 긍정형은 과연 별 차이가 없는 것일까? 그런데 놀라웁게도 이탈리아인 수강자인 알베르토Alberto Mondi(1984년생) 군이 유교의 서恕와 기독교의 황금률은 너무도 대비되는 다른 윤리체계라는 것을 매우 명료하게 인식하고 그 차이를 논해주었다.

부부 사이에서도 내가 원하는 것을 부인에게 해준다는 것과, 내가 원하지 않는 것을 부인에게 삼간다는 것과는 그 함의와 행위패턴이 전혀 다를 수 있다. 누구든지(혹은 내가 스스로) 나에게 베풀어 내가 원치 아니하는 것은 대체로 나의 부인이나 타인도 원치 아니 하는 것이지만, 내가 대접을 받고 싶어하는 것, 내가 좋아하는 것을 나의 부인 혹은 타인이 좋아하리라는 보장이 없다. 내가 지금 간절히 김치를 대접받고 싶어한다고 해서, 김치의 냄새조차 맡기를 혐오스럽게 생각하는 타문화권의 사람에게 대접한다는 것은 윤리적이질 않다. 내가 베토벤의 음악을 좋아한다고 해서 나의 부인이 베토벤 음악을 같이 들어야 할 이유는 없다. 교장선생님이 브람스 음악을 좋아한다고 해서 전교생이 브람스 음악을 들어야 할 까닭이 없다. "무엇이든지 남에게 대접을 받고자 하는 대로 너희도 남을 대접하라"는 복음서의 예수 로기온자료는 심히 왜곡된 윤리체계를 인류사에 강요해왔을 수도 있다.

아우구스티누스에 의하면 신이 이 세계를 창조한 것은 결국 이 세계를 너무도 사랑하기 때문이라는 것이다. 예수의 성육신 문제도 하느님께서 인간을 그토록 사랑하셨기 때문에 인간의 모습으로 육화된 것이라고 설명한다. 이러한 설명은 삼위일체론의 핵심을 이룬다. 성부와 성자는 위격은 달라도 일체라는 것이다. 이 세계를 무로부터 창조했다는 뜻은 시공을 포함하여 온전하게 창조했다는 의미이며, 그것은 곧 하나님께서 온전하게 이 세계를 소유한다는 뜻이다.

하나님의 사랑은 곧 소유이며, 소유는 전지전능의 소유를 뜻한다. 왜 이 세계는 꼭 창조되어야 하는가? 왜 이 세계는 창조를 통하여 사랑의 주체를 가져야만 하는가? 네 이웃을 네 몸과 같이 사랑하라는 것도 결국 하나님의 인간에 대한 전적인 소유를 전제로 하는 것이다. 십자군전쟁이 왜 일어났겠는가? 오늘날까지 참혹한 종교전쟁이 끊임없이 일어나는 이유는 무엇일까? 하나님이라는 유일절대자의 전지전능하신 소유, 곧 사랑 때문이 아니고 무엇이랴! 생각해보라! 하나님이 인간을 사랑하기 때문에, 인간이 인간을 사랑하기 때문에 인간이 과연 행복할까? 사랑하기 때문에 생기는 폭력보다는, 무심한 자연스러움이 인간세를 더 평화롭게 만들지 아니 할까?

윤리적인 명제는, 칸트도 정언명령을 얘기하면서 최소한의 형식적 규정만을 문제 삼았듯이, 행위의 규범으로서 세목을 따질 수는 없다. 모든

종교가 겉으로 표방하는 것은 항상 성스럽고 아름답다. 하나님이 인간의 몸으로 된 예수를 안고 있는 성모 마리아. 이스탄불 성소피아성당에 있는 이 모자이크상은 동서축으로 되어있는 거대한 교회본당 공간구조의 앱스(apse: 후진後陣이라고 하는데 본당의 동쪽 끝으로 내민 반원형 구조)의 천정 콘치conch에 있는 것으로 AD 867년에 만들어진 것이다. 소피아성당 모자이크그림 중에서 가장 초기의 작품이다.

윤리적 행위는 상황이라는 맥락을 지니며, 온갖 복잡한 상황윤리의 제약을 받는다. 십계명은 유대민족의 특수한 역사적 상황 속에서 생겨난 명제이며 그것을 만고불변의 획일적 규범으로 받아들인다는 것은 그 자체로 하나의 무서운 폭력이다. 십계명은 아벨라르두스Petrus Abaelardus, Peter Abelard, 1079~1142의 논증대로 『구약』 내에서도 심한 모순을 일으킨다. 이러한 유대민족적 계명의 제약성을 초월하기 위하여 그리스도교는 "사랑"을 전 계명의 으뜸으로 삼았을지도 모른다. 그러나 그리스도교의 사랑은 결코 형이상학적 폭력성으로부터 해방되었다고 말할 수 없다. 그렇다고 나는 사랑을 하나의 집착으로 보아 그것의 근원적 해탈을 논하는 멸집滅執의 정언을 명령하고자 하지 않는다. 공자의 서恕는 너무도 소박하다: "내가 원치 아니 하는 것을 남에게도 베풀지 말라!"

기독교의 "사랑"도 궁극적으로 "서恕"로 재해석되어야 한다. 모든 윤리적 명제는 긍정태보다는 부정태가 에러가 적다. 최소한의 규정성이 윤리적 행태의 근원이 되어야 한다. 누구든지 독점을 원하지 않는다. 그렇다면 하나님도 이 세계를 독점하지 말아야 한다. 누구든지 전지전능의 주재를 원하지 않는다. 삶의 모험, 도전, 스릴, 고뇌가 사라지기 때문이다. 하나님은 이 세계의 주재자가 될 수 없다. 무엇이든 창조란 관계의 소산이다. 모든 관계가 단절된 하나님만의 특권적 창조는 하나님의 오만일 뿐이다. 하나님은 이 세계를 창조할 수 없다. "하나님은 사랑이시다"를 말하지 아니 하고, 내가 "하나님은 서恕이시다"를 말하는 이유는 바로 이러하기 때문이다. 하나님은 최소한의 규정성으로 겸손하게 이 세계에 임해야 한다. 이것이 바로 유교가 말하는 인문정신의 핵심이다.

사드(THAAD: Terminal High Altitude Area Defense)는 고고도미사일방어체계라는 것으로 단거리와 중거리 탄도유도탄을 종말단계에서 직격파괴로 요격하는 방어시스템이다. 이것은 미국의 군수업체 록히드 마틴이 개발하여 2008년도부터 생산하기 시작한 최신의 탄도탄요격 유도탄이다. 생산했으니 설치해야 하고 그래야 회사가 돈을 벌고 미국의 국방산업이 돌아간다. 그런데 미국사람들은 사드를 대도시 맨해튼 근처의 어느 지역에 설치하는 것을 원하지 않을 것이다. 자기에게 베풀어 원치 않는 것을 왜 경북 성주군에 베풀려 하는가? 한국이 피격될 것을 염려하는 아가페적인 사랑 때문일까? 참으로 아가페적인 사랑 때문이라면, 사드를 설치할 돈으로 김일성대학, 김책공대, 여타 북한대학의 학생들 수천 명을 미국에 유학시키면 어떨까? 그래도 북한이 미사일 쏠 생각을 할까? 북한을 적대시하고, 그것을 빙자하여 대중·대러 미사일방어체계를 강화하는 미국의 전략은 세계사의 조류에 역행하는 군사주의적 패권 확대의 오류에 지나지 않는 것이다. 대립을 인위적으로 조장하는 방어체계의 확대화 및 정교화는 더 큰 불안을 초래할 뿐이다. 그것은 미국의 이권을 보장하는 것이 아니라 점점 미국의 경제를 파국으로 몰아갈 것이다. 사드라는 방어체계의 전략적 정당성에 관한 어떠한 정교한 논의도 궁극적으로 무의미한 것이다. 사드는 근원적으로 악이다. 그러한 세계질서의 인식의 전환, 서恕의 윤리의 실천은 오직 미국이 세계의 리더로서 스스로만이 해결해나갈 수 있는 과제상황이다.

미국은 위대할 수도 있고, 비열할 수도 있다. 미국은 수준 높은 문명국일 수도 있고, 저열한 야만국일 수도 있다. 최근에 84명의 무고한 목숨을 앗아간 니스 해변의 트럭참안이나, 9명의 목숨을 앗아간 뮌헨 쇼핑몰의 총기난사사건, IS라는 참혹한 만행의 소치 등등은 모두 그 궁극적 원인을 찾아올라가면 영-미의 제국주의적 행태가 아랍세계를 너무 대책없이 분열시키고 파괴시키고 소유의 대상으로 전락시켜온, 서恕의 윤리의 배반의 업보에 도달케 된다는 것을 지적하지 않을 수 없다.

1873년, 그리스정교회의 주교, 필로테오스 브리엔니오스Philotheos Bryennios가 콘스탄티노플에 있는 성묘수도원聖墓修道院, 일명 예루살렘 수도원 도서관에서 『열두 사도들의 가르침*Didache*』이라는 짤막한 제호에 이어 『열두 사도들을 거쳐 백성들에게 베푸신 주님의 가르침』이라는 기다란 제호가 적힌 양피지사본을 발견했다(약칭, 『디다케』). 그후 10년이 지나 1883년 주교는 친히 콘스탄티노플에서 이 사본을 출판하여 세상에 알렸다.

이 『디다케』는 1세기 중엽의 크리스찬공동체의 전승을 모아 교회사상 맨 처음으로 엮어낸 교회규범서인데, 이 교회규범서를 통하여 우리는 최초의 크리스찬공동체의 생생한 면모를 다양하게 고찰할 수 있다. 그런데 충격적인 것은 이 『디다케』의 성립장소가 사도 바울이 최초로 이방선교의 센터로 삼은 시리아의 안티옥Antioch과 관련이 있다는 것이다. 사도 바울은 AD 45~48년 사이에 제1차 전도여행을 감행하였고 그때 사도 바울은 안티옥을 주요거점으로 삼았다. 사실 안티옥은 이미 AD 40년경부터 헬라인들에 의하여 기독교화 되어 있었고, "기독교인 Christians"이라는 새로운 이름이 최초로 생겨난 곳이기도 하다(행 11:26).

안티옥에서는 헬라인 기독교도들과 유대인 정통파기독교도들 사이에 전례문제를 놓고 심한 갈등이 있었다. 이러한 갈등은 급기야 AD 49년경의 예루살렘회의Council of Jerusalem를 성립시켰다(바울, 바르나바, 야고보, 베드로 등이 참석. 행 15:1~29). 이 예루살렘회의의 결정과 관련된 전승이 『디다케』에는 실려있다. 『디다케』라는 문헌의 성립시기는 학자들에 따라 AD 60~70, AD 70~80, AD 80~90년으로 보는데, 문헌성립과 별도로 『디다케』의 내용은 AD 50~70년 사이의 초대교회에서 구전된 것이라는 사실이 최근 아론 밀라베크Aaron Milavec의 연구로 밝혀졌다. 내용도 일관성이 있는 단일저작이며 12사도와는 직접적 연관이 없다. 또한 우리에게 알려진 복음서들과는 독립된 전승이라고 보아야 한다는 것이다. 그러니까 우리는 4복음서에 앞서는 시대에 성립한 또 하나의 소중한 기독교문헌을 확보한 셈이다. 성립장소도 시리아 안티옥 부근의 어느 자그마한 시골교회로 보기도 하고(신도들의 농업과 목축업에 관한 이야기가 나온다), 관련된 사본들이 이집트 희랍어-콥트어 문헌 속에 많이 나오고 『디다케』가 이집트 지역에서 인기가 있었다는 알렉산드리아의 클레멘트Clement of Alexandria, AD 150~215 c.의 증언에 따라 이집트 지역의 교회로 보기도 한다.

하여튼 이 『디다케』가 인류사상 최초의 크리스챤공동체의 생생한 전승을 보존하고 있다는 역사적 사실은 기독교를 이해하는 데 더할 나위없이 소중한 다방면의 열쇠를 제공하고 있다. 쿰란문서, 『도마복음서』와 같이 고찰할 필요가 있다. 그런데 첫머리에 『두 가지 길』이라는 문헌이 편집되어 있는데("두 가지 길"이란 "생명의 길"과 "죽음의 길"을 뜻한다)

그 2장에 바로 사랑의 2중계명과 황금률이 압축적으로 간결하게 실려 있다(많은 학자가 『디다케』가 마태문헌을 계승했다고 보지만, 그것은 피상적인 구설舊說에 불과하다. 영향을 주었다면 『디다케』의 구전내용이 마태문헌에 영향을 주었을 것이다. 『디다케』가 마태에 선행한다).

그런데 여기 『디다케』에 실린 황금률은 정확하게 공자의 「위령공」 파편과 일치한다: "무슨 일이든지 당신에게 베풀어지기를 원치 않는 일이거든 당신도 남에게 베풀지 마시오. πάντα δὲ ὅσα ἐὰν θελήσῃς μὴ γίνεσθαί σοι, καὶ σὺ ἄλλῳ μὴ ποίει. Do not do to another what you do not wish to be done to yourself." 한국의 번역자는 마태, 누가에 긍정문으로 되어있는 명제가 문법상 부정문으로 바뀌어져 있을 뿐, 내용상 별 차이가 없다고 가볍게 멘트하고 있는데, 『디다케』의 텍스트가 황금률의 원모습을 전하고 있다고 보아야 할 것이다. 한국의 번역자는 유교텍스트의 심오한 의미를 접할 기회가 없었을 것이다. 사랑의 하나님이 서恕의 하나님으로 재인식될 때에 비로소 인류에게는 평화가 찾아올 것이다.

2003년 6월, 나는 꿈에 그리던 역사와 예술과 낭만의 도시 이스탄불에 있었다. 희랍고전시대의 비잔티움 Byzantium(메가라Megara의 콜로니스트 비자스Byzas가 BC 660년경 세웠다고 하여 생긴 이름), 기독교왕국시대의 콘스탄티노플Constantinople(콘스탄티누스 대제가 신 로마 Nova Roma로서 새롭게 디자인하고 콘스탄티노플이라 명명했다. AD 330)은 1453년 메흐메트 2세에 의하여 오스만제국의 수중에 떨어지면서 이스탄불이 되었다. 이러한 인류사의 연변이 소피아성당에 서려있다. 이 성당은 유스티니아누스 황제에 의하여 기획되었는데 놀라웁게도 6년이라는 짧은 시간 동안에 지어져 AD 537년에 완성되었다. 이 건물에 처음 들어가 본 황제는 외쳤다: "오 솔로몬이여! 나는 그대의 업적을 뛰어넘었다!"

왕꾸어웨이는 어떤 사람인가?

우리 인류에게 필요한 것은 하나님의 사랑이 아니라 인간의 서恕이다. 서로가 서로에게 최소한의 소불욕所不欲의 윤리를 지킬 때에 우리는 참다운 윤리의 근거를 마련할 수 있는 것이다.

어쩌다가 이야기가 심하게 빗나간 듯이 보이지만, 유교경전의 평범한 듯이 보이는 인문학적 지혜는, 인류의 모든 종교적 독단론dogmatics을 전관全觀할 수 있는 예지를 가질 수 있을 때만이 그 전체적 윤곽, 그 진가가 드러나게 되어있다는 것을 나는 말하려는 것이다. 시진핑은 이러한 아버지 시종쉰의 유교인문학적 훈도 속에서 자라났다. 비록 시진핑은 아버지 시종쉰의 삶의 격랑 속에서 매우 불우한 세월을 보내야만 했지만, 시종쉰의 이러한 서恕의 철학은 어린 가슴에 강렬하게 전달되었던 것이다.

내가 이렇게 서恕의 가치관을 총체적으로 조망하는 이유는 시진핑이 과연 "기소불욕 물시어인"의 예지를 얼마나 터득하고 있는가, 그 각성의 정도를 우리는 그에게 되물어야 하기 때문이다. 시진핑이 영도하는 중국공산당은 자신에게 스스로 베풀어 원치 아니하는 것은 국민에게 베풀지 말아야 할 것이다. 모택동으로부터 등소평을 거쳐 후진타오에 이르기까지 중국공산당은 결코 서恕의 평범한 진리를 체득하지 못했다. 시진핑의 생애를 바라보는 우리의 관점은, 결국 얼마나 시진핑이 새로운 서恕의 논리를 중국사회의 규범으로서 안착시켜가고 있는가에 관한 물음으로 귀착될 것이다.

앞서 말했듯이, 시진핑을 "태자당太子黨"이라고 말하는 것은 천박한 규정이다. 중국 최근세사에서 근본적으로 "태자당"이라는 것은 존재하지 않는다. 그것은 일본의 정치평론가나 저널리스트들이 즐겨쓰는 말일 뿐, 중국인들은 그러한 개념으로써 한 권력집단을 구상화하지는 않는다. 민국시대에 장송공진蔣宋孔陳 사대가족내의 세력집단 같은 것을 태자당이라 말할 수도 있겠으나, 그러한 정도의 집단의식을 갖는 특권그룹은 현대중국에 존재하지 않는다. 일본저널리스트들이 쓰는 의미는 "중국공산당의 고급간부의 자제로서 특권적 지위에 있는 자"라는 의미이나, 이때 "당党"이라는 것이 한 개인을 가리킬 수는 있으나 집단세력을 형성하지는 않는다는 것이다. 그러나 어찌되었든 시종쉰의 정치생애는 시진핑의 삶의 역정에 빼놓을 수 없는 주요함수인 것은 분명하다.

시종쉰의 삶은, 시진핑에게 시련을 주기도 했지만, 대체적으로 유리한 조건을 "자연스럽게" 형성시켰다. 여기 "자연스럽게"라는 말이 매우 중요하다. 시종쉰은 자기 아들을 정치가로서 성공시키기 위해서 인위적인 노력을 한 사람은 아니라는 뜻이다. 시종쉰은 죽음에 이르기까지 사회주의적 삶의 원칙·철학 같은 것을 고수했다. 시종쉰은 죽음의 자리에서까지 아들에게 좋은 기회를 선사했다. 고위간부가 죽으면 반드시 성대한 장례식이 치루어지게 마련이고, 맏아들인 시진핑이 상주로서 모든 하객을 접대하게 마련이다.

그가 북경에서 서세逝世한 시점은 2002년 5월 24일, 시진핑의 생애에서 매우 절묘한 타이밍이었다. 시진핑은 당시 복건성의 지방간부에 불과한 평범한 인물이었다(복건성 성장, 49세). 그런데 그는 이 시점에서 지앙쩌민, 리평, 주르옹지, 후진타오, 원지아빠오, 지아칭린 등 당대 중국

시종쉰과 그의 아들 시진핑

최고지도부를 모조리 만나 충분한 대화를 나눌 수 있었다. 그들에게 "자연스럽게" 성실한 인품의 존재성을 각인시켰던 것이다. 이러한 계기로 인하여 시진핑은 그해, 복건성과는 급이 다른 절강성의 부서기·성장대리가 되었다. 2002년 11월에는 중공16대에서 중앙후보위원에 불과했던 그가 곧바로 중앙정치국위원 25명 중의 1인으로 예외적인 로케트 급상승을 하게 된다. 시진핑의 평소에 쌓아온 덕성이 갑자기 고위간부들에게 인지되어 정권의 중핵으로 입성하게 되는 것이다. 이것도 자연스러운 역정이었다.

일차적으로 시진핑의 위인의 도덕성이 그 역정의 주동요인이기는 하지만 아버지의 존재가 시진핑에게 일반당원과는 비교되지 않는 유리한 입장을 제공한 것은 부인할 수 없는 사실이다. 뿨시라이薄熙來도 "태자당"의 개념으로 규정한다면 "태자"라고 할 수 있는 사람인데, 그의 아버지 뿨

뿨이뿨와 그의 아들 뿨시라이

이뿨薄一波, 1908~2007(중공건국 당초로부터 일관하여 중앙의 재정과 경제분야의 요직을 담당한 중공원로. 팔로치국八老治國 중의 한 사람. 국무원 부총리, 당중앙고문위원회부주임 역임)의 후광은 그의 생애의 주요한 함수이기도 했다. 뿨시라이는 시진핑과는 달리 아버지의 후광을 적극 활용했다. 그러나 아버지 뿨이뿨는 결코 슬기롭고 원칙적인 삶의 역정을 운영한 사람은 아니었다. 세류에 굴종하는 측면이 강했고 정의로운 원칙을 지키지 못해 원한을 뿌리고 적을 만들었다. 결국 아버지의 존재는 뿨시라이의 생애에 유리한 분위기를 형성하지 못했던 것이다. 우리가 훌륭한 아버지를 만나야하는 이유가 여기에 있다. 그러나 이것은 운명적인 것이다. 그러나 그 운명을 시진핑은 고난을 극복해가며 승리로 이끌었지만, 뿨시라이는 화려한 퍼레이드를 펼쳐가면서 결국 맥배드가 독백하는 "걸어가는 그림자"가 되어 무대 뒤로 사라지고 만다.

시진핑이 스스로 자신의 인생역정을 회고하며 비유한 유명한 싯구절이 있다. 이것은 기실 당간부들이 독서를 많이 해야한다고 문학問學(묻고 배움)을 독려하기 위하여 한 말이지만, 이 세 구절의 싯구는 시진핑의 생애를 요약한다고도 말할 수도 있는 명언이다. 흔히 "인생삼중경계人生三重境界"(중국말의 "경계"는 우리말의 "경지"에 해당. "삼중"의 "중重"은 초극한다는 의미도 내포한다)라고 알려져 있는 이 싯구는 본래 20세기 중국의 "국학대사國學大師," 품격과 학문의 경지가 가장 뛰어난 인물로서 존경받는 왕꾸어웨이王國維, 1877~1927가 30살 때 저술한 『인간사화人間詞話』라는 명저 속에서 언급되어 있는 것이다.

시진핑은 평소 왕꾸어웨이의 『인간사화』를 매우 좋아했다. 인생삼중경계의 싯구 세절이야말로 우리가 시진핑 그 인간을 논할 수 있는 모든 심볼리즘이 농축되어 있다. 중국어 혹은 한문에서 "인간人間"이라는 말은, 우리가 일본말(닌겐)의 영향을 받아 서양언어의 "맨man"에 상응하는 말로서 사용하고 있는 것과는 달리, 철저히 인간세人間世, 즉 사람과 사람 사이에서 엮어지는 세속의 장을 의미한다. "인간사화"란, 인간세상의 모든 주제를 "사詞"로써 이야기한다는 것이다. 여기서 "사詞"라는 것은 보통 당시唐詩에 대비되는 송사宋詞를 일컫는 것인데, 사의 형식이 송나라 때 전성기를 이루었기 때문에 그렇게 말하는 것이고 그 시작은 이미 당나라 초기로 소급된다. "사"라는 것은 우리말에 "노래가사"라는 말이 있듯이, 노래에 맞추어 부르는 시가형식을 말한다. 송사의 경우, 음악 멜로디가 이미 기존하는 곡에 가사만 바꾸어 부르는 것이다. "시"처럼 독립된 문학표현이 아니고, 노래나 춤에 맞추어 부르는 것이기 때문에 용운用韻이나 평측, 자수의 배열이 기존의 노래의 리듬을 중시한다.

왕꾸어웨이王國維, 1877~1927

왕꾸어웨이는 역대의 유명한 사詞들을 자유롭게 인용해가면서 인간과 인간세상 즉 인생의 다양한 주제를 논의하고 있다. 그는 청일전쟁이후 변법유신운동이 봉발흥기逢勃興起하자 중국 4천 년의 대몽大夢을 깨고 과거시험을 통한 출세를 기절棄絶한다. 그는 이미 16세에 수재秀才가 되었지만 항주杭州의 향시 과장에서 튀쳐나와 상해로 갔다. 그곳에서 갑골사당甲骨四黨 중의 한 사람인 나진옥羅振玉, 1866~1940을 만나고 또 그가 창설한 동문학사東文學社에서 서양철학의 정수를 가르쳐준 일본인 교사 두 사람을 만난다(후지타藤田豊八, 타오카田崗佐代治). 이들로부터 그는 임마누엘 칸트, 쇼펜하우어, 니체의 철학을 배운다. 왕꾸어웨이에 관하여 알지 못하는 독자들에게 내가 그를 어떻게 소개해야할지 좀 막막한데, 한마디로 20세기 초반의 중국지식인 중에서 가장 "못말리는 천재"로서 말한다면 좀 감이 올까, 도무지 그의 광대무변한 지적세계를 말에 담기 어렵다. 내가 대만에 유학갔을 때 대만대학의 선생님들 중에 그의 영향을 받은 자가 많았기 때문에 나는 수업시간에 왕꾸어웨이 선생에 관하여 많은 이야기를 들었다. 그는 당시 중국학생들의 관념 속에서도 거의 신적인 존재였다. "경지가 높은" 학자로서 극히 존숭되었던 것이다.

왕꾸어웨이는 중국고전의 각 방면에 무소불통한 지식을 소유했을 뿐 아니라 영어, 독일어, 일어에 정통했고, 무엇보다도 서양철학과 서양미학 이론을 피상적인 지식으로서가 아니라 자신의 사유의 높은 경지로서 체득한 최초의 인간으로 유명하다. 왕꾸어웨이는 절강성 해녕현海寧縣 사람인데 4살 때 어머니 능씨凌氏가 병으로 작고하여 그 슬픔을 간직한데다가, 본시 체약다병하여 우울증이 있었다. 우울증이 깊은 성격에다가 "못말리는 천재"라는 형안투철한 성품은 매사를 바라보는 시각을 심오하도록 비극적인 정조를 띠게 만든다는 것은 자연스러운 성향일 것이다. 그는 20세 초반에 쇼펜하우어의 『의지와 표상으로서의 세계*Die*

Welt als Wille und Vorstellung』(1818년 작)를 접하고 그 책의 매력에 흠뻑 빠져들었는데(1903년 여름부터 1904년 겨울까지 쇼펜하우어의 저작만을 읽었다고 한다), 왕은 평생 쇼펜하우어의 매력으로부터 벗어나질 못했다. 어찌보면 이 두 사람은 가정배경이나 성장배경이나 비극적이고 고독한 성품이 매우 유사한 측면이 있다.

쇼펜하우어는 칸트가 말하는 "물자체Ding-an-sich"를 "의지Wille"라는 개념으로 바꾼다. 서양철학사 전체를 관통하는 존재론의 구극이라 말할 수 있는 형이상학적 본체를 "의지"라는 개념으로 바꾸었다는 것은, 니체가 노예도덕에 대하여 주인도덕의 반란을 일으킨 것보다, 신의 사망을 선고한 것보다, 훨씬 더 래디칼한 혁명적 발상이다. 기실 니체의 반역은 쇼펜하우어의 생철학의 연속선상에서 이해될 수 있는 것이다. 쇼펜하우어가 물자체를 의지로 바꾼 것은 서양철학의 존재론적 형이상학의 본질적 소멸을 의미하는 것이다. 쇼펜하우어가 말하는 세계는 그러한 맹목적인 의지의 표상인 것이다.

"표상Vorstellung"이라는 것은 "내 앞에 서 있는 것"이다. 나의 주체에 나타난 저 세계는 의지가 표상된 것이다. 표상은 의지의 발현이다. 칸트에게서는 현상Erscheinung은 어디까지나 우리 주관에 나타난 것일 뿐, 물 그 자체가 아니다. 그러니까 물자체와 현상은, 플라톤의 이데아와 그 모상으로서의 감각세계가 근원적 분열을 일으키는 것과 같이 2원론적으로 분열된다. 그러나 쇼펜하우어의 의지(본체)와 표상(현상)은 그러한 형이상학과 형이하학의 2원성을 지니지 않는다. 이 세계의 가장 궁극적 본체가 "의지"라고 하는 것은 이미 세계를 형이상학적 본체론으로부터 해방시킨 것이다.

여기 되풀이 되어 언급되고 있는 "의지"라는 말을 이해하는 것이 중요한데 내가 지금 이 말을 다 설명하기에는 너무 많은 맥락이 언급되어야 한다. 쇼펜하우어는 이 세계를 이미 생철학적으로, 실존주의적으로 해석하고 있는 것이다. 저기 내 앞에 우뚝 서있는 낙송암駱松菴 마당의 소나무도 삶의 의지가 그 자신을 객관적으로 드러낸 것이다. 씨가 싹이 터서 저렇게 거대한 나무가 되기까지 그 나무는 삶의 의지가 없이는 실체화될 수 없는 것이다. 그런데 표상을 통하여 의지가 객관화되는 과정에서 반드시 고통이 출현하게 마련이다.

의지는 결여이다. 결여가 없으면 의지는 생겨나지 않는다. 그러나 결여의 만족은 새로운 결여의 발견일 뿐이다. 만족은 알고보면 불만의 발견일 뿐이다. 이 우주에 지속되는 것은 의지와 고苦일 뿐이다. 인식주체로서의 영혼이 윤회하는 것이 아니라 끊임없는 고를 생산하는 의지만이 윤회하는 것이다. 우리는 더 나은 세계에 대한 비젼을 가지고 살아가지만(낙관주의optimism) 우리가 매일매일 신문에서 접하고 있는 세계는 마냥 그 꼴일 뿐인, 폭력적인 악몽의 연속일 뿐이다. 파리는 오직 거미에게 잡혀 먹히기 위해서 태어나고 있을 뿐이다. 이것이 이 세계의 엄연한 진실이다.

왕꾸어웨이는 나진옥의 경제적 도움과 일본교사 두 사람(후지타와 타오카)의 주선으로 1900년 12월 도일유학에 성공하여 곧바로 일본동경물리학교日本東京物理學校에 입학한다. 그러나 급작스러운 환경의 변화로 건강이 악화되어 그 다음에 1901년 음력 4월 26일 동경에서 상해로 다시 돌아온다. 기실 왕꾸어웨이의 인생에서 정식으로 교육을 받은 것은 여기서 끝난다. 그 후로 그는 가르치면서 배웠고, 놀라웁게 창조적인 문장과 논문들을 발표하면서 배웠다. 그가 섭렵한 영역은 문학, 미학, 사학, 철학, 금석학, 갑골문, 고고학, 돈황학 등 다양한 분야에 걸치고 있으며 모두 놀라운 업적을 내었다. 그는 특히 서양철학의 사고를 바탕으로 선진제자학, 송명유학을 새롭게 해석하였다.

그는 서양의 윤리학, 심리학, 미학, 논리학, 교육학에 정통하여 그 정수를 소개하였다. 그는 갑골문이라는 새로운 자료의 연구성과를 가지고, 사마천의 『사기』 등 기존의 역사자료의 신빙성을 입증하는 새로운 학문의 기원을 마련했다. "지하의 신자료로써 지상의 자료를 입증하고 보충한다以地下之新材料補紙上之材料"는 그의 방법론은 "이중증거법二重証據法"이라고 불리는데, 중국역사학이론의 중대혁신을 가져왔다. 뿐만 아니라 그는 문학방면으로도 『홍루몽紅樓夢』연구의 최고권위자로 꼽힌다. 츠언인커陳寅恪, 1890~1969(역사학 · 문학 · 언어학의 대가)가 왕꾸어웨이의 문학問學족적을 평한 말은 왕의 학문세계에 대한 적확한 표현이라 할 수 있다: "그의 광막한 학문을 내다보면 눈에 걸리는 언덕이나 해변이 없고, 따라가 보아도 바퀴자국이 보이지 않는다幾若無涯岸之可望, 轍跡之可尋."

여기가 절강성 가흥시嘉興市 매만가梅灣街에 있는 절강성 성장 저보성褚輔成의 별장인데, 바로 우리의 독립운동가 백범 김구金九가 그가 주도한 홍구공원 윤봉길의거(1932년 4월 29일) 후에 피신한 곳이다. 내가 이곳을 방문하였을 때(2005년 6월 10일), 시진핑은 절강성 당서기였다. 시진핑이 절강성 당서기로 취임하여 처음으로 방문한 곳이 이곳이기도 했다. 이 부근에서 중국공산당 최초의 당대회가 열렸기 때문이다. 1921년 7월 23일 상해에서 시작된 회의가 가흥에서 7월 31일 종결되었다.

왕꾸어웨이
이화원 곤명호에서 자살하다

우리가 총체적으로 왕꾸어웨이의 학문적 업적을 평가하자면, 그는 서양의 철학사상을 체득하여 중국철학을 새로운 범주로서 융합해낸 최초의 사상가이며(중국철학은 본래 도덕철학과 정치사상중심이었는데 그 영역을 순수형이상학적 관심에로 확대시켰다), 또 서방미학과 문학이론을 중국 전통미학과 문학이론에 융합시켜 새로운 미학·문학이론을 수립한 최초의 이론가라고 말할 수 있다.

그러니까 근대적 의미에서의 새로운 중국의 학문이 왕꾸어웨이로부터 시작했다고도 말할 수 있다. 그는 중국 3백년 학술의 결속인結束人이며 20세기 학술의 개창자開創者라고 불린다. 그는 "갑골사당甲骨四堂"(정당鼎堂 곽말약郭沫若, 1892~1978; 언당彦堂 동작빈董作賓, 1895~1963; 설당雪堂 나진옥羅振玉, 1866~1940)의 한 사람으로 꼽힌다. 또 북경대학을 거쳐 청화대학 국학연구원에서 죽을 때까지 교편을 잡았는데, 학생들은 그를 양계초梁啓超,

진인각陳寅恪, 조원임趙元任과 함께 "청화국학4대도사清華國學四大導師"라고 호칭하였다. 그는 그만큼 학생들의 사랑과 존경을 받았던 것이다.

이토록 위대한 석학 왕꾸어웨이의 생애가 아주 초라한 자살로 슬픈 종결을 지었다는 것은 매우 아이러니칼하다. 공연히 내가 쓸데없는 이야기들을 뇌까리고 있는 것 같은데, 시진핑의 이야기도 중요하지만 시진핑이 영향을 받았다고 하는 근대중국석학들의 삶과 생각을 우리가 이해하는 것이야말로 오늘의 중국을 진정으로 이해하는 길이라고 나는 믿기 때문에 이렇게 뇌까리고 있는 것이다. 중국정치무대에서 벌어지고 있는 사건의 디테일을 아무리 잘 알아도, 그 정치가 행하여지고 있는 역사의 바탕을 이해하지 못하면 우리는 중국을 제대로 알지 못하는 것이다.

왕꾸어웨이의 시대에 우리 조선역사가 과연 왕꾸어웨이 수준의 지적 거성을 가지고 있었는가? 여기에 자신있게 대답을 할 수 없다면 우리는 보다 겸손하게 오늘날 중국문명이 함장하고 있는 가능성에 관하여 판단을 개방해야 한다. 중국의 20세기는 어찌 되었든 왕꾸어웨이와 같은 수 없는 석학들의 진실이 쌓아올린 공든 탑이다. 개혁·개방의 물질적 탐욕과 허세가 그 본질은 아닌 것이다.

1927년 6월 2일, 왕꾸어웨이는 새벽같이 일찍 일어나서 세수를 한 후, 부엌으로 가서 아침을 먹고 자기 서재로 가서 한참 조용히 앉아 있었다. 그리고 학교 연구실로 갔다. 곧 졸업할 대학원생들의 성적을 평점하기 위해서였다. 그런데 집에서 점수를 매겨야 할 학생들의 시험지답안지를 가져오지 않은 것을 발견하고 대학원사무실 직원에게 부탁하여 집에 가서 그 시권試卷을 가져오게 했다.

가져온 후 왕꾸어웨이는 아주 진지하고 꼼꼼하게 평점을 했다. 그리고나서 왕꾸어웨이는 대학원사무실의 허우허우페이侯厚培와 다음 학기 대학원생을 모집하는 문제를 긴 시간에 걸쳐 상담했다. 상담이 끝난 후, 왕꾸어웨이는 허우 선생에게 2위앤二元만 꾸어달라고 했다. 허우는 그에게 5위앤짜리 츠아오퍄오鈔票(지폐의 뜻)를 주었다.

이화원 곤명호는 이화원 총면적의 4분의 3을 차지하는 거대호수이며, 17아치의 대교와 3개의 섬이 있다(면적은 대략 $2km^2$). 많은 사람이 마치 서태후가 인공적으로 파서 만든 호수로 착각하는데, 이 호수는 반천연, 반인공 호수로서 1153년 금나라가 연경에 수도를 정하면서 저수지로 사용했다. 명나라 때 확대되었고, 건륭제 때 두 배로 확대되어 곤명호라 불리었다. 그 이름은 한무제가 운남 곤명국昆明國을 정벌하기 위하여 이 호수에서 수군水軍을 조련한데서 생겨났다고 한다. 마주 보이는 산이 만수산, 호수의 준설토로 만들어진 산이다. 그 산 기슭에 왕이 빠져죽은 어조헌이 있다. 이 사진은 내가 삼성베세토 어드벤쳐 강의자로 갔을 때(1997년 8월) 찍은 것인데 당시만 해도 매우 청명했다.

왕꾸어웨이는 연구실을 나서면서 인력거 한 대를 불러 탔다. 그리고 이화원頤和園(중국 청나라 시기의 황가원림. 서태후가 대대적으로 보수하여 오늘의 모습을 갖춤)으로 갔다(청화대학과 북경대학은 모두 해정구海淀區에 있으며 이화원에서 멀리 떨어져있지 않다). 그리고 이화원 호수 북쪽의 만수산에 자리잡고 있는 배운전排雲殿으로 갔다. 그 서측에 있는 어조헌魚藻軒의 난간에서 담배 한 대를 완벽하게 다 피웠다. 그리고는 조용히 곤명호 속으로 몸을 날렸다.

곤명호에서 건진 그의 시체의 의복 속에 유서가 들어있었다. 그 유서는 당시 가까이 있었던 세째 아들 정명貞明에게 보내달라고 쓴 것인데(유서 봉투에 "送西院十八號王貞明先生收"라고 쓰여져 있었다) 다음과 같은 내용이었다. 다음은 그 정확한 전문이다:

50년을 내가 이 세상에서 살았는데 단지 한번 죽는 것만을 못해봤을 뿐이다. 이 한심한 세태의 변화를 겪으면서 나의 괴로움이 더 이상 욕보는 일은 없을 것이다(우리말로 "죽으면 다다"는 의미가 내포되어 있다). 내가 죽은 후에, 적당한 널빤지에 간략히 염하여 즉시 청화대학의 영지에 초분하듯 소략히 묻으면 된다. 너희들은 지금 곧 남쪽 고향으로 돌아갈 수는 없을 것이다. 그러니 잠시 북경성내에 머물면서 버티어라. 너의 형 고명高明이는 분상奔喪(급하게 먼 곳에서 문상하러 옴)할 필요가 없다. 지금 세태가 어수선하여 교통이 두절된 곳도 많고, 또한 그는 일찌기 먼곳으로 갔기 때문이다. 내 책들은 진인각陳寅恪과 오밀吳宓, 1894~1978(청화대학의 저명한 서양문학 교수) 두 분 선생님께 부탁하여 처리해다오. 나의 아내(반려정潘麗正)는 스스로 돌봐줄 사람이 주변에 있으니 고향으로 돌아가지 못할 일은 없을 것이다. 내가 비록 너희들에게 남겨줄 재산도 없고 푼돈도 없지만, 너희들이 근검절약해서 열심히 살면 굶어죽는 일은 없을 것이다.

5월 초2일(음력으로 죽기 하루 전날 쓴 것이다)

아버지 씀.

五十之年, 只欠一死。經此世變, 義無再辱。我死後, 當草草棺殮, 卽行槁葬于塋地。汝等不能南歸, 亦可暫于城內居住。汝兄亦不必奔喪, 因道路不通, 渠又曾出門故也。書籍可托陳吳二先生處理。家人自有人料理, 必不至不能南歸。我雖無財産分文遺汝等, 然苟謹愼勤儉, 亦必不至餓死也。

五月初二日父字

중국사람들, 특히 중국의 젊은이들은 이런 글을 어떻게 해독하는지 모르지만 완전 백화가 아닌 이런 문언문 스타일의 근체문은 결코 해독하기가 쉽지 않다. 그 실제정황을 파악하지 못하면 해석하기에 까다로운 곳이 적지 않다.

이화원 입구. 이 사진은 내가 2007년 12월 26일에 찍은 것인데 이때만 해도 너무 매연이 심하고 안계가 흐려 이화원 정경을 찍을 수 없었다.

그런데 당대 최고의 석학 중 한 사람이었던 왕꾸어웨이가 자기 죽음을 생각하는 자세를 보면 특별한 이유나 철학적·종교적 과시나 자기평가나 가족에 대한 의무감 등 일체 허세가 없고, 자기존재를 너무도 초라하고 소박하게 관조하고 있다. 그렇다고 쇼펜하우어가 말하는 비관적 정조情調도, 니체가 말하는 힘Macht의 약동도 느껴지지 않는다. 자식들에게도 미안하다는 말 한마디 없이, 남겨주는 것은 아무것도 없지만, 열심히 살면 굶어주지는 않을 것이라고 소조한 당부를 하고 있다.

나와 함께 이 유서를 해독한 나의 아내는 옆에서, "이 사람 좀 돌지 않았어?"라고 말했지만, 사실 그것은 나의 아내가 남편인 내가 자신에게 이런 쪽지 하나 남기고 죽지 않을까 걱정되어 한 말일 뿐, 결코 왕꾸어웨이가 "돌았다고" 항의한 것은 아닐 것이다. 나는 오히려 한 석학의 진실과 현실, 당대 가장 형철했던 지식인의 실상을 엑스레이필름을 바라보듯이 바라보게 될 뿐이다.

그의 유체의 의복에는 돈이 4위앤 4쟈오四元四角가 남아있었는데 그가 허우 선생侯先生에게 빌린 돈은 5위앤 짜리 지폐였다. 당시 이화원을 들어가는 데는 반드시 6쟈오의 입장권을 구매해야만 했다. 6쟈오는 당대로서는 결코 싼 금액이 아니었기 때문에 사람들이 이화원을 들어가는 일이 드물었다. 왕꾸어웨이 본인도 평생 이화원을 처음이자 마지막으로 돈내고 들어갔던 것이다. 청화대학 정문 앞에서 탄 인력거는 이화원까지 가는데 2쟈오가 들었다. 그럼주머니에 4위앤2쟈오가 남아있어야 하는데 4위앤 4쟈오가 남아있는 것을 보면(딸의 증언), 그의 주머니에 원래 인력거비 2자오는 있었던 모양이다. 죽음을 앞둔 대석학의 주머니에 2자오밖에는 없었던 것이다. 그래서 이화원 입장료를 허우 선생에게서 빌려서 갔던 것이다.

6월 2일 오후 2시경 기다리던 아버지가 돌아오지 않자, 왕씨댁에서는 사람을 보내 학교사무실에 문의를 해보았다. 그래서 허우 선생은 교문에 나가 기다리고 있는 인력거꾼들에게 물어보았다. 그 결과 왕꾸어웨이 선생이 인력거를 타고 이화원을 갔다는 것을 알게 되었다. 허우 선생은 겁이 덜컥 났다. 왕 교수님이 결코 인력거 타고 이화원 같은 데를 갈 분이 아니라는 것을 너무도 잘 알았기 때문이다. 부리나케 이화원으로 자전거를 타고 달려가보니, 왕꾸어웨이가 타고 왔다는 인력거 위에는 경찰이 앉아 있었고, 원내에서 누군가 물에 빠져죽었다는 소리가 있다고 했다.

그런데 벌써 이화원은 문을 닫아 들어갈 수가 없었다. 나중에 30여 명의 교수와 교무장, 대학원생, 조교들이 몰려와 호소해도 들어갈 수가 없었다. 차오윈시상曹雲祥 총장, 1887~1937(중국 최초로 하바드대학 MBA학위를 획득한 교육자로서 1922년부터 청화대학 총장)이 3차에 걸쳐 교섭한 결과 겨우 밤 9시 넘어서나 들어갈 수 있었으나 시체를 찾지 못했다. 다음날 청화대학의 교직원과 학생, 왕꾸어웨이 가족들이 이화원에 갔을 때 왕꾸어웨이의 시체는 어조헌魚藻軒 정내亭內에 안치되어 있었다.

사실 왕꾸어웨이의 죽음은 전 중국의 지사들에게 두 번 다시 있을 수 없는 거대한 통석痛惜이었다. 아마도 그것은 20세기 중국학술계를 되돌아보게 만드는 가장 큰 충격과 반성의 상징이었을 것이다. 그의 영구靈柩가 청화대학에 도착했을 때, 오밀, 진인각, 매이기梅貽琦, 진달陳達, 북대의 마형馬衡, 연대燕大의 용경容庚, 양수명梁漱溟 등 당대의 석학들이 모두 기다리고 있었다. 양계초梁啓超는 말한다: "공의 치학방법은 극히 새롭고 극히 치밀하였다. 올해 나이 겨우 51세! 만약 10년 만이라도 더 사셨다면 중국학계가 입은 학문적 공덕은 한량限量이 없었을 것이다."

당시 청년학자였던 꾸지에깡顧頡剛은 그 해 3월에 돌아가신 무술변법의 주인공 캉여우웨이康有爲, 1858~1927의 죽음에 비유하여 이렇게 신랄한 메시지를 남겼다: "캉여우웨이는 36세에 죽은 것이나 마찬가지다(더 이상 학술발전이 없었다는 뜻). 그러나 정안 선생靜安先生(정안은 왕의 자字)께서는 하루하루 그 학문이 눈부신 진보를 하고 있을 뿐 아니라, 그의 업적은 대개 35세 이후의 것이다. 캉여우웨이의 수명만 사셨어도 그의 업적은 그 높이를 헤아릴 수 없었을 것이다." 모두가 왕꾸어웨이의 도중하차에 뼈저린 한을 토로했다.

청화대학 서문西門. 청화대학은 원명원圓明園과 매우 가깝다.

20세기 중국문화계 최대공안

그런데 왕은 도대체 왜 죽었을까? 그의 죽음의 원인을 추적하는 제1의 단서는 그의 유서, 그 맨 첫머리 16글자에 비장되어 있다고 할 것이다. "오십지년五十之年, 지흠일사只欠一死"라는 말은 "50년 살면서 죽는 일 하나 못해봤다"는 뜻인데, 그것은 "죽음"에 대한 그의 무심한 태도를 가리키는 동시에, 그의 죽음이 독자적 결단에 의한 완벽한 자살이라는 것을 밝힘으로써 타인에게 어떠한 피해나 의구심을 불러일으키지 않기 위한 배려로서 해석될 수 있을 것이다. 또한 삶이나 죽음이나 그에게는 동일한 실존양식으로 인지되는 그러한 경지에 도달했다고 말할 수도 있다. 그러나 사인을 밝히는 추론의 핵심은 "경차세변經此世變, 의무재욕義無再辱" 8글자의 해석에 있다고 할 것이다.

내가 대만대학을 다닐 때, 그곳의 선생님들 중 많은 분들이 수업시간에 왕꾸어웨이가 "장개석 국민당군대가 북경까지 쳐들어오면 대도륙이 벌어질 것을 걱정하여 그 수욕受辱을 피하기 위하여 미리 자진自盡하였다"라고 말씀하시곤 했다. 1970년대의 어린 나는 이런 말을 도무지 알아들을 수가 없었다. 그렇게 풀이한다면 "세변世變"은 장개석 국민당군대의 "북벌"을 의미한다. 장개석의 국민정부가 "북벌선언北伐宣言"을 발표한 것은 1926년 7월 1일이다. 장개석은 자기 군대를 "국민혁명군"이라 부르고 총사령에 취임했다(1926. 6. 5.).

그리고 장개석이 북경에 입성하여(1928. 6. 8.) "북벌완료"를 선포한 것은 1928년 6월 15일이다. 그리고 그해 12월 29일 동북의 수장 장학량張學良, 1901~2001이 "역치易幟"를 선언함으로써 장개석의 남경정부는 형식상 전국통일을 완성한다. 그러니까 이 험난한 북벌시기(1926. 7. 1.~1928. 6. 15.)의 한가운데 끼어있는 시점이 바로 왕꾸어웨이의 자진시점인 것이다. "북벌"이란 과연 무엇인가? 그것은 장개석이 북양정부北洋政府를 타도한다는 것이다.

우리는 북양정부를 후대의 역사기술 주관적 편견 때문에 매우 나쁜 놈들 집단인 것처럼 생각한다. 그러나 북양정부야말로 "중화민국 북경정부"이며, 청나라 때부터 내려오는 국체의 정통성을 계승하고 있는 새로운 공화국이었다. 이 북양정부의 입장에서 본다면 장개석이든, 손문이든, 공산당(모택동은 아직 별로 알려지지 않았다)이든 모두 불안하고 하찮은 신흥세력일 뿐이었다. 서로 지지고 볶고 하는 변방의 잡세력일 뿐이었다.

손문은 국공합작을 주장했다. 변방세력들이 힘을 합치지 않으면 도저히 중앙을 칠 수 없다고 생각했기 때문이다. 그런데 1925년 3월 12일 손문이 병사하고 장개석이 주도권을 쥐면서, 장개석은 북벌의 대세를 장악하게 되자 점점 공산당을 압박하기 시작한다. 장개석은 1927년 4월 12일 상해에서 백색테러라고 불리는 반공쿠데타를 감행한다. 그리고 곧 남경에 국민정부를 성립시킨다. 남경정부는 손문의 내음새를 지워버린 강력한 우파정권의 탄생을 의미했다. 이러한 상황에서 북경정부는 원세개의 사후, 계속된 군벌들의 혼란 속에서 우왕좌왕하다가, 봉계 군벌 장작림이 확고하게 주도권을 잡고 북경정부의 최후 대원수로 취임한다. 그리고 북방군벌의 실력자들이었던 염석산, 풍옥상계는 국민당 중앙에 복종을 맹세한다.

1926년 7월 9일, 장개석의 북벌출정식 사진. 7월 1일 북벌은 선언되었고, 9일 드디어 광주廣州를 떠났다. 이때 그가 한 비장한 연설(북벌서사北伐誓詞라고 한다)은 유명하다.

남·북이 다 불안하게 격동하는 이 시점에서 장개석 국민혁명군의 위압적인 등장은 북경의 사람들에게 모종의 불안감을 안겨주었다는 것은 틀림없는 사실이다. 국민혁명군의 북벌은 매우 난잡했다. 그리고 왕꾸어웨이의 자진 두 달 전에, 중국공산당의 아버지이며 북경대학 도서관관장, 역사학과 교수였던 이대조李大釗, 1889~1927가 장작림에 의하여 교수형에 처해진 사건도 분명 왕꾸어웨이에게 충격을 주었을 것이다. 이대조를 죽인 것은 기실 장작림이 아니라 장개석이었다. 장작림과 그의 아들 장학량은 인재를 아끼는 사람이라 대학자였던 이대조를 죽일 생각이 없었다. 그러나 그들을 압박한 것은 장개석이었다. 이러한 분위기에서 왕꾸어웨이는 국민당홍기의 역사를 바라보는 비극적 정조를 관념 속에서 극대화시켰을 가능성도 있다.

그러나 왕꾸어웨이는 순결한 유미주의자였으며, 고매한 고전학자였고, 고명한 형이상학적 세계에서 소요하는 영혼이었다. 직접적으로 정치적 이유 때문에, 정세변화의 불안감 때문에 자살을 택할 그런 사람은 아니었다. 하여튼 한마디만 덧붙이자면, 모두가 급작스러운 만청의 붕괴로부터 공화를 향해 질주하던 격변의 격랑 속에서 휩쓸려 떠내려가기만 했을 뿐, 자기를 반추할 여유가 없었다. 왕꾸어웨이의 죽음은 이러한 격동 속에서 지식인들이 자신의 존재를 되돌아보게 만드는 멈춤과 충격의 "일대공안一大公案"이었다. 과연 그 진정한 이유는 무엇이었을까?

어떤 사람은 왕꾸어웨이의 죽음이 그의 "충청忠清"(청조에의 충성심)에서 우러나온 행위라고 주장하기도 한다. 루쉰魯迅도 그의 죽음을 가리켜 "곤명호수의 물속에서 유로遺老의 삶을 결속했다.在水里將遺老生活結束"라고 표현했다(『담소위대내당안談所謂大內檔案』 일문 중에서). 이때 "유로遺老"라는 표현은, 청초清初에 명明의 적통을 지킨 사상가들을 "유로"라 칭했는데(왕부지王夫之, 황종희黃宗羲, 고염무顧炎武 같은 사람들), 루쉰은 민국에 살고있는 청나라의 유로라는 의미에서 왕꾸어웨이를 규정한 것이다. 루쉰의 이러한 표현은 시대적 변화의 선두를 달리고 있던 그의 감각으로는,

왕꾸어웨이의 학문세계가 고루한 구태에 사로잡혀 있고, 정치의식이나 사회의식이 전혀 타당한 의식형태를 지향하고 있질 못하다는 측면에서 그를 야유한 것이다.

애신각라愛新覺羅·부의溥儀, 1906~1967: 자 요지耀之, 호 호연浩然. 중국역사상 최후의 황제. 선통제宣統帝라고도 한다. 1909년부터 1912년까지, 1917년 7월 1일부터 7월 12일까지 두 번 재위했다. 이 사진은 9·18사변 후, 1932년 3월 1일, 만주국 집정執政이 되었을 때의 사진이다. 1934년 3월 1일 만주제국의 황제가 된다. 1967년 요독증으로 서세.

청화대학 교장이었던 조운상曹雲祥을 비롯하여 나진옥, 오밀 등이 이러한 시각으로 왕꾸어웨이의 죽음을 바라보았는데, 이러한 "충청忠淸" "순청殉淸" 등의 관점은 왕꾸어웨이를 의도적으로 폄하하려는 최악의 평가라고 나는 생각한다. 죽은 자에게도 억울한 이야기는 하지 말아야 한다. 그런 말을 하는 자들은 우선 왕꾸어웨이의 심오한 정신세계에 대한 이해가 부족한 것이다. 우리는 루쉰만 해도 마치 성인聖人이라도 된 것처럼 바라보는 시각에 반추의 염을 품지 않는다. 그가 당시로서는 선각자적인 문제의식을 품고 문학적 표현을 한 사실을 높게 평가한다 해도, 그가 몇 개의 사회풍자적 단편소설을 썼다 해서 그것의 유행적 가치로 인해 그의 정신세계 전체를 위대하게만 평가할 수는 없다. 그가 왕을 "유로"라 평한 것은 기고만장한 일개 소설가의 망언에 지나지 않을 수도 있다. 루쉰은 마오쩌뚱의 존숭 때문에 근대문학세계의 절대권력을 독점하게 된 것이다.

이제 보다 객관적인 형량이 필요하다.

왕꾸어웨이는 죽을 때까지 만청습관인 변발을 바꾸지 않았다. 청화대에서 그의 강의를 들은 사람들은 항상 그가 변발에 츠앙파오를 입고 있었다고 했다. 그리고 청나라 마지막 황제인 부의溥儀와 줄곧 교분이 있었다. 왕꾸어웨이가 죽었을 때, 폐위된 부의가 "충각忠慤"이라는 시호를 증하였다. 이러한 외면적 이유로 왕꾸어웨이를 청에 대한 충절을 지킨 사나이로 규정하는 것은 왕에 대한 오해요, 모독이다.

왕의 정신세계는 이미 개명한 계몽주의Enlightenment thought의 선두를 달리고 있었으며, 그의 학문세계는 정치적 이데올로기의 시비를 초월하는, 칸트의 코페르니쿠스적 혁명이 말하는 근대적 자아의 완성을 지향하고 있다. 그는 결코 청조에 대한 우충愚忠을 지킬 그럴 인물이 아니다. 청조에 대한 지속적 애착이 있었다면 아마도 그것은 심미적인 전통문화의 한 측면이었을 것이다. 그가 변발을 자르지 않은 것도 고전학자의 보수적인 삶의 관성일 뿐 특별한 의미가 있었던 것은 아니다. 심지어 그가 자살장소로서 청조의 황가원림인 이화원을 택한 것까지도 청조에 대한 충정이라고 운운하나, 그것도 청화원에서 가까운 곳이라서 택하게 된 우연이었을 뿐이다.

자아! 보다 더 그럴듯한 그의 사생활 내막의 이야기를 하나 들어보기로 하자! 앞서 이야기했듯이 왕꾸어웨이가 상해에 와서 신학문을 접하게 되는 배경에는 루어전위羅振玉(나진옥)라는 인물과의 해후가 있었다.

나진옥은 금석문, 문자학, 갑골학, 간독학簡牘學, 농학農學의 대가로서 왕꾸어웨이보다 나이가 11살 위였다. 강소 회안淮安 사람인데, 조적은 절강 상우上虞였다.

나진옥 하며는 나에게는 친숙한 이름인데 왜냐하면 그가 이미 1909년에 기존의 호태왕비탁본들을 수집하여 비교하고, 그 글자와 뜻을 새롭게 확정지어 「고려호태왕비발高麗好太王碑跋」과 「고려호태왕비석문高麗好太王碑釋文」을 발표한 인물이기 때문이다(『신주국광집神州國光集』 제9집集, 1909년에 수록됨). 그의 연구가 비교적 초기의 탁본을 기초로 하고 있기 때문에 광개토왕비문연구에 결할 수 없는 자료를 제공하고 있으나, 그는 석회도말작전 이후의 탁본을 더 중시하였고, 따라서 도말작전 이전의 소중한 탁본의 가치를 충분히 발현시키지 못했다. 그의 광개토대왕비문연구는 아쉽게도 빙거憑據할 만한 학설을 제공하지 못했다.

일본에서 교거僑居할 때의 두 사람. 아름다운 시절이었다. 왼쪽이 왕꾸어웨이, 오른쪽이 루어전위. 젊을 때의 왕꾸어웨이는 기개가 넘쳐 보인다.

나진옥과 왕꾸어웨이의 관계는 처음에는 사제지간이었으나, 시간이 지나면서 붕우지간朋友之間으로 바뀌었고 나중에는 사돈관계를 맺게 되었다. 왕꾸어웨이는 1895년 11월 막씨莫氏와 성혼했는데 그 슬하에 잠명潛明, 고명高明, 정명

貞明, 세 아들을 두었다. 그런데 막씨 부인이 1908년 1·2월 사이에 병으로 세상을 뜨자, 바로 3월에 계실 반씨潘麗正와 성혼하였는데, 반씨 아래서 5자녀를 두었다. 왕은 첫째아들 잠명을 나진옥의 차녀 만화曼華(자 효순孝純)와 결혼시켰던 것이다(1918년 잠명 19세 때. 잠명은 1900년생).

그러나 1926년 9월에 잠명이 상해에서 돌연 상한증에 감염되어 급서하고 만다. 당시 청화대학 교수였던 왕꾸어웨이는 기차를 타고 달려갔으나 아들을 구원하지 못했다. 나진옥도 상해에 내려와 문상을 했는데, 상이 끝나자 자기 딸을 데리고 천진의 나가羅家로 돌아가 버렸다. 이런 것을 중국사람은 "따꿰이大歸"라고 부른다. 나진옥은 자기 딸을 데려가겠다는 것을 왕에게 고하지도 않고 몰래 데려가 버린 것이다. 따꿰이를 당한 왕꾸어웨이는 속이 뒤집히고 울화가 치밀어, "내가 며느리 하나 부양 못할까봐!"하고 외쳤다. 더 괘씸한 것은 나진옥이, 문상기간에 들어온 부조금과 며느리가 병간호를 위해 금붙이를 판 돈 전부를 싸가지고 도망갔다는 것이다.

여기에는 좀 치사한 이야기가 숨어있다. 왕꾸어웨이는 상해에서 공부할 때 나진옥의 경제적 도움을 얻었고, 일본유학도 그의 도움으로 이루어졌다. 왕꾸어웨이는 1911년 신해혁명 후 청조가 붕괴되자, 전 가족을 데리고 일본에 가서 1916년까지 5년 동안 살게 되었는데, 이 기간에도 나진옥의 재정지원으로 지낼 수 있었다. 이 기간이야말로 왕꾸어웨이의 인생역정 중에서 가장 넓은 배움의 시기였고 다양한 교류의 시기였고 창조적인 학술저작의 행복한 시기였다. 왕꾸어웨이는 나진옥의 재정지원에 대한 고마움의 표시로 나진옥의 대표적인 저작으로 세상을 떠들썩하게 만들었던 『은허서계殷墟書契』와 같은 책들을 대찬代撰해 주었다. 그러니까 나진옥은 왕꾸어웨이의 갑골문의 연구성과를 훔친 것이다. 그럼에도 불구하고 나진옥은 왕꾸어웨이의 체일비용을 모두 자기에게 진 빚으로 계산하고 있었던 것이다. 부의가 돈을 마련하기 위해 고미술품을 팔아달라고 왕꾸어웨이에게 부탁하면, 왕은 그런 방면으로 연줄이 없으니까 나진옥에게 팔아달라고 넘겼는데, 그 판 금액을 왕에게 빚갚음으로 계산하고 돌려주지 않았던 것이다. 왕은 부의에게 난처한 입장이 될 수밖에 없었다.

심지어 천진 친정으로 돌아간 며느리가 왕에게 편지를 써서 "아들 위해 수절할 테니 매년 생활비 2,000위앤을 달라"고 요구했다는 것이다(곽말약 증언). 하여튼 왕꾸어웨이는 맏아들을 심하게 사랑했는데 그가 죽고 이런 지저분한 일들이 벌어지자, 평소 미소를 띈 얼굴이었는데 웃음이 사라졌다는 것이다. 어느날 나가羅家에게 보내는 편지에, "관당 친가에도 도가 있소觀堂親家有道"라고 분필憤筆을 휘갈긴 서한을 그 딸이 본 적이 있다고 했다. 나진옥이라는 선생, 친구, 그리고 사돈, 그리고 세간의 대학자로 알려진 그 인물의 추태를 바라보며, 그의 평소의 우울한 성격과 함께 염세적 달관이 더욱 깊어졌을 것이라는 사실은 추측하기 어렵지 않다.

그러나 과연 왕꾸어웨이가 이러한 개인적 원한이나 핍채逼債에 시달려 목숨을 끊은 것일까? 여태까지 내가 열거한 모든 정황이 그의 죽음과 모종의 관련이 있으리라는 것은 의심의 여지가 없다. 왕꾸어웨이는 하나의 인간이다. 인간은 인간이기 때문에 나약할 수도 강인할 수도 있다. 햄릿의 독백들을 되새기는 나의 심정과 왕꾸어웨이의 자살을 추적하는 언어들은, 나의 실존에서 동일한 장場의 지껄임으로서 공명하고 있다. 왕꾸어웨이는 왜, 무엇 때문에 죽었을까? 그 진정한 이유는 무엇일까?

나는 2014년 10월 28일 심양에서 연길로 돌아가는 길에 장춘長春을 들렀다. 너무도 바삐 경과만 했기 때문에 장춘을 제대로 둘러볼 시간이 없었지만 일본이 건립한 "위만주국"이 얼마나 성대한 프로젝트였나 하는 것을 엿볼 수 있었다. 이곳이 바로 부의가 황제로서 거주했던 황궁이었다. 장춘은 만주국의 수도로서 신경新京이라 불렀고 일본인들은 새로운 동경을 만든다는 포부로 불타 있었다. 나진옥은 만주국 성립에 적극 협조한 친일학자였다.

유아지경과 무아지경

이제 우리는 아주 단순한 언어로 되돌아가야 한다. 그의 자살이 비록 사적인 감정의 축적에 의한 일시적 충동이라 할지라도 우리는 왕꾸어웨이와 같은 대석학의 태연하고도 종용從容한 죽음에 대해서는 그 죽음을 지배하는 보편이성의 논리적 구조를 공감적으로 파악하지 않을 수 없다. 감성에 앞서는 이성적 판단의 축적이 이미 그의 학문여정에 깔려있기 때문이다. 어떻게 그의 자침自沉이, 그를 가장 깊게 이해하고 존경했던 동료 츠언인커의 항변대로, "일기지심안一己之心安"(혼자만의 마음평안)을 구하기 위한 것이라고 해석할 수 있겠는가? 그의 죽음은 결코 일신의 평온을 구하기 위함이 아니다.

그가 떨어져 죽은 곳은 수심이 얼마 되지 않는 아주 얕은 곳이었다. 그 밑바닥이 오랫동안 소나무잎이 쌓여 썩어 진흙뻘이 된 곳인데 그의 몸이 수직하강하여 머리가 먼저 거꾸로 박히는 바람에 기도가 막혀 질식한 것으로 판명되었다. 상의가 다 젖지도 않았다. 왕꾸어웨이는 2분 이상 매우 고통스러운 시간을 보냈을 것이다. 죽음의 의지가 이미 결연하였기 때문에 그는 질식을 감내하였지만, 삶의 종장에로의 여정은 순간이지만 매우 기나긴 시간이었을 것이다. 그때 그는 무엇을 생각했을까?

그를 가장 고통스럽게 만든 것은 세태의 격변이 몰고오는 "모든 문화적 가치의 쇠락"이었다. 그를 죽인 것은 정치투쟁도 아니요, 인사규갈人事糾葛도 아니요, 청조에 대한 충정도 아니요, 아들의 죽음도 아니었다. 그를 죽인 것은 그가 그토록 아끼고 사랑하던, 인륜도덕과 심미적 표상을 포함하는 문화적 가치의 쇠락이었다. "유로"라는 개념으로 시대적 연변을 말한다면, 명에서 청으로의 변화는 중국전통사회의 근원적 혁파가 아니었다. 오히려 그것은 연속적 전개였으며, 강희로부터 건륭에 이르는 청조문화는 중국역대의 어느 시대보다도 건강한 미덕을 개화시켰다. 화이지분華夷之分은 별 의미가 없었다. 그러나 청에서 민국으로의 변화는 중국왕정질서의 본질적 종료를 의미하는 것이었으며, 반만년의 중국전통사회의 근원적 혁파를 의미하는 것이었다.

최수운崔水雲의 말대로 그것은 "후천개벽"이었다. 후앙띠黃帝(중화민족의 초조初祖. 헌원軒轅이라고도 한다)의 선천개벽 이래 반만년만의 후천개벽이었다. 왕꾸어웨이가 살았던 시대는 모든 가치관이 뒤흔들리는 혼란과 진탕震蕩과 격변의 시대, 문자 그대로 후천개벽의 카오스였다. 갑골문을 최초로 해독하는 스릴, 그리고 쇼펜하우어의 의지와 표상으로서의 세계가 한순간에 교차하는 왕꾸어웨이의 정신세계! 그 복잡계에서 그가 카오스를 극복하기 위한 입각점으로 삼은 것은 중화인문정신의 성취 속에 깃든 심미적 감성이었다. 니체도 20세기 대중사회를 바라보면서 신의 사망을 선고했다. "신"이라는 말은 서양기독교문명 전체의 총체적 가치를 싸잡아 일컫는 말이다. 니체는 20세기 대중사회의 노예도덕을 비판하면서, 그 계보의 원류인 신을 사망시켰다. 니체가 서양문명 전체를 싸잡아 부정한 것이나, 왕꾸어웨이가 중국문명의 총체적 붕괴를 감지한 것은 매우 유사한 시대정신의 소산이지만, 니체는 전통을 부정적으로 바라본 데 반하여 왕꾸어웨이는 전통을 긍정적으로 바라보았다.

그리고 그 전통의 입각점으로 청나라의 문물을 흠상했다. 이것은 만청에 대한 비굴한 아첨이 아니라, 송사宋詞의 경지를 유미적으로 바라보는 그의 인간학적 애착의 소산일 뿐이다. 니체는 서구문명의 가치를 총체적으로 부정하면서 결국 "미칠 수밖에" 없었지만, 왕꾸어웨이는 자신의 존재가 입각한 문화적 가치가 총체적으로 쇠락하면서 발생하는 극도의 실존적 통고痛苦를 감내하지 못하고, 쓸쓸한 종료를 택할 수밖에 없었다. 그것은 자살이라기보다는 그가 추구했던 심미적 가치의 완성이라 평해야 할 것이다. "의무재욕義無再辱"이라는 한마디가 그 진면을 대변해준다. 더 이상 자신의 의로운 가치들을 유지할 수 없도록 자기가 처한 세계 die Welt가 타락했다는 뜻이다. 두 번 다시 욕을 보는 일이 없기 위해서는 자침自沉, 스스로 가라앉을 수밖에 없다는 뜻이다. 그것은 시대에 대한 회피가 아니라 항변이었다. 그것은 삶의 비관이 아니라 높은 경지의 달관이었다. 수운水雲은 개벽의 사회적 혁명을 꿈꾸며 단두대의 이슬로 사라졌지만, 왕꾸어웨이는 중국지성계에 문화적 공안公案을 남기고 스러졌다.

1920년대에 문명의 가치의 쇠락을 감내하면서 살아남은 중국의 지적 거성들은 1930년대에 중국 신문명의 기초가 되는 위대한 작품들을 많이 남겼다. 풍우란의 『중국철학사』(1931~34), 정진탁鄭振鐸의 『중국문학사』(1932), 전목錢穆의 『국사대강國史大綱』(1939), 소공권蕭公權의 『중국정치사상사』(1938~41), 유대걸劉大杰, 1904~1977의 『중국문학발전사』(1940년 작) 등등의 국학대저들이 이 가장 혼란했던 시기에 집필·완성되었다는 사실이 극히 이채로운 사실이다. 중국은 전란에 시달렸을지라도 국체를 상실하지 않았으며, 항일투쟁시기에도 문화적 활동은 속도를 늦추지 않았다.

오히려 애국심의 고취가 학문의 고매한 열정을 불살랐다. 한국 1970·80년대의 반독재투쟁이 의식 있는 인물들을 길러낸 것과도 같다. 1920·30년대의 중국은 제자백가가 노방한 시기라 말해도 과언이 아닐 것이다. 그러나 그 짧은 시기 이후로 내가 이 책을 쓰고 있는 2016년의 오늘에 이르기까지 중국의 문화성쇠는 끊임없이 하강곡선을 그려왔다. 이념적 획일성과 압제적 안정성, 그리고 서구적 가치관의 천박성이 심화되면서 중국의 지성은 품격과 실력과 창조와 포용을 상실했다. 왕꾸어웨이의 죽음은 바로 이러한 중국문명쇠락에 대한 1세기 전 항변이다. 그 의미를 과연 시진핑은 통감하고 있을 것인가?

시진핑은 15살 때 연안 지역으로 하방당했다. 그리고 혹독하게 인민의 삶을 체험한다. 그리고 자각적 삶의 분투를 통해 하방생활을 극복한다. 1974년 1월, 공산당 입당이 허락되었고, 1975년 10월에는 꿈에 그리던 "대학입학"이 허락된다. 청화대학 화학공정과에 입학한다. 이 사진은 청화대학에 입학하기 전쯤에 확 핀 얼굴을 보여준다. 시진핑의 매우 행복했던 시기의 청순한 모습을 포착하고 있다.

쇼펜하우어Arthur Schopenhauer, 1788~1860. 쇼펜하우어는 독일철학자로서 독일관념론전통의 분위기에서 자라났지만 독일의 관념론의 틀을 과감히 부순 사상가이다. 임마누엘 칸트의 초월적 관념론으로부터 시작하여 무신론적 형이상학과 윤리체계를 수립하고 철학적 비관론의 전형을 창조하였다. 쇼펜하우어는 서양철학에 동양철학의 진수를 본격적으로 도입한 첫 사상가로 이름이 높다. 허나 그의 동양철학은 중국의 인문정신이라기보다는 인도의 우파니샤드경전의 사상이었다. 니체, 바그너, 톨스토이, 비트겐슈타인, 프로이드, 아인슈타인, 융 등이 모두 그의 영향을 받았다.

왕꾸어웨이는 쇼펜하우어가 말하는 표상Vorstellung을 "경계境界"(중국말에서는 구획이 아닌 "경지realm"를 뜻한다)라고 표현했다. 쇼펜하우어는 그의 대저『의지와 표상으로서의 세계』의 첫머리를 "이 세계는 나의 표상이다The world is my representation"라는 말로 시작하고 있다. 전 세계가 나의 주관적 표상이라는 측면에서는 쇼펜하우어의 세계관은 칸트의 인식론적 세계와 크게 다르지 않다. 우리의 모든 인식은 세계에 대한 표상인데, 칸트는 그 표상의 배후에 물자체가 존재한다고 생각했고, 그 물자체는 알 수 없는 어떤 것이라 하여 불가지론적 입장을 취했다. 그러나 쇼펜하우어는 현상과 물자체, 주관과 객관의 이원적 구획을 인정하지 않는다. 물자체는 알 수 없는 어떤 것이 아니라 맹목적 삶의 의지이다. 우주의 본질을 의지로 본다는 것은 자유낙하를 일으키는 중력도 의지로 본다는 뜻이다. 절벽에서 돌맹이가 떨어지는 것도 의지의 표현이다. 그것은 곧 쇼펜하우어의 "세계"가 무생명적, 기계론적 세계가 아니라 생명적 세계라는 뜻이다. 세계가 표상이라는 말은, 그것이 있는 그대로의 실체가 아니라, 나에게 드러난 대로의 상相일 뿐이라는 뜻이다. 그 표상의 배후에는 의지가 있으며 의지는 곧 생명의 본질이다. 왕꾸어웨이는 말한다:

> "경境이라는 것은 객관적인 경치나 대상사물을 일컫는 것이 아니다. 희노애락도 사람의 마음속의 한 경지일 뿐이다. 그러므로 진실한 경물과 진실한 감정을 그려낼 수 있는 예술가를 우리가 '경지가 있다'고 말하고, 그렇지 못할 경우 우리는 '경지가 없다'라고 말한다.
> 境非獨謂景物也。喜怒哀樂, 亦人心中之一境界。故能寫眞景物、眞感情也, 謂之有境界, 否則謂之無境界。"

본시 불교에서도 "경境"이라고 하는 것은 안이비설신의眼耳鼻舌身意의 육근六根에 대하여 색성향미촉법色聲香味觸法의 육경六境을 의미하며 그것은 인식의 대상영역viṣaya을 일컫는 것이다. 여기서 언급하고 있는 것은, 경境이 단순히 경물景物 즉 타자화된 객관사물이 아니라는 것이다. 경은 반드시 인간의 주관정감심경主觀情感心境인 "정情"과 함께 논의되어야만 "경지"를 운운할 수 있게 된다. 왕은 말한다:

> "문학에는 원래 두 가지 원질原質이 있다. 하나는 경景이요, 또 하나는 정情이다. 경景은 자연과 인생의 사실을 묘사하는 것을 주로 삼고, 정情이라는 것은 이러한 사실에 대하여 우리가 지니게 되는 정신적 태도를 말한다. 전자를 객관적, 후자를 주관적이라 말하고; 전자를 지식적, 후자를 감정적이라 말하기도 한다. … 요컨대 문학이라고 하는 것은 지식과 감정이 교융交融하는 결과일 뿐이다. 날카로운 지식과

심오한 감정이 동시에 확보되지 않는다면 어찌 그것을 문학이라 말할 수 있으랴!

文學中有二原質：曰景, 曰情。前者以描寫自然及人生之事實爲主, 後者則吾人對此種事實之精神的態度也。故前者客觀的, 後者主觀的也; 前者知識的, 後者感情的也。… 要之, 文學者, 不外知識與感情交代之結果而已。苟無敏銳之知識與深邃之感情也, 不足與於文學之事。"

왕꾸어웨이는 경景과 정情의 교융交融을 말하고, 또 동시에 진眞과 미美의 합일을 말한다. 그러나 왕은 어떤 경우에도 진眞을 결한 형식적 미美의 완성이란 있을 수 없는 것이라 논평하며, 그러한 닳아빠진 미를 경멸한다. 진眞이란 흉중의 감상과 시대의 정상情狀을 있는 그대로 자연스럽게 드러내는 것이다. 진지眞摯한 리理와 수걸秀傑한 기氣가 그 드러남에 저절로 유로流露하는 것이다. 그는 원곡元曲(원나라 때 성행한 문예형식. 잡극雜劇과 산곡散曲)이 비록 기교가 높지 않고, 결함도 많고, 사상도 비루하고, 인물의 모순도 많지만 중국의 가장 자연스러운 진실한 문학이라 하여 높게 평가했다. 왕꾸어웨이는 말한다:

"기질氣質을 말하고 신운神韻을 말하는 것은 경지를 말하는 것만 못하다. 경지가 근본이요, 기질·격률·신운은 말엽이다. 경지가 있게 되면 이 삼자는 저절로 따라오게 마련이다.

言氣質, 言神韻, 不如言境界。境界, 本也; 氣質、格律、神韻, 末也。有境界而三者隨之矣。"

그가 "정경교융情景交融"을 말할 때 가장 중요한 것은 작가의 심령과 정감이 진실해야 한다는 것이다. 감정이 진실한 자는 관물觀物 또한 진실하다. 시인은 반드시 순진무위純眞無僞의 자연본성自然本性(스스로 그러한 본래의 성품), 즉 적자지심赤子之心을 보지해야 한다. 그는 청나라의 저명한 사인詞人, 나란싱떠納蘭性德, 1655~1685(만주 정황기인正黃旗人. 19세 때 회시에 합격. 22세 진사. 강희제가 그의 재능을 아꼈다. 30세에 친구들과 술 먹으면서 요절)의 질박한 시적 세계를 높게 평가했다. 이방민족으로서 중원의 난숙질탕한 문명의 오염에서 벗어나 있는 싱싱한 인물이라고 평했다. 그래야 비로소 자연의 눈으로 관물觀物할 수 있고, 자연의 혀로써 언정言情할 수 있다는 것이다.

그는 이후주李後主, 937~978(이욱李煜. 남당南唐의 말대군주로서 남당이 멸망하면서 북송의 포로가 되었다. 중국역사에서 가장 위대한 사인詞人으로 정평 있다. 사성詞聖으로 칭함)의 사의 경지도 높게 평가한다. 이후주는 제왕의 가문에 태어나 궁아빈비宮娥嬪妃의 손에서 자라 민생의 어려움을 모르는 자였지만, 오히려 그러한 약점 때문에 자연순박하고 털끝만큼의 조작성이 없는 적자赤子의 정회情懷를 가지고 있었고, 전신심지全身心地의 감수感受로써 환락과 비애를 그대로 노출시켰다. 국가의 변고를 통하여 우주인생의 지리진정至理眞情을 감오感悟하였으며, 인류의 감정을 자기 한 몸의 감정으로 삼았으며, 자기의 저작으로 인류전체의 후설喉舌을 삼았다. 자기 한 몸의 비애를 통하여 인류보편의 운명과 무정함과 천고세인의 비환이합悲歡離合의 아픔을 표출하였던 것이다. 이러한 왕꾸어웨이의 생각은 쇼펜하우어가 이 세계의 궁극적 비애를 범아일여梵我一如의 동정同情Mitleid을 통하여 해탈, 궁극에 도달하려고 노력한 무無의 경지와 상통한다.

왕꾸어웨이는 "경지"에는 "유아지경有我之境"과 "무아지경無我之境"이 있다고 말한다. 그가 유아지경을 부정하고 무아지경을 긍정하는 것은 아니다. 유아지경은 평범한 욕망적 자아의 발동이고, 무아지경은 고통을 심미적 쾌락으로 변전시킬 수 있는 소수 천재의 순수무욕한 자아의 발동이지만, 이 두 경지는 모두 창작감정에 있어서, 농열濃烈과 담박淡泊, 집착執著과 초연超然의 색채차별을 형성한다. 그래서 모든 작품 속에는 유아지경과 무아지경이 혼재한다. 그러나 결국 왕꾸어웨이는 『장자』 「제물론」에서 말하는 "오상아吾喪我"(나는 나를 잃어버렸다)의 상태를 지고의 "경지"로서 추구하는 성향을 『인간사화』 전반에 깔고 있다. 순수무욕의 아我를 통하여 천인합일, 물아일체物我一體의 심미정관審美靜觀의 경지에 도달하고자 한다. 그는 인뢰人籟를 넘어 지뢰地籟를 듣고, 지뢰를 넘어서 천뢰天籟를 듣고자 한다. 무아無我야말로 중국문화의 종점이라고 생각했다. 그의 자침自沉도 이러한 무아지경의 한 표현이 아니었을까?

자아! 왕꾸어웨이가 말하는 인생삼중경계란 무엇인가?

2012년 10월 12일 나는 북경대학 문학원(사합원 5원) 보고청에서 특별강연을 행하였는데 미증유의 인파가 몰려들었다. 나는 비트겐슈타인과 노자의 언어철학을 강론했으며, 중국문명이 새롭게 걸어가야 할 21세기패러다임에 관해 설파하였다. 왕꾸어웨이는 1921년 초에 북경대 문과교수로 초빙되었으나 거절하였고 1922년 초 북경대학 연구소 국학교수가 되어 잠시 머물렀다. 사진은 내가 강연했을 때 찍은 것이다.

안수의 제1경지, 유영의 제2경지
시진핑 실존의 원점

『인간사화』 권1, 제26칙은 다음과 같은 언어로 시작하고 있다.

> **고금의 위대한 사업을 일으킨 자, 거대한 학문을 달성한 자는 반드시 다음과 같은 인생의 3종 경지境界를 거치지 않을 수 없었다.**
> 古今之成大事業、大學問者, 必經過三種之境界。

그리고 나서 이것이 "제1경지"이고, 이것이 "제2경지"이고, 이것이 "제3경지"이다라고 말하면서 각기 그 경지에 해당되는 송사宋詞 구절을 인용하고 있다. 다시 말해서 그 3경지에 대하여 자기 말을 하는 것이 아니라, 송나라 때의 사 즉 노래 한 구절씩을 인용하고 있는 것이다. 이것은 문자 그대로 전통적 학문의 격을 벗어난 매우 절묘한 방식이다. 또 왕꾸어웨이와 같은 대석학이 아니면 구성하기 힘든 논리구조이다. 우선 송사 전체를 머릿속에서 자유롭게 인용할 수 있어야 한다. 그리고 또 문제가 되는 것은 그 송사 구절의 의미가 과연 독자들에게 어떤 맥락에서 전달될 수 있는지를 결정할 수 없다는 것이다. 그것은 도무지 아무도 확정지을 수 없는 개방지평the open horizon of meaning인 것이다.

송사의 명구절이라고 해봐야 결국 노래구절일 뿐이다. 본시 노래라는 것은 흥취를 위한 것이고 평범한 사람의 일상적 감정을 건드리기 위한 것이지, 심오한 철학을 전하려는 심각한 문학이 아니다. 더구나 그러한 감성적 노래구절을 아무리 적절하게 인용했다 할지라도, 과연 왕꾸어웨이가 새로운 조합 속에서 의도하는 의미가 정확하게 생성될 수 있을지도 의문이다. 오늘날 한국에서 유행하는 노래들 중에서 짧은 세 구절을 조합하여 한국인의 삶의 가장 심오한 철학적 경지를 나타내려 한다면 과연 그것이 가능할까?

왕꾸어웨이는 그것은 너무도 충분히 가능하다고 확신한다. 니체가 희랍비극을 중시했듯이, 왕꾸어웨이는 연약하고 천박한 듯이 보이는 시사詩詞의 구절 속에 가장 심오한 철리哲理가 있다고 보았다. 그래서 그는 사의 꾸밈없는 고졸한 "맛," 그 "멋"을 사랑하였던 것이다. 그리고 그는 그 사구절을 인용하면서 그 원래 사의 의미를 고수하지 않았다. 그것은 자기의 조합 속에서 새로운 전화轉化를 일으킬 뿐이라고 생각했다. 그리고 독자의 해석도 자유라고 생각했다. 무궁한 해석의 지평을 개방하는 것이다. 그것은 "경지"의 문제일 뿐이다. 그가 인용한 인생의 제1경지는 이러한 사구절이다.

> 간밤에 서풍이 심하게 불더니만
> 푸른 나무들이 다 시들어버렸네.

나 홀로 높은 누각에 올라
저 하늘 끝까지 펼쳐진
가없는 길을 바라보네
昨夜西風凋碧樹。
獨上高樓, 望盡天涯路。

이 사는 북송 초기의 대표적 사인 중 한 사람인 안수晏殊, 991~1055가 쓴 「접련화蝶戀花」라는 사패의 가사이다. 안수가 「접련화」라는 이름으로 쓴 사는 여러 종이 있다. 보통 『송사삼백수』에는 육곡난간외벽수六曲闌干偎碧樹 7자로 시작되는 것이 실려있는데, 이것은 함국수연난읍로檻菊愁烟蘭泣露로 시작되는 것이다. 대체로 이 사가 더 잘 인용된다. 이 사의 전체를 여기 소개해도 좋겠지만 그것은 무의미하다. 왕꾸어웨이의 의도적인 "단장취의"는 본래의 맥락을 떠나 그 자체의 새로운 의미를 창출하는 데 있기 때문이다.

안수晏殊는 자가 동숙同叔이고, 지금의 강서성 임천臨川 사람인데, 평생을 부유하게 산 사람이다. 그가 처했던 시대가 중국에서는 보기 드문 태평성세였다. 개봉부가 번영하면서 대운하시대가 열렸고 화폐경제가 융성했다. 그는 7살 때부터 문장에 능했으며 14세 때 신동으로 추천되어 진사가 되었으며, 한림학사, 추밀사동중서문하평장사樞密使同中書門下平章事 등의 직을 역임했다. 그는 탁월한 교육자이기도 했는데, 그의 문하에서 범중엄范仲淹, 한기韓琦, 구양수歐陽修와 같은 명신名臣들이 배출되었다. 그는 인종仁宗 때 활약했으며 신종神宗 때 활약한 왕안석王安石, 1021~1086보다 한 세대 위의 사람이다.

송사는 보통 문학사에서 완약파婉約派(사의 스타일이 아리따운 여인처럼 부드럽고 함축미가 있다는 뜻)와 호방파豪放派(문자 그대로 호방하다는 뜻. 충패充沛한 격정과 풍부한 상상력과 다자다채多姿多彩한 언어풍격을 특징으로 한다)로 나뉘는데, 완약파의 대표로서는 유영柳永, 주방언周邦彦, 안수晏殊, 이청조李清照(송대의 가장 저명한 여류사인), 구양수歐陽修, 이욱李煜 등을 꼽고, 호방파의 대표로서는 소식蘇軾과 신기질辛棄疾을 꼽는다. 왕꾸어웨이의 인생삼중경계에는 양파가 다 인용되어 있다.

“**간밤에 서풍이 심하게 불더니만 … 가없는 길을 바라보네.**”라는 제1구절은 기실 원래 송사의 전체맥락에서는, 아주 나약한 연인이 새벽에 일어나 이별의 고통을 참지 못해, 먼 길을 바라보며 편지 한 장 보내고 싶건만, 산장수활山長水闊하니 님이 어디 계신지를 모르겠네, 운운하는 장면을 읊은 것이다. 완약파의 여린 연정이 표현되어 있는 사이다. 그러나 왕꾸어웨이는 결코 그렇게 나약한 연정의 감성을 여기에 펼치지 않는다. 광막한 우주에 던져진 인간의 서글픈 운명, 미래가 한 치도 보장이 안되는 료활창망廖闊蒼茫한 카오스 속에서 출로를 알지 못하는 미망곤혹迷惘困惑의 심정이 토로되어 있다.

인간은 끝없이 문명의 난세에 던져진다. 서풍(=전화戰禍)이 심하게 불어 푸른 나무(벽수碧樹)조차 조락凋落해 버렸다. 서풍은 왕꾸어웨이의 생애에 있어서는 북벌전쟁일 수도 있고, 시진핑에게는 문화대혁명의 광란일 수도 있다. 그러나 인간은 고독하게 그 운명을 헤쳐나가야만 한다. “독상고루獨上高樓”는 애인을 찾는 가냘픈 정자가 아니라, 고매한 이상理

想을 향한 인간의 발돋음, 그 상향上向upward evolution의 고독한 발길을 의미한다. 그 고루高樓에 올라서서 저 하늘 끝, 천애天涯에 맞닿아 있는 끝도 없이 뻗친 길을 바라본다. 대업의 운명을 타고난 인간에게 주어지는 최초의 경계境界(경지)는 바로 천애로天涯路를 망진望盡하는 시지프스적 고뇌와 에로스적 충동이다.

이와 같이 송사의 완약한 의미를, 대사업·대학문을 추구하는 인간의 제1경지로 도약시키는 왕꾸어웨이의 인용방식은 그야말로 무궁무진한 재해석의 지평the horizon of reinterpretation을 허락하는 것이다. 시진핑도 이러한 지평 속에서 자기 삶의 공감대를 발견했을 것이다. 시진핑이 이 왕꾸어웨이의 삼중경계를 공식적으로 언급한 것은, 그가 대권을 장악한 후, 2013년 8월 19일, 북경에서 열렸던 "전국선전사상공작회의全國宣傳思想工作會議"석상의 강화講話에서였다. 그러나 시진핑은 젊은 날 청화대학을 다닐 때부터(1975~79), 이미 청화대학 국학대도사國學大導師였던 왕꾸어웨이의 유명한 이 언설을 가슴 깊이 접했을 것이다.

그 다음 왕이 언급하는 제2경계는 유영柳永의 "봉서오鳳棲梧"(봉황이 오동에 깃듬을 노래함)라는 사에서 인용된 것이다. 그런데 『송사삼백수』 같은 책에 이 사는 "접련화蝶戀花"의 사로 나오고 있다. 그리고 왕꾸어웨이는 이것을 유영의 작품이 아니라 구양수歐陽修, 1007~1072(자 영숙永叔. 호 취옹醉翁. 북송 정치가, 문학가. 관은 한림학사, 추밀부사副使, 참지정사參知政事에 이르렀다. 한유, 유종원, 소식과 함께 "천고문장4대가千古文章四大家"로 칭송된다)의 작품이라고 생각했다. 동일한 사가 구양수의 작품으로서 『구양문충공근체악부歐陽文忠公近體樂府』에 실려있기 때문이다. 송사는 노래에 가사를 붙인 것이라서 이와 같이 지은이가 혼동될 때가 많다. 그러나 이 사는 보통 유영柳永의 것으로 간주된다.

유영柳永, 987~1053은 앞서 말한 안수晏殊와 동시대의 사람으로 완약파를 대표하는 인물이다. 보통 완약파의 사를 "유주사柳周詞"라고 부르기도 한다. 유영과 주방언周邦彦, 1056~1121(절강 항주사람)을 대표로 꼽기 때문이다. 복건성 숭안崇安 사람인데 원명이 삼변三變이고 자가 경장景莊이다. 어려서부터 시사에 능했으나 과거에 누차 실패하고 모년暮年에나 급제하여(1034년 경우景祐 원년) 벼슬이 둔전원외랑屯田員外郎에 이르렀다. 그래서 세상사람들이 유둔전柳屯田이라고 부르기도 한다. 나는 어려서부터 유영의 "우림령雨霖鈴"(한선처절寒蟬凄切, 대장정만對長亭晩으로 시작)을 몹시 사랑했는데 그 감정표현의 완곡함이 절절한 작품이다("우림령"이라는 사패 자체가 당명황이 빗속에서 소 워낭소리를 듣고 귀비貴妃를 도념悼念한 노래이다). 그는 아주 평범한 시민계층 남녀지간의 감정을 읊었으며 북송의 번화부유한 도시생활 속에 다채로운 시정풍광市井風光을 있는 그대로 묘사했다.

그리고 그의 작품은 로드무비적 요소가 배어있는데, 과거科擧에 실패하면서 수없는 여행을 다녔기 때문이다. 그는 그의 삶의 여정 속에서 느낀 추구·좌절·모순·고뇌·신산辛酸(쓰라림)·실의失意 등의 잡심태雜心態를 꾸밈없이 드러냈다. 유영은 송사에 대하여 전면적 혁신을 감행한 사인으로 유명하다. 그리고 송사단상에서 사조詞調를 가장 많이 창용創用한 사람으로 유명하다. 그리고 만사慢詞(사패가 길고 느리다)를 가장 많이 창작하였다. 자세한 전문적 이야기는 회피하겠으나 유영의 다양한 장조

단령長調短令과 아속병진雅俗幷陳의 수법에 의하여 송사의 형식체제가 완비되는 계기가 되었다. 자아! 제2경계는 무엇인가?

> 바지끈이 점점 헐렁해져도
> 끝내 나는 후회치 않으리
> 그대를 위한 것이라면
> 내 몸 하나 소췌해신들
> 그 무엇이 걱정이랴
> 衣帶漸寬終不悔,
> 爲伊消得人惟悴。

이것 역시, 유영의 "접련화蝶戀花" 본래의 맥락에서는, 그렇게 심각한 의미를 지니지 않는다. 접련화의 시작은 이러하다: "높은 누각에 오래 기대어 있자니, 가는 바람이 솔솔 스친다. 가없는 저 하늘 멀리 바라보니 봄이 스러지려 하는구나. 봄이 사라지는 그 애처로움이 하늘가에 맺히는구나! 竚倚危樓風細細, 望極春愁, 黯黯生天際。" 전혀 장중한 인생철학을 논하는 의도는 비치지 않는다. "의대衣帶"가 "점관漸寬"해진다는 것은 원래 사의 맥락에서는 술주정뱅이의 푸념을 의미할 수도 있다. 그러나 왕꾸어웨이의 3중경계 속에서는 제1경지를 초극한 인간이 겪어야만 하는 제2경지! 그것은 의대가 헐렁거리도록 몸이 말라비틀어지는 삶의 노력, 각고의 환난극복과정을 상징적으로 표출한 것이다.

그 다음에 "위이爲伊"라는 것은 "그대를 위한 것이라면"의 뜻이지만,

유영과 같은 완약파의 사 속에서는 "그대"가 사랑스러운 연인, 그 이상의 뜻을 내포하지 않을 수도 있다. 그러나 왕꾸어웨이의 새로운 맥락 속에서 "그대"란 인간이 삶 속에서 추구해야만 하는 이상, 그 최고선을 의미한다. 실제로 시진핑은 하방下放 생활을 통하여 의대衣帶가 점관漸寬해지는 극빈의 농촌삶을 체험했다. 1969년 1월(15살), 시진핑은 아버지가 반당분자로 몰려 가중된 북경에서의 핍박이 두려워서 아버지의 고향지역으로 하방되는 것을 요청했다. 시진핑은 연안시 연천현 문안역공사文安驛公社 양가하梁家河대대 생산대로 배정되었다. 그때만 해도 그는 그러한 생활을 상상으로만, 낭만적으로 생각했다.

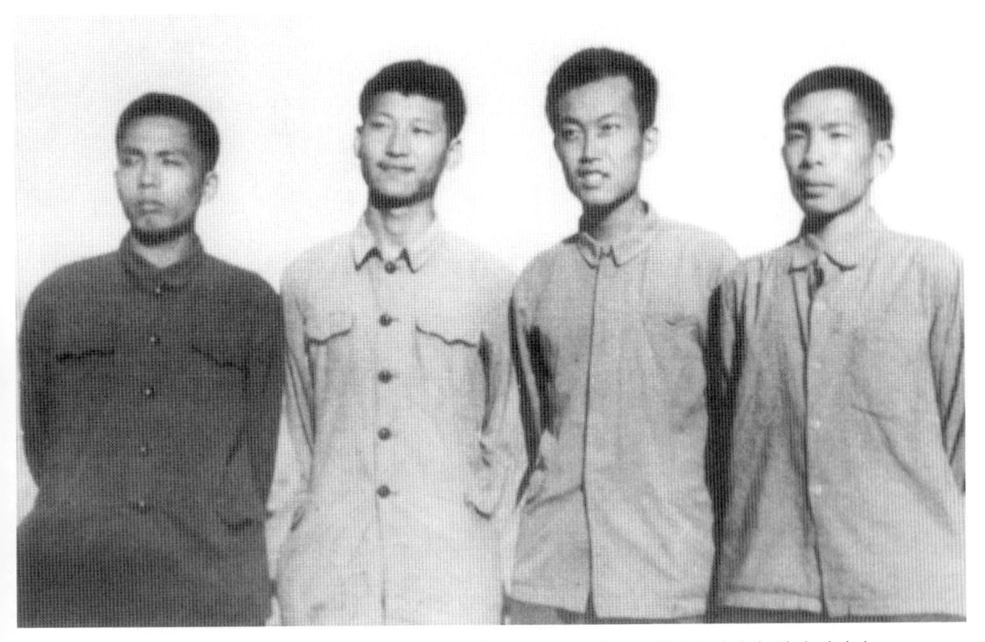

섬서성 연안지역 리앙지아허梁家河에서 하방생활의 고통을 감내하던 시절의 시진핑. 같이 하방된 지청知青(지식청년의 뜻. 문혁시대의 용어)들과 함께 찍은 사진인데, 의대가 느슨해지도록 삐쩍 마른 시진핑(좌로부터 두 번째) 모습이 인상적이다.

시진핑은 북경의 공산당 최고간부들이 모여사는 종난하이에서 무난하게 자라난 일개 한량에 불과했다. 그러한 건달이 실제로 최하층 농민이 요동窰洞이라 불리는 토굴에서 혈거하는 삶의 실상을 맛볼 기회는 전무했다. "맛본다"는 것도, 하루 · 이틀의 낭만 정도야 견딜 수도 있겠지만, 몇 년 같이 그러한 삶에 지속적으로 동화된다는 것은 상상이나 결단으로만 될 수 있는 일이 아니었다. 극빈자 농민의 삶의 비참이란 상상을 초월하는 것이었다. 빵 한 조각이 없었고 고기는 몇 개월만에 한두 점 입에 넣을 수 있는 배급을 기다려야만 했다. 벼룩과 이에 몸이 물려 긁으면 수포가 생기고 수포를 다시 긁으면 피가 흐른다. 얼마 지나지 않아 온몸이 부스럼투성이가 되었다. 24시간 허기를 느끼며 중노동을 하고 공복의 공포 속에서 쭈그리고 지푸라기 침대 위에서 곯아떨어지곤 하는 삶을 그는 3개월이 지나자 더 버틸 수가 없었다. 그는 동네사람, 친구 아무에게도 알리지 않고 무작정 몰래 양가하를 탈출한다.

아무 생각 없이 연안에서 기차를 타고 북경으로 도망친 것이다. 그 결과는 뻔했다. 주민등록표는 이미 섬서성에 있었기 때문에 시정부에 신고를 하자마자 그는 "학습반"에 편입되어 다시 중노동에 시달리게 된다. 그는 북경 해정구海淀區의 하수관매설작업 인부로서 밤낮으로 중노동을 해야만 했다. 시진핑은 "도망친 삶"의 허망함을 깨닫게 된다. 그리고 자기의 고귀한 노동이 그 궁극적 가치를 발휘할 수 있는 곳은 최하층 빈민의 삶의 장場이라는 것을 자각하게 된다.

그토록 열악한 환경 속에서도 당시 중국이라는 문명의 근저를 형성하고 있었던 농민의 삶이야말로, 자신의 실존이 던져져야만 할 세계라는 것, 그 "세계내존재"로서의 자기의 삶의 재건이야말로 자기가 거치지 않으면 아니 될 "경지"라는 것을 깨닫게 된다. "민중의 바다 속에서 살지 못한다면 장차 무엇을 할 수 있겠느냐! 너의 아버지와 엄마도 섬서의 농촌에서 민중과 함께 동고동락했기 때문에 혁명의 위업을 달성했다." 이모부의 준엄한 충언이었다. 시진핑은 양가하의 원위치로 다시 돌아간다. 이 원위치야말로 우리가 알고 있는 시진핑이라는 실존태의 원점이었다.

나는 EBS 해방60주년 특집, "도올이 본 독립전쟁사 10부작"을 찍기 위해 2005년 6월에 중국공산혁명의 성지 연안을 방문하였다. 이 지역은 황토고원인데 사람들의 주거형태가 문자 그대로 황토벽에 구멍을 뚫은 것으로 요동이라 부른다. 이 지역에 수만 년 내려오는 전통의 지혜에서 생겨난 주거 방식일 것이다. 그 안에 들어가보면 그래도 시원하고 뽀송뽀송했다. 습기가 없고 보온도 잘 되고 쾌적한 느낌이었다.

껑빠오의 비서 시절, 정판교의 대나무 그림

다시 양가하梁家河의 요동으로 돌아온 시진핑은 실존적 자각과 결단 속에서 자기 삶을 재건한다. 우선 위화감을 없애기 위해 옌안 지방 사투리를 배웠고, 노동도 스스로 앞장서서 모범을 보였다. 벼룩과 이에 시달려도, 이제 그러한 미생물과 더불어 사는 지혜를 배우며 물려도 고통을 느끼지 않게 되었다. 어느덧 그의 피부가 코끼리피부처럼 두꺼워진 것이다. 자기에게 벼룩과 이를 옮기는 농민들과 편안하게 앉아 이야기를 나누고 어려움을 함께 의논했다. 그의 거처는 점차 마을집회소처럼 변모해갔다. 매일 밤 노인과 젊은이들이 찾아와 이런저런 이야기를 나누었다. 『삼국지』나 『수호전』의 이야기도 들려주었고 그들이 궁금해 하는 북경의 이모저모에 대해서도 많은 이야기를 해줄 수 있었다. 섬서성의 깡촌에 사는 사람들에게 북경의 모습이란 그야말로 별세계였던 것이다. 더구나 고궁 자금성의 일부라고도 말할 수 있는 최중앙 종난하이에서 자라난 시진핑의 견문은 그들에게는 천상의 이야기처럼 들렸을 것이다.

시진핑은 리앙지아허를 중심으로 촌사람들, 당시 중국의 가장 보편적인 민중들로부터 신뢰를 얻는 방법을 체득하기 시작했다. 그는 모든 어려운 일들을 스스로 극복해내는 지혜를 습득했다. 그는 취사, 세탁, 재봉까지 모두 스스로 해결했다. 시진핑은 말한다: "이 시절의 노동은 그 이후 나의 모든 삶의 모습의 기초를 형성했다."

시진핑은, 부모의 지위나 연줄과 무관하게, 민중 속에서 민중의 신뢰와 사랑을 얻는 인간이 되었다. 순결한 민중의 추천으로 8번째의 신청에서 공청단 입단이 허락되었고, 11번째의 중국공산당 입당신청서에서 떳떳한 당원이 되었다(1974년 1월). 그리고 1975년 여름에는 연천현에 1명 할당된 청화대학 입학 티오의 기회를 놓치지 않았다. 꿈에 그리던 북경에서의 대학생활을 할 수 있게 된 것이다. 15살의 철부지 떨떨이로 연천의 양가하로 왔던 시진핑이 1975년(만 22세) 가을, 그곳을 떠날 때는 그 지역 인민의 사랑을 받는 지도자로서 배웅을 받았다. 그를 진심으로 아껴주던 간부와 주요인사들, 촌의 어른들을 찾아뵈었다. 일일이 인사말을 건네고 석별의 아쉬움을 나누었다. 뿐만 아니라 그를 사랑하는 젊은 남녀 20여 명이 30km나 떨어진 현의 버스정류장까지 도보로 동행을 했던 것이다. 이 7년 동안의 체험과 실존의 고투, 성장, 변화야말로 시진핑이라는 오늘의 인물을 있게 한 원점이라는 사실을 우리는 재확인해야 한다. 아니, 이 사실을 끊임없이 재확인해야만 하는 사람은 시진핑 본인이다.

왕꾸어웨이가 제2경계로 제시한 유영柳永의 사에서 해석이 좀 어려운 곳이 있다:

위이소득인초췌

爲伊消得人憔悴

여기서 "이伊"는 "너" "그대"라는 뜻이다. 그런데 그 다음의 "소득消得xiao-de"은 송대 백화적(구어체적)인 표현이며 요즈음 말로 "즈떠値得zhi-de"라는 뜻이다. 그것은 "…을 할 만한 가치가 있다"라는 뜻이다 전체 문장을 해석하면, 그대를 위해서라면 내 몸 하나 초췌해지는 것은 그럴 만한 충분한 가치가 있다는 것이다. 여기서 "초췌"란 단순히 우리말의 "초췌"보다는 더 강한 말로서, 모든 것을 다 희생할 만한 가치가 있다는 뜻이다. 시진핑은 리앙지아허 7년의 생활을 통하여 사회주의신념을 철저히 몸에 익혔다. 민중과 하나가 되어 그들과 동고동락하는 삶을 위해서라면, 모든 것을 희생할 만한 가치가 있다는 것을 배운 것이다.

다행히 그 시기에 아버지 시종쉰도 감호에서 해제되었고(1975년 5월), 모택동이 영면하고(1976년 9월 9일) 문혁의 막이 내리면서 복권된다(1978년 2월 귀북경. 그해 12월 중공11차3중전회에 중앙위원 당선. 광동성 성위 제1서기 겸 광동성 혁명위원회 주임이 됨). 시진핑은 학부 4년의 생활을 무난히 끝내고, 1979년 4월, 청화대학 화학공정과化學工程系를 졸업한다. 그리고 바로 중앙군사위원회 판공청에 배치되었는데, 중앙정치국 위원으로서 중앙군사위 비서장을 맡고 있었던 껑빠오耿飈, 1909~2000 국무원 부총리의 3명 비서 중의 한 사람이 되었다. 눈부신 관료생활을 시작하게 된 것이다. 껑빠오는 원래 엽검영葉劍英—화국봉華國鋒계열의 사람이었다.

시진핑은 당시 최고실권자 중의 한 사람이었던 껑빠오의 비서로서 활약하면서 군軍·정政 양계의 경험을 쌓을 수 있었다. 시진핑은 껑빠오의 비서를 하는 기간 동안(1979~82) "현역군인"으로서 복무했다. 이 사실은 그가 제5세대 중에서 거의 유일하게 군사업무경험을 획득한 인물로서 그의 생애를 통하여 군대의 지지를 얻을 수 있는 기반을 갖게 되었다는 것을 의미한다.

시진핑은 껑빠오 비서를 하는 동안 껑빠오 부총리(겸 군사위원회 비서장)를 수행하여 미국을 방문, 미국의 항공모함을 시찰하는 환상적인 경험도 할 수 있었다. 1년 전만 해도 일개 청화대학생이었던 그로서는 엄청난 도약이 아닐 수 없었으며, 그의 지위나 급료, 복지혜택이 매우 양호한 편이었다. 그러나 시진핑은 고급관료의 비서직이라는 업무가 얼마나 제약되고 의존적인 삶이며, 독자적인 가치의 영역을 확보하지 못하는 "새장 속에 갇힌 새"의 꼴이라는 것을 곧 자각한다. 이러한 각성을 할 수 있었던 것도 양가하의 민중 속에서 터득한 지혜였다. 인생이란 허리띠를 졸라매도 자신의 결단에 의하여 자신의 삶의 코스모스를 구체적 시공 속에 창건해야 하는 것이다.

껑빠오는 시진핑에게 비서생활이 싫으면 야전부대 지휘관으로 내려가서 명예로운 군인의 길을 시작하라고 권했다. 그러나 시진핑으로 볼 때 군인의 삶이란 어디까지나 군대조직 내의 생활이다. 그가 원하는 것은 자신의 노고가 직접 인민의 삶의 고락과 맞닿아 있는 그러한 민중 속의 삶이었다.

"비서를 그만두고 싶습니다. 말단조직인 기층부터 다시 시작하고 싶습니다!"

이 28세 때의 결단은 기실 시진핑이 15살 때 양가하를 도망쳐 나왔다가 양가하로 다시 돌아가는 결단의 재현태에 불과하다. "민중 속으로 돌아감"의 결단은 아마도 그의 인생을 지배하는 모토 중의 하나였을 것이다. 문혁의 와중에서 자라난 중국의 젊은이들 중에 중국역사에 대한 혐오감을 배운 이들도 있고, 민중의 삶의 진정한 가치를 몸에 체득한 이들도 있다. 시진핑은 다행스럽게 후자에 속하는 인물이었다. 이즈음 시진핑이 사랑하던 정판교鄭板橋의 시가 하나 있다.

정판교, 1693~1763는 원명이 정섭鄭燮, 자가 극유克柔, 호가 이암理庵, 또는 판교板橋라고 한다. 사람들이 그를 보통 "판교 선생"이라 불렀다. 강소 홍화인興化人이고 옹정 10년에 거인, 건륭 원년(1736)에 진사가 되었다. 그는 소위 양주팔괴揚州八怪 중의 한 사람으로 민중의 사랑을 받은 화가였다. 그는 평생 난과 죽석竹石을 그렸는데, 스스로 일컫기를, "나는 사시 시들지 않는 난四時不謝之蘭, 백절장청 하는 죽百節長青之竹, 만고불패의 바위萬古不敗之石, 천추불변의 사람千秋不變之人을 그린다"고 했다. 그의 대나무그림은 특히 유명하며, 우리나라 동양화를 전공하는 학도들도 대나무를 그릴 때는 반드시 판교 대나무그림을 모사한다.

그의 대나무그림에 제題한 유명한 시詩가 하나 있는데 이 제화시를 시진핑은 특별히 좋아했다.

대나무는 청산을 굳게 물고도 놓지 않아.

바위를 뚫고 그 속에 뿌리를 내렸으니

천 번 만 번 비비고 때려도

여전히 굳세고 질기네.

동풍이여, 서풍이여, 남풍이여,

북풍이여 불어라!

제아무리 바람에 나부껴도 끄떡없으리!

咬定青山不放鬆

立根原在破岩中

千磨萬擊還堅勁

任爾東西南北風

시진핑은 이 대나무처럼 살고 싶어했다. 그는 실존적 결단과 자기신념의 실천인 자신의 기층관료생활을 하북성河北省 정정현正定縣에서 현위 부서기로부터 시작했다(1982년 3월). 그곳은 상산常山 조자룡趙子龍, ?~229(촉한의 명장)의 고향이었다.

그가 하북성 정정현 부서기로부터, 복건성 하문시廈門市 부시장, 복건성 성장, 절강성 서기가 되어가는 과정은 내가 상술할 필요를 느끼지 않는다. 나는 시진핑에 관하여 바이오그라피적인 정보를 누구보다도 더 풍요롭게 가지고 있지만 나는 시진핑의 평전을 쓰기 위하여 이 붓을 움직이고 있는 것은 아니다. 시진핑의 삶의 역정에 관해서는 누구든지 그가 어떤 사람인지를 알 수 있도록 이미 JTBC "차이나는 도올"에서 충분히 논의하였다. 그 텔레비전 프로그램도 결코 상세한 정보를 다 제공하지는 않지만(실제로 나는 JTBC 프로그램 매 회당 2시간 이상을 강의했다. 그런데 편집된 것은 50분 안쪽이다), 시진핑의 생애를 전관全觀할 수 있는 시각은 충분히 제공하고 있다. 생애정보가 필요한 사람은 "다시보기"에 의하여 그 프로그램을 보는 것이 가장 양호한 방편이 될 것이다.

1982년 정정현 부서기로부터 절강성 서기에 이르는 2007년까지 무려 25년간의 그의 생애는 개혁·개방이라는 시대적 조류에 거스름이 없이 사회주의원칙을 고수하고, 민중과 동고동락하며 그들의 진정한 요구에 귀를 기울일 줄 아는, 매우 부지런한 하드 워킹hard-working의 행정관료였다. 그러면서 그의 삶의 자세는 일체 주변의 사람들에게 대권의 야망이 있다든가 하는 식의 내음새를 풍기지 않았다. 천길 속의 물은 알 수 있어도 사람마음은 모른다 하니 그 속셈을 누구인들 정확히 알 수 있으리오마는 시진핑은 자기직무에 충실한 조용한 관리였다. "조용하다"는 것은 어떠한 외재적 포지션을 향해 덜거덕 덜거덕 질주한 사람은 아니라는 것이다.

자아! 이제 우리는 마지막으로 왕꾸어웨이가 말하는 인생의 제3경계, 그 최종의 경지에 관해 이야기해야 한다. 왕꾸어웨이는 제3경지를 주자朱子와 동시대인 남송 사인 신기질辛棄疾, 1140~1207의 "청옥안青玉案"에서 끌어왔다.

신기질은 내가 대만대학에서 수업 받을 때에 보통 "소신사蘇辛詞"의 주인공으로 언급되었다. "소신"이란 호방파의 대표 두 사람을 병칭한 것이다. 북송의 소동파와 남송의 신기질을 가리킨다. 신기질은 우리나라 사람들에게 생소한 인물이지만, 중국사람들에게는 소동파와 병칭될 정도로 잘 알려진, "사 중의 용詞中之龍"이라고 칭송되는 탁월한 인물이다. 신기질은 정강지변靖康之變(북송이 금군金軍에게 멸망당하는 참담한 정변. 흠종 정강 연간 1126~27에 일어났기에 그렇게 부른다) 이후에 태어났으니까 완벽하게 남송시대 사람이지만, 그가 태어난 곳은 산동 동로東路 제남부濟南府 역성현歷城縣이었다. 그러니까 금국金國에서 태어난 것이다. 그의 조부 신찬辛贊은 금국에서 벼슬을 했지만 기회만 있으면 무장봉기를 해서 금나라 사람들과 일사의 결전을 하고자 하는 희망을 품고 살았다. 신기질은 어려서부터 이러한 포부를 품고 살았고, 금인 통치하에서 한족이 당하는 굴욕과 통고를 목도하고 비분강개하였다.

그는 청소년시대로부터 중원을 회복하여 보국설치報國雪恥 하겠다는 지향志向을 가지고 있었다. 그러기 때문에 그는 연약한 문인으로서 자라난 것이 아니라 일종의 연조기사燕趙奇士(연나라와 조나라에 호걸이 많았다고 해서 생긴 숙어)의 협의지기俠義之氣를 지닌 무인으로서 자라났다. 소흥紹興 31년(1161), 금나라 임금 완안량完顔亮이 대거 남침하자, 후방의 공백을 타고 당시 21세밖에 되지 않았던 신기질은 2천 명의 동지를 규합하여 난을 일으키고 경경耿京, 1130~1162(산동 제남인)이 영도하는 성세가 호대浩大했던 의군에 가담하여 장서기掌書記의 직책을 맡는다. 그 후 완안량이 전선에서 부하에 살해되고 금군이 북으로 철퇴하게 되자, 신기질은 소흥 32년(1162)에 봉명남하奉命南下하여 남송의 조정과 연락을 취하여 귀송을 하던 도중, 자기의 상관인 경경耿京이 그 부대 내의 반란세력인 장안국張

安國에 의하여 살해되었다는 소식을 듣자 의분을 참지 못한다. 신기질은 즉각 50여 인의 습격대를 조직하여 수만 명의 적진 한가운데를 뚫고 들어가 반도叛徒 장안국을 생포하여 남송정권에 건네 처결케 한다(길거리를 끌고 다니며 군중에게 보인 후에 도끼로 목을 쳤다).

신기질의 경인驚人의 용기와 과단성은 남송사람들에게 크게 회자되었고, 고종高宗은 그를 가납嘉納한다. 이로부터 그의 남송 사환생애仕宦

여기는 하북성 석가장 부근에 있는 집성촌 호가장胡家莊 마을이다. 수나라 때부터 계속 호씨들만 살았다고 하는 곳이다. 1941년 12월 12일 안개 낀 새벽, 이곳에서 일본군과 조선의용대 사이에 치열한 전투가 벌어졌다. 조선의용대를 도와주는 팔로군도 다수 가담했다. 이 전투에서 의용대원 4명이 사망하고 2명이 중상을 입었고, 또 팔로군 12명이 죽었다. 일본군 1개 중대가 덮쳤던 것이다. 여기서 다리에 관통상을 입고 일본군 포로가 된 사람이 김학철金學哲, 1916~2001이다.
김학철의 생생한 증언을 통해 우리민족 독립운동사의 잃어버린 상당부분이 정확하게 복원될 수 있었다. 2005년 6월 4일, 나는 EBS독립전쟁사 10부작 다큐를 찍기 위해 이곳을 방문했는데 그 동네사람들이 아직도 대부분 호씨胡氏였고 김학철 증언의 내용과 일치되는 옛 이야기를 전해주고 있었다. 시진핑의 하북성 정정현서기로서의 삶의 일면을 짐작케 하는 동네 분위기였다.

生涯가 시작되는데 그 시점이 겨우 그의 나이 25세였다. 그의 벼슬은 추밀도승지에까지 이르렀지만 이와 같이 호상豪爽하고, 기절氣節을 숭상하고, 식견이 영준英俊한 인물의 진로가 순탄할 수가 없었다. 그의 생애의 기락起落은 가혹했다. 그는 철저히 북방기질의 사나이였기 때문에 남방인들이 농사짓는 일을 기피하고 나른한 문약주의에 빠져있는 것을 혐오했다. 양생養生의 수단은 타인에게 의존해서는 아니 된다는 신념이 있었다. 부富해서도 아니 되고 빈貧해서도 아니 된다. 그는 역전力田의 철학을 주장했으며 그래서 그의 호를 가헌稼軒(농사짓는 사람)이라 했다. 가헌과 동시대의 사람인 주희도 우리는 나른한 주자학의 조종으로만 아는데, 기실 그는 "북진통일"을 주장하는 주전파主戰派의 괴수였다.

주희의 모든 도덕철학이 알고보면 북진통일의 숙원을 달성하기 위하여 사士계급의 도덕주의적 청렴과 양심을 요구한 것이다. 주희는 죽을 때도 경원당금慶元黨禁에 걸려 역당逆黨의 괴수이며 위학僞學의 영수로 몰려 죽었다. 그래서 그가 죽었을 때, 사람들이 그의 곁에 가는 것을 두려워했다. 신기질은 금령禁令을 두려워하지 않고 그의 곡제哭祭에 나아갔다. 그리고 천고에 남을 도사悼詞를 바쳤다: "아~ 님이시여! 썩지 않는 것에만 생애를 바치셨으니 그 이름은 만세에 드리우리다. 누가 감히 공이 죽었다 말하리오? 늠름하게 살아계시는구려.所不朽者, 垂萬世名, 孰謂公死? 凜凜猶生!"

자아! 왕꾸어웨이가 말하는 "제3경지," 가헌의 사를 빌어 말한 그 경지는 과연 무엇일까?

신기질의 제3경지
사사무애법계

자아! 왕꾸어웨이가 말하는 "제3경지," 가헌의 사를 빌어 말한 그 경지는 과연 무엇일까?

길거리에 밀려 넘치는
군중들 속에서
천 번 만 번 그녀를 찾아
헤매었지.
문득 무심하게
고개 돌려 쳐다보니
등불이 희물그레
꺼져가는 그 난간 곁에
바로 그 여인, 서있지 아니 한가!

眾裏尋他千百度。
驀然回首，那人卻在，
燈火闌珊處！

왕꾸어웨이는 "바로 이것이 내가 말하는 대사업의 인간이 삶 속에서 반드시 겪어야만 하는 제3경지이다.此第三境也"라고 말한다. 그리고 이런 재미있는 말을 덧붙이고 있다.

> 내가 여기 사에서 인용한 말들은 오묘한 경지를 달린 대사인大詞人이 아니면 도저히 도달할 수 없는 경지의 언어들이다. 그러나 단연코 내가 말하는 3경지의 뜻에 따라 사를 해석하는 것에 관해서는 아마도 사를 지은 본인들(안수나 구양수, 혹은 유영) 제공들께서는 허락하실런지는 잘 모르겠다.
>
> 此等語皆非大詞人不能道。然遽以此意解釋諸詞，恐爲晏歐諸公所不許也。

나는 개인적으로 인생삼중경계 중에서 제3경지로 인용된 신가헌辛稼軒의 사구절을 제일 사랑한다. "청옥안"이라는 사패에 맞추어 쓴 가헌의 사는 원래 "원석元夕"이라는 소제가 붙어있다. 이 노래는 두 절로 구성되어 있는데, 제1절과 제2절의 분위기가 아주 대조적이다. 3중경계의 제3경은 제2절의 끝부분이다. "원석"이란 우리말로 하면 "대보름"이라는 뜻이다. 그러니까 음력으로 정월대보름, "상원절上元節"이라고도, "원소절元宵節"이라고도 한다. 한가위 때도 그렇지만, 정월대보름 때는 유난히 달이 크다. 일년의 시작이라, 새해의 액땜을 한다고 사람들이 시가에 나오는 풍습이 있었다. 우리는 "쥐불놀이" 잔치를 벌였다. 나도 어린 시절 대보름만 되면 너른 들로 나아가 논두렁 위에서 구멍 뚫린 작은 깡통 불단지를 빙빙 돌리며 동네아이들과 여러가지 놀이를 했던 기억이 있다. 가헌이 이 사를 쓴 것은 순희淳熙(남송 효종孝宗 연호) 원년(1174) 혹은 2년(1175), 그러니까 그의 만나이 34·5세 때의 일이다. 그가 귀송한 지 벌써 10여 년의 세월이 흘렀을 때였다.

그의 유일한 갈망은 "항금북벌抗金北伐"이었고, 잃어버린 실지를 회복하는 것이었다. 그는 끊임없이 청영請纓(종군을 간청함)하였지마는, 나른한 남방 사대부들의 안일무사한 태평주의가 지배하는 조정분위기 속에서 그의 청영은 실현될 길이 없었다. 그는 강렬한 북벌주의자였으며, 그런 의미에서 남송의 사상가 진량陳亮, 1143~1194, 주희朱熹와 지향점이 같았고, 이들과도 심후深厚한 우의友誼를 보지하였다. 신기질의 사의 세계 속에서는, 탁월한 군사재능을 지닌 그의 애국열침愛國熱忱이 발현될 길이 없는 그 울분, 좌절, 격정, 원한, 애상哀傷이 교직交織되어 나타난다. 그의 벼슬살이 과정이란 끊임없는 시무건의에 드러나는 보구설치報仇雪恥의 예기銳氣 때문에 항상 좌천당하거나 추방당하거나 하는 고통스러운 과정이었다. 그가 쫓겨났을 때 쓴 "원석元夕"의 제1절은 이렇게 시작된다.

밤늦게 동풍이 휘몰아치니
대보름 거리를 가득 메운 등화,
마치 천 개의 나무에서 꽃이 만발한 듯,
바람이 더 세게 휘몰아치니

하늘에서 일만 점의 별똥이 쏟아지듯,
보석으로 치장한 말
옥조각으로 찬란한 수레들이
향기를 달맞이 시가에 가득 뿌린다.
봉황퉁소에 울려 나오는
곡조가 사람의 마음을 춤추게 하고
옥토끼 저 달이 내뿜는 빛이 빙글빙글
군중 사이로 교차하니
밤새도록 어룡(물고기와 용이 그려진 등을 말함)이 춤을 추는구나!

東風夜放花千樹,
更吹落, 星如雨。
寶馬雕車香滿路,
鳳簫聲動, 玉壺光轉,
一夜魚龍舞。

이 제1절은 남송의 도성인 임안臨安의 대보름날 밤 거리에 쏟아져나온 인파의 모습, 그리고 그 인파를 상대로 벌이고 있는 온갖 장사꾼들, 향수를 뿌린 귀족여인들의 거만한 자태, 그들을 추종하는 남정네들의 비굴한 모습이, 보름달과 동풍, 수천수만 개의 등불들과 교차되면서 현란한 우주를 형성하고 있다. 수천 그루의 나무에서 꽃이 핀 듯, 밤하늘의 수만 개의 유성流星이 쏟아지는 듯, 그 광막한 스케일의 무대 위에서 안일태평무사를 구가하고 있는 인간들의 어리석음, 그것을 아름답게 보고있는 것일까, 슬프게 보고있는 것일까, 탄식하고 있는 것일까? 그냥 유미적으로만 영탄하고 있는 것일까? 신기질의 사의 묘미는 이런 호방한 언어에 감추어져 있는, 정확한 가치판단을 허락하지 않는 격정激情과 애상哀傷이다.

그렇게 현란하게 돌아가고 있는 생각 없는 군중의 격류 속에서 그는 그 한 여인을 찾고 있다. 진정으로 사랑하는 그 여인! 그 여인은 과연 어디로 갔을까? 헤매어도 헤매어도 찾을 길이 없다. "중리심타천백도衆裏尋他千百度." 여기서 "타他"는 의미론적으로는 성별을 초월하지만, 현대백화와 달리, 송사 속에서는 여성 3인칭대명사를 뜻한다. 사랑하는 그녀, 진실로 진실로 사랑하는 그녀! 그녀는 가헌에게는 잃어버린 국토일 수도 있고, 그가 추구하는 삶의 이상일 수도 있다. 순간 "맥연회수驀然回首," 여기서 "맥연"이란 "숙연儵然shuran"의 뜻으로, "갑자기" "문득" "홀연히"를 뜻한다. 갑자기, 별 생각 없이 머리를 돌렸는데, 아~! 그토록 애타게 천만 번을 찾았던 그녀가 바로 거기에 서있는 것이 아닌가? 가물가물 스러져가는 저 등불 곁에!

왜 하필 그녀는 "가물가물 스러져가는 등불 곁에" 있었을까? 이것은 긍정인가 부정인가? 재회의 기쁨인가? 극단의 비애의 표현인가? 신기질이 울분을 토로하는 방식에는, 세속과 동류합오同流合汚하지 않는 그의 고고孤高한 품격이 표현되어 있다. 제1절의 뜨겁고 어지러운 장면이 제2절에서 고고담백, 초군발속超群拔俗의 고독, 고결로 전화되고 있다. 과연 이것은 시진핑의 삶에 있어서는 무엇을 의미했을까?

독자들은 아쉬웁게 생각할 수도 있겠지만 나의 시진핑논의는 여기쯤에서 종료되는 것이 정당하다. 본시 나의 의도는 시진핑 개인을 말하고자 함이 아니고, 중국이라는 문명의 리더십을 말하고자 함이었고, 중국의 정치적 사건을 나열함이 아니라, 중국의 정치를 성립시키고 있는 그 문화, 그 역사, 그 철학을 말하고자 함이었다. 매일매일 일어나는 중국의 정치사건을 아무리 운운해도 우리는 현재 중국정치의 실상을 알 길이 없다. 예를 들면, 지금 청와대에서 매일매일 벌어지고 있는 사건들을 아무리 잘 알고 있다 한들, 그것만으로 한국정치의 본질을 이야기할 수 있을까? 정치는 현실인 동시에 미래의 비젼이고, 사실인 동시에 당위의 체계이다.

아쉬웁게 생각할 독자들을 위하여 내가 여기 몇 개의 췌언을 덧붙여둔다. 우선 왕꾸어웨이의 삼경계三境界와 시진핑의 생애의 상관성을 정확히 파악하는 것이 중요하다. 제1경지의 키워드는 "망진천애望盡天涯"이다. 독상고루獨上高樓하여 하늘가에 뻗친 길을 바라보았다는 뜻이다. 한 생명이 막막한 우주에 던져져 있는 막연한 모습이다. 여기 "바라본다望"라는 뜻은 자기가 살아가야 할 길을 바른 비젼을 가지고 바라본다는 뜻이다. 아무리 서풍이 조벽수凋碧樹, 푸른 나무를 마르게 한다 할지라도. 아무리 환란의 세월이 닥쳐도 인간은 고매한 이상을 품고 천애를 망진해야 하는 것이다.

제2경지의 키워드는 "의대점관衣帶漸寬"이다. 그러한 환란 속에서 인간은 그 환란을 피하지 말고 의대衣帶가 점점 헐렁해지는 신체적 고통을 감내해야 한다. 그것이 자기 삶의 이상, 이데아를 위한 것일진대(위이爲伊), "소득인초췌消得人憔悴," 즉 모든 희생을 감내할 가치가 있다는 것이다.

제3경지의 키워드는 무엇인가? 그것은 바로 "맥연회수驀然回首"이다(왕꾸어웨이가 인용한 판본에는 "회두맥견回頭驀見"으로 되어있다. "머리를 돌려 문득 본다"는 뜻이다). "맥연회수"에 관해서 독자들은 좀 황당한 느낌을 가질 것이다. 신가헌이 자기의 고독과 울분을 토로한 방식도 황당한데, 또 그것을 제3경지로 만든 왕꾸어웨이의 인용방식도 황당하다. 황당함의 제곱이라고나 할까? 이 추상성의 무궁무진한 차원의 고양에서 우리는 중국문명의 깊이를 느낄 줄 알아야 한다. "문득 머리를 돌려보니 그가 바로 거기에 있었다"라는 것은 과연 무슨 뜻일까?

화엄철학의 표현을 빌리자면, 제1경지를 사법계事法界라 말하고, 제2경지를 이법계理法界라 말한다면, 제3경지는 사사무애법계事事無礙法界라 말할 수 있는 것이다. 왕꾸어웨이는 경지를 말함에 있어서 "유아지경有我之境"과 "무아지경無我之境"을 말했다. 바로 제1경지와 제2경지는 유아지경이다. 그것은 자아를 강렬하게 의식하면서 살아가는 노력과 극복의 프로세스이다. 그러나 제3경지는 유아지경으로 얻어질 수가 없다. 그것은 무아지경으로만 획득되는 것이다. 문득 무심코 되돌아보니 그녀가 거기에 있었다. 그토록 그토록 찾을 때는 보이지 않았는데, 문득 회두回頭하니 맥견이라! 모든 구극적 진리는 이렇게 스스로 찾아오는 것이다. 나의 갈구함 속에서만 성취되는 것이 아니다.

제1경지 第一境	**망진천애** 望盡天涯	**사법계** 事法界	**유아지경** 有我之境
제2경지 第二境	**의대점관** 衣帶漸寬	**이법계** 理法界	**유아지경** 有我之境
제3경지 第三境	**맥연회수** 驀然回首	**사사무애법계** 事事無礙法界	**무아지경** 無我之境

너무 복잡하게 생각하지 말자! 나의 생애에서 있었던 간단한 에피소드를 하나 들어보겠다. 나는 1965년에 고등학교를 졸업하고 고려대학 생물과에 들어갔다. 그런데 나는 관절염이라는 질병으로 혹독하게 고생하게 되어 학교를 계속 다니질 못했다. 고등학교 때 너무 격렬한 운동(태권도 등)을 열악한 조건에서 계속한 탓이었던 것 같다. 그래서 휴학하고 낙향했는데, 때마침 한국에 온 첫 평화봉사단 제1기(PCV. K1) 한 명이 우리 집에 하숙을 원했다. 그래서 나는 평화봉사단원과 같이 방을 쓰게 되었는데, 1965년 조선땅의 분위기에서 미네소타대학 사학과 대학원까지 나온 인텔리와 같이 생활하는 기회를 얻었다는 것은 나의 생애를 새로운 차원에서 결정지운 사건이 아닐 수 없었다. 나는 그와 같이 생활하면서 엄청나게 열심히 영어공부를 했다. 우선 그가 물어보는 것에 정확한 대답을 해주기 위해, 모든 가능성의 문장을 조합하는 작문을 머릿속에서 하루종일 했고, 꿈도 영어로 꾸기 시작했다. 꼭 단어장을 만들어 일일이 단어와 단어가 들어있는 문장을 기록했다. 그리고 그 양키청년이 읽는 『타임』지, 『뉴스위크』지 같은 잡지를 탐독했다.

그렇게 2년을 살았는데, 나는 내 영어실력이 어느 정도인지를 가늠하질 못했다. 나는 당시 내 질병 때문에 좀 광열적인 성품이 있었고, 일체 외출을 하지 않았고, 사람들과 접촉하지도 않았다. 그러던 어느날 나는 영어소설책을 하나 집어 들었다. 내 기억으론 펄 벅 여사Pearl S. Buck, 1892~1973가 쓴 『북경으로부터의 편지*Letter from Peking*』(1957)라는 작품이었다. 그런데 앉은 자리에서 일체 사전도 없이 3시간만에 다 읽어버렸다. 이것은 나에게 몹시 충격적인 사건이었다. 내가 갑자기, 문득, 영어책을 한국책처럼 읽을 수 있게 되었던 것이다. 나는 신이 나서 연이어 서머세트 몸William Somerset Maugham, 1874~1965의 『달과 6펜스*The Moon and Six pence*』(1919)를 한숨에 읽어냈다. 이 순간의 기쁨이 오늘 7순나이에까지 계속 이어지고 있는 것이다. 정확하게 상응치는 않겠지만 "문득 머리를 돌려 바라보니 거기에 바로 그녀가 있었네"라는 것은 이 비슷한 경지를 말하는 것일 거라고 나는 믿고 싶다.

시진핑의 경우 이러한 경지는 물론 중국공산당중앙위원회 총서기(+국가주석國家主席+중앙군사위원회주석中央軍事委員會主席)라는 대권과 관련되는 것이다. 물론 시진핑의 대권을 향한 질주가 어느 시점에서부터는 매우 의식적인 것이기는 했지만, 그가 모택동 이래 모택동을 능가한다고까지 말할 수 있는 최대권력을 장악하게 되는 과정은 결코 조작적인 것이 아니었다. "맥연회수" 혹은 "회두맥견回頭驀見"이라고 말할 수 있는 삶의 우연적 계기들의 교차였다. 물론 그 교차를 가능케 한 필연도 깔려있겠지만, "훌쩍 머리를 돌려보니 가물가물 하는 등불 곁에 그녀가 서있었다," 즉 시진핑은 어느덧 총서기가 되어있었던 것이다.

2012년 11월 15일 중국공산당 제18차 전국대표대회 1중전회一中全會에서
제9대 총서기로 당선된 직후에 신문기자들과 간담을 하는 시진핑의 모습.
이때 그의 나이 만 59세였다. 시진핑은 보통 사진빨이 좋지 않은 사람인데,
이 사진에는 그의 싱그러운 기쁨이 잘 표현되어 있다.

중국은 과연 인류의 미래가 될 수 있을까?

나는 "현대사"라는 말에 좀 불안감을 느낀다. "근대사"와 "현대사"의 경계는 어디일까? 근대사를 말하려면 "근대적 자아"의 확립이라고 하는 확고한 사상사적 시점이 있어야 하고 그 자아를 정당화하는 제도적 개혁이 있어야 한다. 불란서사람들은 자신의 역사를 불란서혁명French Revolution, 1789~99이라는 시점을 기준으로 하여 "근대"라고 부르는 것에 관해 아무런 불편을 느끼지 않을 것이다. 그런데 우리 역사에는 과연 바스티유감옥의 파괴나 국민의회의 성립과도 같은 사건이 있었나? 그렇다고, 또 없다고만 말할 수도 없지 않을까? 하여튼 우리가 동학혁명을 기점으로 삼든지, 중국사람들이 신해혁명을 기점으로 삼든지, 동방역사에 있어서의 근대는 우리 스스로의 규정에 따라 "근대사"라는 명칭을 사용할 수 있을 것이다. 그러나 근대와 현대의 차이는 또한 무엇일까?

현대를 막연하게 "콘템포라리 히스토리contemporary history"라는 의미로 쓴다고 한다면, 우리는 그 시간대의 설정에 관해서는 매우 곤혹스러운 느낌을 떨칠 수 없다. 그래서 나는 "현대사"라는 말 대신에 "지금사只今史"라는 말을 쓰기를 좋아한다. "지금"이라는 말은 한·중·일에서 모두 사용하고 있으며 일본말로는 "타다이마"이고 중국어로는 "즈진zhi-jin"이다. "단지 이 순간"이라는 뜻이다.

지금 이 순간에도 중국이나 한국에서 무수한 사건이 벌어지고 있다. 역사에 기록으로 남지 않고 지나쳐 버리는 무수한 사건도 있겠지만, 또 엄청나게 중요한, 역사적으로 의미 있는historically significant 사건들도 순간순간 적지 않게 일어난다. 그런데 지금사의 특징은 지금 일어나고 있는 사건들의 연쇄일 뿐이라는 것이다. 그런데 "지금"은 계속 변하고 있다. 지금을 순간이라 말한다면, 그 순간은 순간일 뿐이다. 지나가버리고 마는 것이다. 시진핑은 우리에게 지금사의 인물이다. 시진핑에 관해서 무엇을 쓰려면 공포스럽다. 지금 이 순간이 지나가면 또 그에 대한 평가가 어떻게 바뀔지도 모르기 때문이다. 따라서 사람들은 지금사의 인물들에 대해서는 대강 가치판단을 보류하거나, 일단 부정적인 멘트를 날리고 보는 것이다. 그것이 긍정적으로 국면전환이 이루어지면 그대로 아름다울 수 있겠지만, 아주 높은 평가를 했다가 나중에 부끄러운 인물로 평가가 나면, 평자 스스로 부끄럽게 되기 때문이다.

시진핑은 누구인가? 어떤 사람인가? 과연 어떤 가치관을 지니고 어떠한 중국, 그리고 어떠한 인류의 미래를 지향하고 있는가? 이러한 아주 기초적인 문제에 관하여 나의 정직한 생각을 피력하고 이 글을 마치려 한다.

"맥연회수驀然回首"라는 말 그대로, 시진핑은 결코 스스로를 대권주자라고 결정해놓고 살았던 사람은 아니었다. 그와 이혼한 첫째 부인 커링링柯玲玲의 증언에 의하면 그의 관심은 결코 그러한 세속적 꿈에 있질 않았으며, 본인 스스로 국가주석이 되리라는 것은 생각지 못했을 것이라고 말한다. 앞서 그가 절강성의 서기가 되는 과정에서 아버지의 죽음이 개재되어 있었다는 얘기를 언급한 적이 있지만 그러한 이벤트가 인위적으로 조성된 것은 아니었다. 운명적 요소가 그렇게 맞아떨어진 것뿐이다. 그런데 시진핑에게 대권을 안겨준 가장 결정적인 기회는, 2006년 9월 24일, 중국공산당 중앙정치국이 중앙정치국위원이자 상해시 서기 츠언리앙위陳良宇(1946년생. 절강 영파寧波 사람)를 해임한 사건으로부터 생겨났다. 물론 그 사건 또한 시진핑이라는 인간과는 아무런 관련이 없이 일어난 사건이다.

츠언리앙위는 상해의 제1인자가 되기에는 매우 적합한 인물이었다. 출신도 그 지역 절강 영파 사람인데다가 꾸준히 상해지역에서 착실하게 기반을 닦아 올라온 사람이었기 때문이다. 그리고 기술자 출신의, 이른바 테크노크라트로서, 실무에 강한 유능한 인물이었다. 상해는 본시 강택민(=지앙쩌민)의 텃밭이다. 츠언리앙위는 상해를 기반으로 성장한 강택민의 축소판 같은 인물이었으니, "상하이빵 황태자"라 부르는 것은 너무도 당연한 일이었다. 츠언의 위세는 막강했다. 강택민은 츠언리앙위를 가능하기만 하다면 차기 대권담당자로 만들고 싶어할 정도였다. 그러한 츠언리앙위가 추풍낙엽처럼 떨어진 사건은 곧 강택민에게 누군가 강펀치를 날렸다는 의미가 된다. 누가 과연 그 강펀치를 날린 것인가?

중국의 최근 지금사는 강택민과 후진타오의 대결의 역사라 해도 지나친 말이 아니다. 강택민은 상하이빵의 두목이다. 상해를 주정主政하던 그를 중공 중앙총서기로 만든 것은 등소평이었다. 등소평은 대권을 강택민에게 물려주고 막후로 물러나면서 동시에 후진타오를 제4세대 지도자로서 지명하였다. 등소평의 이러한 지명은 먼 미래를 내다보는 중국인의 심원한 지혜의 발로였다. 이러한 등소평의 후계구도 배려가 없었더라면 중국공산당은 아마도 등소평의 사후 어느 시점에 와해되었을지도 모른다. 그러나 등소평이 죽고나면서 강택민이 정권을 전횡할 수 있게 되자, 예정된 일이었지만 강택민은 정권을 후진타오에게 넘기는 일을 매우 아쉬워했다. 일단 행정권·군권·당권의 포스트를 형식적으로라도 타인에게 전부 넘겨주고 나면 적나라한 정치의 현실은 자기에게 불리하게 돌아갈 것이 뻔했기 때문이다.

그래서 권력의 핵심인 중앙군사위원회 주석자리는 미적미적 거리다가 뒤늦게야 후진타오에게 이양한다(2004년 9월). 형식적으로 약속된 바 대권구도의 변화는 일어났지만, 더 중요한 것은 강택민은 상왕정치의 구도를 포기하지 않았다는 것이다. 그는 자기 사람들을 후진타오 정치세력 주변에 대거 심어 항상 자기의 지배권 속에서 후진타오 세력을 무력화시켰다. 강택민이 상왕정치를 유지하는 비결은 상층부권력자들의 부패를 묵인하면서 강력한 부패카르텔을 형성시키는 것이다. 악인들의 단결은 선인들의 단결보다 훨씬 더 끈끈하고 물샐 틈 없다. 강택민이라는 "시어머니"를 모시고 사는 후진타오는 실제적으로 중국의 권력서열 제1인자가 되어본 적이 없다. 항상 눈치를 보는 듯한 미소를 띄우며, "화해和諧"를 외치는 그의 모습은, 적당히 강택민과 화해(=타협)하면서 살겠다는 자세를 표명한 것이다. 강택민을 직접 뒤받을 힘은 후진타오에게는 없었다. 그의 수족이 대부분 강택민사람들이었기 때문이다. 그러나 그의 정치적 역량이 안정권에 들어서고, 강택민의 상왕정치는 누수가 시작되고, 강택민의 상왕정치로 인한 부패가 민심을 동요시키기 시작하자, 후진타오(+원지아빠오)의 반격이 시작된 것이다. 츠언리앙위는 인간적으로 후진타오를 너무 추라한 인간으로 바라보았고, 깔보고 무시했다.

원지아빠오는 2005년 4월 중순 국무원 회의에서, 부패가 너무 만연한 이때에 과도한 거품경제에 박차를 가하는 일은 이제 삼가야 한다고 주장했다. 좀 합리적인 "슬로우 다운"이 필요하다고 설득하며, 대규모 건설사업이나 부동산개발의 열기를 진정시켜야 한다고 말했다. 이때 츠언리앙위는 억제만이 능사가 아니라고 되받아치면서, 자전거는 계속 페달을 밟아야만 부진의 늪에서 헤어날 수 있다고 소리쳤다. 만약 억제정책을 추진해 경제가 뒷걸음친다면 원지아빠오와 국무원이 모든 책임을 져야 한다고 주장하면서 회의장을 박차고 나갔던 것이다.

누가 생각해도 후진타오-원지아빠오의 생각은 올바른 것이다. 그러나 츠언리앙위는 상하이빵의 실력을 믿고 당당히 당중앙에 반기를 들었다. 후진타오는 당하고 있을 수만 없었다. 재빨리 과감한 손을 쓰기 시작했다. 츠언리앙위의 비리사슬을 들추기 시작했다. 고위관직에 오래 앉은 사람치고 쑤셔 안 걸릴 놈은 없다. 내가 생각키에는 츠언리앙위가 특별히 부패한 인간이라고 생각하지 않는다. 그러나 그는 너무 설쳤다.

너무 상대편을 깔본 것이다. 상대편은 어찌 되었든 모든 공식권력을 장악하고 있는 국가주석이다. 쌍규雙規(중국공산당 사람들에게 가장 무서운 조치. 아무 때 아무 곳에서나 사법질서를 초월하여 체포·구금·심문할 수 있다) 처분이 내려졌고, 불법단기대부, 사회보장기금유용의 죄목으로 감옥으로 들어가면서 그의 생애는 막을 내린다(징역 18년. 개인재산 인민폐 30만 위앤 몰수).

상해시 서기의 공석! 이 사건은 대권을 향한 모든 사람들에게 너무도 구미가 당기는 빅 이벤트였다. 이 자리는 누구나 넘보는 자리였다. 강택민도 상해시 서기에서 국가주석이 되었고, 이명박도 서울시장에서 청와대 임자가 되었다.

츠언리앙위의 때아닌 탈락으로 인한 그 후계구도를 누가 어떻게 가지고 갈 것인가? 후진타오가 일단 칼자루를 쥐었다고 해서 그 후임을 후진타오가 마음대로 결정할 수 있을 것인가? 노오! 후진타오에게 츠언 거세의 명분은 있었지만, 압도적인 현실적 강자는 아직도 강택민이었다. 더구나 상해시 서기 자리는 강택민의 지지가 없이는 갈 수가 없는 자리였다. 그러나 과연 강택민의 주변에 강택민 심복이 아니라는 느낌을 주면서 후진타오의 새로운 강력견제를 통과할 만한 인물이 있었을까? 당연히 없다! 강택민의 주변에는 부패한 권력의 맛을 본 자는 많았지만 모든 사람들을 설득시킬 만한 싱그러운, 때 묻지 않은 인물이 없었다.

츠언리앙위 자리의 공석을 채울 인물로서 뿨시라이薄熙來, 리우옌똥劉延東, 리위앤차오李源潮, 꾸어진롱郭金龍, 리커치앙李克强, 한정韓正 등 당대의 수많은 쟁쟁한 인사들이 물망에 올랐지만, 당시 시진핑習近平이라는 인물은 그림자도 없었다. 권외의 인물이었다. 그만큼 그는 조용히 살았던 것이다.

상해시 서기 자리는 우선 현실적으로 유능한 인물을 필요로 하고, 시정이나 여타 행정의 구체적 경험이 없으면 추천하기 힘들다. 그런데 더 중요한 것은 지앙파江派와 후파胡派의 팽팽한 대립 속에서 그 양쪽의 합의를 얻어낼 수 있는 인물이어야 했다. 이 사람이 누구일까? "문득 뒤돌아보니 그가 가물가물 스러지는 등불 곁에 있었다!"

상해 와이탄에서 중국의 미래라고 말하는 푸똥 신개발구를 바라보다(2014년 7월 3일 촬영). 그러나 중국의 미래는 이런 개발구에 있지 않다.

시진핑이 상해시 서기로 발탁된 가장 큰 이유를 말하라면 나는 서슴치 않고 말하겠다: 시진핑은 당대 누구에게도 욕을 얻어먹지 않는 거의 유일한 인물이었다. 어느 편의 반대도 있을 건덕지가 없었다. 후진타오는 기본적으로 공청단세력을 배경으로 큰 사람인데, 그 공청단의 대부가 바로 호요방胡耀邦, 1915~1989이다. 호요방은 문혁 후에 등소평의 파트너로서, 등소평을 도와 개혁개방의 합리적 노선을 견지했다. 학생들의 정치개혁주장에 대해서도 집권자들이 그들의 목소리에 귀를 기울여야 한다고 매우 침착한 태도를 취했다. 그래서 그는 보수강경파들에 의해 다시 타도된다. 한마디로 등소평이 띄우고 등소평이 죽인 것이다. 이때 등소평에게 양심적인 반대의사를 표명하고 호요방을 두둔한 유일한 인물이 바로 시종쉰이었다. 따라서 공청단계열의 사람들은 시가習家의 사람들에게 감사하는 마음을 품고 있었다.

두루두루 다양한 계파의 사람들에게 미움을 살 일이 없는 인물, 욕을 얻어먹을 짓을 하지 않은 인물, 그만큼 조용히 자기 일과 원칙에만 충실했던 인물, 그러면서 실력과 경력을 갖춘 인물! 이 조건만 가지고 그 치열한 권력싸움에서 문득 발탁될 수가 있을까?

여기에 또 중요한 새로운 함수가 필요하다. 중이 제 머리 못 깎는다고 (전기바리깡 나오기 전에 쇠칼로 머리 밀던 시절의 이야기) 자기존재의 가치는 자기가 선전할 수가 없다. 이때 필요한 것은 유능한 거간꾼이요 진실한 친구다! 시진핑에게는 그러한 친구가 적지 않았다. 기실 시진핑이 상해시 서기가 된 것은 쩡칭홍曾慶紅이라는 인물의 덕분이라고 말해도 과언이 아니다. 쩡칭홍은 강서성 길안吉安 사람인데 1939년생이니까 나이가 시진핑보다 14살이나 위이다. 그러니까 한참 선배였다. 쩡칭홍은 매우 쾌활하고 정직한 사람이었고 사람을 보는 눈이 있었다. 그의 아버지 증산曾山, 1899~1972은 1929년에 공서贛西소비에트정부 주석이 되어 다양한 활약을 하고, 중화인민공화국이 성립한 후에는 중공중앙교통공작부 부장, 내무부 부장을 지낸 인물이었다. 쩡칭홍과 시진핑은 당간부의 2세로서 어렸을 때부터 인식이 있었다고 한다. 그러나 결정적인 만남은 시진핑이 껑뺘오 밑에서 비서노릇을 할 때, 쩡칭홍이 국가계획위원회판공청 비서로서 그와 같은 지붕 아래서 근무하게 되었다는 인연이었다.

쩡칭홍은 시진핑과 특별히 가깝게 지내면서 그의 성실함과 능력을 깊이 아꼈다. 천안문사건 이후 강택민이 등소평의 점지에 따라 중앙으로 발탁되어 올라갈 때, 강택민은 상해시 부서기였던 쩡칭홍을 같이 데리고 올라갔고, 그에게 중공중앙판공청 주임이라는 최중책을 맡길 정도로 신임하였다. 쩡은 중공중앙정치국 상위, 중앙서기처서기, 중앙당교교장을 역임했으며 츠언리앙위사건 당시 그는 국가부주석이었다. 그는 한마디로 강택민의 복심이었다. 그런데 쩡칭홍은 사람의 성품이 원만하여 후진타오와 그쪽 진영의 사람들과도 두터운 신뢰를 쌓았다.

그러니까 쩡은 강택민과 후진타오 양쪽을 부담없이 설득시킬 수 있는 최적의 인물이었다. 이때 쩡이 내어놓은 신선한 카드가 시진핑習近平이라는 인물이었다. 양쪽에서 군말 없이 수용이 된 것이다. 결정권의 핵심은 역시 강택민에게 있었는데 자기가 깊게 신뢰하는 쩡칭홍에 의하여 시진핑이라는 제3의 인물의 카드가 제출되자 흡족한 마음으로 수락한 것이다. 강택민은 리커치앙이 좀 서구적 민주주의의 성향이 있다고 생각하여 탐탁하게 여기질 않았다.

시진핑은 상해시 서기가 된 후로 일체의 언행을 조심하였다. 그가 상해시 서기로서 근무한 것은 불과 7개월 4일밖에 되지 않는다. 그는 이 기간 동안 모든 공적인 장에서의 스피치를 즉흥으로 한 적이 없었다. 모든 것을 깊게 생각하고 미리 작문하여 한마디도 틀림없이 그대로만 읽었고, 불필요한 말을 하지 않았다. 그래서 상해사람들은 시진핑을 평하여 "그의 언행에는 풍채가 없고, 특징이 없고, 강직함도 엿보이지 않았으나, 일체 오류가 없었다"라고 했다. 이미 그는 "맥연한 그녀"에게 다가가고 있었던 것이다.

시진핑은 2010년 5월 12일, 중앙당교 봄학기 제2기 개학식에서 당원의 문풍文風에 관하여 중요한 연설을 했다. 불량문풍의 근본적 원인은 형식주의formalism와 관료주의bureaucratic authoritarianism에 있다고 보았다. 그리고 그러한 원인이 발현되는 문제점으로 장長·공空·가假를 꼽았다.

"장長"이란 무엇인가? 행정관료들의 언어가 쓸데없이 장황하고 내용없이 늘어지는 것을 말한다. 이런 연설을 들으면 군중은 "양은 많으나 질이 저열하고, 길이는 있으나 힘이 없다"라고 비난한다. 이런 인간들이 쓴 책은 두께는 있으나 깊이가 없다. 가격은 있으나 가치가 없다.

"공空"이란 무엇인가? 빈말과 상투적인 표현만 늘어지는 것을 말한다. 언어가 내용이 없고 공허한 것이다. 기존의 언어를 짜깁기한 것일 뿐 당면한 핵심적 사안에 대한 정직한 대면이 없다.

"가假"란 무엇인가? 과장이 심하고 진심이 담겨있지 않으며 그 언어가 허위적인 것을 말하는 것이다. 누군가의 과실을 감추고 문제점도 드러내지 않고 업적을 부풀리고, 이런 것을 캄프라치 하기 위하여 일부러 난해한 말을 사용한다. 이러한 문풍의 피해는 막대하다. 국가의 실제적인 업무를 추진하는 데 엄청나게 부정적인 영향을 끼친다. 이러한 불량문풍은 당의 이론, 노선방침과 관련된 정책이 흡인력, 감화력, 친화력을 상실케 만든다.

그럼 어떻게 해야 되는가? 불량문풍을 우량문풍으로 바꾸어야 한다. 우리는 장·공·가에 대신하여 단短·실實·신新을 말해야 한다.

"단短"이란 무엇인가? 언어가 간단명료하고 복잡하지 않은 것을 뜻한다. 관점이 확실하고 또 핵심도 명료하게 드러나야 한다. 짧은 문장, 짧은 연설, 짧은 문건이 바람직하다.

"실實"이란 무엇인가? 실사구시의 실을 말하는 것이다. 실제 상황에 부합하는 말만 하고 현실reality을 벗어난 말을 하지 않는다는 것이다. 정책에 대해서 구체적이고 실질적인 발언을 해야한다. 업적을 부풀리지 말고 문제점을 덮지 말아야 한다. 심오한 내용일수록 알기 쉽게 말해야

하고 꾸밈없는 소박한 언어를 사용해야 한다.

마지막으로 "신新"이란 무엇인가? 신이란 창신創新의 신이다. 그것은 새로움novelty이며, 창조적인 사상 · 이론 · 경험의 반영이다. 새로운 것을 말할 수 없으면 연설이나 문건은 작성할 필요가 없다. 새로운 이념, 새로운 사고, 새로운 조치가 없으면 당은 부패하기 마련이다.

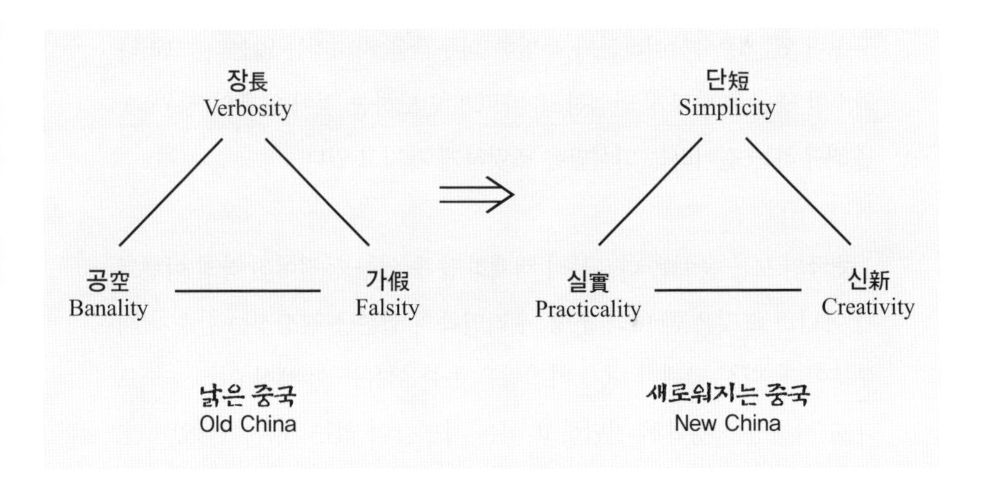

나는 왜 시진핑을 말하고 있는가? 과연 나는 중국의 지금사를 이끌어 가고 있는 영도인領導人의 평전이나, 평가, 평론을 펼치고 있는 것일까? 나는 일찍이 젊은 시절 1960년대, 한국의 대학생들이 그 누구도 거들떠보지 않을 때, 중국철학을 전공하기로 결심했고, 중화민국에 유학을 갔고, 평생을 중국고전의 학문Chinese Classical Studies의 연마에 헌신하였다. 그리고 최근에는 중국의 대학에 가서 직접 학점강의를 하면서 중국대학생들과 씨름하여 보았고, 중국의 미래에 영향을 주기 위한 여러 가지 시도

(중국 텔레비전 정규프로그램으로 나의 중국고전강의를 설設한다든가 하는 시도)를 해보았고, 당교를 비롯한 여러 정치·문화모임에서 강연도 해보았고 또 유수한 중국기업인들과 교류하면서 바른 기업철학에 관한 생각을 토론하고 공유하는 작업을 펼치기도 해보았다.

중국을 상대로 장사를 하는 사람들은 어차피 중국시장에서 운명을 같이 해야겠지만, 나 같은 사상가의 경우, 중국이라는 문명의 장에 대하여 구속력 있는 종속감이라든가 특별한 의무감을 지니지는 않는다. 그러나 최소한 중국을 바르게 인식하고, 바르게 인도하는 것이 인류의 명운命運을 좌우하는 길이라는 의식만은 또렷하게 가지고 있다.

중국의 모든 문제는 나로부터 객체화될 수 있는 동떨어진 장의 이벤트가 아니라 그것은 곧 나의 운명, 우리민족의 실존을 결정짓는 함수가 대부분이다. 다시 말해서 내가 시진핑을 논한 이유는 이 세상 어느 누구보다도 시진핑을 정확히 진단하고 싶은 사명감이 없는 것은 아니었지만, 궁극적으로 그것은 나의 문제, 우리의 문제, 이 조선의 유구한 역사를 되씹어보기 위함이었다.

무얼 되씹는다는 것인가?

시진핑은 2007년 10월 22일, 리커치앙을 제키고 상무위원 제6위로 등장하면서 제5세대 대권의 주인공으로 확고하게 등극한다. 그리고 5년 후 2012년 11월 15일 중국공산당 제18대에서, 중국공산당총서기, 중앙군사위원회주석, 중화인민공화국주석으로 취임함으로써(실제로 국가주석은 다음해 3월 14일 12인대에서 취임한다) 이른바 시진핑시대를 열었다. 한 사람이 일시에 국가·당·군대의 3포스트를 장악하는 것은 중화인민공화국의 역사상 최초의 사건이었으며 그것은 오로지 후진타오라는 전임자의 명예로운 용단, "나퇴裸退"(빨개벗고 물러난다는 뜻으로 모든 권력을 일시에 포기한다는 뜻)로만 가능했던 것이다. 물론 후진타오의 나퇴야말로 중국 역사상 최초의 사건이었다. 여기에는 중대한 의미가 함장되어 있다.

시진핑이 18대에서 확고하게 최고영도인의 자리에 오르기까지, 그 마지막 순간까지의 아슬아슬했던 모든 엎치락뒤치락, 그 음모와 술수와 정변의 재미있는 이야기는 JTBC "차이나는 도올"과 이 책에 부록으로 붙어있는 상세한 연표(뒤에 다시 언급되겠지만 이 연표는 평생 역사학을 전공한 통나무 편집부 김인혜 부장이 만든 것이다. 더없이 자세하고 구체적이며, 순간순간 지금사의 전체적 그림을 잘 그려준다)를 참고하면 될 것이다.

그런데 한 가지만 묻자! 시진핑당선에 가장 영향력을 줄 수 있었던 두 인물을 꼽으라면 누구를 꼽겠는가? 그것은 물론 강택민(지앙쩌민)과 후진타오이다. 그럼 이 두 인물 중 시진핑은 누구에게 더 가까웠을까? 그것은 정말 말하기 어렵다. 시진핑은 이 두 계파에 전혀 속해있던 사람이 아니었기 때문이다. 그럼 시진핑을 후파가 밀었을까? 지앙파가 밀었을까? 확실하게 말할 수 있는 것은 후진타오는 처음부터 끝까지 시진핑을 밀지 않았다는 것이다. 후진타오가 특별히 시진핑을 싫어하거나 미워해서가 아니었다. 후진타오는 공청단계열의 사람이었기 때문에 공청단계열에서 잔뼈가 굵은 엘리트형의 후계자가 기다리고 있었던 것이다. 그를 당선시키는 것은 곧 자기의 세력이 스무드하게 연장된다는 것을 의미한다. 곧 강택민을 대신해서 상왕의 자리를 계승할 수 있게 되는 것이다.

그 후계자가 누구인가? 그가 바로 리커치앙李克强(1955년생. 시진핑보다 2살 어리다. 안휘성 정원定遠 사람이며 후진타오와 같은 성출신이다. 북경대학에서 법학학사와 경제학박사를 획득한 엘리트)이다. 그렇다면 리커치앙을 끝까지 당선시키려고 노력한 후진타오에게 누군가 강펀치를 날렸다는 이야기인데, 그 강펀치는 누가 날렸나? 물론 지앙쩌민을 빼놓고 그 펀치를 날릴 사람은 없다. 그렇다면 결론적으로 시진핑은 누구 덕분에 총서기·주석이 되었는가? 그 대답은 명약관화하다! 시진핑은 강택민 덕분에 총서기·주석이 된 것이다. 그렇다면 시진핑은 또다시 강택민이라는 상왕의 그늘 밑에서 살아야 하지 않을까? 우리의 대답은 노No이다. 어째서 그런가?

시진핑이 상위 제6위로 확정되는 시점과(앞의 사람들이 다 5년 후 퇴장이 결정되어 있기 때문에 제6위는 실제적으로 차기 최고영도자를 의미함) 그가 총서기·주석이 되는 시점은 5년의 시차가 있다. 이 시차 동안 후진타오는 이미 자기의 세력 연장확보의 가능성은 물건너갔다는 것을 자각했다. 그럼 그 자각의 대가로 그가 역사에 남길 수 있는 것은 무엇이었을까? 바로 자기에게 물멕인 강택민을 물멕이는 것이다. 이것은 확고한 대의명분이 있다. 강택민을 둘러싼 마피아들의 부패고리를 단절시킴으로써 중국사회를 보다 깨끗하게 만든다는 명분과, 동시에 상왕정치의 악폐를 근절시킨다는 명분을 확보할 수 있다. 후진타오의 나퇴裸退는 바로 이러한 명분있는 싸움의 결전장이었다. 다시 말해서 후진타오는 발가벗은 몸으로, 의기義妓 논개論介가 왜적장을 휘말아 남강에 투신하였듯이, 강택민을 휘말아 같이 떨어졌던 것이다. 후진타오는 18대에서 유명한 연설을 행하였다:

"부패의 문제를 잘 처리하지 않으면 당과 국가는 치명적 상해를 입지 않을 수 없으며 그 최종에는 반드시 당도 망하고 국가도 망할 것입니다"라는 "망당망국亡黨亡國"의 연설을 행하였던 것이다. 시진핑은 후진타오의 나퇴를 주저없이 받아들였으며 그의 용단을 극찬했다. 이러한 과감한 시진핑의 제스츄어는 자기를 주석으로 만들어준 은인 강택민을 두둔하는 것이 아니라 그가 뿌린 악폐의 뿌리를 송두리째 뽑아버리겠다는 의도를 확고하게 과시한 것이다.

무엇을 되씹어보겠다는 것인가?

나는 이미 1987년에 펴낸 『절차탁마대기만성』(서울: 통나무)의 셋째 글, "르네쌍스 휴매니즘과 중국경학中國經學의 성립"이라는 일문 속에서 우리 동방문명이 서구문명에 대하여 열등하다고 자책하지 않으면 아니 되었던, 그 우월성의 비결로서 다음의 3가지 문명요소를 들었다.

1) 민주주의Democracy

2) 자본주의Capitalism

3) 자연과학Natural Science

이 말들은 지금 색다를 것이 없는 클리셰로 들린다. 그러나 근세 이전의 세기로 올라가면, 아니 단순하게 강희대제의 시대로만 올라가도, 중국문명은 위에 든 3가지 요소를 확보하지 못했다 할지라도 훨씬 서구문명보다 삶의 질이 높은 문명이었다. 서양의 선교사나 사절들이 와서 아무리 통상과 교류를 요구해도, 중국의 입장에서는 서양으로부터 배우지 않아도 자족한 문명이라는 기본적 태도를 고수했는데, 그것은 과히 틀린 판단은 아니었다. 서양의 르네쌍스문명 이전의 중세기로 올라가면, 서양이 십자군전쟁이나 봉건적 장원·농노제도로 모든 삶과 사유의 질이 열악했을 때, 중국은 오히려 당·송시대의 찬란한 문명을 꽃피웠고 그 인문학적 사유의 수준은 서양과 비교할 바가 못되었다. 그러니까 우리는 인류사를 바라볼 때 암암리 서구중심적, 그것도 아주 협애한 서구라틴문명 중심으로 바라보는, 좁은 울타리의 검증되지 않은 우월성의 시각에서 모든 것을 재단하고 있는 것이다.

그러나 민주주의, 자본주의, 자연과학은 그 연원을 확고하게 서구문명에 뿌리박음으로써 서구근대문명의 우월성을 보장함과 동시에 인류문명에 "근대성Modernity"이라고 하는 보편적 가치를 인류사 전공간全空間에 전파하기에 이르렀다. 1921년에 중국공산당이 성립하고 1949년에 중화인민공화국이 선포된 이래 중국은 대약진·문혁·천안문사건·개혁개방이라는 격변의 시기를 거치면서 중국 나름대로의 정치질서를 건설해왔다. 그런데 우리는 이러한 신문명의 건설과정을 그 나름대로의 독자적 가치를 지니는 것으로 바라보는 여유로운 시각을 갖지 못했다. 모든 것은 암암리 서구적 가치의 기준 속에서 평가될 수밖에 없었다. 중국의 공산주의도 맑스·레닌주의의 한 변용일 뿐이고, 중국이 지향해야 할 민주적 가치도 서구적 가치를 기준으로 해서만 평가되는 그 무엇이다.

그런데 한번 생각해보자! 시진핑은 서구에서 말하는 민주적 선거라는 제도를 전혀 거치지 않고 당선된 국가주석이다. 그런데도 중국에는 현재 10년주기의 리더십교체가 확실하게 이루어지고 있으며 그것도 후반 5년은 차기 영도자와 같은 수레에 올라타 가게끔 권력배분이 이루어지고 있다. 우리가 선거를 치른다고 하는 것은 상이한 정강정책에 따라 다양한 철학의 정치적 리더를 선발함으로써 국민이 원하는 바 더 바람직한 사회를 향해 부단히 진보할 수 있다고 하는 희망 때문이다. 그런데 과연 우리는 그러한 진보를 이룩하고 있는가? 과연 선거를 통해 보다 더 희망적인 보편적 가치를 달성하는 수준 높은 지도자가 선발되고 있는가?

내가 시진핑이라는 중국의 영도자를 하나의 정치샘플로서 논한 아주 단순한 이유는, 바로 왕꾸어웨이가 말한 인생3중경계의 제3경 때문이다. 다시 말해서 우리나라의 선거제도와 같은 정치의 장場에서 "대통령이 될 생각이 전혀 없었던 사람이 문득 맥연회수 해보니 대통령이 되어 있더라"라는 식의 상황이 가능할 수 있겠는가 하는 것이다. 시진핑은 아주 우발적으로 형성된 이상적 상황의 특별한 결과의 산물이라고 쳐도, 중국의 정치적 리더는 선거라는 매카니즘에 매달리는 대신, 치세경륜에 관한 보편적 가치에 자신을 헌신할 수 있는 여유를 얻는다. 그것은 민의에 충실하는 것이며, 대의를 구현하는 것이며, 공의를 창도하는 것이다. 주석이 되겠다고 발버둥치는 것이 아니다.

정치가 헌신해야만 하는 가장 핵심적인 미덕은 왕꾸어웨이가 말한 바, 끊임없이 "무아無我의 경지"로 나아가는 실천적 행위이다. 아我, 즉 정치가로서의 개인의 욕망이나, 아당我黨의 이권이나, 아국我國만의 편협한 애국주의적 이념이나, 기존의 사회를 지배한 모든 아집적 관념, 이데올로기를 초월하여 모든 사람들이 합의할 수 있는 새롭고도 보편적인 창조적 가치에만 헌신해야 한다. 이러한 인물의 필요불가결한 제1의 요소는 "자기부정이 아픔"이다. 다시 말해서 비록 자기에게 권세를 안겨준 세력이지만, 그 세력이 대의에 어긋날 때는 가차없이 처단하는 것이다. 시진핑은 총서기·주석이 되는 과정에서 강택민의 절대적인 지지와 신임을 얻었다. 강택민의 판단 속에서는 시진핑이야말로 자기와 자기세력을 보호해줄 수 있는 안전빵의 인물이라고 판단했을 것이다. 결과는 정반대였다. 강택민은 이미 되돌이킬 수 없는 타격을 입었다. 그는 중국사회에서 더 이상 영향력을 발휘하는 실세가 아니다. 상왕으로서의 그의 운명은 이미 종결되었다.

시진핑의 반부패 드라이브를 우리는 너무 낭만적으로 쳐다보는 경향이 있다. 그것은 문자 그대로 목숨을 건 사투이다. 그가 등극한 첫해에 반부패캠페인으로 처단된 관료만 18만 명이 넘는다. 하루에 평균 500 이상의 목이 날아가고 있는 것이다. 첫해에 중앙기율검사위원회(中規委)와 감찰부에 고발된 민중의 항의건수가 195만 건에 달한다. 이 중에서 122만 건이 정당한 항의로서 처리되었고, 17만 건이 입건되었다. 민중 일반의 부패청산에 대한 갈망을 입증하는 사실이다.

앞서 논의된 서구문명의 우월성 3측면은 지금 모두 그 한계를 노출하고 있다. 과연 서구사회에 민주주의가 있는가? 과연 서구가 강요해온 자본주의적 시장경제, 그 신자유주의적 유통의 논리가 과연 인류의 복음으로서 존중되어야 할까? 서구의 자연과학은 과연 절대적인 선善인가? 과학 이전의 인간의 모습이 진실로 과학 이후의 인간 모습보다 불행한 것이라고만 말할 수 있겠는가? 과학은 합리적인 사고rational thinking일 뿐이다. 순수한 테크놀로지의 측면에서는 중세인이나 고대인이 결코 우리보다 못하다고 할 수가 없다. 합리적 사고가 과학을 만드는 것이지, 과학이 합리적 사고를 만드는 것은 아니다. 현대사회에 있어서 과학은 대부분 비합리적인 폭력이다. 우리는 과학 그 자체의 폭력에 의하여 과학발전을 강요당하고 있을 뿐이다.

지금 우리나라의 정치권에서 앉기만 하면 개헌하자고 어리석게 떠드는 자가 많은데, "개헌"이라는 논의에 앞서, 우리는 우리나라 헌법의 역사와 가치와 그 철학의 실상에 관해 엄밀한 지식을 가질 필요가 있다. 우리나라의 헌법이 미국의 헌법보다 훨씬 더 어드밴스드 된 위대한 헌법일 수도 있고, 대한민국의 현행 5년단임제가 미국의 4년중임제보다 훨씬 더 우리의 현실에 더 적합한 것일 수도 있다. 대통령의 권한을 분산시키는 것만이 민주의 첩경은 아니다. 개헌을 운운하면 운운할수록 그 과정에서 한국의 진보세력은 더욱더 입지를 잃고 말 것이다. 헌법은 개혁의 대상이 아니라 해석의 대상이다. 개헌은 천시와 지리와 인화의 카이로스를 만나야 한다. 지금은 때가 아니다.

어떻게 미국 공화당의 공식대통령후보로서 트럼프와 같은 저질적 수준의 인간이 뽑힐 수 있는가 하는 문제는 미국의 정치체제의 비인간성, 비합리성, 폐쇄성을 말하기 전에 미국사회의 도덕성의 토탈한 붕괴를 예증하는 것이다. 트럼프를 말하지 않아도, 힐러리로 우리의 관심을 돌려보아도, 힐러리에게서 트럼프보다 확고하게 위대하다고 말할 수 있는 정치적 역량을 우리는 발견한 적이 없다. 할 수 없이 힐러리이지, 그녀에게 열광적인 충심의 지지와 기대를 보내는 사람은 거의 없다. 만약 힐러리가 대통령이 된다고 한다면 그녀는 거의 24년 동안 권좌에 눌러앉아 있는 폭이 된다. 그것도 부부가 돌아가면서 해먹는 것이다.

힐러리는 우리나라 남북문제에 관해서도 대결구도중심의 매우 천박한 견해를 가지고 있을 뿐이다. 의료문제 하나도 그녀는 확고한 보편적 선의지를 실현하지 못했다. 미국의 공교육은 죽어만 가고 있고, 도덕성은 날로 상실되어가고 있고, 경제는 금융사기에 의존하고 있을 뿐이다. 미국은 현재 국제기축통화로서의 달러의 위력과 군사력에 전적으로 의지하고 있는 나라이다. 과연 미국을 민주국가라 말할 수 있는가? 미국이 과연 "인권"을 운운할 수 있는가? 미국이 민주의 실현으로서의 도덕적 가치를 상실한다면 희랍민주주의를 거쳐 로마공화정을 거쳐 계몽주의 삼권분립에 이르는, 모든 민주의 결실을 우리는 회의할 수밖에 없다. 미국 정치학의 수장격인 로버트 달Robert A. Dahl, 1915~2014(예일대학 정치학과 교수. 미국 정치학의 최고이론가. 다원주의 민주주의이론을 주창함)이 미국의 헌법이야말로 미국의 민주에 대한 최대의 장애물이라고 한 말을 우리는 되새겨보아야 한다.

우리는 우리가 짓눌려왔던 서구적 가치, 민주, 시장, 과학이 모두 극도로 병들어있는 이 세상에서, 우리는 시진핑이나 메르켈 총리와 같은 인물을 쳐다보면서 그래도 일말의 희망을 가져볼 수 있다. 그런데 이 두 사람의 공통점은 사회주의 사회의 명암을 실천적으로 체험했다는 사실에 있다. 맑시즘은 이미 사라졌지만, 그것이 지향한 보편적 휴매니즘의 가치는 어떠한 형태로든지 변용을 거쳐 생존할 것이다.

나는 시진핑을 맑시즘의 시각에서 바라보지 않는다. 그러나 나는 그의 분투가 흔히 그를 흠집내려는 세계 언론의 질타와는 다른 차원에서, 인류사에 새로운 민주의 가치를 창조하리라고 기대하고 있다. 그것도 중국의 인문정신의 발로로서의 새로운 패러다임a new paradigm of Chinese Humanism을 창출하리라는 기대를 저버리지 않으면서 조심스럽게 그를 관망하고 있는 것이다.

In Collection

시종쉰·시진핑의 삶을 통해서 본 중국현대사 연표

손문孫文, 1866~1925

진독수陳獨秀, 1879~1942

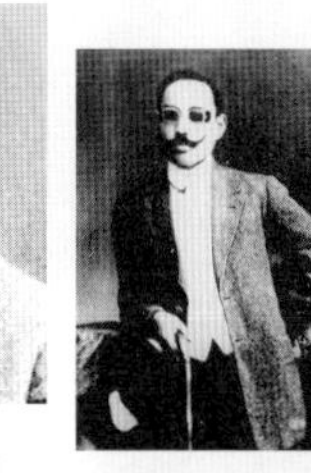
신규식申圭植, 1879~1922

레닌Lenin, 1870~1924

맑스Marx, 1818~1883

엥겔스Engels, 1820~1895

이대조李大釗, 1888~1927

스탈린Stalin, 1879~1953

모택동毛澤東, 1893~1976

주덕朱德, 1886~1976

주은래周恩來, 1898~1976

장개석蔣介石, 1887~1975

장학량張學良, 1901~2001

유소기劉少奇, 1898~1969

팽덕회彭德懷, 1898~1974

여운형呂運亨, 1886~1947

유자명柳子明, 1894~1985

정율성鄭律成, 1914~1976

윤봉길尹奉吉, 1908~1932

김원봉金元鳳, 1898~1957

김산金山, 1905~1938

등소평鄧小平, 1904~1997

호요방胡耀邦, 1915~1989

진운陳雲, 1905~1995

시종쉰習仲勳, 1913~2002

시진핑習近平, 1953년 6월 15일~

이 연표는 사학도로서 평생 역사연구에 헌신해온
통나무 편집부 김인혜 부장이 독자들을 위하여 만든 것이다.
우연히 중국에서 현대사의 금석문이라고도 할 수 있는
메달 수천 점을 수집하였는데(In collection), 그 메달을 해석하는 과정에서
자연스럽게 연표를 만들게 되었다고 한다.
중국현대사의 총체적 그림을 그리는 데는
이 연표처럼 풍요롭고 실증적인 것이 없을 것이다.
이 연표 속에는 시종쉰과 시진핑의 연보가 기축을 형성하고 있다.
뿐만 아니라 중국역사와 얽힌 한국역사의 소중한 측면들이 잘 드러나 있다.
전공자·비전공자에게도 모두 크게 도움이 될 것이다.
이 연표의 사진과 편집은 임진권 차장이 심혈을 기울여 담당하였다.
본서의 가치는 이 연표에서 빛난다 할 것이다.

— 도올 김용옥

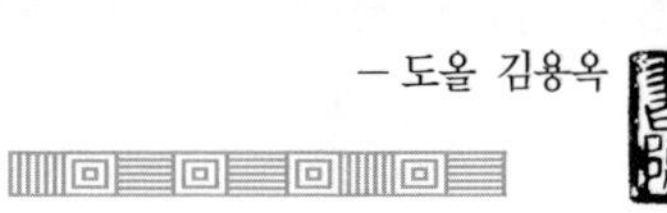

1912년 1월 1일 .... **중화민국中華民國 성립 선포: 손문孫文, 중화민국 임시 대총통 취임(남경)** / 1894년 손문의 광주 제1차 기의(흥중회興中會. 1894년 11월 24일 설립) / 1904년 2월 15일 화흥회華興會 설립(호남 장사, 회장: 황흥黃興) / 1905년 8월 20일 중국동맹회中國同盟會 결성(흥중회+화흥회+광복회, 총리: 손문) / 1911년 10월 10일 신해혁명辛亥革命(호북 무창기의武昌起義) → 10월 10일을 중화민국 국경일로 제정.

中華民國중화민국 紀念章기념장 1912年

이 중화민국 성립 기념메달은 쉼 없이 "공화국을 향해 달린走向共和" 마라토너 손문孫文 선생에게 바쳐진 승자의 월계관이다. 올리브 가지로 엮은 월계관과 머리묶는 리본 디아뎀Diadem이 고대 그리스 올림픽 승자에게 수여되었다. 그래서 이 메달처럼 월계관과 리본이 함께 디자인된 것은 승자winner를 상징하는 보편개념이 되었다.
중국의 국민혁명(1912년)은 소련의 민중혁명(1917년)보다 앞섰다.

40×45mm, In Collection.

1912년 2월 12일 .... 청나라 황제 부의溥儀 퇴위 / 3월 10일 원세개袁世凱, 중화민국 임시 대총통 취임(북경) / 인구: 4억 1천 363만 8천 462명(1912년), 13억 6천 72명(2013년).

1913년 10월 15일 .... **시진핑의 아버지 시종쉰習仲勳 출생**(부친: 시쭝떠習宗德). **섬서성陝西省 부평현富平縣 담촌향淡村鄉 중합촌中合村 습가장習家莊** / 춘추전국시대의 제후국 습習나라(귀주성貴州省 습수習水 일대) 후손.

1915년 9월 15일 ..... 진독수陳獨秀,『신청년新青年』창간. 민주·과학·백화문으로 대변되는 신문화운동 선도 → 제1세대 공공지식인 탄생.

1917년 11월 7일 ..... **레닌의 러시아혁명, 소비에트정권 수립** / 1905년 10월 노동자총파업과 **소비에트**(노동자, 농민, 병사 각각의 평의회. 정책과 대표를 표결로 결정)의 출현 / 1848년 칼 맑스·프리드리히 엥겔스의『공산당선언 *Manifest der Kommunistischen Partei*』출간: "만국의 프롤레타리아여, 단결하라!"(全世界無産者, 聯合起來!)
"Пролетарии всех стран, соединяйтесь!"
"쁘라레따리이 프시에흐 스뜨란, 싸시에지냐이찌시!"

붉은광장에서 연설하는 레닌, 1919년

1918년 2월 .... "중국공산당의 아버지" 이대조李大釗, 북경대학 도서관 관장 취임 / **9월 이대조, 북경대학 맑스주의연구회 조직** / 10월 모택동, 장인 양창제楊昌濟(북경대 문과대교수)의 추천으로 북경대학 도서관 사서보司書補 취직.

1918년 10월 10일 .... 서세창徐世昌, 중화민국 제2대 대총통 취임(~1922년 6월 2일 재임) / 초대 대총통은 원세개袁世凱(1913년 10월 10일~1916년 6월 6일 재임).

中華民國七年十月十日
第二任大總統徐世昌就任紀念章
중화민국7년10월10일
제2임대총통서세창취임기념장

서세창徐世昌, 1855~1939은 북경대 총장 채원배蔡元培와 함께 청조의 진사進士 출신. 향시鄕試에 계속 물먹은 원세개의 존경스러운 의형義兄이다. 서세창의 사진 얼굴이 그대로 메달에 새겨져 있다. 서세창의 호(菊人, 水竹村人)와 관련해서 국화와 대나무 잎사귀로 취임기념메달의 테두리를 장식했다. 44×51mm. 1918년. In Collection.

1919년 3월 .... **서세창徐世昌 대총통, 근공검학勤工儉學 정책실시**(열심히 일하고 검약하면서 공부한다는 뜻인데 국비유학을 장려. 중·불中佛교육회 주관, 북경대 총장 채원배蔡元培 기획). 1920년까지 2년동안 1,500여 명이 프랑스로 유학갔다. 그 중 200여 명이 귀국후 국민당·공산당 혁명에 적극 가담. 그 중에서도 20여 명이 중국공산당의 주요 지도자로 성장했다(주은래周恩來·진의陳毅·등소평鄧小平·장진화張振華·이립삼李立三·채화삼蔡和森·하장공何長工·조세염趙世炎·이유한李維漢·이부춘李富春·유백견劉伯堅·초박생肖朴生·부종傅種·이대장李大章·임울林蔚·왕약비王若飛) /국제공산당(코민테른) 성립(1919년 3월).

1919년 5월 4일 ...... **5·4운동 발발.** 북경대 학생들이 촉발한 배일背日운동("산동성권리회복收回山東權利," "21개조협약무효廢除二十一條")인데 신문화운동으로 발전했다. 애국계몽운동이 시민을 의식화시켜 전국적으로 급속히 파급되었다.

【KOR】 1919년 3월 1일 조선의 3·1민족독립항쟁(1921년 11월 11일 워싱턴에서 열린 태평양회의에 이상재를 비롯한 118명의 대한민족대표단이 제출한 독립청원서까지 거국적으로 3년간 지속)이 5·4운동에 영향을 주었다 / 4월 11일 대한민국임시정부 수립 / 11월 9일 길림 파호문에서 약산의

의열단 결성: ①천하의 정의"**義**"의 사事를 맹렬"**烈**"히 실행하기로 함. ②조선의 독립과 세계의 평등을 위하여 신명身命을 희생하기로 함 / 1923년 1월 단재 신채호선생, 『조선혁명선언』(의열단선언문) 발표: "강도일본强盜日本이 우리의 국호國號를 없이하며, 우리의 정권政權을 빼앗으며, 우리의 생존의 필요조건生存的必要條件을 다 박탈剝奪하였다 ..."(총 6,324 글자).

1919년 10월 10일 .... 손문, 중화혁명당을 중국국민당으로 개칭·개조 / 1914년 7월 8일 중화혁명당 성립(동경) / 1912년 8월 25일 북경에서 국민당 성립(동맹회·통일공화당·국민공진당·국민공당·공화실진회 등이 국민당으로 통합. 이사장: 손문孫文, 이사: 황흥黃興·송교인宋敎仁·왕총혜王寵惠) / 1905년 중국동맹회 결성(동경).

국민당 깃발: 청천백일기靑天白日旗

푸른하늘靑天(민족·자유·평화)·밝은태양白日(민권·평등·지공무사至公無私)은 국민당의 심볼(엠블럼)로 훈장과 기념장, 군뺏지의 기본 컨셉이다. 1894년에 손문이 청조말년 혁명가 육호동陸皓東이 설계한 기치를 혁명군 군기로 쓴 것이다.

1920년 .... 가을부터 버트란드 럿셀Bertrand Russel은 북경대학에서 1년간 강의하면서 격동의 중국을 목격했다. 1922년 『중국의 문제*The Problem of China*』 출간. 【KOR】 1920년 6월 봉오동대첩 / 10월 청산리대첩, 경신참변 / 1921년 6월 28일 러시아 아무르주 자유시(스바보드니 제야강)참변 / 1921년 3월 고려공산청년회 결성(이르쿠츠파 상해지부. 책임비서: 박헌영. 주세죽·허정숙·임원근·김단야 등 참여).

1921년 7월 23일 ..... 중국공산당 제1차 전국대표대회 개최(상해 망지로望志路 106호). 중국공산당 전체 당원 53명 중 대표 13명 참석(공산주의 혁명의 씨앗을 뿌리기 위해 코민테른[국제공산당, 1919년 3월~1943년 5월 25일]에서 파견한 보이틴스키의 기획): 모택동毛澤東·하숙형何叔衡·이달李達·동필무董必武·진담추陳潭秋·왕진미王盡美·정은명鄭恩銘·주불해周佛海·진공박陳公博·유인정劉仁靜·포혜승包惠僧·이한준李漢俊·장국도張國燾 / 중앙국 3명 선출: 진독수陳獨秀(초대서기)·이달李達(선전주임)·장국도張國燾(조직주임). **당의 강령: "중국공산당은**

중국공산당 휘장徽章: 중화인민공화국 건국 전까지(1949. 10. 1.) 발행된 군공메달에서 흔히 보이는 디자인. 망치·낫·붉은별

무산계급전정으로 자본사유제를 철폐하고廢除資本私有制, **계급을 소멸하기**消滅階級 **위해 무산계급전정**無產階級專政**을 승인한다.**"

/ 추후 중국공산당 창당 기념일 제정: **1921년 7월 1일.**

【KOR】 한인사회당韓人社會黨 창당(1918년 4월 28일, 하바로프스크 뽀뽑스까야 15번지). 김 알렉산드라 스탄케비치(러시아소비에트사회주의공화국연방 하바로프스크시 소비에트외무위원 겸 볼셰비키당 책임비서) · 이동휘李東輝 · 김규면金圭冕 · 이인섭李仁燮 · 김립金立 · 유동열柳東說 · 박애 · 오하묵 · 김용환 · 오성묵 · 심백원 · 오와실리 · 유스테판 · 안홍근 등 18명이 발기. 중앙위원 선출: 이동휘(중앙간부위원장) · 오와실리(부위원장, 김 알렉산드리아의 남편) · 오성묵(청년부의장) · 김립(기관지 『자유종』 주필) · 유동열(군사부장 겸 군사학교장) · 이인섭(재무부장 겸 선전부장) / 시베리아 내전 와중에 체포되어 심문받을 때, 김 알렉산드라는 당당하게 신념을 표출했다: "**나는 우선 볼셰비키다. 나는 소비에트정권, 프롤레타리아와 억압받는 제민족의 정권을 위해 투쟁했고 투쟁하고 있다. 나는 조선인민이 러시아인민과 함께 사회주의혁명의 승리를 달성하는 경우에만 조국의 자유와 독립을 달성할 수 있다고 굳게 믿는다.**" 또 소련공산당은 그녀가 영웅적 죽음의 직전에 이렇게 말했다고 전한다: "**고을고을마다 공산주의의 씨앗이 자라게 하소서. 그리고 기적의 꽃이 피게 하소서. 그리하여 그 꽃이 모든 장애와 바람과 폭풍우를 이겨내고 조선의 자유와 독립을 이루게 하소서. 나는 온세상 노동자의 자유를 위해 이렇게 죽어갑니다.**"(1918년 9월 16일 새벽)

김 알렉산드라
스탄케비치, 1885~1918

1922년 1월 21일 …… **제1회 원동민족노동자대회 개최**(~2월 2일, 모스크바 크레믈린 궁전). 김규식(조선대표단 단장) · 여운형 · 홍범도 · 박헌영 · 나용균 · 정광호 · 김시현 · 장덕진 · 한명세 · 김재봉 · 조동호 · 김단야 · 최고려 · 김원경 등 조선대표 56명 참석(중국 · 몽골 · 일본 · 인도 대표 등 총 136명 참석. 명예회장단: 레닌 · 트로츠키 · 스탈린). 손문의 대리인 구추백瞿秋白(1927 · 8년 중국공산당총서기)과 함께 레닌을 접견한 여운형은 손문의 중국혁명을 적극 원조해야 한다는 것과, 조선의 해방과 독립을 위해 적극 원조해 줄 것을 강력히 요청했다.

【KOR】 레닌으로부터 모젤권총을 선물받은 홍범도장군의 레닌접견기: "나도 레닌의 후원을 많이 받았다. 레닌께서 나를 불러오라는 연통이 내려오므로 들어가 레닌을 뵌 일이 있고 묻는 말씀에 대답한 일도 있다. 자유시사변(1921년 6월 28일)을 묻는데 몇마디 대답한 일이 있었다."

모젤권총을 찬 **홍범도**洪範圖, 1868~1943.
2016년 4월 5일, 대한민국 해군 1,800t급 잠수함 "**홍범도함**" 진수.
사진제공 = 홍범도 장군의 손녀 복순이(빨리나 니꼴라예브나)

1922년 3월 (8세) ..... 시종쉰, 부평현 도촌소학都村小學 입학.

1922년 5월 5일 ...... 중국사회주의청년단 제1차 전국대표대회(공청단 창립) / 1925년 중국공산주의청년단共靑團으로 개명.

1922년 6월 2일 ...... 서세창 중화민국 대총통 하야. 제1차 직봉直奉전쟁에서 봉계군벌(동북3성) 장작림張作霖을 누르고 승리한 직계군벌(하북성·하남성)인 오패부吳佩孚와 조곤曹錕이 중화민국 북경정부를 장악했다.

1922년 12월 30일 ... **소비에트사회주의공화국연맹蘇維埃社會主義共和國聯盟 출범** (**소련蘇聯**CCCP: Сою́з Сове́тских Социалисти́ческих Респу́блик). **레닌의 지론: "사회주의의 이익은 여러나라와 민족의 노동자들 사이에 가장 완전한 신뢰와 동맹을 필요로 한다. 자본은 국제적인 힘이다. 이것을 타파하는 데에는 노동자의 국제적 동맹同盟과 우의友誼가 필요하다. 우리는 민족적 적의敵意·불화不和·단절斷絶을 반대한다. 우리는 국제주의자이며 모든 민족의 노동자·농민의 확고한 결합을 목표로 한다."**/ 1991년 12월 26일 소련(22,402,200km^2) 해체.

소비에트사회주의공화국연맹 깃발: 선출된 노동자(망치)·농민(낫)·병사가 정치의 주체가 된 프롤레타리아 정권형태인 만큼 망치·낫·별은 공산당의 3대 심볼이다. 혁명을 상징하는 붉은 깃발의 노란별은 5대륙 노동자·농민의 단결을 상징한다.

1922년 12월 30일 … 우리가 알고있는 소련蘇聯Soviet Union이란 공식적으로 "소비에트사회주의공화국연맹Union of Soviet Socialist Republics"을 말하는데(약칭 USSR: 러시아어 표기 CCCP), 1922년 최초로 이 연맹을 구성한 나라는 러시아, 자카프카스 소비에트연방사회주의공화국(아르메니아, 아제르바이잔, 그루지야), 우크라이나, 벨라루스 소비에트공화국이었다. 이 훈장은 벨라루스 소비에트사회주의공화국의 노동훈장이다 / 벨라루스(수도: 민스크)는 우크라이나, 폴란드, 리투아니아, 러시아에 둘러싸여 있는 나라이다. 소련이 해체되는 상황에서 1990년 7월 27일 독립선언해서 벨라루스 공화국(Рэспубліка Беларусь)을 세웠다 / 1986년 4월 26일 우크라이나 체르노빌 원전폭발 당시 바람이 벨라루스로 불어 많은 국민들이 피폭 당하고 국토의 25%가 방사능 오염지구가 되었다.

그루지야 소비에트사회주의공화국 노동적기훈장. 스탈린, 그루지야 출신

Беларуская Савецкая Сацыялістычная Рэспубліка
벨라루스 소비에트사회주의공화국 (만국의 프롤레타리아여, 단결하라!)

"만국의 프롤레타리아여, 단결하라"(『공산당선언』 마지막 구절)라는 세계노동자의 구호가 새겨진 벨라루스소비에트사회주의공화국의 노동훈장이다. 노동훈장답게 망치로 톱니바퀴(공장)를 만들어내고 낫으로 밀을 수확한 노동자·농민이 단결한(별) 사회주의를 표현했다. 상기의 두 훈장 외에 아제르바이잔, 호레즘, 아르메니아, 러시아 소비에트사회주의연방공화국의 노동(적기)훈장들을 연변에서 다량 수집했다. 세계의 사회주의공화국 건설에도 우리민족이 적극 참여했음을 시사한다. 46.2×46.6mm. In Collection.

1923년 6월 12일 ….. 중국공산당 제3차 전국대표대회 개최(~20일, 광동성 광주). 난상토론 끝에 국공합작 채택: "국민당에 개인자격으로 입당하여 연합전선을 결성해서 북방군벌(북경정부)을 타도하자!"

1923년 11월 .... **시진핑의 모친 치신齊心 출생. 하북성河北省 고양현高陽縣**(부친 제덕안齊德安은 북경대학 문학원 법률과 졸업, 북경시장 부작의傅作義의 시정을 도왔다).

1924년 1월 20일 ..... **중국국민당 제1차 전국대표대회 개최**(광동성 광주, ~30일) / 출석 대표 198명. 주석: 손문, 24명의 중앙위원 중 이대조·임백거林伯渠·팽배彭湃 등 3명의 공산당원과 16명의 중앙후보위원 중 모택동 포함 7명이 공산당원으로 명실상부한 **1차 국공합작 성립** / **손문의 3대정책 공포: "소련과 연합한다聯俄·공산당을 용인한다容共·농민과 노동자를 위한 정책을 편다工農扶助."**

1924년 1월 25일 ..... **소련공산당 서기장 블라디미르 일리치 레닌**Vladimir Ilich Lenin **서거** / 국민당 당대회 기간에 애도식 개최.

1924년 5월 31일 ..... 중화민국 북경정부(단기서段祺瑞 임시집정), 소련(스탈린)과 국교 수립 / 9월 4일 제2차 직봉전쟁 발발. 승리한 봉계군벌 장작림張作霖이 실질적으로 북경정부를 장악했다.

1924년 6월 16일 ..... **황포黃埔군관학교(중국국민당육군군관학교) 개교**(광동성 광주 황포 장주도黃埔長洲島, 1기생 675명 중 80여 명이 공산당원). 총리: 손문, 소련정치고문: 보로딘Mikhail Borodin, 소련군사고문: 갈렌Galens, 교장: 장개석蔣介石, 당대표: 요중개廖仲愷, 교련부 부주임 및 학생총대 대장: 등연달鄧演達, 정치부 부주임: 주은래周恩來, 교수부 부주임: 엽검영葉劍英 → 국공합작의 산물 / **교육목적:** "손문의 혁명종지革命宗旨를 관철하고 군사와 정치 인재를 양성하여 황포학생으로서 혁명군의 골간으로 삼아 제국주의와 봉건군벌을 타도함으로써 국민혁명의 목적을 완수한다." / **손문의 개교開校 훈사訓詞**: **"삼민주의는 우리국민당의 궁극적인 목표이다. 중화민국을 건립하고 대동사회로 나아가자! 그대 청년들이여, 국민을 위하여 혁명의 선봉에 서라. 이른 새벽부터 밤늦게까지 긴장을 풀지말고 삼민주의를 견지하라. 근면해야 하고 용감해야 하며 신의와 충성을 다하라. 그대들은 한 마음과 한 덕이 되어 삼민주의를 위하여 삶과 죽음을 함께 하라.** 三民主義, 吾黨所從。以建民國, 以進大同。咨爾多士, 爲民前鋒。夙夜匪懈, 主義是從。矢勤矢勇, 必信必忠。一心一德, 貫徹始終。" → 중화민국 국가國歌로 채택됨(1930년) / **삼민주의:** 민족의 독립, 민권의 신장, 민생의 안정.

【KOR】 1921년 11월 18일 광동호법정부의 북벌서사北伐誓師 전례식典禮式에 대한민국임시

정부 대표로 참석한 예관睨觀 신규식申圭植(중국동맹회 회원)과 민필호閔弼鎬는 손문 대총통에게 5개조 외교문서 전달: ①대한민국임시정부는 호법정부護法政府를 중국 정통의 정부로 승인함. ②중화민국 광동호법정부가 대한민국임시정부를 승인할 것을 요청함. ③한국학생을 중화민국 군교軍校에 수용하여 교육할 것. ④5백만 원을 차관하여 줄 것. ⑤조차지대를 허락하여 한국독립군 양성에 도움이 되게 해 줄 것. 이 문서의 ③번 조항에 근거하여 한국인의 황포군관 입학이 허용되었다 / 최림崔林으로 개명한 약산 김원봉은 의열단 동지들(박효삼朴孝三·신악申岳·이영준李英俊·김종金鍾·이인홍李仁洪·왕자량王子良·양검楊儉·이병희李炳熙)과 함께 대거 황포군관학교에 입학했다(1926년 1월, 제4기생으로 입학한 조선인 학생은 24명) / "혁명을 달성하려면 전 민중이 각오하여야 하고, 단결해야 하고, 조직되어야 한다. 전 민중의 일대 무장투쟁이 아니고는 강도일본을 쫓아낼 도리가 없다. 혁명을 달성할 길은 없다. 이렇듯 깨달았을 때, 약산은 민중을 무장시키기 전에, 우선 자기자신부터 무장하리라 생각하였다. 곧 그는 일개 생도로서 황포군관학교에 입학하여 군사교육을 받으리라 결심하였던 것이다."(박태원, 『약산과 의열단』, 1947. 작가 박태원은 『수호전』·『삼국지』를 우리나라 최초로 번역 간행했고, 『괴물』·『마더』·『설국열차』·『옥자』 등을 연출한 봉준호 감독의 외할아버지이다).

1924년 6월 16일 황포군관학교 개교식에서 삼민주의를 견지할 것을 2시간 넘게 설파하는 손문 총리(가운데). 손문 옆에 부동자세로 서있는 장개석蔣介石 교장과 요중개 당대표, 그리고 손문의 부인 송경령 여사. 대형 국민당깃발과 중화민국깃발이 교차되어있는 개교전례식장. 단상 아래로 중국인들의 북벌영웅, 지아룬加倫(Galens, 본명은 Vasily Blyukher) 소련군사고문이 흰색 양복을 입고 서있다 / 제19차당대회(2017년 10월 18일)에서 3시간 25분동안 진행된 시진핑 총서기의 〈빠오까오報告〉에 정점은 천하위공天下爲公이 구현되는 따퉁大同사회의 도래였다.

1925년 3월 12일 ..... **손문 선생 서거(북경)**: 국민당동지들·소련·가족 앞으로 3통의 유촉遺囑을 남김: **"40평생 나의 국민혁명의 목적은 중국의 자유·평등의 실현이다."(余致力國民革命, 凡40年, 其目的在救中國之自由平等.)**〈국민당 동지들에게 보내는 총리유촉總理遺囑〉

〈가족 앞으로 보내는 총리유촉總理遺囑〉

"余國盡瘁國事，不治家產。其所遺之書籍、衣物、住宅等，一切均付吾妻宋慶齡，以爲紀念。余之女兒已長成，能自立。望各自愛，以繼余志。此囑。"

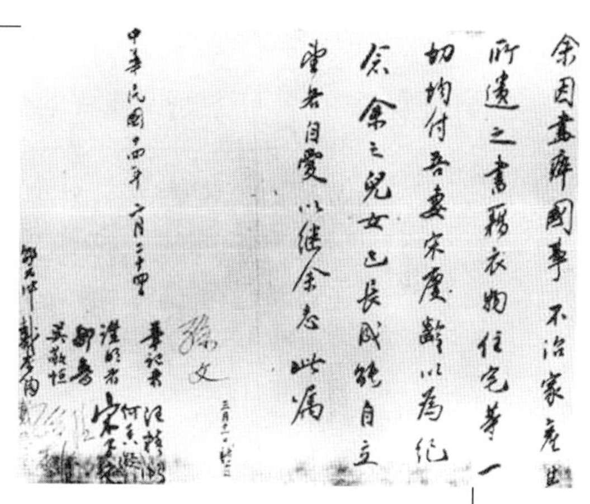
余因盡瘁國事不治家產 其所遺之書籍衣物住宅等一切均付吾妻宋慶齡以爲紀念 余之兒女已長成能自立望各自愛以繼余志 此囑

中華民國十四年二月二十四日

孫文

筆記者 汪精衛

證明者 宋子文

鄒魯

吳敬恒

"나는 온몸바쳐 나라일에 진력하느라
가산家產을 다스리지 못했다.
남기는 서적·의복·주택 등 일체는
나의 처 송경령宋慶齡에게 주어서,
기념이 되게 하라.
나의 딸은 이미 장성하여 능히 자립할 수 있다.
바라건대 제각기 스스로 아끼고 또 나의 뜻을 이어갈 것을 부탁한다."

손문의 유지를 왕정위汪精衛가 초안을 쓰고(筆記者) 비상정치위원회(證明者: 하향응何香凝, 송자문宋子文, 추노鄒魯, 공상희孔祥熙, 오경항吳敬恒, 손과孫科, 소원충邵元沖, 대계도戴季陶, 대은새戴恩賽)의 승인을 거쳐(1925년 2월 24일) 마지막으로 손문이 죽기 하루 전날 사인했다(1925년 3월 11일).
〈국민당 동지들에게 보내는 총리유촉〉도 같은 날 같은 방식으로 작성되었다.
〈소련 중앙집행위원회에게 보내는 유촉〉은 보로딘Mikhail Borodin(레닌이 국민당에 파견한 손문의 군·당·정의 최고 고문으로 1923년부터 1927년까지 국민당과 공산당의 합작을 만들어낸 주인공)이 영어로 작성해서 같은 방식으로 손문이 최종 사인했다: "… 나의 희망은 오래지 않아 실현될 것입니다. 그때 소비에트연맹은 좋은 벗으로서 그리고 맹방으로서, 강성하고 독립된 중국을 환영해 주십시오. 양국은 세계피압박민족의 자유를 위한 싸움에서 손을 잡고 함께 나아가 승리를 획득할 것입니다. 삼가 형제의 우의로서 여러분의 평안을 빕니다."

1925년 4월 17일 ..... 【KOR】 조선공산당 제1차 대표대회 개최(서울 황금정黃金町 일정목一丁目 중국식당 아서원雅敍園 2층). 박헌영朴憲永·조봉암曺鳳岩·김단야金丹冶·주세죽 등 20여 명 참석. 중앙집행위원회 선출(7명): 김재봉金在鳳(책임비서)·김찬金燦·조동호趙東祜·김약수金若水·정운해鄭雲海·주종건朱鍾建·유진희兪鎭熙 / 조선공산당 창당선언문: "세계 프롤레타리아 국가건설을 위해서는 자본주의자들인 일본의 제국주의를 타파하고 식민지 조선의 독립을 도모하지 않으면 아니 된다." / 4월 18일 고려공산청년회 결성(책임비서: 박헌영).

1925년 6월 19일 ..... **성항노동자대파업省港大罷工 발발.** 광동성 광주(省)와 홍콩(港)의 노동자들이 연대하여 벌인 대규모 장기 노동자 파업(~1926년 10월 10일, 승리기념장 발행) / 국민당의 **"농민과 노동자를 원조한다工農扶助"**는 정책에 호응하여, 협회와 강습소에서 교육받은 노동자들은 의식이 고양되었다. 이 와중에 노동착취(여공구타·50명 부당해고)가 특히 심한 상해소재 일본 방적공장(內外棉八廠)의 노동자들이 파업을 벌였다. 무력으로 진압한(고정홍顧貞紅 사망) 일본자본가들에게 향한 상해시민·학생들의 분노가 하늘을 찔렀다 / 5월 30일, 상해 공공조계公共租界 마로馬路에 2,000여 명이 모여 시국강연을 개최. "타도제국주의"연호하면서 항의평화행진을 하는데 영국경찰이 발포하여 학생·시민 사상자가 다수 발생했다("상해5·30참안慘案"). 상해민중의 반제국주의운동을 열렬히 지원하기 위한 각지의 파업투쟁에서, 성항省港파업은 그 규모와 영향력이 가장 컸다. 광주의 사면조계沙面租界와 홍콩의 노동자 20만여 명(노동조합회원總工會·전차종사자·인쇄공·선원노무자 등)이 파업에 대거 동참했다.

省港罷工各界擁護 務達最后勝利 紀念章 1925年 성항파공각계옹호 무달최후승리 기념장

"광동성 광주(省)와 홍콩(港)의 대규모 노동자파업을 각계각층에서 적극 지원하여 힘써 하나가 되어 최후승리할 때까지 도달하자. We Shall Overcome Someday!"

노동자파업罷工과 국민당의 청천백일이 심미적으로 어우러졌다는 것은 역사의 어느 한 시점의 상황에 국한된다(제1차 국공합작). 1927년 4월 12일, 당내 쿠데타를 일으켜 국공합작을 깨고, 제국열강의 편에 서게 된 장개석이 의식있는 도시노동자를 때려잡은 이래, 더 이상 푸른하늘靑天과 밝은태양白日은 있을 수 없었다. 낫과 망치를 든 프롤레타리아의 울분에 찬 단결(별)만 있을 뿐이었다 / 중국공산당 제19차 당대회(2017년 10월 18일)가 융중隆重하게 거행된 북경 인민대회당에서 100% 숭경崇敬의 심정으로 혁명선열들을 위해 묵념이 진행되었다. 리커치앙 총리에 의해 거명된 혁명거두 6인이 있었다: "모택동, 주은래, 유소기, 주덕, 등소평 그리고 진운." 진운(陳雲, 1905년생)은 14세에 상해 상무인서관商務印書館의 노동자로 일하다가 1925년 성항노동자대파업에 상무인서관파업임시위원회 위원장으로 직공파업에 주도적으로 활동했다. 그리고 곧 중국공산당에 입당했다. 20세의 진운의 가슴에는 이 승리기념장이 자랑스럽게 패용되었을 것이다. 39×41.5mm. In Collection.

1925년 7월 1일 …… **중화민국 광주국민정부 성립**(광동성 광주, 주석: 왕정위汪精衛).

1924년 6월 16일 황포군관개교식 때 소련공산당의 군사제도를 벤치마킹한 중국국민당 군대를 **국민혁명군國民革命軍**으로 개편(1925년 7월 1일) → 1947년 12월 24일 중화민국 국군國軍으로 개명.

중화민국 국기靑天白日滿地紅旗

국민혁명군 육군깃발

청천백일만지홍기의 운명

* 1894년 흥중회의 혁명군기
* 1911년 신해혁명의 혁명깃발
* 1912년 중화민국 국기
* 1913년 중화민국 해군 군기
* 1921년 광동호법정부의 국기(이후 광주·무한·남경정부) 이래 자유 중국(대만) 국기로 게양되고 있다.

1926년 3월 ……… **시종쉰, 입성立誠학교 진학**(교장은 공청단원 엄목삼嚴木三).

1926년 5월 ……… **시종쉰, 중국공산주의청년단共靑團 입단.** 인품이 훌륭했던 엄목삼 선생과 함께 『신청년』에 실린 이대조·진독수의 문장(「나의 맑스주의관」)을 읽고 토론학습. 엄목삼 선생님의 권고에 따라 이름의 가운데 자를 "중中"에서 "중仲"("中勳"은 "중국의 공훈원로"라는 뜻으로 해석될 수 있어 위험하다. "仲勳"은 중개자의 역할이 될 수도 있으니 겸손하게 보인다. 성명철학으로 말하자면 엄 선생님 때문에 시종쉰의 인생이 보호된 것일지도 모른다)으로 바꾸었다.

1926년 7월 1일 …… **광주국민정부, 국민혁명군 북벌北伐 선언**(총사령: 장개석): **"군벌타도·제국주의타도"**/ 북벌 대상은 오패부吳佩孚(호남·호북 일대의 10여만 군대)·손전방孫傳芳(강소·안휘·절강·복건·강서 일대의 10여만 군대)·장작림張作霖(동북3성과 북경·천진 일대의 30여만 동북군) / 9일 국민혁명군 북벌 출정出征.

【KOR】 일찌기 북벌이 완성되면 국민당이 조선의 독립을 지원해주겠다던 중화민국 광동호법정부의 손중산의 공언이 있었다. 그리하여 조선인들은 국민정부가 추진하는 이 북벌전쟁 승리가 곧 조선의 민족독립으로 연결될 것이라고 생각하고, 국민정부와 국민혁명군에 소속하여 중국의 국민혁명을 적극 도왔다 / 9월 국민혁명군이 호북성 무한을 해방시켰을때, 몽양 여운형이 20만 군중이 운집한 승전대회에서 사자후獅子吼를 토했다: "이제 중국혁명은 양자강을 건너 도도히 북상중이다. 머지않은 장래에 중국은 통일될 것이다. 중국이 통일되는 때에는 조선의 해방도 곧 실현될 줄 안다."

1926년 12월 12일 .... 장작림, 중화민국 북경정부의 안국군총사령 취임 / 1927년 6월 18일 장작림, 중화민국 군정부대원수 취임(~1928년 6월 3일. 장작림은 실질적으로 중화민국 북경정부의 마지막 대총통이다).

1927년 1월 1일 .... 광주국민정부, 호북성 무한武漢으로 천도. 무한국민정부 성립.

1927년 3월 (13세) .... 시종쉰, 엄목삼 선생 따라 부평현립 제1고급소학으로 전학. / 엄목삼 교장의 신분은 중공부평특지特支 서기 겸 공청단특지 서기.

1927년 4월 12일 ..... **"상해백색테러" 발발**(무력청당武力淸黨). 장개석 국민혁명군 총사령은 북벌도중 전세계 노동자의 난설을 촉구하는 공산당을 두려워하는 대지주·대자산계급·제국주의와 상해에서 결탁했다. 돌연 국공합작으로 한식구가 된 공산당원(노동자·농민·지식인·학생·군인)을 색출·학살했다.

【KOR】"1927년 4월 12일에 장개석은 반혁명 청당운동淸黨運動을 개시하였다. 나는 그때 김약산과 함께 광주에서 국민당 반동파의 군대가 공산당원과 노동자들을 학살하는 것을 직접 내 눈으로 보았다."(유자명, 『나의 회억回憶』, 요녕인민출판사). 한국인도 다수 희생되었다.

1927년 4월 18일 ..... **남경국민정부 설립**(강소성江蘇省). 무한에 국민당정부가 있는데도 장개석은 별도의 국민정부를 세웠다(장개석의 쿠데타, 주석: 호한민胡漢民).

1927년 4월 28일 ..... 국제공산주의자 이대조(본명은 이수상李守常. 모택동의 고백: "이대조 동지는 나의 진정한 선생이다." 1949년 3월 23일) **처형.** 북경정부의 장작림과 남경정부의 장개석의 합작 → **29일 섬서성 부평에서 열린 이대조추도식에 시종쉰 참석.**

1927년 7월 15일 ..... 무한국민정부 주석 왕정위, 장개석의 압력에 굴복하여 공산당을 배제하고 의회소집(分共議會) 개최 → 공식적인 제1차 국공합작 결렬(七一五分共).

1927년 8월 1일 .... 남창기의南昌起義 / 국민혁명군 내의 공산당 주덕朱德·주은래周恩來·진의陳毅·하룡賀龍·유백승劉伯承·임표林彪·엽검영葉劍英·장발규張發奎·엽정葉挺·섭영진聶榮臻·팽배彭湃·곽말약郭沫若 등이 지휘했다. 중국공산당이 자체적으로 무장한 최초의 성공한 도시봉기이다. → **남창기의는 중국공농홍군工農紅軍 성립기념일**(1933년 6월 30일 중화소비에트공화국 중앙혁명군사위원회의 결정)**이 되었다.**

【KOR】의열단 유자명과 김양의 기록에 의하면 약산 김원봉은 황포군관학교를 졸업하고

국민혁명군 소위로 임관하였다. 하룡賀龍 휘하에 배속되어 중국공산당의 8·1 남창기의에 참가하였다.(상황기술) "… 1927년 8월 1일 새벽 2시, '땅! 땅! 땅!' 세 방의 신호 총소리가 밤하늘을 진동하였다. 전투가 시작되었다. 봉기군 전사들은 일제히 쏜살같이 적을 향해 돌격하였다." 그날 새벽 5시 남창은 봉기군 수중에 넘어갔다. 그러나 봉기군은 8월 5일 남창에서 철수해야 했다 / 아나키스트 유자명柳子明(1894~1985, 충북 충주 출생)은 상해임시정부와 의열단을 넘나들며 핵심적 역할을 한 한국독립운동가로서 30년을 투쟁했다. 1950년 홍콩을 통해서 고향 충주로 귀향을 서두르는 그날이 공교롭게도 6·25전쟁이 발발한 날이었다. 결국 유자명은 중국대륙으로 발길을 돌릴 수밖에 없었다. 그후 운남 고원지대에서 최초의 특수 벼 재배에 성공하여 호남농학원에서 농학박사학위를 받았다. 공자가 3,000여 명의 제자를 키웠듯이 호남농학원에서 농학후진들을 30여 년간 교육시키며 쌀·포도·감귤·화초에 대한 연구로 세계적인 명성을 쌓아 중국에서 가장 존경받는 농학자의 삶을 살았다(1950年代開始任職於湖南農業大學敎授, 並長期硏究園藝科學, 爲世界著名葡萄專家, 對放水稻的種植亦有硏究.). 2002년 3월 19일, 유해봉환. 대전국립묘지에 안장되었다.

곳곳에서 자행되는 장개석 친위세력의 공산당원 색출·처형에 대항하여 분노한 국민혁명군에 속한 공산당원들이 뭉쳤다. 1927년 7월 31일 밤부터 남창시내 곳곳에 총성이 터지기 시작, 8월 1일 새벽까지 계속되었다. 어둠이 벗겨지자 강서성 성도 남창이 봉기군의 손으로 넘어왔다. 이 그림은 1927년 8월 1일 신새벽에 환호하는 남창봉기군을 그린 것이다. 약산을 위시한 조선의 청년들도 그 감격을 함께 했다. 이날 아침이 중국인민해방군의 건군절建軍節이 되었다. **1927년 8월 1일.**

1927년 8월 7일 …… **중국공산당 긴급소집회의(8·7긴급회의)**: 토지혁명과 반국민당 무장봉기(武裝反抗國民黨) 방침 결정. 모택동의 사자후: "정권은 총구에서 나온다." → 전국 추수기의秋收起義 결행 포고.

1927년 9월 9일 …… **모택동**이 강서·호남성 인접지역에서 **추수기의**秋收起義를 일으켰다(남창기의, 광주기의와 함께 중국공산당 초기 토지혁명전쟁기간의 3대기의로 꼽힌다) / 9월 20일 추수폭동이 좌절되고 정강산 입산 전, "토지혁명과 무장투쟁혁명론" "중국혁명"을 부르짖는 모택동에 몰입하는 **12세의 호요방胡耀邦**, 그 역사적 현장은 호남성 문가시文家市 이인학당里仁學堂의 운동장이었다. 호요방은 덕망있는 공청단의 대부로 성장해서 중국공산당 중앙위원회 총서기가 된다(1981년~1987년).

1927년 11월 1일 ….. **해륙풍소비에트정부**海陸豐蘇維埃政府 **성립** / 중국최초의 농촌소비에트혁명근거지, 주석은 농민무장기의를 성공시켜 투표로 선출된 팽배彭湃. 팽배 주석은 일본 와세다稻田대학에서 정치경제학을 공부했다(1917년~21년, 이대조의 후배). **토지개혁과 농민생활 향상이 중국의 핵심문제**라고 일찍이 파악한 팽배는 농민조합을 성립시켰다(1923년 1월 1일, 해풍현총농회, 회원 10만여 명) / 팽배의 고향인 광동성 산미시汕尾市 해풍현海豐縣·육풍현陸豐縣 지역을 흐르는 강이 동강東江이라서 해륙풍무장기의를 **동강폭동東江暴動**이라고도 칭한다.

팽배彭湃, 1896~1929.
모택동으로부터 "중국농민운동대왕"이라는 칭호를 받았다. 해륙풍소비에트정부 팽배 주석과 김산이 사상적 토론을 벌이는 모습을 『아리랑』에서 자세히 볼 수 있다.

『海豐農民運動』·『湖南農民運動考察報告』
손문의 "부조농공扶助農工" 정책에 따라 팽배는 광주농민운동강습소를 개창하고(1924년) 중국농민운동에 대한 논문을 계속 발표했다. 팽배의 『해풍농민운동』(1926년)이 모택동의 『호남농민운동고찰보고』(1928년)보다 시기적으로 앞선다. 이 책에서 모택동은 모든 정치결정은 현실에서 출발해야지 어떤 이론이나 이념 또는 어떤 기존의 모델로부터 출발해서는 안된다는 그의 정치철학인 "실사구시實事求是"를 표방했다. 팽배의 책 제목은 주은래가 써 준 것이다.

승리기념메달 발행(별빛 아래 낫과 망치가 마치 얼후二胡를 켜는 듯, 심미적으로 표현된 공산당 3대로고).

東江暴動紀念章 1927年
동강폭동기념장

모택동은 광동성 해륙풍현의 동강폭동 농민운동이 성공한 것을 보고 진한 감동을 받았다. 미래 중국혁명의 거대한 에네르기는 도시노동자가 아닌 농민 속에 있다는 것을 확신했고, "농촌으로 도시를 포위한다"는 중국식 모델을 개발했다.
40×45mm. In Collection.

1927년 12월 10일 … **광주기의廣州起義 발발**(광동꼬뮌 3일천하, 이 혁명에 참여한 김산의 『아리랑 *Song of Ariran*』의 상세한 기술은 중국혁명사의 귀중한 자료로 정평 있다) / **광동꼬뮌 강령:** ①노동자를 위하여—하루 8시간 노동, 실업보험, 노동조건 개선. ②농민과 병사를 위하여—지주로부터 몰수한 토지 재분배. ③빈민을 위하여—충분한 식량 보급. ④여성을 위하여—남성과 동일한 임금과 동일한 법적지위 보장 / 국제공산당(코민테른) 지도하에 대규모 도시무장폭동("도시에서 무장폭동으로 정권을 획득한" 소련스타일). 구추백瞿秋白·엽정葉挺·엽검영葉劍英·섭영진聶榮臻 등이 지휘. 장태뢰張太雷 열사를 비롯하여 2만여 명의 우수한 청년들이 산화했다.

【KOR】 당시 광주 중산대학과 황포군관학교에 재학중이던 조선의 열혈청년들도 대거 혁명에 참가, 현재 광동성 광주 조선혁명열사릉에 150여 분이 모셔져 있다.

1928년 3월 (14세) …. **시종쉰, 섬서성 삼원현三原縣 제3사범학교 수학**(5·4운동시기 우우임于右任·호경익胡景翼 등 민주주의 혁명가들이 구국救國을 위해 세운 학교).

1928년 3월 12일 ….. **시종쉰, 손문 선생 3주년 기념 집회 관련 학생운동 참가, 투옥. 옥중에서 중국공산당 가입.**

1928년 4월 28일 ..... **정강산회사**井岡山會師 / 남창기의 주체세력인 주덕朱德과 진의陳毅가 예하 부대를 이끌고 모택동의 아지트 강서성 정강산으로 입산. 주덕군대와 정강산에 있었던 모택동군대를 합쳐서 노농혁명군 제4군으로 편제(홍4군紅四軍이라고도 한다. 모택동: 군사위원회 서기 겸 당대표, 주덕: 군장軍長, 진의: 정치부주임).

1928년 6월 8일 ...... 장개석의 국민혁명군(북벌군) 북경 입성 → 중화민국 북경정부 궤멸(북경정부의 마지막 수반은 장작림張作霖 중화민국육해군대원수大元帥, 서안사변

앞

紅軍三軍團司令員和三個政治委員
홍군3군단사령원과 세 명의 정치위원政委이 1938년 연안에서.
왼쪽부터 이부춘李富春 정위, 팽덕회彭德懷 사령원, 양상곤楊尙昆 정위, 등대원滕代遠 정위. 중국공농홍군제3집단군의 지도부가 제2차 국공합작으로 국민혁명군이 된 모습이다. 양상곤은 추후 시종쉰과 광동성에서 함께 개혁개방을 추동했고, 중앙군사위 제1부주석으로 등소평이 죽을 때까지 실질적으로 군부를 장악했다.

뒤

中國工農紅軍第三集團軍 外出證章
중국공농홍군제3집단군 외출증장

彭德懷·滕代遠 頒 1930년
팽덕회·등대원 반

공식적으로 "중국공농홍군"으로 불린 시기는 1928년 5월 25일~1937년 8월 21일(제2차 국공합작으로 국민혁명군 팔로군 편제되기 전)이다.
1930년 8월의 중국공농홍군 편제를 보면 제1방면군 제3군단의 총지휘가 팽덕회彭德懷, 정위政委가 등대원滕代遠이다. 이 둘은 1928년 7월 22일 평강平江기의부터 생사를 함께한 전우이다. 이 메달은 그 시기에 발행된 공농홍군의 외출증으로 보인다(뒷표지 참조). 45.4×40.3mm. In Collection.

의 장학량 부친.) / 1928년 12월 29일 장학량張學良의 동북역치東北易幟(북경정부의 오색기를 남경정부의 청천백일만지홍기로 대치) → 장개석의 국민정부 중국통일 완수 / 손문의 염원이었던 북벌北伐을 성공시킨 장개석은 당당하게 "천하위공天下爲公"의 실현자가 되겠다는 의지를 표명하는 기념메달 발행(1929년).

1929년 10월 24일 … 세계대공항. 뉴욕 월스트리트의 "검은 목요일."

1930년 초 ………… 시종쉰, 서북군 양호성楊虎城 장군(민주주의 진보사상을 가진 지사, 서안사변의 한 주역) 휘하로 들어간다. 그 부대에서 공산당조직공작 활동을 함.

1930년 10월 ………… 국민당 장개석, 제1차 "위초작선圍剿作戰" 개시. "위초"란 포위하여 섬멸한다는 뜻 / 1931년 2월 10일 제2차 위초 개시 / 1931년 7월 1일 제3차 위초 개시 / 1932년 6월 15일 제4차 위초 개시 / 1933년 9월 12일 제5차 위초 개시.

1931년 9월 18일 ….. **9·18만주사변 발발** / 밤 10시 좀 지나서 심양 동북군의 북대영 부근 유조구柳條溝 남만철도 파손조작으로 발발된 9·18만주사변은 일본제국주의가 1928년 10월부터 입안한 "만몽영유계획滿蒙領有計劃"의 구체적 실행에 들어간 사건이다. 일본이 만주와 몽고를 자국영토에 편입시키려는 이 계획의 입안자는 이시와라 칸지石原莞爾였다. 이 관동군 작전참모는 큰칼 차기 위해 만주군관학교에 입교한 조선인들에겐 닮고 싶은 아이돌이었다. 이시와라는 박정희의 우상이기도 했다. 만몽영유계획이 소기하는 바는 조선의 독립을 철저하게 영원히 차단하려는 의도가 짙다 / 1932년 3월 1일 만주국 성립 / 1934년 3월 1일 부의溥儀, 만주제국 황제 등극(연호: 강덕康德).

53×61mm. In Collection.

滿州國吉林治安維持奬章
만주국길림치안유지장장

오족(滿·漢·和·朝·蒙)협화·왕도낙토를 구현한다는 만주국의 국휘國徽 문양으로 제작한 표창메달. 메달에 "치안유지"라는 말이 보이는데, 일제강점기 서대문형무소에 갇힌 무수한 독립운동가들의 죄목이 보안법·치안유지법 위반이었다. 시인 윤동주의 죄목도 치안유지법위반으로 옥사했고, 연변대학 림민호 교장도 치안유지법 위반으로 서대문형무소에서 옹근 7년간 복역했다. 그러므로 이 표창메달을 받은 자의 손은 확실히 불의不義하다. 그리고 만주국 치안확보를 담당한 부대 중의 하나가 조선인특설대(간도토벌대)이다(1938년 9월 창설). 실제로 만주의 조선인 항일무장세력을 궤멸시키는 것을 목적으로 창설한 만주제국 최강의 특수부대이다. 백선엽(1920~) 전 육군참모총장도 간도특설대 지휘관이었다.

1931년 11월 1일 ...... **제1차 중화소비에트전국대표대회 개최**(~5일, 강서성江西省 서금瑞金) / 1931년 8월 코민테른의 지시: "중국공산당은 가능한 한 빨리 안전한 지역에 중앙소비에트를 수립하라." → 중앙소비에트 기반은 일찌기 쩡칭홍曾慶紅의 아버지 쩡산曾山이(474쪽 참조) 개척한 강서성소비에트변구이다(21개 현과 인구 250만 명을 지닌 강서성 서금).

1931년 11월 7일 ..... 강서성 서금瑞金(瑞京)에서 중화소비에트공화국임시중앙정부 성립(당중앙위주석: 모택동, 부주석: 항영項英·장국도, 군사위주석: 주덕, 중앙집행위원 63명).

중국공농홍군 깃발

中國工農紅軍

중화소비에트공화국임시중앙정부 선포

"지금으로부터 중국영토 내에는 완전히 다른 두 개의 나라가 존재한다. 하나는 제국주의의 도구에 지나지 않는 이른바 중화민국이다. 또 하나는 착취당하는 대중과 압박받는 노동자·농민·군인과 임금노동자의 나라인 중화소비에트공화국이다."

1932년 1월 28일 ..... **상해사변 발발**(일본거류민보호 명목으로 일본군이 기습적으로 조계지 상해를 침공함) / 9·18만주사변의 진상조사를 마친 국제연맹조사단은 일본의 만주침략을 규탄했다. 그래서 일본군의 상해침공은 만주건국에 집중된 세상의 이목을 딴 곳으로 돌리기 위한 책동으로 조작된 전쟁도발이다.

【KOR】 4월 29일, 백범 선생이 결성한 한인애국단의 윤봉길 의사가 일본제국주의의 상해사변 전승축하연과 일왕日王 히로히토裕仁 생일축하연이 상해 홍구공원에서 거행될 때, 적시에 폭탄투하·성공시킴으로써 세계사적 대사건이 되었다. 개선장군 시라카와白川義則 육군대장 절명, 일본해군 제3함대사령관 노무라野村 중장·육군 제9사단장 우에다植田 중장·주중공사 시게미쯔重光葵 등 중상.

상해 홍구공원. 매헌 윤봉길의사의 의거현장(1932년 4월 29일, 오전 11시 40분경 소련 기자에 의해 동영상 촬영). 조선청년의 기백에 세계가 놀랐다. 항일의식이 투철한 상해시민도 함께 기뻐했고, 향후 대한민국임시정부는 든든한 후원세력을 갖게 되었다.

1932년 3월 (18세) …. **시종쉰, 중국공농홍군 섬감**陝甘**유격대**(총지휘: 유지단, 서북지역의 섬서성 · 감숙성 일대 관할) **제5지대 영위**營委 **서기.**

希賢、鴻章、序臣、書林、仲勳金蘭紀念攝於鳳州 / 시종쉰의 최초의 사진
희현 · 홍장 · 서신 · 서림 · 중훈 다섯명이 의형제를 맺은 기념으로 봉주에서 함께 사진을 찍었다 (사진의 왼쪽부터 시종쉰, 바로 옆이 유서림. 오른쪽 맨 끝이 유희현).

"두 사람의 마음이 같으면 그 날카로움이 무쇠를 자를 수 있고, 마음이 같은 사람들의 오가는 말은 그 향기가 난초와 같다. 二人同心, 其利斷金; 同心之言, 其臭如蘭."(『주역, 계사』). 시종쉰의 섬감유격대 시절, 제각기 다른 배경 속에서 성장한 괄괄하고 거친 청년들이 시종쉰의 섬세한 배려에 감동했다. 그들은 혁명을 위해 하나의 마음이 되었고, 의형제의 연(금란지교金蘭之交)을 맺고 그것을 기념하여 사진도 함께 찍었다. 유서림劉書林이 이 한 장의 사진의 배경에 대해 그의 『섬서당사자료총서』에 기록했다. 이 사진은 유희현이 소장하고 있었다. 보통 왼쪽 끝의 시종쉰의 사진만 도려내어 유포되고 있는데 그 사진의 전모를 정확히 알 필요가 있다.

1932년 9월 ………… **시종쉰, 중공위북특위**中共渭北特委 **유격대 제2지대 정치지도원.**

1932년 12월 12일 … 남경국민정부(장개석)와 소련(스탈린)은 국교를 회복 / 장학량(남경국민정부 동북변방군총사령)이 지휘한 중동철로분쟁으로 남경국민정부는 소련과 국교를 단절했었다(1929년 7월 19일).

1933년 2월 .... **시종쉰, 공청단 삼원중심현위**三原中心縣委 **서기**(무장투쟁종사, 농민운동과 청년공작).

1933년 3월 (19세) ... **시종쉰, 김리과**金理科 **· 주동지**周冬至**와 함께 섬서성(陝)과 감숙성(甘) 일대에 섬감변구**陝甘邊區**혁명근거지 창건. 유지단**劉志丹**(황포군관 4기, 약산 김원봉의 동기생)과 고강**高崗**도 곧이어 합류** / 섬감변구는 중국공산당의 2만 5천리 장정의 종착지이자 새로운 출발점이 된다.

1933년 6월 30일 .... 중화소비에트공화국 중앙혁명군사위원회가 남창기의(1927년) 날짜인 8월 1일을 중국공농홍군의 성립기념일로 결정. 그것을 기념하기 위해 공을 세운 지휘관들에게 훈장(**홍성장**)을 수여했다. 중화소비에트공화국의 역사적 실체를 확인할 수 있는 중요한 1차 자료로, 반포한 주체와 시기를 충실히 기록한 훈장이다. 부분적으로 간자체가 이전부터 쓰여지고 있었다는 것을 알 수 있다.

紅星章 中華蘇維埃共和國 中央革命軍事委員會 頒 1933년 8월 1일
(3급) 홍성장 중화소비에트공화국 중앙혁명군사위원회 반

"**적과 싸워서 공을 세운 자들이 있습니다. ..... 표창을 수여함으로써 후인들을 권장하게 하여야 하겠습니다.** 出戰有功, … 加褒賞以勸後來可."— 『고려사』, 정종 10년(1044)

동서고금 어느 곳이나 전쟁이 있는 곳에 군공훈장軍功勳章이 있다. 홍성장은 중국공산당이 최초로 반포한 군공훈장이다. 정갈한 벼이삭의 디자인에서 1933년의 중국혁명 주체세력을 확실히 읽을 수 있다. 주체는 도시노동자중심이 아닌 농민중심이다. 또한 붉은별은 홍군이다. "蘇維埃소유애"는 소비에트(평등한 의회議會)의 음차이다. 40.5×43mm. In Collection.

1933년 9월 .... 손문주의의 계승자 송경령宋慶齡(손문 선생의 부인)이 주관한 세계반제대동맹世界反帝大同盟 The Far East Conference of the World Committee Against Imperialist War, 상해 개최(의장: 영국귀족 로드 말레 Lord Marley). 송경령 명예의장은 개회사에서 중국을 침탈하는 일본·영국·프랑스·미국을 비난했다. 저널리스트 에드가 스노우Edgar Snow를 연안에 보내, 결과적으로 모택동을 하루아침에 일약 세계적인 "붉은 스타 The Red Star"로 떠오르게 한 계기를 제공한 것은 송경령이었다. 에드가 스노우는 말한다: "**그녀는 성실한 사람들에 대해서는 진실로 담백했지만 위선자에 대해서는 서슬퍼런 칼처럼 날카로웠다.**" / 3월 히틀러의 나치당 집권 / 27일 일본, 만주국 정당화를 위해 국제연맹 탈퇴 / 11월 17일 미국, 소련 승인 / 소련, 국제연맹 가입(1934년 9월 18일).

1934년 1월 22일 ..... **제2차 중화소비에트전국대표대회 개최**(~2월 1일, 강서성 서금) / 1934년 전국 소비에트구區(혁명근거지) 현황: 인구(3,600만 명), 면적(10만 평방킬로미터), 중국공농홍군(20만 명), 총기(16만 정).

중화소비에트공화국 국기國旗

중화소비에트공화국 국휘國徽

全世界無産階級和被壓迫的民族聯合起來
전세계무산계급화피압박적민족연합기래

"전세계무산계급 및 피압박민족이여 함께 일어나자!"

제2차 중화소비에트전국대표대회에서 국기, 군기, 국휘가 결정되었다. 상기의 국휘에 써있는 구호는 『공산당선언』에 있는 "**만국의 프롤레타리아여, 단결하라!** 全世界無産者, 聯合起來!"를 레닌이 발전시킨 모토이다. 레닌은 "노동해방"과 "민족해방"의 이념을 결부시켜 최종적으로 인류해방을 지향했다.

중화소비에트공화국 군기軍旗

1934년 2월 19일 ..... **국민당의 "신생활운동新生活運動" 발대식.** 대규모 초공작전 직전, 국민당의 장개석과 송미령은 중국공산당의 중앙소비에트와 가까운 강서성 남창에서 개창: "不要墮地吐痰(침 뱉지 말라)·쓰레기버리지 말라"등 청결습관과 예의염치禮義廉恥를 주입하는 범국민적 정치운동. 새마을운동의 선구.

新生活運動 國民黨政務處 制
신생활운동 국민당정무처 제

당시 중국공산당은 국민당의 신생활운동에 대하여 예의염치는 야만행위로, 공맹학설은 혁명에 반反하는 반동적인 사상으로, 장개석의 신생활운동은 제국주의의 주구走狗, 노예식운동이라고 성토했다. 그런데 오늘날 중국은 어딜 가나 전통문화 중시로 공맹을 달달 외우고, "침 뱉지 말라!"고 길거리에 스티커가 부착되어 있다. 1934년, 공산주의에 대한 해독제로서 장개석이 펼친 신생활운동을 반복하고 있는 셈이다. 대규모 국가주도의 기획적인 정치적 운동은 국민을 피폐하게 한다.

34×44mm. In Collection.

1934년 2월 25일 .... 시종쉰, 신설된 섬감변구陝甘邊區혁명위원회 주석 당선.

1934년 10월 10일 … **대장정 출발.** "선안내先安內·후양외後攘外"만 오로지 부르짖는 장개석 육해공총사령의 거듭된 위초圍剿작전(철통포위 소탕전)과 경제봉쇄로 무조건 생존하기 위해서, 중앙홍군은 강서성 서금 중앙소비에트를 포기해야 했다. 대책없이 대탈출한 것이 장정長征이다(군·민 15만여 명이 12,500km의 장정을 시작. 기나긴 사투 끝에 오직 생존자 8천여 명만이 1935년 10월 19일 섬북 오기진吳起鎭에 도착. 중앙홍군 1차 도착).

장정시작 무렵
1934년경 모택동의 모습

이 사진으로 홍위병의 "장정성지순례" 뺏지를 디자인했다(1968년). 모택동의 부인 강청이 이 사진을 좋아했다.

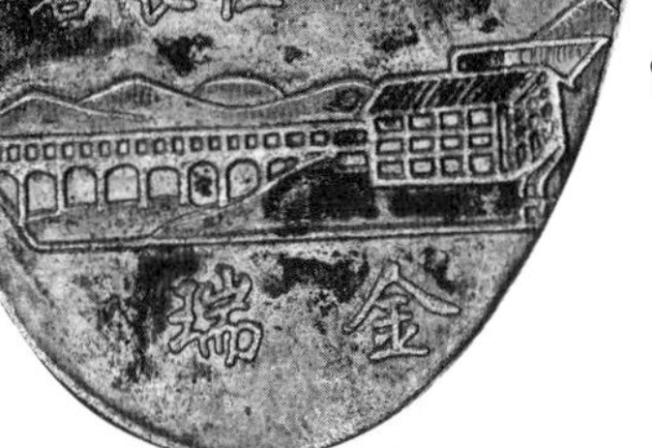

앞 뒤

一九三四年十月開始擧世聞名長征
1934년 10월 개시거세문명장정

瑞金 서금

1934년 10월에 세계적으로 유명한 대장정을 서금에서 시작했다.

서금: 중화소비에트공화국 수도, 장정 출발지. 뺏지 앞면의 서금의 모습은 실제 풍광을 그렸다.

뒷면: 長征 毛主席萬歲 革命造反派聯絡站 4810 一九六八年
장정 모주석만세 혁명조반파연락처 4810 1968년(뺏지 뒷면 이하 동同)

모택동이 홍위병시대는 끝났다고 선언한 날(1968년 7월 28일) 이전에 발행된 뺏지다. "조반파"는 홍위병 주축세력이 자신들의 정치성향을 규정한 용어이다.

56×30.7mm. In ollection.

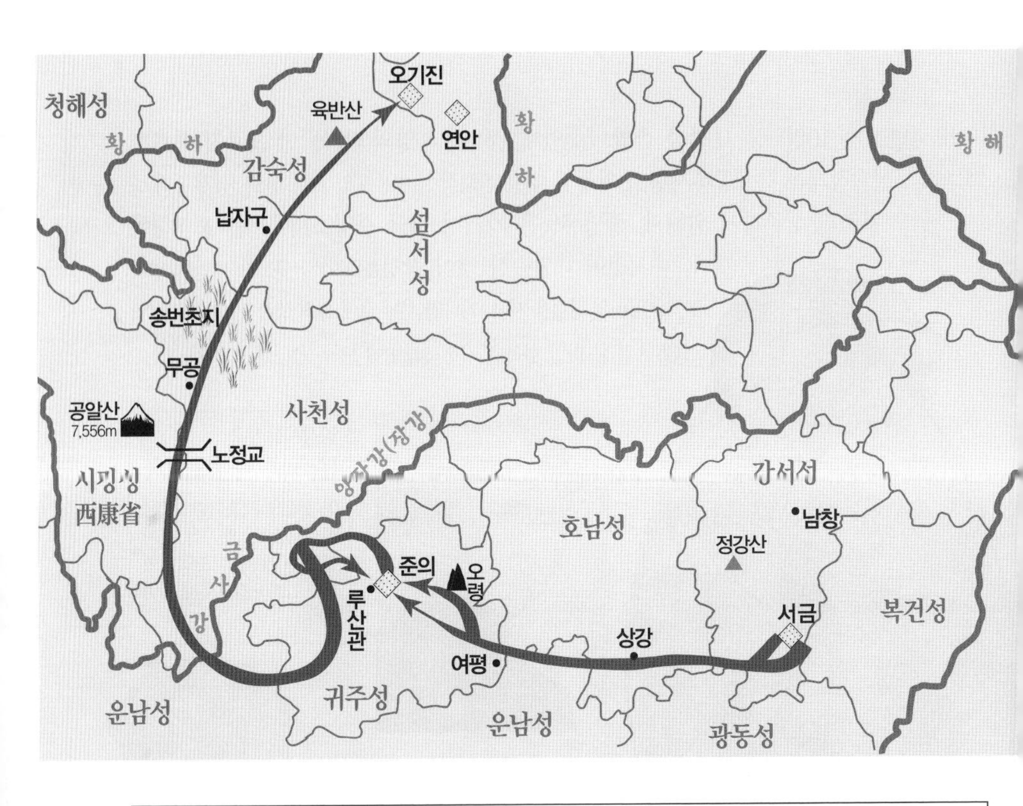

1차 중앙홍군 장정루트: 1934년 10월 10일, 강서성 서금 출발～1935년 10월 19일, 섬서성 오기진 도착

강서성 서금 출발(1934년 10월 10일) → 신풍하信豊河 도하(10월 21일) → 광동성廣東省 성구城口와 호남성湖南省 여성汝城 돌진(11월 15일～18일) → 호남성 상강湘江 도하(11월 27일～12월 1일, 5만여 명 희생) → 귀주성 여평黎平 점령(12월 14일) → 오강烏江전투 승리 후 도강(1935년 1월 1일～1월 4일) → 귀주성 준의遵義 점령(1월 7일～19일) → 루산관婁山關전투 승리 후 준의 재점령(2월 28일) → 남쪽의 오강烏江 도강(3월 29일～31일) → 금사강金沙江 도강(1935년 5월 9일) → 사천성 대도하 노정교瀘定橋 점령(5월 29일) → 서강성의 5개 대설산을 넘어 사천성 무공懋功 도착(7월 20일) → 무공에서 장기간 휴식 후, 수백 킬로의 늪으로 변한 대초원을 횡단 → 감숙성 납자구臘子口에서 매복하고 있던 국민당군을 물리치고 육반산六盤山을 넘었다(10월 7일) → 섬서성 오기진 도착(1935년 10월 19일)

12,500km의 대장정은 역사상 가장 규모가 크고 성공적인 중국공산당의 대중프로파간다였다. 홍군이 점령한 곳에는 일정한 행사가 진행된다. 대중집회, 연극상연, 자유·평등·민주주의 설파, 그리고 민족반역자들(탐관오리·탐욕스러운 대지주)의 재산을 몰수하여 배고픈 농민들에게 나누어 주었다. 농민들의 마음이 열린 것이 확인되면 중국토지혁명의 목적과 항일정책을 상세하게 교육시킨다. 이리하여 곳곳에서 수천·수만의 농민이 자발적으로 유격대로 변신하여 홍군에 참여한다. 그러니까 홍군의 장정루트는 그대로 홍군의 세력권이 되어, 국민당군의 골칫덩어리가 되었다. 결국 중앙홍군이 무사히 섬서성 오기진에 골인할 수 있었던 것도 홍군의 세례를 받은 대다수 농민들이 후방을 지원했기 때문이다. 그 유격대를 총지휘한 장군이 엽정葉挺·유소기劉少奇·진의陳毅·항영項英이다. 이들의 체계적인 통솔로 잠재적인 홍군의 군사력은 결코 줄지 않았고, 해방구가 늘어나면서 보강되어 나갔다. 대장정의 지속적인 재정지원은 모스크바로부터 왔다.

《七律·長征》(칠율·장정)

红军不怕远征难, 홍군불파원정난

홍군은 기나긴 장정의 어려움을 두려워하지 않고,

万水千山只等闲. 만수천산지등한

천만 개의 격랑 치는 강물과 험준한 산맥을 단지 평탄한 대지처럼 예사롭게 여겼다.

五岭逶迤腾细浪, 오령투이등세랑

험준한 오령에서 폭포수처럼 솟구쳐 내려오는 오강은 실개천의 파랑과 같을 뿐이고,

烏蒙磅礴走泥丸. 오몽방박주니환

오몽의 광막한 대초원 늪지대를 진흙구슬을 굴리는 듯 지나쳤네.

金沙水拍云崖暖, 금사수박운애난

금사강 격랑이 하늘구름을 치니 절벽 낭떠러지 홍군의 기세는 뜨거웠다.

大渡桥横铁索寒. 대도계횡철색한

대도하 천길 위로 가로놓인 쇠다리,

삐그덕 삐그덕 흔드렁거릴 때마다 오싹 한기가 저민다.

更喜岷山千里雪, 갱희민산천리설

만년설이 천리나 덮혀있는 민산에 올라 다시 기뻤고,

三军过后尽开颜. 삼군과후진개안

천신만고 끝에 산과 강을 다 통과한 홍3개방면군의 얼굴에는 깨달음의 미소가 가득했다.

1935년 10월 오기진에 도착해서 지은 모택동의 칠언율시 "장정"의 전문이다. 장정은 중국혁명을 장식한 고난의 서사시인 동시에 인간적 고뇌와 희망, 갈등과 전우애가 펼쳐지는 비장한 드라마로서 중국현대사의 한 기축이라고 말할 수 있다. 그 374일 고난의 행군을 한 편의 시로 표현했다. 이 율시는 모택동의 오도송悟道頌이라고 볼 수 있다. 다음 페이지부터는 이 모택동의 장정 율시 한 구절씩 새겨진 뺏지가 등장한다.
문화대혁명시기(1966년~1976년) 중공중앙의 정치국위원회가 3년간 폐지되고 대신 정국을 주도한 강청·왕홍문·장춘교·임표·강생이 중심이 된 중앙문화대혁명소조는 우후죽순처럼 생겨난 조반파造反派의 총부다. 뺏지 뒷면에 동일하게 반복되는 발행처 혁명조반파도 그 총부에 속한 한 단체다. 그들은 홍위병 장정성지순례 프로그램을 기획하여 대대적으로 홍위병을 참가시켰다. 그들을 조반파의 정치세력으로 확대시켜 나가려는 의도에서였다. 모택동의 시 "장정"과 역사적 중요지점을 매치시킨 뺏지를 제작해서 홍위병 장정순례자들에게 구간구간마다 달아주었다. 그리고 몇 달 후 수천만 명의 홍위병들은 산골벽지로 하방되는 운명에 처해진다.

【KOR】 대장정에 참여한 10명의 조선인 간부 중 유일하게 무정(金武丁)만 끝까지 살아남아 연안에 입성했다. 무정은 1936년 인민해방군 최초의 포병부대를 창설한 대공로가 있는 인물이다(포병대 초대 대장, 중국 포병의 아버지炮兵之父). 그는 팔로군 포병단 단장으로 임관했다(1937년, 팔로군 중에는 대포를 다룰 줄 아는 홍군은 거의 전무했다). 보정군관保定軍官 포병과를 졸업하고 일찍이 중국혁명대열에 참여한 베테랑으로, 조선의용군 총사령관이기도 했다. 팽덕회의 부관으로 1940년 백단대전百團大戰에서 맹활약했던 무정은 우리민족 최초의 거족적인 3·1항일민족독립항쟁의 진원지 중 한 곳인 재동 중앙고등학교를 다녔다 / 조선민족의 대표로 제2차 중화소비에트전국대표회의에 참가하여 대회주석단의 한 사람으로 선출되었고, 중화소비에트공화국정부의 중앙집행위원에 당선된 조선인 양림楊林(본명은 김훈金勳. 신흥무관학교, 청산리전투참여, 운남강무학교, 황포군관 교관, 모스크바 중산대학 유학) 홍군간부여단 참모장은 "금사강金沙江 도강渡江의 영웅"으로 장정의 선봉대를 이끌었다. 1936년 2월 17일, 섬북에 안착한 홍군은 화북을 구원하고 학생항일구국운동을 원조하기 위하여 동정항일東征抗日을 결행했다. 양림도 항일선봉대에 참전하여 영용하게 싸우다 전사했다. 시종쉰의 영원한 존경스러운 우상, 유지단도 이 전투에서 전사했다. 양림과 유지단은 모두 황포군관학교 출신이다 / **"내 고장 칠월은 청포도가 익어가는 계절,"** 청포도 시인 이육사李陸史(본명: 이원록李源祿, 1904~1944)가 홍군의 장정 직전의 절박한 상황에 대해 기록했다: "… 6, 7년의 긴 세월과 수십억의 金元과 3백만의 延人員을 동원한 과거를 청산하기 위하야 蔣(장개석)은 전세계의 彼의 고객에게 선서한 토벌은 물론 공격의 방법은 더욱 더 참혹하였다. 수많은 탕크가 사용되고 공중폭격에 전력이 경주되었다. 작년부터는 寧都등지는 하루에 110픈드 폭탄을 50발이나 터트리는 것쯤은 예사이였다 …"(『新朝鮮』, 1934년 9월). 이육사는 의열단원이고 조선혁명군정간부학교의 1기생이었다.

五嶺逶迤騰細浪
오령투이등세랑

烏江 오강

험준한 오령에서 폭포수처럼 솟구쳐 내려오는
오강은 실개천의 파랑과 같을 뿐이다.

귀주성의 제2의 도시 준의遵義로 들어가기 위해선 가파른 준령 오령五嶺의 계곡물이 합쳐져 흐르는 오강烏江을 건너야 했다. 오강의 강폭 270m, 물의 유속 초당 1.8m. 빳지에 도안한 것처럼 양쪽강둑에 가파른 절벽을 낀 험한 곳이다. 오강도하烏江渡河 작전은 1935년 1월 1일부터 4일까지 진행됐다. 선봉부대가 한겨울 급물살 속에 뛰어들어 장정군이 건널 수 있도록 조치했다.

*모택동의 칠율, "장정"의 행 순서가 아니라 장정루트에 따라 빳지를 배열했다.

56×30.7mm. In Collection.

紅軍不怕遠征難
홍군불파원정난

遵義 준의

홍군은 기나긴 장정의 어려움을 두려워하지 않았다.

이 뺏지 속의 주인공은 덕수궁 석조전 같은 로마네스크 양식의 대 저택이다. 이 지역을 지배하던 귀주군벌 왕가열王家烈의 공관公館이다. 오강을 건너 준의공략(1월 7일)에 성공한 홍군의 노획물이다. 으리으리하고 쾌적한 공간에서 12일간 휴식을 취하는 와중에 중국공산당사의 터닝포인트가 될 중앙정치국 확대회의가 개최되었다(참석자: 박고博古·오토 브라운·주은래·모택동·주덕·진운·장원천·유소기·유백승·이부춘·임표·팽덕회·등소평·왕가상 등). 너른 정원이 한 눈에 보이는 공관 2층 회의실에서 열렸다. 그동안 찌그러져 있던 모택동은 중앙정치국 주석이 되어 장정의 군사적 지도권을 획득했다. 코민테른의 일방적 지시에서 벗어나 중국공산당의 독자적 노선을 견지하는 계기가 되었다. 군사부장 주은래는 비판을 받았고, 이때부터 주은래는 죽을 때까지 2인자로 살게 된다. 오직 살아남기 위한 다급한 서행대 탈출에서 명분있는 "북상항일" 정책이 채택되었다. 유지단·시종쉰·고강이 개척한 섬감변구陝甘邊區가 그들의 목적지가 되었다.

56×30.7mm. In Collection.

萬水千山只等閑
만수천산지등한

婁山關 루산관

천만 개의 격랑 치는 강물과 험준한 산맥을 단지 평탄한 대지처럼 예사롭게 여겼다.

루산관은 요충지 준의 일대를 둘러싼 험준한 요새중의 하나이다. 준의회의에서 군권을 거머쥔 모택동은 "북상항일北上抗日"이라는 뚜렷한 정책비전과 행로의 방향성을 제시함으로써 홍군으로 하여금 다시 활기를 되찾게 만들었다. 홍군이 사천으로 북진할 것을 예상한 장개석은 사천에 포진하여 한꺼번에 몰살시키려 했다. 그러나 모택동 특유의 전쟁방식이 전개됐다. 홍군은 북상해서 사천으로 들어갈 것처럼 보이다가 급히 서쪽으로 진군하고 다시 뒤돌아서 사행蛇行하여 루산관을 통하여 다시 준의로 돌아왔다(장정루트지도 참조). 장개석은 홍군의 예기치 못한 진로에 골머리를 앓았다. 신출귀몰한 홍군은 국민당군대가 있는 귀주성 귀양貴陽 동쪽을 살짝 비켜 뛰어넘어서 허술해진 운남성으로 서진했다. 드디어 금사강에 이르렀다.

56×30.7mm. In Collection.

金沙水拍雲崖暖
금사수박운애난

金沙江 금사강

금사강 격랑이 하늘구름을 치니
절벽 낭떠러지 홍군의 기세는 뜨거웠다.

장개석의 결연한 전문電文: "국가와 당의 운명이, 홍군을 양자강 이남에서 봉쇄할 수 있느냐 없느냐 하는 문제에 달려 있다." 이렇듯 국민당의 미래를 어둡게 한 것이 홍군의 성공적인 금사강(=양자강) 도강이다. 1935년 4월 29일, 중국공산당 중앙군사위는 금사강나루터를 탈취하라는 명령을 내렸다. 조선민족의 영웅 양림楊林과 송임궁宋任窮(중공8대원로, 1989년 7월 24일 『중국조선민족발자취』 총서에 충심의 "뜨거운" 추천의 글을 남겼다)이 전사들을 거느리고 주야 강행군으로 180리를 뛰어 금사강가에 도착 즉시, 기습작전으로 총 한 방 쏘지 않고 국민당군 60여 명을 사로잡고 교평皎平 나루터를 점령했다. 나루터에 있던 대형 배 6척을 탈취하여 9일 주야로 장정군을 실어날라 금사강을 건넜다. 기발한 아이디어와 신속함과 위장·변복 등 다양한 전술을 구사하여 장개석의 우려를 현실로 만든 홍군 제1방면군 간부여단 참모장 조선인 양림의 명성은 홍군의 전설이 되었다.

『천자문千字文』 초반부에 "금은 여수에서 나오고金生麗水, 옥은 곤강에서 나온다玉出昆岡."라는 내용이 있다. 여수麗水가 사금을 건져내는 금사강이다. 56×30.7mm. In Collection.

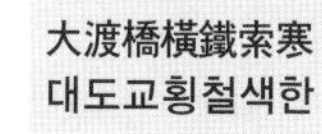
大渡橋橫鐵索寒
대도교횡철색한

瀘定橋 노정교

대도하 천길 위로 가로놓인 쇠다리,
삐그덕 삐그덕 흔드렁거릴 때마다
오싹 한기가 저민다.

1935년 5월 29일, 22명의 특공대가 험준한 대도하大渡河 계곡에 걸쳐있는 현수교 노정교를 돌파하여 새벽 6시에 국민당 사천군이 장악하고 있는 서안西岸에 천신만고 끝에 도달했다. 당시 현수교는 바닥 목판이 거의 없었다. 그래서 특공대는 총과 수류탄을 든 채 국민당군이 주둔하고 있는 서안의 기관총참호에서 빗발치는 총알을 두려워하지 않고 외줄타기로 나아갔고 뒤따라오는 군인들은 하나하나 목판을 덮으며 전진했다. 만약 홍군이 그곳에서 실패했더라면 그들은 마치 증국번에 의해 태평천국의 명장 익왕翼王 석달개石達開의 휘하에서 몰살된 태평천국군 10만여 명과 같은 운명이 되었을 것이다. 사천성 사람으로 이족彝族의 언어와 문화를 잘 아는 유백승劉伯承이 적대적인 이족 추장과 함께 붉은 수탉의 목을 잘라 피를 마셔 피로 맺은 형제가 되어(歃血結盟) 그들의 적극적 도움이 홍군의 활로를 찾는데 결정적인 역할을 했다. 국민당의 실책은 후대의 신중국과 달리 소수민족의 자치권을 무시한 것이다. 뺏지에서 보이는 노정교의 실제 길이는 103m, 넓이는 3m이다. 노정교 도하가 좀 과장된 홍군 사기진작용의 픽션이라는 설도 있다. 『毛澤東: 鮮爲人知的故事』에 의거. 56×30.7mm. In Collection.

更喜岷山千里雪
갱희민산천리설

雪山 설산

**만년설이 천리나 덮혀있는
민산에 올라 다시 기뻤다.**

“태평천국의 마지막 비극을 재연시키려던” 장개석의 계획을 무산시키고 홍군은 대도하를 건넜지만, 서강성의 해발 4,800m가 넘는 대설산을 행군해야 했다. 대부분 남방풍토에서 태어나고 자란 장정군에겐 이겨내기 어려운 추위였다. 그리고 또한 고산병에 시달려야만 했다. 거친 산맥 하나 넘을 때마다 팍팍 쓰러졌다. 모택동은 에드가 스노우에게 그 어려웠던 설산행군을 토로했다: “포동강炮銅崗의 봉우리에서 한 군단은 수송용 우마의 3분의 2를 잃었다. 수백 명의 사람들이 쓰러지더니 영원히 일어나지 못했다.” 공래산邛徠山을 넘고, 몽필산夢筆山과 대고산大鼓山에서 겨우 살아남은 자들은 사천성의 북서쪽 비옥한 무공懋功에 도착했다(1935년 7월 20일). 3주간 휴식을 취하고 대오를 정비했다.

56×30.7mm. In Collection.

烏蒙磅礴走泥丸
오몽방박주니환

草地 초지

**오몽의 광막한 대초원 늪지대를
진흙구슬을 굴리는 듯 지나쳤네.**

사천성과 티베트 고원 사이에 위치한 대초원 송번초지松藩草地를 우기의 조건하에서 10일 동안 3~4백km를 횡단했다. 대초원은 비가 내리면 습지가 늪지로 변한다. 많은 사람들이 비틀거리며 젖은 풀의 늪지에 쓰러져 동지들의 구원의 손길이 채 닫기도 전에 늪 속으로 사라져버렸다. 설상가상으로 식량공급도 안되는 무인지경의 대초원 주변으론 적개심이 강한 만자족蠻子族의 시도 때도 없는 습격에 시달려야만 했다. 3만여 명의 홍군을 이끈 지도자 그룹은 팽덕회·임표·좌권·주은래·모택동이었다. 무공에서 합세한 별도의 제4방면군(5만 명)은 북상항일北上抗日 정책에 의한 장정루트의 종착지에 관하여 이견을 표했다. 다른 생각을 가진 리더는 장국도였다. 모택동과 주덕은 군대를 재편성하여 장국도 휘하의 제4방면군이 원하는 대로 티베트 쪽으로 서천하게 했다. 대신 주덕朱德, 서향전徐向前이 제4방면군을 같이 이끌게 했다. 이들은 장국도의 고집으로 쌩고생을 했고 1년 후 하룡賀龍의 제2방면군과 합세한다. 1936년 10월 섬북에 뒤늦게 2차로 도착했다. 이때가 실질적인 장정 종료이다.

56×30.7mm. In Collection.

三軍過後盡開顔 삼군과후진개안 臘子口 납자구

천신만고 끝에 산과 강을 다 통과한 홍3개방면군의 얼굴에는 깨달음의 미소가 가득했다.

엄청난 희생을 치르고 대초원 늪지대를 벗어날 즈음 또다시 비극적인 정치적 분열이 기다리고 있었다. 북상항일에 반대를 표명하여 사천성 무공懋功에서 갈린 장국도張國燾(5·4운동을 이끈 북경대학 학생리더로서 1921년 중국공산당 창당발기인이었던 장국도는 시종일관 모택동을 우습게 보았다. 1938년 국민당 투항. 당적박탈)가 또 변심하여 북상항일팀에 속해있던 자파 제4방면군 사람들에게 자기에게 돌아오라고 명령했다. 이 시점에서 중앙홍군은 또다시 많은 병사를 빼앗기고, 겨우 남은 8천여 명의 대열을 재조직하여 조기하게 원래의 계획대로 북진을 개시했다. 9월, 초원의 출구인 납자구臘子口에서 진을 치고 있던 국민당군을 팽덕회의 지휘하에 용맹스럽게 무찔렀다. 팽덕회는 말했다: "승리는 곧 삶이요, 패배는 곧 죽음이다." 모택동은 팽덕회를 찬양하는 시를 썼다: "험준한 산들을 넘고 2만 5천리 까마득한 길을 걷고 공포스러운 늪지대를 겨우 벗어났는데 장개석 국민당의 소탕군은 끝도없이 사방에서 몰려온다. 기세등등한 그들을 누가 감히 큰칼 휘두르며 말을 달리며 호령할 것인가? 오직 나의 존경스러운 팽덕회대장군뿐이다. 山高路遠抗深, 大軍縱橫馳奔. 誰敢橫刀立馬? 唯我彭大將軍!" 10월에 다시 육반산六盤山을 넘어 10월 19일 섬서성 오기진에 도착했다. 홍군의 승리였다.

56×30.7mm. In Collection.

一九三五年十月勝利到達陝北 천구백삼십오년시월승리도달섬북 延安 연안

1935년 10월 섬북에 도착했다.

"홍군은 18개의 산맥을 넘었으며, 24개의 강을 건넜다. 18개의 산맥 중에서 5개는 만년설로 덮혀있는 산맥이었다. 그들이 통과한 성省이 12개, 점령한 도시와 마을이 62개, 돌파한 지방군벌군의 포위망이 10개였다. 그들을 토벌할 목적으로 파견된 장개석 중앙정부군의 각종 병력을 물리치거나, 피하거나, 따돌렸다. 홍군은 6개의 호전적인 원주민지역을 횡단했으며, 수십년동안 어떤 군대도 통과한 적이 없었던 지역들을 통과했다." 이 장정의 간략한 보고는 좌권左權 장군이 장정일지를 기록했다가 에드가 스노우에게 건넨 자료이다. 좌권 장군은 1942년 6월, 태항산 십자령전투(일본군과 싸운 전투)에서 용맹했던 우리 조선의용대 석정 윤세주·진광화 열사와 함께 장렬하게 전사했다. 1935년 10월 시종쉰·유지단·고강이 개척한 섬북소비에트에 도착한 홍군은 1937년 1월 7일에 연안에 입성하고, 1949년 10월 1일 중국대륙을 접수했다.

56×30.7mm. In Collection.

1934년 11월 1일 (21세) … **시종쉰, 섬감변구소비에트정부 주석으로서 정부주석명의로 정책법령 · 정치 · 경제 · 군사 · 문화 · 교육 · 무역 관장. 관인**官印**제작** / 1935년 주석은 유지단(본명: 유경계劉景桂)의 동생 유경범劉景範. 주석임기는 1년.

【섬감변구소비에트정부 관인官印】

全世界無産階級及被壓迫民族聯合起來
전세계무산계급급피압박민족연합기래

"전세계무산계급 및 피압박민족이여 함께 일어나자!"

1934년 11월 7일 러시아혁명경축대회 겸 섬감변구소비에트정부대회 개최. 3~4천 명의 군관민이 모인 곳에서 그들 손으로 직접 뽑은 시종쉰 정부주석이 대회사를 할 때 불꽃같은 구호가 하늘을 찔렀고, 골골이 메아리쳤다. 이날 유지단이 섬감변구소비에트정부관인官印을 처음 공개했고 시종쉰 주석에게 건넸다.

1935년 1월 9일 …… 장정중에 **귀주성 준의**遵義**회의** 결의: **북상항일**北上抗日(섬북의 혁명근거지로 가서 합류하여 일본제국주의에 항거한다는 것을 결정).

1935년 봄 ………… **섬북과 섬감변구가 서북혁명근거지로 통합** / **섬서성북부(서북혁명근거지)가 장정의 종착점이자 항일전쟁의 출발점.**

1935년 8월 1일 …… 중국공산당의 **"항일 8·1선언"(항일구국을 위한 전체 동포에게 고하는 글**爲抗日救國告全體同胞書**)**: **내전정지**內戰停止**· 일치항일**一致抗日 → **"12·9학생애국항일운동"**(1935년 12월 9일)의 핵심 구호가 되었다.

1935년 9월 9일 …… **시종쉰과 유경범은 장정**長征 **홍군선발부대(서해동**徐海東 **군장 · 정자화**程子華 **정위가 이끄는 25군)를 보안현**保安縣(현재, 지단현志丹縣) **표자천**豹子川 **에서 영접했다** / 훗날, 모택동 왈曰: "산베이陝北가 중앙홍군을 구했다."

紅二十五軍會合二六七軍於永平之紀念
(1935년 9월 18일)
홍25군회합267군어영평지기념

9월 9일에 시종쉰의 영접을 받은 서해동의 홍25군(출발지: 호남-안휘성 근거지)이 9월 18일 섬북 영평에 도착한 홍26·27군을 맞이하고, 세 군이 홍15군단으로 새롭게 편성된다(군단장: 서해동, 부군단장 겸 참모장: 유지단, 정치부 주임: 고강).

1935년 9월 21일 ..... 서북소비에트의 섬감진성위陝甘晋省委(섬서성·감숙성·산서성 위원회)에서 민생단사건 비슷한 숙청명령인 홍색계엄령紅色戒嚴令을 발포發布 / 서북혁명근거지 와요보瓦窯堡에서 발생한 숙반肅反사건으로 섬감변구특위 초대 서기 김리과金理科는 개죽음을 당하고 **"우파右派"로 몰린 시종쉰·유지단·고강·유경범은 직무해제(撤銷職務)와 당적박탈(開除黨籍)된 채 생매장活埋 직전 → 당중앙과 모택동의 급전急傳:** "*더 이상 체포하지 말라. 더 이상 심사하지 말라. 더 이상 죽이지 말라! 停止逮捕. 停止審查. 停止殺人!*" / 시종쉰 주석의 명의로 발포發布한 "섬감변구 소비에트 포고령"을 읽으면서 섬감지역에 발을 들여논 모택동은 추후 시종쉰과 첫대면에서 말하기를: **"이렇게 젊은 사람인 줄 몰랐다."**

1935년 10월 19일 .... **홍1방면군紅1方面軍, 섬감변구지구 오기진吳起鎭 도착(374일 여정).**

1935년 11월 7일 ...... 와요보瓦窯堡에 도착한 유소기劉少奇·동필무董必武·이유한李維漢·장문천張聞天·진방녕秦邦寧·양상곤楊尙昆이 "서북소비에트의 숙반肅反사건"심의 → **"섬감진성위의 착오다. 시종쉰·유지단·고강을 포함한 섬감변구 창건자들은 죄가 없다." 석방(11월 30일)** / 홍군편성(사령원: 팽덕회, 정치위원: 모택동).

1935년 12월 9일 ..... **북경학생들의 항일·애국데모: "12·9학생애국항일운동"** / 시진핑의 하방시절 적극적으로 농민의 삶 속으로 들어가도록 권유한 이모부 위진오魏震五도 동북대학 출신으로 애국데모의 학생리더 중 한 명이었다. 위진오는 동북인민정부·중화인민공화국의 농업부 부부장 역임. 뿨시라이薄熙來의 장인 곡경생谷景生 장군도 "12·9학생애국항일운동"의 주도세력이었다 / 1936년 12월 9일, 1만여 명의 서안 애국학생들이 12·9학생애국항일운동 1주년을 기념하여 데모할 때, 국민당특무가 쏜 총에 학생이 쓰러지자 데모군중은 분노했다. 장개석은 장학량 서안서북초비총사령부 부총사령에게 강경무력진압을 종용한다. 장학량은 깊은 시름에 빠진다 → 고간苦諫·곡간哭諫·병간兵諫으로 이어져 세계를 격동시킨 서안사변이 일어난다(1936년 12월 12일).

12·9학생애국항일운동 1935년 12월 9일

일본의 괴뢰정권인 "화북자치"결정을 견결하게 반대하는 1만여 명의 북경 학생들이 모였다. "일본제국주의 타도" "화북자치반대" "**내전정지·일치항일**"을 연호하며 대규모 학생애국항일시위를 전개하였다. 전국학생구국연합회 창설(1936. 5. 29.)

1935년 12월 27일 .... **시종쉰, 중앙당교 개소식회의 참석. 시종쉰은 처음으로 모택동 강의를 듣고 매우 흥분했다:** "나는 희뿌연 안개가 확 걷히는 것 같았다. 그리고 신심이 막 부풀어 올랐다.我感到迷霧頓散, 信心倍增." / 모택동의 강의주제: "일본제국주의의 책략을 반대한다.論反對日本帝國主義的策略."

『論反對日本帝國主義的策略』– 毛澤東, 1936년 12월

유지단의 유고, 『중국혁명전쟁의 전략문제中國革命戰爭的戰略問題』를 깊게 연구한 모택동은 장정을 겪으면서 풍부해진 현장경험을 더하여 중국혁명의 전략전술을 정교하게 가다듬고 수차례 강의를 한 다음 책으로 출판했다. 유지단과 모택동의 공저共著로 기록되어야 할 것 같다.

1936년 .... 동북인민혁명군(1933년 결성)이 모태가 되어 **동북항일연군東北抗日聯軍이 개편되었다**(총사령: 양정우楊靖宇, 부총사령: 조상지趙尙志).

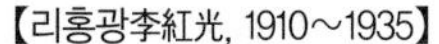
【리홍광李紅光, 1910~1935】

【KOR】 1933년 9월 18일 동북인민혁명군 제1군 성립(사장師長 겸 정위: 양정우, 참모장: 리홍광) / 요녕성 신빈현 홍묘자촌 대청골의 큰 호두나무 옆, 조선인 리홍광의 흉상 무덤이 한자로 쓴 묘비명(모택동 주석이 일찍이 말했다: "리홍광은 동북의 저명한 의용군 지도자 중의 한 명이다.毛澤東主席曾說: 李紅光是東北有名的義勇軍領袖之一.)과 함께 잘 모셔져 있다. 리홍광은 길림성 반석磐石항일유격대의 창시자이며 동북인민혁명군 제1군의 걸출한 지휘관의 한 사람이다. 중국인들이 무척 존경하는 항일명장 양정우楊靖宇, 1905~1940 장군의 친근한 전우이다. 동북

조선인들의 무한한 존경심을 불러일으키어 해방전쟁시기(1945~1950) "리홍광지대"(조선의용군 제1지대 지대장: 김웅, 정치위원: 방호산, 참모장: 한경)로 명명된 조선족부대는 동북민주연군에 편성되어 해방전쟁에서 지대한 공헌을 했다. 황포군관출신인 방호산과 김웅은 6·25전쟁때 조선인민군이 되어 서울을 거쳐 낙동강전선까지 밀고 내려왔다. 미국 국방부도 찬탄한 "중공군 출신의 한국인들"로 구성된 제6사단의 총사령이 방호산이었다. / 2015년 9월 3일 "**중국인민 항일 및 세계 반파시스트 승전 70주년 열병식**"에서 동북항일연군 베테랑들이 카 퍼레이드 주역으로 열병식에 참여했다.

중국인민의 칭송에 답례하는 동북항일연군 베테랑은 양정우 총사령과 리홍광 참모장의 찬란한 항일무공을 기억할 것이다.

"동무들은 리홍광李紅光 동지를 아십니까? 그는 조선사람입니다. 동북의용군에 참가한 사람은 그 동무뿐이 아닙니다."

주덕朱德 팔로군 총사령이 좌권左權·석정石鼎·진광화陳光華 열사의 추도식에서(태항산 팔로군총부, 1942년 9월 21일) 리홍광을 거명했다. 약관 25세로 전사한 조선인 항일용사 리홍광을, 산화한 지 7년이 지났는데도 수많은 팔로군전사들이 그 위용에 공감한다는 것을 보면 리홍광은 영웅적 전사였음에 틀림이 없다.
리홍광은 1910년 경기도 단삼동에서 태어나 3·1민족독립항쟁을 직접 겪었고, 1925년 길림성 반석현에 이주했다. 1931년 "9·18 만주사변" 직후 한 자루의 **무쇠수탉**(당시 총을 표현한 말)만 가지고 침략자 일본군을 개로 보고 "**개잡이대**"(유격대)를 결성했다. 1932년 4월, 만주성위 군위서기직을 맡은 양림楊林(조선족으로서 황포군관학교 교관. 장정 금사강 도강의 영웅)이 반석지구에 내려와 리홍광의 "개잡이대"를 반석노농의용군(동북항일연군 제1로군의 전신)으로 조직화시켰다. 각기 활동했던 두 조선 청년영웅의 만남이었다. 11월 중국공농홍군 제32군 남만유격대로 확대개편되면서 리홍광 참모장은 양정우 장군을 그림자처럼 보좌했다(동북인민혁명군 개편, 1933년). 1934년 12월, 중공만주성위에 양정우가 올린 보고서를 보면, "리홍광 동지는 일처리에서 견정하고 군사상에서 자립적인 지휘능력을 가지고 있으며 사업에도 적극적입니다." 리홍광보다 두 살 어린 김일성은 1932년 4월 25일(조선인민군창설기념일)에 안도현安圖縣에서 조선인무장대를 조직했고, 왕청汪淸유격대의 정치위원이 되었다(1933년 2월). 1935년 5월 환인유격근거지에서 일본수비대와 위만경찰대와 전투중에 전사, 불과 25세였다. 리홍광의 유체는 비밀리에 요녕성 신빈현 대청골의 큰 호두나무 밑에 묻혔다. 2005년 5월 현지 촬영.

한·중공동항일투쟁의 상징— 팔녀투강八女投江

八 女 投 江

1938년 10월, 동북항일연군 제2로군(총사령: 주보중周保中)의 직속부대 제5군 제1사 **부녀단 8명이 목단강에 몸을 던졌다**(八女投江). 1938년 3월부터 일본관동군은 만주국에서 항일을 뿌리뽑기 위해 악랄한 "3강대토벌"작전(참빗작전)을 펼쳤다. 제5군 제1사 소속 100여명의 항일연군 전사들이 숙영하고 있는데 일본관동군과 만주괴뢰군이 완벽하게 포위를 했다. 8명의 여전사들이 본대의 안전한 철수를 엄호하기 위하여 일본군을 유인하면서 부상당한채 오사훈하烏斯渾河(목단강 지류)에 이르렀는데 탄약까지 떨어졌다. 일본군의 달콤한 항복권유를 분연히 거부하고, 8명의 어리고(13세) 젊은(20대) 여전사들은 차가운 강물에 꽃다운 청춘을 날렸다. 그들의 희생 덕분에 나머지 90여명의 부대원들은 무사했다. 8명 중에는 조선여인이 둘이 있다. 여전사 이봉선李鳳善(1918년생)과 안순복安順福(1915년생, 군대내 피복공장의 책임자). 팔녀투강 돌조각상을 보면, 부상당한 전우를 안은 동지를 호위해가며 방어와 공격을 담당하고 있는 절박한 전사가 있다. 치마저고리 입고 총을 든 굳건한 여전사가 조선의 여인 이봉선이다. 2005년 5월 18일 비오는 날 촬영. 흑룡강성 목단강시 빈강공원濱江公園 팔녀투강영렬군조八女投江英烈群雕. 등영초鄧穎超 정협 주석이 "**八女投江**" 글씨를 남겼다.

1936년 1월 28일 ..... 동북에 산재한 항일부대 및 항일민중단체 대표들이 탕원湯原에서 회의를 열어 〈항일연군정치강령抗日聯軍政治綱領〉을 통과시켰다 / 2월 20일 동북항일연군이 성립되어 〈통일건제선언統一建制宣言〉을 발표했다.

1936년 2월 1일 ...... 중화민족해방선봉대가 북평(북경)에서 성립했다.

1936년 2월 17일 ..... 장정長征을 완수한 중국공산당은 "일치항일一致抗日"을 실천에 옮겼다. 화북지방의 항일구국학생운동을 지원하기 위하여 홍군항일선봉대를 조직했다. 〈동정선언東征宣言〉 발표 / 20일 홍1방면군, 동정개시.

1936년 3월 .... **위만주국僞滿洲國, 만주농업이민 백만 호 이주계획안 입안** / 9월 조만척식주식회사朝滿拓植株式會社 설립 / 11월 조선총독부와 관동군사령관, 간도성間島省·안동성安東省을 조선의 연장으로 하는 특별행정구역으로 결정 / 1937년 3월 10일 제1차 간도 이민단(11,928명) 출발. 간도성 왕청현에 377가구(1,918명), 안동성에 1,037가구(5,319명)를 영구안전농촌(일본 주재소가 효율적으로 통제하는 집단부락, 더이상 항일유격대를 도울 수 없는 거주형태)에 입주 → 일본제국주의의 대륙침략 베이스 캠프.

위만주국 행정구획(1934~1939)

【만주국 표기】 중국: 僞滿洲國, 일본: 滿州國

만주국(1932년 3월 1일~1945년 8월 18일) / 수도: 신경新京(현재, 길림성 장춘長春) / 면적(1937년): 1,133,437Km^2 (남북한의 약 5배) / 인구(1940년): 43,233,954명 / 집정·황제: 부의溥儀(청조 13대 선통제), 그러나 위만주국의 실제 통치자는 일본 육군 관동군 사령관이다. 간도성間島省은 오늘날 연변조선족자치주에서 돈화시敦化市를 뺀 지역과 거의 일치한다. 간도성에서 활동한 항일연군과 그들을 괴롭힌 일본관동군 산하의 간도특설대는 둘 다 대부분 조선인들로 구성되어 있었다. 해방 후 항일연군 생존자들은 북한의 집권층을 이루었다. 간도특설대원들은 광복군으로 신분세탁하여 남한의 일부 집권층이 되었다. 그리고 이 두 집단은 5년 후 또다시 해방된 조국을 포화 속으로 밀어넣었다. 또다시 3년 후 남·북 분단을 고착화시켰다.

길림성 연변조선족자치주 화룡시和龍市 청산리靑山里 마을 전경, 2005년

청산리를 외롭게 지키고 있는 조선족 할머니

1937년 전까지 동북항일유격대가 위용을 드날릴 수 있었던 힘은 산간지역의 이곳 저곳 흩어져 살던 조선민족이 밤늦게 찾아오는 항일유격대원들에게 쥐어주는 따뜻한 감자였다. 이 원천의 힘을 파악한 일본이 조선민족을 한곳으로 모여 살게 하고 주재소(파출소)를 세워서 늘 감시했다. 2005년 5월에 찾은 "청산리항일대첩기념비"에서 바라본 청산리 마을은 대표적인 집단부락으로 높은 기념비자리에서 보니 한눈에 마을 전체가 다 들어온다. 바로 이 자리에 일본 주재소가 있었을 것으로 추정된다. 머리를 쪽진 할머니를 휑한 마을에서 만났다.

"할머니, 고향이 어디세요?" __ "**길주.**"

"네?" __ "**함경도 길주 명천!**"

"언제 오셨어요?" __ "**몰라, 아주 어려서 기억도 안나.**"

청산리항일대첩기념비

1936년 5월 31일 ..... **전국각계구국연합회全國各界救國聯合會 창설**(명예위원장: 송경령. 송경령은 장개석의 부인인 여동생 송미령과 대척점에 서있다) / 1936년 5월 29일 전국학생구국연합회 성립(상해). 강력한 애국운동의 핵심세력이 된 학생들은 (중국공산당과 견해를 같이하여) 연일 "내전종식과 일치항일"을 외쳤다. 전국적으로 조직확대 / 1936년 5월 5일 모택동·주덕 통전: **"정전화의停戰和議, 일치항일一致抗日."**

1936년 8월 9일 ...... **손기정孫基禎, 제11회 베를린올림픽 마라톤 우승**(세계 신기록: 2시간 29분 19.2초) / 11일 『조선중앙일보』, 일장기 말소한 상태로 **"마라톤의 제패, 손·남(孫南) 양군의 위공偉功"**이라는 사설로 한껏 민족정신을 고취. 몽양 여운형 사장 해임, 『조선중앙일보』 폐간(타협 안함). / 25일 손기정의 유니폼에 그려져 있는 일장기日章旗를 말소하여 『동아일보』(사장: 송진우)도 게재 / 『동아일보』, 무기정간조치 당함(1936년 8월 29일~1937년 6월 3일. 6월 5일 "보천보" 호외號外).

『조선중앙일보』 주최 전국마라톤대회 우승자 손기정孫基禎이 몽양夢陽 선생을 찾아왔다.
"몽양 선생님, 이번 베를린올림픽에 나가야 합니까, 나가지 말아야 합니까?"
"가슴에 일장기를 달고 나가는 것은 원통하지만 나가야 해. 나가서 조선민족의 우수성을 전세계에 보여주어야 돼."

손기정 선수가 1936년 8월 9일 제11회 베를린올림픽 마라톤에서 1등으로 골인하는 순간 포착. 계속해서 남승룡 선수도 3등(2시간 31분 42초). 베를린올림픽을 통하여 아리안족의 우수성을 세계만방에 선전하려던 독일나치당은 신적인 조선청년들의 투혼 앞에서 머쓱해졌다.

손기정은 몽양 여운형 선생 인민장 영결식에 참석했다. 이제황(용인대학교 창시자)·김성집·석진경·김유창·정상윤·이성구·이순재 등 체육인과 함께 흰 상복을 입고 영구를 호위, 운구와 하관을 담당했다(1947년 8월 3일, 서울운동장). 몽양은 해방 후 초대 조선체육회장으로 서울운동장에서 여러 번 특유의 사자후獅子吼를 토해냈다. 불끈불끈 조선의 청년들을 불러일으켜 힘차게 내달리게 했다.

1936년 9월 .... **시종쉰, 관중關中특구 사령부 정위政委.** 섬북 최전선 지휘부 개설.

1936년 12월 12일 .... **장학량(국민혁명군 서북초비총사령부 부총사령·동북군)과 양호성(국민혁명군 제17로군 총지휘·서북군) 장군, 두 사람이 중심이 되어 서안사변을 일으켰다(~26일). 병간兵諫(장개석을 감금하고 요구관철)을 한 당사자들의 주장: "남경국민정부는 '일본제국주의를 배격하려면 먼저 공산당을 박멸하여 국내를 안정시켜야 한다先安內後攘外'는 국책을 폐기하고, '공산당박멸전쟁을 정지하고停止剿共, 다 함께 일본제국주의를 물리치는一同抗日' 항일통일전선을 구축하여 제2차 국공합작을 실현합시다."**

蔣介石西安蒙難紀念章(1936)
장개석서안몽난기념장

"장개석이 서안사변을 당한 것을 기념하기 위한 메달"

(전면) 노을진 서안 장안성 위로 날아가는 기러기떼. 소소한 황성皇城 풍광, 그리고 아무말도 안했다. 무제無題.
(후면) 국민당의 기념장은 반드시 "국민당이나 국민정부"라고 밝히고, "장중정蔣中正"이라는 존칭을 쓴다. 서안사변 이후에 중국공산당은 장중정을 기존의 "매국적賣國賊"에서 "장개석씨蔣介石氏"로 호칭했다. 그렇다면 이 메달은 누가 진정 무엇을 기념했을까?
(메달고리 부속품은 중국홍군 메달고리와 동일) 48.4×37.5mm. In Collection.

장학량·양호성 장군이 주장한 8개항목: ①남경정부를 개편하고 다른 당파를 받아들여 구국에 임한다(改組南京政府, 容納各黨各派, 共同責任救國). ②일체의 내전정지(停止一切內戰). ③상해에서 체포된 항일애국 7군자 즉시 석방(立即釋放上海被捕之愛國領袖). ④일체의 정치범 석방(釋放全國一切政治犯). ⑤민중의 애국운동을 개방(開放民衆愛國運動). ⑥집회·결사 등 민중의 일체 정치적 권리와 자유 보장(保障人民集會結社一切政治自由). ⑦손문의 유촉 확실한 실행(確實遵行總理遺囑: 중국의 자유·평등을 실현하기 위해 공동분투 당부). ⑧구국회의 즉각 소집(立卽召開救國會議). → **1937년 9월 22일 제2차 국공합작 성립** / 장학량張學良 54년간 유폐(1936년 12월 26일~1990년 6월 17일), 장개석의 지시로 양호성楊虎城은 가족, 그리고 비서부부와 함께 참혹한 죽음을 당했다(1949년 9월 6일) / *장학량의 주장은 지금까지도 중국이 달성하고 있지 못한 현안懸案이다.

1936년 12월 27일 … 긴급하게 열린 중국공산당 정치국 확대회의에서 서안사변을 평가했다: "서안사변은 국민당10년의 잘못된 정책을 종결시켰다. 이제는 일치단결하여 일본과 항전할 때이다." (중국공산당은 서안사변으로 기사회생 했다.)

1937년 1월 7일 …… **중국공산당, 보안保安에서 연안延安으로 당중앙 근거지 이주.**

연안의 남쪽 성문(1937년)

연안성에 입성하는 홍군(1937년 1월 13일)

和平統一 화평통일

團結禦侮 단결어모

단결하여 깔봄을 벗어나자

停止內戰 정지내전

현재는 보안保安이라는 지명이 유지단劉志丹의 이름을 따서 지단志丹으로 개명되었다. 유지단은 시종쉰이 존경하는 스승이며 혁명동지이다.

1937년 4월 .... **중국인민항일군사정치대학**(간칭: **항대抗大**) **연안에서 개교**(1936년 6월 1일 와요보에서 설립된 서북항일홍군대학의 후신). 교육위원회 주석: 모택동, 교장: 임표, 부교장: 유백승, 정치부 부주임: 호요방 / 김산은 항대에서 일본 경제사와 화학, 물리를 가르치고 있을 때 노신도서관에서 님 웨일즈를 만났다.

항일군정대학에서 『논지구전論持久戰』을 강의하고 있는 모택동(1938년). 유격전쟁의 중요성 설파.

中國人民抗日軍政大學 斅職員 證章
중국인민항일군정대학 효직원 증장 / 항대교수뺏지

중국인민항일군사정치대학(항대)의 교수뺏지이다. 「학기學記」에서 교학상장敎學相長을 설명할 때 『서경』의 "가르치는 것은 배우는 것이 그 반이다斅學半"라는 말을 인용했는데, 이 "斅효"라는 글자를 따서 "효직원"이라고 한 것이다. 김산도 이 교수뺏지를 달고 항대의 교문을 오가며 호요방 하고도 반갑게 인사를 나누었을 것이다. 교문 양옆으로 "단결團結·견장堅張·엄숙嚴肅·활발活潑"이 커다랗게 걸려있는데, 학교의 분위기(校風)가 짐작된다. 단지 공(망치)·농(낫)·홍군(붉은 별)으로 구성된 인민의 군사정치대학인 만큼 소총만 겹칠 것이 아니라 붓과 총을 겹치는 도안이 더 좋았을 법 하다. 중국항일대학인 만큼 중국 전체 땅을 그려놓고, 일본으로부터 되찾아야 할(失地回復) 빼앗긴 동북땅(오른쪽 상단)에 빗금쳐 놓았다.

43×47.5mm. In Collection.

1937년 6월 4일 ...... **혜산진 보천보普天堡 주재소 습격사건: 【警務局着電】 "五일 오전十一시 경무국에 들어온 정보에 의하면 작四일 오후十一시경에 함남 갑산군(甲山郡) 보천보(普天堡)에 김일성(金日成)일파의 비적二백여명이 경기관총(輕機關銃)四정을 가지고 주재소(駐在所)우편소(郵便所) ○○○○○○등을 급격…"**(1937년 6월 6일자 『동아일보』) / 동북항일연군 제1로군 제2군 제6사 사장師長 김일성은 연일 국내외 신문에 대서특필(동아일보는 "손기정 일장기말소사건"으로 6월 3일까지 정간되었다가 일제와 타협하고 복간되자마자 전국을 강타한 특종) / "우리가 대부대로 국내에 쳐들어가게 되면 온 나라 강산이 경탄과 감격으로 발칵 뒤집히고 인민들은 일제를 쳐부수고 조선을 독립시킬 군대가 있다고 기뻐할 것이나. 조국해방을 이룩할 수 있는 조선의 혁명군대가 있다는 긍지와 자부심, 이것이야말로 2천 300만 동포들이 조국광복전선에 과감히 떨쳐나설 수 있는 힘과 의지의 기초인 것이다."(김일성의 당시 회고, 『세기와 더불어』[6]).

1937년 7월 7일 ...... **노구교盧溝橋사변 발발(중일전쟁 전면전 시단)** / 노구교 부근의 총격으로 인한 소소한 분쟁은 곧 수습되는 듯 했다. 애초부터 조작의 명수였던 관동군사령부는 이전과는 달리 소련과의 전선을 최우선 순위로 인식했고, 그리하여 현지 군관들도 중국과 확전을 원치 않아 임시정전협정까지 서둘러 서명했다. 그러나 정작 히로히토裕仁 일왕은 중국대륙침략을 획책하는 확전파들을 지지했다. 히로히토는 명백한 전범이다. "최후의 전쟁"을 독려하며 5개 사단으로 구성된 증원부대를 중국에 파병하라는 명령을 하달했다(1889년 제정된 대일본제국 헌법 11조: "천황은 육해군을 통수한다"). / 마르코 폴로는 일찍이 예찬했다: **"온 세상 어디를 가봐도 이 다리(노구교)에 필적하는 것이 없을 만큼 훌륭하다."**

노구교盧溝橋: 총길이 266.5m, 제각기 다른 표정의 사자 501개. 금나라 시기 1192년 완성

1937년 7월 17일 국민당 총사령 장개석이 여산廬山 총사령부에서 대일선전포고를 하고 있다: "인내심이 한계에 도달했다. 결정적 순간이 왔다. 남과 북 관계없이, 노·소 구분없이 모든 사람들이 철저히 결사항전 해야 한다. 그러면 최후의 승리는 우리의 것이다." 1945년 항일전쟁 승리 후 장개석이 대대적으로 발행한 항전기념장은 그 상황을 포착했다.

抗戰紀念章 NO.086866 合作五金公司製
항전기념장 NO.086866 합작오금공사제

북경시 서남쪽으로 16km 떨어진 곳에 영정강永定江 위로, 마르코 폴로도 찬탄한 노구교盧溝橋가 있다. 1937년 7월 17일 결연히 결사항전을 선언하는 전투복(戎服) 입은 장개석 사진을 새겨놓고 그 뒤로 국민당깃발과 중화민국 국기가 교차한다. 여기다 중일전쟁의 도화선이 된 노구교를 각刻한 것이 장개석의 항전기념장이다. 노구교의 아치와 501마리의 새끼사자를 대표하여 앞의 난간에 새겨 논 어린 사자 한마리가 앙증스럽다. 이 메달은 호궐문胡闕文 형제가 창판한 민족공업기업 합작오금공사가 제작했다. 연길시 간판에서도 "오금행五金行"은 철물점을 가리킨다. 1945년 _ 35.5×42.5mm. In Collection.

1937년 7월 28일 .... **일본 관동군, 북평(북경)함락 / 일본군 손에 국토, 국권이 농락당하는 것을 목도한 북경시립 제1여중생 치신齊心(미래의 시진핑 엄마)은 언니 치윈齊雲과 함께 태항산의 팔로군 여전사로 변신.** 연안 항일군정대학에서 수학했다.

1937년 여름 .... 연안 항일군정대학의 교수 김산(金山, 본명은 장지락張志樂)과 종군기자 님 웨일즈Nym Wales가 연안 노신魯迅 도서관에서 만났다. 두 남녀의 열정적인 대화는 『아리랑*Song of Ariran*』(1941)에 녹아있다 / 님 웨일즈는 말한다: **"김산은 진리를 추구하는 순례자였다."** 그 위대한 조선의 혁명가를 "트로츠키파·일본스파이"로 몰아 억울한 죽음을 맞이하게 한 사악한 인간이 강생康生이다. 이후 1962년 시중쉰을 엉뚱하게 반당분자로 몰아 16년간 유배생활을 하게 한 장본인이기도 하다 / 1937년 연안에는 조선인 3총사가 있었다: 항일군정대학의 김산 교수, 『팔로군행진곡』의 작곡가 정율성鄭律成, 장학량의 서안사변에 참여한 군인 서휘徐輝. 해방 후 서휘는 북한의 직업총동맹위원장을 지냈고 연안파숙청시 다시 압록강을 건너 중국으로 갔다(1956년).

1937년 8월 21일 ..... 중국(장개석)·소련(스탈린) 불가침조약체결(남경).

1937년 8월 21일 ..... **소련공산당 중앙위원회의 1급비밀 명령문서(No. 1428-326cc): "극동 국경지역에서의 한인이주"**(일본간첩 침투를 저지하기 위해 한인을 중앙아시아로 1938년 1월 1일까지 강제이주시킴) / 첫 번째 호송열차 No. 501호(9월 10일 00시 53분) 출발 / 1937년 10월 25일 한인이주 종료: 우즈베키스탄공화국(16,277가구 76,525명)·카자흐스탄공화국(20,170가구 95,256명). 총 171,781명이 강제이주. 이주 전 영명한 조명희를 비롯 한인지도자급인사 대거 체포·총살. 이주 도중 사망자 554명.

11.

Сов.секретно (Особая папка)

ПОСТАНОВЛЕНИЕ N 1428-326cc
СОВЕТА НАРОДНЫХ КОМИССАРОВ СОЮЗА ССР И ЦЕНТРАЛЬНОГО КОМИТЕТА ВКП(б)

21 августа 1937 года

О выселении корейского населения из пограничных районов Дальневосточного края

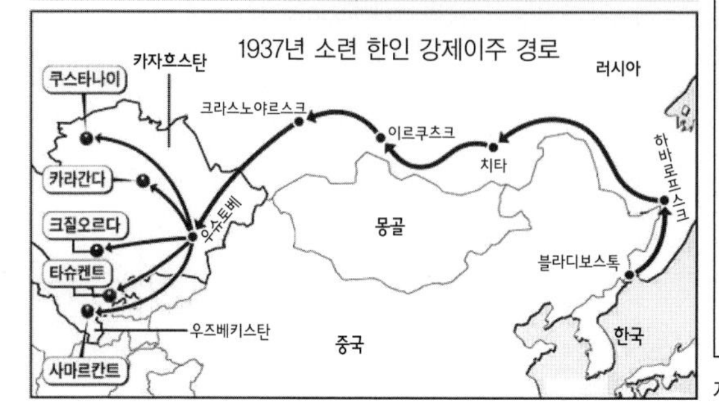

시베리아 횡단열차는 낭만이 아니다. 1937년 9월, 하루아침에 집을 떠나 "정처없는 길"로 내몰린 어처구니없는 막막함이다. 극동지역의 한인들은 아무런 죄없이 단지 조국이 일본식민지가 되었다는 점과 지리적으로 일본과 인접한 변방에 살았다는 이유만으로 징벌의 대상이었다. 한인이주 후, 소련은 일본을 물리칠 수 있는 백오십만 병력의 군대를 극동접경지대에 주둔시켰다. 소비에트연방 인민위원회의 의장 몰로토프와 소련 공산당 중앙위원회 서기장 스탈린의 공동명의로 실행되었다. 2017년 5월 한인강제이주 80년 후에 고려인의 애환을 담은 다큐 "고려아리랑"이 서울극장에서 상영되었다(감독: 김소영, 배급: 시네마 달).

지도출처: http://www.dokdocenter.org

1937년 8월 25일 .... **서안사변의 합의에 따라 중국공농홍군은 국민당 소속 국민혁명군 제8로군(八路軍)으로 개편된다** / 9월 12일 팔로군의 번호番號가 "국민혁명군 제18집단군"으로 바뀜 / **9월 22일 제2차 국공합작 정식 성립.**

陸軍第18集團軍육군제18집단군,
中華民國廿六年用중화민국26년용
(1937년) 18總司令部18총사령부
38.5×38.5mm. In Collection.

(國民革命軍)第十八集團軍 / 第八路(1938)
(국민혁명군)제십팔집단군 / 제팔로

낫과 망치 든 배고픈 중국공농홍군이 장학량·양호성 장군의 의거 덕분에 밝은태양白日의 정규군 팔로군이 되어 삐까번쩍 해졌다. 국민혁명군 제2전구戰區(사령장관: 염석산閻錫山)의 4개 집단군 중 하나가 제18집단군(총사령: 주덕) 팔로군이다. 국민혁명군의 최정점에는 군사위원회 위원장 장개석, 참모총장 정잠程潛, 부참모총장 백숭희白崇禧가 포진했다 / **팔로군 지휘관의 자세**: 전투가 시작되어 돌격을 앞둔 시점에서 지휘관은 **"공산당원 두 발 앞으로!"**라고 외친다. 공산당원이 나와 전면에 서면 이어 재차 소리친다. **"공산당원은 나를 따라 돌격!"** – 조선의용군, 김학철 증언

38.5×43.5mm. In Collection.

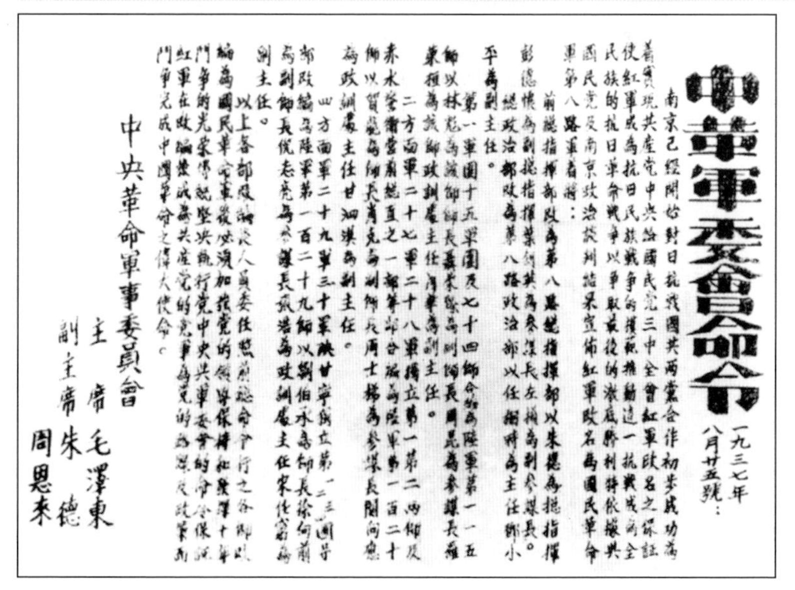

中革軍委命令 一九三七年八月廿五號：

南京已經開始對日抗戰，國共兩黨合作初步成功，為實現共產黨中央給國民黨三中全會紅軍改名之保証，使紅軍成為抗日民族戰爭的模範推動這一抗戰成為全民族的抗日革命戰爭以爭取最後的澈底勝利，特依據與國民黨及南京政治談判結果宣佈紅軍改名為國民革命軍第八路軍，着將：

前總指揮部改為第八路總指揮部，以朱德為總指揮，彭德懷為副總指揮，葉劍英為參謀長，左權為副參謀長。

總政治部改為第八路政治部，以任弼時為主任，鄧小平為副主任。

第一軍團十五軍團及七十四師合編為陸軍第一一五師，以林彪為師長，聶榮臻為副師長，周昆為參謀長，羅榮桓為政訓處主任，肖華為副主任。

二方面軍二十七軍二十八軍獨立第一第二兩師及赤水警衛營前總直之一部等部合編為陸軍第一百二十師，以賀龍為師長，蕭克為副師長，周士第為參謀長，關向應為政訓處主任，甘泗淇為副主任。

四方面軍二十九軍三十軍陝甘寧獨立第一二三團等部改編為陸軍第一百二十九師，以劉伯承為師長，徐向前為副師長，倪志亮為參謀長，張浩為政訓處主任，宋任窮為副主任。

以上各部改編後人員委任照前總命令行之。各部以編為國民革命軍後必須加強黨的領導保持和發揚十年鬥爭的光榮傳統，堅決執行黨中央與軍委的命令，保證紅軍在改編後成為共產黨的黨軍，為黨的路線及政策而鬥爭，完成中國革命之偉大使命。

中央革命軍事委員會
主席 毛澤東
副主席 朱德 周恩來

1937년 8월 25일, 중국공산당중앙혁명군사위원회의 모택동 주석과 주덕·주은래 부주석 이름으로 중국공농홍군의 개편을 알리는 포고령.

1937년 9월 6일 …… 중국공산당 중앙위원회의 결정: 국공합작 정책에 따라서 **중화소비에트공화국은 독자적인 국가로서 존립할 수가 없었다. 그래서 "섬감녕변구정부**陝甘寧邊區政府"로 개칭된다. 섬서성(陝)·감숙성(甘)·영하성(寧) 세 지역이 중국공산당의 관할구역이 되었다 / 1949년 10월 1일 중화인민공화국 개국 전까지 섬감녕변구정부이름으로 정치·군사·경제·문화 등 제반사항에 걸친 업무를 안정적으로 통치했다. 신중국의 모태.

陝甘寧邊區第一屆參議員合撮 民國28年1月21日 섬감녕변구제1계참의원합촬(1939. 1. 21.)

145명의 참의원이 참석한 가운데, "섬감녕변구시정강령陝甘寧邊區施政綱領"이 첫 번째 회의에서 통과되었다. 제2·3차 참의원회 의장에 선출된 사람이 고강高崗이다. 시종쉰의 혁명동지며 모택동의 첫 번째 후계자 반열에까지 올랐던 인물이다. 중앙권력의 암투 속에서 앞서 행동하다가 궁지에 몰려 자살했다. 앞줄 까만 모자 쓴 여자 뒤로 안경 쓴 남자가 고강이다. 그는 "동북왕"으로 칭송되었으며 해방전쟁 시기에 임표林彪와 함께 동북을 안정적으로 해방시킴으로써 신중국 건국의 토대를 마련했다.

1937년 9월 25일 …. **평형관대첩**平型關大捷. 〈팔로군 군가〉에 이 대첩의 기쁨이 고스란히 담겨져 있다: **"팔로군 최초의 승전보로 그 위명을 전국에 떨쳤다.** 首戰平型關威命天下揚" / 평형관대첩의 주역은 팔로군 제115사(사장師長: 임표林彪, 부사장: 섭영진聶榮臻) / 연변의 지사들로부터 노상 듣는 말이 있다: "'무적황군' 일본정규군 1,000명 이상을 죽인 대첩이 있다. 1920년 10월 봉오동·청산리대첩이요, 임표가 이끈 평형관대첩이고, 또 하나는 장개석군의 태아장대첩(台兒莊大捷, 1938년 3월 14일~4월 7일, 지휘관: 이종인李宗仁·백숭희白崇禧)이다."

1937년 10월 ………… 시종쉰, 중국공산당 관중분위 서기 겸 분구보안사령부 정위政委.

1937년 12월 13일 …. 일본군, 남경함락. 남경시민 30만여 명 대학살(~1938년 1월).

1938년 1월 4일 …… **신사군新四軍 군부軍部 창설**(강서성 남창南昌). 군장: 엽정葉挺, 부군장: 항영項英 / 1937년 7월 7일 중일전쟁 발발로 10월에 강서·복건·광동·호남·호북·하남·절강·안휘 등 8개 성의 유격대와 잔존 홍군이 결합되어 1937년 10월 2일 국민혁명군신편제4군國民革命軍新編第4軍(**신4군 13,000여 명.** 총지휘: 고축동顧祝同) 성립(호북성 한구漢口) / 신사군 발족을 현장에서 목격한 약산은 조선의용대 결성을 꿈꾼다.

陸軍新編第四軍司令部 證章 民國二十七年度用
육군신편제사군사령부 증장, 민국이십칠년도용 1938년

1938년 1월, 강서성 남창의 신사군 사령부가 발족할 때 장병들이 패용한 신사군 메달이다. 1941년 1월 20일, 신사군이 새롭게 개편(군장軍長: 진의陳毅, 정치위원政委: 유소기劉少奇)되어 양자강 일대에서 국민당군의 견제와 질시를 받으며 일본군과 전쟁을 치렀다. 팔로군의 군복은 토황색土黃色, 신사군의 군복은 약간 청색빛이 도는 회색灰色이다. 위의 사진은 1937년 10월, 항일구국의 일념으로 남방에서 몰려온 유격대와 홍군이 만나 신사군으로 개편되는 현장사진이다. 아직은 두 부류로 나뉘어져 있다. 38.5×43.5mm. In Collection.

1938년 3월 ………… 【KOR】 평양 숭의崇義·숭실교崇實校, 신사참배거부 폐교 / 경기지방일대 국민방공國民防空 훈련실시 → 전국방공훈련 실시(6월) / 1939년 엄혹한 일제강점기 시절의 극한상황을 표현한 이육사의 시, “**매운 季節의 채쭉에 갈겨, 마츰내 北方으로 휩쓸려오다. 하늘도 그만 지쳐 끝난 高原, 서리빨 칼날진 그 우에 서다. 어데다 무릎을 꿇어야 하나, 한발 재겨 디딜곳조차 없다. 이러매 눈 감아 생각해 볼밖에, 겨울은 강철로 된 무지갠가 보다.**” – 『절정』, 1939.

1938년 4월 1일 ...... 장개석, 국민당 총재總裁 당선 / "총재"는 손문이 가졌던 최고 칭호. 장개석은 전시체제에서 당·정·군의 최고결정권자로 군림.

1938년 8월 1일 ...... **서북청년구국연합회, 8·1운동대회 개최** / 1937년 4월 12일 서북청년 제1차 구국대표대회 개최(~17, 연안). 기존의 폐쇄적인 공청단이 항일민족통일전선정책을 받아들여 조직확대 개편. 전국 곳곳에서 청년항일구국대 결성붐 / 1936년 5월 29일 청년학생들 주도로 전국학생구국연합회 창설: "내전종식·일치항일" / 1935년 12월 9일 북경학생들의 항일애국데모.

1938년 10월 10일 ... **조선의용대 창설**(호북성 한구漢口): **"항일·중국해방이 곧 조선의 해방이다."** / 1934년 보성고등학교를 졸업한 "조선의용군 마지막 분대장," 김학철 선생이 1938년 7월에 중앙육군군관학교(황포군관학교)를 졸업했다. 국민혁명군 소위로 배속된 상태에서 조선의용대 창립대원이 되어 옆에 있는 창설기념사진 속에서 그 싱그러운 모습이 보인다. 중공대표 주은래를 특별초청하여 정치보고를 들었던 상황을 그의 『항전별곡』에 기술하고 있다. 아마도 이 기념사진을 찍기 직전이었던 것 같다: "… 그 연설제목은 '동방 각 민족의 해방을 위하여 분투하자'였다. 망국노가 되기를 원치않는 우리들, 조선혁명자들은 비길 데 없이 격동된 심정으로 그 절주가 분명한 쇠소리나는 음성에 귀들을 기울였다. 진리를 갈망하는 우리들은 마치 메마른 사막이 봄날의 빗물을 빨아들이듯이 단 한마디도 놓칠세라 하였다. 주은래 동지는 강인한 의지와 슬기에 찬 그 형형한 눈으로 우리를 유심히 둘러보았다. 그리고 우리가 한어를 못 알아들을까봐, 더욱이는 자신의 강소북부사투리가 좀 남아있는 한어를 못 알아들을까봐, 다들 내 말을 알아들을 만한가고 두 번씩이나 물어보는 것이었다. 우리가 두 번 다 알아듣는다고 일제히 소리쳐 대답하자 주은래 동지는 비로소 안심하고 보고를 계속하는 것이다 …." 열정이 있는 순수의 시대다. 황포군관학교 제5기생으로 입학한(1926년 9월) 의열단원 오봉환의 회고에 의하면 동기생 중 100여 명이 조선인이었고, 그 중 80여 명이 의열단에 입단했다고 한다. 그 의열단원이 조선의용대로 편성되었다. 중국혁명대열에 참가하여 그 영용英勇함을 떨쳤다 / 1935년 7월 민족혁명당 창당 / 1932년 조선혁명군사정치간부학교(의열단간부학교) 개교(교장: 김원봉, 2·3기 교관: 윤세주. 남경). 1기생(시인 이육사 등 26명)·2기생(작곡가 정율성 등 55명)·3기생(44명) / 1919년 11월 의열단 결성.

조선의용대 KOREAN VOLUNTEERS 창설 기념촬영(1938년 10월 10일, 한구漢口)

2001년 6월 5일 "석정 윤세주열사 탄생 100주년 기념 국제학술회의"가 약산과 석정의 고향 밀양에서 열렸다. 이날 아주 귀한 손님이 그 자리를 뜨겁게 달궜다.『격정시대』 기록자, 김학철 선생. 1938년 10월 10일 그날의 감격을 되새기며 사진 속의 주인공들을 한 분 한 분 불러냈다. **(앞 줄 왼쪽부터)** 리익성李翼星(조선의용군 제5지대 지대장), 엽홍덕葉鴻德, 신악申岳, 이집중李集中, 한지성韓志成, 주세민周世敏, 박효삼朴孝三, 김성숙金星淑, 석정石鼎 윤세주尹世冑, 최창익崔昌益, 약산若山 김원봉金元鳳, 이해명李海鳴, 권채옥權彩玉, 김위金煒. **(두 번째 줄 왼쪽부터)** 문정일文正一(조선의용군 제5지대 선견대 대장, 1945년), 이명선李明善, 장평산張平山, 이홍빈李鴻斌, 정여해鄭如海, … (앞 줄 오른쪽 두 여성 사이의 바로 뒤 양복 입은 사람) 이소민李蘇民(한국광복군 제1지대의 한 지휘관으로 김영관 한국광복군 동지회 명예회장이 1945년 2월에 일본군대를 탈영하여 첫 번째로 대면한 광복군), 이소민 바로 뒤 건장한 분이 바로 이 많은 분들의 이름을 기억해내신 김학철金學鐵 선생님이다. 김학철이 본 김학무金學武의 첫인상은 미켈란젤로의 준수한 조각상을 연상케 했다. 1932년 1월 상해사변 당시 윤봉길과 함께 울분을 토했다는 김학무는 어느날 "범인은 태연자약," "싱긋 웃고 교수대에 오르다"라는 큰제목으로 윤봉길 의사의 처형소식을 대서특필한『마이니찌신문』을 펼쳐든 채 통곡했다. 친구가 남긴 과제를 해결하기 위해 중앙육군군관학교에 입교했고, 그곳에서 김학철과 절친이 되어 조선의용대에 함께 입대했다. 네 번째 줄 오른쪽 맨 끝에 있다.그리고 특기할 사항이 있다. 1931년 상해영화계의 "영화황제電影皇帝"(상해『전성電聲』에서 관중의 투표로 결정)로 뽑힌 김염金焰은 오늘날의 김수현이나 송중기 같은 존재여서 모택동조차 사인을 받고 싶어 안달할 정도였다. 그는 정율성과 사촌지간이다. 김염의 여동생이 사진 속의 미인 김위金煒, 그녀는 태항산 팔로군 여전사로 김학철의 동지였다.1942년 5월 조선의용대가 광복군에 편입됨으로써 김원봉은 광복군 제1지대 대장이 되었다.

1938년 …………… 조선인(전남 광주사람) **조선의용대 정율성鄭律成,〈연안송延安頌〉작곡** / 막야莫耶의 시: **"보탑산 봉우리에 노을 불타오르고, 연하강 물결 위에 달빛 흐르네. 봄바람 들판으로 솔솔 불어치고, 산과 산 철벽을 이뤘네. 아, 연안! 장엄하고 웅대한 도시! 항전의 노래 곳곳에 울린다. 아, 연안!"** → 〈연안송〉은 항일투쟁을 부르짖는 중국인들이 즐겨 부르는 전국적인 애창곡이 되었고, 뜻있는 젊은이들의 발걸음을 연안으로 돌리게 하는 데도 큰 기여를 했다. 연안이 혁명성지가 되는데 결정적인 역할을 했다.

1939년 .... **정율성, 〈팔로군행진곡〉 작곡** → 〈중국인민해방군행진곡〉으로 변신(1949년 10월) → 〈중국인민해방군가〉로 안착(1988년 7월 25일).

八路軍進行曲(中國人民解放軍歌)

1939년 5월 .... **시종쉰, 관중전원공서전원**關中專員公署專員.

1939년 12월 18일 .... 국민당 국민혁명군 제5군(장갑병단)의 **곤륜관대첩**崑崙關大捷(~1940년 1월 11일, 사령: 두율명杜聿明) / 항일대첩 중 슈퍼대첩. 황포군관(1기생, 두율명 사령) 대對 일본육사(23기, 나카무라中村正雄 육군소장) 대결 → 일본육군사관학교의 K.O.패(일본육군 보병 제21여단장 나카무라 포함 일군 1만여 명 사상자 발생).

陸軍第五軍昆侖關殲敵紀念
육군제오군곤륜관섬적기념
司令員杜聿明 贈 1940年
사령원두율명 증

밝은 태양(白日) 속 광서성 곤륜관 앞의 지팡이 집고 서 있는 주인공은 웬지 처연하다. 결코 승자의 모습이 아니다. 곤륜관대첩에서 고혼孤魂이 된 패장 나카무라 소장이 아닐까?
곤륜관대첩 9년 후 두율명장군은 국공내전에서 패하여 "전범36호"가 되어 나카무라와 비슷한 처지가 되었다(淮海戰役, 1949년). 59년 부의溥儀와 함께 특사로 풀려나와 전쟁사기술에 몰두했다. 1957년 노벨물리학상을 받은 양진녕楊振寧(1922년생)이 두율명의 맏사위이다. 1945년 미국 시카고대학으로 유학을 떠난 양진녕은 95세에 미국국적을 포기하고 중국국적을 취득했다(2016년 말).
40×45.6mm. In Collection.

1940년 .... **시종쉰, 중공섬감녕변구**陝甘寧邊區**(1937년 9월 6일 성립)정부 중앙위원·제2사범학교 교장.** 제2사범학교 창립자 중 한 명으로 "민족관념·민주사상·항전건국"의 교훈校訓을 표방하며 많은 애국청년을 교육시켰다.

1940년 2월 11일 ..... 【KOR】 창씨개명創氏改名 실시 / 5월 3일 한국독립당 창당(중앙집행위원장: 김구) / 1941년 2월 12일 조선사상범 예방구금령 공포·시행(보도연맹 원조) / 1941년 3월 31일 국민학교규정 공포: 소학교를 국민학교로 개칭하고 조선어학습 폐지.

1940년 2월 23일 .... 동북항일연군 제1로군 총사령 양정우楊靖宇 희생 / 동북항일연군 궤멸위기 → 하바로프스크 국제교도88여단.

1940년 8월 20일 .... **"백단대전百團大戰" 발발**(~1941년 1월 26일, 화북의 팔로군 105단 연합대일항전). 지휘: 팽덕회彭德懷·좌권左權 / 백단대전은 연안에서 원격조정하는 모택동·주덕의 지시를 듣지않고 전쟁현장에서 팽덕회와 좌권이 상황에 맞게 판단해서 진두지휘했다. 그래서 팔로군이 승리할 수 있었다(무정포병대 맹활약).

1940년 9월 17일 ..... **한국광복군 총사령부 성립 전례식典禮式**(중경시 가릉빈관嘉陵賓館). 대한민국임시정부의 국군(총사령부와 3개지대. 총사령: 이청천李靑天, 참모장: 이범석李範奭) / 군사양성과 독립전쟁수행. **"일제와 직접적 독립전쟁을 개시하여 광복을 완성한다."** 전례식날 내빈 방명록(동필무董必武·주은래周恩來·손과孫科·풍옥상馮玉祥·우우임于右任·하응흠何應欽·백숭희白崇禧·공상희孔祥熙·오철성吳鐵城·마초준馬超俊·하국광賀國光·김성숙金星淑·민필호閔弼鎬·조성환曺成煥·김규식金奎植·유동열柳東說)을 보아도 명실상부한 국공합작의 면면이 확인되는 자리이다.

1941년 1월 6일 .... 환남사변皖南事變 발발. 국공합작으로 이미 한식구가 된 국민당군의 기습공격을 받은 신사군 7,000여 명이 몰살(부군장 항영 피살). 국내외적으로 지탄. 장개석 도덕성 타격. 환남사변을 수습하는 과정에서 유소기劉少奇 급부상.

한국광복군 총사령부 성립 전례식 기념촬영, 중경 1940년 9월 17일

일본육군사관학교 출신이면서도 만주일대에서 항일무장투쟁으로 그 방명芳名을 떨친 이청천李靑天 총사령과 나란히 앉은 백범白凡 김구金九 선생, 오른편에 차리석車利錫, 한 사람 건너 성재省齋 이시영李始榮선생 바로 옆에 앉아 있는 분이 엄청 낯이 익다. 2년 전 조선의용대 결성식 사진에도 있었다. 석정과 최창익 사이에 있었던 김성숙이다. 김성숙은 김산의 『아리랑』에 등장하는 금강산 스님(운암)이었던 로만티스트 김충창이다. 1918년 4월 하바로프스크에서 결성된 한인사회당의 군사부장 겸 군사학교장이었던 유동열도 한국광복군 총사령부에 참여했다. 연해주·만주일대의 독립운동 현장을 발로 뛰고 있는 박환 교수(수원대 사학과)의 할아버지가 박찬익이다. "박남파(박찬익) 형은 원래 남경에서 중국 국민당 당원으로 중앙당부에 취직해 있던 관계로 중앙 요인 중에도 친한 인사들이 다수 있었다."(『백범일지』) "윤봉길 의거" 후 백범의 가흥피신처 제공도 박찬익의 국민당 고위층 라인(절강성 성장 저보성褚輔成)이었다.

1941년 .... **『아리랑』**(*Song of Ariran – The Life Story of A Korean Rebel*, by Kim San—Nym Wales) **출간(미국)**, 김산(본명은 장지락張志樂)과 님 웨일즈의 공저 / 김산은 『아리랑』에서 남창봉기와 광주봉기에서 열렬하게 활약했던 조선인 혁명가들을 비통해 한다: "나는 조선인 800명과 함께 광동으로 가서 중국혁명에 참가하였다. 그리하여 1925년부터 1927년 사이의 2년 동안에 조선혁명 지도부의 정수가 무참히 희생당하는 것을 목격했다. 광동꼬뮌 때만 해도 200명의 공산당 지도부가 참가했는데, 대다수가 죽었다. 나는 전멸할 운명에 놓인 중국 최초의 소비에트(해륙풍소비에트)에서 다른 조선인 동지 15명과 함께 싸웠다." / 님 웨일즈의 회상: "**김산은 공포를 모르는 독립심과 완전한 마음의 평정을 가지고 있었다. 그의 견해는 명확하였으며, 그것은 이론과 경험 양쪽에서 나온 것이었다. 그는 추종자가 아니라 지도자로서 사물을 관찰하였다.**"

1941년 4월 8일 ...... 소련·일본 불가침조약체결. **만주에서 항일유격대 전면금지령.**

1941년 12월 8일 ..... 일본, 미국 하와이 진주만 공격. 태평양전쟁 발발.

1942년 2월 .... **연안정풍운동延安整風運動**(~1945년 4월. 주임: 모택동, 부주임: 강생). 맑스주의의 중국화, 모택동사상 확립 → 모택동 1인체제 사전작업.

1942년 3월 23일 .... 만주제국 신경新京 만주군관학교 수석졸업자: 타카키 마사오(高木正雄) / 만군2기 동기생 이한림李翰林 장군 증언: "박정희(타카키 마사오)가 2백 40명 만계滿系 전체에서 수석을 했다." / – (박정희는 1939년 10월에 만주국 육군군관학교 입학시험을 치렀다.) 각하는 왜 만주에 갔습니까? **"긴 칼 차고 싶어서 갔지."**

만주군관학교 졸업식에서 졸업생 대표로 졸업사를 낭독했고, 만주제국 부의황제로부터 수석졸업장과 부상으로 금시계를 받는 타카키 마사오(박정희). 임관해서 오카모토 미노루岡本實로 개명.

『만주일보』 (1942년 3월 24일)

中韓兩民族聯合起來打倒日本强盜! 朝鮮義勇軍중한양민족연합기래타도일본강도 조선의용군
"중국 · 한국 양 민족은 연합해서 강도 일본을 타도하자!"– 조선의용군 선전대

1942년 5월 **태항산 팔로군 근거지에 대한 일본군의 포위토벌(반소탕전투)**, 산서성 태항산 팔로군총부의 팽덕회 부총사령은 조선의용대에 특별한 관심을 두었다. 조선의용대가 위험한 전투에 투입된 것을 알고 팔로군총지휘부 정치부 주임에게 화를 냈다: **"여기에 우리 중국사람은 많아도 조선동지들은 얼마 안 됩니다. 한 사람이라도 희생되면 그 손실은 미봉할 수 없습니다. 조선동지들은 앞으로 모두 간부나 지휘원이 될 사람들입니다. 당장 철회시키시오."** / 5월 28일 진광화陳光華(원명은 김창화金昌華, 본적: 평양 평천리, 광주 중산대학 졸업) 전사 / 6월 2일 약산 김원봉의 데미안, 석정石鼎 윤세주尹世胄 전사. 석정과 진광화의 최후를 소상하게 기록한 조선의용군이 있다. 연변조선민족자치구인민정부 부주석 최채崔采가 그 최후 상황을 소상하게 기록했다. 최채는 박은식朴殷植선생(『韓國獨立運動之血史』)의 아들 박시창의 매형이다. –류연산, 『불멸의 영웅, 최채』(연변: 민족출판사, 2009) / 6월 2일 팽덕회 장군의 오랜 미더운 동지 좌권左權 전사 / 9월 21일 연안 『해방일보』 특집, **"중조인민 영원히 어깨겯고 싸우리라"**: 5월 "반소탕전"(일본의 소탕작전을 깨부수는 전투)에서 희생된 화북조선청년연합회 주석이며 조선의용대 화북지대 정치위원인 진광화 그리고 조선의용대의 우수한 지도자 중의 한 분인 석정 등의 희생을 다룬 "재중조선열사추도회 특기"를 게재했다. / **10월 10일 "진기로예항일순국열사공원晉冀魯豫抗日殉國烈士公園" 낙성식**(산서성 섭현 석문촌). 좌권 · 석정 · 진광화 등 제 열사들의 장례식을 거행하였다. 중공중앙북방국대표 이대장李大章 · 팔로군 부참모장 등대원滕代遠 · 팔로군야전정치부 주임 나서경羅瑞卿 · 129사 사장 유백승劉伯承 · 정치위원 등소평鄧小平 · 진기로예변구 주석 양수봉楊秀峰 · 조선의용군 대표 최창익 등 5천여 명의 군민들이 추도식에 참석했다 / 진기로예변구는 산서성(晉) · 하북성(冀) · 산동성(魯) · 하남성(豫) 일대의 항일근거지이다.

國民革命軍第十八集團軍總司令部全體工作人員合影　公葬左權將軍大會
국민혁명군제십팔집단군총사령부전체공작인원합영　공장좌권장군대회

팔로군총부, 129사, 진기로예변구정부 등 제 단위가 섭현涉縣 석문촌石門村에서 좌권·석정·진광화 등 열사 공동장례식을 거행했다. 1942년 10월 10일, 좌권장군묘지 앞 단체사진. 그들의 법적 신분은 국민당 국민혁명군 제십팔집단군이다.

산서성 태항산太行山 기슭에 잠들어 있는 **진광화**와 석정 **윤세주**(2005년 6월 5일, 비오는 날 촬영).
피투성이 된 전우의 시체가 안장될 때 조선의용대 전우들이 부르던 구슬픈 영결의 노래, **"사나운 비바람이 치는 길가에, 다 못가고 쓰러지는 너의 뜻을, 이어서 이룰 것을 맹세하노니, 진리의 그늘 밑에 길이길이 잠들어라. 불멸의 영령"**

1942년 5월 2일 ...... 모택동, "연안 문예좌담회에서의 강화"(문예강화文藝講話) 발표(~23일): "문학예술의 독립성을 인정하지 않는다. 문학예술은 인민대중에게 봉사하지 않으면 안된다." / 1943년 10월 19일 "문예강화,"『해방일보』 게재.

1942년 7월 .... 진광화(화북조선청년연합회 주석 겸 조선의용대 화북지대 정치위원) 사후 태항산 조선의용대의 조직이 개편된다: 화북조선청년연합회 → 조선독립동맹(주석: 김두봉) · 조선의용대 화북지대 → 조선의용군(사령: 무정).

1942년 8월 .... **시종쉰, 중공중앙 서북국**西北局(주석: 고강) **중앙국당교 교장.**

1942년 11월 1일 ..... **태항산 조선혁명군정학교 개교.** 교장: 무정武丁, 교육장: 정율성 / 무정은 북벌전쟁에 함께 참가했다가 병사한 동지 정인제鄭仁濟의 동생인 정율성을 친동생처럼 대해주었다. 정인제는 팔로군 총사령 주덕과 운남육군강무당 선후배 관계다. 주덕은 정율성을 특별히 총애했다 / 1944년 4월 조선혁명군정학교, 연안 라가평으로 이전 / 1945년 2월 5일 연안 조선혁명군정학교 개교. 교장: 백연 김두봉, 부교장: 박일우, 교무과장: 정율성, 관리과장: 주덕해. 교육과장: 허정숙(팔로군 제120사단 정치지도위원, 북한 최고인민회의 부의장 역임).

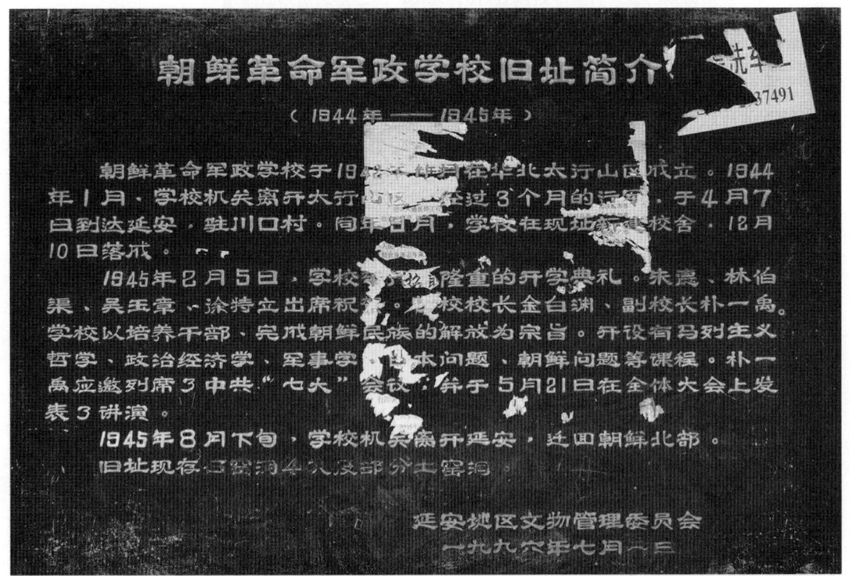

연안 라가평 조선혁명군정학교 간개簡介: 정치군사인재를 배양하여 조선민족의 해방을 완성하는 것을 종지로 삼는다. 맑스주의철학 · 정치경제학 · 군사학 · 일본문제 · 조선문제 등을 배운다. 2005년 6월 2일 촬영.

1943년 1월 7일 ...... 【KOR】 근로보국대勤勞報國隊 결성 / 3월 1일 징병제徵兵制 실시 / 10월 20일 학병제學兵制 실시 / 11월 문과대학 · 전문학교 · 고등학교에 징집영장 일제히 발급 / 1944년 2월 8일 국민총동원법에 의해 전면징용 실시(광산과 군수공장에 동원) / 1944년 4월 28일 학도동원규정 공포: 국민학교 4학년 이상 학생의 강제동원체제 확립 / 1944년 8월 23일 일제, 조선의 꽃다운 여인들을 농락하는 여자정신대근무령女子挺身隊勤務令 공포(만 12세 이상 40세 미만의 배우자가 없는 여성을 일본·남양南洋 등지로 징용) / 1944년 9월 몽양 여운형, 건국동맹 조직 / 1945년 3월 18일 총독부, 결전교육조치요강決戰敎育措置要綱 발표: 국민학교 빼놓고 학교수업정지, 학생들 강제노동 · 징용 · 군대 동원.

1943년 1월 14일 ..... **중공중앙서북국고급간부회의 폐막식.** 경제건설의 우수자, 왕진王震 · 시종쉰 등 22명에게 모택동이 휘호선사. **시종쉰이 받은 모택동의 친필: "당의 이익이 첫 번째다.** 黨的利益在第一位."

1943년 2월 .... 시종쉰, 중공 수덕지위綏德地委(연안의 동편) 서기 겸 수미경비구綏米警備區와 독립 제1려 정위政委.

1943년 2월 중순 ..... **송미령, 미국 의회 연설** / 미국의 상원과 하원에서 모두 연설을 한 첫 번째 여성이자 첫 번째 중국인. 2만여 명의 군중이 모인 뉴욕 메디슨 스퀘어 광장 연설을 비롯, 전국순회 강연(~7월)을 통하여 막대한 중국원조금을 모집했다.

1943년 3월 16일 ..... 중공중앙정치국회의 개최(~20일, 연안) / 중앙정치국주석 · 중앙서기처서기: 모택동. 이때 중앙서기처가 신설되어, 모택동 · 유소기 · 임필시任弼時가 구성원이 되었다. 이들은 정치국의 결정사항을 일상공작에 적용·실행했다. 그러나 **모택동에게 최종결정권을 부여했다.**

1943년 여름 .... 연안 팔로군 전사 치신齊心과 시종쉰은 수덕사범綏德師範학교에서 처음 만났다.

1943년 11월 22일 ... **카이로회담 개최**(~26일). 중국(장개석 · 송미령) · 영국(처칠) · 미국(루즈벨트) / 27일 **카이로선언:** ①만주·타이완 등 일본이 청나라로부터 탈취한 지역을 중화민국에 반환한다. ②전후에 조선을 독립시킨다. ③일본의 무조건 항복을 받아낼 때까지 전투를 계속한다.

1944년 4월 28일 .... **시종쉰習仲勳과 치신齊心 혼례.**

결혼증인: 하장공何長工, 1900~1987(호남 화용인華容人. 근공검학 프랑스유학생. 추수기의·장정 참여, 항일군정대학 교육장, 정협 부주석).

1945년 2월 4일 ...... **얄타회담.** 루즈벨트(미국)·처칠(영국)·스탈린(소련) 3거두, 크림반도 얄타에서 모임(미·소의 38선 분할의제) / 11일 소련의 대일참전 대가로 1905년 일본에게 침탈당하기 이전에 러시아가 가졌던 모든 권리를 회복시켜 주고, 만주철도와 대련(민항)·여순(군항) 항구조차권이 소련에게 이양된다는 밀약.

1945년 4월 23일 ...... **중국공산당 제7차 전국대표대회(중공7대, ~6월 11일, 1928년 제6차 전국대표대회 이후 17년 만에 개최. 정식대표: 547명, 후보대표: 208명, 공산당원: 121만 명)에서 시종쉰, 중앙후보위원 당선(중앙위원회에 입성).** 모택동, 중국공산당 중앙위원회 주석 취임. 당정치노선: "**공산당의 영도하에 전 인민을 결집하고 일본침략타도 및 신민주주의의 중국건립.**" / "내가 말하는 신민주주의적 삼민주의는 혁명적 삼민주의, 신삼민주의, 참삼민주의이다. 이것은 손중산 선생의 구삼민주의를 계승하며 새롭게 발전시킨 것이다"(모택동, 『신민주주의론』). 신민주주의는 무산계급이 영도하는 민주주의혁명 / 모택동의 정치보고: "연합정부를 논함論聯合政府." **〈중국공산당장정黨章程〉 채택: "맑스·레닌주의 이론과 모택동사상을 중국혁명의 통일된 사상으로 삼는다."** → 모택동사상을 기반으로 한 중국식 공산주의·모택동 1인지배체제 선포.

중국공산당 제7차 전국대표대회의 열기로 가득찼던 곳을 딱 60년이 흘러 도올선생님께서 방문하셨다(2005년 6월 2일 촬영). 모택동 주석과 주덕 총사령의 거대초상 위로 엥겔스·맑스·레닌·스탈린도 함께 하고 있다. 현장 보존.

중공7대 대표(755명)가 중앙대례당에 입장하는 장면

1945년 당시 121만 공산당원을 대표한 755명이 무기명투표로 44명의 중앙위원과 33명의 중앙후보위원을 선출해서 중공7대 중앙위원회가 꾸려졌다. 7대 1중전회에서 모택동을 중앙위원회 주석 겸 중앙정치국 · 중앙서기처 주석으로 선출하였다. 주덕 · 유소기 · 주은래 · 임필시任弼時가 서기처 서기로 당선되어 모택동을 중심으로 한 핵심적 영도집체 기본이 형성되었다고는하나, 이 때부터 이미 모택동 1인 집정체제의 병폐가 싹텄다. 4월 25일, 주덕의 "해방구의 전쟁상황보고"(초창기 수만 명의 팔로군이 현재는 54만 명이 되었고, 1,500명의 신사군이 현재 십만 명이 되었다), 유소기의 〈중국공산당규약黨章程〉의 개정 보고가 있었다: "모택동사상은 맑스-레닌주의의 이론과 더불어 중국혁명을 실천하는 통일사상이다. 모택동사상은 곧 중국의 공산주의이고, 중국의 맑스주의이다. 毛澤東思想, 就是馬克思列寧主義的理論與中國革命的實踐之統一的思想, 就是中國的共產主義, 中國的馬克思主義." 이 유명한 보고에서 **"모택동사상"**이라는 조어가 등장하는데 이것은 바로 유소기의 작품이다. 이때 모택동사상이 당의 지도이념으로 확립되었다. 그리고 각 민족은 자결권을 갖는다. 이에 5월 21일, 조선대표로 참석한 박일우朴一禹(조선혁명군정학교 부교장)가 단상에서 열변을 토한 것이 중공7대의 전설이 되었다.

在毛澤東的旗幟下勝利前進 中國共産黨第七次全國代表大會(중공7대) / 1945년 4월 26일

"모택동의 기치 아래 승리하며 전진하자!"라는 구호를 담은 대형 현수막을 내걸고 진행된 중국공산당 제7차 전국대표대회의 현장. "중국공산당의 기치"가 아닌 것으로 보아 이미 "모택동우상화"가 이미 많이 진행되고 있다. 1939년 작곡된 〈팔로군행진곡(중국인민해방군가)〉의 가사에도 "모택동의 기치"가 있다. 바로 이 대회에서 조선혁명가 박일우가 중앙후보위원 자격으로 기념비적 연설을 토해냈고, 시종쉰도 그 연설을 행하는 현장에 있었다. 이 자리에 참석했던 조선의용군 김창만金昌滿(광주 중산대학 출신)은 해방 후 조선공산당 선전선동부 부장이 되어 "모택동우상화"를 북한에 직수입하여 1946년 6월 10일 평양에서 선창했다: "우리민족의 위대하신 령도자 김일성 장군 만세!" 결국 북한에서 박일우와 방호산 등 연안파가 대거 숙청당하고 사형당할 때(1956~1960) 김창만만 살아남았다.

1945년 6월 15일 ..... **중·소우호동맹조약 체결(일본패망을 앞두고 장개석과 스탈린 사이에서 맺어진 조약)**: ①소련은 동북이 중국의 영토라는 것을 완전히 승인한다. ②소련은 중국공산당이나 반란집단에 대하여 도의적 및 물질적 지원을 정지한다. ③외몽골의 현상황을 그대로 유지하다가 전쟁종결 후 국민투표로 독립국가 유무를 결정한다. ④소련함대와 중국함대가 여순을 공동이용, 대련을 중국정부 관할하에 두고 자유항으로 설정(55년 소련, 대련 철수), 남만주철도를 공동관리하는 것에 동의한다 / *이때까지만 해도 스탈린은 중국공산당을 중국의 중심축으로 생각하지 않았다. 소련의 대일선전포고 이후 동북지방은 스탈린의 입김이 강하게 작용했고 그 덕분으로 동북지방을 수월하게 드나들게 된 중국공산당은, 동북지방을 해방시키고, 그 토대로 전국을 접수한다. 동북지방을 간과한 장개석에겐 천추의 한이 된 조약이다.

1945년 7월 26일 .... **포츠담 선언: *"일본은 무조건 항복하라!"*** / 미국(루즈벨트 대통령)·영국(처칠 수상)·소련(스탈린 서기장) 수뇌가 베를린 근교 포츠담에서 전후처리 논의(7월 17일~8월 2일). 장개석, 선언서에 연명 / 7월 28일 일본정부 묵살.

1945년 8월 6일 ...... **미국, 히로시마 원자폭탄 투하(B-29 핵폭격기)** / 피폭자 42만 명(159,283명 사망) / 조선인 피폭자 5만 명(3만 명 사망) / **8월 9일 나가사키 원폭 투하** / 피폭자 271,500명(73,884명 사망) / 조선인 피폭자 2만 명(1만 명 사망).

1945년 8월 8일 ...... **소련, 대일선전포고** / 9일 소련적군, 동북지방의 관동군공격 개시. / 9일 모택동, 성명서 발표: "일본침략자에 대한 최후일전!"

1945년 8월 11일(새벽 0시) .... 팔로군 총사령 주덕의 **〈연안총부6호명령〉: "조선의용군 사령 무정·부사령 박효삼·박일우는 즉각 조선의용군을 이끌고 팔로군과 함께 동북으로 진출하여 일군을 철저히 섬멸하고 동북의 조선인민을 해방시키시오."**

抗戰八年紀念 冀魯豫軍區 第八軍分區 1945. 7. 7.
항전팔년기념 기로예군구 제팔군분구

하북성(冀)·산동성(魯)·하남성(豫) 일대의 항일근거지가 기로예변구冀魯豫邊區이다. 팔로군 115사가 1939년 2월에 세웠다. 황극성黃克誠·양득지楊得志가 1940년 기로예군구도 개척했다. 백단대전의 영웅 팽덕회가 모택동에게 무참하게 짓밟힌 1959년 여산회의에서 황극성과 양득지는 팽덕회와 운명을 같이 했다(409쪽 참조).

이 항전8년기념승리장이 장병들에게 수여된 것이다. 이 메달을 받은 장병들은 일군독립혼성 제1여단(여단장: 코마쯔小松崎立雄)을 박살내었다. "기로예1945하계(5월~7월)항일승전"으로 기록된 주역들이다. 국민혁명군 제8로군 기로예군구 사령은 양용楊勇이다. 양용은 호남성 이인里仁학교 출신이다. 호요방胡耀邦의 2년 선배이며 사촌형이다. 북경군구 사령원을 지냈고(1958년 9월~1967년 6월) 문혁시기 박해를 받았다.

40×45.4mm. In Collection.

1945년 8월 14일 중화민국과 소련, "중소우호동맹조약" 체결.

1945년 8월 15일 ..... **히로히토裕仁 일왕 무조건 항복 / 중국민주동맹, 항일전쟁승리 선포.**

1945년 8월 15일 ..... 【KOR】 8·15 광복. 여운형, 조선건국준비위원회(1944년 7월 건국동맹결성) 전국적으로 가동(전국 145개 인민위원회 결성) / 9월 6일 여운형, 조선인민공화국 수립선언 / 9월 7일 미국 극동부사령부, 남한 미군정 선포 / 9월 16일 한국민주당 결성 / 10월 14일 북한, 평양 김일성환영대회 / 11월 23일 김구金九·김규식金奎植 등 대한민국 임시정부 요원 15명이 개인자격으로 입국 / **1946년** 3월 20일 제1차 미·소공동위원회 / 10월 1일 대구민중항쟁. **1947년** 5월 21일 제2차 미·소공동위원회 / 12월 22일 김구, 남한단독정부수립 반대성명 발표 / 김구, 남북 주둔군 철수 후 자유선거 주장 / **1948년** 2월 26일 유엔소총회에서 가능한 지역에서의 총선거안 가결 / 4월 3일 제주도 4·3민중봉기 / 4월 19일 김구·김규식 남북협상을 위해 입북 / 5월 10일 남한단독 총선거: 국회의원 선출 / 7월 19일 몽양 여운형 피살 / 7월 20일 제헌국회, 대통령 이승만李承晩·부통령 이시영李始榮(더불어민주당 이종걸 의원의 작은할아버지) 선출 / 8월 5일 국회, 김병로金炳魯(전 더불어민주당 김종인 의원의 할아버지) 대법원장 인준 / 8월 15일 대한민국정부 수립 선포 / 9월 1일 북한, 총선거실시. 2일 최고인민회의 개최 / 9월 9일 조선민주주의인민공화국 수립. 국가주석: 김일성 / 10월 19일 여수·순천 항명사건 / 11월 20일 국회, 국가보안법 의결 / 12월 12일 유엔총회가결: 대한민국을 한반도에서 유일한 합법정부로 승인 / 12월 27일 북한, 소련군 완전 철수 발표 / **1949년** 1월 8일 반민족행위특별조사위원회(반민특위) 발족 / 6월 5일 국민보도연맹國民保導聯盟 결성(시인 정지용·김기림, 소설가 황순원, 국어학자 양주동, 문학평론가 백철 등 30만여 명) / 6월 26일 백범 김구 피살 / 6월 29일 남한, 미군철수 완료 / 7월 7일 반민특위 무산.

1945년 8월 .... **시종쉰, 중앙조직부 부부장·중공중앙서북국 서기 취임**(임명자 모택동 왈: "시종쉰은 군중이 배출한 영수領袖이다."), **섬감녕진수연방군**陝甘寧晋綏聯防軍 **정치위원, 사령원은 하룡**賀龍 / 치신齊心, 연안의 항일군정대학 수학 후, 8년간 섬감녕陝甘寧 변방지역 농촌에서 기층활동(~1952년).

치신과 시종쉰의 신혼시절, 연안 1947년

치신은 말한다: "종쉰은 나에게 깊은 인상을 남겼다. 특히 겸손하고 온화하여 쉽게 다가설 수 있었다. 친절하고 상냥한 그의 태도와 독특한 언어가 매력적이었다."

1945년 8월 16일 ..... 장개석 중경국민정부 주석, 항전승리 방송 / 16일 괴뢰남경국민정부(한간漢奸 왕정위 정권: 1940. 3. 30~45. 8. 16.) 해산 / 18일 부의 위만주국 황제 퇴위.

1945년 8월 18일 ..... **새벽 연길延吉의 상황: "달리던 쏘련땅크가 우리앞에 와 멈춰서더니 쏘련홍군 한 사람이 땅크에서 내려 모여선 사람들과 일일이 악수하면서 뭐라고 말하였지만 우리는 도무지 알아들을 수 없었다. 그러자 그 병사는 땅바닥에 청천백일기, 태극기, 일본기를 그려놓고 나에게 어느 것인가를 가르키라고 손시늉을 하였다. 어려서 내가 조선에서 살 때 집에 감추어둔 태극기를 본 적이 있어 두근거리는 가슴으로 태극기를 가리켰다. 그러자 그 병사는 기뻐하며 〈하라쑈, 카레스끼!〉 하고는 엄지손가락을 내밀어 보였다. (태극기를 앞세운) 행진대오는 어느덧 천여 명으로 늘어났다. 일본군용차는 백기를 꽂고 무기를 바치러 가고 있었다. 우리는 일본군용차를 볼 때마다 젖먹던 힘까지 다하여 〈일본제국주의를 타도하자!〉는 구호를 불렀다. 저녁때가 되었다. 나는 형님과 함께 집으로 돌아오자마자 흰 천에 태극기를 그려 긴 나무에 동여매고 꽂아놓았다. *〈저것이 바로 우리나라의 태극기요. 우리는 저 태극기를 들고 3·1운동 때 만세를 불렀소.〉* 아랫집 할머니가 눈물을 흘리며 말하였다."**—한택수韓澤洙의 『해방을 경축하던 날』.

【KOR】 1945년 8월 20일 박헌영의 〈8월 테제〉선언: "조선공산당은 민족주의우익과 통일전선을 펴자."

1945년 8월 21일 ..... 일본 관동군 50만여 명, 하얼삔에서 소련군에게 정식으로 항복.

1945년 8월 25일 .... 중국공산당 〈시국선언〉 발표: "내전을 피하고 민주연합정부를 수립하자."

1945년 8월 28일 .... 장개석과 모택동, 중경에서 평화회의(~10월 10일, 중경회담) 개최.

첫 번째 국·공 수뇌회담, 장개석과 모택동
1945년 9월 27일 중경(동일한 의상: 손문의 중산복)

중경회담 기간중의 장개석과 모택동. 이때까지만 해도 장개석의 표정은 천자처럼 여유롭다. 모택동을 연안의 제후 정도로 보는 듯.
중경 만찬장에서 "장개석위원장만세"를 외치고 연안에 돌아온(10월 11일) 모택동은 며칠 내내 몸살을 앓았다. 침대에 엎드려 몸을 떨었다. 손과 다리는 발작적으로 경련을 일으켰고, 온몸에서 식은 땀을 흘렸다. 앓고난 후 입장이 명확했다: **"인민이 무장한 모든 총과 모든 탄알은 반드시 지켜야 하며, 절대로 넘겨줄 수 없다."**

연안발 중경행 탑승 직전의 배웅 나온 군중들과 환담하는 모택동, 1945년 8월 28일

모택동의 전격적인 중경방문은 장개석이 수차례 요청해서 이루어진 것이다. 한고조의 홍문연鴻門宴을 떠올려 신변의 위험을 걱정한 모택동의 첫 번째 요구조건은 주중 미국대사 패트릭 헨리가 직접 비행기를 타고 연안에 와서 중경까지 동행해야 한다는 것이다. 모택동·주은래·패트릭 헨리·장치중張治中(국민당 군사위원회 정치부장)은 동승해서 "매우 효율적"으로 중경에 도착했다.

1945년 9월 2일 …… 시게미쯔重光葵 일본외상, 미주리함대에서 연합국군(맥아더 연합국군 최고사령관) 앞에서 항복문서에 사인. 시게미쯔는 윤봉길 의사의 의거로 죽을 뻔 했다(338쪽 참조) / 2일, 【KOR】 맥아더 연합국군 최고사령관, 38도선을 경계로 조선분할점령 지시 / 2일, 베트남민주공화국수립(임시정부주석: 호치민胡志明).

1945년 10월 10일 … **"쌍십협정雙十協定 발표"**(장개석을 최고통치자로 하는 통일국가 건설에 합의) ①평화건국의 기본정책 ②정치의 민주화 ③국민대회 개최 ④인민의 자유옹호 ⑤당파의 합법화 ⑥특무기관의 폐지 ⑦정치범의 석방 ⑧지방자치 ⑨군대의 국가화 ⑩해방구의 지방정부화 ⑪한간漢奸의 처벌 ⑫일본군의 항복을 받을 때 국민정부와 중국공산당이 함께 원만하게 해결 합의.

1945년 11월 7일 ….. 조선독립동맹과 조선의용군은 중공중앙동북국의 지시로 심양沈陽에서 조선의용군 군인대회를 열고 전군을 7개 지대로 편성했다.

1945년 12월 .... 장개석·송미령, 북평(북경) 순시.
이때 천안문 성루에 대형 장개석 초상이 걸렸다.

북경 천안문광장에 걸려있는 장개석의 대형 초상, 1945년 12월 3일: 요즈음 천안문광장 주변에서 볼 수 있는 경직된 공안公安이 아니다. 술렁술렁 천안문광장을 산보하는 국민혁명군의 모습이 인간적이다. 천안문광장에 걸린 것은 장개석총사령부부 북경방문을 환영하는 일회성 초상으로 시작되었다. 이 선례가 아니러니컬하게도 중국인민해방군이 북경을 접수하는 날부터(1949년 1월 31일) 대형 모택동 초상으로 고착화되었다.

1946년 1월 27일 ..... 중경에서 계속 국민당 상대로 정무활동을 해온 주은래가 연안공항에 도착했다. 모택동·유소기·주덕·팽덕회가 직접 공항까지 영접나왔다.

주은래를 마중나온 이들의 파안대소—모택동·주덕·유소기·팽덕회, 1946년 1월 27일, 연안공항
1945년 12월 중경에서 열린 정치협상회의政治協商會議에 중국공산당대표로 참석한 후, 주은래는 국민당대표 장군張群과 〈국내군사충돌정지협의〉에 관한 협정을 체결했다. 당시 국민당군의 막강한 군사력에 눌려 홍군은 전전긍긍하던 때였다. 외교적으로 대성공하고 금의환향하는 주은래를 맞이하는 오랜 전우들은 마냥 기뻤다. 이후에도 이들의 전우애로 가득찬 걸걸한 웃음소리를 들을 수 있을까?

1946년 3월 15일 ..... **사평전역四平戰役 발발**(사전사평四戰四平, ~ 1948년 3월 13일). 요녕성과 길림성이 맞닿는 전략적 요충지인 사평의 4차례에 걸친 최종승전은 동북의 승리요, 대륙의 해방이 되었다. 사평은 고구려 천리장성 축성(631~646)의 중요 기점이다 / "동북의 조선민족은 인력이 수요되면 인력을, 수레가 수요되면 수레를, 식량이 수요되면 식량을 지원했다." "**평진전역平津戰役 · 요심전역遼沈戰役 · 사평전역四平戰役 · 해남도海南島 · 동북민주연군東北民主聯軍, 제4야전군第4野戰軍에 우리 조선민족이 활약했다.**" 연변에서 들은 이 말은 신중국건설에 적극 동참한 동북 조선민족의 자부심을 표현했다.

四平戰役英雄獎章사평전역영웅표창메달 1946년

1946년 해방전쟁 초기에 동북민주연군은 사평四平에서 귀한 승리를 중국공산당에게 안겨주었다. 중국대륙을 해방시키는 굳건한 전초기지를 구축했다. 조선인들의 피눈물나는 선전덕분에 거대한 중국공산당의 붉은 별이 휘날리게 된 사평! 그 사평에서의 승리의 깃발을 상징한 표창메달(獎章)이 사평전역의 영웅들에게 수여되었다. 누런 만주벌판 위로 붉게 타오르는 듯한 붉은별 상단에 공산당 휘장(엠블럼) 휘하의 막강한 군단을 상징하는 듯한 "**사師**"를 역동적인 역삼각형으로 형상화했다. 그리고 나부끼는 황금깃발에도 함께 흐르는 투박한 문자들. 이 표창메달의 그래픽 · 색채 · 형상 · 디자인이 소박하면서도 메시지 전달이 탁월하다. 46×43mm. In Collection.

1946년 4월 .... 시종쉰, 섬감녕변구 제3차 참의회 제1차회의에서 상주위원常駐委員 당선.

一九四六年四月陝甘寧邊區第三屆參議會常駐委員撮影 섬감녕변구제3계참의회상주위원촬영, 1946년 4월

1941년 11월, 219명의 참의원이 모여서 제2차 섬감녕변구참의회가 열렸다. 1946년 4월, 제3차 참의회가 개최되고 집행부 상주위원 9명을 선출했다(오늘날 국무위원). 뒷줄, 까만 모자 쓴 시종쉰이 보인다.

1946년 4월 7일 ...... 소련군, 길림성 장춘長春에서 철군撤軍 / 18일 동북민주연군 장춘 점령 / 25일 소련군, 흑룡강성 하얼삔에서 철군 / 26일 동북민주연군 하얼삔哈爾濱·치치하얼齊齊哈爾 점령 / 5월 3일 소련군, 대련·여순 제외하고 동북 3성에서 철군.

1946년 5월 4일 ...... 중국공산당, **〈토지문제에 관한 지시關于土地問題的指示〉("5·4지시")** 발표. 토지정책의 기본방침이 세워져 해방구는 "5·4지시"에 따라 시행하게 된다. 따라서 해방지구는 토지분배·지주탄압·빈농위원회의 전정專政을 전제로 한다. 해방구(老解放區)를 이룩한 동북지방은 통일된 신중국의 비젼을 일찍 확보했다. 그래서 1946년 6월부터 47년 6월간 수십만 명의 농민이 인민해방군에 입대한다(제4야전군, 조선민족이 대다수) → 신중국 건설에 독보적인 공헌을 하였다 → 연변조선민족 자치구 탄생(1952년 9월 3일).

1946년 5월 19일 ..... 국민당군, 사평四平 점령 / 23일 국민당군, 장춘 점령.

1946년 6월 .... **북한**, 중국공산당 동북국의 후방기지화(~1948년 봄). 만주의 전략물자지원·유통, 부상병치료.

1946년 6월 6일 ...... 장개석 국민혁명군 육해공총사령, 7일부터 21일까지 국민당군과 공산당군의 휴전休戰 명령 / 21일 장개석 총사령, 8일간 국國·공共 양군 휴전연장 선언.

1946년 6월 26일 .... 장개석의 국민당군, 공산당의 중원근거지(호북·하남·안휘성 변경의 해방구) 대규모 공세 → **중원회전中原會戰(국공내전, 즉 해방전쟁의 시단이다)** / 공식 휴전기간에 장개석은 자신이 제안한 휴전규정을 깨고 공산당의 중원근거지를 포위·공격했다. "생존제일生存第一, 승리제일勝利第一"을 외치며 공산당군은 국민당군의 철통같은 포위망을 처절하게 돌파해나갔다. 이 중원회전이 공식적으로 해방전쟁의 시단으로 역사에 비정한다(~1950년 6월 30일).

中原會戰紀念章 國民革命傘兵司令部 贈
중원회전기념장 국민혁명산병사령부 1946. 6. 증

1930년 9월 18일, 장학량은 "9·18교전巧電"(출병관내出兵關內, 조정내전調停內戰)을 발출하였다. 막강한 중원군벌들의 공격으로 풍전등화에 몰린 장개석을 하루아침에 지존至尊으로 등극시켰다(중원대전). 장개석이 1936년 서안사변 후에도 장학량이라는 "대인의 고뇌"를 깊이 이해하여 그에게 동북군의 총사령 임무를 계속 맡겼더라면 타이완으로 줄행랑칠 이유가 없었을 지도 모른다. 평생 손문의 후계자를 자처하면서 자리만 계승했지, 정작 손문의 위대한 "천하위공天下爲公" 정신을 배우지 못했다. "천하위가天下爲家"의 소인배가 되고 말았다. 이 잘생긴 승리기념장은 1946년 6월 중원회전에서 승리한 국민혁명군의 낙하산병의 가슴에 자랑스럽게 패용되었을 것이다. 그러나 국민혁명군이 자랑하는 중원회전의 승리도 장개석에 의해 제안된 "양군휴전기간"을 스스로 위반하면서 얻어진 것이다. 이후 국민당에서 발행되는 승리메달은 거의 없고 중국공산당의 군공메달만 차고 넘친다.
35×40mm. In Collection.

종쉰 동지:

왕진王震의 행진이 심히 빠르오. 왕진의 부대가 아마도 열하루만 지나면 영진寧鎭이나 순정栒正에 도착할 것 같소. 왕진이 두 차례 전보를 보내와 점검을 요청했소. 점검한 후 아울러 요점을 뽑아 관중關中·농동隴東에도 전했소. 신속하게 출동하여 왕진의 전술전략에 대응할 수 있도록 강한 3개 군단을 준비시켜 합당한 곳에 배치하라는 내용이오. 이처럼 급박한 상황에서 오늘 내에 준비완료하고 즉각 변경부근으로 출동하여 왕진의 전략명령을 기다리시오.

경례!

모택동

8월 19일

仲勳同志:

王震行進甚速, 擬以十一天到達寧鎭或栒正地區。王來兩電請閱, 並摘要轉告關中、隴東。關於準備三個強的團位於適中地點, 以便迅速出動策應王震, 此事請於日内準備好, 並即速出動於邊境附近待命策應爲要。

敬禮！

毛澤東

八月十九日

1946년 .... **7월부터 11월에 걸쳐 모택동이 시종쉰에게 9차례 서신을 보냈다.**

1947년 2월 28일 ..... **대만 "2·28사건" 발발(2만 8천 명 사망 추정).** 국민당 외성인外省人들의 사회전반에 걸친 횡포에 대한 대만민중들의 항거. 힘없는 노파를 총개머리로 부수는 등, 국민당군대는 참혹하게 민중을 진압했다 / 1995년 2월 28일 이등휘李登輝 총통이 정부를 대표하여 과거정부가 실정失政한 "2·28사건"에 대하여 사과와 유감을 표현했다 / 2017년 2월 23일 차이잉원 총통: "진상규명없이 화해도 없다."

1947년 3월 13일 ..... 국민당군대(지휘: 호종남胡宗南)의 "중점진공重點進攻"작전으로 연안을 맹폭했다 / 19일, 중공중앙 연안철수 / 3·4월, 서북야전군(사령원 겸 정치위원: **팽덕회**, 부정치위원: **시종쉰**)의 맹활약으로 세 곳(청화폄지구青化砭地區, 양마하羊馬河, 반룡진蟠龍鎭)에서 대첩을 거두면서 연안 빼고는 서북지역을 사수 했다: "**제31여단 주력부대를 전멸시켜 승리한 것을 축하한다**(모택동의 격려축전)." → **삼전삼첩三戰三捷.**

1947년 5월 14일 ..... **"서북야전군의 대첩경축대회"**(안새현安塞縣 진무동眞武洞, 군민 5만 명 참가, **시종쉰은 서북이 낳은 서북군민들의 자랑스러운 지도자였다.**)

1947년 7월 21일 ...... 소하小河 군전략회의 개최. 방어적 공격에서 **적극적 공격으로 방향선회.**

1947년 .... 동북민주연군東北民主聯軍의 눈부신 연전연승이 진행되는 와중에 용감무쌍한 동북조선민족 참전용사들은 군공메달을 가슴에 한가득 패용하기 바빴다 / 1947년 한 해만 해도 연전연승으로 모택동 중앙정치국 주석・주덕 팔로군 총사령・진의陳毅 화동야전군 사령원 등의 표창메달이 동북지방에 쏟아졌다.

東北民主聯軍 毛澤東奬章(1947) 동북민주연군 모택동장장

1947년 12월 25일, 당중앙위원회에서 자신감 넘치는 모택동의 선언: "**중국인민의 혁명전쟁은 역사적인 전환점을 맞았다.**" 그 시점에서 제일 혁혁한 전공을 세우고 있는 동북민주연군의 장병들에게 수여된 군공메달이다. 동북민주연군이 1948년 이후엔 인민해방군으로 개편된다. 이 메달의 디자인에 특별히 주목할 이유가 있다. 1945년 중공7대에서 모택동사상이 당의 지도사상으로 채택된다. 이후 공산당의 보편적 가치를 나타내던 낫・망치・별은 점차 사라지고 퉁퉁해진 모택동초상을 새긴 표창메달이 역사에 등장한다. 제왕적 마인드의 통치술의 시작이다. 전시상황에서 시작된 군공메달이 일상적인 삶 속에까지 철저히 스며들게 된다. 1949년 10월 1일 중화인민공화국 개국전례開國典禮때 천안문에 대형 모택동초상이 고착되더니만 이젠 인민의 지갑 속 돈에까지 웅크리고 있다. 무산자無産者의 나라에서 모택동의 나라가 되었다. 더 이상 모택동은 무산계급혁명가가 아니었다. 절대우상화 되어가는 그 비극적 광풍의 폐해는 온전히 인민이 떠안았다. 50×55.6mm. In Collection.

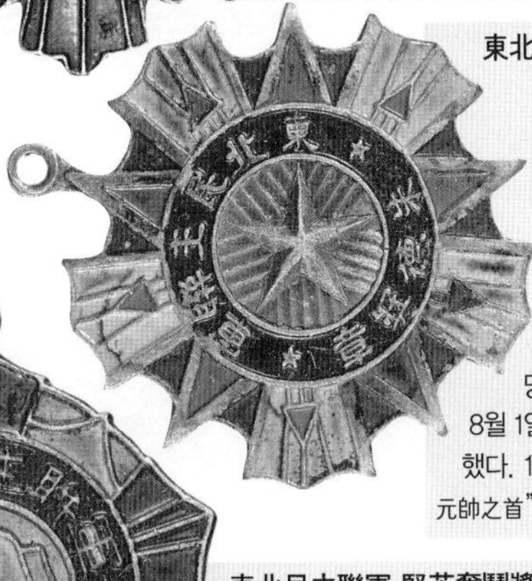

東北民主聯軍 朱德奬章(1947) 동북민주연군 주덕장장

조선민족에 대한 따뜻한 이해가 있는 주덕은 인민해방군의 아버지이다. 1905년 청조 1차 과거시험에 통과하여 수재秀才가 되었지만 과거제도가 폐지되어 성도사천사범학교에 입학했다. 1909년, 곤명운남육군강무당시절 중국동맹회에 가입했다. 1911년 신해혁명참가 후 노벨상수상자가 47명이나 배출된 독일 괴팅겐 대학에 유학하고, 1922년 10월 베를린에서 주은래를 만나 중국공산당에 입당했다. 1925년 모스크바 동방대학을 거쳐 귀국하여 1927년 8월 1일 남창기의南昌起義의 주역이 되었고, 중국공농홍군을 창설했다. 1955년 9월 27일 중화인민공화국의 "10대 원수 중의 으뜸元帥之首"으로 칭송받았다(403쪽 참조). 46×53mm. In Collection.

앞

東北民主聯軍 堅苦奮鬪奬章 陳毅 頒(1947) 동북민주연군 견고분투장장 진의 반

"**사회의 행복을 위하여, 민족의 생존을 위하여, 우리의 투쟁을 일관되게 견지한다!**(爲了社會幸福, 爲了民族生存, 一貫堅持我們的鬪爭)" 이것은 신사군이 목청 터지게 불렀던 〈신사군군가〉의 한 구절이다. 작사가는 신사군 사령이면서 시인인 진의陳毅이다. 그가 하사한 군공메달의 "견고분투" 문구도 신사군군가의 맥락에서 이해될 수 있다. 1919년 근공검학勤工儉學에 선발되어 불란서로 유학갔다가 서구자본의 악랄함에 열받아 공산당에 입당했고, 귀국하여 남창기의에 적극 참여했다(403쪽 참조). 진의는 초대 상해시장(1949~1955)을, 중화인민공화국외교부 부장(1958~1972)을 역임했다. 41×45.2mm. In Collection.

뒤

1948년 4월 22일 ..... **중국인민해방군 서북야전군(팽덕회·시종쉰), 연안 수복.**

1948년 5월 20일 ..... 중화민국 총통(蔣介石)·부총통(李宗仁) 취임. 장개석, 훈정訓政 종식. 입헌·민권·정치적 자유를 보장하는 헌정憲政단계 선언. "중화민국국민정부"는 "중화민국정부"로 개칭 / 2016년 5월 27일 차이잉원 총통, 중화민국대만 명명.

1948년 9월 12일 ..... **요심遼沈전투**(~11월 2일, 임표·나영환이 이끄는 동북야전군 70만 명) / **회해淮海전투**(1948. 11. 6.~1949. 1. 10. 진의陳毅·속유粟裕·담진림譚震林이 이끄는 화동야전군과 유백승劉伯承·등소평鄧小平이 이끄는 중원야전군 60만여 명) / **평진平津전투**(1948. 11. 29.~1949. 1. 31. 임표가 이끄는 동북야전군과 화북의 양득지楊得志·양성무楊成武의 병단 80만여 명 합동작전) → **해방전쟁시기의 3대 대첩.**

遼沈戰役紀念章 요심전역기념장 35×35mm, In Collection.

중국공산당의 최종승리를 확보해준 전투의 시발점은 요동벌이었다. 토지분배 수혜를 일찍 받은 동북지방은 1946년 6월부터 47년 6월 사이에, 수십만 지원군이 인민해방군에 입대했고, 그들이 대륙 끝 해남도까지 해방시키는 용감무쌍한 동북인민해방군(동북야전군, 제4야전군)을 구성했다. 동북지역 최고 행정가는 고강高崗이고 군의 총대장은 임표林彪(황포군관 4기로 약산과 유지단과 동기)다. 조직적이고 막강한 규모로 공격당한 국민당은 두 달만에 동북 전역에서 손을 떼어야 했다. 23만 정의 소총을 탈취당했고 40만여 명의 국민당군이 사상死傷 당했다. 고강은 모택동의 첫 번째 후계자 물망에 올랐었고, 임표는 문혁시기(중공9대) 당규약에 명시된 정식 후계자였다. 아직도 동북에서는 두 사람에 대해 아련한 그리움이 있는 것 같다.

淮海戰役勝利紀念章 1949 中原人民解放軍
회해전역승리기념장 1949 중원인민해방군

승리기념장의 디자인이 요란하다. 회수淮水가에 성난 파도가 몰려와 국민당군 55만 명을 삼켰고, 곤륜관대첩(1939년 12월 18일 항목참조)의 영웅 두율명杜聿明은 두 손 번쩍 들고 항복했다.

38.6×43.7mm. In Collection.

平津戰役 華北軍區第七縱隊 1948~1949
평진전역 화북군구제7종대

1949년 1월 15일, 천진(津) 함락. 1월 21일, "전범戰犯" 장개석 하야. 1월 31일, 북평(平) 접수. 조양문朝陽門에서 국민당 북평수비군 부작의傅作義 사령이 화평하게 인민해방군을 맞이했다. 홍기를 흔들며 연전연승의 소식을 전하는 파발마는 전대륙을 누비고 있다. 굳 뉴스(승전보)가 전대륙을 진동시켰다.

40.5×42.5mm. In Collection.

1949년 1월 10일 ..... 모택동, 스탈린의 중재안(중국대륙의 장강획정 분할통치劃江而治) 거부 / 21일 장개석 총통 하야 / 22일 이제심·곽말약 등 주요인사 55명 시국 선언: "인민해방군이 강남으로 진군해서 전중국을 해방시키기를 바란다." / 31일 동북야전군 제4군단 북경 입성 / **2월 시종쉰, 서북군구 정치위원 취임.**

1949년 3월 5일 ..... **중공7대 2중전회 개최(~13일, 하북성 평산현 서백파촌西柏坡村). 신중국건국준비와 개국행사 준비토론. 시종쉰 참석.**

1949년 3월 20일 ..... 연길대학 창립선포식(연길 쓰딸린극장) / 4월 13일 **연변대학**으로 개칭 / 조선의용군 출신, 자치구 초대부주석 최채崔采의 구술: **"연변대학 창립에 대해 길림성정부 주석인 주보중周保中 장군의 관심과 지지가 컸습니다. 만약 그 분의 힘이 없었다면 연변대학이 그렇게 빨리 창립되지 못했을 겁니다. 그리고 연변전원공서 전원 림춘추林春秋의 역할도 아주 컸습니다. 그는 조선에서 돌아오자마자 민족대학의 필요성을 제기했습니다. 그는 우리민족의 대학을 만들어야 한다고 맨 처음으로 주장한 사람입니다. 그리고 성위와 성정부에 적극 보고했지요."**

연변대학 뺏지 1949년: "1964년 당시 연변주위延邊州委 제1서기 주덕해朱德海가 전인대全人代 상무위원장 주덕朱德과 공화국 부주석 동필무董必武 등 당과 국가의 지도자들을 배동陪同하고 연변대학 캠퍼스를 거닐었다. 그때 주덕위원장이 연변대학 제사題詞를 남겼다. 그 중 '延邊大學' 글자가 이후 연변대학의 로고가 되었다." – 『연변대학대사기延邊大學大事記』(1964년 7월 12~13일)

1949년 4월 21일 ..... **중국인민해방군, 양자강 도강 / 23일 중화민국정부의 수도 남경 함락 → 광주함락(10월 14일) → 중경천도.**

앞

뒤

渡江水上英雄 中國人民解放軍第十六軍 1949년 4월 21일
도강수상영웅 중국인민해방군제16군

양자강을 건너는 100만 인민해방군의 위용을 박동감있게 효과적으로 드러낸 기념뺏지다. 1949년 4월 18일 국공간의 〈국내평화협정안〉은 파기되고, 4월 21일 "전국을 향해 전진!"의 명령을 받은 인민해방군은 집결·공격 나팔소리에 맞추어 뺏지에 새겨진 것처럼 정크선과 대형보트를 타고 총알처럼 날아 양자강을 건넜다. 파랑과 빨강으로 하늘과 땅을 꽉 채워 미래에 대한 자신감을 표현했다. 평양의 김일성도 인민해방군처럼 한강을 건너 조선을 통일하고 싶어했다. 구체적인 계획서를 지참하고 스탈린·모택동에게 접근하기 시작했다. / **십육十六군**이 뺏지 뒷면에 **육십六十군**으로 새겨졌다. 메달에서 간혹 발견되는 오식이다. 38.5×38.5mm. In Collection.

1949년 5월 20일 .... 대만, 계엄령 선포 / 1987년 7월 14일 장경국蔣經國(장개석의 장남) 총통, 계엄령(38년 2개월) 해제 / 장경국 서세(1988년 1월 13일).

1949년 6월 .... 시종쉰, 중공중앙서북국 제3서기 취임.

1949년 8월 5일 ...... 미국 국무성, 『중국백서中國白書』발간: "국민당의 중국대륙에서의 패배의 책임은 장개석과 그의 정부의 부패腐敗와 무능無能의 결과물이다."

1949년 8월 6일 ...... 【KOR】 장개석 국민당총재, 한국방문(~8. 국민당공군, 이승만의 북진지원 용의) / 8일 이승만 한국 대통령과 공동성명 발표: "공산주의의 위협에 대하여 아시아의 단결을 강조했다."

1949년 8월 21일 ..... 동북인민정부 성립(주석: 고강高崗, 농업부 부부장: **위진오**魏震五, **시진핑의 이모부**). 고강은 일찍이 북경의 중앙인민정부보다 먼저 동북에 인민정부를 성립시켰다. 당·정·군의 패권을 거머쥔 일명 "동북왕"이나. 스탈린과도 절친해서 모택동의 중앙인민정부를 제치고 소련과 독자적인 핫라인을 설치하여 운영했다.

1949년 9월 21일 ..... **중국인민정치협상회의**政協 **제1차 전체회의 개최**(~30일, 북경 중남해 회인당懷仁堂). **"중국인민정치협상회의는 신민주주의 즉 인민민주주의가 중화인민공화국 건국의 정치적 토대라는 점에 만장일치로 합의한다."**(제국주의·봉건세력에 대항하기 위해 공산당과 노동계급, 빈농과 중농, 소자산과 지식분자, 민족자본가가 혁명주체세력으로 연합한 강력한 정부체제가 모택동의 신민주주의 체제이다.) / 국기(五星紅旗)·국휘國徽·국가國歌 제정, 중앙정부하의 "소수민족의 구역자치"를 규정. 중앙인민정부위원회 주석: 모택동, 부주석: 주덕·유소기·송경령·이제심李濟深·장란張瀾·고강高崗. **시종쉰도 56명의 중앙인민정부위원에 소속.**

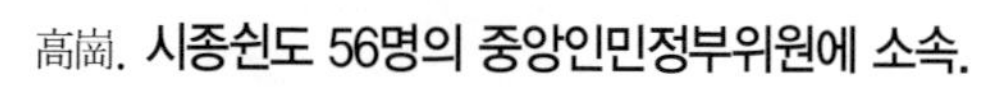

中國人民政治協商會議 중국인민정치협상회의(약칭: 政協) 1949년 9월

새로운 국가의 탄생준비에 필요한 법안 등을 심의·채택하기 위해 각 방면의 대표 662명이 참가한 현장에는 손문과 모택동 초상 사이로 정협의 심볼이 걸려있다. 그 심볼이 바로 이 정협발족 기념메달로 재현되었다. 새로운 중국의 탄생은, 제국주의 열강과의 투쟁을 통해 반식민지였던 중국이 통일과 독립을 쟁취한 민족혁명의 일대 승리를 의미했다. 지구상에 중국대륙을 붉게 물들여 승리를 주도한 공산세력을 표현했다. 농민(벼이삭)·노동자(톱니바퀴)가 단결하여(노란별) 중국혁명(붉은 깃발)을 이룬 1949년 상황을 이 작은 메달에 형상화했다. 이 형상이 정협政協의 휘장徽章이다. 2016년 현재 중국인민정치협상회의 제12차 전국위원회 주석은 유정성俞正聲, 서열 4위이다.

49.7×57mm. In Collection.

1949년 9월 27일 …. 북평시(1928년 6월 20일~1949년 9월 26일)가 다시 북경시로 개칭.

1949년 10월 1일(오후 3시) ….. **중화인민공화국 중앙인민정부성립.** 중화인민공화국 중앙인민정부위원회 주석 모택동, 중화인민공화국성립(**中華人民共和國中央人民政府今天成立了**)과 중앙인민정부가 중국유일의 합법정부임을 대내외에 선포.

오성홍기五星紅旗: 공산당과 4계급이 연합통치하는 모택동의 신민주주의를 형상화했다. 그러나 1954년에 신민주주의는 폐기되어 "공산당영도하에" 일성홍기체제가 되었다.

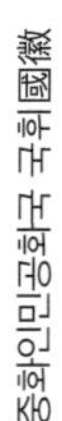

중화인민공화국 국휘國徽

1949년 10월 1일, 30만 민중이 운집한 천안문광장 성루에서 중앙인민정부의 성립을 선포하는 모택동. 사진의 오른쪽 두 번째에 동필무董必武(1921년 중국공산당 창당 대표 13인 중 1인)가 있다. 그 옆으로 흰수염 늘어뜨린 장란張瀾(민주동맹 주석)이 있다. 이제심李濟心(국민당 혁명위원회 주석)도 함께 했다. 이날 이 자리에 장란과 이제심이 있음으로써 중앙인민정부성립을 선언하는 모택동에게 합법적인 힘이 실렸다. 조선민족을 대표해서 주덕해도 참석했다.

1949년 10월 2일 ….. **소련, 중화인민공화국 승인** / **4일 미국, 불승인** / 6일 북한과 국교 수립 / 1950년 1월 6일 영국은 중국을 승인하고 대만과 단교했다.

1949년 11월 28일 … 중화민국정부, 중경重慶에서 성도成都로 천도 / 11월 30일 인민해방군, 중경 점령 / 12월 7일 중화민국정부, 대만 타이뻬이臺北 천도 결정 / 12월 10일 장개석 총통, 대만 타이뻬이臺北 도착.

1949년 12월 6일 ….. **모택동, 모스크바 방문**(~1950년 2월 17일, 의기양양한 모택동은 기호식품인 "무와 대파"를 산더미같이 실은 열차를 타고 소련을 처음 갔으나 찬밥신세로 장기체류하면서도 조약체결로 소기의 목적 완수.) / 1950년 2월 14일 스탈린과 **중소우호연맹상호원조조약 체결**: ①제3국의 침입을 당할 시 상호간 전력으로 군사원조를 한다. ②소련은 3억달러 상당의 경제원조(연리 1%)를 한다. ③몽골인민공화국 독립지위를 인정한다.

1950년 1월 19일 ..... **서북군정위원회 성립(주석: 팽덕회, 제1부주석: 시종쉰).** 시종쉰은 제1야전군 정치위원을 겸하면서 인민의 입장에 서서 **삼반三反**(당원・간부의 횡령, 낭비, 관료주의의 반대) **・오반五反**(부르조아계급 대상으로 뇌물제공, 탈세, 국가재산의 횡령, 원자재의 사취, 경제정보의 부정한 입수 등 위반행위에 반대) **・항미원조** 등 서북군정부의 당・정・군 제반 업무를 주관했다(~1952년 9월).

解放西北紀念章(1950) 西北軍政委員會 頒 **해방서북기념장(1950) 서북군정위원회 반**

1949년 12월 2일, 북경 중앙인민정부위원회가 서북군정위원회의 주석・부주석・위원을 임명했다. 1950년 1월 19일, 서북군정위원회가 성립했다. 그 날 기념촬영을 했고, 기념장도 발행했다. 서북군정위원회는 원래 섬감녕변구陝甘寧邊區 기초위에 세워졌고 관할구역도 더욱 커졌다. 서북군정위원회는 서안시에 있고 관할지역은 다음과 같다: 서안시西安市・섬서성陝西省・감숙성甘肅省・영하성寧夏省・청해성青海省・신강성新疆省. 거의 중국 전역의 30%가 서북군정위원회의 관할구역이었다. 이 날 발행된 해방서북기념장은 드넓은 관할구역을 섬세하게 양각으로 도드라지게 새기고 그 위로 새로 태어난 지 100일 된 오성홍기五星紅旗가 힘차게 펄럭이는 것을 표현했다. 팽덕회 주석이 항미원조전쟁(1950년 10월)의 총사령으로 차출되어 나가서 주석의 일까지 도맡아 하던 시종쉰은 1952년 9월 북경 중앙인민정부로 스카웃됐다. 그래서 시진핑은 북경에서 태어났다(1953년 6월 15일). 그 이름이 "근평近平"인 것은 북경에서 태어난 것을 기념한 것이다. 38.3×43.3mm. In Collection.

西北軍政委員會主席副主席委員合影 1950年 1月 19日 서북군정위원회주석부주석위원합영

서북군정위원회 성립기념 사진과 서북군정위원회가 발행한 기념장紀念章이 완벽하게 일치했다. 이때 그 일차 자료인 기념메달을 소장한다는 즐거움은 하늘을 찌른다. 이름 그대로 "덕이 품어진" 팽덕회彭德懷 주석. 모택동은 왜 그다지도 팽덕회를 두려워 했을까? 팽덕회의 아호가 석천石穿이라서? 모택동은 언젠가 농담조로 주변사람들에게 얘기했다: "석천이 언젠가 내 머리(石)를 뚫을(穿) 거야." 팽덕회 왼쪽으로 제1부주석 시종쉰이 있고, 오른쪽에 제2부주석 장치중張治中이 있다. 장치중은 국내외에 엄청 유명한 사람이다. 1945년 8월 28일 주중 미국대사 패트릭 헨리와 함께 연안에 와서 모택동과 주은래를 안전하게 중경으로 데리고 가는 국민당의 의전·경호책임자였다(국민정부군사위원회 정치부장, 383쪽 참조). 보정군관保定軍官 3기생으로 장개석의 제갈량이라고 불리는 백숭희白崇禧와 동기이다. 부작의傅作義처럼 역치易幟, 청천백일기를 버리고 오성홍기를 높이 들었다(1949년 6월). 유지단·시종쉰과 함께 섬북근거지를 개척한 마명방馬明方이 제3부주석이다. 마명방은 팽덕회와 같은 해(1974년) 고통스럽게 세상을 하직했다. 문혁 4인방의 박해를 견디지 못했다. 평진대첩平津大捷의 영웅 양득지楊得志도 있다. 이 시기 제19병단사령원 겸 섬서성군구사령원이었다. 31년 후 중공11대 중앙서기처 서기로 시종쉰과 같은 신분으로서 사진을 함께 또 찍었다(448쪽 참조).

1950년 3월 30일 .... 【KOR】 북한의 김일성 주석과 박헌영 외상, 모스크바 방문. 스탈린과 세 번째 회담(4월 10일). 김일성의 남북무력통일계획에 스탈린 동의 / 5월 13일 김일성·박헌영, 북경방문. 모택동의 동의가 필요하다는 스탈린 메시지 전달. 모택동은 미군이 참전한다면 중국도 인민해방군을 파견할 것을 약속했다.

1950년 6월 30일 .... **"중화인민공화국 토지개혁법" 발령.** 3억 1천만 명의 신해방구에서 실시. 지주계급의 봉건적 착취가 존재하는 모든 소유제 폐지. 지주의 토지·가축·농기구·잉여식량과 기타 농촌에 남아도는 수많은 가옥을 몰수할 것 → 지역소작농들은 수많은 지주계급을 구타·살해했다. 국가가 폭력을 조장한 측면도 있다. 토지개혁운동 과정에서 지주향신세력이 소멸했다.

1950년 10월 25일 ... **항미원조抗美援朝 전투개시**(평북 운산) / 스탈린 승인하에 **6·25 한국전쟁에 중공군 공식참전**(소련, 무기·장비 공급. 공군출동) / 주은래 정치보고에 의하면, 소련의 차관 52억 9천 4백만 위앤 중 16억 3천 6백만 위앤이 항미원조 전쟁비용에 충당되었다 / 전 국민의 80%가 "항미원조운동"에 참가했고, 지원병조달과 전쟁기부금에 시달렸다 → 6·25전쟁을 통해 중국이 군사대국으로 우뚝 섰고, 모택동은 신중국의 국민통합과 정치적 결속의 기반을 강화했다 → 대중운동·동원에 의해 정치적 목적을 달성하는 과정에서 모택동은 점차 자신을 신격화하였고, 그것을 그의 사적 정치자산으로 만들었다.

抗美援朝衛國保家 紀念 항미원조위국보가 기념
"미국의 침략에 대항하기 위해 조선을 원조하여 국가를 지키고 가정을 보호하자"

2016년 현재 중화인민공화국의 부주석은 이원조李源潮이다. 1950년 11월 20일 날 태어난 그의 본명은 이원조李援朝(Lǐ Yuáncháo)였다. 부친 이간성李幹城은 신사군 진의陳毅 사령의 부관이었다. 진의가 초대 상해시장일 때 이간성은 부시장이 되었다. 전국적인 항미원조운동이 폭발할 때 아들이 태어났으나 작명할 겨를이 없이 업무에 쫓기다가 그냥 항미원조의 "원조援朝"라고 이름지었다. 추후 너무 적나라한 이름인 고로 발음만 살려 "원조源潮"라고 개명했다.

연변의 할아버지들은 때가 되면 의관을 정제하시고 가슴 한가득 훈장을 달았다. 그것도 고심 끝에 고른다. 손주들은 훈장과 메달을 가지고 딱지치기하면서 소비했다고 한다. 그리고 이사 몇 번 하고 나니 그 많던 군공메달이 다 없어졌다고 한다. 토지혁명전쟁시기, 항일전쟁시기, 해방전쟁시기 그리고 항미원조전쟁까지 전쟁이 일상적인 삶이었던 만큼 집에 쌓이는 것은 훈장·표창메달·기념장·군공메달들이었다. 여기 전시된 항미원조 군공메달 콜렉션은 그 일단이다. 42.6×40.23mm. In Collection.

抗美援朝衛國保家民工模範奬
항미원조위국보가민공모범장
41.6×46.7mm. In Collection.

江西省首屆英模大會紀念章
강서성수계영모대회기념장
47×51mm. In Collection.

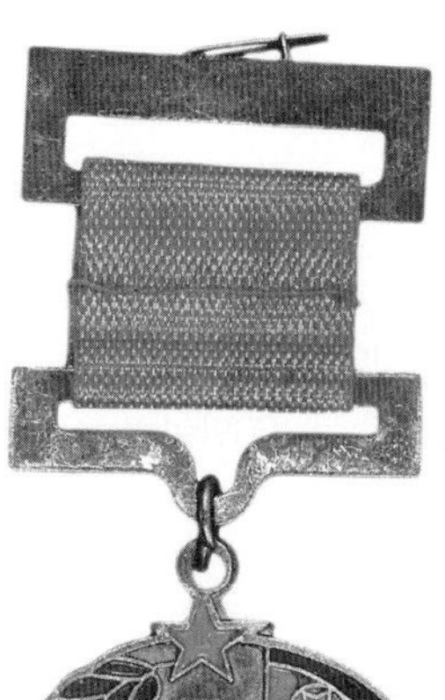

抗美援朝紀念章
항미원조기념장
36.2×40.1mm. In Collection.

吉林省首屆民兵英模大會紀念章
길림성수계민병영모대회기념장
43.5×49mm. In Collection.

堅決抗美援朝
견결항미원조
35.4×35.4mm. In Collection.

中國人民赴朝慰問團
중국인민부조위문단
55.5×13.5mm. In Collection.

東北鐵路中國人民志願軍
동북철로중국인민지원군
29×43.5mm. In Collection.

北京醫藥衛生界抗美援朝紀念
북경의약위생계항미원조기념
33×37mm. In Collection.

松江抗美援朝紀念
송강항미원조기념
37.5×45.7mm. In Collection.

抗美援朝支援前線
항미원조지원전선
30.5×34mm. In Collection.

抗美援朝功臣(1953년)
항미원조공신
30×42.5mm. In Collection.

中國人民保衛世界和平
反對美國侵略委員會
절강성항주시 분회
40×40mm. In Collection.

1950년 …………… 중국공산당 당원수 500만여 명(인민해방군: 120만여 명, 중앙직속 및 철도계통 노동자: 15만여 명, 농민: 365만여 명) / 1945년 당원수는 120만여 명.

1951년 12월 1일 ….. 당중앙의 〈정병간정精兵簡政 · 증산절약增産節約 · 삼반三反〉에 대한 시책 결정 / 동북국 제1서기 고강高崗의 〈생산증대와 절약운동 전개와 반횡령 · 반낭비 · 반관료주의 투쟁심화에 관한 보고〉를 모택동이 채택. 전국적인 삼반운동이 시작 → 결과적으로 공산당에 우호적이었던 국민당 잔류세력까지 척결.

1952년 1월 26일 ….. 모택동 초안제출: 〈대중도시에서 대규모의 결연하고 철저한 오반투쟁을 일정기간 진행할 것에 관한 지시〉 / 오반五反은 소규모 민족자본 척결 / 항미원조전쟁으로 과잉지출된 국가재정을 보충하기 위해 시작된 삼반·오반은 상호불신과 모함으로 서로 상해를 가하는 계획적인 국가폭력사태에 이르렀다(문화대혁명과 유사한 패턴) → 삼반 · 오반운동을 통해서 중앙인민정부가 다량의 민영공업자산을 회수했다(公私合同 경영, 人民公社 전초전) / 제8대 총서기 **후진타오胡錦濤**의 집안은 청조 함풍년간 이래 대대로 차茶를 판매하는 안휘성 휘주徽州 거상巨商이었다. 상해와 절강 각지에 7~8개 지점까지 두고 대외무역에 진출하여 영국·미국에도 수출했다. 1940년대 후진타오의 부친 후징즈胡靜之가 강소성 태주시泰州市에 "호태원다엽점胡泰源茶葉店"을 개업했다. 이곳에서 1942년 12월 후진타오가 태어났다. 10년 후 1952년 **당중앙의 "공사합영公私合營" 시책으로 "호태원다엽점"이 몰수됐다**(胡靜之的茶莊隨公私合營被劃歸當地供銷社).

1952년 9월 3일 …… **연변조선민족자치구인민정부 성립**(주석: 주덕해, 부주석: 동옥곤 · 최채) / 연변동포의 정체성 결정: "중국국적의 조선인" / 자치구성립에 큰 힘을 보탠 당시 길림성 성장 주보중周保中(동북항일연군 제2로군 총지휘)의 조선민족에 대한 인식: **"동북에는 많은 조선족주민들이 거주하고 있다. '9·18'사변 전에는 우리 당의 군중기초가 있는 곳은 거의 다 조선족지구였다. 각지에 조직을 건립하고 확대시킴에 있어서도 조선족 간부들이 60~70%나 되었다. 항일연군抗日聯軍 중의 조선족부대들은 언제나 조직성과 규율성이 강하기로 소문이 났었고 그 어떤 간난신고도 이겨낼 수 있었으며 싸움에서 더없이 용감하고 완강하여 부대에서 골간대오로, 모범으로 되었었다. 이것이 바로 내가 알고있는 조선인이다."**

1952년 9월 ……….. **"5마진경五馬進京"**(지방의 탁월한 인재 중앙으로!) / **고강高崗**(중공중앙동북국 당위 서기 겸 동북인민정부 주석, 중앙인민정부 부주석) · **요수석饒漱石**(화동군정위원회 정위 겸 주석) · **등자회鄧子恢**(중남군정위원회 부정위 겸 부주석) · **등소평鄧小平**(서남군정위원회 정위 겸 부주석) · **시종쉰習仲勳**(서북군정위원회 부정위 겸 부주석) **5명을 북경으로 불러들였다. 시종쉰은 중공중앙선전부 부장 겸 정무원 문화교육위원회 부주임에 취임했다 / 모택동이 오마진경을 강행한 것은 다음의 이유 때문이다:** ①리우사오치劉少奇와 저우언라이周恩來에 대한 견제책(신진세력을 대거 등용함으로써 기존의 세력 분산). ②반독립적인 막강한 지방군부세력을 더 크기 전 조기에 중앙으로 흡수(할거하는 신진지방세력이 공고화되기 전에 그 토대를 박탈).

1952년 겨울 .... 연안 기층(향 · 촌 말단)에서 계속 업무 수행하던 치신齊心이 큰딸 챠오챠오橋橋 · 작은 딸 안안安安을 데리고 북경으로 이주했다.

1953년 6월 15일 ..... **시종쉰과 치신의 첫째아들 시진핑이 북경 동성구**東城區 **출생** (본적: 산서성山西省 부평富平) / **모택동, 10~15년내의 사회주의화 완료 총노선 공포.**

1953년 7월 27일 ..... **한국전쟁 정전협정停戰協定 조인식**(한글 · 중문 · 영문): 김일성(조선인민군 사령관) · 팽덕회(중국인민지원군 사령원) · 클라크(연합국 군총사령) · 남일南日(조선인민군 대장) · 윌리엄 해리슨 2세(유엔대표단 군수석) / 정식명칭: 〈유엔군 총사령관을 일방으로 하고 조선인민군 최고사령관 및 중국인민지원군 사령원을 다른 일방으로 하는 한국 군사 정전에 관한 협정〉, 〈Agreement between the Commander-in-Chief, United Nations Command, on the one hand, and the Supreme Commander of the Korean People's Army and the Commander of the Chinese People's volunteers, on the other hand, concerning a military armistice in Korea〉, 〈朝鮮人民軍最高司令官及中國人民志願軍司令員一方與聯合國軍總司令另一方關於朝鮮軍事停戰的協定〉. *중국은 미국과 싸워 휴전을 이끌어냄으로써 국제적 위상이 수직상승했다.

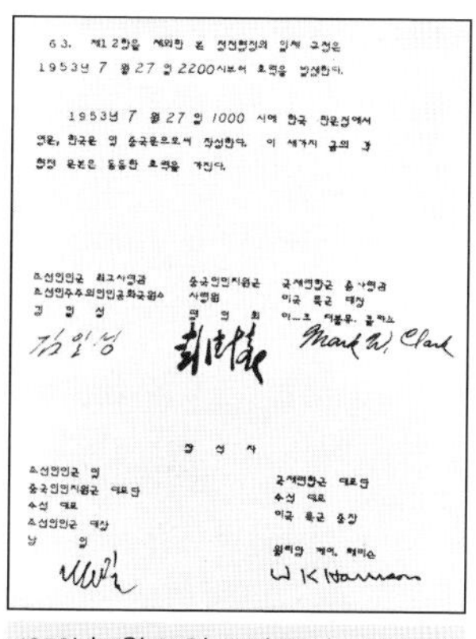

63. 제12항을 제외한 본 정전협정의 일체 규정은 1953년 7 월 27 일 2200시부터 효력을 발생한다.

1953년 7 월 27 일 1000 시에 한국 판문점에서 영문, 한국문 및 중국문으로서 작성한다. 이 세가지 글의 각 협정 문본은 동등한 효력을 가진다.

조선인민군 최고사령관 조선민주주의인민공화국원수 김 일 성	중국인민지원군 사령원 팽 덕 회	국제련합군 총사령관 미국 륙군 대장 마크 더블유. 클라크

참 석 자

조선인민군 및 중국인민지원군 대표단 수석 대표 조선인민군 대장 남 일	국제련합군 대표단 수석 대표 미국 륙군 중장 윌리암 케이. 해리슨

1953년 7월 27일 오전 10시,
이날의 휴전협정조인은 유엔군 수석대표 해리슨과 공산군 측 수석대표 남일 두 사람 사이에서만 이루어졌다. 이 문서에 클라크(27일 문산), 김일성(27일 평양), 팽덕회(28일 개성)가 후에 각기 다른 장소에서 조인했다.

1953년 7월 29일 .... 중국 각 당파와 단체, 정전협정 지지 선언 / 중공군의 항미원조 전쟁 전과戰果 종합(1950년 10월 25일~1953년 7월 27일, 2년 9개월), 중국인민 지원군 인명피해: 36만 6천여 명(전사: 11만 6천여 명, 부상: 22만여 명, 실종 및 포로: 2만 9천여 명) 및 비전투요원 2만 5천여 명 손실. 전쟁비용: 62억 5천만 인민폐 지출.

1953년 9월 .... **시종쉰, 중앙인민정부 주은래 정무원총리 비서장 취임.**
1953년부터 1962년 10월까지 주은래 총리를 10년간 보좌했다.

1953년 11월 12일 .... 【KOR】 북한 김일성 주석, 중국방문(~26일). 주은래와 회담 / 23일 중조양국 정부경제문화협력협정 조인: 중국은 북한에게 국민경제회복비 무상증여 표명.

1953년 11월 27일 .... 【KOR】 남한 이승만대통령, 대만방문(~29일) / 28일 장개석총통과 회담: 아시아 자유국가의 반공통일전선 결성에 관한 공동성명 발표.

1954년 2월 6일 ...... 중공7대 4중전회(~10일, 북경). **고강高崗**(중화인민공화국 부주석·인민혁명군사위원회 부주석·국가계획위원회주석[1952.11.15설립])·**요수석饒漱石**(중공 중앙조직부 부장)**의 반당연맹反黨聯盟을 규탄**: 중국공산당 정권수립후 모택동이 중남해中南海에서 벌인 첫 번째 권력투쟁은 유소기와 주은래를 견제하기 위한 것이었다. 그 수단으로 활용한 고강과 요수석만 불쌍하게 희생당한다. 고강은 자살하고 요수석은 영어囹圄의 몸이 된다(1975년 옥사). 6개 대행정구 폐지 결정 / 1955년 2월 11일, 6개군구軍區가 12개군구로 개편.

1954년 6월 25일 .... 주은래 정무원총리, 인도방문(~7월 6일). 인도 네루 수상과 평화5원칙 공동성명 발표: ①영토와 주권 존중 ②상호불가침 ③상호내정불간섭 ④호혜평등 ⑤평화공존.

1954년 8월 17일 ..... **시종쉰의 혁명동지 고강高崗, 자살** / 동북왕 고강은 항미원조전쟁 때 동북군구 사령원 겸 후방지원군 사령원으로 병참업무 총괄지휘. 1951년 6월 김일성과 함께 스탈린을 방문하여 정전회담선회로 돌리는 데 일조했다 / 9월 1일 모택동, 고강의 자살을 소련공산당중앙에 통고.

1954년 9월 15일 ..... **중화인민공화국 제1차 전국인민대표대회(전국인대) 개최**(~28일, 북경): 중화인민공화국 헌법채택(**"신민주주의" 공동강령 폐기·공민의 기본적 권리 및 의무항목 중에서 "사상의 자유" 삭제 → 연정聯政포기, 전정專政선언. 급진적인 사회주의로의 이행**). 국가주석: 모택동, 부주석: 주덕, 국무원총리: 주은래, 전국인대상무위

원장: 유소기 / 흐루시초프 제1서기를 포함한 소련의 대규모 대표단 참석. 세계 50여개 국의 공산당·노동자당 대표와 제민주당파諸民主黨派 대표 초청.

1954년 9월 28일 .... 조선민주주의인민공화국 김일성주석, 중국방문 / 10월 1일 중국 국경절 천안문광장 열병식 참석.

천안문天安門 성루城樓의 김일성과 모택동

앞

뒤

中朝友誼紀念章 1954年 중조우의기념장

인공기와 오성홍기가 떠받들고 있는 두 영수, 김일성과 모택동. 3년간 막대한 인적·물적 피해를 내고도 역사의 긍정적인 변화가 없는 상황을 연출한 김일성을 모택동은 최고로 환대했다. 건국5주년 열병식에 김일성은 모택동과 함께 천안문 성루에 올랐다(1954년 10월 1일). 근사한 기념장도 발행하여 중국과 북한의 돈독함을 대내외에 과시하였다. 2015년 9월 3일 전승 70주년 열병식 천안문 성루, 시진핑 주석 옆에는 푸틴 러시아대통령과 박근혜 한국대통령이 참석했다(495쪽 참조). 44×42mm. In Collection.

1954년 12월 10일 ... 중국정부, 광주기의열사묘지廣州起義烈士墓地 조성 / 1927년 12월 광주봉기(광동꼬뮌)에서 희생당한 조선혁명열사를 기리기 위한 기념각 설립. **중조인민혈의정中朝人民血義亭: "광주봉기 때 희생된 조선 동지들은 영생불멸하리! 중·조 두 나라 인민의 전투적 친선은 영원히 빛나리라!"**

1955년 1월 18일 ..... 인민해방군, 대만 일강산도一江山島(절강성) 기습·점령.

1955년 2월 12일 ..... 제1차 전국인민대표대회 상무위원회, "중국 인민해방군 중에 중국인민혁명전쟁시기에 공이 있는 자에게 훈장勳章과 표창메달奬章을 수여하는 것에 대한 결의" 채택·시행(9월).

중국 인민해방군 군휘軍徽

앞 뒤

三級八一勳章(1955년)
3급 8·1훈장
50×48mm. In Collection.

중화인민공화국 국휘國徽

앞 뒤

三級解放勳章(1955년)
3급 해방훈장
50×48mm. In Collection.

앞

八一奬章(1955년)
팔일장장
40×45.3mm. In Collection.

뒤

역사의 흔적은 실록과 같은 세세한 기록이 없다 해도, 메달의 단순한 상징적 디자인, 휘徽, 문자(장章) 등을 조합해보면, 그 대하大河를 생생하게 감지할 수 있다. 거대한 역사의 이벤트는 인간의 삶과 죽음이 엇갈린다. 그 이벤트에 참여한 모든 사람은 그 이벤트에 역사적 의미를 부여하며, 그것이 기억되기를 바란다. 그러한 바람이 인류역사에서 일찍부터 표출된 것이 휘장徽章이다. 통칭 메달이다. 1955년 반포된 중국의 훈장은 중국혁명을 3시기로 구분해서 공훈자들에게 수여했다. ①"8·1훈장"은 남창봉기(1927년 8월 1일)부터 팔로군으로 개편되기 전까지(1937년 7월 6일)이므로 상징적 디자인(徽)은 홍군을 연상케 하는 커다란 붉은 별이다. ②"독립자유훈장"의 휘徽는 항일전쟁시기로 중앙주석단이 있던 연안의 보탑과 붉은 별로 도안했다. ③"해방훈장"은 4년간의 해방전쟁을 끝내고 천안문에서 건국을 선언하였으니 붉은 별과 천안문이 휘다. 해방훈장 뒷면에 독립자유훈장인 것처럼 문자(章)가 잘못 기록되어 있는 것도 있다. 옆의 팔일장장도 바로 잡았다.

1955년 9월 27일 .... 중화인민공화국의 10대 원수훈장전례식元帥勳章典禮式: 주덕朱德・팽덕회彭德懷・진의陳毅・임표林彪・유백승劉伯承・하룡賀龍・나영환羅榮桓・서향전徐向前・섭영진聶榮臻 ・엽검영葉劍英.

주덕, 1886~1976

팽덕회, 1898~1974

진의, 1901~1972

임표, 1907~1971

유백승, 1892~1986

하룡, 1896~1969

나영환, 1902~1963

서향전, 1901~1990

섭영진, 1899~1992

엽검영, 1897~1986

중화인민공화국의 10대 원수

10대원수의 사진은 공통된 요소를 지니고 있다. 한날 한시에 단체앨범 찍듯이 "8・1훈장"・"독립자유훈장"・"해방훈장"을 또로로록 달았다. 금으로 번쩍번쩍 빛나는 전부 1급훈장이다. 주은래, 유소기와 등소평이 원수가 안 된 이유는 정치위원政委 출신이기 때문이다. 10명의 원수는 모두 사령司令 출신이다. 『인민해방군대사기』 1955년 9월 27일, 모택동 주석이 10명의 원수를 임명했다는 기록이 있다. 과연 영예로운 것일까? 어제의 동지 모택동과는 완전히 클래스가 달라졌다. 주덕(사천인, 운남육군강무당, 동맹회 회원, 신해혁명・호국전쟁 참가, 독일 괴팅겐대학 철학과, 남창기의)・팽덕회(호남인, 호남육군강무당, 남창기의)・진의(사천인, 근공검학유학생, 남창기의)・임표(호북인, 황포군관4기, 남창기의)・유백승(사천 중경인, 촉군정부 육군장교학교, 남창기의)・하룡(호남인, 중화혁명당이 주도하는 기의起義현장에서 단련, 남창기의)・나영환(호남인, 무창중산대학, 추수기의)・서향전(산서인, 황포군관1기, 광주기의, 동강폭동)・섭영진(사천인, 근공검학유학, 황포군관 교관, 남창・광주기의, 평형관전투・평진전역)・엽검영(광동인, 운남육군강무당, 황포군관 교수부 부주임, 남창기의, 모스크바 동방대학). 사천성의 건천建川박물관에 가보니(2015년) 주덕・진의・유백승・섭영진, 네 명의 원수가 벽면을 장식하고 있었다. 마지못해 등소평을 끼워주기도 한다. 등소평은 웬일인지 사천에서는 인기가 없는 것 같다. 그들은 모두 사천의 자랑스러운 건아健兒였다. 헌데 요즈음 사천의 인물들은 침체기이다.

1955년 12월 .... 연변조선민족자치구가 연변조선족자치주로 변경(성省 1급행정구역에서 탈락) / 신중국 건국의 총아寵兒, 동북이 하루아침에 팽烹당했다. 동북인민정부의 수장이었던 고강이 숙청된 이후 동북3성에 대한 견제책으로 사료된다.

1956년 2월 14일 ..... 소련공산당 제20차대회 개최: 흐루시초프의 "스탈린 전면비판."

1956년 4월 6일 ...... 중국을 방문한 소련대표단에게 모택동은 흐루시초프의 스탈린 비판에 대한 중국의 반비판을 전했다: **"스탈린의 오류는 3이고, 공적은 7이다."**

1956년 5월 2일 ...... 중국공산당, **"백화제방百花齊放·백가쟁명百家爭鳴"(雙百方針)** 제창·적극독려. 스탈린비판 여파가 중국공산당에 대한 비판으로 번질 것을 우려한 당중앙은 불만세력의 실체가 자연스럽게 표면에 드러나도록 하였다.

【KOR】 7월~8월 북한의 "8월 종파사건" 연안파와 소련파가 연합해서 김일성개인숭배 비판 김일성축출시도, 실패 → 북한, 연안파·소련파 대거 숙청 → 주체사상.

1956년 9월 15일 ..... 중국공산당 제8차 전국대표대회 개최(중공8대, ~27일) / 중국식 사회주의 건설의 길 탐색. 등소평의 당규약개정보고: **"모택동사상"삭제**(구규약: 모택동사상을 당의 모든 공작지침으로 삼는다) / **중공 중앙정치국 상무위원회 설치** / **시종쉰, 중앙위원 당선** / 주덕해朱德海 연변자치주 제1서기, 중국공산당 중앙후보위원 당선.

1956년 9월 28일 .... 중공8대 1중전회 개최 / 중앙위원회 주석: 모택동, 부주석: 유소기·주은래·주덕·진운陳雲, 서기처 총서기: 등소평 → 이들 6명이 중앙정치국상무위원을 구성한다 / 스탈린격하와 소련의 정치국체제 부활과 맞물린 중국의 집단지도체제 탄생.

1957년 2월 27일 .... 최고국무회의에서 모택동의 강화講話: "인민내부의 모순들을 정확히 처리하자." / 재차 "백화제방·백가쟁명" 적극 독려.

1957년 5월 10일 ..... 당중앙은 각급지도간부(당·정·군 요직에 있는 유소기 라인의 세칭 "당권파當權派")의 생산노동참가에 대한 지시 발표 → 하방下放의 시단.

1957년 5월 19일 ..... 북경대학 대자보(중문과의 심택의沈澤宜·장원훈張元勳 작성): 쌍백독려 / **"때가 왔다. 청년이여 목청껏 노래를 불러라. 우리의 고통과 사랑을 모두 종이에 담아라. 남몰래 불평말고 남몰래 분개하지 말고 남몰래 우울해 하지말라. 마음속의 모든 감정을 털어내고 햇빛을 한번 보라."** / 인민내부의 비판을 당중앙이 수용하겠다면서, 공산당정책에 대해 기탄없이 비판하라고 제민주당파·지식인들을 독려했다(1957년 2월 27일). 그러한 정책에 호응하여 숱한 좌담회에서 지식인

1956년 5월 2일 최고국무회의에서 모택동이 "예술상의 백화제방"과 "학술상의 백가쟁명"을 제안하고 있다. 중화인민공화국 최고국무회의 현장사진이다.

1957년 연변대학의 한 세미나룸에 불려간 발해사전공의 박사반 학생 방학봉은 교수들의 "백가쟁명" 토론을 받아 쓰는 역할을 수행해야 했다. 그런데 이 단순한 기록의 결과로 평생 고통을 겪어야 했다. 반우파투쟁이 벌어진 것이다. 쌍백의 독려로 불만을 토로한 자들을 색출하기 시작했다. 55만 2천 877명이 이 마녀사냥에 당했는데 방학봉도 끼어 있었다. "저는 그 자리에서 말 한마디 안 하고 기록만 했을 뿐이었는데요?" 그런데 발언자의 성명을 일일이 기록하지 않았기 때문에, 마치 그 발언들이 모두 기록자 방학봉의 발언인 것처럼 오인된 것이다. 그때부터 촉망받던 발해학의 소장학자의 비극이 시작되었다. 10년 동안 반우파투쟁으로 시달리다가 한숨 돌리나 했더니, 이젠 사랑으로 가르쳤던 제자들이 갑자기 악귀로 표변하여 고깔을 씌우고 때리기까지 한다. 이렇게 문화대혁명의 광풍을 거쳐 20여 년의 고난의 행군이 끝났다. 그래도 발해라는 역사연구 사명감 때문에 살아남을 여력이 있었지만 식솔들은 온전치 못했다. 발해사에 대해 혁혁한 이정표를 세우신 연변대학 방학봉方學鳳 교수님의 고단한 삶의 이야기였다. 2014년 가을, 연변에서 나는 반우파투쟁의 비극에 대해 처음 알게 되었다.

들은 그동안 묵혀왔던 생각을 우국충정의 마음으로 토로하기 시작했다. 공산당 정책에 관해 비판적으로 발언한 것이다. 그런데 결국 그것이 부메랑이 되어 그들을 비참하게 만들었다. 마녀사냥이었다. 사람들은 서로에게서 등을 돌렸다.

1957년 6월 8일 …… "쌍백방침"을 적극 독려하던 당중앙이 돌연 표변하여 반우파투쟁을 벌였다. 반우파투쟁은 중국지식인 계층을 저인망으로 일망타진했다. 20세기초 발랄한 신문화운동으로 형성되었던 지식인의 정치참여가 완전 종결되었다. 이로써 신중국건설의 연합체제는 소멸되고 공산당전정지배체제가 확립되었다. (우파분자색출: 552,877명 중 교원이 40% → 비판의 목소리 재갈물림) / 중화인민공화국을 발족시킨 인민정치협상회의는 공산당의 자문기관으로 전락했다. 당시 서기처 총서기였던 등소평은 반우파투쟁의 나팔수로써 "역사적 착오"에서 절대로 자유로울 수 없다. **반우파투쟁의 기획입안·명령자: 모택동. 구체적 집행자: 등소평.**

1957년 11월 2일 ..... 중국공산당, 소련 10월혁명(러시아력으로 10월 25일) 40주년기념에 축하사절을 파견(모택동·팽덕회·등소평·송경령 등 소련방문, ~21일) / 11월 6일, 세계 최초의 무인 인공위성(스푸트니크호sputnik 1호, 10월 4일 발사) 성공으로 한껏 고조된 흐루시초프가 최고소비에트에서 연설했다: **"15년 이내 소련은 중요한 생산물의 생산량에서 미국을 앞지를 것이다."** / 11월 18일 각국 공산당 지도자들 앞에서 모택동은 허장성세 공언을 한다: **"중국은 15년 내에 철강생산량에서 영국을 앞지를 것이다." → 비극적인 대약진의 시원.**

흐루시초프 소련공산당 제1서기와 함께 사열하는 모택동 주석(1957년 11월 2일, 모스크바 공항)

전임 스탈린을 격하하면서 등장한 흐루시초프와 모택동은 시종불화始終不和. 서로 소가 닭 보듯 한다. 그 분위기가 영접하는 쪽이나 영접받는 쪽이나 감흥이 없다. 흔히 세계공산국가 수뇌들의 만남은 형제애적인 뜨거운 포옹이 연출되는데 어찌 이토록 냉랭할 수 있는가. 공산당 12개국 당대표자 회의에서 중국과 소련은 내내 격렬한 논쟁을 벌였다. 여타 국가대표들이 뜯어말리느라 곤욕을 치렀다. 11월 22일 채택된 〈모스크바 선언〉에서도 중·소의 다른 주장을 병기하기에 이르렀다고 한다.

1958년 2월 14일 ..... 주은래 총리, 북한 평양방문(~19일). 김일성 주석과 공동성명: "남북한에서 외국군대 동시철수 촉구." "위급한 경우 중국군이 재투입될 것이다." / 중국인민지원군 철수(1954년 9월 16일 시작 ~ 1958년 10월 26일 완료).

1958년 5월 5일 …… 중공8대 2중전회 개최(~23일, 북경) / **모택동의 "대약진大躍進"론 주창: "만약 5년 안에 철강생산 4,000만 톤에 도달하면 7년 안에 영국을, 또 15년 안에 미국을 추월할 수 있다."**(흐루시초프의 "스탈린격하" 이후, 소련과의 우호관계에 금이 가기 시작했다. 소련모델의 사회주의 건설에서 탈피하여 중국 독자적인 사회주의 건설을 지향하기 시작한 것이 대약진운동이다. 이것은 모택동의 야심찬 독자노선 모델이었다.) / 8월 17일 중공중앙정치국 확대회의에서 전국적인 대중운동으로 인민공사人民公社 설립확대 결정 / 1961년 1월 18일 중공8대 9중전회에서 "대약진운동"의 오류를 인정했다. 대약진의 정지를 선포했다(3년에 걸친 대약진운동 기간 아사자餓死者 4천만여 명 추정).

宜賓專區財貿先進工作者 獎
의빈전구재무선진공작자 장
40.5×43.3mm. In Collection.

公共汽車勞動獎章
공공기차노동장장 33.5×36mm. In Collection.

국제공산당의 3대 심볼인 낫·망치·별이 중화인민공화국의 국휘國徽에는 순화되어 나타난다. 낫은 벼이삭으로, 망치는 공장기계(톱니바퀴)로 변모했다. 1947년 동북민주연군 메달 이래 빠지지 않고 등장하는 모택동 단독 샷이 지겹게 이어져 모든 발랄한 상상력을 마비시킨다.

모택동이 소련에서 열받고 귀국한 후 벌어진 대약진운동 시기에, 사천성에서 제작된 메달들이다. 의빈宜賓은 우리앙예五粮液라는 명주名酒로 유명하고, 면양綿陽에는 국가가 최초로 공인한 제갈공명의 사당이 있다. 여느 성에서 만들어진 것보다 동銅의 재질도 좋고 디자인도 쌈박하다. 시기적으로도 중원 문명을 앞서는 청동인물상의 다량 발굴로 세계를 굉동轟動케 한 사천성 삼성퇴三星堆로부터 면면이 이어지는 산물인 것 같다. 그리고 연변 곳곳에서 수집한 메달 중에는 동북3성 빼고는 유독 사천성의 메달이 많은 것으로 보아, 사천성 사람들이 산동성 사람들 다음으로 동북으로 많이 이주해 온 것 같다.

財貿先進工作者會議紀念
재무선진공작자회의기념
면양현인민위원회
33.5×37mm. In Collection.

1958년 8월 17일 ..... **인민공사가 전국적인 운동으로 전개되었다.** 인민공사의 성격을 엿볼 수 있는 술어: **"공工·농農·상商·학學·병兵을 대공사로 조직하여 운영하는 사회의 기본단위이다."** "인민공사라는 명칭은 훌륭하다. 노동자·농민·상인·지식인·군인을 포함하여 생산을 관리하고(철생산·농작물 수확), 생활을 관리하고(공공식당 운영), 정권을 관리하는 일(학교·양로원·민병)이 포함된다. 특징은 첫째가 규모가 매우 크다는 것, 소유제가 공유된다는 것." 한 개의 향鄕이 하나의 인민공사다. 보통 2천 호戶 규모이고, 대공사는 5~6천 호 수준, 각기 공공식당 운영 / 전인민의 제철·제강 운동 결정 → 소형고로小型高爐 수백만 기 제작 운영, 품질이 떨어져 결과적으로 철강석·석탄·노동력 허비. 1억 2천만 농가 중 9천만 명이 철강생산에 동원, 가을수확은 부녀자와 노인 몫 / 1960년 3월 도시 인민공사 제안 / 7월 190개 대도시 1,064개 도시인민공사 수립. 5,500만 명 참가 / 1982년 11월 26일 제5차 전국인대 제5차회의(~12월 10일), 인민공사 해체 결정.

土高爐建設運動(1958년) **토고로건설운동.**
9천만 명의 인민을 동원하여 흙으로 만든 용광로 수백만 기 제작.

"당신들은 대약진을 실시했지만 인민은 입을 바지도 없고, 배고파서 죽을 지경 아닙니까?"(1960년 6월 26일, 루마니아 노동당 제3차대회에 참석한 중국공산당 대표 팽진彭眞에게 흐루시초프가 건넨 말)

萬載縣農業先進單位代表大會 獎章(1958년)
만재현농업선진단위대표대회 장장
42.5×44.3mm. In Collection.

1960. 6. 1.
33.6×43.5mm. In Collection.

시기만 뒷면에 밝힌 뺏지다. 타임머신을 타고 그 시기로 되돌아 간다. "휘徽"를 통해서 그 시대 코드를 읽는다: 공工(톱니바퀴)·농農(벼·보리·밀이삭)·학學(책)·병兵(붉은 깃발)·모택동. 이 뺏지는 모택동이 선창한 노동자·농민·지식인·군인이 한 단위를 이루어 운영된 대약진시대의 인민공사를 표현한 것이다.

1958년 8월 23일 .... 인민해방군 포병대, 금문金門・마조도馬祖島 포격(1만 8천발. 제2차 대만해협 위기) / 24일 미 제7함대 대만해협 집결.

1958년 11월 .... 시종쉰이 서북지방의 극劇, 진월공秦月空을 북경 중남해中南海 초치("세 방울의 피三滴血" 주덕朱德・진의陳毅・하룡賀龍・박일파薄一波・라서경羅瑞卿 관람) / "중남해의 아마츄어 배우, 4명의 큰언니": 시종쉰의 부인 치신齊心, 등소평의 부인 탁림卓林, 만리萬里의 부인 변도邊濤, 양용楊勇의 부인 임빈林彬.

1959년 3월 10일 ..... **티베트 독립 항쟁** / 23일 인민해방군, 라싸 점령 / 31일 제14대 달라이라마(텐진 갸초, 1935~), 인도망명 / 8월 25일 중국・인도 국경 군사충돌: **평화5원칙**(1954년 6월 25일 체결, 400쪽 참조) 위반.

1959년 4월 18일 ..... 중화인민공화국 제2차 전국인민대표대회 제1차 회의 개최(~27) / **시종쉰, 국무원 부총리 겸 비서장 취임. 국무원상무공작國務院常務工作 담당** / 모택동은 대약진운동 실패로 국가주석직을 내려놓고 유소기가 국가주석 취임.

1959년 7월 2일 .... **여산회의廬山會議 개최(중앙정치국 확대회의, ~8월 1일).** / 14일 국방부 부장 팽덕회가 모택동에게 대약진정책으로 농민의 고통과 생산의 과장된 보고 등 잘못되어가는 제반 상황에 대한 보고서를 사신형식으로 제출: "**민주주의의 결핍・개인숭배가 모든 폐단의 근원이다.(缺乏民主・個人崇拜, 才是這一切弊病的根源)**" / 여산회의의 본래 취지는 대약진운동 정책의 폐해를 반성하는 자리였다. 그런데 모택동에게 대약진정책의 실책을 지적한 팽덕회를 우익기회주의・반당분자로 몰아붙이는 살벌한 정치판이 되었다. 결과적으로 궁지에 몰렸던 모택동은 부활했고 대약진정책은 더욱더 가속화 되었다 / 9월 17일 "반당집단"으로 몰린 팽덕회 국방부 부장・황극성黃克誠 총참모장・장문천張聞天 외교부 부부장・주소주周小舟 호남성 당서기는 모두 해임되었다. 이들은 "팽덕회 반당집단"으로 낙인찍혔고, 팽덕회 타도에 앞장 서서 열을 올린 임표林彪가 국방부 부장으로 취임했다 / 강청의 집요함이 더해져 문화대혁명 와중 혹독한 박해와 굴욕 속에 항일명장 팽덕회는 병사한다(1974. 11. 29.) / **1981년 6월 27일 중공11대 6중전회**(~29). **〈건국 이래 당의 약간의 역사적 문제에 관한 결의〉:** 모택동 동지의 착오시정(여산회의 때 당한 팽덕회 및 그의 동지들 명예회복), 중국공산당 전당적 차원에서의 착오시정(1957년 반우파투쟁 희생자: 552,877명 명예회복).

1959년 9월 25일 .... **흐루시초프 서기장, 미국방문. 아이젠하워 대통령과 회담.**

1959년 9월 30일 .... 흐루시초프, 중국방문. 모택동과 어색한 만남.

1959년 .... 대기근 발생, 아사자 속출(~1961년) / 하남성 신양信陽의 인구 추이보고서: 1959년 11월의 총인구(8백 8만 6천 526명) → 1960년 10월의 총인구(7백 7만 321명).

1960년 (7세) .... **시진핑, 북경 8·1학교 입학**(해정구海淀區 북경군구주관, 등소평의 아들 등박방鄧樸方·하룡賀龍의 아들 하붕비賀鵬飛·유백승劉伯承의 아들 유태항劉太行·황경黃敬[俞啓威]의 아들 유정성俞正聲 재학) / 8·1학교의 전신은 진찰기변구晋察冀邊區의 영진소학榮臻小學(섭영진聶榮臻 원수 창건)이다.

시진핑의 8·1학교 입학기념 가족나들이(1960년) "빨간 넥타이"를 맨 소년선봉대 시진핑이 의젓하다
앞줄 맨꼬마가 남동생 시위앤핑習遠平, 시진핑習近平, 작은누나 시안안習安安, 큰누나 치챠오챠오齊橋橋(엄마 성姓을 받았다), 아버지 시종쉰習仲勳, 엄마 치신齊心. 시종쉰 부부는 자녀들에게 검약과 성실함 그리고 늘 독서하는 습관을 몸에 배도록 했다. "자기가 하기 싫은 것을 절대로 남에게도 하지마라. 己所不欲, 勿施於人." 이 『논어』의 구절을 자녀들 귀에 못이 박히도록 일러주었다.

1960년 4월 19일 ..... 【KOR】 대한민국 4·19학생혁명 / 26일 이승만 대통령 하야 성명 발표 / 5월 연안파·소련파를 4년에 걸쳐 숙청을 완료한 북한의 김일성, "우리식"의 주체선언.

1960년 7월 16일 ..... 소련은 중국에 파견된 과학기술 전문가 1,000여 명(가족 포함)을 1개월 이내에 철수할 것을 하달 → 중국의 본격적인 자력갱생 발동. 원폭·미사일 독자개발 박차.

中蘇友誼萬歲 중소우의만세
中華人民共和國中央人民政府
人民革命軍事委員會 贈 1960
중화인민공화국중앙인민정부
인민혁명군사위원회 증

소련깃발과 오성홍기가 정답게 바람에 나부낀다(휘徽). 화평한 무대 연출에 맞게 "중소우의만세中蘇友誼萬歲"의 문장(장章)도 한껏 분위기를 고조시킨다. 이렇게 표면적으로 보면, 분명 중국과 소련의 밀월관계를 말해주고 있다. 그런데 맹중양孟中洋의 『휘장이야기徽章的故事』 속의 실내용인즉슨, 기쁨 아닌 이별의 울음바다 속에서, 울먹한 주은래 총리가 귀국을 앞둔 소련 과학기술 전문가들한테 노고를 치하하면서 일일이 수여한 기념메달이었다고 한다. 1960년 8월 16일, 주은래 총리가 주관이 되어 북경 인민대회당에서 열린 환송연회였다. 중소불화로 인해 343명의 소련 과학기술 전문가와의 계약과 보충 계약서가 파기됐고, 257개의 과학기술협력프로그램이 폐지됐다. 41×46mm. In Collection.

1961년 5월 16일 ..... 【KOR】 박정희, 군사쿠데타軍事政變 / 18일 장면張勉내각, 총사퇴.

1961년 5월 21일 ..... 중공중앙공작회의 개최(~6월 12일) / 인민공사 공공식당 폐지.

1961년 7월 6일 ...... 조·소우호협력상호원조조약 체결 → 중·소등거리 외교(자주외교).

1961년 7월 11일 ...... 중·조우호협력상호원조 조약 체결(제2조: 한 쪽이 여타 무장침략을 받으면 다른 한 쪽이 즉각적으로 전력투구하여 군사 및 기타원조를 제공한다). 험악해진 중소中蘇분위기에서 주은래와 김일성은 북경에서 중조中朝우호조약을 체결했다.

1962년 1월 11일 ..... "7,000인 대회" 개최(중국공산당 중앙위원회 확대공작회의, ~2월 7일). 국가주석 유소기劉少奇, 대약진정책의 오류를 지적(**"작금의 경제곤란의 원인은 천재天災[자연재해]가 3이고, 인재人災[모택동의 정책]가 7이다."**) /29일 당군사위 부주석 임표만 홀로 적극적으로 모택동 옹호(문혁시기의 모택동개인숭배 원형배태) / 30일 **모택동의 자아비판**("제1의 책임은 당연히 나다.") → **탈대약진** → **문화대혁명으로 반전**反轉.

1962년 여름 .... 이건동李建彤(유지단의 제수弟嫂)의 소설 『유지단劉志丹』(고강·유지단·시종쉰 3인의 섬감陝甘 혁명근거지 개척소설) 사건 / 모택동 왈: "소설이 당을 반대할 수 있다." → **시종쉰이 소설을 이용해 반당을 도모한다는 오명을 뒤집어씀** / "경계선을 분명히 그은" 등소평 집안과 왕래두절.

1936년 2월, 홍군 제15군단은 섬북으로 북상한 후, 공약한 "일치항일一致抗日"을 실행에 옮겼다. 동쪽으로 황하를 건너 일본군이 점령하고 있는 화북을 해방시키고 전국의 항일구국운동을 원조하기 위해 동정항일東征抗日 구호에 맞춰 출전했다. 그러나 일본군과 맞붙기도 전에, 산서군벌 출신 국민당 염석산閻錫山이 황하강변을 따라 설치해놓은 토치카에서 뿜어대는 총탄을 유지단은 피할 수 없었다.
모택동의 애도만장: "군중영수群衆領袖, 민족영웅民族英雄." 시종쉰은 유지단의 선한 눈빛을 참 좋아했다. 유지단은 황포군관 4기생으로 약산 김원봉과는 학우요, 북벌전쟁을 함께 치른 전우였다. 유지단은 시종쉰보다 나이가 열 살 위이지만, 시종쉰은 그를 선생으로서 친구로서 깊이 존경하고 사랑했다. 유지단은 그만큼 선량한 사람이었다.

유지단劉志丹(1903~1936)

1962년 9월 24일 (9세) ... 중공8대 10중전회(~27) / 모택동의 "과도기의 계급투쟁론" 전국적으로 사회주의 교육운동 전개(계속혁명론: 계급투쟁을 견지하면 모든 것이 해결된다). **강생康生 주도로 "시종쉰 동지의 반당활동"을 밝히기 위한 신상털기 위원회 구성. 『유지단』을 반당소설로 낙인 찍었다. 시종쉰이 고강·팽덕회를 옹호하고 모택동 주석을 반대하고 당에 반역했다고 강생은 시종쉰을 성토했다(강생이 과거에 시종쉰을 괘씸하게 여긴 사건이 있었다. 시종쉰은 토지개혁을 너무도 악랄하게 진두지휘하는 강생의 행태에 대하여 모택동에게 보고서를 제출했다: "지주로 몰린 사람들을 소금물이 담긴 통 속에 넣어 익사시켰다. 1948년 1월 19일"). → 시종쉰은 당내 모든 직책에서 해임되고(1962년 10월), 이후 16년간 격리심사·하방·구금·구타·감호생활로 이어졌다. 억울하기 그지없는 세월이었다.**

1962년 10월 22일 ... **케네디 미국 대통령, 쿠바 해상봉쇄선언.**

1962년 10월 28일 ... 소련, 쿠바 미사일철수 발표.

1963년 이후 .... 전국 농업용전기소비량 증대·의료위생보건망 확대·공업용품 생산증대·대학 학구열 향상 등 중국경제의 정상화수순을 밟는 단계에 돌입하고, 교육·의료 등 인민생활수준이 향상되었다. 이것은 유소기·등소평·팽진 등 지도자그룹이 정치운동을 자제하고 생산력증대에 힘을 쓴 결과이다 / 인민의 행복지수와 모택동의 소외감지수는 반비례, 잔뜩 웅크리고 있던 비만해진 모택동이 기지개를 켜는 순간부터 전국이 소용돌이에 휩싸이게 된다.

1963년 3월 5일 ...... **모택동 지시: "레이휭 동지에게 배우자向雷鋒同志學習"**(『인민일보』 게재, 전국적 확산. 1962년 순직한 이상적인 인민해방군상. 레이휭은 모택동과 같은 고향인 호남 장사 출신인데 모택동을 찬양하는 열렬 당원이었다. 사고로 일찍 죽어 모택동의 영웅이 되었다. 22세) / 레이휭학습 기념일(3월 5일).

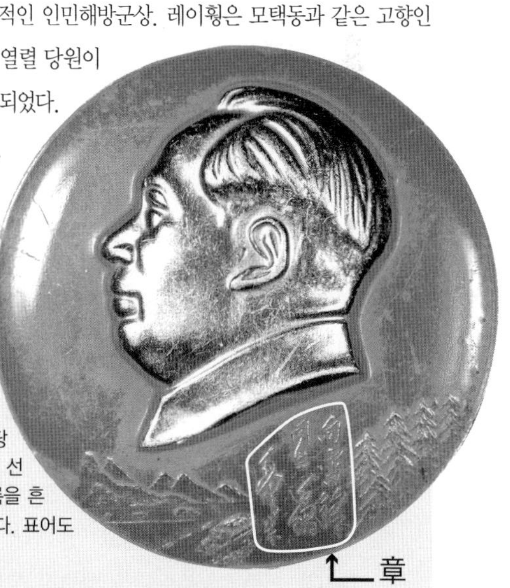

向雷鋒同志學習 향뢰봉동지학습 毛澤東
毛主席萬歲! 山東河澤縣五七農機廠革委會
모주석만세! 산동하택현오칠농기창혁위회

메달을 콜렉션할 때, "바로 이거다!"할 때의 기쁨이 있다. 그 시대의 핵심 키워드(章)가 온전히 새겨져 있을 때다. 그것도 그 메시지를 강력히 표방하는 자의 필체라면 더욱 더 흥취가 난다. 6·70년대 "공산당이 싫어요!"의 이승복 어린이를 다 알았듯이 모택동의 선창사업으로 "인민해방군 청년 레이휭"은 한동안 대륙을 흔들어 놓았다. 아직도 곳곳에 레이휭 석상이 남아 있다. 표어도 모택동 친필.
55.2×55mm. In Collection.

章

1964년 2월 1일 ...... **"전국은 해방군에게 배워라!"** 『인민일보』 사설 게재 → 인민해방군이 정치·경제·사회에 직접적인 개입 시발점 / 5일 **"공업은 대경에서 배워라! 工業學大慶"**: 흑룡강성 대경유전개발(1959년 9월 25일 대경유전 발견)로 자력갱생·견고분투하는 혁명정신 배우기운동(독자적인 공업모델) / 10일 **"농업은 대채에서 배워라! 農業學大寨"**(『인민일보』 게재, 전국적으로 운동확대): 산서성 석양현昔陽縣 대채생산대대大寨生産大隊가 척박한 환경에도 불구하고 생산을 증대했다. 혁명정신에 의한 산간지구(山區) 농업건설 배우기운동(독자적인 농업모델).

1964년 5월 .... **『모주석어록毛主席語錄』 출간**(1966년 12월 완간. 1962년 5월 1일부터 『해방군보解放軍報』 연재) / 당군사위 부주석 임표 기획, 해방군 총정치부 주관.

1964년 10월 15일 ... 흐루시초프 제1서기 겸 수상, 돌연 해임 / **브레즈네프 소련공산당 제1서기 취임. 중소관계 계속 악화** / 북한·소련관계 우호적으로 급선회.

1964년 10월 16일 ... **중국, 첫 번째 핵(원자폭탄) 실험 성공.**

1964년 11월 5일 ..... 주은래 총리, 소련 10월혁명 47주년 기념행사 참석(~13일) / 브레즈네프 제1서기와 회담: **"모택동 하야 권고, 대약진운동 실패로 4,000만 인민을 아사케 한 책임"** → 중·소 관계 더욱 악화.

1965년 2월 7일 ...... **미군, 북베트남 폭격 개시** / 중국 남쪽 국경선 전쟁위기감. 모택동 좌불안석, 미국이 중국에 대해 핵공격을 할 수도 있다는 생각에 이르고 전쟁준비공작을 지시했다 / 【KOR】 6월 22일 남한, 미국 재촉하에 졸속 한일수교 후 베트남참전 / 10월 19일 북한, 제203 공군부대 월맹파병.

1965년 10월 .... **인민해방군, 베트남지원부대 출동개시**(~68년 3월. 해방군 32만 명 참전, 물자원조 200억 달러).

1965년 11월 10일 .... **요문원姚文元의 「신편 역사극 "해서파관海瑞罷官을 평하다」**(『문회보文匯報』, 상해) 게재. 요문원은 명나라 충신 해서海瑞가 억울하게 파면된 것을 빗대어 작자 오함吳晗이 **모택동에게 억울하게 팽烹당한 팽덕회에 대한 동정적인 여론**을 불러일으키고 있다면서 당시 국가주석 유소기 라인의 오함(북경시 부시장, 민주동맹 부주석)을 맹렬히 성토했다. → **실질적인 문화대혁명의 발화점.** 요문원에게 논문집필을 의뢰한 사람이 바로 강청江靑이지만, 총기획자는 모택동이다. 정작 『해서파관』은 중공8대 7중전회(1959. 4.)에서 모택동이 해서의 직간直諫정신을 배우자는 지시에 따라 쓰여진 작품이다(1960년). 오함은 『주원장전朱元璋傳』을 집필한 위대한 역사학자이다. 절강성 의오義烏 사람으로 운남대학, 서남연합대학, 청화대학 교수를 역임했다. 1968년 투옥·고문, 1969년 감옥에서 자결. 문혁종결 후에 복권되었다.

오함吳晗, 1909~1969

1965년 12월 .... **부총리였던 시종쉰은 낙양 광산기계공장의 부공장장으로 하방**下放.

1966년 5월 7일 ...... 모택동이 임표에게 보낸 서신, **"5·7" 지시: "인민해방군은 커다란 학교가 되지 않으면 안된다."**

뒤

앞

"五·七"指示萬歲 "5·7"지시만세

모택동의 5·7지시의 핵심내용은 학제를 단축하고, 학생이 공·농·군을 겸해야 한다는 것이다. 그 배경에는 "부르조아 지식분자가 학교를 통치하는 것을 용납하지 않겠다.資産階級知識分子統治我們學校的現象再也不能繼續下去了."는 의도가 있는데, 부르조아 지식분자는 당시 정권을 담당했던 유소기·등소평·팽진 라인을 가리킨다. 이 5·7지시로 중국은 송대로부터 형성된 지식사회 기반이 와해되었다. 60.4×60.4mm. In Collection.

1966년 5월 16일 (12세) .... **중공중앙위원회의 "5·16통지**通知**"**(무산계급문화대혁명 발발, 문화대혁명의 강령적 문헌): ***"반드시 당·정부·군대·문화 영역에 난입한 부르조아 대변인들을 비판하고 이들을 깨끗이 제거해야 한다."*** 공격대상은 유소기와 등소평을 비롯한 당·정·군의 당권파當權派(라서경羅瑞卿·팽진·양상곤) / 1976년 10월 6일 4인방체포로 종식.

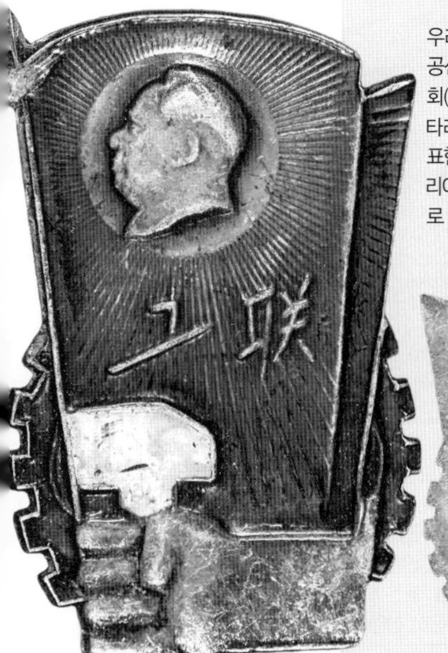

工聯 廣州 荔總 1967. 5. 一周年紀念 공련 광주 여총 1967. 5. 일주년기념

우리가 알고 있는 통칭 "문화대혁명"의 정확한 명칭은 "무산계급문화대혁명"이다. 공산당의 적자嫡子는 역시 프롤레타리아, 노동자工人이다. 소련은 이미 22차 당대회(1961년 10월)에서 "프롤레타리아독재"에 대해 수정된 관점을 제시했다: "프롤레타리아(무산자)독재는 역사적 사명을 완성했다. 이제는 전체인민의 이익과 의지를 표현하는 국가로 바뀌었다." 이러한 세계공산사회의 흐름과 달리 여전히 "프롤레타리아독재하의 계속혁명"을 고집하는 모택동은 역사의 수레바퀴를 죽을 때까지 거꾸로 돌렸다. 그것이 문화대혁명이다. 중국공산당 창립(1921. 7. 23.) 후 20일도 안되어 창립한 것이 중국노동조합(1921년 8월 11일, 상해)이다. 1922년 5월 1일 총부를 광주로 옮겨 제1차 전국노동자대회를 개최했다. 농민과 홍군에 한동안 밀렸던 노동자들이 모택동의 "5·16통지"의 영향을 받고 문화대혁명의 주역이 되어 또다시 역사적 사명을 다하기 위해 각종 노동단체를 만들기 시작했다. 노동자들의 성지 광주에 세워진 "공련 여총"도 그 중 하나이다. 단단한 망치를 불끈 쥔 주먹이 매우 인상적이다. 1871년의 파리꼬뮌으로부터 면면히 애창되어 왔던 "인터내셔널가歌"의 한 구절을 형상화 한 듯하다.

"억세고 못박혀 굳은 두 손 우리의 무기다."

30×45mm. In Collection.

1966년 5월 25일 …. **북경대학 대자보大字報: "송석宋碩**(북경시 시위원회 대학부 부부장)**·육평陸平**(북경대학 당위원회 서기)**·팽패운彭佩雲**(북경대학 당위원회 부서기)**이 문화대혁명에서 무슨 일을 할 수 있을까?"**–강생康生의 사주를 받은 철학과 여학생 섭원재聶元梓(북경대 철학과 당총지부 서기)가 작성. 팽진彭眞이 제1서기로 있는 뻬이징시위원회가 표적이다 / "섭원재의 글은 60년대 중국의 **파리꼬뮌** 선언서六十年代的**巴黎公社**宣言"라고 상찬한 모택동의 말이 전국에 방송되었다(6월 1일).

1966년 6월 1일 …… **"모든 잡귀를 소탕하라! 橫掃一切牛鬼蛇神"**(『인민일보』 사설, 진백달陳伯達 집필. 북경대 대자보 글이 방송되어 전국에 알려졌고, 2일 『인민일보』전재. 전국강타.) / 괴대부蒯大富 청화대학 학생지도자, 무산계급문화대혁명 선봉장 자처: **"반혁명 수정주의의 우두머리, 중국 최초의 주자파, 유소기를 타도하자!"**

1966년 6월 24일 …. 청화대학 부속중학 학생들의 대자보, **"혁명이 곧 반란이다.** 革命就是**造反.**" **"모택동사상의 영혼이 곧 반란이다.** 毛澤東思想的靈魂就是**造反.**" → **홍위병**(모택동의 사회주의국가 지킴이)**의 탄생**(조반: 항거·반란에 의한 혁명).

紅衛兵萬歲
홍위병만세 6373 2-2
15.3×24mm. In Collection.

無産階級文化大革命萬歲 무산계급문화대혁명만세

천안문광장에서 프롤레타리아문화대혁명에 동참하는 백만인집회의 모습이다. 저 멀리 보이는 천안문 성루에서 홍위병 완장을 찬 모주석이 열광하는 군중들에게 답례하고 있다(옆페이지의 사진). 1966년 8월 18일, 이날 처음으로 모택동은 100만 홍위병을 접견했고, 수차례 반복적으로 진행하면서 1,300만 어린 심령들의 정신세계를 장악했다.
이 세상 그 누구도 대적할 자 없는 "질풍노도와 같은 중2"로부터 홍위병은 시작되었다. 그들을 부추긴 강청江靑은 소리쳐 말한다: "너희들은 아무것도 두려워하지 말라! 모 주석과 중앙문혁이 너희들의 단단한 보호막이다. 你們什麽都不要怕, 有毛主席和中央文革作你們的後盾." 홍위병들 사이에서 "붉은 보물책紅寶書"이라고 불리는 『모주석어록』을 펼치고 "홍위병紅衛兵" 완장을 찬 소년·소녀들을 보니 마음이 심란하다.

1966년 7월 16일 ..... 모택동, 호북성 무한에서 양자강을 헤엄쳐서 건넜다. 존재감 과시 → 7월 26일『인민일보』1면 기사. 세계언론 주목.

1966년 7월 29일 .... 대학·중등학생 문화대혁명 적극분자대회 개최(북경시위원회 주최, 인민대회당) / 당시 국가주석이었던 유소기의 고백: **"프롤레타리아 문화대혁명을 어떻게 진행해야 하는가에 대해서 … 솔직히 나는 잘 모르겠다."**

1966년 8월 1일 ...... 청화대학 부속중학 홍위병들에게 보낸 모택동의 답신: "**〈조반유리**造反有理〉에 대해 열렬히 지지한다熱烈支持"(**유소기·등소평·팽진을 적대적으로 비판하는 것은 일리 있다**는 것을 인증). → **조반파造反派의 탄생**.

1966년 8월 1일 ...... 중공8대 11중전회(~12) / 7일 모택동의 대자보: ***"사령부를 포격하라!"*(炮打司令部)** → 자본주의를 향해 달리고 있는(走資派) 당권파當權派, 즉 유소기·등소평 그룹을 공격하라! / 8일 **〈무산계급문화대혁명에 대한 결정〉 채택**: 문혁의 추진기관(**문화혁명소조·문화혁명위원회·문혁대표대회**) 선정, 문화대혁명의 합법적 근거제공 / 1959년 4월 이래 대약진실패를 책임지고 제2선으로 물러나 있던 모택동이 전면등장 한다. 임표가 서열 2위로 수직상승하고, 유소기는 8위로 비류직하 / 정치국상무위원은 기존의 주은래·유소기·주덕·등소평·진운 외에 강청과 임표그룹이 대거 진입(진백달陳伯達·강생康生·이부춘李富春).

1966년 8월 18일 ..... 100만 학생이 운집한 가운데 천안문 성루에서 송빈빈宋彬彬(동북국 서기 송임궁宋任窮의 딸)이 **모택동을 수호하고, 문화대혁명을 찬양하는 "홍위병紅衛兵" 완장**을 모택동에게 채워주었다: "보위 마오 주석! 타도 주자파!" / 11월 26일까지 홍위병을 천안문 광장에서 8차례 접견. 홍위병의 최초 용례는 장승지張承志(청화대학 부속중학생)의 필명, "홍위사紅衛士"에서 연유했다. "모 주석을 보위하는 홍색위병紅色衛兵"이라는 뜻으로 사용했다고 한다(1966년 5월 29일).

명예 홍위병이 된 모택동 1966년 8월 18일

"나는 나는 교실에 앉았지만은 마음은 북경으로 날아가고요, 마음속엔 붉은 해가 솟아올라요."

* 바로 이 시기에 초등학교 학생들이 부른 창홍唱紅이다(2016년 7월 대련에서 채록). 초등학생조차 언니 오빠들처럼 북경 천안문 광장으로 내달아 "홍위병" 완장 차고 마오주석의 호위무사가 되고 싶다는 사회분위기를 아이들의 노래에서 엿볼 수 있다.

1966년 12월 5일 ..... 수도중학홍위병연합행동위원회(연동聯動) 성립 → 노홍위병(원로간부 자제들 중심): "창홍따헤이唱紅打黑"를 부르짖는 연동聯動은 본인들의 부모(노간부)를 타도대상으로 삼는 "중앙문화대혁명소조"(강청·장춘교·임표·강생이 주도)를 적대시 했다. 초기 홍위병(보황파保皇派)은 대다수 고급간부의 자제중심이다(뿨이뿨薄一波의 아들 뿨시라이薄熙來, 하룽賀龍의 아들 하붕비賀鵬飛 등) 이때의 문혁은 홍오류를 중심으로 흑오류에 대한 투쟁이었다 / 홍오류紅五類: 빈농·노동자·혁명간부·군인·혁명유가족의 자제 / 흑오류黑五類: 구지주·구부농·반혁명분자·악질분자·우파분자의 자제 / 반모택동사상의 죄명은 "흑방黑帮"이다.

毛主席語錄 모주석어록 95×120.5mm. In Collection.
中國人民解放軍總政治部編印 / 磐石縣印刷廠印刷 / 新華書店發行 / 字數 88,000字 / 1966年 12月(長春) / 定價: 0.45元

"포스트 마오" 위치에 있던 임표의 기획 · 연출로 출판된 『모주석어록毛主席語錄』은 모택동의 개인숭배의 정점을 달리게 했다. 문혁 10여 년간 국내외 총 50억 부가 출판되었다. 기독교 바이블에 버금간다. 저마다 상비품 포켓용 붉은 책을 번쩍 들고 연호하는 홍위병에 둘러싸여 박수치는 모 주석과 임표의 표정이 기묘하다. 270쪽으로 한손에 잡히는 크기와 두께가 에코노믹하다.

1967년 1월 .... 삼반분자(三反分子: 당 · 사회주의 · 모택동사상 반대자)로 몰려 원적지로 하방된 시종쉰은 서북대학에 구금되었다. 홍위병들의 비판투쟁에 시달려 만신창이가 된 상태에서 모택동 · 주은래에게 서신을 보냈다(1967년 4월).

시종쉰, "反黨分子반당분자 習仲勳시종쉰" 푯말 달고 고향 땅 서북에서 조리돌림 당하다.

1967년 1월 .... 강청江青은 청화대학의 학생 괴대부蒯大富의 "제3사령부三司" 홍위병(조반파造反派, 서민출신)을 지지했다 → "보황파 홍위병(원로간부 자제들)," KO패. 이때부터 조반파가 문혁을 주도했다. 연동의 리더 뿨시라이薄熙來, 지옥 같은 고난의 행군 진입.

1967년 2월 25일 .... 제7회 정치생활회 개최(~3월 18일, 북경 회인당). **모택동의 승인 하에, 중국공산당 최고기관인 당중앙정치국이 활동을 정지했다.** 진백달(조장)·강청(제1부조장)·임표·장춘교·강생 등이 주도하는 **중앙문화대혁명소조中央文化大革命小組가 정국운영을 주도했다**(~1969년 4월).

1967년 3월 19일 ..... 중앙군사위원회, "삼지양군三支兩軍"하달: 인민해방군이 좌파·공업·농업을 지지하고, 군사관제·군사훈련을 담당한다. 인민해방군이 문화대혁명에 개입하게 되는 계기 → 청해성青海省 "2·23 학살사건"(8·18 홍위전투대) → "3·24 복권조치."

①

②

做毛主席的好戰士 모주석의 훌륭한 전사가 되자

1967년 2월 23일, 청해군구軍區 부사령관 조영부趙永夫의 발표로 청해성의 "8·18 홍위전투대"(조반파) 170여 명이 현장에서 즉사하는 사건이 발발했다. 중공중앙은 "2·23사건"을 조사하여, 3월 24일 "청해8·18홍위전투대"를 공개적으로 복권하고, 청해군구 조영부 부사령에게 책임을 물었다. 이전까지 중공중앙의 태도는 반혁명세력에 대한 강경진압에 방점을 두었다가, 이 참극 이후 신중모드로 변하여 다음과 같은 지시사항을 하달했다: *"군대는 마음대로 대중조직을 반혁명조직으로 선포해서는 안된다. 대중조직을 반혁명조직으로 선포하려면 반드시 중앙의 비준을 받아야 한다."* 이러한 어처구니 없는 참극이 사천·호남·안휘·호북·복건성 등 도처에서 벌어졌고(군대와 홍위병이 대립), 결국 모택동은 홍위병시대 종결선언(1968년 7월 28일)을 했다. 그런데 한창 공부해야 할 10대청년들을 학교로 돌려보내지 않고 또다시 산으로 들로 내몬 것이 상산하향운동上山下鄉運動이다. ① 青海八一八紅衛戰鬪隊 / 청해8·18홍위전투대 ____ 32.2×30.8mm. In Collection. ② 三二四紀念 青海省工交八一八 1967 / 3·24기념 청해성공교8·18 ____ 32.2×30.8mm. In Collection.

1967년 6월 17일 ..... 중국, 수소폭탄실험 성공 / 1956년 8월 소련의 발달된 원자폭탄·미사일 제조를 배우기 위해 50여 명의 소련유학생을 파견한 결과물이다. 모택동은 중·소관계 불화로 표면적으로는 허세를 부렸다. 그러나 핵에 집착하는 것은 내면적으로 모택동의 고립감과 위기의식의 발로인 것이다 → 2006년 이후 북한의 계속되는 핵실험 상황과 유사.

1967년 7월 6일 ...... **"프롤레타리아독재의 계속혁명론"(무산계급의 전정하에서 혁명은 계속되어야 한다는 모택동의 문화혁명이론)주창.** 『인민일보』『홍기紅旗』『해방군보』사설에 일제히 게재.

1967년 7월 20일 .... **무한武漢 7·20 사건.** 유소기 등 당권파를 지지하는 무한의 백만 용사들이 중앙문혁에서 파견된 공안부장 왕력王力, 부총리 사부치謝富治를 감금. 이에 강청과 임표의 명령으로 인민해방군이 무한의 백만용사를 무력진압한 대참사이다. 연이은 당권파(유소기파)와 중앙문혁파(조반파)의 투쟁이 전국 곳곳에서 연일 벌어졌다.

1967년 8월 5일 ...... **유소기 국가주석 비판대회 개최.** 훗날 하남성 개봉에서 유소기는 옥사獄死한다(1969년 11월 12일) / 도주陶鑄(부총리·정치국 상무위원·중앙선전부 부장, 1969년 11월 30일 옥사), 하룡賀龍(부총리·군사위원회 부주석, 8·1 남창기의 지휘, 1969년 6월 9일 옥사. 403쪽 참조)도 옥사.

1968년 1월 3일 ...... **시종쉰, 북경 위수구衛戍區에서 "감호"생활.** 시종쉰이 심사·박해받는 동안 부인 치신齊心은 시종쉰과 "경계선을 분명히 긋지 않는다"는 이유로 강생康生의 500인 블랙리스트에 올라 조리돌림·길거리구타를 당하고, 7년간 하남성의 "5·7간부학교"(쫓겨난 당정간부 수용소)에서 노동했다. **시진핑을 비롯한 자녀들은 생산건설병단이나 생산대에 입대했다** / 1968년 5월 7일 당정간부(유소기 라인 당권파, 문혁소조 반대파) 하방下放 본격화.

1968년 3월 22일 .... 해방군 총참모장 대리 겸 중공중앙군사위상무위원회 비서장 양성무楊成武(유소기 라인) 해임 → 군에 대한 임표그룹의 장악력 강화.

1968년 .... **8·1학교(연동聯動의 대본영)가 "고위간부 자제의 학교"라는 이유로 해산되어 시진핑은 북경 제25중학으로 배정된다**(제25중학에서 "반동의 자식 싼핑三平"의 도원결의: 리우웨이핑劉衛平·니에웨이핑聶衛平·시진핑習近平).

1968년 7월 28일 ..... **모택동, 홍위병시대의 종언 선언.** 계속 사고치는 조반파의 무력 투쟁으로 골치아파진 모택동이 청화대학 정강산파의 괴대부·북경대학의 섭원재 등 홍위병들을 무장해제시키고 농촌으로 추방 → **상산하향운동上山下鄕運動.**

1968년 8월 20일 .... 소련, 체코 침공("프라하의 봄," 체제를 같이 하는 나라의 무력진압은 사실상 사회주의 진영의 해체를 의미) / 브레즈네프 독트린: 유한주권론(한 나라의 주권은 사회주의 구성국 전체의 이익을 위하여 제한되어야 한다) → 중국공산당 위기감 고조. 중국, 소련을 "사회제국주의"라고 맹비난했다.

1968년 9월 5일 ...... **29개 1급행정구, 행정조직이 사라지고 100% 혁명위원회**(혁명간부대표·군대대표·혁명대중의 대표로 구성된 지방정부)**로 바뀐다** → 전국이 사회주의적 지방정권으로 탈바꿈 / 1967년 1월 31일 흑룡강성 홍색조반자紅色造反者 혁명위원회가 성省의 당黨·정政·문권文權의 탈권脫權을 선언한 것이 그 시단이다. 아래의 뺏지는 흑룡강성 혁명위원회 성립기념 뺏지다.

毛主席萬歲 黑龍江省革命委員會 모주석만세 흑룡강성혁명위원회

기존의 인민정부를 대신하여 혁명위원회가 통치하게 되면 당서기에 해당하는 역할이 주임主任인데 보통 그 지역의 군구軍區 사령司令이 겸한다. 결국 전국의 인민정부에 포진된 당권파(유소기·등소평 라인)에 대한 대대적인 숙청작업이다. 2016년 현재 흑룡강성 성장 겸 부서기, 루하오陸昊(1967년생)는 촉망받던 중공18대 중앙위원이었다. 승급없이 중공19대에서도 중앙위원으로 선출되었다. 60.3×62.7mm. In Collection.

1968년 10월 13일 … 중공8대 12중전회 개최(~31일). 전체 참석자 133명(중앙위원 40명+중앙후보위원 19명+중앙문혁소조위원 74명). 유소기 라인(주자파·당권파)으로 분류된 과반수 이상의 중앙·후보위원들은 사전에 사망하거나 박해를 받아 강청과 임표에 의해 출석권리를 박탈 당했다 / 중앙위원회의 결정: 유소기 직무해임·당적박탈. 3만 자에 달하는 등소평의 편지를 받은 모택동은 등소평의 당적유지를 지시했다.

1968년 12월 22일 …. 당중앙주석 모택동 지시: "지식청년은 농촌에 내려가서 빈농 및 하층·중층 농민으로부터 재교육을 받는 것이 매우 필요하다.知識青年到農村去, 接受貧下中農再教育很有必要." 자신을 보위하는 홍위병 세력이 통제불능 상태라는 것을 간파한 모택동은 농촌으로 가는 것이 교육혁명, 문화대혁명의 일부라고 했다. 모택동의 호소: "**농촌으로 가서 자신을 단련하고 사회를 개조하라!**" / 1,770만여 명의 중·고등학교 졸업생이 도시호적을 말소하고 농촌으로 가서 농민이 되어 생산노동에 참가했다. 정치적 이용가치가 떨어진 혈기왕성한 청년들을 "자기혁명"이라는 명목하에 "자원"신청을 받아 대규모 집단 방류시켰다 → 기층농촌에 버려진 홍위병들은 문화대혁명에 대한 장미빛 환상이 깨졌다. 중국공산당의 이데올로기에 회의를 갖고 중국사회의 비판적 시각을 갖게 되는 그룹이 형성되어 7·80년대 민주화를 열망하는 대규모 학생·시민세력을 형성하였다(제2의 공공지식인 생성).

장강대교 2005년 6월 12일 촬영

연안의 보탑寶塔과 황토동굴窰洞 그리고 하방된 지식청년들이 대오隊伍 맞춰서 일터로 가는 길

"지식청년의 상산하향은 형식을 달리하는 노동개조에 불과하다. 홍위병은 이용되고 그후 제거되었다." 이 문장은 체제비판의 글이 아니다. 바로 홍위병을 만들어내고 용병으로 적극 활용한 임표·임립과 부자父子그룹이 발표한 반모택동 쿠데타 격문, "571공정기요工程紀要(1971년)"의 일부이다. 이 글은 1972년 『인민일보』에 등재. 정치인들이 염치廉恥가 없으면 이래저래 쌩고생하는 것은 인민들이다. 2005년 6월 2일, 연안 황토고원을 찾았다. 【연안 보탑산 42.5×13.6mm. In Collection.】

그 정점은 1976년 4·5천안문사건과 1989년 6·4천안문 민주화요구였다.

1968년 12월 29일 … 남경장강대교南京長江大橋 완공(6.7km).

1968년 ……………… 에드가 스노우, 『중국의 붉은 별』 개정증보판 출간.

1969년 1월 9일 (15세) ……… 시진핑은 북경의 지식청년들知靑 1만 명과 함께 하방되어 연안시 연천현延川縣 문안역공사文安驛公社 양가하梁家河 대대大隊(관리구) 생산대(자연촌 규모로 인민공사의 말단노동조직단위, 농민과 똑같은 생활)에 입대한다(중국공산당 제5세대 지도자들의 농촌 생산대 입대경력: 리커치앙李克强은 안휘성 봉양鳳陽·리위앤차오李源潮는 강소성 대풍농장大豊農場·왕치산王岐山은 연안 풍장공사馮莊公社) / "연안 황토동굴(요동)에는 뻬이징와北京娃(북경 젊은이들)가 산다." / **"황토산 위로 올라가서 한 줄로 서서 호미로 땅을 고르고 김을 매는 일로 쉴 새가 없었다. 나는 그런 일에 적응하지 못했다."**(시진핑의 상산하향 시절 술회).

1969년 3월 2일 …… 중·소 군사충돌 발생(~15일, 쌍방 다수사상자 발생. 우수리강 하얼삔 진보도珍寶島) → 중소전쟁 위기감이 중국의 대미노선 완화정책으로 급선회 → 미국도 중국봉쇄완화 방침으로 호응 → **닉슨독트린**으로 연결된다.

1969년 4월 1일 ……………… **중국공산당 제9차 전국대표대회 개최**(~24일, 북경). 1,512명의 대표(2,200만 명 당원)는 규약에 따라 선출된 것이 아니라, 모택동·임표·강청이 대부분 지명 → 모택동의 신격화와 군부독재 강화 / 14일 〈당장정黨章程〉 채택: **"임표는 모택동 동지의 친밀한 전우이며 후계자이다. 林彪同志是毛澤東同志的親密戰友和接班人."** 임표를 띄운다. 그것이 임표의 독약이 된다 / 중앙정치국위원·중앙위원·중앙후보위원 선출 → 중앙문화대혁명소조 해산.

1969년 4월 28일 …. 중공9대 1중전회 개최. 중앙위원회 주석: 모택동, **단독 부주석**: 임표林彪. 중앙정치국상무위원: 모택동·임표·진백달陳伯達·주은래·강생康生 → 정치국위원(강청 포함 21명)의 **과반수가 문혁추진파**로 구성됐다 / 28일 중공중앙정치국 제1차 회의 개최. 중공중앙군사위원회위원 선출. 주석: 모택동, 부주석: 임표·유백승·진의·서향전·섭영진·엽검영(403쪽 10대원수 참조).

九大萬歲 9대만세

중공9대에서 선출된 중앙정치국위원 21명 중 3분의 1이 임표세력이다. 중국공산당 역사이래 당중앙위원회 부주석이 한 사람인 적이 없었다. 보통 다수였다. 그리고 모택동 동지의 친밀한 전우이며 후계자로 당장정에까지 명시되어 있으니 임표 본인보다 임표 주변의 인물들이 더 기고만장해서 충성경쟁에 열을 올렸다. 상기의 "9대만세" 뺏지도 이러한 정황에서 제작되었을 것이다. "9대만세"는 곧 "임표만세"이다. 임표와 모택동이 주인공이 된 충성메달이 난무하는 차기권력의 광적 열기로부터 소외감을 느낀, 강청을 위시한 4인방은 모택동의 처소에 문지방이 닳도록 드나들게 된다. 새로운 타도대상이 나타났던 것이다. 48.5×41mm. In Collection.

九大 黨的歷史上重要的里程碑 1969. 4. 1. 1297部隊

9대 당의 역사상 중요한 이정비

뒤

역대 당대표대회 중 가장 인정받지 못하는 당대회가 중공 9·10대이다. 과거 박정희·전두환 시절의 유정회나 통일주체국민회의 같은 느낌이다. "10년동란"으로 지탄받는 문혁정국을 주도한 정치세력이 대거 포진되었기 때문이다.

1959년 팽덕회 국방부장이 여산회의에서 뜬금없이 비판당한 이유는 인민해방군 내에 팽덕회세력이 강력했기 때문이다. "권력은 총구에서 나온다"는 모택동의 평소 지론인 만큼 모택동은 신망받는 팽덕회가 두려웠던 것이다. 팽덕회의 군세력을 임표가 여산회의 이후 접수해서 10년을 키웠으니 이제 모택동의 타겟은 임표가 될 수밖에 없었다. 중국공산당 역사에서 공동주연으로 메달에 각인된 적은 40년대 연안시절 주덕 총사령외에는 없었다. 9차 당대회에서 임표가 정식 후계자로 당규약에까지 명시되니, 차기대권주자 임표뿐만 아니라 임표를 점지한 9차 당대회 그 자체까지 만세의 대상이 되었다. 그리고 임표에 대한 육·해·공군의 충성맹세가 자체 메달제작으로 이어졌다. 이 메달들을 보고 오랫동안 단독초상에 익숙했던 모주석의 심기가 편안했을까? 천안문 위로 휘날리는 깃발은 공산당 당휘黨徽가 선명한 중국공산당 깃발이다.

42.5×48mm. In Collection.

1969년 4월 .... **시진핑은 농민들과도 불화하고, 농촌생활에 적응 못한 채 몰래 기차 타고 북경으로 도망쳤다.** 도착 즉시 역류인구逆流人口로 관리·통제되는 "학습반學習班"에 구금. 5~6개월 동안 호된 육체노동을 했던 시진핑 왈: **"북경 해정구海淀區 일대의 하수관은 모두 우리가 묻은 것이다. 지금도 그곳을 지나치면 어디에 관이 묻혔는지 알 수 있다."** / 노홍위병(연동聯動·보황파)의 선봉자 뿨시라이薄熙來는 학습반에서 68년부터 72년까지 견디기 힘든 육체노동에 시달렸다.

하방시절의 시진핑과 그의 동료들

대중과 함께 한다는 뜻의 "군중노선"을 강조하며 현지시찰을 중시하는 시진핑 주석의 통치철학은 하방시절의 농촌 기층사회에서 철저히 습득되었다고 본다. 원치않은 낯선 환경에 대한 번민과 반항을 거쳐 그것을 긍정적인 자기 에너지로 승화시켰다.

사천성四川省 안인진安仁鎭 건천建川박물관의 문혁관에 전시된 맨홀뚜껑들(2015년 12월 촬영)

首都職工革命造反總部(수도직공혁명조반총부), 全國工農兵革命造反派(전국공농병혁명조반파) 井岡山縱隊(정강산종대) 工農學員延安公社(공농학원연안공사) … 허다한 하수관 맨홀뚜껑을 살펴보면서 문혁시기의 난립한 조반파에 대한 감이 왔다. 문혁시기의 메달 못지 않은 아주 훌륭한 금문이다.

1969년 8월 23일 .... 중공9대 2중전회 개최(~9월 6일, 여산) / 임표·진백달의 동시찬양: "모택동천재론." 최상급 예찬에 도리어 임표그룹에게 의혹의 눈길을 보내는 노회한 모택동.

1969년 10월 .... **시진핑은 연천현 양가하 생산대에 자발적으로 다시 돌아왔다.** "1935년 12·9 북경학생애국항일운동"을 이끈 동북대학출신, 팔로군 전사 이

모부(위진오魏震五)의 조언을 되새겼다: **"그 당시 우리는 기회를 찾아 군중 속으로 파고 들어가려고 했다. 내가 지금 군중을 의지하지 않으면 누구를 의지하겠는가? 당연히 군중을 의지해야 한다. 그 당시 우리는 농민들이 있는 곳으로 달려갔다."**

1970년 5월 20일 .... 모택동 성명발표: **"전세계 인민은 단결하여 침략자 미제국주의와 그 앞잡이를 타도하자!"** / 5월 4일 중국정부, 미국의 캄보디아 침공을 비난하는 성명 발표.

1970년 6월 27일 .... 당중앙은 북경대학·청화대학 등의 신입생 모집요강을 발표했다: 기존의 대학시험제도를 폐지한다. 그대신 대중의 추천과 지도자의 허가를 받고, 최종적으로 대학의 심사로 입학을 결정한다. 이러한 방식대로 **공농병학원工農兵學員**을 모집한다는 내용이었다(자격요건: 노동자·농민·병사. 77학번까지 공농병학원) / **시진핑, 농민자격으로 1975년 청화대학 입학.**

1970년 10월 1일 국경절 행사, 천안문 성루 모택동 바로 옆에 에드가 스노우Edgar Snow, 1905~1972 배석 → 에드가 스노우를 통해 모택동은 닉슨 미국 대통령에게 초청메시지 보냄(12월 18일).

1970년 10월 13일 ... 캐나다와 국교수립 / 11월 6일 이탈리아와 국교수립.

1970년 .... **책 읽기를 좋아하는 시진핑은 "벽돌만큼 두꺼운 책"을 늘 끼고 살면서 양가하의 농민들과 동화되었다** / 12월 7일 빌리 브란트 서독 총리, 폴란드 유대인 위령탑 앞에서 무릎을 꿇었다.

1970년 1월 .... 【KOR】 박정희정부의 〈남서울계획〉 발표, 강남일대 토지투기과열 / 4월 포항제철 기공식. 8일 서울 마포구 와우시민아파트 붕괴 / 7월 7일 경부고속도로 개통 / 9월 29일 신민당 전당대회, 대통령후보에 김대중 지명 / 11월 13일 서울 평화시장 피복재단사 전태일全泰壹(1948년생) 분신: "근로기준법을 준수하라! 우리는 기계가 아니다! 일요일은 쉬게 하라! 노동자들을 혹사하지 말라! 내 죽음을 헛되이 하지말라!" / 12월 15일 제주-부산간 정기여객선 남영호南榮號 침몰(326명 익사).

1971년 3월 23일 ..... **임표그룹의 쿠데타 격문檄文, "571 무장기의武裝起義 공정기요工程紀要"**(우신야于新野 작성): "중국의 정권은 사회주의 간판을 건 봉건왕조다.

모택동도, 진시황도 타도대상이다." "대외적으로는 모택동이 아메리카와 연합하여 당을 해치려하므로 우리의 행동은 소련의 지지를 얻을 수 있을 것이다."

1971년 4월 11일 ..... 미국 탁구선수단 북경방문: "**핑퐁외교**"

1971년 7월 9일 ..... 미국 백악관 국가안보회의NSC 보좌관 **키신저와 주은래 극비회담**(~11일) / 2016년 12월 2일 키신저(93세), 트럼프 미국대통령 당선자 특사자격으로 북경방문. 시진핑·왕치산 환담.

1971년 9월 13일 ..... **당부주석 임표林彪 사망**. 반혁명 무장정변시도 실패 후(숙청될 운명을 피하기 위해 단순 도주라는 설도 있다) 가족과 함께 국외로 망명을 시도하다가 몽골상공에서 추락사: 엽군葉群(임표의 부인, 중공9대 중앙정치국위원·문혁소조 부조장), 임립과林立果(임표의 아들, 공군사령부 판공실 부주임) / 임표가 문혁과 모택동을 비판한 『공정기요』: "(모택동을 위시한 4인방의) 사회주의는 실질적으로 사회파시즘이다." / 1972년 7월 28일 중국정부, 임표의 실각을 공식화 → **문화대혁명 급랭**.

1971년 9월 13일, 몽골상공에서 추락할 당시 임표의 신분은 중국공산당중앙위원회부주석(1958년~)·중화인민공화국국무원부총리(1954~)·중화인민공화국국방부부장(1959년~). 실제로 당시 당·정·군의 실세 중의 실세였다.

임표의 가족사진: 강청 못지않은 권력욕으로 문화대혁명에 극성스럽게 불을 지핀 엽군. 하루라도 빨리 아버지 임표가 모주석의 지위를 승계받도록 무리수를 두어 패가망신케 한 불효자 임립과. 아버지는 존경했지만 엄마는 싫어했던 딸 임립형林立衡은 이날 비행기를 타지 않았다.

1971년 10월 25일 .... 중국, 유엔가입(중화인민공화국의 유엔상임이사국 지위 회복).
1970년 11월 20일 유엔에 상정된 알바니아안案(대만 추방·중화인민공화국 가맹)은 중국역사의 획기적인 한 전기이다. 이 전기를 마련한 사람이 당시 주 알바니아 중국대사 경표耿飈였다. 시진핑은 79년부터 82년까지 북경 중남해中南海에서 경표를 모셨다. 당시 그는 국방부 부장이었다(445쪽 참조) / 대만, 유엔탈퇴.

1971년 12월 6일 ..... 【KOR】 박정희 대통령, 국가비상사태 선포: "중공의 국제연합가입 후 급변하는 국제정세와 남침준비에 광분하는 북한의 동향을 검토한 결과이다."

1972년 1월 13일 …… 중공중앙, 〈임표·진백달반당집단의 반혁명쿠데타를 분쇄하는 투쟁자료〉 배포. 임표 몰락 이후 급부상한 강청江青에 대한 후대의 풍자: **"창녀촌의 황후 지앙칭, 까닥하면 공산당 주석이 될뻔 했네! 紅都女皇江青, 差點成了黨主席!"** 실제로 무산계급문화대혁명 10년을 추동推動한 막강한 정치인 강청은 김산을 죽음으로 내몬 강생집안(산동 제성諸城의 부호)의 가정부의 딸로 태어나 상해에서 은막의 스타로 날리다가 연안에서 다시 강생과 합류했다. 강청과 강생의 연합은 중국역사의 사악한 암운이었다.

4인방의 리더, 강청, 1972년

1972년 2월 21일 …… 닉슨 미국 대통령, 중국방문(~27). 모택동 주석·주은래 총리와 회견 / 27일 **"평화공존 5원칙 발표"**(상해): ①상호체제인정 ②중국과 미국은 아시아에서 패권을 추구하지 않고 패권주의에 반대한다. ③**"중국은 하나이고, 대만은 중국의 일부이다"라는 중국의 주장을 미국이 인정** ④미중관계정상화는 아시아와 세계의 긴장완화에 공헌한다. ⑤대만에 있는 미국의 무장력과 군사시설을 점차 감축한다 / 소련과의 적대관계 심화 → 중미관계의 해빙은 양측 모두에게 기세등등한 소련을 견제하기 위한 것이다.

1972년 4월 24일 …. 『인민일보』 사설에 하기의 논점이 실림: "이전의 오류를 이후의 경계로 삼고, 병을 치료하여 사람을 구할 때다." 주은래의 심사와 동의를 얻은 이 논설은 문혁의 와중에도 새로운 합리노선이 머리를 들기 시작했다는 것을 의미한다 → 하방된 간부들 속속 복권.

1972년 7월 4일 …… 【KOR】 "7·4남북공동성명" 발표. 중앙정보부 부장 이후락李厚洛(서울)과 로동당 조직지도부 부장 김영주金榮柱(평양), "자주·평화·민족대단결의 3대원칙" 공동발표: ①외세外勢에 의존하거나 외세의 간섭을 받음이 없이 자주적으로 해결하여야 한다. ②서로 상대방을 반대하는 무력행사에 의거하지 않고 평화적 방법으로 실현하여야 한다. ③사상과 이념 및 제도의 차이를 초월하여 우선 하나의 민족으로서 민족적 대단결을 도모하여야 한다 / 5월 2일 중앙정보부 부장 이후락, 평양방문 / 6월 북한 제2 부수상 박성철, 서울방문 / 6월 29일 이후락·김영주, 회담내용 합의·서명.

1972년 8월 (19세) .... **공청단 입단에 성공한 시진핑, 풍가평공사馮家坪公社 조가하趙家河 대대大隊로 파견됨.**

1972년 9월 29일 .... **중·일 국교수립** / 일본, 대만과 단교.

1972년 10월 17일 .... 【KOR】 박정희 대통령, 직선제 폐지 "시월유신十月維新" 선포: 국회해산, 전국비상계엄령선포, 대학휴교령, 언론사전검열제실시.

1972년 12월 23일 ... 【KOR】 통일주체국민회의, 대통령 단일후보 박정희를 대한민국 제8대 대통령으로 선출(체육관 선거). 시대에 역행하는 유신체제 밀어붙임. 12월 27일, 유신헌법 공포.

1972년 겨울 .... **시종쉰, "감호"대상 신분인 채로 8년 만에 북경에서 가족상봉**(처음엔 장성한 아들들을 몰라 보았다): **"정 말 기 쁘 구 나!"**

가족이 8년 만에 다 모여서 함께 웃었다.
그러나 아버지 시종쉰은 "감호"대상 신분이기 때문에 사진은 찍을 수 없었다.

1972년 겨울 북경에서

1973년 1월 11일 ...... 북경에 중국주재일본대사관 개설 / 2월 1일 일본 동경에 일본주재중국대사관 개설.

1973년 2월 15일 ..... 키신저 미국 대통령 보좌관 중국방문(~19일) / 17일 모택동은 키신저와 회담하는 자리에서 중국·미국·일본·유럽이 연합해서 반소련전략을 구상하자고 제창했다 / 22일 중·미공동성명발표: ①중·미연락사무소설치 ②과학문화교류 ③무역량의 확대.

1973년 3월 10일 ..... 등소평, 국무원부총리 직무복귀 결정(모택동이 당중앙에 지시).

1973년 3월 .... 런던 필하모닉 오케스트라, 북경에서 베토벤과 드보르작 연주공연.

1973년 8월 24일 .... 중국공산당 제10차 전국대표대회 개최(~28일, 북경). 임표·진백달, 직무·당적 영구박탈(임표는 거의 부관참시剖棺斬屍 수준이다). 문혁중에 실각했던 등소평·왕가상王稼祥·담진림譚震林 등이 당중앙위원으로 복귀했다.

1973년 8월 30일 .... 중공10대 1중전회 개최(중앙위원회 주석: 모택동, 부주석: 주은래·왕홍문王洪文·강생·엽검영葉劍英·이덕생李德生, 정치국위원: 강청·요문원姚文元·장춘교張春橋 → 강생과 "4인방"의 탄생, 권력장악.

왕홍문(1935~1992) 강생(1898~1975) 요문원(1931~2005) 장춘교(1917~2005)

1973년 10월 .... 강청, 청화·북경대학 시작으로 "비림비공批林批孔"대회를 전국적으로 확대시켰다(임표의 방에서 발견된 공맹 몇 구절[克己復禮]이 비림비공으로 발전). 강청은 문혁의 에너지가 꺾이자 임표를 구실로 새로운 정치운동을 일으킨 것이다. 요번에는 황당하게도 공자(=유교=전통문화)가 당한 것이다.

1973년 12월 22일 ... 등소평, 당중앙정치국위원·중앙군사위위원 임명. 등소평의 일시적인 부활은 유소기를 비판하며 문혁의 노선을 긍정하고 옹호하는 서신을 모택동에게 보낸 결과였다. 주은래도 등소평 복귀를 적극 지지했다.

1974년 1월 .... 시진핑, 중국공산당 입당(20세, 여후생呂侯生의 적극적 지원). 11번째 입당원서: **"이곳 서북지방은 우리 아버지가 옛날에 활동했던 혁명근거지이다. 그 당시 19세 청년으로 섬감변구陝甘邊區의 소비에트 주석이었다."**

1974년 1월 18일 ..... **비림비공批林批孔운동 전개**(~6월). 『임표와 공맹지도』(강청 편저)에서 임표와 공자가 동급이 되어 반동으로 낙인찍혔다. 모택동의 비준하에 당중앙의 1호문건으로 변신, 당·정·군이 동원되어 전국적으로 비림비공 선동운동을 전개했다. 중국대륙 각지의 공묘孔廟와 공맹과 관련된 문물고적은 대부분 파괴되었다. 임표의 실각으로 주춤해진 문화대혁명에 비림비공운동으로 다시 불지폈다 / 1973년 9월 23일 이집트 부통령을 접견한 자리에서 모택동 왈: **"진시황은 중국봉건사회의 최초의 유명한 황제다. 나 역시 시황제다. 임표는 내가 진시황이라고 욕했다. 중국역사는 2개의 흐름이 있다. 하나는 진시황에 대한 우호적인 흐름과 다른 하나는 진시황을 혐오하는 흐름이다. 나는 진시황을 찬양하고 공부자는 찬양하지 않는다.** 秦始皇是中國封建社會第一個有名的皇帝, 我也是秦始皇, 林彪罵我是秦始皇。中國歷來分兩派, 一派講秦始皇好, 一派講秦始皇壞。我贊成秦始皇, 不贊成孔夫子。" (중국의 공산혁명승리 전까지, 모택동입장에선 진시황폭정에 항거한 진승과 오광의 봉기는 정의였고 진시황타도는 당위였다.)

批林必批孔,
斬草要除根!

임표를 비판할 때 반드시 공자를 비판해야 한다. 잡초를 벨 때는 그 근원인 뿌리를 제거해야 한다.

영문도 모르고 동원된 수많은 군중들과 그들 앞에 영문도 모르고 서있는 중국고전학자들. 공자孔子도 주공周公도 반당분자反黨分子였다(1974년). 2016년 현재, 그들은 중국인민이 맹렬히 흠모하면서 배워야 할 성현聖賢으로 변신했다. **2014년 겨울 연변. 『논어』를 열심히 공부하는 대학생 딸에게, "우리 때는 말이야, 공자·맹자를 말하면 큰일 났었어!"**

1974년 겨울 .... **시진핑, 양가하**梁家河 **대대지부 서기(촌서기)가 되어 시골현실에 맞는 사업을 벌였다**: ①제방을 쌓아 용수로 정비, 식량생산 증대 ②메탄가스를 활용하여 연료문제 해결: **"나는 일찍이 메탄가스 설치전문가였습니다. 30년 전 섬북**陝北 **농촌에서 생산대 생활을 하면서 당지부 서기를 지낼 때 섬서성 최초의 메탄가스 촌을 건설하였습니다."**(2004년경 시진핑 절강성 당서기, 하방시절 회상) → 나중에 화공과를 가는 것과도 관련됨.

섬북 연천현 문안역공사文安驛公社에 소속된 대대지부 촌서기 대표대회 기념사진(1974년 11월 12일) 셋째 줄 오른쪽에서 네 번째가 시진핑이다. 사진의 해상도가 매우 좋지 않지만 그 시점과 현장성을 중시해서 무리하게 실었다. 모택동은 인민공사人民公社를 파리꼬뮌의 꼬뮌으로 해석했다.

1974년 12월 23일 ... 모택동 왈: "강청에게 야심이 있다." → 4인방 견제 조짐.

1975년 1월 5일 ...... 중공중앙, 등소평을 중앙군사위 부주석 겸 인민해방군 총참모장 임명 → 등소평, 후계자로 급부상.

1975년 1월 8일 ...... 중공10대 2중전회 개최(~10일, 북경). 주은래 총리의 마지막 정치보고: 금세기중의 "4개의 현대화"(농업·공업·국방·과학기술) 재제기 → 1978년 개혁·개방으로 연결 / 1956년 유소기의 현대화정책은 대약진운동으로 사장死藏 되었고, 1964년 주은래의 현대화정책은 문화대혁명으로 사문화死文化 되었다 / 등소평, 정치국상무위원·당부주석에 선출.

1975년 1월 13일 ..... 중화인민공화국 제4계(기) 전국인민대표대회 제1차 회의 개최(~17일, 북경 인민대회당). 총리: 주은래, 제1부총리: 등소평(주은래의 건강악화로 총리업무 수행), 이선념李先念·화국봉華國鋒·왕진王震·장춘교 포함 12명의 부총리 / 전인대상무위원회 위원장: 주덕, 부위원장: 동필무董必武·송경령宋慶齡·유백승·강생·곽말약·섭영진·서향전 포함 22명. 국방부 부장: 엽검영.

中華人民共和國 第四屆 全國人民代表大會 第一次會議 중화인민공화국 제4계 전국인민대표대회 제1차회의

1964년 제3차 전국인대가 열린 이후 11년 만에 제4차 전국인대가 개최되었다. 전국인민대표가 2,864명이 출석했고 218명의 주석단을 선출했다. 가운데 빈 의자의 주인은 단상에 걸려있는 대형초상이다. 모택동의 육신은 결석한 상태이지만 회의 참석자들에게는 궐석한 모택동의 의중을 헤아리느라 그 하중을 더 크게 느낄 것 같다. 단상의 맨 앞줄과 둘째 줄에는 주은래 국무원총리와 12명의 부총리, 그리고 주덕 전국인대상위 위원장과 22명의 부위원장이 착석하고 있다. 제4차 전국인대 회의는 향후 몇 년간 국가 최고위층 인사인선이 핵심이다. 주은래 국무원총리의 마지막 위업은 문혁파보다 "원로간부파"를 중앙에 대거 포진시킴으로서 문혁동란 10년의 종지부를 찍을 수 있는 토대를 마련해 놓았다는 것이다. 주은래총리는 요번 회기의 정치보고를 끝으로 자리보존하게 되고, 등소평이 국가정무를 대신 보게 된다. 이러한 분위기에서 시진핑도 대학에 입학할 수 있었다.

1975년 4월 18일 ..... 【KOR】 북한 김일성 주석, 중국방문(~26일). 김일성 주석, 모택동 주석·등소평 부주석과 회담. 양당·양국의 전투적 우의와 혁명적 단결의 발전을 강조하는 공동성명발표.

1975년 5월 ………… **시종쉰, "감호"에서 해제.** 하남성 낙양洛陽의 내화재료공장耐火材料工場에서 요양휴식 / 모택동 왈: "**종쉰은 좋은 동지이다. 당을 위해 많은 일을 했다. 그가 도대체 무슨 문제가 있단 말인가?** 그 소설『유지단劉志丹』은 출판도 안된 것이지 않은가? 내 말 한마디가 문제를 키운 것 같은데(시종쉰을 평소 괘씸하게 생각한 강생이 모택동에게 모함하면서 한 말을 모택동이 반복한 것인데, 소설을 이용해 반당반혁명을 하는 것도 기발한 아이디어라는 뜻의 말이었다), **그때 내가 한 말은 시종쉰을 특칭한 것이 아니라 일반론을 얘기했을 뿐이야.**"(412쪽 참조)

아버지 시종쉰이 감호監護에서 해제되어 가족과도 사진을 찍을 수 있었다. 엄마·아버지는 팔로군 베테랑답게 어느 때든 자세가 나온다.
1975년, 하남성 낙양.

1975년 5월 11일 ….. 중국, 유럽공동체EC와 정식외교관계 수립.

1975년 (22세) ……… **시진핑, 연천현延川縣 추천으로 공농병학원(工農兵學員: 노동자·농민·군인 대학생) 중 농민 자격으로 청화대학 화학공정과**化學工程系(유기합성전공) **입학** / 공농병대학생들의 임무: "대학에 가서, 대학을 관리하고, 마오쩌똥사상으로 대학을 개조한다." / 청화대학 이공계 동문: 주용기朱鎔基·황국黃菊·오방국吳邦國·후진타오胡錦濤·유연동劉延東 / "**시골에 가면 고채화苦菜花, 군인이 되면 광영화光榮花(월급 6위앤 수령), 승진해서 귀향하면 행복화幸福花,**

추천을 받아 학교(대학)에 가면 영춘화迎春花!"(문혁시기 지식청년들의 상황을 풍자한 노래. 과거급제자에게 왕이 하사하는 꽃이 어사화御賜花. 어사화가 영춘화다.)

시진핑의 청화대학 입학축하기념사진(1975년 10월 8일, 섬북 연천, 환송연)

황토고원으로 내동댕이 쳐져서 온 세상이 잿빛투성이로 보였던 15세 소년에서, 해를 품은 22세의 헌헌장부軒軒丈夫로 성장하여 북경으로 떠나게 되었다. 그동안 함께 했던 이웃들이 시진핑을 앞줄 가운데에 앉혔다. 이웃들이 직접 쓴 액자도 선물받았다: "빈농貧農·하중농下中農의 훌륭한 서기"

1975년 9월 15일 ..... 제1회 "농업은 대채에서 배우자!農業學大寨" 전국회의 개최(~10월 19일, 산서성 석양현昔陽縣). 당·정부수뇌 3,700여 명 참가. 화국봉華國鋒(정치국위원, 부총리) 총괄보고, 화국봉의 전국적 인지도 급부상.

1975년 10월 .... **시진핑, 양가하마을 사람들과 애틋한 작별을 고하고 북경에 입성:** "나의 성장·진보는 7년간의 섬북陝北 생활에서 시작되었다. 어려움 속에서 단련되어 자신감을 갖게 되었고, 무엇이 실제實際이고 무엇이 실사구시實事求是인지를 알게 되었다. 그리고 **나는 군중을 알게 되었다.**" "15세에 황토에 왔을 때 나는 텅빈 채로 방황했다. 22세에 황토를 떠날 때 견고한 인생의 목표가 가슴 한가득히 찼다. 인민의 공복公僕의 한 사람으로서 서북고원은 나의 뿌리이다."

/ 상산하향上山下鄕의 깊은 체험을 양주팔괴揚州八怪 중의 한 사람 정판교 鄭板橋의 시, "죽석竹石"을 참조하여 감회표현: **"상산하향 명령을 받고 농촌 생산대 기층에 7년 동안 깊숙이 들어가 매일매일 느슨함이 없이 생활하여, 민중 속에서 굳건히 뿌리를 내렸다. 천만 번의 온갖 외풍에 시달려도 더욱 더 견고해지니, 동풍이여 서풍이여 남풍이여 북풍이여 제멋대로 불어라! 그대 바람부는 대로 나를 맡기어도 나는 끄덕없도다.** 深入基層不放鬆, 立根原在群衆中。千磨萬擊還堅勁, 任爾東西南北風。"

1975년 11월 2일 ..... 모택동의 등소평 비판, 4인방의 집중 공격을 받은 등소평의 3번째 실각위기 → "너 등소평은 참회하지도 개선하려고도 하지않는 당권파이다" / 시진핑의 입학보증자, 청화대학 당위원회 부서기 유빙劉氷의 수난(유빙은 등소평 라인. 1978년 명예회복[平反] 후 감숙성 란주蘭州대학 당위서기 겸 교장, 감숙성 당 부서기를 역임한 항일전사이다. 1921년생으로 생존).

1975년 11월 3일 ..... 모택동이 문혁에 대하여 자체평가를 했다: **"성과는 7이고, 오류는 3이다. 문혁은 2개의 오류를 범했다. 전부를 타도한 것과 전면적인 내전으로 몬 것이다. 그리고 많은 노간부들을 타도한 것은 잘못된 것이다."**

1975년 11월 26일 .... 중국, 인공위성 발사 성공.

1976년 1월 8일 ...... **주은래 국무원총리 서거**. 시종쉰에겐 덕 있는 오랜 상관이며 생명의 은인, 시진핑에게는 어려서부터 주은래는 아주 친근한 "저우 아저씨"였다 / 15일 등소평, 주은래 총리 추도식에서 조사낭독 후 종적묘연.

임표세력타도에 이어 최종적으로 주은래 라인을 제거키 위한 온갖 수단을 강구하던 강청도 검은색 완장을 차고 주은래의 영전에서는 고개를 숙였다(첫째 줄 세 번째). 조사를 낭독하는 등소평.

1976년 2월 2일 ...... 모택동의 제안에 따라 중공중앙은 화국봉華國鋒을 국무원총리 대리에 임명 / 4월 7일 화국봉은 당 제1부주석 겸 국무원총리 취임, 모택동의 후계자로 부상한다. 반면 등소평은 당내직무가 해임되고 감찰 대상이 되었다.

1976년 4월 5일 …… **"4·5천안문 군중집회사건."** 청명절, 주은래 총리의 죽음을 애도하는 민중들의 자발적 집회(4인방의 악행과 모택동의 독재에 대한 불만이 일시에 폭발) → 반혁명폭동 규정, 유혈진압 / **슬픔에 젖어있으려니 피맺힌 원혼들의 절규소리가 들린다**欲悲聞鬼叫, **우리는 소리쳐 "에고 에고 ~" 곡하는데 저 승냥이와 이리떼는 살며시 웃음 짓는구나**我哭豺狼笑. **흐르는 눈물 뿌려 마당을 쓸고 한 맺힌 영웅·호걸들에게 제사를 지내노라**洒淚祭雄傑, **이제 우리는 두 눈 부릅뜨고 칼집에서 칼을 빼야하리**揚眉劍出鞘. — 왕립산王立山의 『천안문시초天安門詩抄』 / 1978년 11월 14일, 북경시위원회는 중앙정치국상위의 비준을 받아 **"4·5천안문 집회사건은 완전한 혁명적 행동으로 인정한다"**고 선포했다("4·5천안문사건" 관련자 명예회복)

人民的好總理(모택동 글씨) 우리인민의 좋은 총리
23.8×29mm. In Collection.

1976년 4월 5일, 천안문광장 중심의 인민영웅기념비에 자발적으로 몰려든 애도인파. 애를 안고 온 부모들도 많다. 주은래는 27년간 총리직을 수행하면서 어려운 살림살이에 "아플까 그릇될까 자식생각에 전전긍긍하는 어머니상"으로 중국인민들 심상에 박혀있다. 그들은 진정 주은래의 죽음을 슬퍼했고, 4인방의 정책에 대한 불만을 토로했다. 그리고 비판적인 구호가 터져나왔고, 모택동의 허락을 받은 몽둥이를 든 무리들이 곧바로 진압했다. 이때 388명이 체포·수감됐다. 1840년 아편전쟁시기부터 1949년 중화인민공화국 설립까지, 중국혁명을 이룩하는데 희생된 모든 영웅을 기리는 탑이 천안문광장의 인민영웅기념비이다. 13년 후(1989년 4월) 또다시 같은 장소에 청년대학생들이 대거 몰려들었다. 단순 애도가 아니었다. 이제는 분노였다. 민중의 함성이 고조되었다.

人民英雄永垂不朽

인민영웅기념비

1976년 7월 28일 .... 하북성 당산唐山 대지진.
(진도 7.8에 사망자 242,000여 명, 중상자는 164,000여 명)

1976년 9월 9일 ...... **모택동 서세** / 10월 6일 정권찬탈(강청의 당주석직 획득)을 노린 "문혁4인방"(문혁시기 권력중심부에서 모택동의 이념을 가장 충실하게 몸소 실현했던 집단: 왕홍문王紅文·장춘교張春橋·강청江青·요문원姚文元)과 모택동의 조카 모원신毛遠新(모택동의 동생 모택민毛澤民의 아들이다. 강청의 총애를 받으며 특히 문혁 때 연변을 생지옥으로 만들었다. 조선민족의 영웅 주덕해·조남기趙南起 상장을 박해했다)을 체포·구금(혁명원로 엽검영葉劍英·이선념李先念·섭영진聶榮臻·경표耿飈와 뜻을 함께 한 화국봉 당 부주석이 4인방 체포 강행. 당중앙판공청의 왕동흥王東興과 북경군구 사령관 진석련陳錫聯이 엽검영 편에 선 것이 결정적이었다.) / 10월 7일 화국봉, 당주석·당군사위 주석 내정.

뒤

양창제楊昌濟(북경대 철학과 교수):
어린 모택동을 성숙하게 키운 교육가, 모택동의 장인

杨开慧

1901 – 1930

양창제의 외동딸 양개혜

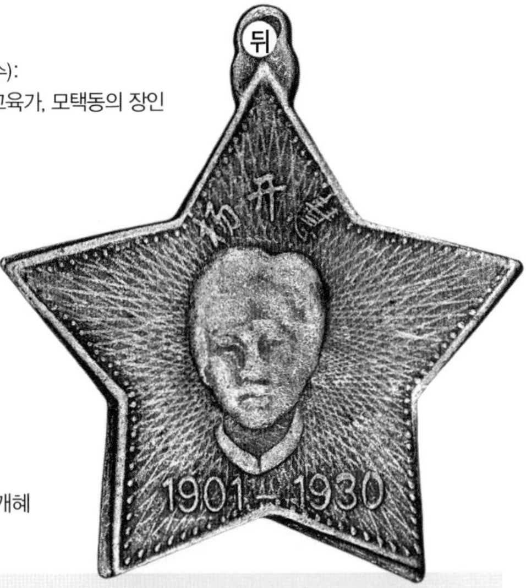

毛泽东

1893 – 1976

앞

46.5×50mm. In Collection.

毛澤東모택동 1893~1976 / **楊開慧**양개혜 1901~1930

쌍별혁명부부 모택동과 양개혜. 모택동 사후 모 주석의 영원한 반려자는 양개혜 여사라는 것을 중국인민들에게 새삼 환기시키려는 캠페인성 메달일 수밖에 없다. 4인방의 우두머리 강청을 잊고 싶은 것이다. 그 대신 영웅처럼 생을 마감한 양개혜를 기억하고 싶은 것이다: **"죽는 것은 애석하지 않다. 단지 윤지(모택동의 자字)의 혁명이 조속히 성공하기만을 바랄 뿐이다.**死不足惜, 惟愿潤之革命早日成功."(1930년 11월 14일, 국민당 위초작전 때 전향을 단호하게 거부하고 죽음을 선택). 모택동과 양개혜는 슬하에 세 아들을 두었다. 모안영毛岸英·모안청毛岸青·모안룡毛岸龍. 모안청의 아들이 모신우毛新宇(1970년생), 현재 인민해방군 소장少將이다.

1976년 12월 7일 ..... **정율성 서세**. 조선인임에도 불구하고 그는 유난히 큰 장례식으로 북경 팔보산혁명공묘에 묻혔다. 공청단의 대부 호요방이 추도사를 낭독했다: "**정율성 동지는 훌륭한 분이었습니다. 그는 임표와 4인방에 대해서 애증이 분명하게 투쟁했습니다. 특히, 연안시절 그의 노래는 최고봉에 이르렀고 중국인민의 해방사업과 혁명투쟁에 큰 기여를 하였습니다.**" 1976년 팔보산혁명공묘는 여러 번 세계의 이목을 집중시킨 장례식이 치루어졌다: 주은래(1월 8일)·주덕(7월 6일)·모택동(9월 9일)·정율성(12월 7일).

1977년 7월 16일 ...... **등소평 복귀**(중앙정치국 상무위원·당중앙 부주석·국무원 부총리·당중앙위 부주석·인민해방군 총참모장). 중공10대 3중전회에서 4인방 당적박탈·직무해임 / 화국봉의 "양개범시兩個凡是"(①모 주석이 내린 결정은 단 하나도 변경해서는 안된다.凡是毛主席作出的決策, 我們都堅決維護. ②모 주석이 내린 지시는 시종 변함없이 전적으로 따른다.凡是毛主席作出的指示, 我們都始終渝的遵循.) 견지. 화국봉의 양개범시는 시대착오적 판단이다. 죽은 모택동을 업어 자기권력을 유지하겠다는 어리석은 발상일 뿐이다 → "프롤레타리아 독재 하에서 계속혁명"이라는 문혁이념을 계승·고양시킴은 "4인방 숙청"과 상반된다. 화국봉의 시대착오적 판단 → 1980년도 말 화국봉 실각 빌미 제공.

1977년부터 3년간 ... 290만여 명(1957년 반우파 분자로 몰린 55만여 명 포함) 명예회복.

1977년 8월 12일 ..... 중국공산당 제11차 전국대표대회 개최(~18일). **화국봉 주석의 정치보고, 문화대혁명의 종결을 선언했다** / 등소평: "모택동사상의 핵심은 실사구시實事求是이다." / 8월 19일 중공11대 1중전회 개최. 중앙정치국 상무위원 선출(당중앙 주석: 화국봉, 부주석: 엽검영·등소평·이선념·왕동흥).

1977년 8월 13일 ..... **전국대학학생모집공작회의 개최(~9월 25일, 북경)**, 대학통일입시실시 결정(전국 570만 청년 참가) / 78학번이 문혁 이후 정상적인 대학입학생이다.

1977년 10월 9일 ..... 중공중앙당교, 10년 만에 개교(교장: 화국봉, 부교장: 호요방).

1977년 12월 10일 .... **호요방, 중공중앙조직부 부장 취임. 문혁 때 실각한 고급간부들(부부장·부성장급 이상의 지위)의 명예회복** → 등소평의 든든한 정치적 원군.

1978년 2월 .... 등소평, 당내역량으로 중국최고지도자로 군림 / **시종쉰 부부, 16년 만에 북경 중남해로 돌아왔다. 전국인민정치협상회 상무위원 취임.**

1978년 5월 11일 ..... 호복명胡福明(강소 무덕인, 1935년생. 정치학·철학전공 학자)이 『광명일보光明日報』에 **"실천은 진리를 검증하는 유일한 기준이다. 實踐是檢驗眞理的唯一標準."**라는 글을 발표했는데 이 글은 호요방이 교열한 것이다. 이 글은 어떠한 진리도 부단히 실천의 검증을 받지 않으면 안된다라고 주장함으로써 **모택동의 무오류성을 부정하고 사상해방의 길을 열었다.** 문혁의 역사적 평가의 기준점 마련 → **"양개범시"를 주장하는 화국봉 당내 비판 발판.**

1978년 10월 .... 제10차 중국공산주의청년단 조직 재건 / 1953년~66년까지 중앙공청단 제1서기를 역임한 호요방이 주도하여 활성화시켰다.

1978년 12월 18일 .... **중국공산당 제11계(屆) 중앙위원회 제3차 전체회의(중공11대 3중전회, ~22일)**: "프롤레타리아 독재 하의 계속혁명론"부정, "양개범시"의 오류 표명, **(경제)개혁·(대외)개방노선 채택** → 등소평시대 개막 / 부주석: 진운陳雲, 왕동흥 해임, 정치국위원 충원: 등영초鄧穎超(주은래 부인)·호요방·왕진王震 / 당기율검사위원회 설치(제1서기: 진운) / **시종쉰, 중앙위원 당선. 광동성 제1서기 겸 광동성 혁명위원회 주임 발령** / 중공중앙 선전부 부장 호요방胡耀邦이 중앙의 결정을 전달: **"시종쉰 동지는 광동성에서 국가의 남문을 굳건히 지키시오."** / **엄마 치신齊心, 광주시위원회 조직부 부부장 임명.**

1978년 4월 3일 빼이징 공항, 광동성 제2서기로 임명된 시종쉰을 배웅하기 위해 나온 사람들. 왼쪽 첫 번째가 시진핑.

1978년 12월 18일, 시종쉰이 광동성 제1서기로 승진하고, 팔로군 시절 생사를 함께 한 전우였고 건국초기 당 중앙판공청 주임을 역임했던 양상곤楊尙昆이 제2서기로 부임해와서 함께 개혁개방의 구체적 실행자가 되었다.

1979년 1월 1일 .... **중·미 국교회복** / 미국, 대만과 단교.

/ 국무원 부총리 등소평, 미국방문(1월 28일~2월 5일, 국가원수급 대우).

1979년 1월 18일 ..... 이론공작검토회의 개최(~4월 3일, 북경). 중공중앙선전부(부장: 호요방) 주관 / 3월 30일, 등소평은 "4가지 현대화"(공업, 농업, 국방, 과학기술의 현대화)를 달성하기 위해서는 "4가지 기본원칙四項基本原則"이 필요하다고 말했다: ①사회주의의 길 견지 ②프롤레타리아(인민민주) 전정 견지 ③중국공산당의 영도 견지 ④맑스·레닌·모택동 사상 견지 → 등소평의 정치개혁·경제개방 정책은 자유로운 사상을 구가하는 민주파를 탄압했다 → **"뻬이징의 겨울."**

1979년 2월 17일 ..... **중국·베트남 전쟁 발발**(~3월 16일, 동남아시아에서 소련의 영향력 저지) / 1991년 11월 베트남과 관계정상화.

1979년 4월 .... 광동성 서기 시종쉰, 광동특구 개창: "자주권 많이 주고 연방제 같은 정책을 펼쳐야 성공할 수 있다."(선쩐深圳·주하이珠海·산터우汕頭·시아먼厦門)

中共中央文件

中发〔1979〕53 号

中共中央批转中共中央组织部
关于为小说《刘志丹》平反的报告

各省、市、自治区党委，各大军区、省军区、野战军党委，中央和国家机关各部委党委、党组，军委各总部、各军兵种党委，各人民团体党组：

中央同意中央组织部关于为小说《刘志丹》平反的报告，现将这个报告及其附件转发给你们。报告中提出的具体建议，请有关单位落实。

中共中央

一九七九年八月四日

（此件发至县、团级）

1979년 8월 4일 ...... **시종쉰, 완전한 복권과 명예회복**(중공11대 4중전회). **왕진王震과 호요방 중앙조직부 부장의 적극적 노력**으로 17년 만에 소설 『유지단劉志丹』 사건의 오류가 시정되었다. 유지단사건은 강청을 배후조종한 강생康生의 조작극으로 판명되었다.

중공중앙문건

중발 [1979] 53 호

중공중앙이 중공중앙조직부에 내리는 공문
소설 『유지단』의 명예회복을 위한 보고서에 관하여

각성、시、자치구당위, 각대군구、성군구、야전군당위, 중앙과 국가기관 각부위원회당위、당조직, 군위각총부, 각군병종당위, 각인민단체당조직:

중앙은 소설 『유지단』의 명예회복을 위한 중앙조직부의 보고서에 동의한다. 지금 이 보고서 및 관련문서를 동지들에게 보낸다. 보고서 중에서 제기한 구체적 건의를 관련 부서에서 실현하기를 바란다.

중 공 중 앙
1979년 8월 4일

(본 문건을 현、단급에 보냄)

문건번역: 고명문高明文(전남대학교 철학과 박사과정)

1979년 여름 (26세) .... **시진핑, 청화대학졸업. 국무원판공청國務院辦公廳 · 중앙군사위원회 판공청(1979년 11월 신설) 취직.** 국방부 부장 경표耿飇의 비서가 됨(1979~1982, 시진핑은 현역군인의 신분을 확보했다). 경표는 장정을 함께한 엽검영 원수의 직계. 화국봉과 엽검영을 위시하여 4인방을 구축驅逐하는데 결정적 역할 / "지도자가 되려면 군경력이 필요하다."(모택동) / 쩡산曾山(1930년 강서성 소비에트정부 주석)의 아들 쩡칭홍曾慶紅(국가계획위원회 판공청 비서)과 호형호제呼兄呼弟. 쩡칭홍은 1984년 이후 상해시 서기 강택민江澤民의 복심腹心이 되어 1989년 총서기로 간택된 강택민을 따라 북경 중남해 중앙판공청 부주임·주임 안차(1989년~1999년). 2007년 정치국 상무위원 6위로 입성하는 시진핑의 모든 터전을 마련해 주었다 / 당시 주영대사 커후아柯華(북경대 재학중 37년 팔로군 입대, 서북군정위원회 문화교육위원회 비서장, 시종쉰의 직계 부하)의 딸, **커링링柯玲玲과 혼인(1978~82) 그리고 이별(커링링은 영국유학을 택했고, 시진핑은 조국을 택했다)** / 뿨시라이도 중앙판공청 근무(1982~84).

1979년 10월 1일 ..... 엽검영 당부주석, 국경절 기념연설(당내 · 외 의견조율 합의사항):
"문화대혁명은 당내와 국내정세를 잘못 판단하고, 민주집중제의 원칙에서 벗어나 잘못된 투쟁을 벌여 인민에게 커다란 재난을 안겨준 건국 이래 가장 중대한 실패다." (모택동비판 제1단계) → **10년동란十年動亂.**

1979년 10월 18일 .... 【KOR】 대한민국정부, 부산비상계엄령 선포.
(민주화 요구하는 부산지역 학생시위) / 20일 마산 · 창원 위수령衛戍令 공포.

1979년 10월 26일 ... 【KOR】 대한민국 박정희朴正熙 대통령, 시해弑害 당하다.
/ 臣(김재규金載圭 중앙정보부 부장)弑其君(박정희 대통령)

1979년 10월 27일 ... 【KOR】 대한민국 전국 비상계엄령 선포 / 1981년 1월 24일 비상계엄령 해제.

1979년 12월 6일 ..... 북경 서단西單 "민주의 벽" 대자보 부착금지 → 민중의 함성 차단.

1979년 12월 25일 ... 소련, 아프가니스탄 침공.
/ 30일 중국정부, 소련의 아프가니스탄 침공 규탄성명서 발표.

1980년 1월 .... **시종쉰, 광주군구 제1정위 · 당위 제1서기 겸임.**

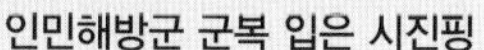

인민해방군 군복 입은 시진핑

공농홍군시절의 껑뺘오耿飈(홍4군 참모장)

아버지 시종쉰이 16년간 고단한 유배생활을 거쳐 고위직에 컴백하는 주변의 번거로움 속에서 청소년시기를 보낸 시진핑은 세상을 중층적으로 파악한다: **"권력·꽃·영광과 박수소리만 본 것이 아니고, 수용소도 보았고, 염량세태炎凉世態도 보았으며 정치라는 것이 한층 더 준엄하고 모진 것이라는 인식을 갖게 되었다."** "4인방"을 분쇄하는데 결정적인 공을 세운 경표는 화국봉 주석과 엽검영의 신임을 한몸에 받았다. 경표가 중앙정치국위원·국무원부총리·중앙군사위원회 비서장으로 당정군黨政軍에서 두루 영향력을 과시하는 시점에(1979년), 청화대학을 졸업한 시진핑이 중국 정계에서 가장 핫한 중남해의 중앙군사위원회 판공청에 취직했다. 시진핑은 이때 군복 입고 부총리 경표를 보좌했다. 경표(황포군관4기)는 아버지 시종쉰과 생사를 함께 한 전우다.

1980년 2월 23일 .... 중공11대 5중전회 개최(~29일). "배신자·적의 첩자·노동자의 적"으로 당에서 제명된 **유소기의 명예회복**(위대한 맑스주의자·무산계급 혁명가, 당과 국가의 주요한 영도자 중의 한 명) / 4인방 제거에 일등 공신이었던 문혁파 왕동흥·오덕吳德·진석련陳錫聯, 당직책 해임. **호요방·조자양, 정치국상무위원 입성** / **"인민은 등소평이 새로운 독재자가 되는 것을 경계해야 한다."**(북경 천안문 광장의 서쪽벽, 서단西單의 대자보 부착금지) / 등소평은 국가안정·단결 이유로 인민의 4대자유(대명大鳴·대방大放·대변론大辯論·대자보大字報)를 헌법에서 삭제할 것을 요구했다.

1980년 4월 14일 ..... 【KOR】 전두환全斗煥 보안사령관, 중앙정보부 부장 겸임.

1980년 5월 15일 ..... 【KOR】 대한민국 전국대학생 10만여 명, 서울역집결 시위. 계엄령철폐 요구: "서울의 봄" 갈구 / 17일 비상계엄 확대: 김대중金大中·문익환文益煥 연행(소요조종 혐의), 전두환은 김종필金鍾必·이후락李厚洛도 연행했다(권력형 부정축재 혐의).

1980년 5월 18일 ..... 【KOR】 최규하정부, 전국대학휴교령 발령. **광주민중항쟁 발단** / 27일 광주시내 계엄군 진입, 광주민중 학살 / 31일 국가보위비상대책위원회(國保委) 설치. 의장: 최규하 대통령, 상임위원장: 전두환 정보부장.

1980년 5월 25일 .... 시진핑, 최초 미국방문. 경표 부총리 수행(~6월 6일).
(항공모함 CV-61 레인저USS Ranger호 참관)

1980년 8월 4일 ...... 【KOR】 국가보위비상대책위원회, 삼청교육대의 "순화교육"계획 발표 / 16일 최규하 대통령 하야下野 / 21일 전군주요지휘관회의 결의: "전두환 장군을 국가원수로 추대하자!" / 27일 전두환, 제11대 대통령 당선(통일주체국민회의) / 9월 17일 계엄사령부, 김대중 사형 선고 / 10월 17일 문교부, 학생시위를 주도하는 고려대학교 휴업령休業令 발령 / 11월 14일 언론사 통폐합 / 12월 1일 새마을운동중앙본부 발족.

1980년 8월 30일 .... 제5차 전국인대 제3차 회의 개최(~9월 10일, 북경). 화국봉 총리 해임. "사천의 경험"을 창도한 사천성 당서기 **조자양趙紫陽, 국무원총리 취임.**

화국봉華國鋒

조자양趙紫陽

호요방胡耀邦

등소평鄧小平

> 중국공산당중앙위원회 주석(1976년 10월 7일~1981년 6월 27일)·중화인민공화국 국무원총리(1976년 2월 2일~1980년 9월 10일)·중국공산당중앙군사위원회 주석(1976년 10월 7일~1981년 6월 27일)을 역임한 거물, 화국봉은 과연 누구일까? 고강·임표·왕홍문·강청, 이 4사람의 공통점은 모택동의 후계자 물망에 올랐다가 비운에 간 사람들이다. 그러나 화국봉은 이들보다는 편안하게 등극하고 시시하게 사라졌다. **"그대가 일을 주관하고 있으니, 내 마음이 놓인다.** *你辦事, 我放心.*"라고 유언하고 모택동을 편안하게 눈을 감게 한 사나이가 화국봉이었다. 그는 1951년 6월 모택동의 고향, 호남성 상담현湘潭縣 위원회 서기로 정치를 시작했다(1921~2008).

1980년 11월 10일 .... 중공중앙정치국회의 개최(~12월 5일). **화국봉**은 당중앙위원회 주석과 당중앙군사위원회 주석을 사임했다. 당중앙위원회 주석: **호요방**, 당중앙군사위원회 주석: **등소평**으로 내정. 화국봉은 용의주도한 등소평에게 밀려난 것이다.

1981년 1월 25일 ..... 최고인민법원, 임표·4인방 판결확정: 강청 사형(**법정진술: "나는 모 주석의 똥개였다. 我是毛主席的一條狗**" 집유 2년, 무기징역 감형. 1991년 5월 14일 자살)·

장춘교 사형(집유 2년)·요문원 징역 20년·왕홍문 무기징역·진백달陳伯達 징역 18년·황영승黃永勝 징역 18년·오법헌吳法憲 징역 17년·이작붕李作鵬 징역 17년. 심양군구 정치위원 모원신毛遠新(동북의 태상황) 징역 17년(1976년, 중국인민해방군 군사법원) / 1993년 10월 모원신, 만기석방. "모택동탄생 120주년" 기념식 참석(2013년 12월 26일).

1981년 1월 28일 ..... 【KOR】 전두환 대통령, 미국방문. 레이건 미국 대통령과 회담. / 2월 25일 전두환, 제12대 대통령 당선.

1981년 6월 27일 ..... **중공11대 6중전회** 개최(~29일, 북경). **〈건국 이래 당의 약간의 역사적 문제에 관한 결의〉**: "**문화대혁명을 전면 부정한다.** 하지만 모택동에 대한 평가는 공적이 첫 번째요, 오류는 두 번째다(모택동비판 제2단계) 여전히 모택동사상은 당의 지도사상이다." / **문화대혁명 역사적 평가**: "**문화대혁명의 이론과 실천은 모두 착오적인 것이다. 그것은 어떠한 의미맥락에서도 혁명, 또는 사회진보로 간주될 수 없다. 그것은 영도자 모택동의 한판 착오 발동일 뿐이며 반혁명집단에게 이용당한 것일 뿐이다. 그것은 당과 국가, 인민에게 엄중한 재난을 가져온 내란일 뿐이다. 모택동은 주요 책임을 져야 한다. 단지 그의 착오는 한 위대한 무산계급 혁명가 인간이 저지른 착오일 뿐이다. 문화대혁명의 교훈과 당의 현재 상황에 근거하여 우리의 당을 건설해야 하며 건전한 민주집중제의 당으로 발전시켜야 한다.**" / 호요방, 당중앙위원회 주석(~82년 9월 11일. **총서기로 개명** 82년 9월 12일~87년 1월 15일) 취임. 등소평, 중앙군사위원회 주석 취임 / **27일 시종쉰, 중앙서기처 서기 취임.**

1982년 3월 (28세) ... **시진핑, 하북성 석가장石家莊 파견. 중국공산당 하북성 정정현正定縣 현위 부서기(군복을 벗고 기층基層 복무)** / "자극이 없는 한가한 생활이 오히려 불안했다. 나는 기층으로 가서 민중들과 함께 하고 싶었다."(원로혁명가의 자제들 중에서 그 당시 기층을 지원한 또 한 사람이 유소기의 아들 유원劉源이다.)

1982년 9월 1일 .... 중국공산당 제12차 전국대표대회 개최(~11일). 등소평 개회사: **"중국특색사회주의"** 천명. 〈당장정黨章程〉 개정: **"법치法治"정신 도입, 개인숭배 금지** / 중공12대 중앙위원회 위원 348명 중 60%가 신인·복권된 원로인사, 신진세력 대거 약진(전자공업부 부부장이었던 **강택민江澤民 당중앙위원회 입성**).

1982년 9월 12일 ..... 중공12대 1중전회 개최(~13일). 당주석·부주석제 폐지, **집단지도방식인 총서기체제** / 중공중앙고문위원회 신설(200여 명의 혁명원로간부): 주임(등소평)·부주임(박일파薄一波·허세우許世友·담진림譚震林·이유한李維漢) / 등소평·진운陳雲 원로그룹이 최고결정권자이고, 호요방(총서기)·조자양(국무원총리)은 집행자이다.

1982년 9월 12일 ..... 시종쉰, 당중앙정치국위원·중앙서기처 서기 취임(중국공산당 제12차 전국대표대회 1중전회) / 시종쉰의 최고 황금기, 호요방·등소평과 함께 중남해中南海 중앙정치국에서 국가경영 참여 / **엄마 치신, 중앙기율위원회 위원.**

중공11대 중앙서기처의 호요방 총서기와 함께 한 시종쉰 서기 / 광포한 문혁시기에서 생환한 원로들
(시종쉰, 1981년 6월 11대 서기 충원. 1982년 9월~1987년 10월 12대 서기)

호요방 총서기와 함께 한 것으로 보아 시종쉰이 새롭게 입단한 것을 기념하여 11대 일부 서기처 서기들과 찍은 사진이다(1981년 6월 29일 촬영).
중공11대 서기처 멤버: 호요방胡耀邦·만리萬里·왕임중王任重·방의方毅·곡목谷牧·송임궁宋任窮·여추리余秋里·양득지楊得志·호교목胡喬木·요의림姚依林·팽충彭冲·시종쉰習仲勳

1982년 9월 16일 ..... 조선민주주의인민공화국 김일성 주석, 중국방문(~25일). 호요방·등소평·조자양과 회담, "고려민주연방공화국" 지지표명.

1982년 10월 .... 시종쉰 전국인민대표대회 부위원장, 대표단을 이끌고 북한방문 (대표단 중 혁명동지 항여년項與年의 아들인 복건성 서기 항남項南 포함).

1982년 11월 26일 .... 중화인민공화국 제5차 전국인민대표대회 개최(~12월 10일, 북경). 〈중화인민공화국신헌법〉 채택: "**노동자계급이 지도하는 노·농동맹을 기초로 한 인민민주주의전정人民民主主義專政의 사회주의 국가이다.**"(1954년 헌법에 이미 명시되었던 조문) / 〈구헌법〉: "노동자계급이 지도하는 노·농동맹을 기초로 한 프롤레타리아전정無產階級專政의 사회주의 국가이다."(1978년) / 개인경영 인정 / 인민공사人民公社 해체 → 향鄕·진鎭인민정부 수립.

1983년 (30세) .... 시진핑, 중공 하북성 정정현위원회 서기취임(~1985) / 『정정현지正定縣誌』 통독 후 이 지역이 삼국시대의 명장 상산常山 조자룡趙子龍의 고향이라는 것, 『홍루몽』의 중심무대라는 것에 착안하여 홍루몽의 "영국부榮國府" 촬영세트 설립. 활용 후 상설관광지로 개발 → 정정현의 관광업은 중국관광산업의 한 모델이 되었다 / 퇴직한 원로간부와 현자를 우대하고 기층민과 동화 / 오강사미五講四美(강문명講文明, 강예모講禮貌, 강위생講衛生, 강질서講秩序, 강도덕講道德 + 심령미心靈美, 어언미語言美, 행위미行爲美, 환경미還境美 1981년 2월 15일, 9개 단체에 의하여 제창된 청소년 교육지침) 증진 / 농산물의 상품화로 농가소득상승 / **하북성 무극현위원회 서기 리잔수栗戰書. 이때부터 시진핑과 절친. 2016년 현재, 리잔수는 중공18대 당중앙판공청 주임(2012년 9월 1일~2017년 10월 30일).**

리잔수

"여유롭고 한가한 생활이 오히려 나를 초조하고 불안하게 하였다(화국봉-엽검영-경표 라인이 등소평 라인에게 떠밀리는 시기). 나는 기층基層으로 가서 일반 주민들과 함께 하기를 갈망하였다." 왼손에는 연기나는 담배를 끼고 오른손에는 서류처리를 기다리는 펜이 들려있는 시진핑의 모습이 만족스러워 보인다. 바람대로 기층에 내려와 공작하는 시기로 보여진다. 오른쪽 사진은 현재, 시진핑의 복심腹心 리잔수栗戰書, 시진핑 체제에서 핵심적 역할을 담당하고 있다 / 2017년 10월 25일 중공19대 1중전회에서 당중앙정치국 상무위원회 진입(서열3위).

1984년 1월 10일 ..... 조자양趙紫陽 총리, 미국 · 캐나다 방문(~23일). 중공업기술협력협정 및 과학기술협력협정 조인.

1984년 3월 23일 .... 나카소네中曾根康弘 일본수상, 중국방문(~26일). 호요방 당총서기 · 조자양 국무원총리 · 등소평 군사위주석과 회담 / 24일 나카소네, 북경대학 강연 / 25일 기자회견: "중·일 우호21세기위원회발족 계획, 향후 7년간 4,700억 엔 차관, 60억 엔 무상원조방침 표명."

1984년 4월 26일 .... 레이건 미국 대통령, 중국방문(~5월 1일) / 등소평 중앙군사위주석과 회담. 미국의 무기수출문제, 중·미 원자력협정 조인.

1984년 12월 18일 ... 마가레트 대처 영국수상, 중국방문(~29일). 1997년 7월 1일(홍콩 주권회복의 날)에 구룡반도(1898년에 99년간 조차) 포함해서 홍콩 일괄반환 결정 타결 / 당시 실무를 담당한 주영 중국대사가 **시진핑의 장인이었던 커후아柯華**이다.

1985년 5월 22일 .... 【KOR】 5개 대학생 76명, 서울 미문화원 점거 단식농성(~5월 26일). 광주항쟁에 대한 미국의 책임인정·공개사과 요구 / 7월 전국 19개 대학의 삼민투三民鬪 간부 63명 검거 발표 / 8월 27일 제9차 남북적십자 회담(평양) / 12월 3일 제10차 남북적십자 회담(서울)

1985년 5월 23일 .... 중공중앙군사위원회 확대회의 개최(~6월 6일). 10개 군구軍區에서 7개 군구로 통합하고, 인민해방군 100만 명 감축 발표 → 등소평의 군라인(제2야전군 출신), 인민해방군 장악.

1985년 6월 15일 (32세) .... 시진핑, 복건성 경제특구 하문시厦門市(아모이 섬) 상무위원 부시장 취임. 전임 부시장 안리安黎(호요방의 아들 호덕평胡德平의 부인)가 시아버지 이름을 팔며 시정을 어지럽혀 놓은 것을 해결하기 위하여, 호요방이 직접 시진핑을 낙점했다. 복건성 성장을 역임한 2002년까지 17년간 복건성 재직: **"내 청춘의 아름다운 시절을 복건성에서 보냈다."** / 하문 해안방어 구역에서 하문 개방특구로 전향(1980년 10월).

1985년 6월 16일 ..... "진강晋江제약회사 가짜약 사건"(『인민일보』 게재) / 보수파(진운陳雲·박일파薄一波)의 개혁파(호요방胡耀邦·항남項南)에 대한 반격 → 1986년 연초 중국공산당 복건성위원회 서기로서 진보적인 생각을 가지고 복권성 행정을 바르게 이끌었던 항남을 낙마시켰다(감독 · 관리소홀이라는 단순한 행정적 책임). 항남項南, 1918~1997은 호요방 계열의 사람이었다 → 1987년 초, 호요방 중국공산당 중앙위원회 총서기 퇴진.

1986년 12월 1일 ..... 안휘성 합비合肥의 5,000여 명 과학기술대학 학생들의 민주화 요구 시위. 전국(무한 · 상해 · 북경 · 곤명 · 광주 · 천진 · 남경 · 항주 등) 150여 개 대학에서 데모·집회(5일~9일) / 구호: **"민주 · 자유 · 인권을 원한다(要民主 · 要自由 · 要人權)! 관도(관리부정거래)와 부패를 반대한다(反官倒 · 反腐敗)." "손중산만세孫中山萬歲" → 등소평, 당을 통한 민주화운동시위 통제 개시.**

1987년 1월 10일 ..... 뻑시라이의 아버지 박일파薄一波(중국공산당 고문위원회 부주임, 유소기 라인으로 문혁 때 실각되었다가 호요방의 노력으로 복권. 8대원로 중 1인으로 원로정치의 한 축을 담당) 주재하에 2·30명 당정고위층의 내부회의, "당내 생활회"개최(7일간 호요방 성토, **시종쉰만 문혁 때처럼 총서기를 핍박하는 것은 비정상적·반당적이라고 일갈하고, 용감하게 호요방 총서기를 지지하는 발언을 했다**) / 중국공산당 고문위원회: 200여 명의 복권된 원로들로 구성되어 있고 1982년부터 1992년까지 존치, 주임은 등소평. "열렬등소평후원회"와 같은 성격을 띠고 있다.

중국공산당중앙위원회 총서기 호요방과 중국공산당중앙군사위원회 주석 등소평이 민중의 환호에 답하고 있다. 두 사람 사이로 박수치고 있는 박일파도 보인다.

1976년 10월 7일, 화국봉·엽검영·경표의 "회인당사변懷仁堂事變"으로 문혁4인방을 역사의 무대에서 퇴장시킨 후, 엽검영이 아들 엽선녕葉選寧을 호요방의 집으로 보냈다. 치국건의治國建議를 구하는 자리였다. "현재 우리는 중흥中興이라는 위대한 사업을 견지해야 할 때다. 그럴려면 인민의 인심을 얻어야 하는 것이 선결과제다: ①인민의 지지를 받고 있는 등소평에 대한 비판을 정지하면 사람들 마음이 크게 순해진다(人心大順). ②문혁을 포함하여 국가가 주도한 동란動亂 동안 억울하게 당한 사람들을 명예회복시켜주면 사람들 마음이 크게 기뻐한다(人心大喜). ③생산력을 높이는 정책을 펼치면 사람들 마음이 즐거워서 활짝 꽃이 핀다(人心樂開花)." 이 세 가지 국가중흥시책이 등소평의 캣치프레이즈인 "진리표준대토론眞理標準大討論"·"평반원가착안平反冤假錯案"·"개혁개방改革開放"으로 100% 실현되었다. 후세사람들은 호요방의 치국건의를 "제갈량의 융중대책隆中對策"과 같다고 칭송한다.

1987년 1월 16일 ..... **호요방 중국공산당 중앙위원회 총서기는 개혁·개방정책을 강화하면서 인치人治 아닌 법치法治주의를 강조했고 당내 민주화를 추진했다. 등소평은 중앙정치국확대회의를 주재하여 호요방 총서기가 정치원칙상의 오류를 범하고 있다고 비난했다. 결국 호요방은 총서기직을 사임했다.** 호요방의 퇴진은 "자산계급의 자유화"(학생들의 민주화) 묵인과 등소평을 비롯한 고급원로간부 명퇴요구(廢除領導職務終身制)가 원인이었다. 당 원로들은 77년 자신들을 복권시키는데 앞장선 호요방에게 칼을 들이댔다. 혁명원로들의 도과倒戈이다. 등소평(당 고문위원회 주임)의 각본과 연출, 행동대장은 박일파 / 등소평의 당시 정치적 신분: 당중앙군사위 주석(1981-1989), 국가중앙군사위 주석(1983-1990).

1987년 6월 10일 ..... 【KOR】 박종철군 고문살인 조작·은폐 규탄 및 호헌철폐 국민대회 개최(전국 18개 도시) / 6월 26일 호헌철폐 100만여 명 시위(전국 37개 도시) / 6월 29일 노태우 민정당 대표, 6·29 민주화 선언 / 7월 5일 시위도중 경찰이 쏜 직격탄에 맞은 이한열李韓烈군 사망.

근조 애국학생 고 이한열 열사 영결식 1987년 7월 9일 오전 7시 범국민장례식

1987년 6월 9일, "군부독재타도·호헌철폐"를 앞서 외치던 이한열(연세대 경영학과 86학번)군이 쓰러졌다. 이한열은 1966년 8월 29일 전남 화순에서 태어났다. 광주민중항쟁의 슬픈 이야기를 보고 듣고 자라난 그는 1987년 7월 5일 "6월민중항쟁"의 불씨가 되어 장렬하게 모교에서 생을 마감했다. 위 사진은 연세대 영결식장을 떠나 100만 인파가 모여든 서울시청앞 광장으로 향하는 노제路祭 모습이다. "**제 앞에 쓰러진 한열이를 보면서 제 대신 최루탄에 쓰러졌다는 부채감에서 벗어나지 못해 힘들었습니다.**" 이한열추모사업회 사무국장 우상호의 말이다. 그 당시 연세대학교 총학생회장이었다. 2016년 5월 4일 20대 국회 더불어민주당의 원내대표가 되었다(~ 2017년 5월). 우상호가 말했던 "부채감"을 새삼 되뇌이게 한다.

1987년 9월 1일 (34세) .... 펑리위앤彭麗媛(25세, 인민해방군 소장, 해방군총정치부 문공단文藝工作團의 저명 가수)과 시진핑 혼례.

인민해방군 총정치부 견장을 단 펑리위앤 소장, 시진핑과 펑리위앤의 신혼시절

"펑리위앤의 족적은 해안방어 최전방까지 미치고, 병영과 초소 곳곳에 그녀의 노랫소리가 흘러나왔다. 노산嶗山 최전방과 장강長江 홍수방지 최전선, 그리고 눈내리는 고원에도 모두 그녀는 자취를 남겼다. 그녀는 해방군 장교와 사병의 마음속의 눈부신 별이었다." 관영 매스컴이 펑리위앤을 소개하는 분위기가 마치 홍군의 대장정 행군 과정을 연상케 한다. 홍콩의 『성도일보星島日報』 또한 한층 흥분했다: "광채가 눈부신 여인이 퍼스트레이디가 되다니 시진핑이 국제사회에서 교류하는데 도움이 될 것이다. 그녀의 노랫소리와 아름다움은 장차 시진핑의 '부드러운 역량'이 될 것이다."

2011년 교환교수로 한국에 온 북경대 교수로부터 나는 직접 들었다: "펑리위앤이 시진핑보다 더 유명하다. 성품도 훌륭하다. 그리고 민중의식이 있다."

1987년 10월 25일 ... 중공13대 전국대표대회 개최(~11월 1일, 북경). 조자양 총서기의 정치보고: **"사회주의 초급단계론"**(부동산[토지사용권] 매매, 사영기업·주식거래 도입).

1987년 12월 .... 시진핑, 하문시장 추이균鄒爾均과 시장경선을 했으나 탈락.

1987년 12월 12일 .... 당총서기 조자양趙紫陽, 하문 시찰(시진핑 수행).

1988년 3월 26일 .... 소련, 최초로 전국인민투표 실시. 공산당후보자 대거 낙선 / 4월 2일 체코슬로바키아 다당제 선거. 동유럽 연쇄반응 / 6월 4일 폴란드, 노조 의석 99% 획득.

1988년 4월 8일 ...... 시종쉰, 제7차 전국인민대표대회 상무위원회 부위원장 당선. / 국가주석: 양상곤楊尙昆, 전인대상무위원장: 만리萬里, 국무원총리: 이붕李鵬.

1988년 5월 10일 ..... **"모택동·주은래·유소기·주덕" 4명의 영수두상이 박힌 인민폐 100위앤 권券 발행(~1992년 8월 20일) / 1992년 이후 모든 화폐는 모택동 단독 초상 / 인민폐 2각角엔 조선족 여인이 있었다(1999년 북경에서 사용).**

1954년 9월 15일, 중화인민공화국 제1차 전국인민대표대회에서 여타 다른 정당은 배제되고 4명의 공산당 영수에게만 국가통치를 일임했다: 모택동(국가 주석) • 주덕(국가 부주석) • 주은래(국무원 총리) • 유소기(전국인대 상무위원장) / 다양한 당파의 연정聯政의 꿈은 사라지고 중화소비에트공화국 시대로 회귀했다.

1988년 6월 16일 ..... 중국중앙전시대中國中央電視臺(CCTV)에서 제작한 6부작 다큐멘터리 『황하의 죽음河殤』 방영. "중화문화반사록中華文化反思錄"이라는 부제가 붙어 있었는데, 문명사적 시각을 포함하여 중국현대사를 총체적으로 다시 조감하게 만들었다. 중국지식인의 각성·토론열풍.

1988년 6월 .... 시진핑, 복건성 영덕寧德 지방위원회 서기 임명(복건성위원회 서기 겸 조직부장 가경림賈慶林이 방문·전달: "영덕으로 가서 특별한 조치를 취하여 낙후된 상황을 바꾸시오.") / "약한 새가 먼저 날고, 낙숫물이 댓돌을 뚫는다滴水穿石."(시진핑의 영덕지구 모토). **영덕 지역의 불법건축으로 엄청난 재미를 본 부패간부를 대대적으로 색출·처벌, 농민들은 가난으로부터 탈출 → 영덕모델(시진핑의 중요업적).**

1988년 7월 7일 ...... 【KOR】 노태우 대통령의 7·7선언: 남북한 UN 동시가입, 이산가족상호방문, 4대국교차승인, 일본과 북한 교섭환영 / 8일 "중공中共"이 "중국中國"으로 공식호칭됨.

1988년 .... 대만 국민당 13차 전국대표대회에서 이등휘李登輝를 국민당 주석으로 선출 / 객가인이며 대만에서 태어나 대만에서 자라난 이등휘 총통은 중화민국의 타이완화를 추진, 정치체제의 민주화 진행과 더불어, 중화인민공화국과 비정치적 수준에서 경제교류 시작.

1988년 .... 등소평과 조자양 총서기의 "물가개혁闖物價關" 실패로 물가지수 폭등, 대규모 예금인출사태(개방개혁의 문제점 표출): **"모택동의 아들은 전쟁터에서 갔고, 임표의 아들은 정변政變을 일으켰고, 등소평의 아들은 복권을 팔고, 조자양의 아들은 칼라TV를 밀거래한다."**(당시 세태를 풍자한 민요) / 당중앙지도부의 자제·친척들이 관련된 종합상사·집단공사 대리설립이 대표적인 **관도**(**官倒**, 공적인 국가정보를 가지고 사적인 재화를 늘리는데 혈안이 된 공무원의 경제범죄) 현상이다. 이것은 도처에서 자행되는 대규모 경제부정으로 인민들의 불만이 극에 달했다.

1989년 2월 25일 .... **부시**George H. W. Bush **미국 대통령, 중국방문**(~27일). 등소평 왈: "중국은 안정이 우선이다. 민주주의를 추구하면 혼란이 온다." / 2월 27일 부시 미국 대통령, 한국방문.

1989년 4월 15일 ..... **중국공산당 정치국 상무위원 호요방 전 총서기 돌연사. 우리가 알고 있는 소위 "6·4천안문사건"의 출발점이다.** 북경대학의 애도벽보를 시작으로 전국적으로 추모분위기 확산 / 호요방의 평소 소신: **"인민 군중이 시위를 하는 조건을 전제로 하여 집권하는 것에 적응해야 한다."**

1989년 4월 17일 ..... **중국정법대학 600여 명의 대학원생과 교수들이 자체 제작한 호요방 영정과 조화를 들고 진혼곡을 부르면서 천안문광장까지 행진하였다.** 그리고 인민영웅기념비에 헌화하였다. 이후 호요방 총서기를 애도하는 민중들이 기하급수적으로 불어났다. 고공행진하는 인플레이션(17.8%), 관료들의 경제비리에 대한

인민들의 분노, 그 노도와 같은 함성이 결국 **"호요방 명예회복과 민주화 요구"** 의 정치집회로 변신하였다(10만 명 운집, 4월 19일) / 홍콩 100만여 명, 민주화 지지데모(5월 22일).

中國政法大學 全體師生敬獻 중국정법대학 전체사생경헌

1976년 4월 5일과 똑같은 상황이 벌어졌다. 1989년 4월 17일 천안문광장의 인민영웅기념비 앞에 호요방 영정이 놓였다: **"중국정법대학의 교직원·학생 전체가 존경하는 마음으로 호요방 전 총서기에게 바칩니다."** 그리고 남개대학南開大學·청화대학清華大學·북경대학北京大學 등 대학생들이 시민들의 박수갈채를 받으며 줄줄이 만장과 깃발을 들고 "민주화"연호 속에 천안문광장으로 몰려들었다. 승리의 "V"자로 손짓하는 저 청년들의 맑은 기운이 그대로 아픈 역사가 되었다. 그들은 아직도 어둠 속에 갇혀있다. "89년 천안문 6·4참안慘案"(제2차 천안문사건)은 철저히 암흑 속에 봉인되어 있다. 그나마 "76년 천안문 4·5참안"(제1차 천안문사건)은 형식적으로나마 명예회복되었다.

1989년 4월 24일 .... 북경 16개 대학, 무기한 수업거부 돌입(學生罷課).

1989년 4월 25일 .... 등소평 강경발언: "이번 학생운동은 여느 학생운동과는 다르다. **공산당의 지도를 부정하고(반당), 사회주의제도를 부정하는 정치활동이다(반사회주의).**"

1989년 4월 26일 .... 정부와의 대화를 요구하는 학생운동을 "반당·반사회주의"로 규정한 등소평의 당 내부 발언이, 등소평이 의도하지 않은 상황에서 『인민일보』

사설에 게재되는 불행한 사태가 벌어졌다. 이것은 이붕 국무원총리의 기획이었다 / 27일 건국 이후 최대 학생시위 → 이붕과 보수파 의도대로, 학생과 정부는 완전 대립 구도로 치달았다 → 개혁파 조자양 퇴진 노림수.

1989년 5월 4일 …… **5·4운동 70주년기념 북경시 학생 15만 명, 시내 데모행진("반관도反官倒·요민주要民主")에 시민들 적극 동조 / <신 "5·4"선언> 발표.**

1989년 5월 15일 ….. **고르바초프Gorvachev 소련공산당 서기장, 중국방문**(~18일) / "중국지식인" 천안문광장 행진(북경·청화대 교수 등 60여 조직 참여).

1989년 5월 19일 ….. 학생들의 단식 항의데모를 "반당행위·반사회주의"로 보는 정부당국과는 달리, 5·4운동 이래 면면히 전승되는 "애국운동"으로 평가한 조자양 총서기는 학생대표 왕단王丹과 천안문광장에서 대화했다(중공16·17대 국무원총리를 지낸 원지아빠오溫家寶가 당중앙판공청 주임[1986~1993] 자격으로 배석).

"정부가 줄곧 이번 학생민주애국운동에 동란動亂이라는 모자를 씌우고 일련의 왜곡보도(『인민일보』 4월 26일 사설)를 해온 것에 항의하기 위해"

1989년 5월 13일, 수천 명의 학생이 천안문광장에서 단식투쟁에 들어갔다. 5월 20일, 북경계엄선포. 5월 24일, 10만 명의 학생이 모인 상태에서 학생들의 "천안문광장보위지휘부"가 출범했다. 이때 대회 사회자 왕단王丹이 "광명과 암흑 최후의 결투"라는 선언문을 낭독했다: "1989년 4월 중국역사는 새로운 시대로 접어들었다. 북경의 대학생이 일으키고 전국 각계의 인민이 광범위하게 참여한 위대한 애국운동은 중국역사에서 아무도 하지 않았던 첫 번째 운동이다." 학생들의 표정이 결연하다. 5월 28일, 정석손丁石孫 북경대학 총장의 학생지지발언: "중국학생의 이번 민주화운동은 현존 권력기관에 대한 항거이자 수천년 동안 내려온 독재통치제도에 대한 항거이다." "6·4"진압 후 정석손 총장은 해임되었다. 훗날(2010년 10월 8일) 노벨평화상을 받은 리우샤오뿨劉曉波도 급히 귀국하여 이 학생운동에 참여했다. 왕단은 후에 『중화인민공화국사 15강』(2010년, "6·4천안문사건" 상세기술)을 출간했다.

1989년 5월 20일 ….. **이붕李鵬 국무원총리, 북경 계엄령선포:** "운동은 반혁명 폭동으로 변질됐다." / 23일 100만이 넘는 학생·시민 집결, 구호: ***"등소평퇴진小平下台 !!!"***

1989년 6월 4일 새벽 4시 ….. **100만이 운집한 천안문광장에 무력진압. 천안문 6·4 참안: 대학생 36명 포함 시민 200여 명 사망, 인민 부상자 3,000여 명**(츠언시陳希 뻬이징 시장 보고). **사망자 수가 최소 2,000여 명이라는 설도 있다**(청화대학 학생자치회 발표: 최대 4,000여 명. 인민영웅기념탑에서 농성하고 있는 수천 학생들을 보호하기 위해서 6월 3일 저녁시간부터 무력 돌진하는 인민해방군을 몸으로 막은 선생·시민들의 희생이 컸다. 츠앙안지에長安街 무시띠木墀地 참사) / 조자양·호계립胡啓立·시종쉰, 천안문 강경진압 강렬히 반대 / 2017년 11월 영국 기밀외교문서가 해제됨으로써 "6·4천안문사건" 당시 참상이 명료해졌다. 알랜 도날드Alan Donald, 주중영국대사의 보고에 의하면(당시 중국정부 국무위원의 제보), "인민사망이 최소 1만 명이다.Minimum estimate of civilian dead 10,000."

1989년 6월 23일 ….. 중공13대 4중전회 개최(~24일). **조자양 중앙위원회 총서기 해임**("동란을 지지하고 당을 분열시키는" 죄목) / 이붕 국무원총리와 박일파 등 은퇴한 원로그룹이 현역 총서기를 두 번째 낙마시킴 / **지앙쩌민**(**江澤民, 상해시당위 서기, 6월 6일 상해민주화운동 강경·신속진압으로 전국적 진압작전의 모범이 되어 등소평 눈에 확 들어옴**)**을 중국공산당 중앙위원회 총서기로 지명, 제3세대지도자의 "핵심核心" 명명** / **등소평의 후계자 선발기준:** ①경제적 측면에서 개혁개방노선 견지 ②정치적 측면에서 공산당전정專政체제 고수 / 지앙쩌민의 이력: 양부 지앙상칭江上青(1911~1939)은 일찍이 공청단에 가입하여 활동하다 희생된 초기 혁명열사. 친부 지앙스쥔江世俊은 왕정위汪精衛친일정권의 선전부 부부장으로 복무한 한간漢奸. 상해교통대학·모스크바 자동차공장유학(실무형 전문기술자)·전자공업부 부장 / 2004년 중국공산당 군사위원회 주석직을 후진타오 총서기에게 군권을 넘겨 줄때까지 15년간 실권을 유지하면서 "상해방上海幫" 구축. 중앙정치국에 대거 포진된 상해방을 통해 2012년까지 후진타오 집권기간 내내 지앙쩌민의 상왕정치 작동. 2017년 시진핑집권 1기까지도 여진이 이어졌다.

총서기 강택민(1926 ~)

국무원총리 이붕(1928 ~)

호요방은 지식인들의 눈에 줄곧 좋은 모습으로 비쳤다. 호요방이 1987년에 억울하게 실각된 원인은 학생운동을 적극적으로 진압하는 정책을 집행하지 않았기 때문이다. 조자양도 마찬가지였고, 2005년까지 가택연금당한 상태에서 생을 마감했다. 정확히 이 두 사람에 대척점에 서있는 그룹이 강택민江澤民과 이붕李鵬이다. 15년간(1989~2004) 최고의 권력을 움켜쥐었던 강택민의 상해교통대학 졸업사진이다(1947년). 천안문사태를 참변으로 휘몰고도 천안문 강경진압에 대해 추호도 후회하지 않는다는 이붕 총리는 한때 길림 풍만저수지 소장을 지냈다. 중국 전력공사 CEO 이소림李小林이 그의 딸이다. 막대한 부와 권력이 과도하게 집중되어 그녀의 주변이 요즈음 소요하다(2016년).

1989년 11월 9일 ..... **동·서 베를린 장벽붕괴, 독일통일은 냉전패러다임의 종언 상징** / 12월 22일 니콜라이 차우세스쿠 루마니아 대통령(김일성과 절친) 총살.

1989년 12월 .... GDP성장률(3.9%)과 공업총생산성장률(8.3%)이 1988년(11.2% / 20.7%) 대비 급격하락. 천안문 유혈진압으로 해외투자회사들 대거 철수.

1990년 1월 10일 ..... **북경 계엄령 공식 해제.**

1990년 5월 1일 (36세) .... **시진핑, 복건성 복주시福州市위원회 서기(~1999년) 승진** / 가경림賈慶林 복건성 성장은 시진핑에 우호적이다. 시진핑이 대권을 잡는데도 도움을 주었다.

1990년 9월 22일 .... 제11회 북경아시아경기대회 개최(~10월 7일). 대만선수 참가.
【KOR】 30일 한국과 소련 국교수립 → 북한, 자체 핵무장 시동.

1991년 5월 1일 .... **이등휘李登輝 대만 총통, 국공내전상태 종결 선언.**

1991년 5월 3일 ...... 이붕 국무원총리, 북한방문(~6일). 김일성과 남북한 UN 동시가입문제 협의 / 【KOR】 9월 18일 남북한 UN 동시가입 / 11월 8일 한반도 비핵화선언.

1991년 5월 15일 ..... **강택민 총서기, 소련방문(~19일).**
고르바초프 서기장과 정상회담: 중소국경선 획정 협정.

1991년 8월 22일 ..... 등소평 16자字 방침 제시: "냉정히 관찰한다**冷靜觀察**. 진지를 다진다**穩住陣脚**. 칼날을 칼집에 넣어두고 실력을 배양한다**韜光養晦**. 세계최고로 자처하지 않는다**決不當頭**." → 추후 "할 일은 한다**有所作爲**" 추가(20자 방침).

1991년 8월 25일 ..... 대만 민진당은 국호를 "대만공화국"이라고 규정하는 헌법초안 채택 / 민진당民進黨의 당강령은 "타이완의 자결自決."(대만독립)

1991년 10월 4일 ..... **북한 김일성 주석, 중국방문(~13일).**
/ 5일 등소평과 회담: "맑스주의는 영원히 방기하지 않는다."

1991년 12월 13일 .... 【KOR】 남북기본합의서 체결(제1장: 남북화해, 제2장: 남북불가침, 제3장: 남북교류협력). / 31일 남북한, 〈한반도 비핵화에 관한 공동선언〉 채택.

1991년 12월 25일 .... 고르바초프 소련공산당 서기장 사임.
/ **26일 소비에트 사회주의공화국연맹**(1922년 12월 30일 ~) **해체.**

1992년 1월 18일 ..... **등소평, 남방시찰南方視察(무창·심천·주해·상해 ~2월 21일, 중앙군사위 제1부주석 양상곤 동행)**: "개혁·개방에 반대하는 사람은 그 누구라도 자리에서 물러나야 할 것이다."(박일파는 등소평의 의중을 잘못 해석하여 또다시 현역 총서기 강택민을 낙마시키려 했다. 호요방, 조자양에 이은 3차시도였지만 실패했다) 당내 보수파(陳雲·李先念의 추천에 의해 강택민 중용)에 기울었던 강택민은 **등소평 남순강화南巡講話** 메시지를 듣고 개혁개방파로 돌변했다 / "6·4참안"으로 대거 철수한 외국투자기업들이, 등소평·강택민의 "**사회주의 시장경제 제창**"으로, 대만기업들과 함께 다시 돌아오기 시작했다. 중국 남방에 대규모 투자붐 → **중국굴기中國崛起의 신화창조** / 1997년 제15차 당대회 때 뿨이뿨薄一波가 강택민 총서기에게 공식적으로 사과 표명. 뿨이뿨의 아들 뿨시라이를 바라보는 싸늘함이 누그러져 출세가도에 장애가 걷혔다. 뿨시라이는 2002년 중공16대 중앙위원 입성. 2007년 17대 당중앙정치국위원회 입성. 수직상승.

1992년 6월 27일 (39세) .... 시진핑 딸, 시밍쩌習明澤 출생(복건성 복주福州). 나중에 하버드에 유학하여 심리학 전공.

1992년 8월 1일 ...... 대만 이등휘李登輝 총통 주재, 국가통일위원회 전체회의 개최 / "하나의 중국·두 개의 정치체제" 입장정리, 양안교류兩岸交流 본격화 → "**92공식九二共識**"("하나의 중국"을 인정하되 각자 명칭을 사용하기로 한 합의).

1992년 8월 24일 ..... 한·중 국교 수립 / 한국, 대만과 단교.

1992년 10월 23일 ... 아키히토明仁 일왕, 중국방문(~28일).

1992년 .... 【KOR】 국제원자력기구, 북한핵개발 의혹 제기. 북한, 특별사찰 불응 → 한·미 팀스피리트 훈련 재개(1993. 3. 8. 북한은 남북관계·북미관계 단절로 보고 강력히 반발) → 제1차 북핵위기.

1993년 3월 12일 ..... 【KOR】 북한, 핵비확산조약NPT 탈퇴표명 / 23일 중국, 대북제재반대 표명.

1993년 3월 15일 ..... 제8차 전국인대 제1차 회의 개최(~31일, 북경).
강택민, 당(총서기)·군(군사위 주석)·정(국가 주석) 장악.

1993년 4월 9일 ...... 【KOR】 김정일金正日, 국방위원회 위원장 선임(조선민주주의인민공화국 최고인민회의) / 7월 26일 후진타오 정치국상무위원, 북한방문. 김일성과 회담.

1993년 11월 17일 .... 강택민 주석, 아시아 · 태평양 경제협력기구APEC 정상회의 참석(~19일, 미국 시애틀) / 19일, 중 · 미 정상회담. 클린턴 대통령은 인권문제 · 미국 제품의 중국시장 확대 · 미사일 기술의 확산방지를 요구했다.

1993년 (39세) .... 시진핑, 중국공산당 복건성위원회 상무위원 당선(1993~2002년).

1994년 3월 27일 【KOR】 김영삼 대통령, 중국방문. 지앙쩌민 주석과 회담(29일).

1994년 6월 13일 ..... 【KOR】 북한, 국제원자력기구IAEA 탈퇴 선언 / 카터 전 미국 대통령, 13일 방한訪韓에 이어 방북訪北(15일~18일). 17~18 양일간 김일성 주석과 회담.

1994년 6월 28일 .... 【KOR】 남북정상회담을 위한 예비접촉(판문점板門店): 김영삼金泳三 대통령, 북한방문 합의(7월 25일~27일 북한방문 예정).

1994년 7월 8일 ...... 【KOR】 김일성 서세 / 10월 21일 북미 제네바합의 / 31일 이붕 총리, 한국방문.

1994년 .... 지앙쩌민 총서기, 복주福州 롱챠오龍橋 개발구 시찰(시진핑 수행): "특구 중의 특구가 아닌가?"

1995년 5월 8일 ......"아시아의 가후歌后," 등려군鄧麗君 서세 / 1979년부터 중국 방방곡곡에서 애창된 『첨밀밀甛蜜蜜』이 1996년 동명으로 영화화되었다(감독: 진가신陳可辛, 주연: 장만옥張曼玉 · 여명黎明. 개혁개방 후 변모된 인민의 삶 투영).

1995년 6월 8일 ...... 이등휘 대만 총통, 미국방문(~12일) / 중국, 대만쪽으로 미사일 발사. 대만해협 위기고조.

1995년 11월 13일 .... 【KOR】 지앙쩌민 국가주석, 한국방문(~17일) / 14일 김영삼 대통령과 정상회담: "일본이 올바른 역사관을 갖도록" 대일對日 비판. 경제발전협력기금차관협정 체결.

김영삼金泳三대통령과 지앙쩌민江澤民 국가주석의 회담(1995년 11월 14일).

지앙쩌민 국가주석은 중국의 국가원수로서는 최초로 한국을 방문했다. 지앙쩌민 주석은 시장경제도입으로 급속한 경제성장과 그에 따른 극심한 부의 편중이 발생함에 따라, 기업인 · 노동자 · 농민들이 충돌하는 이해관계 조절을 당면과제로 3개대표론三個代表論을 제시했다.

1995년 .... 시진핑, 중국공산당 복건성위원회 부서기 취임.
/ 시진핑, 한국방문(한국기업을 복건성에 적극 유치하기 위한 목적).

1996년 3월 23일 .... 대만, 최초 총통선출 직접투표 실시. 이등휘 총통 당선.

1997년 2월 19일 ..... **등소평 서세(93세).**

1997년 7월 1일 ...... **영국, 홍콩반환(홍콩특별행정구 성립)** / 지앙쩌민 연설: "일국양제一國兩制"·"홍콩인이 홍콩을 다스린다港人治港." 현행체제 50년간 유지.

1997년 9월 (43세) ... 시진핑, 중공15대(9월 12일~18일) 중앙후보위원 당선(151순위, 후보위원은 중앙위원회에서 발언권은 있으나 표결권은 없다). 중국공산당 중앙위원회에 가까스로 입성(공청단 제1서기였던 리커치앙李克强은 중앙위원[193명]으로 여유롭게 입성, 뿨시라이薄熙來는 진입실패) → 40대인 시진핑과 리커치앙은 "제5세대영도자中國第五代領導人"로 돌연 물망에 올랐다.

1997년 10월 26일 ... 지앙쩌민 주석, 미국 공식방문(~11월 3일) / 29일 클린턴 대통령과 정상회담: "건설적·전략적 파트너십 구축" → 미·중관계 본격적 개선.

1998년 6월 25일 .... 클린턴 미국 대통령, 중국방문(~7월 3일).

1998년 11월 11일 .... 김대중 대통령, 중국방문(~15일) / 12일 지앙쩌민 국가주석과 회담. 비자수속간편화·청소년교류활성화·21세기 중한中韓 파트너십 구축.

1999년 4월 25일 .... 사교邪敎로 몰린 기공단체 법륜공法輪功(지도자: 이홍지李洪志, 수련생: 1억 명) 1만여 명이 중남해를 포위·연좌농성: "체포된 법륜공수련자들의 석방과 합법적 지위 회복 요구" → 7월 법륜공 수련금지. 불복하는 수천의 사람들 체포·구금·고문·사망. 10만여 명이 노동교양소행(한국판 삼청교육대) / 지앙쩌민의 법륜공 수련자 박해로 20만 명의 중국민중과 아시아 150만 명으로부터 "집단학살죄"·"고문죄"·"반인류죄"로 국제사법재판소에 고소당한 상태이다. 법륜공을 탄압하는 방식도 문제있지만, 중국사회는 어떠한 경우에도 종교적 성격의 단체가 정치적 리더십을 가져서는 안된다고 본다.

1999년 8월 9일 …… **시진핑, 복건성인민정부 성장대리 임명(1999~2000년)**(시진핑은, 진시황이나 당태종같은 독재적인 영웅보다, 인화단결을 중시하고 주변 사람들을 감화시켜 추대된 유방劉邦·유수劉秀·유비劉備·송강松江·손문孫文 같은 인물을 선호한다).

1999년 10월 1일 ….. **시종쉰, 중화인민공화국 50주년 국경대전 참석하여 천안문 성루에 올랐다**(아들 시진핑 수행): **시종쉰은 지앙쩌민·후진타오·원지아빠오·쩡칭홍·지아칭린의 특별한 존경심과 환대 받은 중국공산당의 "슈퍼원로"이다.**

지앙쩌민 총서기와 시종쉰

원지아빠오와 시종쉰

후진타오와 시종쉰

2000년 1월 27일 …. **시진핑, 복건성 인민정부 성장(2000~2002년) 취임**(전임성장: 하국강賀國强) / 요식업소의 식탁오염문제를 선구적으로 해결(인체에 유해한 살코기 조미료 수육정瘦肉精 근절).

2000년 초 ………… 하문원화특대밀수사건厦門遠華特大走私案: 군대·공안 보호하에 원화그룹(遠華集團, 뢰창성賴昌星)이 자행한 초대형 밀수로, 복건성의 600여 명의 관리가 조사받고 3백여 명이 구속된 공화국 최대의 경제범죄사건 / 복건성위원회 지도자 중 거의 유일하게 연루되지 않은 시진핑은 말한다: "**곰발바**

닥과 생선은 함께 얻을 수 없듯이熊掌和魚不可兼得 **정치에 종사하려면 돈을 벌 생각은 애초에 하면 안 된다.**" / 2011년 7월 23일 고문과 사형판결을 내리지 않겠다는 약속을 하고, 캐나다정부로부터 도주했던 뢰창성을 중국정부가 신병을 인계받았다.

2000년 3월 18일 .... **제10대 대만 총통 선거**
/ 대만독립을 주장하는 **민진당**民進黨 **진수편**陳水扁 **총통 당선.**

2000년 5월 18일 .... 당정고위층이 대거 참가한 가운데 인민해방군 수만 병력이 복건성 연해에서 일수일산 와보사격연습을 실행했나(시신핑, 복선성 예비역 고사포사단 제1정치위원 겸임).

2000년 6월 13일 .... 【KOR】 김대중 대통령, 북한방문 / 15일 김정일 국방위원장과 〈6·15 5개항 공동선언문〉 발표: ①남과 북은 나라의 통일문제를 그 주인인 우리민족끼리 서로 힘을 합쳐 자주적으로 해결한다. ②남과 북은 남측의 연합제안과 북측의 낮은 단계의 연방제안이 서로 공통성이 있다고 인정한다. ③남과 북은 2000년 8월 15일에 즈음하여 흩어진 가족, 친척 방문단을 교환하며 비전향 장기수 문제를 해결하는 등 인도적 문제를 조속히 풀어나가기로 합의한다. ④남과 북은 경제협력을 통하여 민족경제를 균형적으로 발전시키고 사회, 문화, 체육, 보건, 환경 등 제반 분야의 협력과 교류를 활성화하여 서로 신뢰를 도모한다. ⑤위의 네 개 항의 합의사항을 구체적으로 이행하기 위해 남과 북의 당국이 빠른 시일 안에 관련 부서들의 후속 대화를 규정하여 합의내용의 조속한 이행을 약속한다.

2001년 1월 15일 .... 북한 김정일, 개혁개방 현장 답사(~20일): **"상해는 천지개벽."**

2001년 1월 31일 ..... 시진핑 성장, 복건성 정부의 염정공작廉政工作**(부패추방운동) 적극 의지 표명.**

2001년 9월 11일 ..... 뉴욕 "9·11 테러"(110층 세계무역센타 두 개 동 붕괴) / 2003년 3월 20일 미국, 이라크 공습 / 2010년 9월 1일 오바마, 이라크전쟁 종전終戰 선언.

2001년 12월 11일 .... 중국, WTO(세계무역기구) 정식 가입. 대외무역 확대 통해 경제 성장 촉진.

2002년 1월 29일 …. 부시 미국대통령 연두교서: "북한·이라크·이란을 '**악의 축**'으로 결정(2001년 12월 공화당 부시 승리. 패배한 민주당 클린턴 방북단념)."

2002년 5월 24일 …. **아버지 시종쉰 서거**(89세): "중국공산당의 우수당원, 위대한 공산주의 전사, 걸출한 무산계급 혁명가, 우리당과 우리군의 탁월한 정치공작 영도인, 섬감변구 혁명근거지의 주요 창건자 및 지도자 중의 한 분. 中國共產黨的優秀黨員, 偉大的共產主義戰士, 傑出的無產階級革命家, 我黨·我軍卓越的政治工作領導人, 陝甘邊區革命根據地的主要創建者和領導者之一."(관영 신화사 공고公告)

2002년 5월 30일 …. 시종쉰, 북경 혁명열사릉 팔보산八寶山 안장(정치국상무위원급 장례식거행: 지앙쩌민·리펑李鵬·주르옹지朱鎔基·후진타오·원지아빠오·쩡칭홍 등 당정 고위층 모두 참석. 시진핑은 상주로서 그들의 조문을 일일이 받았다.)

2002년 9월 3일 ….. **연변조선민족자치구 성립 50주년** / 17일 코이즈미 일본수상, 방북.

延邊朝鮮族自治州成立五十周年(1952-2002) **沈陽造幣廠制** 연변조선족자치주창립50돐 장백산천지

1952년 9월 3일, 항일전승 7주년에 연변조선민족자치구自治區인민정부가 성립되었다(주석: 주덕해, 부주석: 동욕곤·최채). 성급省級 1급지방정권기관이다(85만 4,000명 중 조선민족이 53만 명으로 62% 점유). 도처에서 한복 입고 모여든 조선민족 3만여 명이 연길시 서광장에서 밤새도록 오색등불 밝혀놓았다. 북소리·징소리·노래소리가 사그라들지 않았다. 중국인민해방군에 참가한 연변조선민족은 52,000여 명이나 되었고 전국 조선민족 열사는 1만 3,843명이었는데 그중 연변의 열사가 93.8%에 달했다. 그들의 희생으로 연변조선민족자치구가 성립되어 신중국 건설의 당당한 주역으로 인정받은 것이다. 9월 3일은 선열들에게 감사하면서 넋을 위로하는 날이기도 했다. 연변조선민족은 이제 중국국적의 조선족이 되었다. 기념폐의 〈물동이 춤〉은 최승희가 가무로 창작한 것이다. 40×40mm. In Collection.

2002년 10월 10일 (49세) ….. 시진핑, 절강성위원회 부서기 취임·성장 대리 지명.

2002년 11월 8일 ….. 중국공산당 제16차 전국대표대회 개최(~14일) / 15일 중공 "제4세대영도자그룹"(9명) 출범(총서기: 후진타오, 국무원총리: 원지아빠오, 중앙군사위원회 주석: 지앙쩌민 유임, 수렴청정垂簾聽政) / 15일 후진타오 총서기가 "화해사회和諧社

會"의 기본원칙을 발표했다: ①"사람이 근본이다以人爲本" 견지 ②"과학발전관科學發展觀" 견지 ③개혁개방 견지 ④민주법치 견지 등 / **시진핑, 중공16대 중앙위원·중앙정치국위원 당선**(344위[1997년] → 25위[2002년] → 6위[2007년] → 1위[2012년]).

2002년 11월 21일 (49세) …… **시진핑, 중국공산당 절강성 위원회 서기 취임**(2002~2007년): "현위 서기는 현의 모든 관할촌을 다 둘러보아야 하고, 또 지구 서기는 모든 향진鄕鎭을 다 둘러봐야 한다. 당연히 성위 서기는 모든 현·시·지구를 다 둘러봐야 한다."(절강성 90개 현시縣市 중 9개월 동안 69개 현시 시찰). 첫 방문지는 중국공산당 제1차 전국대표대회가 폐막했던 절강성 가흥嘉興의 홍선紅船(1921년 7월 31일)으로 공산당의 혁명대업을 계승하겠다는 의지표명 / 전임서기: 장떠지앙張德江(**연변대 조선어학과 출신**, 중공18대 중앙정치국 상무위원).

중국공산당 제16계 중앙위원회 제4차 전체회의(중공16대 4중전회)
(2004년 9월 16일~19일, 지앙쩌민江澤民 중앙군사위 주석 사임, 쉬차이허우徐才厚 군사위 부주석 취임)
중공16대 정치국 상무위원 9명: (왼쪽부터) 루어깐羅幹, 우꾸안정吳官正, 쩡칭홍曾慶紅, 원지아빠오溫家寶, 후진타오胡錦濤, 우빵꾸어吳邦國, 지아칭린賈慶林, 후앙쥐黃菊, 리츠앙츠운李長春. 후진타오와 원지아빠오 빼고는 모두 지앙쩌민 라인이다.

2003년 .... **시진핑, 절강성 구호제정:** “조화로운 절강和諧浙江” · “친환경 에코 절강綠色浙江” · “안전한 절강平安浙江” · “첨단 디지털 절강數字浙江” · “문화절강文化浙江” / 시진핑의 상용어구: **“정치란 바르게 행하는 것이다 政者正也.”**

2003년 3월 1일 ...... **시진핑, “장삼각長三角”(상해 · 강소성 · 복건성 경제공동체) 견학**하기 위해 100명의 고급공무원을 인솔하여 상해 등지 방문 / **19일 미국, 이라크침공.**

2003년 3월 21일 .... **조선의용군의 한 거두 문정일文正一 북경에서 서세**(1914~2003, 길림 훈춘에서 태어나 1940년 공산당 입당. 조선의용군 제2지대 분대장) / 후진타오胡錦濤 · 쩡칭홍曾慶紅 · 지아칭린賈慶林 등 중국 최상급 지도자들이 애도를 표함 / 1953년부터 중앙의 국가민위재경사國家民委財經司 근무. 1978년 제5차 전국정협政協 상무위원, 1982년 중앙기율검사위원회 위원 당선 / 1938년 조선의용대 창단멤버, 369쪽 기념사진의 두 번째 줄 왼쪽 첫 번째. 최채와 김학철과 단짝친구.

문정일文正一, 1914~2003

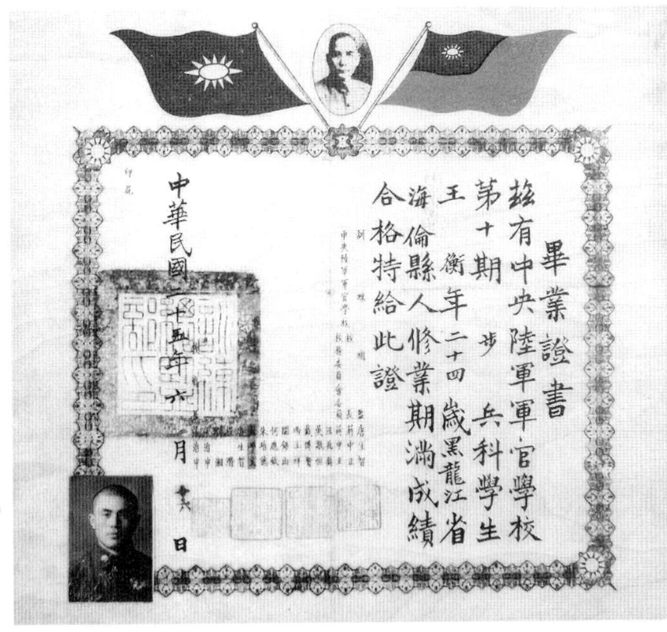

畢業證書
茲有中央陸軍軍官學校
第十期步兵科學生
王衡年二十四歲黑龍江省
海倫縣人修業期滿成績
合格特給此證
中華民國二十五年六月十六日

중앙육군군관학교 = 황포군관학교 = 중국국민당육군군관학교, 중앙육군군관학교 필업증서 (대한민국임시정부기념사업회 제공)

중국공산당 고위직을 지낸 조선민족 문정일은 1937년 중앙육군군관학교에 입학했다. 중앙군교의 필업증서와 모교메달을 함께 실었다. 필업증서의 주인공은 안중근 의사의 당질 안춘생安椿生(1912~2011)이다. 1936년 6월 16일에 졸업했다. 조선인이 무장되는 것을 두려워하는 일본의 항의로 중국군관학교에서 방편적으로 조선학생은 중국식 이름과 본적지를 중국 대륙으로 쓰게 했다. 그래서 안춘생도 왕형王衡이라는 중국식 이름(본적: 흑룡강성)을 썼다. 문정일의 본명도 이운룡李雲龍, 김학철의 본명도 홍성걸洪性傑이다. 조선독립운동가들의 이름은 보통 2~3개이다. 46×52mm, In Collection.

2003년 6월 .... 중화문명 탐원공정探源工程으로 황화문명보다 앞선 요하遼河문명을 중화문명의 뿌리로 규정(홍산문화는 지금으로부터 5,000~8,000년까지 소급되는 고문명이다. 옥공예와 고구려 돌무덤의 원형인 피라미드식 적석총이 뚜렷한 특징이다. 홍산문화는 고조선 문명의 한 측면으로 보아야 한다) / 동북공정東北邊疆歷史與現狀系列硏究工程(2002~2007).

2003년 8월 27일 .... 【KOR】 6자회담 개최(한국·북한·중국·미국·러시아·일본) / 북한의 핵문제해결과 한반도의 비핵화실현을 위해 2007년 9월까지 6차례 회담이 열렸다.

2004년 7월 .... 시진핑, "절강성의 팔팔전략八八戰略" 제창: 제2의 경제적 도약을 꿈꾸는 절강성의 과학적 발전관과 조화로운 사회건설 → 후진타오의 상찬.

2004년 9월 16일 .... 중공16대에서 후진타오에게 총서기직을 물려준 지앙쩌민이 1년 10개월이나 지나서야 중국공산당 중앙군사위원회 주석자리를 후진타오에게 이양.

2004년 10월 .... **시진핑, 절강성의 인민을 위해 실제적인 일을 하는 10대 중점영역 확정:** "취업과 재취업, 사회보장, 의료위생, 기초시설, 도시와 농촌의 주택, 생태환경, 가난한 사람을 돕기 위한 개발, 과학적인 문화, 권익보장, 사회안정.

2005년 ....**"중국의 새로운 정치 스타 사대천왕四大天王": 시진핑·리커치앙李克强·리위앤차오李源潮·뿨시라이薄熙來(싱가포르의 『연합조보聯合早報』).**

시진핑(1953~)

리커치앙(1955~)

리위앤차오(1950~)

뿨시라이(1949~)

2005년 2월 22일 .... 【KOR】 국가보훈처, 여운형呂運亨 등 좌파 독립운동가에게 서훈 결정 / 5월 8일 노무현 대통령, 러시아방문. 푸틴 대통령과 정상회담 / 6월 21일 제15차 남북장관급회담(서울) / 8월 15일 대한적십자사, 남북이산가족 화상 상봉 / 10월 26일 후진타오 주석, 북한방문 / 11월 16일 노무현 대통령, 후진타오 주석과 회담(부산) / 11월 18일 아시아·태평양 경제협력체 정상회의(부산).

2005년 4월 10일 .... 절강성 동양현東陽縣 화수촌畵水村의 수많은 화학·농약공장으로 인해 오염된 환경을 견디지 못한 농민들의 폭동 연일 발생 / 체포된 농민의 변호를(410사건) 담당한 사람이 인권변호사로 저명한 리허핑李和平(1970~, 하남 신양시信陽市 나산현羅山縣에서 태어남. 중국인민대학 법학석사. "헌법지상憲法至上, 신앙무죄信仰無罪"론으로 유명함)이다. "410사건"(四一零事件)은 시진핑 절강성 서기를 곤혹스럽게 했다. 리허핑은 2008년 미국과 유럽에서 수여하는 인권상을 3개나 받았다. 2015년 "709사건" 이후 종적묘연(2017년 5월 9일 석방).

2005년 7월 18일 .... **시진핑 절강성 서기, 한국방문(절강성과 자매결연 맺은 전라남도 초청).**

2006년 1월 10일 ..... 북한 김정일 국방위원장, 비공식 중국방문(~18일). / 후진타오와 회담. 호북·광동·북경 시찰.

2006년 6월 .... **츠언리앙위陳良宇 상해시 당서기, 당중앙정책에 반기.** 중국 대규모 건설사업·부동산투기로 인한 경제과열현상을 우려한 원지아빠오溫家寶 국무원총리가 내놓은 "거시조정정책"에 대하여 남방의 5개 성省과 연합하여 공공연하게 중앙정책에 반대를 표명했다.

2006년 9월 19일 .... **미국의 재무장관 폴슨Henry Merrit Paulson Jr.이 시진핑을 배방:** "시진핑은 매우 총명하고 비즈니스적 마인드가 있고, 개혁정신이 강하다. 사고의 폭이 넓으며 실질에 힘쓴다." / 절강성의 성과에 관한 조사연구활동 보고서: 『절강성의 경험과 중국발전 – 과학적 발전관과 화합사회 건설』 출간.

2006년 9월 24일 .... **당중앙정치국위원, 상해시위원회 서기 츠언리앙위**陳良宇(상해방의 황태자, 중공17대 중앙정치국 상무위원 물망) **해임 결정** / 불법단기대부 및 상해노동사회보장기금유용 사건(공금 329억 위앤 횡령, 징역18년형).

2006년 .... 중국총인구의 0.4%가 국가총자산의 70% 소유(개혁개방을 추동해나간 중국사회의 기본양상은 **"일부를 먼저 부유하게 만드는 것"(先富)**이었다. 이것은 결국 정치권력이 먼저 부를 독점하고 그것을 다시 분배한다는 것이다. 이러한 방식의 폐해가 중국 모든 사회문제의 본질이다. 2012년부터 시작된 시진핑의 부패척결의 소이연이다.) / 미국총인구의 5%가 국가총자산의 60% 소유(2006년 세계은행 보고서).

2007년 2월 .... 전 주한중국대사(2001년 9월~2005년 8월) 이빈李濱(위해威海시 부시장) 체포 / 2006년 1월(10일~18일)에 중국을 방문한 김정일 국방위원장의 일정과 면담내용을 이빈이 한국과 일본에 누설했다(징역 7년형).

2007년 3월 24일 (53세) …… **시진핑, 상해시위원회 상무위원 및 서기 임명.** "시진핑 동지는 일처리가 침착하고 중후하며, 공명정대하고, 인화단결을 잘 하고, 스스로 본인에게는 엄격하다."(중앙조직부 부장 하국강賀國强). "지앙(江澤民)과 후(胡錦濤)의 격렬한 싸움으로 태자당 어부가 이익을 보았다."(홍콩의 『빈과일보蘋果日報』) / 상해시위 서기는 당중앙정치국 상무위원회 진입을 보장받는 티켓(상해시 당서기 출신: 강택민·주용기朱鎔基·오방국·황국). 상해시 당서기 포스트를 두고 물밑 치열한 각축전: 리커치앙·뿨시라이·한정韓晶·이원조李源潮·왕기산王岐山·시진핑·유정성俞正聲·장고려張高麗·유연동劉延東·곽금룡郭金龍.

2007년 3월 30일 …… **시진핑 상해시 당서기의 첫 번째 공개 활동은 "중국공산당 제1·2차 전국대표대회" 개최지 회지會址 성지순례였다.** 상해시 서기에 취임한 시진핑은 "진보와 지혜, 대범함과 겸허함"을 상해정신이라고 명명했다 / 7개월간 상해시 당서기로서의 모든 연설은 써서 낭독하고 즉흥적인 연설 없이 신중한 문구만 골랐다. "시진핑의 언행에는 풍채가 없고 특징도 없고 강직함도 없었으나 일체의 허물이 없었다."

2007년 4월 4일 …… **시진핑, 전 미국 국무장관 키신저Henry Alfred Kissinger와 회담.**

2007년 6월 25일 …… **후야오빵胡耀邦의 지론인 "당내민주화·인사의 제도화"를 주창한 후진타오가, 지앙쩌민의 강력반대에도 불구하고 지앙세력을 견제하기 위한 최후의 카드로서, 상무위원회에 입성할 수 있는 만 63세 이하 유력간부의 실력을 묻는, 비공개 신임투표를 제안했다. 그 투표용지 겉면에 "정치국원 제안을 위한 민주 추천표"라고 쓰여있었다. 리커치앙(후진타오의 공청단 후배)의 상해시 당서기 진입 실패 후 다급해진 후진타오가 자진해서 마지막 승부수를 던진 것이다 / 400여 명의 당간부(전체중앙위원회 범위)가 직접 투표로 지도부 선출. 후진타오가 확신한(400여 명 중 공청단 다수 점유) 결과와는 달리 예상밖으로 공청단 리커치앙(리틀 후)보다 시진핑이 월등히 표를 많이 얻었다(406표 중 362표 득표).**

2007년 7월 ………… 북대하北戴河 비공식회의(25명의 정치국위원과 고위급원로 참석): 중공17대 신임 정치국상무위원 배정논의 / 지앙쩌민, 리커치앙을 격하시켰다(6월의 선거결과와 7·80년대 비판적인 지식인 왕군도王君濤·호평胡平과 친분관계 제기).

中國共産黨第一次全國代表大會 會址
중국공산당 제1차 전국대표대회 회지
상해 박문博文여학교 자리

제1차 회의의 기본입장: **"프롤레타리아독재를 당의 기본 임무로 하지만, 과도기적 단계에서의 전술로서는 프롤레타리아트가 적극적으로 부르조아 민주주의 운동에 참가한다."**

2013년 7월 촬영

2007년 10월 1일 ……………… **후진타오 총서기, 상해시 당서기 시진핑을 차세대 지도자로 공식 지지선언** / 후진타오, 회량옥回良玉(국무원 부총리)·진지립陳至立(국무위원) 대동하고 상해방문.

2007년 10월 2일 …. 【KOR】 대한민국 노무현盧武鉉 대통령, 걸어서 군사분계선을 통과하여 북한 방문(~4일) / 4일 김정일 국방위원장과 함께 "10·4 남북공동선언" 발표: ①6·15 공동선언 적극 구현 ②상호존중과 신뢰의 남북관계로 전환 ③군사적 긴장완화와 신뢰구축 ④6자회담의 9·19 공동성명과 2·13 합의이행 노력 ⑤경제협력 사업 활성화 ⑥백두산

관광 실시 등 사회문화 분야의 교류와 협력 발전 ⑦이산가족상봉 등 인도주의 협력사업 적극 추진 ⑧국제무대에서 민족의 이익과 해외동포들의 권리와 이익을 위한 협력강화.

2007년 10월 15일 … 중국공산당 제17차 전국대표대회 개최(~21일) / 후진타오 총서기 정치보고: "과학적 발전관"과 "조화사회" 건설방침 발표.

2007년 10월 22일 … 중공17대 중앙위원회 제1차 전체회의(중앙위원: 204명, 중앙후보위원: 167명)에서 9명의 정치국 상무위원 선출(시진핑 6위 · 리커치앙 7위 → 18대 시리쭈허習李組合 예견) / 쩡칭홍曾慶紅 중공17대 비서장이 지앙江과 후胡의 용호상박 와중에 초대형드라마의 각본·감독으로서, 양 파간의 지난한 타협책으로 시진핑을 중국공산당의 "황태자" 반석에 등극시키는데 일조를 했다 → 후진타오 세력과 지앙쩌민 세력이 팽팽하게 대립하고 있을 때 제3자 쩡칭홍의 개입은 중국역사를 보다 바람직한 방향으로 이끌었다(중국공산당의 인사운영은 당의 단결과 통치를 유지·보호하는 것을 최우선적으로 고려하여 최적의 지도자를 결정한다. 개인적인 치적이나 성적만으로 결정되는 것은 아니다). 이러한 당내의 의견대립이 의회민주주의 국가의 당파간의 대립보다 더 본질적이고 생산적인 대립이 될 수가 있다.

중국공산당 당휘黨徽

인민대회당 단상에 붉은 깃발 사이로 중국공산당 당휘黨徽가 있으면 중국공산당 행사이다.

中國共産黨第十七次全國代表大會 중국공산당제17차전국대표대회

2007년 10월 당시 공산당원이 7,336만 명이다. 그 중 2,237명이 대표로 참석했다. 그들이 17대 중앙위원들을 선출하고 중앙위원회(371명)에서 25명의 중앙정치국위원을 뽑고, 그 중에서 9명의 중앙정치국상무위원이 선출됐다: 후진타오胡錦濤(1), 우빵꾸어吳邦國(2), 원지아빠오溫家寶(3), 지아칭린賈慶林(4), 리츠앙츠운李長春(5), 시진핑習近平(6), 리커치앙李克强(7), 허꾸어치앙賀國强(8), 저우용캉周永康(9).

2007년 11월 16일 .... 시진핑, 싱가포르 내각고문장관 이광요李光耀 접견.

이광요 왈: "시진핑은 만델라와 같은 인물로 인상이 매우 깊다."

싱가포르의 객가客家인 이광요는 시진핑을 접견한 후 이렇게 평했다: "내가 그와 만난 그 한 시간 동안에, 나는 그가 생각이 깊은 사람으로 일생 동안 많은 시련과 고난을 겪었다는 것을 발견하였다. 7년이라는 시간 동안 농촌에 내려가 있었고, 복건에서 17년을 지냈다." 등소평의 개혁개방 정책은 싱가포르를 벤치마킹한 것이다. 이후 싱가포르는 중국 최고지도자들의 롤모델이 되었고, 시진핑의 "중국의 꿈"도 무관치 않다.

2007년 11월 30일 ... 중공17대 중앙정치국 상무위원회 진입에 실패한 뿨시라이는 중경시위원회 서기에 취임했다. 자신이 홍위병이었던 시절에 이미 실행한 바 있던 창홍타흑唱紅打黑 캠페인을 리바이벌 하였다. 문혁 올드패션을 21세기의 새로운 버전으로 승화시켜 충칭重慶을 뒤흔들어 놓은 사건은 중국사회의 특이한 광적인 변화를 예시했다. 그의 "충칭모델"은 전국적인 이목을 집중시켰고 민중의 열화와 같은 지지를 얻었다. 모든 성은 그의 "충칭모델"을 벤치마킹하려 했다. 시진핑도 중앙을 대표하여 격려 차 내려올 정도였다. 뿨시라이의 개인적 야욕이 아무리 과도했을지라도 그의 "창홍타흑"은 시진핑의 지도체제 치세의 한 모델을 제시했다. 뿨시라이의 타흑과 시진핑의 반부패투쟁은 연속성이 있다. 그 공통점은 민중의 지지이다.

2010년 12월 초 시진핑이 뿨시라이가 창출한 "충칭모델"을 시찰하러 내려갔다. 중남해에서 자랄 때부터 새까만 후배로 보았던 시진핑을 맞이하는 뿨시라이의 표정이 오묘하다. 이때 뿨시라이는 중경시 서기였고, 시진핑은 차기 대권이 확정된 국가부주석이었다.
차기 대권에 이미 실패한 뿨시라이는 민중의 열렬한 지지를 받아 중앙을 압박하려 했다. 전중국 민중이 열광했던 중경의 "창홍타흑"을 설명하고 있는 사람이 바로 중경시 공안국 국장 왕리쥔王立軍이었다. 뿨시라이의 오른팔로서 마피아를 일망타진하는데 공헌한 유능한 공안이었다. 모든 공안의 전범이었고 선망의 대상이었다. 결국 왕리쥔이 뿨시라이를 배신한 꼴이 되었지만 실상 그 모든 책임은 뿨시라이에게 있었다.

2007년 12월 .... **시진핑, 제22대 중앙당교 교장·중앙서기처 서기·중앙당건설지도자소조 조장·중앙홍콩마카오공작영도협조소조 조장**(쩡칭홍의 모든 당내직무를 이어받았다).

쩡산曾山, 1899～1972

시진핑과 쩡칭홍

쩡칭홍曾慶紅, 1939～

시진핑이 마음속으로 가장 좋아하는 사람, 쩡칭홍 따시옹大兄이다. 그가 나오는 사진들을 보면 항상 활짝 웃고 있다. 쩡칭홍의 부모는 장정전사長征戰士부부다(쩡산曾山 · 떵리우진鄧六金). 1927년 12월 광동꼬뮌부터 중국혁명에 참가한 쩡산은 1930년 10월 강서성 소비에트주석으로 당선되어, 1931년 11월 7일 강서성 서금의 중화소비에트공화국임시정부 성립에 토대를 닦아놓았다(338쪽 참조). 1972년 문혁시기에 심하게 박해를 받고도 임종할 때 자녀들에게 신신당부한다: **"내 일생에 관해 나는 조금도 유감이 없다. 당黨은 나에게 잘 해주었고, 나 또한 당에 대해 조금도 부끄러움이 없다."** 모택동도 조의를 표했다: **"강서혁명근거지의 투쟁은 쩡산동지의 공이다.在江西革命根據地的鬪爭中, 曾山同志是有功的."** 쩡칭홍은 1989년부터 1997년까지 중공중앙판공청 부주임 · 주임을 역임한 지앙쩌민의 복심 중의 복심이다. 2008년 3월 15일 중화인민공화국 부주석을 시진핑에게 공식적으로 전수했다: "다 이루었다." 2016년 4월 17일 저녁 9시 "JTBC 차이나는 도올"이 방송될 때의 인터넷 실시간 검색(실검) 1위는 "쩡칭홍"이었다. 그는 킹메이커로서만 만족했을 뿐 권력에 집착하지 않았다. 쩡칭홍은 전국정치협상회의 주석 신분으로 2004년 8월 26일 한국을 방문했다.

2007년 12월 17일 ... **제22대 중앙당교 교장 시진핑, 개반식開班式 주재.** 중공17대 중앙위원회위원 세미나 / *(부장 · 성장 · 대학 교장 · 기업계 거물 · 고위간부는 5년마다 중앙당교에 입교하여 "지식 · 이론 · 이념"을 업데이트 한다.)

2007년 .... 중국인의 미국투자이민 신청건수(270건) / 2011년에는 4년 만에 100배 이상으로 급증(2,969건).

2008년 2월 25일 .... 중공17대 2중전회 개최(~27일) / 11차 전국인대 · 11차 정협, 양회兩會의 주요인사 심의. 행정관리체제개혁과 국무원기구개혁에 대한 토론.

2008년 2월 26일 .... 【KOR】 미국 뉴욕 필하모닉 오케스트라, 평양에서 바그너와 드보르작의 『신세계교향곡』연주공연.

2008년 3월 14일 .... **"3·14사건."** 티베트 라싸拉薩에서 발생한 대규모 집단항의 시위(6·4천안문사건 수준의 국가초비상사태로 계엄령선포). 티베트인 승려·시민항의 → 군경진압 → 한족의 대거 집단이주정책으로 티베트인의 생존권이 위협받자, 티베트인들은 이권을 독점하는 한족의 상점·자동차에 방화하는 등 폭력을 행사했다 → 발포(무력진압) → 사상자 속출 → 티베트인들은 잇달은 분신으로 항의표명.

2008년 3월 15일 .... 시진핑, 중화인민공화국 제11차 전국인민대표대회 1차회의에서 중화인민공화국 부주석 당선.

인민대회당 단상에 대형 붉은 깃발이 양쪽으로 다섯 개씩 늘어져 위용을 과시하는 한 가운데에 중화인민공화국 국휘國徽가 걸려있으면 "당"행사가 아니다. 전국인민대표회의로서 그것은 "국가"행사이다.

2008년 5월 12일 .... 사천성 성도成都 교외 문천현汶川縣 대지진.
(진도 8.0, 사망·실종: 88,750여 명, 부상자: 364,552명)

2008년 5월 26일 .... 시진핑이 중앙당교 2008년 봄학기 제2기생 개학전례식에서 강화한 내용이 『학습시보學習時報』에 실렸다: "지도자 위치에 있는 간부는 성실하게 공부하고 깨끗하게 일해야 한다. … '관자管子는 예禮·의義·염廉·치恥가

나라를 다스리는 4대요소라고 했다.' 이 네 가지를 신장하지 않으면 나라가 멸망한다고 했다." / 국민당의 "신생활운동" 골자도 예의염치였다(342쪽 참조).

2008년 5월 27일 .... 【KOR】 이명박李明博 대통령, 중국방문(~30일). 후진타오 주석·원지아빠오 총리와 회담: "한·중 전략적 협력 동반자 관계"확립, 경제·기술·자원개발의 협력, 6자회담 지지 / 5월 2일 미국산 쇠고기 수입반대 광화문 첫 촛불집회.

2008년 6월 17일 .... 시진핑 국가부주석, 조선민주주의인민공화국 우호방문(~18일, 평양). 김정일 국방위원장과 회담: "중국은 북한이 미국·일본과 대화를 통해 관계개선이 되는 것을 지지한다."

2008년 8월 8일 ..... 북경올림픽 개최(~24) / **시진핑, 올림픽 총책임** / 25일 후진타오 국가주석, 한국방문 / 멜라민 분유파동(영유아 사망 7명, 신장결석·배뇨질환 30만여 명).

2008년 9월 15일 .... 미국 리만 브라더스 금융회사 파산, 전세계 금융위기 파급.

2008년 12월 10일 ... **"08헌장零八憲章"(공산당일당독재 종식, 직접선거, 집회·결사·종교의 자유 등 민주개혁 요구)발표.** 리우샤오뿨劉曉波 등 303명의 지식인그룹 서명.

2009년 1월 5일 ...... 차오니마草泥馬 사건(인터넷 풍기문란 집중단속·폐쇄) → 정치적 의사표현 단속.

2009년 1월 15일 ..... 【KOR】 북한, 김정일 국방위원장의 셋째 아들 김정은金正恩이 후계자로 지명되었음을 공표함.

2009년 5월 23일 .... 【KOR】 노무현, 전 대한민국 대통령 서세.

2009년 7월 5일 ..... 신장 위구르 소요사태로 1,800여 명의 사상자 속출(7·5사건) / **시진핑 국가부주석, 강경진압 주장** / 8월 4일 클린턴 방북. 오바마 냉정.

2009년 8월 18일 .... 【KOR】 김대중, 전 대한민국 대통령 서세 / 21일 북한, 조문단 파견: 김기남金己男 노동당 비서·김양건金養建 통일전선부 부장 / 23일 이명박 대통령, 북한조문단 접견 / 26일 남북적십자회담 개최(금강산 온정각) / 9월 26일 남북이산가족 상봉(금강산).

2009년 10월 10일 ... 한·중·일 정상회담(북경): 한국(이명박 대통령)·중국(후진타오 국가주석)·일본(하토야마 유키오鳩山由紀夫 총리).

2009년 12월 .... **시진핑 국가부주석, 북한방문**(김정일 국방위원장 회담).

2009년 12월 14일 ... **시진핑 국가부주석, 일본방문**(~16일, 하토야마 유키오鳩山由紀夫 총리·아키히토明仁 일왕 회견) / 일왕과의 회견은 이전 정부에도 있었다(1978년 등소평 부총리, 1998년 후진타오 국가부주석).

2009년 12월 16일 ... **시진핑 국가부주석, 한국방문**(이명박 대통령 회담).

2009년 12월 25일 ... 리우샤오뿨 11년 구형. "국가정권전복선동죄煽動顚覆國家政權罪."

2010년 3월 26일 .... 【KOR】 해군 초계함 천안함, 서해안 백령도 부근에서 폭발 침몰. 장병 46명 사망 / 5월 24일 이명박 대통령, "5·24조치" 발표: 남북간 교류 및 교역중단 / 6월 2일 지방선거실시: 여당(한나라당) 패배, 야당(열린우리당) 약진.

2010년 7월 21일 ..... 양자강유역 폭우, 대홍수 발생(사상자 1000여 명, 1억여 명 대피).

2010년 8월 26일 .... 【KOR】 북한 김정일 국방위원장, 중국방문.
/ 27일 후진타오 국가주석과 장춘長春에서 회견.

2010년 9월 9일 ...... 【KOR】 이명박 대통령, 러시아 방문. 푸틴Putin 총리와 메드베데프Medvedev 대통령과 회담 / 28일 조선로동당 당대표자대회(김정은, 중앙군사위원회부위원장 선출).

2010년 10월 8일 ..... 리우샤오뿨, 노벨평화상 수상 선정 / 중국, 노르웨이산 연어수입금지 / 2017년 7월 13일 옥중사망. 15일 중국당국, 화장 즉시 수장.

2010년 10월 18일 (57세) ...... **시진핑, 중공17차 5중전회에서 중국공산당 중앙군사위원회 제1부주석으로 결정.**

2010년 10월 28일 .... **시진핑, 전국인대상무위원회에서 중화인민공화국 중앙군사위원회 부주석으로 결정.**

2010년 11월 11일 .... 【KOR】 G20 정상회담, 대한민국 서울개최.

2010년 12월 초 ...... **시진핑 군사위 부주석, 뿨시라이의 "충칭모델" 현장견학 발언:**
"중경의 창홍타흑은 위대한 운동, 전국적으로 확산되어야 한다."

2010년 12월 .... 중국 인터넷 사용자: 4억 5천 7백만 명, 휴대전화 사용자: 8억여 명.

2010년 .... 국민총생산GDP 세계 2위 → G2(미국과 중국) / 세계최고의 외환보유국 · 무역대국 · 세계의 공장 · 세계의 시장(한국의 최대무역상대국).

2011년 .... 민중들의 집단항의시위 급증 / 빈부격차 · 관료부패 · 강제철거 · 환경오염 · 임금체불 · 티베트 · 위구르족 분리독립요구 등 → **노동자와 농민의 마음을 얻어 혁명에 성공한 공산당이 다시 기득권자가 되어 기층세력(무산계급)을 소외시키고 희생시켜 그들의 마음을 잃어가고 있다. 중국의 개혁은 빈부격차를 해소시킴으로서 무산계급의 마음을 다시 얻는 것이어야 한다.**

2011년 3월 11일 ..... **일본 동북 해저, 진도 9 대지진 발생**(일본 본토 2.42m 이동, 지구자전축 10cm 움직임 포착)으로 쓰나미 발생 / 12일 후쿠시마福島 원자력발전소 폭발 / 2016년 11월 22일 후쿠시마 진도 7.2 대지진 / 경주 지진 5.8도(2016년 9월 12일).

2011년 7월 .... 절강성 온주溫州시 고속철 추돌(진상규명 없이 사고열차 즉시 매몰).

2011년 10월 11일 .... 【KOR】 이명박 대통령, 미국 국빈 방문.
/ 12일 미국, 한미자유무역협정FTA 비준 절차 완료.

2011년 10월 26일 ... 【KOR】 서울시장 보궐선거에서 범야권 후보 박원순朴元淳 당선.

2011년 11월 14일 .... **닐 헤이우드**Neil Heywood**(1970년생) 의문사.** 중경시의 영국인 사업가이며 그의 외조부(Jhon Barr Affleck)는 천진총영사 역임(1935~38년).

2011년 12월 17일 .... 【KOR】 김정일 국방위원장 서세 / 19일 국방위 제1위원 김정은 집권.

2012년 2월 6일 ...... **왕리쥔王立軍 중경시重慶市 전 공안국 국장, 성도成都 미국총영사관 무단 진입** / 당시 중경시 부시장 왕리쥔은 뿨시라이의 오른팔이었는데, 신변의 위험을 느껴 정치적 망명을 요청했다. 왕리쥔사건은 뿨시라이의 모든 것을 추락시킨 일대사건이었다: ***"닐 헤이우드 살인 교사는 뿨시라이의 부인 꾸카이라이谷開來이다."*** / 꾸카이라이는 곡경생谷景生(혁명원로, 군소장, 신강위구르자치주 당 제2서기)의 딸, 북경대 78학번 동기. 부부가 홍얼따이紅二代(혁명원로 2세대) / 최대외자유치 프로젝트로 삼성과 긴밀하게 상담중이던 황기범黃奇帆 중경시 시장은 당시 운남성에 있던 뿨시라이 중경시 당서기로부터 재차 전

화호출 당한다: *"만사 제치고 당장 성도 미총영사관으로 달려가시오!"* / 이 예기치 않은 사건으로 서부대개발을 선도적으로 진행하여 총평점 95.5을 받은 중경은 아웃되고, 75점 받은 서안과 삼성전자가 MOU를 맺는 이변이 벌어졌다 / 10나노급 낸드플래시 메모리 반도체공장 착공식(2012년 9월, 서안).

2012년 2월 10일 ..... **인민해방군 총후근부總後勤部 부부장 곡준산谷俊山(중장) 해임.** 곡준산의 장군부將軍府(하남성 복양濮陽에 있는 것으로 "고궁故宮"이라 불린 거대 저택, 곡준산 스스로 설계) 가택수사물품압수(200억 위앤 현금, 실물사이즈 모택동 금흉상, 마오타이 500상자[10,000병], 금괴박스, 고가의 그림 등등) 현장을 뉴스로 방영하여 해외토픽 장식 / 총후근부 정치위원 리우위앤劉源(유소기의 아들) 상장上將이 시진핑 군사위 부주석에게 비리 척결을 진언 / 2012년 6월 중앙군사위는 전체 지휘관급 간부들에게 개인재산 자진신고를 하달했다.

2012년 2월 16일 ..... **중남해에서 정치국 상무위원회 개최. 후진타오 총서기의 긴급 제안: *"뿨시라이 동지의 처분에 대해 논의하고 싶다."*(찬성:** 후진타오·원지아빠오·리커치앙·허꾸어치앙·시진핑 / **반대:** 우빵꾸어·지아칭린·리츠앙츠운·저우용캉).

2012년 3월 15일 ..... **뿨시라이, 중경시 당서기직 해임발표 / 4월 10일 중앙정치국위원·중앙위원 직무정지 / 창홍타흑唱紅打黑:** 뿨시라이의 중경시 당서기시절의 정치운동. "과거 다함께 혁명을 갈구했던 그 순수의 시대를 찬양하는 혁명의 노래를 부르고 성현의 가르침을 배우자."(**唱紅**運動: 唱紅歌·讀經典·講故事·傳箴言). "저 혼자만 욕심내서 잘살려고 민생을 파탄시키는 마피아를 때려잡자."(**打黑**運動: 중경시 공안국 국장 왕리쥔王立軍과 함께 사회악 제거운동) / 뿨시라이—왕리쥔 사건으로 5년간 중국 전역을 달궜던 "충칭모델"정치운동은 급속 냉각되어 분해된 듯하지만 부패척결에 열광했던 민중들은 여전히 서운하다.

2012년 3월 18일 새벽 .... **후진타오의 비서실장 링지후아令計劃(권력의 핵심인 당중앙판공청 주임, 1995년부터 줄곧 17년간 당중앙중판청 근무)의 아들(링꾸令谷, 북경대학 교육학 대학원생)이 북경시내 순환도로에서(해정구 중관촌中關村 부근 보복사교保福寺橋) 묘령의 여인 2명과 함께 페라리를 타고 음주운전하다 교통사고를 내고 즉사** / 링지후아의 도움요청을 받은 저우용캉의 발빠른 지시로 페라리 동승여성 2명 봉구封口(거액의 위로금 지급), 중앙판공청 경위국이 페라리사건

현장 봉쇄 / **중국공산당 중앙판공청주임의 성격:** 대통령의 비서실장+경호처장+국정원1차장(국내담당)+기무사령관+통신보안과(암호관리)+당중앙경호특수부대(8341)지휘.

2012년 3월 19일 ..... **"3·19군사정변軍事政變": 정치국 상무위원 겸 정법위원회 서기(66만 무장경찰, 검찰·재판소 총괄) 저우용캉周永康과 군사위 부주석 쉬차이허우徐才厚(230만 인민해방군 실무적 총괄)가 연합하여 독단적인 무력 돌발행동 시도** / 저우용캉은 뿨시라이를 끝까지 변호했다.

2012년 4월 11일 ..... **뿨시라이-왕리쥔의 "홍선전화紅線電話"불법도청사건**(중앙판공청 주임 링지후아가 주도)이 왕리쥔 수사중 발각됨(빨간색 홍선전화는 총서기가 고위층과 통하는 특수 직통회선. 누구도 엿들을 수 없다) / 뿨시라이 쌍규雙規처분(법적 절차에 구애받지 않고, 당이 규정規定한 시간과 장소에서 조사 실시), 영장 없이도 일정기간 비밀리에 구속·심문 받음.

2012년 6월 5일 ...... 푸틴 러시아 대통령, 중국방문.
후진타오 국가주석·시진핑 국가부주석과 회담.

2012년 8월 .... **북대하北戴河 회의(25명의 정치국위원과 원로고위간부 40여 명 참석).** 의제: 뿨시라이의 최종처분(꾸카이라이의 영국실업가 살인사건·뿨시라이의 거액뇌물수수·직권남용) / 지앙쩌민의 반격: 후진타오의 비서실장인 링지후아의 아들 링꾸의 페라리사건으로 후진타오를 공격했다.

2012년 9월 1일 ...... **링지후아 중앙판공청 주임 해임** / 후임: **리잔수栗戰書**(귀주성 당서기, 1985년 하북성 무극현 서기시절부터 시진핑과 절친).

2012년 9월 18일 ..... 만주사변 발발일을 계기로 전국 100개 도시에서 반일反日 시위.

2012년 9월 24일 .... 왕리쥔 징역 15년형(직권남용·도망·수뢰죄, 사적으로 법을 왜곡한 죄).

2012년 9월 28일 .... 중앙정치국 회의에서 제18차 당대회 개최 일정 결정(개최일 11월 8일, 종전보다 3주일 늦춰졌다.) / 중앙기율검사위원회가 뿨시라이에 대한 "당적·공직"(雙)·박탈(開除): 쌍개雙開 처분 요청 → 심의통과.

2012년 10월 말 ...... **북경시 북동쪽 교외 회유구懷柔區 안서호雁棲湖의 지앙쩌민 별장 강제철거, 종난하이中南海 빠이따러우八一大樓의 지앙쩌민 집무실 퇴거결정.**

A1 二〇一三年十二月六日 星期五 夏曆癸巳年十一月初四日

權傾一時 密謀政變

圖殺習近平 周永康被扣

■周永康本月初被當局扣查，成為中共反貪刀下的第一隻大老虎。

【本報訊】獨裁體制沒有最荒唐，只有更荒唐！眾多海外媒體、通訊社昨相繼披露，去年底退位的中共前政治局常委、中央政法委前書記周永康，成為中共反腐刀下「大老虎」；周日（1日）晚，周被中共正式軟禁扣查，罪名包括企圖刺殺習近平、圖謀政變、殺妻害命及巨額貪腐。此案不但是重慶前市委書記薄熙來事件後中南海又一醜聞，更破了中共「刑不上常委（政治局常委不受刑事追究）」的慣例；預期對中共政壇的震撼將超過薄熙來案。

■中共總書記習近平

周永康檔案

年齡：71歲 祖籍：江蘇無錫

家庭：與前妻（車禍已故）育有兩子周濱、周寒；現妻為央視前主播賈曉燁

學歷：北京石油學院勘探系畢業

經歷：

1967－1970年	大慶油田技術員
1970－1985年	遼河石油勘探局技術員、處長、局長（兼盤錦市長）
1985－1988年	石油工業部副部長
1988－1998年	中石油副總經理、總經理
1998－1999年	國土資源部長
1999－2002年	四川省委書記
2002－2007年	中共政治局委員、公安部長
2007－2012年	中央政治局常委、中央政法委書記
2012年11月	退休
2013年12月1日	傳被中共軟禁拘查

周永康三宗罪

總部在美國的博訊新聞網，明鏡新聞網，以及台灣《聯合報》、

江澤民為自保制

要聞

習近平失蹤大揭秘

中南海政變

周永康兩圖殺習 放炸彈打毒針

策動武警入京城 中央迅速平定

東方日報

南非前總統 曼德拉逝世

詳刊A30及A31

6500

圖殺習近平 도살습근평

周永康被扣 주영강피고

中南海政變 중남해정변

周永康兩圖殺習 주영강양도살습

放炸彈打毒針 방작탄타독침

策動武警入京城 책동무경입경성

中央迅速平定 중앙신속평정

2013년 12월 6일, 『빈과일보蘋果日報』·『동방일보東方日報』에 대서특필: “시진핑 살해를 도모한 저우용캉 구속. / 중남해정변–저우용캉, 폭탄과 독침으로 두 차례 시진핑 살해 도모. 무장경찰을 책동하여 북경에 난입. 중앙은 신속하게 평정했다.”

2012년 11월 15일 (59세) ...... **시진핑, 중국공산당 중앙위원회 총서기 당선**(제9대) · **중국공산당 중앙군사위원회 주석 취임 / 후진타오의 "완전은퇴**完全引退**"** → **"솔선해서 당지도자의 지위를 물려준 것은 후진타오 지도부의 숭고한 인품과 절조를 나타내는 것이다."**(시진핑의 극찬) → 지앙쩌민江澤民의 "상왕정치"가 종지부를 찍은 것이다. 모택동 이래 중국공산당의 고질적인 "원로정치"(退而不休)의 종식 / 인치人治(제도와 법률을 초월한 노회한 정치지도자의 뜻대로 나라를 다스리는 형태)에서 법치法治(**司法公正**)로! / **"공허한 말은 나라를 망치고 실질적 행동이 나라를 흥하게 한다. 空談誤國, 實幹興邦."**→ **법치주의 실현, 부패간부 엄벌, 민생개혁 우선.**

*중국공산당 제18차 전국대표대회(중공18大. 11월 8일~14일, 북경 인민대회당) 출석회의대표(2,268명이 공산당원 8,260만 명 대표로 출석). 특요대표(지앙쩌민 전 총서기 등 57명) 포함해서 당일 2,309명 참석 / 중공18차 당대회에서 선출된 중앙위원들(중앙위원 205명과 중앙후보위원 171명)이 첫 번째 중앙위원 전체회의(중공18대 1중전회: 2012년 11월 15일)에서 당중앙정치국위원(25명)을 선출했다. 그 중 상위 7명이 중앙정치국상무위원으로 안배되었고, 그 날 바로 서열1위 시진핑이 중공 중앙위원회 총서기와 중공 중앙군사위원회 주석으로 취임한 것이다 / 당중앙위원회 전체회의에서 중앙기율검사위원도 선출했다(130명). *중국공산당 전국대표대회는 당중앙위원회에서 토론을 거쳐 합의된 정책을 승인하고, 중앙위원회 위원·중앙기율검사위원 후보자 예비명부를 추인한다. 중앙위원회는 당의 최고 정책결정기구이며, 대외적으로 중국공산당을 대표한다. 1년간 사전 인선 작업으로 중앙위원과 중앙후보위원을 선출한다. 임기는 5년이다. 중앙위원회전체회의(중전회)는 매년 1회 이상 개최되고 중앙위원회에서 뽑힌 25명으로 구성된 정치국위원이 중전회를 소집한다. 중앙위원회의 폐회기간중 실질적 권한은 25명의 정치국위원과 상무위원이 대행하고, 그들이 당·정·군 고위간부의 인사권을 장악한다. 결국 7명의 정치국상무위원이야말로 권력핵심에 늘 상주하는 실질적 최고결정권자이며, 동시에 공산당의 최고권력기관이다. 중국공산당 중앙위원회 총서기는 당규약에 의해 정치국회의와 정치국상무위원회 회의를 소집할 권한이 있으며, 중앙서기처의 업무도 주관한다.

2012년 11월 29일 .... **시진핑 군사위주석, 중국혁명군사박물관 방문 훈화**: "2049년은 국가부강·민족부흥·인민해방에 주안을 둔 사회주의 현대화라는 국가목표가 달성되고 중화민족의 위대한 꿈이 실현될 것이다." / ***중국몽**中國夢**(위대한 중화민족의 부흥)의 3단계**: ①**원빠오**溫飽(기초생활, 의식주 해결, 1979~1999) ②**샤오**

3세대, 4세대, 5세대 중국최고영도자

후진타오의 완전은퇴完全引退

중국 제5세대영도자 그룹 입장(중공18대 정치국상무위원, 2012~2017)

[왼쪽부터] **시진핑**習近平(1953): 총서기, **리커치앙**李克强(1955): 국무원총리, **장떠지앙**張德江(1946): 전국인민대표대회 상무위원회 위원장, **위정성**俞正聲(1945): 중국인민정치협상회의 전국위원회 주석, **리우윈산**劉雲山(1947): 중앙서기처 제1서기, **왕치산**王岐山(1948): 중앙기율검사위원회 서기, **장까오리**張高麗(1946): 국무원 제1부총리

캉小康(중등생활, 2000~2021) ③ **따통大同**(태평성대, 선진국진입, 2022~2049).

2012년 12월 5일 ..... 사천성당위원회 부서기 이춘성李春城 소환조사(중공18대 당중앙 후보위원 서열 155위. 2015년 10월 12일 100만 위앤 몰수, 징역 13년 확정. 요녕성 해성海城인) / 저우용캉이 사천성 당서기 재임시(1999~2002년) 이춘성은 성도시成都市 시장에 재직했다.

2012년 12월 19일 ... 【KOR】 대한민국 제18대 대통령 선거에서 새누리당 박근혜朴槿惠 후보 당선.

2012년 12월 22일 ... 【KOR】 가수 싸이의 뮤직비디오 "강남스타일," 유튜브 조회수 10억 건 돌파.

2012년 12월 26일 ... 〈블룸버그 통신〉: 등소평의 셋째 사위 하평賀平(중국 빠오리保利그룹 이사장, 전 인민해방군 총장비부 소장), 진운陳雲의 아들 진광陳光, 왕진王震의 아들 왕군王軍(전 중국국제신탁투자공사 이사장), 이 세 집안 집단이 보유한 총재산이 1조 6,000억 달러로 중국 GDP의 20% / 등소평의 개혁개방의 부산물로 잉태된 홍색귀족들은 국유기업 중 에너지·금융으로 재계장악 / "꾸안얼따이官二代": 차관급(부부장·부성장) 이상의 당·정·군·국유기업의 고위간부의 2세. "후우싼따이富三代": 엄청난 부를 소유한 3세들 / 홍얼따이紅二代들은 해외유학하고 돌아와서 대대로 이어지는 꽌시關係를 통해 알짜배기 사업권을 획득하거나, 대형 국유기업 고위직에 취임한다. 막강한 권력과 정보와 자본을 확보하여 천문학적인 이익을 창출한다. 또한 무소불위의 권력을 이용하여 엄청난 특혜 저리로 융자받고, 헐값에 국유재산을 사들인다. 그리고 난개발하여 비싸게 되팔며 축재한다 → **1940년대 중국공산당의 타도대상은 국민당의 부패와 장개석의 훈정訓政(독재)이었다. 헌정憲政민주와 연정聯政을 표방한 공산당은 인민들 마음을 얻어 승리했는데, 지금은 국민당의 부패보다 더 심한 부패, 장개석의 훈정보다 더 심한 자연스럽지 못한 억압구조가 있다.**

2012년 .... 1인당 GDP 중국(6,102달러), 한국(23,679달러).
*2012년 중국은 한국의 최대교역국으로 교역액이 2,151억달러(수출 1,341억 달러, 수입 810억 달러) / 한국 7개 도시와 중국 33개 도시 항로 매주 802편 직항 운행. 세계에서 2국간에 가장 많은 항공편 / 재중교민 80만여 명 중 유학생은 62,000여 명.

2013년 1월 22일 ..... 시진핑 총서기, 중앙기율검사위원회 회의에서 반부패투쟁 선언: "호랑이(중앙·지방 고위직 차관급 이상)도 쇠파리(중앙·지방의 중·하위직 공무원)도 한꺼번에 때려잡겠다.腐敗要堅持'老虎'·'蒼蠅'一起打."(2016년 8월 호랑이급 169명 체포)

2013년 2월 .... 공산당 중앙기율검사위원회 왕치산 서기의 나관裸官(우리나라의 자식교육을 위해 모든 것을 희생하는 불쌍한 기러기아빠와는 달리, 거액을 빼돌리고 홀로 살며 고위직을 해먹는 인간을 말함) 관리감독강화: "장관급 고위직은 해외유학중인 자녀가 있으면 학업을 마치고 1년 내 귀국시키시오."(차관·청장급 이상 확대방침)

2013년 2월 12일 ..... 【KOR】 북한, 제3차 핵실험 / 2009년 5월 25일 북한, 2차 핵실험 / 2006년 10월 9일 북한, 1차 핵실험 / 1993년 3월 12일 북한, 핵비확산조약NPT 탈퇴선언.

2013년 2월 23일 .... 시진핑 총서기 주재하에 중국공산당 중앙정치국 회의.

2013년 2월 26일~28일 ...... 중공18대 2중전회: "시진핑체제 집권10년"의 밑그림 구상·인선·사전조율(행정·입법·사법 등 핵심요직 인물 심의토론과 대내외 정책방향 설정) / 기존의 정치적 모토인, 중국특색사회주의·등소평이론·3개대표중요사상·과학발전관 등을 반복해서 선창하였다.

2013년 3월 3일 ...... 전국인민정치협상회의政協(국정자문기관, 중국식 다당제) 제12차 전국위원회 제1차 회의 개최(~12일, 2,237명 참석. 공산당원 893명, 비공산당원 1,344명. 노벨문학상 수상자 뭐옌莫言·영화배우 츠엉룽成龍·영화감독 츠언카이꺼陳凱歌) / 양회兩會: 인민정협人民政協+전국인대全國人大 → 국가·정부·전국인대·정협의 핵심요직 인선, 정부기구 개편 및 정책운영 방안 등 결정(중공18대 2중전회에서 사전조율) / **조선족 전철수(全哲洙, 1952년생)는 중국공산당 18대 중앙위원회 위원으로 중앙통일전선부 부부장 겸 정협상무위원이다(용정 출생, 연변대 수학과 졸업). 길림성 부성장 김진길(金振吉, 조선족, 1959년 연길 출생)은 중앙후보위원이다(2015년 10월 중앙위원 승급).**

2013년 3월 7일 ...... **중국, UN안보리 대북제재결의 동의.** 제5세대 영도자 그룹 출범 직후 북한의 핵실험에 분노 / 5월 22일~25일 북한 최룡해 인민군 총정치국장(서열 3위) 방중, 뒤늦게 겨우 시진핑 주석과 회담. 시진핑은 말했다: "**모든 관련국의 한반도 비핵화 목표 견지 및 6자회담의 재개를 위해 노력한다.**"

2013년 3월 14일 ..... **시진핑, 중화인민공화국 주석·중화인민공화국 중앙군사위원회 주석 취임.** 국가부주석: 이원조李源潮 / **21성省**(하북, 산서, 요녕, 길림, 흑룡강, 강소, 절강, 안휘, 복건, 강서, 산동, 하남, 호북, 호남, 광동, 해남, 사천, 귀주, 운남, 섬서, 감숙, 청해) **4직할시直轄市**(북경, 천진, 상해, 중경) **5자치구自治區**(내몽골, 광서장족, 티베트, 영하회족, 신강) **2특별행정구特別行政區**(홍콩, 마카오) → 33개 성省 1급행정구역.

*중화인민공화국 제12차 전국인민대표대회(12전국인대): 인민대표 2,987명(중국공산당 2,157명, 제민주당파諸民主黨派와 무당파 인사 830명) / 제12차 전국인대 1차회의(2013년 3월 5일~17일) 기간중에 시진핑은 국가주석과 국가군사위주석으로 취임했다. 리커치앙은 중화인민공화국 국무원총리, 연변대출신 장떠지앙張德江(1946년 11월생, 요녕성 대안台安 사람, 1971년 중국공산당 가입. 김일성종합대학 경제학과 졸업. 서열 3위)은 전국인대상무위원회(175명) 위원장에 올랐다 / "전국인대는 최고 국가권력기관이다. 국무원은 최고 권력기관의 집행기관으로, 최고 국가행정기관이다."(헌법명시) / 공산당의 결정을 국가의 합법적인 의사결정(신임투표)으로 확정하는 역할 / 행정부 수반은 국무원총리이고 국무원 인선동의안은 전국인대가 추인한다. / 부총리 4명, 국무위원 5명, 중앙 각 부 부장 25명으로 국무원 전체회의는 33명이다. 국무원 상무회의는 비공개로 진행되며 국무원 상무위원회는 10명이다.

*3월 17일 폐막식에서 신임 국가주석 시진핑은 아홉 차례나 "중국몽中國夢"(중화민족의 위대한 부흥)을 언급했다 / 인치人治 아닌 법치法治(사법공정司法公正): 건전한 경제, 행복한 인민, 각고한 노력 끝의 진정한 실력 / 중국몽의 기저는『순자荀子』사상: "군주가 예의를 존중하고 법을 완비하면 국가는 영원하다." → "어떠한 당고위관료도 은퇴 후에는 정치에 관여하지 않는다."(상왕정치 배제)

2013년 6월 7~8일 .... **시진핑·오바마 중미정상회담(캘리포니아 써니랜드).** 북한·이란·사이버공격에 대한 열띤 공방, 오바마정권의 "아시아회귀pivot to Asia"(미국의 외교·군사정책 주력을 아시아-태평양지역으로 옮겨 중국견제 의도)에 대하여 중국의 "**신형대국관계**"(양국이 상호존중하여 서로의 이익을 위해 협력) 제시 / 중국외교부 공식논평: "오바마 대통령과 시진핑 주석은 신형대국관계의 구축에 합의했다." / 과거 등소평시대의 소극적 "도광양회韜光養晦"(광채를 은닉하고 어둠 속에서 실력을 기른다)에서 "**주동작위主動作爲**"의 적극적 외교정책으로 대전환 / **중국의 핵심이익**: ①기본제도(공산당 영도 정치체제) 수호·국가안보 ②국가주권(대만문제·조어도釣魚島·남사南沙·서사西沙군도)과 영토(티베트·신강) 보존 ③지속적인 경제·사회 발전.

중화인민공화국 제12계 전국인민대표대회 제1차 회의(2013년 3월 5일~17일)
중국공산당 제4·5세대 영도자그룹 전국인대 회의 입장.

(앞줄 왼쪽부터) 지아칭린賈慶林, 우빵꾸어吳邦國, 후진타오胡錦濤, 시진핑習近平, 원지아빠오溫家寶, 리커치앙李克强, **(뒷줄 왼쪽부터)** 장까오리張高麗, 리우윈산劉雲山, 장떠지앙張德江, 위정성俞正聲, 왕치산王岐山 / 후진타오와 시진핑만 긴장한 얼굴이다. 그외 나머지 사람들은 함박웃음이다. 이날 시진핑은 중화인민공화국 국가주석과 중화인민공화국 군사위원회 주석으로 선출되었고, 리커치앙은 중화인민공화국 국무원총리에 선출되었다.

2013년 6월 27일 ..... **박근혜 대통령과 시진핑 주석 한중정상회담(북경)**: "한·중 미래 비젼 공동성명"(동북3성 정부·기업인과 함께 한국-동북3성 경제협력 포럼 정례화) / 한반도 비핵화 지지 / 시진핑, 고운孤雲 최치원崔致遠의 시 「범해泛海」 언급.

泛海 바다에 배를 띄우고

掛席浮滄海	돛 걸고 푸른 바다에 배를 띄우니
長風萬里通	긴 바람 만리에 통한다
乘槎思漢使	뗏목을 탄 한나라 사신 생각도 나고
採藥憶秦童	약 캐러 간 진나라 아동들도 떠오르네
日月無何外	해와 달은 허공 밖에 걸려있고
乾坤太極中	하늘과 땅은 태극 속에서 생성되네
蓬萊看咫尺	봉래가 지척의 거리에 보이니
吾且訪仙翁	나도 잠깐 선옹을 찾아볼거나

최치원 지음. 이상현 옮김. 『고운집孤雲集』 서울: 한국고전번역원, 2009 참고

2013년 7월 1일 ...... 중국공산당원 8,512만 명.

2013년 7월 25일 .... 국가부주석 이원조李源潮, 북한방문(~28일). **한반도 정책 3원칙 제시: ①한반도 비핵화 실현 ②한반도 평화 · 안정 유지 ③대화와 협상을 통한 문제 해결** / 2016년 1월 16일 북한 4차 핵실험 후 중 · 미 외교부 장관 회담(2016년 1월 27일). 왕이王毅 외교부 부장, 대한반도 중국정책 3원칙을 3년 전과 동일하게 일관성 있게 천명.

2013년 8월 20일 .... 꾸카이라이谷開來, 사형집행유예 판결(고의살인죄 적용, 연성燕城 감옥 수감) / 2015년 12월 11일 무기징역으로 감형.

2013년 8월 26일 .... 뿨시라이 최후진술: "나에게 가족과 부하를 잘 관리하지 못한 큰 잘못이 있습니다. … 제 재판을 통해 공산당이 공정함을 추구한다는 점을 잘 보여줬습니다. … 중국 사법제도의 미래에 대한 내 믿음을 더욱 커지게 했습니다."

피고인석에 서있는 뿨시라이

> 인생이란 걸어가는 그림자.
> 자기가 맡은 시간만은
> 장한듯이 무대 위서 떠들지만
> 그것이 지나가면 잊혀지는
> 가련한 배우일뿐.
> 인생이란 바보가 지껄이는 이야기.
> 시끄러운 소리와 광포로 가득하지만
> 아무것도 의미하지 않는 이야기.
> —세익스피어, 『맥베스』

2013년 9월 10일 ..... 시진핑 총서기, **"일대일로一帶一路"** 구상 제출(전세계 육지와 바다를 아우르는 경제합작).

2013년 9월 22일 .... 뿨시라이薄熙來 전前 중경시 당서기, 북경교외 진성秦城교도소 수감(무기징역 · 정치적 권리 종신박탈 · 개인재산 전액몰수형) / 9월 23일 상소 / 10월 25일 무기징역 확정.

2013년 10월 .... "주변국 외교공작 좌담회"에서 시진핑 발언: ①분발해서 성과를 내라奮發有爲. ②시대와 함께 전진하라時與俱進. ③더욱 주동적으로 움직여라更加主動.

2013년 10월 28일 ... 북경 천안문 차량돌진 자폭테러사건 발생(위구르독립운동단체) / 9월 신장위구르자치구에서 테러혐의로 7명 사살.

2013년 11월 9일~12일 ……. **중공18대 3중전회 개최:** ①"개혁전면심화(全面深化改革)를 위한 지도소조" 설치. ②시장이 자원배분에 결정적 역할 수행. ③공유제(사회주의 요소)·비공유제(자본주의 요소) 경제의 공존. ④당 중앙위 산하 국가안전위원회 설립. ⑤사법권력운용메카니즘 개선 및 인권·사회보장제도 정비 등 국정전반에 대한 개혁·개방정책 방향.

2013년 11월 13일 …. 【KOR】 박근혜 대통령, 푸틴 러시아 대통령 한·러 정상회담: 나진-핫산 프로젝트, 남·북한·러시아 3각 협력확대 / 2016년 3월 7일 박근혜정부, 러시아에 나진-핫산 프로젝트 중단 통보.

2013년 11월 23일 … 중국의 해양공정海洋工程 선포(동중국해 상공 일부에 중국이 방공식별구역防空識別區域ADIZ, Air Defense Identification Zone[이어도 포함] 선포).

2014년 1월 22일 ….. **제1차 중공중앙전면심화개혁영도소조中共中央全面深化改革領導小組** 회의 개최 / 조장: 시진핑, 부조장: 리커치앙·리우윈산·장까오리, 왕양 외 18명 성원. 최고인민법원 원장 저우치앙周强(1960년생. 호북성 황매黃梅 사람. 서남정법학원, 법학석사. 제6세대 영도자그룹 물망에 오른 1인)도 있다 / 경제·정치·문화·국방·환경 등 6개 분야 개혁 총괄.

2013년 ……………. 【KOR】 국가청렴도 순위: 전체 177개 나라 중 한국은 46위, 중국 80위, 북한·아프가니스탄·소말리아가 175위, 공동꼴찌.

2013년 ……………. 경제지표 / 국내총생산(GDP): 9조 501억 달러 / 1인당 GDP: 6,651달러(광동 심천 경제특구는 2만 달러) / 정규군: 228만 5천여 명(육군: 160만 명, 해군: 25만 5천 명, 공군: 33만 명, 제2포병부대: 10만 명). 무장경찰: 70만여 명 / 대외무역액: 4조 1,603억 달러(미국: 3조 8,839억 달러) / 외환보유고: 3조 6,600만 달러.

2013년 12월 26일 … 모택동탄생 120주년, 시진핑 국가주석 축사: "마오사상은 맑스·레닌주의를 독창적으로 발전시켰다. 우리는 영원히 마오사상의 기치를 높이 들고 전진할 것이다." / "그 누구도 모택동보다 사악하고 악랄하며 임기응변에 능하고 건달기질이 몸에 밴 사람은 없다. 개인 모택동에 대한 부정이 아니라 정치체제 전체 대표자로서의 모택동을 부정하는 것이다." ―리우샤오뿨劉曉波

2013년 12월 31일 …. 시진핑 주석, 중남해 집무실에서 신년사 방영: "개혁·개방·꿈"

2014년 1월 19일 ..... 【KOR】 하얼삔 안중근의사 기념관 개관식 / 중국군 유해 최초 송환(3월 28일).

2014년 1월 25일 ..... **중앙국가안전위원회 주석 취임**(신설): **"정국안방定國安邦"(국가안보와 사회안정을 공고히 한다)**. 부주석: 리커치앙 · 장떠지앙, 판공실 주임: 리잔수栗戰書(1950년생. 하북성 평산平山 사람. 하북사범대학 출신. 당중앙판공청 주임) / 지앙쩌민계열의 사람이 많이 포진되었던 정법위원회(사법과 무장경찰)는 하위조직으로 축소, 개편 되었다.

2014년 4월 16일 ..... 【KOR】 **세월호世越號 참사**. 안산 단원고 제주도 수학여행단 포함 304명 희생 / 6월 2일 지방선거에서 진보교육감 대거 선출(17명 중 13명이 진보성향) → 2016 촛불혁명 발화 / 2009년 1월 15일 허드슨강에 불시착한 미국 여객기, 24분 만에 155명 전원 구조.

2014년 6월 30일 .... **군사위 부주석 쉬차이허우徐才厚, 당적박탈(직권남용·뇌물수수)**.

2014년 7월 1일 ...... 미국정부와 협정체결: "해외금융계좌 납세준수법FATCA" / 역외탈세금지법으로 미국내 중국인의 금융정보가 열람가능해져 지앙쩌민 긴장. 지앙쩌민의 가족친지들은 미국 내 모든 자산을 시진핑지도부에게 자진신고(지앙쩌민의 백기白旗).

2014년 7월 3일 ...... **시진핑 주석, 부인 펑리위앤彭麗媛과 함께 한국방문(~4일)** / 한·중정상회담: 일본의 자위권확대 법개정에 대한 우려스러움에 공감하고 일본강경비판. 시진핑 주석은 2015년 항일전쟁승리 70주년을 공동으로 기념하자고 제안했다 / 4일 오전, 서울대 초청강연에서 시진핑 중국 국가주석은 양국의 돈독한 오랜 역사를 시종 언급했다: **"양국은 역사상 위태로운 상황이 발생**

2014년 7월 3일 오전 11시 57분 시진핑 주석과 부인 펑리위앤 여사가 성남서울공항에 도착했다.
사진=CNCNEWS

했을 때마다 서로 도와주며 극복했다. 이제는 명실상부한 전략협력 동반자가 되어 양국 관계에서 가장 좋은 시기에 접어들었다." / 미국, 한·미·일 공조균열 우려 표명 / 시진핑이 주석이 된 후 평양을 가기전에 서울을 방문한 것은 관례에 크게 벗어난 것이다. 그러나 이것으로 조중관계가 냉각된 것은 아니다. 중국은 국제사회에서 북한의 건재를 도와주는 입장을 버리지 않는다.

2014년 9월 28일 .... 중국공산당 내 생활좌담회에서 후진타오 전 국가주석은 **지앙쩌민에 대한 전면적인 평가작업을 건의 했다** / 20년간 지앙쩌민의 암울한 그늘에서 지낸 후진타오는 『권좌 20년 회고록 1992~2012』 집필중.

2014년 9월 30일 .... 국경절 전날 축하행사에 지앙쩌민 등장 소개말: "당과 국가의 지도적 직무에서 물러난 지앙쩌민."

2014년 10월 .... 시진핑, 군고관들을 대동하고 복건성 고전古田(1929년 12월 고전회의에서 "홍군은 중국공산당의 지시를 따른다."는 방침을 결정했다)에 가서 군사회의 개최: **"쉬차이허우徐才厚 사건 엄중히 취급해야 한다."**

2014년 11월 11일 ..... 아시아태평양경제협력체APEC 정상회의 개최(~12일, 북경). / 오바마 대통령과 시진핑 주석과 9시간 회담(한반도 비핵화·온실가스 감축 합의).

【KOR】 2014년 11월 10일 한·중 자유무역협정FTA 타결.

2014년 12월 6일 ..... **중앙정치국 상무위원을 역임한 저우용캉周永康, 당적박탈·체포** / 죄목: 거액뇌물수수·주요기밀누설·조사중에 다른 범죄의 실마리 발견.

2014년 12월 29일 ... **중앙정치국 회의에서 시진핑 총서기 발언: "당내에 파벌을 만들거나 도당을 꾸려 사리사욕을 채우고 동료와 결탁하는 일은 결코 좌시하지 않겠다."**

2014년 12월 31일 ... **링지후아令計劃(전 중앙판공청 주임) 통일전선공작부장, 당직박탈(기율위반·부정부패).**

2015년 2월 1일 ...... "일대일로一帶一路"건설공작영도소조 성립(조장: 장까오리. 부조장: 왕후닝·왕양·양정·양지에츠으).

2015년 3월 26일 .... 【KOR】 박근혜정부, 중국주도의 아시아인프라투자은행AIIB에 가입선언.

2015년 5월 9일 …… **시진핑 국가주석, 러시아 전승 70주년 열병식 참석.**

"펑리위앤 · 시진핑 · 푸틴, 그리고 훈장으로 장식한 백전노장들, 러시아 모스크바 붉은광장 2015년 5월 9일"

소련에 대한 두려움과 불쾌감으로 모택동은 미국에게 손을 내밀었다. 1973년 2월 17일, 중국을 방문한 키신저에게 모택동은 중국과 미국, 그리고 일본과 유럽이 힘을 합쳐서 소련을 압박하는 전략을 짜자고 키신저를 꼬드겼다. 1925년 3월 11일, 손문이 소련동지들에게 남긴 유촉에 다음과 같은 간절함이 있다: "나의 희망은 오래지 않아 실현될 것입니다. 그때 소비에트연맹은 좋은 벗으로서 그리고 맹방으로서, 강성하고 독립된 중국을 환영해 주십시오." 2015년 러시아와 중국, 양국의 전승70주년 기념 열병식에서 두 정상은 굳건하게 함께 했다. 그 모습에서 손문의 꿈이 이루어졌고, 소련과 내내 갈등을 겪었던 모택동으로서는 꿈도 못 꿀 일이다.

2015년 5월 16일 ….. **시진핑, 귀주성 준의시遵義市 방문** / 귀주성 서기 츠언민얼陳敏爾(1960년생) / 시진핑 주석이 절강성 당서기를 하고 있을 때 츠언민얼은 절강성 선전부장이었다. 시진핑은 『절강일보』에 2003년 2월 25일부터 2007년 3월 25일까지 232편의 단평을 연재했다. 독자의 요구에 의해 그 문장들을 책으로 펴낸 것이 『지강신어之江新語』(절강인민출판사, 2007)이다. "지강之江"은 "전단강錢塘江"의 옛이름이다. 『지강신어』의 저자는 시진핑이지만 츠언민얼이 집필과정에 많은 참여를 했다. 츠언민얼, 한국방문(2016년 4월 19일~23일).

2015년 6월 1일 …… 【KOR】 한·중자유무역협정FTA 체결.

2015년 7월 20일 …. **링지후아 처분 판결: "당적박탈開除黨籍 · 공직박탈開除公職"(뿨시라이가 받은 "쌍개雙開" 처분)** / "링 전 부장이 저우용캉 전 정치국상무위원 · 뿨시라이 전 충칭시 당서기, 쉬차이허우 전 중앙군사위원회 부주석 등과 당파를 이뤄 당의 단결을 해치고 부정부패를 일삼았다." / "링지후아 전 부장의 동생 링완청令完成이 망명하여 미국연방수사국FBI과 중앙정보국CIA에 핵무기가

대조국전쟁 마크가 걸려있는 붉은 광장의 성 바실리 성당

러시아 전승 70주년 열병식, 모스크바 붉은광장

대조국전쟁(1941~1945) OTEЧECTBEHHAЯ BOЙHA 〈아찌에체스뜨비엔나야 바이나〉

1941년 6월부터 1944년 6월까지 독일과의 싸움에서 소비에트 군인만 860만여 명이 전사했다. 거의 900일(1941년 9월 8일~1944년 1월 27일) 동안 육·해로가 봉쇄된 레닌그라드의 첫해 겨울에만 매일 평균 4,000여 명의 시민이 아사餓死했다. 기적적으로 소생한 "대조국전쟁"의 신생아가 블라디미르 블라디미로비치 푸틴(1952년 10월 7일) 러시아 대통령이다. 푸틴의 아버지 블라디미르 스피리도비치 푸틴(1911~1999)은 소련군인으로 900일간 레닌그라드를 포위한 독일군을 상대로 죽도록 저항했고, 엄마 마리아 이바노브나 푸티나(1916~1998)는 아사직전까지 갔다가 겨우 살아남았다. 대조국전쟁의 남녀 생존자 사이에서 푸틴 러시아 대통령은 태어났다. 러시아와 영국이 합작해서 제작한 영화 『레닌그라드: 900일간의 전투』(2009년)에서 시민들이 배고파서 죽어가는 장면을 처절하게 묘사했다. 이렇듯 처참한 상황에서 승리를 거둔 러시아는 이 전쟁을 "대조국전쟁"이라고 부른다. "대조국전쟁" 뺏지는 붉은 광장을 장식하기도 하고 휴대용 보드카 술병에도 새겨져 있다. 전승 70주년 열병식은 군인 16,000여 명, 탱크 194대, 공군기 143대 등이 참여한 역대 최대 규모다. 45.5×47mm. In Collection.

동·통제시스템과 관련한 정보(2,700여 건)를 제공했다."(2016년 2월 3일 『워싱턴 프리비컨』).

2015년 8월 28일 .... 중국인민해방군, 『백단대전百團大戰』 제작·방영(八一電影制片廳). **"민주주의 결핍·개인숭배(모택동)가 모든 폐단의 근원이다"**(1959년 7월 여산회의)라고 일갈한 팽덕회 원수와 좌권左權 장군에게 바친 헌정영화. 팽덕회 원수의 정당한 모습 복원.

2015년 9월 3일(오전 10시) .... **"중국인민 항일전쟁 및 세계 반파시스트전쟁 승리 70주년 기념紀念中國人民抗日戰爭暨世界反法西斯戰爭勝利70周年" 북경 천안문 광장의 중국인민해방군 군사 퍼레이드(박근혜 대통령·푸틴 대통령·반기문 UN사무총장 참석) / 시진핑, 중국인민해방군 30만 명 감축과 군개혁 의지표명 / 중국공산당 총서기는 항일전쟁의 승리를 정통성의 기반으로 삼는다.**

전남 광주에서 태어난 조선의용대 정율성이 작곡한 〈중국인민해방군가〉 행진곡이(370쪽 참조) 천안문 광장에서 내내 울려퍼졌다. 1년 가까이 고된 훈련으로 전승 70주년 열병식을 빛내고 있는 중국인민해방군. 군인 개개인의 가슴에는 동일한 메달이 패용되어있다. "중국인민 항일전쟁 및 세계 반파시스트전쟁 승리 70주년 기념"이 새겨있는(章) 기념장紀念章이나 표창장獎章일 것이다. 휘徽는 전승70주년기념으로 특별 제조된 귀주貴州 마오타이茅台 술병에도 장식하고 있다.

박근혜대통령이 천안문 망루에 올라 중국인민해방군 열병식을 참관하고 있다. 이러한 외교적 행보는 미국과 중간 균형·실리외교의 획기적인 시도라고 볼 수 있다.

중국인민 항일전쟁 및 세계 반파시스트 전쟁승리 70주년기념 열병식

2015년 9월 3일 오전 10시 천안문광장

종래 건국일(10월 1일) 열병식과 달랐다. 1945년 9월 2일, "항일8년전쟁" 끝에 일본제국주의가 항복문서에 사인했다. 그리고 9월 3일을 전승절로 삼았다. 이 열병식은 "항일전쟁승리"를 대대적으로 내건 최초의 국가행사다. 주중일본대사는 참석하지 않았다. 천안문 성루에서 중국인민해방군의 열병식을 사열하고 있는 박근혜 대통령, 푸틴 러시아 대통령, 시진핑 주석, 지앙쩌민 전 주석, 후진타오 전 주석.

2015년 11월 15일 ....“호요방胡耀邦 동지 탄신 100주년 좌담회” 개최(중앙정치국 상무위원 7명 전원참석, 인민대회당) / 시진핑 주석 연설: “후야오빵 동지는 자신의 일생을 당과 인민에게 바쳤다. 그의 신념과 이상, 고상한 품격을 학습하는 것이 후 동지를 기념하는 것이다.”

시진핑 주석의 말대로 호요방 총서기의 신념·이상·품격을 학습해야 한다면, 호요방추모를 계기로 발발한 1989년 6·4천안문사건의 희생자들의 명예를 회복하는 것이 선결과제라고 본다. 젊은 세대를 위하여 교육정책을 펴서 “공청단共靑團의 교부敎父”라는 존칭을 받았고, 문혁 때 하방당한 등소평을 비롯한 원로간부들을 앞장서서 신원·복귀시킨 사람이 호요방이었다. 반우파투쟁·문화대혁명 등 국가폭력에 억울하게 당한 수백만 명의 명예를 회복시키는 사업을 주도적으로 진행시킨 것도 호요방이었다. 그래서 인민들은 누구보다도 호요방을 존경하여 호요방의 죽음을 애도하면서 천안문광장으로 모여든 것이다. 시진핑 주석의 심신心身을 책임지는 두 인물도 기념 좌담회에 참석했다. 중국공산당 중앙군사위원회 부주석 쉬치리앙許其亮(공군 상장)은 시진핑 주석의 경호책임도 담당하고 있다. 중국공산당 중앙판공청 주임 리잔수栗戰書는 시진핑의 복심이다. 둘 다 당중앙정치국 위원이다.

2015년 12월 28~29일 .... 시진핑, 중앙정치국위원회에서 연설: “중앙정치국 동지들은 가족과 부하들을 엄격하게 교육·관리·감독해야 하며, 문제점이 발견되면 즉시 일깨워주고 바로 잡아야 한다. … 공적 일이든, 개인적 일이든 당성을 가지고 자기단속을 강화해야 한다. … 당성은 나이가 들면서 저절로 성장하는 것이 아니며 계속 향상시키려는 노력이 필요하다.” / 시진핑 총서기는 낙마落馬한 저우용캉·쀠시라이·쉬차이허우·링지후아를 일일이 거명하며 이들로부터 교훈을 얻어야 한다고 언급했다.

2016년 1월 6일 ...... 북한, 4차 핵실험 / **핵보유국 핵탄두 수**: 러시아(7,500개)·미국(7,260)·프랑스(300)·중국(260)·영국(215)·파키스탄(*100~120)·인도(*90~110)·이스라엘(*80)·북한(*6~8)－자료 SIPRI(스톡홀름 국제평화연구소, 2015년 1월 보유량. *한 국가는 핵비확산조약NPT에 미가입. 실질적 핵무기 보유국).

2016년 1월 16일 ..... 제14대 대만총통선거. 민진당, 압도적인 승리(입법원 113석 중 68석 획득). 최초의 여성 총통 차이잉원蔡英文: "대만의 민주주의제도와 국가정체성은 반드시 존중받아야 한다." / 5월 20일 총통 취임: **"젊은이를 위한 나라를 만들겠다."**

2016년 2월 1일 ...... 중국인민해방군 5개전구戰區 출범식. 시진핑의 군사개혁의 일환 / 중국인민해방군 개혁목표: "싸울 수 있는 군대能打仗, 싸워서 이기는 군대打勝仗를 만들자!" / **시진핑 주석, 중앙군사위원회 연합작전지휘부 총사령관(中央軍委聯指合作戰指揮部總指揮) 취임.**

2016년 2월 7일 ...... 북한, 장거리로켓(미사일) 시험발사 / 사드(THAAD, 고고도 미사일 방어체계) 한국 배치 협의 진행을 박근혜정부가 공식 발표.

2016년 2월 11일 ..... 【KOR】 박근혜 대통령, 독단적으로 개성공단 폐쇄(남한기업 1조 5천억 원 손실). *1998년 6월 16일 정주영 회장, 1차 소떼 방북(500) / 10월 27일 2차 소떼 방북(501) / 1998년 11월 18일 금강산 관광선 금강호(관광객: 1,418명) 첫 출항 / 2000년 6월 13일 김대중 대통령 평양 방문 / 2000년 8월 22일 현대(정주영 회장)－북한아태평화위 개성공업지구 개발합의서 체결 / 2003년 2월 14일 금강산 육로관광 시범 첫 발 / 2003년 6월 30일 개성공단 1단계 건설 착공식(정몽헌 회장) / 2004년 12월 15일 개성공단 첫 제품 생산 / 2007년 10월 4일 노무현 대통령 개성공단 방문 / 2008년 7월 11일 금강산 관광객 1명, 북한군 총격 사망. 금강산 관광 중단(2008년까지 남측 관광객 195만여 명) / 2010년 5월 24일 "5·24 조치": 이명박 대통령, 천안함사건으로 남북관계 단절 선언 / 2013년 5월 3일 북한, 개성공단(123개 남한기업 진출. 53,000여 명의 북한 근로자) 1차 폐쇄 / 8월 14일 개성공단 재개 합의.

2016년 2월 13일 ..... 중국공산당 중앙판공청과 국무원 판공청 공표: **"퇴직간부 관련 업무 개선안"** / 원로정치구도 혁파. 전·현직 지도부가 사전조율하는 서슬퍼런

북대하北戴河 회의가 약화 되었다.

2016년 2월 17일 ..... 왕이王毅 중국 외교부 부장: **"평화협정·비핵화 병행추진" 제안.**

2016년 2월 18일 ..... 오바마 미국 대통령, 포괄적이고 강력한 북한제재법 서명·발효.

2016년 2월 19일 ..... 홍레이洪磊 중국 외교부 대변인 정례 브리핑: "중국은 그 어떤 '핫이슈'든지 단순한 제재나 압력부과를 통해서는 해결할 수 없다고 생각한다."

2016년 3월 2일 ...... **UN안전보장이사회, 북한제재결의안 2270호 통과**(만장일치) / 193개 UN회원국 중 50개 국가 공동발의.

2016년 3월 5일 ...... **중화인민공화국 제12계 전국인민대표대회 제4차 회의** 개최(~16일, 북경 인민대회당). 리커치앙 국무원총리 정부공작보고: **"향후 5년간 6.5% 이상의**

일찍이 1954년 9월 15일, 유소기는 〈헌법초안 보고〉에서 1954년 출범한 전국인민대표대회의 성격을 다음과 같이 천명하였다: "전국 인민을 각급 인민정부 주위에 긴밀하게 결집시킬 수 있고, 중앙인민정부의 통일적 지도 아래 강력한 통일적 세력으로 형성시킬 수 있고, 그로써 우리는 전국의 인민이 긴급하게 필요로 하고 있는 건설과 국방의 의무를 실행할 수가 있다." 전국인민대표대회는 국가입법권의 유일기관으로 행사한다. 全國人民代表大會是行事國家立法權的唯一機關(헌법규정, 1954).

중고속성장을 유지해서(13차 5개년 계획) **2021년에 모든 국민이 편안한 삶을 누리는 샤오캉小康 사회를 실현하겠다.**" / 강시僵屍기업 퇴출, 국유기업 재편성, 스모그·수질오염문제 강력통제.

2016년 3월 11일 ..... 중국(왕이王毅)과 러시아(세르게이 라브로프) 외무장관 모스크바 공동성명: "**6자회담 재개 요구 및 한반도 사드(THAAD: 고고도미사일방어체계) 배치 반대**" / 왕이 외교부 부장: "비핵화–평화체제 협상의 병행추진" 강조. 세르게이 외무장관: "국제적 틀 안에서 담판과 대화를 계속 추진해야 한다."

2016년 3월 31일 ..... **제4차 핵안보정상회의 개최(~4월 1일, 미국 워싱턴) / 한·중 정상회담에서 시진핑 국가주석 발언: "한반도 비핵화 실현에서 대화와 협상은 문제를 해결할 유일하게 올바른 방향이다. 중국 쪽은 건설적 노력을 하고 싶으며, 6자회담의 틀 안에서 대화재개를 추동하고자 한다.**" / 미·중 정상회담에서 시진핑 국가주석 발언: "한반도 내 사드 배치는 중국의 국가안전이익과 지역의 전략적 균형을 훼손한다. 이는 남한테 손해를 끼치는 동시에 자신(미국)에게도 이롭지 않다."

2016년 4월 3일 ...... 북한 국방위원회 (협상)담화: "일방적 제재보다 안정유지가 급선무이고, 군사적 압박보다 협상마련이 근본해결책이며, 부질없는 체제전복보다 무조건 인정과 협조가 출로라는 여론이 조성됐다." → 대한민국 국방부 대변인: "북한의 잘못된 행동에 대해 제재에 집중할 시기이며, 지금은 대화를 논할 시기가 아니라고 본다."

2016년 4월 4일 ...... 국제탐사보도언론인협회ICIJ, "파나마 로펌 모색 폰세카"(돈세탁 유령회사Paper Company, 1977~2015)의 내부자료 1,150만 건 분석결과 공개 / 등가귀鄧家貴(시진핑의 큰 매형)·푸틴 러시아 대통령(20억 달러)·노재헌(노태우 대통령의 아들)·전재국(전두환 대통령의 아들)·가경림賈慶林(중공16·17대 중앙정치국상무위원)의 외손녀·유운산劉雲山(현 정치국상무위원)의 아들과 며느리·장고려張高麗(현 정치국상무위원)의 사위가 거래대상.

2016년 4월 13일 ..... 【KOR】 대한민국 제20대 총선 "2030선거혁명"(20대 투표율 13.2% 높아진 상황에서 더민주당이 제1정당 성취) / 제20대 총선 당선자 분포(300석): 더불어민주당(지역:

110석, 비례: 13석) 새누리당(지역: 105석, 비례: 17석) 국민의당(지역: 25석, 비례: 13석) 정의당(지역: 2석, 비례: 4석) 무소속(11석) / 6월 9일, 더불어민주당 정세균 의원, 제20대 국회 전반기 국회의장 당선(14년 만의 야당 국회의장 선출).

2016년 4월 19일 ..... 츠인민얼陳敏爾 귀주성 당서기, 방한(~23일). 박원순朴元淳 서울시장 접견 / 충청남도(안희정安熙正 지사) – 귀주성 인문교류(한·중 정상회담 합의사항 이행) / 2017년 7월 15일 중경시 당서기 취임.

2016년 4월 22일 .... 전국종교공작회의 개최(~23일, 북경). 시진핑 주석 발언: **"공산당원은 굳건한 맑스주의 무신론자가 되어야 하며, 절대로 종교에서 자신의 가치관과 신념을 추구해서는 안됩니다."**

2016년 4월 26일 .... 시진핑, 〈지식분자 · 노동모범 · 청년대표 좌담회〉 참석(안휘성安徽省 합비合肥). **"지식인들은 사상이 있고 주관이 있으며 책임이 있어서, 여러 문제에 대해 자기 견해를 발표하고 싶어한다. 각급 당위원회와 정부, 각급 지도자와 간부들은 업무 및 의사결정 과정에서 주동적으로 그들의 의견과 건의를 구해야 한다."** (시진핑은 지식인에 대한 관용을 강조하며) "변발을 잡아당기지 않고(꼬투리를 잡지 않고), 모자를 씌우지 않고(낙인을 찍지 말고), 몽둥이를 들지 않아야 한다." 시진핑의 이 말에는 과거 중국공산당의 지식인탄압에 대한 반성이 들어있다 / 60년 전(1956년), 중국공산당은 지식인들의 당비판을 적극 독려했다: "백화제방百花齊放 · 백가쟁명百家爭鳴"(쌍백雙百). 그런데 "쌍백"에 참여한 지식인들은 1년 후(1957년) 반우파투쟁으로 552,877명이 "우파"로 분류되어 문화대혁명이 끝날 때까지 20여 년간 고통을 당했다. 5·4운동으로 형성된 제1세대 공공지식인이 일망타진 됐다 / **30년 전(1986년 12월 5일) 5,000여 명의 과학기술대학 학생들이 "민주를 원하고要民主, 부패를 반대하는反官倒" 신호탄을 쏘아올린 곳이 바로 안휘성 합비였다. 우리가 6·4천안문사건이라고 알고 있는 거대한 흐름의 한 시발점이 바로 합비의 함성이었다.**

2016년 4월 28일 .... 시진핑, 제5차 아시아교류 및 신뢰구축회의(CICA, 1992년 창립된 중국과 러시아가 주도하는 회의체) **외교장관회의 개막식 축사. "한반도에서 전쟁과 혼란이 일어나는 것을 결코 용납하지 않겠다. … 한반도 핵문제를 조속히 대화 · 담판의 해결구도로 복귀시켜 동북아의 장기적 안정을 실현해야 한다."** / CICA, 북한의 핵실험·장거리 미사일 발사 규탄, 북핵폐기를 촉구하는 공식문서 채택.

2016년 4월 29일 .... 중국(왕이王毅)-러시아(세르게이 라브로프) 외교장관 회담(북경). "한반도 사드 배치는 중국과 러시아 각각의 전략적 안보에 직접적 영향을 준다. … 동북아안전과 관련된 문제는 함께 하는 형태로 공동으로 나서야만 해결할 수 있다. 우리는 미국과 한국도 이런 원칙에 따라 6자회담 재개 문제를 논의할 것을 촉구한다."

2016년 5월 2일 ...... 56타화朶花(중국 56인조 걸그룹), "희망의 들판에서" 대형공연. 북경 인민대회당에서 6천여 명이 관람했고, 중국공산당 중앙선전부 산하 "사회주의 핵심가치관 교육판공실"이 기획했다. 문혁 50주년과 맞물린 모택동 숭배와 시진핑 주석에 대한 찬양이 묘하게 배합된 공연.

2016년 5월 6일 ...... 조선로동당 제7차 대회(~8일, 평양 문화회관). 김정은 〈당중앙위사업총화〉 보고서: **"북남 군사당국 사이의 대화와 협상이 필요하다."**(남북당국회담

10만여 명이 참가한 카드섹션으로 구성해낸 **조선로동당 당휘**黨徽: 낫(농민)·망치(노동자)까지는 중국공산당의 로고와 동일하다. 그러나 조선로동당 당휘는 모필(지식인)이 중심을 잡아주고 있어 그 형상이 중국공산당과는 완연히 다르다. 지식인에 대한 예우가 두드러진다. 고종·순종실록까지 포함된 북한의 『리조실록』 완역은 남한보다 빠르다(1975년~1991년). 조선로동당 창당(1945년 10월 10일) 및 광복60주년, 그리고 6·15공동선언 5주년 기념 공연 **"아리랑."** 대동강 능라도에 위치한 5·1경기장(2005년 10월 12일 촬영). 우리겨레하나되기운동본부에서 주최한 "평양문화유적 참관" 일정으로 평양에 갔다왔다. 이때만 해도 자유롭게 왕래하는 날이 곧 올 줄 알았다.

제안) / "제국주의의 핵위협과 전횡이 계속되는 한 **경제건설과 핵무력건설을 병진**시키는데 대한 전략적 노선을 항구적으로 틀어쥐고 자위적인 핵무력을 질량적으로 더욱 강화해 나갈 것이다." / "미국은 시대착오적인 대조선 적대시 정책을 철회하여야 하며 **정전협정을 평화협정으로 바꾸고** 남조선에서 침략군대와 전쟁장비들을 철수시켜야 한다." / "당면하여 2016년부터 2020년까지의 국가경제발전 5개년 전략을 철저히 수행하여야 한다."

2016년 5월 9일 …… 조선로동당 제7기 1차 전원회의 개최. 7차 당대회에서 선출된 당중앙위원회(백두공주 김여정 등 129명의 중앙위원과 후보위원 106명으로 총 235명)가 정치국위원 19명을 선출했다. 정치국상무위원: 김정은(조선로동당 위원장)·김영남(최고인민회의 상임위원장)·황병서(조선인민군 총정치국장)·박봉주(내각총리)·최룡해(당중앙위 부위원장, 부친 최현崔賢은 1934년 3월 동북인민혁명군 제2군 독립사 1단 1련 정치지도원으로 해방 후 조선인민군 무력부장 역임) / 김정은의 공식적인 지위: 조선로동당 위원장, 당중앙정치국상무위원, 당중앙군사위원회 위원장.

2016년 5월 9일 …… **시진핑 총서기, 조선로동당 위원장 김정은에게 축전:** "두 나라 노세대 영도자들이 친히 마련하고 품들여 키워준 전통적인 중·조친선은 두 나라 공동의 귀중한 재부입니다. … **두 나라 인민들에게 행복을 마련해주고 본 지역의 평화와 안정, 발전에 기여하기 위하여 조선 쪽과 함께 노력할 것입니다.**"

2016년 5월 17일 ….. 도널드 트럼프(미국 공화당 대선후보), 김정은 북한 로동당 위원장과 직접 대화할 수 있다고 공언(『로이터』 인터뷰): "(김정은과) 대화할 것이다. 그와 대화하는데 아무 문제 없다." / **중국정부, 북미대화 지지** / 2017년 4월 30일 트럼프 미국 대통령은 김정은 북한 로동당 위원장에 대해, "젊은 나이에 정권잡은 김정은은 아주 영리한 친구이다(pretty smart cookie)."라고 평가했다 / 5월 1일 트럼프 대통령, 〈블룸버그〉인터뷰: "내가 김정은과 함께 만나는 것이 적절하다면 틀림없이 그렇게 할 것이다. 그를 만나면 영광일 것이다."

2016년 5월 ……….. 중국정부, 동북3성 3년간 382조 원 투입계획 발표.

2016년 5월 22일 …. 【KOR】 JTBC특별기획, "차이나는 도올"종영(3월 6일~5월 22일, 총12회. 매주 일요일 저녁 8시 30분, 70분 편성) / "도올이 시진핑을 말한다"라는 테마를 가지고 강의를 할 때마다 실검(인터넷 실시간 검색)을 뜨겁게 달군 인물들이 있었다: 시진핑·후진타오·뿨시라이·김산·쩡칭홍·장학량·송미령·저우용캉·왕리쥔·차이나는 도올·이수성·증국번·홍수전·태평천국. 그리고 출연진 전원(도올의 아홉 제자들). 현대중국에 대한 한국대중의 인식을 제고시킨 사건이었다. 이후 한국인은 중국에서 일어나는 일들을 구조적으로, 체계적으로 파악하기 시작했다.

2016년 5월 23일 .... 제8차 한·중 고위언론인 포럼(第八屆中韓媒體高層對話, 서울). 중국공산당 선전부 부장 리우치빠오劉奇葆, 기조연설: **"중국은 시종일관 한반도 비핵화 목표를 고수하고 있다. … 한반도 평화와 안정을 유지하기 위해 대화와 협상을 통해 문제를 해결해야 한다."** / 리우치빠오는 중앙정치국위원·중앙서기처 서기로 중국공산당의 고위급 인사이다. 문혁시절 "공농병 대학생"(工農兵學員, 1953년생)으로 1974년 안휘사범대학을 졸업하고 길림대학에서 경제학을 전공했다. 2012년 2월 6일 중경시 전 공안국 국장 왕리쥔王立軍(뿨시라이의 오랜 파트너)이 사천성 성도成都의 미국총영사관을 무단진입할 때, 리우치빠오가 사천성 당서기였다. 2012년 11월 21일, 중국공산당 중앙위원회 선전부 부장에 취임했다 / *시진핑 주석·왕이王毅 외교부 부장, 홍레이洪磊·후아츠운잉華春瑩 외교부 대변인 그리고 선전부 부장 리우치빠오까지도 한반도3원칙을 반복·강조한다: **한반도 비핵화, 한반도의 평화·안정, 대화와 협상을 통한 문제 해결.**

2016년 5월 26일 ..... **시진핑 국가주석, 무케르지 인도 대통령 국빈초청 / G7**(미국·일본·프랑스·독일·이탈리아·캐나다·영국) 정상, 일본 이세신궁伊勢神宮 방문.
【KOR】 박근혜 한국 대통령, 아프리카 순방: "아프리카 맞춤형 '새마을운동'이 아프리카에 구현되도록 기여하겠다."

2016년 5월 27일 .... 주요 7개국 정상회의 폐막. 선언문: "1월 북한의 핵실험과 탄도미사일 기술을 이용한 연이은 발사를 가장 강력한 어조로 비난한다. … 동·남중국해의 상황에 우려하고, 분쟁의 평화적 관리와 해결의 근본적 중요성을 강조한다." → 중국·북한 견제 / 오후 5시 30분 "핵무기 없는 세상" 비젼과 미·일동맹의 상징으로 오바마 미국 대통령, 히로시마 원폭 희생자 위령비 헌화 / G7 남중국해 성명에 강한 불만을 표시한 중국 외교부 성명: **"일본이 저지른 남경대학살 등 잔학한 행위를 잊지마라! 미국과 일본이 동맹을 강화하여 중국을 포위하려는 속셈인가?"**

일본 이세시마에 모인 G7 정상들

캐나다를 뺀 G7 나라들의 공통점이 있다. 1900년 8월 23일, 의화단사건 때 서구열강 8개국 연합군이 북경을 침탈했다. G7이라고 해봐야 결국 아편전쟁 이후 지속적으로 중국을 반식민지화하면서 수탈한 제국주의 열강들이다. 그들에게 항거하는 과정에서 오늘의 중국공산당, 중국이 탄생한 것이다.

2016년 5월 28일 .... **북경위성TV, 『싼빠시엔三八線』(38부작) 방영** / 후진타오시대까지 견지해왔던 "항미원조전쟁(6·25) 드라마는 안된다"는 금기를 깼다. 더 이상 미국 눈치 안 보고 할 일은 적극적으로 하겠다는 시진핑 시대의 외교노선, **"주동작위主動作爲"**의 반영으로 보인다 / 드라마 총고문은 리우위앤(劉源, 유소기의 아들, 시진핑의 오랜 친구) 전국인민대표대회 재경경제위원회 부주임이 주관하고 있다 / 압록강변에 퍼부어진 미군폭격에 부친과 동생을 잃은 리츠앙순李長順(인기배우 장꾸어치앙張國强 분扮, 흑룡강성 가목사佳木斯인)이 분연히 지원군에 입대해서 철원 삼각고지 상감령上甘嶺 전투에서 영웅적으로 전사하는 것을 극화했다. 중국군의 희생이 많았던 상감령전투는 항미원조전쟁의 상징이다.

유송림 모안영 부부

팽덕회 조선지원군 총사령의 러시아어 통역관으로 참전한 새신랑 모안영毛岸英(모택동의 장남)은 압록강을 다시 건너 신부 유송림劉松林의 품에 안기지 못하고 평남 회창군 중국인민지원군 열사릉원에 잠들어 있다(1922년 10월 22일~1950년 11월 25일). 모안영은 1942년 독·소 전쟁에 소련홍군으로 참전했던 베테랑이었다. 6·25전쟁에서 큰아들을 잃은 모택동은 미국을 물리친 전쟁성과를 혼자 독차지했고, 지존으로 등극하는 계기가 되었다.

1950년 10월 19일 평양이 함락 된 이후, 중국인민지원군中國人民志愿軍 100만여 명이 압록강을 건넜다. "싼빠시엔三八線"의 포스터 압록강도강 사진을 보면, 모세가 홍해를 가르는 장면이 연출될 여지가 없는 꽁꽁 언 압록강이었다. 1950년 10월초, 압록강변까지 미군폭탄이 투하되고 중국공산당은 애국주의와 국제주의 기치하에 조선으로 달려갔다(사령원 겸 정치위원: 팽덕회). 그리고 36만여 명의 사상자死傷者를 냈다. 1993년 7월 27일 정전 40주년 기념으로 항미원조기념관抗美援朝紀念館이 정식 개관됐다(요녕성 단동시).

2016년 5월 30일 .... 강소성 부성장 리윈훵(李雲峰, 1957년생), "엄중한 기율위반"으로 당내조사중이라고 중앙기율검사위원회가 밝혔다. 리윈훵은 북경대 철학과 출신으로 강소성 베이스의 국가부주석 리위앤차오李源潮의 오랜 측근이다. 호랑이(老虎)급 중앙후보위원이다. 스마트한 리위앤차오 국가부주석의 미래가 밝지 못하다.

2016년 5월 31일 ..... 북한의 중국방문단(대표: 리수용 로동당 부위원장)이 북경에 왔다 (~6월 2일) / 6월 1일 시진핑과 면담: **"유관 당사국들이 냉정과 자제를 유지하고 대화와 소통을 강화함으로써 지역의 평화·안정을 지키기를 희망한다."** / 김정은 조선로동당 중앙위원회 위원장이, 리수용 부위원장을 통해 제7차 로동당대회 결과를 시진핑 중국공산당 중앙위원회 총서기에게 설명하는 자리이다. "당 대 당"교류가 기본인 공산당스타일. 김정은의 메시지(**북·중간 전통 우호관계를 강화·발전시키고 한반도 및 동북아 지역의 평화·안정을 수호하는데 중국과 공동으로 노력하기를 희망한다**)를 전달받은 시진핑은, "전략적 소통·전통의 실현"이라고 환영하며 "조선의 경제 발전과 민생 개선을 기원한다"고 전했다 / 북한이 "경제·핵무력 건설 병진노선"과 중국의 "한반도 비핵화 지지"와 정면 충돌 → 시진핑, 중국식 병진전략 구사: 핵문제 해결, 북·중 관계강화 병행.

시진핑 총서기가 40명의 대규모 북한 방문단을 조어대釣魚臺에 숙박시키고(국빈급) 인민대회당으로 초청하여 20분간 환담했다(2016년 6월 1일). 최상의 대우다. 2013년 5월, 최룡해 북한군 총정치국장을 면담했을 때와는, 의전이나 시진핑 표정이 사뭇 다르다. 김정은 위원장은 제7차 로동당대회에서 핵·경제 병진노선을 강조했다. 그런데 정작 개정한 조선로동당 당규약에는 "핵보유국"이라는 표현이 없다. 우방국 중국의 "3대 한반도 평화정책"에 보조를 맞추고, 향후 미국과 한국정부와 대화할 여지를 염두에 둔 것으로 보인다. 사진=북경『신화통신』

2016년 6월 1일(미국 현지시간) ………… 시진핑과 리수용 회동 직후 미국 재무부가 북한을 "주요 자금세탁 우려 대상국"으로 지정했다 / 2일 미국 상무부, 중국 통신기업 후아웨이華爲에 대북거래내역 요구 → 북·중 화해무드에 대한 견제구를 날린 것이다. 미국은 북한의 핵보유국 지위를 인정치 않는다 / 2일 중국 외교부 대변인 후아츠운잉華春瑩의 브리핑: "각국은 대화를 통해 문제를 해결해야지 긴장고조행동을 해서는 안된다. (미국의) 국내법에 따른 일방적 제재에 반대한다."

2016년 6월 3일 …… 제15차 아시아안보회의 개최(~5일, 싱가포르 샹그릴라 호텔) / 4일 한국 국방부 장관 한민구 주제 연설: "고고도미사일방어(Terminal High Altitude Area Defense 사드) 체계를 한반도에 배치하는 의지를 분명히 가지고 있다." "(사드 배치 문제는) 철저히 대한민국의 안보와 국익 관점에서 보고 있고, 한·미 양측의 공동실무단이 구성돼 배치 지역과 시기, 비용 등을 공동 검토하고 있다." / 중국인민해방군 부총참모장 쑨지엔꾸어孫建國 발언: "사드는 중국의 전략적 이해에 배치되는 사안이어서 반대한다." / 한·미·일 국방장관 회담: "북한의 위협에 3국 국방 당국이 신속하게 협력하기로 했다." / *3월 2일 중국이 참여한 북한제재결의안 2270호가 통과한 이후 잠잠했던 "한반도 사드 배치"건이 6월 1일 시진핑과 리수용 면담이후 급격히 수면 위로 떠올라 재점화되고 있다.

2016년 6월 6일 …… **제8차 미-중 전략·경제 대화 및 제7차 미-중 인문교류고위급회담 개최(~7일, 북경 조어대釣魚臺 국빈관)** / 존 케리 미국 국무부장관 개막식 연설: "어떤 국가도 해양문제에서 일방적인 행동을 해서는 안된다. 국제준칙을 준수해야 한다." / 양지에츠으楊潔篪 중국 외교담당 국무위원 개막식 연설: "중국은 영토주권을 단호하게 수호할 것이다. 이 문제(남중국해)는 관련 국가끼리 해결해야 한다." / **시진핑 국가주석 축사: "불일치는 겁낼 필요는 없다. 중·미 양쪽의 불일치는 정상적인 것이다."** 그리고 "미·중은 아시아·태평양 지역에 광범한 공동이익을 갖고 있다. 두 나라가 배타적이지 않은 공동의 '친구 그룹朋友圈'을 만들어야 한다." 이어 "중국은 친親·성誠·혜惠·용容이라는 주변 외교 이념에 따라 아태 지역의 평화·안정·발전에 노력해 왔다." / 7일 양지에츠으 국무위원 폐막 기자회견(인민대회당): "한반도 핵문제에서 중국은 한반도 비핵화와 한반도 평화와 안정, 그리고 대화와 협상을 통한 평화로운 방식의 해결을 견지한다." / 존 케리 미국 국무장관, 제이컵 루Jacob joseph Lew 재무장관을 비롯한 미국 측 10명의 장관을 포함 400여 명의 대표단(미국의 거대한 초당적 기업연합세력)이 참석하여 안보·주권·군사·환율·무역·인적교류 등 다양한 현안에 대하여 논의했다.

2016년 6월 6일 제8차 미-중 전략·경제 대화 개막식 전 주요 인사 카메라 앞에 포즈

사진 왼쪽부터 제이컵 루 미국 재무장관, 존 케리 국무장관, 시진핑 국가주석, 리우옌똥劉延東 제2부총리, 왕양汪洋 제3부총리, 양지에츠으 국무위원. 정작 카메라 앞에 서야 할 핵심인물인 리우허劉鶴가 안 보인다. 2015년 여름부터 제이컵 루 재무장관의 중국측 채널은 국무원총리 리커치앙에서 리우허劉鶴로 파트너가 바뀌었다고 했다. 이것은 국무원총리 담당이었던 경제문제도 시진핑이 직접 챙기고 있다는 것이고, 그 핵심 운용자가 바로 시진핑의 중학교 동창 리우허라는 것이다. 리우허는 중앙재경영도소조판공실中央財經領導小組辦公室 주임(건국초기 재경財經 1인자 진운陳雲의 자리)인데, 철저히 언론에 드러나지 않고 본부석에서 총연출을 한다(뒤돌아보는 모습이 포착). 리우허劉鶴(1952년 북경 태생. 인민대학 석사, 하버드대학 MPA)는 1988년부터 국가계획위원연구실에서 재직한 경제통이다. 중공18대 중앙위원, 중공19대에서 중앙정치국위원회 입성(2017년 10월 25일). 또한 시진핑 주석의 대미정상회담에 반드시 배석하는 사람이 양지에츠으 외교담당국무원 겸 당중앙 외사판공실 주임이다. 2017년 트럼프행정부의 출범으로 한치 앞을 내다볼 수없는 중·미관계에 오랜 미국통인 양지에츠으는 대미외교에 맹활약하고 있다. 2017년 2월 27일 양지에츠으 주임 방미. 중·미 정상회담 사전 길닦기 목적. 중공19대 1중전회에서 중앙정치국위원이 되었다(2017년 10월 25일).

2016년 6월 7일(미국 현지시간) .... 오바마 미국 대통령은 모디 인도 총리(행정부의 수반)와 정상회담을 한 후 공동선언을 했다: "미국과 인도의 안보협력관계는 안정의 닻을 내렸다." / 미국은 실질적 핵무기 보유국인 인도를 "주요 국방 파트너"로 인정했고(북한처럼 핵비확산조약에 가입하지 않은 인도는 핵탄두 보유량이 90~110개),

핵심 방위기술을 자유롭게 공유하고 군수지원협정도 맺기로 했다. 오바마의 집권후기 중국견제구도 완성(한국－일본－호주－필리핀－베트남－미얀마－인도) / 지난 달(5월 26일) **시진핑 국가주석은 프라납 무케르지 13대 인도 대통령을 국빈초청**한 바 있다. 국가원수 겸 군통수권자인 인도 대통령은 국민통합의 핵심역할을 해왔다.

2016년 6월 8일 …… **"파업으로 몸살앓는 중국 … 공산당권력마저 위협한다"**(『중앙일보』 6면 오피니언) / 2011년 중국에서 벌어진 **노동자파업罷工**의 시위건수는 185건, 2015년엔 2,726건으로 4년 만에 15배 늘었다(자료: 중국노공통신CLB). / 1925년 광주와 홍콩의 20만 노동자파업인 **성항파공省港罷工**은 각계각층의

"공산당은 피땀의 댓가를 우리에게 갚아라! 共産黨還我血汗錢"
"우리들은 살고 싶다! 我們要活着" "우리들은 밥먹고 싶다! 我們要吃飯"
(이 절규는 1921년 11월 모택동·이립삼·류소기가 주도하여 전국을 강타한 호남성 안위안安源 탄광노동자파업의 구호였다.)

2016년 3월 9일, 흑룡강성 쌍압산광업집단雙鴨山礦業集團의 노동자와 그들의 가족들이, 위에 써있는 플래카드를 들고 4일간 철로변을 점거하고 노동파업을 일으켰다. 결국 공안에 의해 진압되었다. 흑룡강성 성장 루하오陸昊가 3월 6일 중국 양회兩會(전국인대·정협)기간중 세미나에서 다음과 같이 말하였다: "룽메이그룹 산하 8만 노동자들의 월급이 밀리거나 수입이 감소한 일이 없다.龍煤井下職工8萬人, 到現在爲止, 沒有少發一個月工資, 沒有減一分收入." 이러한 터무니없는 루하오 성장의 발언에 지난 6개월간 월급을 제대로 받지도 못해 전전긍긍하던 룽메이그룹 산하 쌍압산광업집단의 노동자들이 격분해서 뛰쳐나온 것이다. 그 현장을 이 사진이 담고있다. 노동자들을 격노케 한 루하오는 중공18대 중앙위원으로 제일 어린 1967년생이다.

성원하에 노동과 자본을 착취하는 일본·영국 등 제국주의 열강에 대항했고, 전국의 중국민중들은 열광했다(330쪽 참조). 그 당시 추동세력은 신생 중국공산당원이었다. 90년이 흐른 현재, 인민의 나라의 갑甲이 된 공산당에게 을乙이 된 인민은 절규하고 있다: ***"밥 좀 먹고 삽시다!"***

2016년 6월 9일 …… **일본 육상자위대 '칼을 뽑은' 새 엠블럼.**

/ 2015년 9월 22일 자민당 주도로, 안보법 개정을 날치기 통과했다. 당시 앙케이트 조사결과 국민의 57%가 반대했다. "오직 방어를 위한 무력행사만專守防衛" 가능했던 일본이 **새안보법**으로 **"동맹국 등이 공격받았을 경우 일본이 공격받은 것처럼 간주해 참전할 수 있는 나라"**가 되었다 / 새로운 일본 육상자위대의 휘徽(엠블럼)는 지나치게 위협적인 것으로 과거 "닛폰토오의 잔인한 날카로움"에 당했던 주변국가의 아픈 상처에 소금뿌리는 격이다. 더더구나 "칼집은 평화를 사랑하는 마음을 표현했다"고 설명하는 그들의 무감각에 한기寒氣가 스며든다. 칼집에 칼이 들어 있지 않다는 것은 결코 평화일 수가 없다. 전시상황을 나타낼 뿐이다.

(구舊) 일본육상자위대 엠블럼

중앙에 사람의 모양을 형상화한 일본열도를 양 손으로 포근하게 감싸안은 디자인으로, 어디까지나 자국내의 자국민을 보호하려는 의지의 표현으로 보인다.

2016년 7월 10일에 실시되는 참의원 선거에서 자민당은 2/3 의석을 확보하여 평화헌법(**헌법9조: "국제분쟁 해결을 위한 국가교전권이나 무력행사를 영원히 포기한다."**)을 폐기처분하려고 한다.

2016년 8월 3일 아베 총리가 총애하는 이나다 토모미稻田朋美(1959년생, 중의원 4선)가 방위대신防衛大臣에 취임했다. 일본국 자위대를 관장하는 장관이다. "30만 남경대학살 부인, 위안부 강제성 부인, 중일전쟁·태평양전쟁의 침략전쟁 부인" 등의 망언으로 일본정계에서 스타가 된 극우파 여성정치인이다.

2016년 12월 29일 이나다 토모미 방위

대신이 아베총리를 배동하여 진주만을 참배한 직후 야스쿠니로 직행했다. 현직 방위대신이 야스쿠니를 참배한 것은 이나다가 처음이다. 2016년 일본방위비 53조원으로 역대 최고치 → 본격적인 군사대국화 조짐 / 2017년 7월 28일 이나다 도모미 방위대신 사표제출.

(신新)日本國 陸上自衛隊 JAPAN GROUND SELF-DEFENSE FORCE 일본국 육상자위대

적연的然히 빛나는 일장기日章旗 아래 꿩(일본의 국조國鳥)의 47개의 깃털(전국 일급행정구의 47개 도도부현都道府縣)을 활짝 펼치고 있다. 또 미국의 비호 아래 육상자위대 군인(벗꽃별櫻星)들이 칼집에서 일본도를 뽑고 바깥 세상을 향하여 "진격의 거인"이 되겠다고 외치고 있는 모습이다. 일본도와 칼집을 묶은 붉은 리본에 1950년이라 쓰여져 있는데, 이것은 우리나라 6·25전쟁 시기에 창설된 "경찰예비대"를 암시한 것이다. 일본자위대의 시원이다.

2016년 6월 10일 ..... **미국·일본·인도, 동중국해 조어도釣魚島(일본명: 센카쿠열도尖角列島) 인근해상에서 연합해상군사훈련 실시.** 조어도는 5개의 무인도와 암초로 구성된 6km^2 면적의 열도. 일본이 현재 실효지배하고 있고, 중국·대만·일본이 각기 영유권을 주장하고 있다 / 9일 새벽 2시간 20분 동안 중국해군 호위함 한 척이 센카쿠열도 주변 접속수역 안에서 항행. 일본 조야朝野가 새벽잠 설쳤다 / 1895년 청일전쟁 시모노세키 조약, 대만 포함 그 인근섬 일본귀속 / 1951년 미일강화조약(평화조약), 오끼나와와 인근 센카쿠열도 미국접수 / 1972년 미국, 센카쿠열도 일본에 반환. 이후 일본이 실효지배.

2016년 6월 10일 ..... 대한민국 합동참모본부 공보실장 전하규(육군대령): **"해군과 해병대, 해양경찰 요원 등으로 편성된 '민정경찰Military Police'이 만조시간인 오전 10시부터 한강 하구 불음도와 서검도 해상에서 불법 조업하는 중국 어선을 차단, 퇴거하는 작전에 돌입해 간조시간인 오후 3시 40분쯤 작전을 종료했다."** / 8일 UN군사령부 군사정전위원회 이름으로 민정경찰 운용내용을 북한과 중국에 사전통보했다 / *한강하구 중립수역: 경기도 파주시 탄현면 만우리 주변 한강에서 강화군 서도면 불음도 주변 한강까지 67km 구간을 해상의 비무장지대DMZ로 설정. 상대편 만조기준 수제선(水際線, 땅과 물이 이루는 경계선) 100m 안은 출입금지. 군사정전위원회에 등록된 선박만 항해가능 / 14일 민정경찰, 중국어선 2척 나포.

1953년 정전협정 체결 후 최초의 일이다. 남북한 대치상황의 허점을 틈타 극성스러운 중국 어선은 계속하여 한강 하구 중립수역에서 불법 조업을 해왔다. 무단진입 선박으로 꽃게·백합조개를 싹쓸이 해갔다. 이러한 행태에 대한 이번 조처는 유엔사 군사정전위원회까지 개입한 사실상의 군사조치이다. 중국 어민의 목숨 건 불법 조업은 중국인의 입맛이 돼지고기에서 대거 값비싼 수산물로 옮겨갔기 때문이다. 한 국가의 국민의 식탐으로 세계의 바다가 몸살을 앓고 있다. 1905년 러시아를 이긴 일본이 연해주 어업권을 얻었다. 어업권은 국가간 사활이 걸린 문제이다.

2016년 6월 13일 ..... **시진핑 국가주석, 오바마 미국 대통령에게 올랜드 총기난사 참극에 위로전문:** "미국 정부와 미국인들에게 깊은 동정의 뜻을 표하며 진심어린 위로를 전한다." / 6월 12일 새벽 2시 2분~6시(현지시간), 미국 플로리다주 올랜드

펄스 나이트 게이클럽 총기난사 사건으로 49명 사망, 53명 부상. 테러범 오마르 마틴(29세)은 아프가니스탄계 미국인 / 힐러리 클린턴, 총기규제 필요성 역설(미국인구: 3억 2,000만 명, 미국 총기수: 2억 7,000만~3억 1,000만 정 추산. 미국인 한 명당 총 한 자루). 트럼프는 이슬람사람 입국이 문제라고 했다 / 2017년 10월 1일 라스베가스 총기난사 사건(범인은 64세 백인 자산가, 스티븐 패독) 미국현대사에서 최악의 총기난사 사건.

2016년 6월 15일 ..... 제18차 한-중 영사국장회의 북경에서 개최. 재외동포영사국장 김완중과 중국외교부 영사국장 꾸어사오츠운郭少春 주재 / 한국 외교부는 서해 NLL 인근 수역 및 한강하구 중립수역에서 중국어선이 불법조업하는 것에 관하여, 중국의 중앙·지방정부 차원에서 강력히 단속조치 해줄 것을 요청했다. 중국측은 특히, 한강어구에서의 불법조업 문제성을 고도로 중시하고 있으며, 실제 중앙 및 지방정부 차원에서 실질적인 강력한 조치와 함께 어민교육에도 많은 노력을 기울이고 있다고 회답했다. / 2016년 12월 27일 제16차 한·중어업공동위원회 개최(~29일, 북경). 중국의 불법조업에 대해 중국의 중앙·지방정부가 공조하여 단속강화키로 합의. 2017년 배타적 경제수역EEZ 입어허용 규모: 1,540척, 57,750t. / 2017년 4월 11일 사드체계의 한반도배치·북한의 미사일 발사도발·미국의 핵추진 항공모함 출동 등 긴장된 한반도정세로 북단 연평어장에 중국어선 1척도 출몰하지 않았다.

나포된 중국어선들, 홍성기만 펄럭인다.

한강어구 중립수역의 불법적인 중국어선의 출몰은 작년부터 급증하더니 2016년 5월까지 520여 차례에 이르렀다. 수심 20~30m의 대륙붕에서 육지의 강물과 바닷물이 만나는 곳이 최대 꽃게서식지이다. 이 지점이 중립수역을 포함한 한강과 임진강 하구이다. 또한 서해 NLL(북방한계선) 3.2km 이내 조업 금지된 백령도·연평도 일대는 남북대치를 조롱하듯 중국어선이 4월부터 6월까지 수백 척 출몰하여 꽃게어장의 씨를 말리는 실정이다. 실제로 연평도 2016년 4·5월 꽃게 어획량(31,953톤)이 2015년(128,504톤)보다 77.7%나 감소했다.

2016년 6월 17일 …… 시진핑 국가주석, 세르비아 · 폴란드 · 우즈베키스탄 등 동유럽 · 중앙아시아 3개국 순방(~24일) / 아시아인프라투자은행AIIB · 상하이협력기구SCO를 활용하여 해당 국가와 대규모 투자 협정체결하면서(一帶一路: 육상 · 해상 실크로드) "대국"으로서 입지를 강화하려는 의도. 중국의 외교노선인 신형대국관계 형성과 남중국해 영유권 분쟁 등의 우군포섭 · 여론작전 돌입 / 23일 제16차 상하이협력기구SCO 정상회의(~24, 우즈베키스탄 타슈켄트). SCO는 중국 · 러시아 중심의 중앙아시아권 국가들의 안보 · 경제 협력체이다. 푸틴 러시아 대통령과 시진핑 중국 국가주석과 정상회담 후 〈타슈켄트 선언〉: "개별 국가나 혹은 일군의 국가들이 다른 국가의 이익을 고려치 않고 일방적이고 무제한적으로 미사일 방어시스템을 강화하는 것은 지역 안정을 위협하는 것이다."

2016년 6월 18일 …… 미국 해군 7함대의 항공모함 2척(존 스테니스함 · 로널드 레이건함)과 6척의 필리핀 함정이 남중국해 인근에서 공동군사훈련 실시. 마커스 히치콕 미 해군 소장: "이번 작전은 항행의 자유를 확보하기 위해 실시됐다." / 5월 13일 미 국방부는 중국이 최근 2년간 남중국해 스프래틀리 제도(남사군도南沙群島)에 약 13km^2(400만 평)에 이르는 면적을 매립했다는 보고서를 발표했다 / 필리핀은 2013년 헤이그 국제중재재판소에 남중국해 영유권 분쟁 제소.

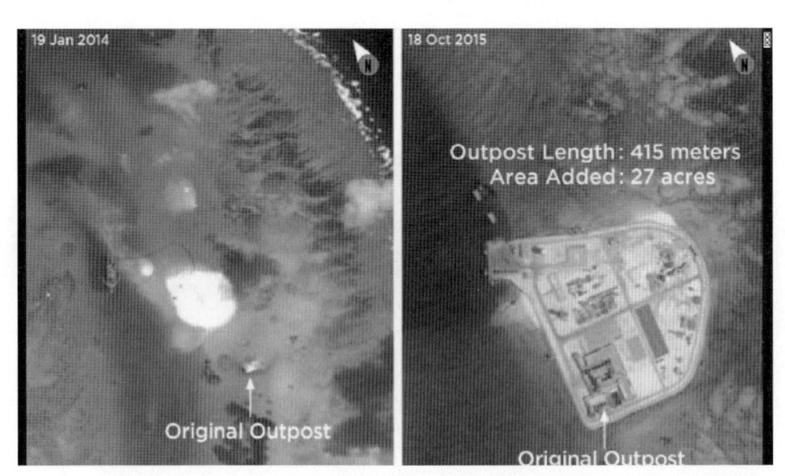

미 국방부가 공개한 남사군도 위성사진. 2014년 1월 19일 작은 산호초 섬이 2015년 10월 18일에 거대한 인공섬으로 변모. 중국의 군사기지.(자료=경향신문, 5월 17일 12면). 중국의 해양공정海洋工程의 산물.

2016년 6월 21일 ..... 제26차 동북아시아협력대화NEACD 개최(~23, 북경시 회유구懷柔區 안서호雁棲湖) / 미국 캘리포니아대 산하 "국제분쟁 및 협력연구소IGCC"와 중국 외교부 산하 국책기관인 중국국제문제연구원CIIS이 공동 주최하는 포럼에 6자회담 당사국 관계자가 4년 만에 전원 참석했다 → 미니 6자회담. 북한대표: 최선희(외무성 미국국 부국장), 미국대표: 성김(국무부 대북정책특별대표), 한국대표: 김건(외교부 북핵외교기획단장), 중국대표:우따웨이武大衛(외교부 한반도사무특별대표. 외교부 부부장, 1973년 주일 중국대사관 근무, 일본통), 러시아대표: 올레크 다비도프(외무부 특임대사), 일본대표: 카나스기 켄지金衫憲治(외무성 아시아대양주국장) / 20일 미 국무부 존 커비 대변인 정례브리핑: "성김 대표가 북측 인사들과 만날 계획이 없다."(가이드 라인 제시) / 21일 김건 단장: "북한측과 세미나 현장에 같이 있게 되지만 별도 접촉 계획은 없다." / 21일 만찬장, 남북대표가 한 테이블에 앉아 밥 먹는데도 눈길 한번 안 주었다고 전한다 / 22일 오전 8시 5분 북한 무수단 미사일(화성10호. 중거리탄도미사일IRBM, 장거리 미사일인 대륙간탄도미사일ICBM의 선행 기술) 비행 성공(고도 1,400km, 사거리 400km, 비행거리 3,500km, 길이 12m, 중량 18~20t). 북한 당국은 다음과 같이 말했다: "우리 군대는 B-52전략폭격기가 이륙하는 괌의 앤더슨 공군기지와 핵동력 잠수함이 발진하는 해상침략기지들을 포함해 미국의 대조선 침략 및 병참보급 기지들까지 정밀타격권 안에 잡아넣은 지 오래이다."(북한 국방위원회 담화, 6월 20일) / 21일(현지시간) 오바마 미국 대통령, 국제비상경제권법에 따라 대북제재 1년 연장 / 22일 북한대표 최선희 부국장: **"핵포기 조건으로, 미국이 적대시 정책을 포기하고 평화조약을 맺을 것과, 전세계가 비핵화 되어야 한다."** / **22일 후아츠운잉華春瑩 중국 외교부 대변인: "관련국은 긴장을 고조시키는 행위를 자제하라."** / 북한의 계속되는 핵실험·장거리 미사일 발사는 북한을 국제사회의 비난으로부터 방어해주려는 중국의 입지를 자꾸 좁힌다. 중국은 지속적으로 "한반도 비핵화"를 견지한다.

2016년 6월 24일(현지시각) .... **영국, 유럽연합EU 탈퇴(Brexit) 결정** / 저성장·실업·이민자 우려에 "영국이 우선Britain first" 이라는 영국인의 배타적 정서가 승리했다(투표율[72.2%], 국민투표 결과: EU**탈퇴** 17,410,742표[51.9%], EU**잔류** 16,141,241표[48.1%]) / **EU(Europe Union)의 역사**: 1946년 윈스턴 처칠 영국 수상의 구상: "유럽합중국을 만들자." → 1952년 유럽석탄철강공동체ECSC 창설(독일·프랑스·벨기에 · 이탈리아 · 룩셈부르크 · 네덜란드) → 1958년 유럽경제공동체EEC · 유럽원자력공동체EURATOM 창설 → 1967년 상기 3기관 통합한 유럽공동체EC 출범 → 1973년 덴마크 · 아일랜드 · 영국 가입 → 1979년 유럽통화제도EMS 결성 → 1981년 그리스 가입 → 1986년 스페인 · 포르투갈 가입 → 1992년 유럽통화동맹EMU과 유럽공동체EC를 유럽연합EU으로 개칭하는 마스트리흐트 조약 체결 → 1993년 유럽연합EU 출범 → 1995년 스웨덴 · 오스트리아 · 핀란드 가입→ 1999년 단일화폐 유로화 통용 → 2004년 체코 · 슬로바키아 · 헝가리 · 폴란드 · 에스토니아 · 라트비아 · 리투아니아 · 몰타 · 슬로베니아 · 키프로스 가입 → 2007년 루마니아 · 불가리아 가입 → 2012년 재정난 겪는 그리스, EU 탈퇴하려다가(그렉시트Greece+exit) EU잔류 → 2013년 크로아티아 EU 가입(총 28개국) → 2015년 7월 영국 의회, 브렉시트 국민투표 시행법안 통과 → 2016년 6월 16일 브렉시트 반대하는 조 콕스 의원 피살 → 2016년 6월 24일 영국, 국민투결과 EU 탈퇴 결정 / **후아츠운잉 중국 외교부 대변인 정례 브리핑: "영국 국민의 선택을 존중한다."** / 브렉시트 현실화된 세계경제, 하루 사이 세계증시 3,000조원 증발 · 각국 성장률 하향 / 25일(현지시간) 1952년 유럽연합 창설을 주도한 6개국 외교장관, 독일 베를린에서 긴급 회동: "영국은 가능한 한 빨리 EU를 떠나라." / 27일 유럽연합EU 정상회의(~29일, 벨기에 브뤼셀)

유럽연합EU과 유럽평의회CoE의 깃발

유럽연합은 공동방위정책 · 공동외교안보정책 · 유럽통화를 바탕으로 한 자유무역경제체제로서 다양성 속의 통일(In Varietate Concordia)을 지향한다. EU 내 군사대국이면서 세계 경제 5위인 영국이 빠짐으로써 서방세계의 관습적 행태인 러시아에 대한 견제력도 약해진다. 세계가 패닉 상태에 빠진 상황에서 푸틴 러시아 대통령의 표정관리가 쉽지 않다.

EU가입국으로 디자인한 유로화 50센트. 동전(앞면)도 영국을 빼고 새롭게 디자인해야 할 상황이다.

브란덴부르크 문 Brandenburger Tor(독일 베를린에 있는 문: 동·서독 통일의 상징)**과**
유로화 50센트 동전(2002년)
유로화 통용국(유로존)은 19개국이고 영국은 자국의 파운드화를 고집해서 쓰다가 결국 유럽연합을 떠나게 되었다. 2002년에 발행된 유로 동전에는 15개국 가입국 지도만 표시되어 있다. 동전 뒷면을 보면, EU 깃발인 12개 황금별이 가장자리로 삥둘러쳐져 있고, 승리의 여신 니케가 4두마차를 모는 형상을 조각한 브란덴부르크 문(1788~1791, 프러시아의 프리드리히 빌헬름 2세에 의하여 건축)을 품고 있다. 한 많은 분단의 문에서 베를린 장벽이 무너지면서(1989년 11월 9일) 통일독일의 첫 번째 통일현장이 되었다. "다양성 속의 통일"을 지향하는 EU의 이념에 걸맞게 각국은 자기문화의 특성을 반영하는 유로동전을 찍어낸다. 상기의 50센트 동전은 통일독일에서 발행한 것이다.
24.2×24.2mm. In Collection.

2016년 6월 25일 .... 제1회 아시아인프라투자은행AIIB 연차총회 개막(북경). **시진핑 중국 국가주석 · 푸틴 러시아 대통령의 공동성명**: **"한반도 문제는 정치외교 경로를 통해 해결되어야 한다. 조선의 핵 · 탄도미사일 프로그램을 구실로 미국 탄도미사일 방어체계의 태평양 거점이 동북아 지역에 새롭게 배치되는 것에 반대한다"**며 사드의 한반도 배치에 반대했다. 또한 6월 2일 미국이 시행한 대북 독자 제재에 대해서도 공동의 인식을 같이 하여 명시했다: "국내법을 근거로 UN안전보장이사회가 정한 범위를 넘어서는 독자 제재를 가하는 것은 유엔헌장에 위반되고 국제법적으로도 위법이라는데 인식을 같이 한다." / **중국 주도의 아시아인프라투자은행**(AIIB) 자본금 투자비중: 총 1,000억 달러. 중국 30.34%, 인도 8.52%, 러시아 6.66%, 독일 4.57%, 한국 3.81%(37억 달러), 호주 3.76%, 프랑스 3.44%, 인도네시아 3.42%. 역내 회원국(한국·이란 포함 37개국). 역외 회원국(영국·프랑스 포함 20개국). 참관국(이라크·그리스 포함 24개국). / **일본이 주도하는 아시아개발은행**

ADB(회원국 67개국, 1966년 설립. 일본 15.7%, 미국 15.6%, 중국 6.5%, 한국 5.1%) / **미국이 주도하는 국제통화기금IMF**(회원국 188개국, 1945년 설립. 미국 17%, 브릭스 14%, 한국 0.52%) / 2017년 6월 16일 제2회 AIIB 연차총회 개최(제주도, 회원국 77개국). 문재인 대통령 개막축사: "남과 북이 철도로 연결될 때 새로운 육상, 해상실크로드의 완전한 완성이 이루어질 것이다."

푸틴과 시진핑의 염화시중拈華示衆의 미소

영·미 주도의 세계 질서는 금이 가고 있고, 유사 이래 최정점의 중·러 밀월의 시대를 예고하고 있다. 그것을 상징하는 듯, 블라디미르 푸틴 러시아 대통령과 시진핑 중국 국가주석의 이심전심以心傳心의 악수를 하고있다. 중국과 러시아는 브렉시트로 인하여 미국과 유럽의 옥죄이는 견제로부터 여유를 찾았다. 군사·경제대국인 영국이 유럽전선에서 빠진 셈이기 때문이다. 최근 오바마 정권이 심혈을 기울였던 "아시아 회귀pivot to Asia"(2013년 6월 시진핑 국가주석과 오바마 대통령이 최초로 정상회담했을 때, 격돌한 정책이다. "회귀"라고 하지만 결국 중국견제를 통한 "세력재균형Rebalance"을 뜻한다)에서 "유럽 회귀pivot to Europe"로 급선회할 판이다. 러시아는 영국의 군사력이 중심이 되었던 북대서양조약기구NATO의 팽창과 유럽연합의 동방확장이 위축될 것을 생각하면 행복하다. 중·러 양국정상회담에서 전면적 전략협조 동반자 관계로 대화와 협력을 강화하기로 합의했다.

2016년 6월 29일 .... 조선민주주의인민공화국 최고인민회의 제13기 제4차 회의 개최(평양 만수대의사당). 김정은 로동당 위원장, 조선민주주의인민공화국 국무위원회 위원장 추대. 국무위원회 부위원장: 황병서·최룡해·박봉주, 국무위원: 김기남·리만권·김영철·리수용·리용호·박영식·김원홍·최부일 선임 / 기존의 국방위원회를 개편. 당·군·정을 장악한 "유일영도체제" 구축 / **29일 대한민국 황교안 국무총리, 시진핑 국가주석 예방**(북경 인민대회당). **시진핑 주석은 한반도 사드 배치에 거듭 반대를 천명하며 북한의 핵보유에도 단호하게 반대한다고 표명했다.**

2016년 7월 1일 …… **시진핑 중국 공산당 총서기, 창당 95주년 기념식 발언: "그 어떤 나라도 우리가 우리의 핵심이익을 흥정의 도마 위에 올려놓을 것으로 기대하지 말라**"고 말하면서 총체적으로 당과 국가에 대한 강한 자부심과 자신감을 표방하였다 / 핵심이익 중 국가안보에 민감한 한반도사드배치와 그들의 관점으로 국가주권에 해당되는 남사군도를 염두에 두고 한 발언이다(514쪽 참조).

2016년 7월 1일 …… **제7회 중국조선족기업가경제교류대회·제1회 중국조선족청년지도자 심포지엄 개최**(~3일, 요녕성 대련시 대련국제회의중심 다보스홀). 전국 39개 도시에서 1,000여 명의 조선족 기업가와 차세대 청년 운집 / 2일 오전 10시~12시 도올 김용옥 선생의 기조강연: "중국혁명을 함께 일궈낸 조선민족의 역사; 재중조선족의 아이덴티티 재정립에 관하여" 대련시조선족기업가협회(회장: 최영철) 주관, 대련시인민정부 주최 / 1952년 중화인민공화국 정무원, **〈일체 흩어져 살고있는 소수민족이 민족평등의 권리를 향유하도록 보장하는 것에 관한 결정關于保障一切散居的少數民族成分享有民族平等權利的決定〉** 반포. 그 시행령에 따라 첫 번째 모범사례로 연변조선민족자치구가 성립(1952년 9월 3일). 이 자치구 성립은 민족 선각자들의 피눈물나는 노력에 의한 것이다. 그 덕분에 조선족은 정치생활·평등권리·종교신앙·풍속습관·언어문자를 민족 고유한 대로 지켜나갈 수 있었다.

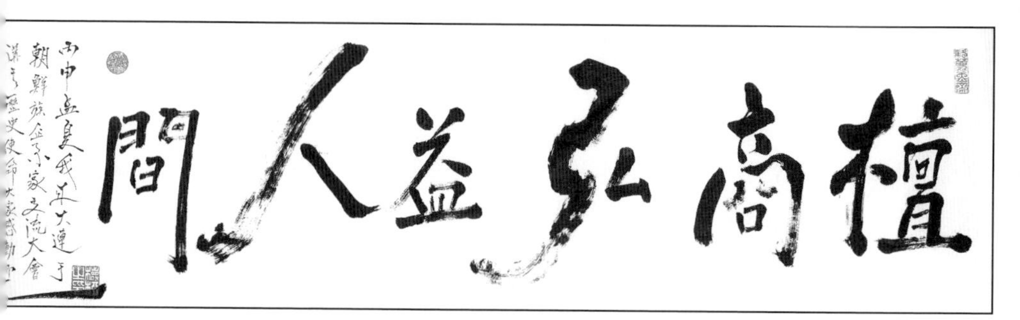

도올선생님 중국조선족기업가경제교류대회 휘호:
단상홍익인간檀商弘益人間. **단상이여! 널리 인간세상을 이롭게 하라!**

54년이 흐른 중국 대련에서 "기업인과 차세대의 만남, 밝아지는 민족의 미래携手奮進 共創未來"를 표방하며 조선민족의 연일국중대회連日國中大會가 열렸다.

第七屆中國朝鮮族企業家經濟交流大會 暨
首屆中國朝鮮族青年高峰論壇
제7회 중국조선족기업가경제교류대회 및
제1회 중국조선족청년지도자심포지엄

대회 전체를 아우르는 장章이 단군의 "단檀"이다. 중국 내 조선민족은 대한민국과 조선민주주의인민공화국 중 하나만 선택할 수가 없었다. 전체를 아우를 수 있는 것은 단군檀君의 자손이었다. 그리하여 조선족기업가협회는 한상韓商도 조상朝商도 아닌 단상檀商으로 명명하기를 요번 대련대회에서 제안했다. (고)조선의 실체를 명료하게 드러내는 비파형 동검이 대거 발굴된 곳도 요녕성 대련이다.

25.1×25.1mm. In Collection.

고조선 조립을 확실하게 만드는 고고학적 근거
요녕식 비파형 동검

2016년 7월 4일 ...... 전 통일전선공작부 부장 링지후아令計劃에 대한 최종 판결: 무기징역과 개인재산 전액 몰수. 국가기밀 절취·직권남용죄·뇌물수수(7,708만여 위앤) / 2012년 시진핑-리커치앙 후계구도를 전복하려는 3·19군사정변의 주역 "신4인방"(저우용캉·쉬차이허우·뿨시라이·링지후아)의 일원으로 지목 / 링지후아는 1979년부터 공청단의 총아로써 약진, 공청단 출신인 후진타오 총서기시절에 중앙판공청 주임(2007년 9월~2012년 9월 1일)으로 중국공산당 최상부의 정계 실력자가 되었다 → 중앙 공청단 개혁의 빌미를 제공.

2016년 7월 6일(현지시간) .... 오바마정부, 김정은(1984년 1월 8일생) 북한 로동당 위원장을 포함 15명과 북한의 8개 기관을 인권 제재 대상으로 발표. 미국 입국

금지 · 미국 내 자산동결. 전례 없는 최고수위의 북한제재 초강수 / 박근혜정부, 환영 성명. **시진핑정부, 이러한 식의 일방적 제재는 반대한다고 표명했다.** 북한 외무성 담화: "미국이 최고존엄을 지목한 것은 공공연한 선전포고이다."

2016년 7월 7일 …… **반기문 UN사무총장, 시진핑 국가주석과 회담**(북경 조어대釣魚臺). 시진핑 주석: "반기문 총장이, 임기 동안 세계평화유지, 국제사회의 지속가능한 발전, 기후변화 등 전지구적 도전에 맞서 노력하고, UN과 중국의 협력에 공헌한 데 대해 적극적으로 평가한다." 반기문 UN사무총장: "유엔은 중국이 제안한 아시아인프라투자은행AIIB 등과 협력을 강화해 개발도상국의 인프라 건설을 돕기를 희망한다."

황교안 국무총리가 6월 29일 방중하여 "사드는 아무것도 결정한 바 없다"고 했다. 이후 9일만에 반기문 UN사무총장과 악수하는 시진핑 주석. 유엔깃발과 오성홍기를 배경으로 촬영. UN사무총장은 "국제사회의 조정자"이며 UN의 최고 행정관이다. 국제분쟁을 조정하고 평화유지군 관련 결의를 조정한다. 국제회의 준비, 총회의 결의안에 대한 이행, 회원국 정부와의 사안을 조정한다. 우리나라는 193개국으로 구성된 UN에서 15개국 안에 드는 UN안보리 비상임이사국(2013 · 2014년)이다. UN정규예산 분담금 11위(5,300만 달러, 2013년). 평화유지활동예산 분담금 순위도 10위이다. 우리는 우리의 국가위상을 제대로 활용못하고 있다.

유엔깃발

유엔(United Nations, 국제연합. 1945년 10월 24일 출범)의 설립목적: 국제평화 · 국제적 안보공조 · 경제개발협력 증진 · 인권개선. 유엔 깃발(1947년 10월 20일 제정): 북극에서 본 세계지도를 올리브 가지가 감싸안고 있다. 구약시대 대홍수의 끝을 알리는 비둘기가 올리브 가지를 물고 노아에게 다시 날아왔다. 그때부터 비둘기와 올리브 가지는 인류가 대지에서 평화롭게 살 수 있다는 것을 상징한다.

2016년 7월 8일 …… 류제승 대한민국 국방부 국방정책실장과 토마스 밴달 미8군사령관 겸 주한미군사령부 참모장이 오전 11시 용산구 국방부에서 "한 · 미 동맹 차원"에서 **주한미군 사드 배치를 공식 발표했다** / 사드 배치에 대해, 박근혜 대통령: "국민의 생존권 문제." / 7일 한국정부, 추꾸어홍邱國洪 주한 중국대사와 알렉산드르 티모닌 주한 러시아대사 통해 중국·러시아 양국 정부에게 사드배치결정을 하루 전 통고 / **8일 중국 외교부 성명서 발표:** "중국은 미국과 한국이 사드 배치 프로세스를 중단하고, 지역형세를 복잡하게 만드는 행동을 하지말고, 중국의 전략적 안전이익을 훼손하는 일을 하지 말 것을 강력히 촉구한다." 러시아 푸틴정부, 심각한 우려표명. 일본 아베정권, 지지표명 → "동북아시아의 불행한 신냉전"(한국·미국·일본 vs 북한·중국·러시아)

8일 주한미군 사드 배치를 공식 발표하고 있는 류제승 국방정책실장. 같은 날, 시진핑 중국 국가주석과 푸틴 러시아 대통령은 "미사일 방어체계의 우려와 사드배치를 양국은 이에 강력히 반대한다"는 내용의 공동성명을 서한형식으로 UN에 제출했다. 한국의 사드배치는 미국과 한국의 극구 부인에도 불구하고 중국은 미국주도의 미사일방어MD 체계편입으로 보고 있다. 사진=중앙선데이, 7월 10일 3면.

堅決抗美援朝 견결항미원조

"견결(단호)하게 한반도 내 사드배치를 반대한다."

중국측의 "견결堅決" 공식용어가 다시 등장했다. 한켠에선 "위국보가衛國保家"라는 올드 패션 구호도 다시 튕겨나오고 있다. 헌데 직접적인 표적이 미국(美) 아닌 대한민국이 되어가고 있다.

2017년 1월 8일 대한민국 국방부 당국자 상황보고: "지난해 7월 이후 중국이 9건의 군사관련일정을 일방적으로 취소해 핫라인은 물론 모든 교류가 중단된 상태이다."

2011년 7월 한·중국방장관회담에서 합의된 "전략적 협력동반자관계"도 실종된 상태이다.

2017년 4월 26일 새벽 사드체계 경북 성주골프장 기습 배치.

35.4×35.4mm. In Collection.

2016년 7월 9일(오전 11시 30분) .... (함경남도 신포 동남쪽 해상) 북한, 잠수함발사탄도미사일SLBM 시험발사 / 잠수함은 위치탐색이 어려워 사드방어가 무기력하다는 것을 암시하는 북한의 군사력 과시.

2016년 7월 10일 ..... 중국 『환구시보環球時報』 논평: "중국은 정치 · 경제 · 무역 · 관광 · 문화 · 군사 · 외교 등 여러 영역에서 한국에 압력을 가해야 한다. 사용할 수단은 아주 많다."(한국에 대한 다각적 제재를 강경하게 연일 쏟아내는 중국 언론의 행태를 보면, "무산계급문화대혁명"에 나팔수 역할을 한 언론매체의 행태와 유사하다. 정치운동의 방향이 자국민을 선동해서 대한민국을 타겟으로 만드는 느낌이다. "한국친구들, 그 어떤 변명도 무력하다"고 공식석상에서 오만하게 논평하는 왕이 부장에게서 중국 외교부의 품격이 느껴지지 않는다.) / 한국은 전체 수출액의 25%이상, 경상수지 흑자액의 40%이상을 중국에서 취하고 있다. 관광객 1,300만여 명 중 과반 가까이 중국인이다(2015년 통계). 면세점 매출 70%가 중국인 관광객이 점유한다 / 대구 칠곡 · 충북 음성 · 경기 평택 · 강원 원주 · 전북 군산 · 경북 성주 · 경남 양산 등 사드 배치 후보지 주민 강력 반발 / 13일 오후 3시 류제승 국방부 국방정책 실장 발표: "한 · 미 국방부 장관의 승인을 얻어 고고도미사일방어 체계 1개 포대를 경상북도 성주에 배치하기로 했다." → 사정거리 200km 이내의 주한미군 병력과 장비보호 → 미국은 사드배치를 통해 실상 한반도를 미사일방어MD 체계에 편입시키려하고 있는 것이다.

사드 발사대

2016년 7월 10일 ..... 홍콩 사우스차이나모닝포스트SCMP, 유엔난민기구UNHCR 보고서 인용해서 중국인 해외망명자수가 급증했다고 보도했다 / 2015년 중국인의 망명신청건수: 57,705명. 2011년(10,617명). 4년 만에 5배로 증가했다.

2016년 7월 10일 ..... **예쉬앤닝葉選寧 전 인민해방군 총정치부 연락부 부장 별세.** 인민해방군 10대원수 중 한명인 엽검영葉劍英(403쪽 참조)의 둘째 아들이다. 1976년 문혁정국 수습과정에서 아버지 엽검영과 함께 호요방의 "국가중흥시책"을 실현시키는데 지대한 역할을 했다(451쪽 참조) / **시진핑 군사위 주석의 군부장악과 군개혁에 큰 역할을 한 것으로 잘 알려져 있다.**

華北軍事政治大學
화북군사정치대학 1948~1950

중국공산당은 오래 전부터 총과 붓을 중시한다. 힘과 여론으로 천하를 얻고 천하를 다스리는 "여의봉如意棒"으로 생각했다. 농민(밀이삭)으로 둘러싸인 붉은 별(홍군) 안의 붓과 총의 안정된 디자인이다. 의도하는 바도 훌륭하게 표현한 인민해방군의 학교뺏지다. **1948년 5월, 엽검영이 화북군사정치대학 교장 겸 정치위원에 취임했다.** 이 학교의 전신은 연안항일군정대학(361쪽 참조)의 제2분교(진찰기군구군사정치대학)와 제6분교(진기노예군구군사정치대학)이다. 1950년 이후에 중국인민해방군 제6고급보병학교로 개칭되었다.
43×41mm. In Collection.

증국전曾國荃(1824~1890) 종성宗聖 증자曾子의 70세손. 증국번曾國藩의 9번째 동생이다. 함풍2년 공생貢生. 태평천국운동을 무자비하게 유혈진압한 후 양강총독 역임. 그의 현손, 증헌식曾憲植이 엽검영葉劍英의 부인이고 그 사이에서 엽선녕葉選寧이 태어났다.

증헌식曾憲植(1910~1989) 혁명원로 엽검영의 부인. 그 고조부가 증국전. 호남성립제1여자사범학교를 졸업했다. 1927년 중앙군사정치학교(황포군관학교)무한분교에서 수학 중 국민혁명군 북벌에도 참가했다. 주은래 총리의 부인 등영초 비서도 했다. 아기 엽선녕을 안고 있는 엄마 증헌식.

엽검영葉劍英(1897~1986) 손문의 호위무사 시절의 엽검영(21세). 황포군관 교수부 부주임으로 근무하면서 맑스-레닌사상에 경도되어 동료 교수 주은래의 입회하에 공산당에 입당했다(1927년). 16년간 유형에서 풀려난 시종쉰을 광동성 서기로 추천하여 "심천경제특구"를 개창하는데 진운陳雲과 더불어 단초를 제공했다.

엽선녕葉選寧(1938~2016) 혁명원로 2세대(홍얼따이紅二代)의 정신적 지주. 문혁시기 하방되어 공장에서 일하던 중 사고로 오른쪽 팔이 절단되었다. 일명 "외팔이장군獨臂將軍." 인민해방군 소장少將으로서 홍얼따이들에게 존경을 받았다.

엽정자葉靜子(1975~) 엽선녕의 딸. 현재 송경령 기금회 이사. 남편은 왕진王震의 장손 왕경양王京陽. 친할머니 증헌식을 쏙 빼닮은 미인이다.

왕진王震(1908~1993, 호남 유양瀏陽 사람. 1927년 공청단·공산당 가입. 중앙군위상위, 중앙당교교장, 중화인민공화국부주석 역임. 등소평시대의 "중공8대원로" 중 한 명). 중화소비에트공화국 3등 홍성장 획득(340쪽 참조). 1946년 8월 19일 모택동이 시종쉰에게 보낸 편지에 등장하는 불굴의 용사(388쪽 참조). 계급은 상장上將. 1979년 왕진은 엽검영·진운·호요방과 함께 시종쉰의 복권과 명예회복을 위하여 적극적으로 노력했다. 1984년 12월 중국국제우호연락회를 발기했다.

2016년 7월 10일 ..... 아베 신조安倍晋三 일본 내각총리대신, 제24회 참의원의원통상선거參議院議員通常選擧 압승. 평화헌법 개정발의 요건 중 중의원衆議院 3분의 2(2014년 12월 확보), 참의원 3분의 2를 획득했다. 북한의 계속되는 미사일실험 발사를 호기로 삼아 안보불안과 공고한 미·일동맹을 내세운 여론전으로 국민투표 과반을 넘게 되면 평화헌법은 70년 만에 역사 속으로 사라진다. 그렇게 되면 아베의 "필생의 과업"인 "전쟁할 수 있는 보통 국가"가 출현하게 된다. 일왕의 지위도 "일본의 상징"에서 "국가의 원수元首"로 회복되고, 일본의 군대보유와 교전권이 원상복귀 된다 / 투표권자 연령 20세에서 18세로 낮춘 이번 선거에서 젊은 층의 70%가 자민당을 지지했다. 일본의 암울한 현실, 그리고 미래를 예시한다.

안중근(安重根, 1879~1910) 아베 일본 총리의 고조부가 관동도독일 때 안중근 의사가 관동도독부감옥에서 수감되어 있었다(1909년 11월 3일~1910년 3월 26일). 『안응칠역사』·『동양평화론』을 집필하면서 50여 점의 유묵遺墨을 남겼다. 또한 관동도독부지방법원에서 6차례에 걸쳐 공판이 열렸고 사형언도를 받았지만, 당시 공판을 지켜봤던 찰스 모리머 Charles Morrimer 기자는 다음과 같은 기록을 남겼다: "이 세계적인 재판에서 승리자는 안중근이었다. 그는 영웅의 월계관을 쓰고 법정을 떠났다. He had the hero's crown almost within his grasp, and he left the Court proudly."(*THE GRAPHIC*, 1910. 4. 16.)

관동도독부지방법원
요녕성 대련시
여순구구旅順口區.
2016년 7월 3일 촬영.

오오시마 요시마사(大島義昌, 1850~1926) 아베 총리의 고조부이다. 정한론征韓論의 주창자들이 드글거리던 죠오슈우번長州藩 출신이다(현 야마구찌현山口縣). 1895년 청일전쟁 때 혁혁한 공을 세워 남작男爵의 작위를 받아 화족華族이 되었다. 러일전쟁 때 여순 203고지 하나를 정복하는데도 일본청년들 15,000명의 목숨을 바쳐야 했다. 여순 203고지를 힘겹게 점령하여 러일전쟁을 승리로 이끈 사람이 바로 아베총리의 고조부 오오시마 육군대장이다. 그는 여순旅順의 첫 번째 관동도독關東都督을 지냈다(1905~1912). 그의 가슴에 달린 훈장만큼 많은 청년들을 죽여 훈공을 세운 일본군국주의 정통파.

키시 노부스케(岸信介, 1896~1987) 아베 신조의 외조부이자 롤모델이다. "소화昭和의 요괴妖怪"라 불리었던 동경제국대학출신인 키시 노부스케는 자유민주당(자민당)의 초대간사장을 지냈고, 제56대·57대 내각총리대신을 역임했다. 야마구찌현 출신의 키시는 1945년 이미 A급전범용의자로 체포되었고 실제로 자민당을 만들고 지배한 매스터마인드이다.

아베 신조(安倍晉三, 1954~) 2006년 일본헌법개정과 교육개혁을 전면적으로 내걸고 제90대 최연소 내각총리대신으로 뽑혔다. 2012년 12월 26일 제96대에 선출된 이래 현재 제97대 내각총리대신(2014년 12월~)이며 제21대 자유민주당 총재이다. 일본 보수 세습정치의 3대명문이 아베安倍·사토오佐藤·키시岸 가문이다. 아베 신조의 여러 혈통 중 사토오도 있다. 3대집안의 극우적 멘탈리티와 혈통이 모두 아베 총리에 응축되어 있다.

康德七年十月一日 / 國勢調査紀念
강덕 7년 10월 1일 / 국세조사기념

1932년 3월 1일 부의溥儀가 집정執政으로 취임한 만주국의 연호는 대동大同이다. 만주제국의 황제로 등극한 1934년 3월 1일부터 강덕康德이라는 연호를 사용한다. 중일전쟁에서 한창 승리를 구가하는 1940년, 만주제국의 전면적인 호구조사(43,233,954명) 및 제반 상황을 대대적으로 조사했다. 그것을 기념한 이 메달이 상징하는 새로운 사회체제의 주동세력이 바로 아베 총리의 외할아버지 키시 노부스케이다. 키시는 1936년 10월에 만주국국무원 실업부총무사장에 취임한 이래 산업부 차장(차관)을 거쳐 총무처 차장이 되었다. 실질적으로 군軍·재財·관官계를 아우르며 만주제국을 경영하는 5명의 대물 중 한 명이었다. 전후 A급전범이 되었다. 강덕 7년 4월에 박정희는 만주국 신경육군군관학교 제2기생으로 입학했다.

앞

뒤

滿州國國勢調査紀念 1940
만주국국세조사기념

만주국의 국세조사는 안정적인 징세와 수탈을 목적으로 실시하는 인구주택 총조사이다. 군부지원의 초고속산업화가 만주식 모델이다.

33.5×51mm. In Collection.

2016년 7월 11일 ..... 루캉陸慷 중국 외교부 대변인 내외신 브리핑: "사드를 동북아 지역, 특히 한국에 배치하는 것은 중국의 안보이익에 영향을 미치는 것이다. 중국은 자기 이익을 보호하기 위한 상응조치를 분명히 시행할 것이다." / 중국 강회江淮자동차, 삼성에스디아이SDI가 생산한 배터리를 탑재한 전기차의 생산을 잠정 중단시켰다 / 중국 외교부, **"북 · 중 우호협조조약 및 상호원조조약" 체결 55주년**을 맞아 북한에 축전을 보냈다 / 1961년 7월 10일 북한 김일성 주석, 중국방문(~15일). 11일 북경에서 중조우호협력상호원조조약에 서명. 제2조는 다음과 같다: "체약국締約國의 한 편이 타국으로부터 무력침공을 당하여 전쟁상태로 들어갈 경우, 체약 상대방의 나라는 곧바로 군사개입과 기타 원조를 전면

구단선九段線: 중국이 남중국해 해상경계선이라 주장하며 그은 U자 형태의 9단선으로 남중국해 전체 해역의 90%를 중국의 수역으로 설정하고 있다. 이 안에 스프래틀리 제도 · 파라셀 제도 등이 포함되어 있어 필리핀과 베트남과 영유권분쟁이 발단된 것이다. 중앙일보(7월 13일 6면).

적으로 실행한다." 제7조는 다음과 같다: "쌍방이 모두 조약의 개정 혹은 폐지 문제에 협의가 성립하기 이전까지는 계속해서 이 조약은 유효하다."

2016년 7월 12일 11시(현지시간) .... **네덜란드 헤이그 국제상설중재재판소PCA의 영유권분쟁지역 판결: "남중국해에서 중국이 주장하는 근거로 제시한 '구단선九段線'을 인정할 수 없다."** "중국이 건설한 인공섬과 시설들도 모두 불법이고 생태환경을 파괴시켰다." / **시진핑 국가주석: "중재재판의 결과에 기초한 어떠한 입장이나 조처들도 수용하지 않을 것이다."** 국제상설중재재판소의 판결은 국제사법재판소ICJ의 판결과 달리 강제집행 규정이 없다. 미국의 반응: "이번 판결은 중국·필리핀 양쪽 모두에게 구속력이 있다."(국제법을 준수하라고 목소리를 높이며 중국을 압박하는 미국은 정작 UN해양법협약에 가입도 하지 않고 전세계 항행의 자유를 한껏 누리고 있다) / 7월 5일~11일 중국, 남중국해 파라셀 군도(중국명: 시사西沙, 베트남명: 호앙사) 해역에서 대규모 군사훈련 돌입(해군 3대 함대, 군함 100여 척, 항공병단, 잠수함 투입). / 7월 8일 왕이王毅 중국 외교부 부장: "필리핀이 일방적으로 제기한**(중국이 주장하는 구단선이 역사적 관점에서 국제법상으로 법적 근거가 있는 것인가?)** 남중국해 중재소송을 수용하지도, 참여하지도 않을 것이며, 중재결과도 인정하지 않고 이행하지도 않을 것이다."

2016년 7월 13일 ..... 아키히토明仁 일왕, 생전퇴위生前退位하겠다는 매우 파격적인 의향 발표 / 평소 아베 내각총리대신의 개헌에 대한 비판적 면모를 드러내왔다: "전후 일본은 평화와 민주주의를 반드시 지켜야만 하는, 소중한 것으로 생각해 일본국 헌법을 만들었습니다. 개혁을 시행해 오늘의 일본을 쌓아 올렸습니다. 전쟁으로 황폐해진 국토를 재건하였고, 또한 점차적으로 개선하여가기 위해 당시의 우리 국민 모두가 쏟아부은 노력에 대하여, 깊은 감사의 느낌을 품고 있습니다. 戰後, 日本は, 平和と民主主義を守るべき大切なものとして, 日本國憲法を作り, さまざまな改革を行って今日の日本を築きました。戰爭で荒廢した國土を立て直し, かつ, 改善していくために當時の我が國の人々の払った努力に對し, 深い感謝の氣持ちを抱いています。"(2013년 12월 23일, 80세 생일기자회견). 일왕 아키히토는 현행일본국헌법이 고칠 필요가 없는 훌륭한 헌법이라는 의사를 명확히 표현하였다고 당시의 신문들도 논평했다 / 대일본제국의 헌법(1889년) 제1조: "대일본제국은 만세일계의 일왕이 통치한다." 일본국헌법(1946년 평화헌법) 제1장 제1조: "천황은 일본국의 상징이며, 일본국민 통합의 상징이다. 이 지위는 주권을 가진 일본 국민의 총의에 근거한다. 天皇は, 日本國の象徵であり日本國民統合の象徵であって, この地位は, 主權の存する日本國民の總意に基く."/ 아키히토 일왕은 『사이언스』에 논문(Early Cultivators of Science in Japan, 1992)을 기고한 어류학자이다 / 2001년 12월 23일 아키히토 일왕 생일기자회견: "(헤이안 시대를 개창한) 제50대 칸무(桓武, 737~806) 천황의 생모(和氏夫人. 타카노노 니가사高野新笠)가 백제 무령왕(武寧王, 501~522)의 자손이라고 『속일본기續日本紀』에 쓰여있는데 대해 한국과의 연緣을 느끼고 있다. 무령왕의 아들 성명왕(성왕聖王, 523~553)은 일본에 불교를 전해준 것으로 알려져 있는데 한국역사의 교류는 광범위하고 지속적인 것이다." / 8월 8일 오후 3시 아키히토 제125대 일왕, 생전퇴위 공식화. NHK 영상메시지 송출 / 2019년 4월 30일 생전퇴위 결정. "헤이세이平成" 연호 종결.

아키히토明仁 일왕과 미치코美智子 일왕비
(신년 하례식, 2012년 1월 3일)

개헌을 향해 폭주하는 아베내각의 가장 두려운 걸림돌은 평화헌법을 애지중지하는 "금상천황今上天皇"이다. 아키히토 일왕이 아베 정국의 천적이 될 수 있다는 생각이 든다. 아키히토 일왕은 그의 고조부 명치천황 때 채택된 대일본제국헌법의 부활을 심히 염려하고 있다. 대일본제국헌법 하에 대한제국과 동북3성은 식민지로 전락되었고, 중국대륙 포함 아시아뿐만 아니라 태평양 건너 미국까지 전화戰火에 휩싸였다. 명치유신식의 천황의 존립으로 일본과 주변국가가 전화에 휩싸이는 것을 원치 않는 휴매니스트이다: "만주사변으로 시작한 전쟁의 역사를 충분히 배우고, 앞으로 일본의 존재방식을 생각하는 것이 지금 무척 중요하다."(2015년 1월 1일 신년소감)

奉祝 皇太子殿下 御誕生記念 1933. 11. 23.
봉축 황태자전하 어탄생기념

1933년 12월 23일 제124대 소화천황昭和天皇 히로히토裕仁의 장남인 황태자 아키히토가 태어난 것을 기념하는 요란한 메달이 이해가 간다. 위로 줄줄이 누나가 4명이나 있기 때문이다.

일본은 히로히토 일왕이 죽은 1989년 1월 7일부터 헤이세이平成 연간이다. 1992년 10월 23일, 아키히토 일왕은 중국을 공식방문하여 중일전쟁 등 과거사를 사죄했다: "중국 국민에게 심대한 고난을 준 불행한 시기가 있었다." 아키히토 일왕은 현재 일본인들에게 "금상천황今上天皇"으로 불리고 있다. 아들 나루히토德仁에게 물려주고 나면 "평성천황平成天皇"으로 불리게 되는 동시에 일본에는 새로운 연호가 지정된다. 일본과 관련된 나라들은 낯선 날짜계산으로 또 한번 번거롭게 된다.

2017년 12월 1일 일본 아베총리 주재로 왕실회의에서, "2019년 4월 30일 퇴위, 5월 1일 즉위" 방안을 확정했다. 8일 일본정부 각의閣議에서 합의된 사항을 정령政令으로 의결함으로써 2019년 5월 1일 새연호가 공표된다. 1989년부터 시작된 헤이세이平成 연호는 2019년 4월 30일로 역사속으로 사라진다. "고고지성呱呱之聲"의 기쁨으로 만주국에서 발행된 기념메달에서 지난至難했던 20세기 역사와 더불어 생로병사의 고해苦海가 중첩된다.

아키히토 일왕의 어느 자료를 보아도 생일이 1933년 12월 23일로 나오는데 정작 탄생기념메달에는 1933년 11월 23일로 또렷하게 박혀있다. 이 날은 음력으로도 11월 7일이다. 그러므로 11은 12의 오식으로 볼 수밖에 없다. 쏘강할 수도 없고 참 난감했겠다. 38.2×43.3mm. In Collection.

2016년 7월 13일(현지시각) ……. 테레사 메이Theresa May 신임 영국 총리(제57대), 엘리자베스 2세 영국 여왕 알현 / 입헌군주제의 영국, 보수당 메이정부의 출범: "여왕폐하의 정부"(영국정부의 정식 명칭), 형식적으로 여왕이 총리를 임명하고 정부 구성을 위임한다. 총리의 추천을 받은 각료들도 여왕이 임명한다(EU탈퇴파: 존슨 외무장관, 데이비스 브렉시트장관, 폭스 무역장관. EU잔류파: 해먼드 재무장관, 러드 내무장관, 팰런 국방장관). 잔류파 메이 총리의 첫 연설: "소수의 특권층이 아닌 모두를 위한 영국을 만들겠다. The government I lead will be driven not by the interests of but by yours." / 2017년 6월 8일 조기총선을 강행한 메이 총리 대패. 보수당 과반 상실. 노동당 약진(젊은층 압도적 지지).

앞

엘리자베스 2세(1926~) 영국 여왕은 1953년부터 지금까지 영국과 영연방주화의 주인공이다(앞면).

뒤

2015년에 영국에서 발행된 기념은화.

100여년이 흘러도 브리타니아의 컨셉은 변하지 않았다. 그런데 2016년 영국의 브렉시트 결정이후 브리타니아는 울상이다. 대다수 스코틀랜드인들은 영국보다 EU를 택했기 때문이다(62%). 15일 메이 총리는 EU잔류를 강하게 주장하는 니컬라 스터전 스코틀랜드 자치정부 수반 관저를 부리나케 방문했다.

38.6×38.6mm. In Collection.

2016년 7월 14일(밤 10시 30분 현지시각) …………… 프랑스 남부 니스 해변가 참사. 19톤 트럭, 군중 속으로 돌진. 사상자 속출(84명 사망, 202명 부상). 범인은 튀니지계 31세 니스 주민. 이슬람 국가IS(Islamic State, 수니파 극단주의 무장단체)를 추종한 자생적 테러리스트로 추정 / **제11차 아시아 · 유럽정상회의ASEM(몽골 울란바토르 개최, 15~16일)에 참석중인 리커치앙 중국 국무원총리: "모든 형태의 테러리즘과 싸울**

왼손에는 까만 가죽가방을 든 백발의 할머니가 호피가죽 구두를 신고 어정쩡한 포즈를 취하고 있는 중년 여인의 오른 손을 잡아주고 있다. 테레사 메이 신임 총리가 엘리자베스 2세 여왕을 알현하는 현장이라고 한다. 런던 버킹엄궁 접견실. 테레사 메리 메이(Theresa Mary May, 1956년생, 보수당 당수) 총리는 옥스포드 대학에서 지리학을 전공했다. 부친은 영국 성공회 신부. 사진=한겨레(7월 15일 1면)

앞

"일원壹圓"(One Dollar)동전의 한 가운데에 도안화된 "수壽" 글자가 있다. 중국인들이 부적처럼 여기는 글자다. 1911년 당시 홍콩을 지배하는 영국인들은 중국인들의 정서를 잘 파악하고 있었다는 것을 알 수 있다(뒷면).

중국 신해혁명시기(1911년)에 홍콩에서 발행된 1달러 동전. 당시 영국은 바다의 제해권을 거머쥔 해상제국이었다. 바다에 떠있는 거대함선을 배경으로 아테나 전사와 닮은 브리타니아가 포세이돈에게서 빼앗은 삼지창을 들고있다. 1707년 연합법에 의하여 잉글랜드와 스코틀랜드가 하나로 합쳤다. 새로 탄생된 대영제국Great Britain의 일치단결된 힘을 의인화한 수호여신이 브리타니아이다. 왼손엔 유니온 잭 깃발이 새겨진 방패를 쥐고 있다. 이 당시 천하무적은 중국대륙을 무찌른 영국이었다는 것을 동전 하나에서도 읽을 수 있다. "티엔시하天下"를 구가하던 중국대륙이 화들짝 놀라 세상을 새롭게 바라본 역사적 계기가 영국에게 패한 아편전쟁이다. 패전 후속조치로 체결된 남경조약(1842년 8월 29일)의 제3조: "청국황제폐하는 영국여왕폐하에게 홍콩섬을 양도하여, 영국여왕폐하 및 그 후계자가 영원히 이것을 점유하도록 한다." 그 남경조약 현장에는 마카오 신학교에서 6년간 유학한 조선의 청년 김대건이 있었다: "황제는 이 강화조약을 체결하기 위하여 고관대작 네 명을 임명하여 8월 29일에 회의를 마치고 조약문에 조인을 하였습니다."(김대건 신부의 네 번째 서한). 1997년 7월 1일 홍콩, 중국반환. 특별행정구로 편입. 39.1×39.1mm. In Collection.

김대건(金大建, 1821~1846, 충남 당진)과 마카오 성 안토니우스 교회에 안치되어 있는 김대건 신부의 목상. 온전하게 서양학문(라틴어 · 철학 · 신학 · 역사 · 지리)을 체화한 최초의 정규 유학생이 김대건 신부이다. 라틴어 · 불어 · 중국어 · 영어 · 포르투갈어 등 6개국어 능통자가 김대건이었다. 그가 남경조약 현장에 있었던 것도 프랑스 장바티스트 세실Jean-Baptiste Cécille 해군제독의 통역원 겸 지리학자의 자격이었기 때문이었다. 그는 당대 세계 최첨단을 달리는 지성인이었다. 2013년 8월 3일 촬영

것이다." 또한 아베 일본 총리에게 경고했다: "일본은 (남중국해 문제) 비당사국으로서 언행을 신중하게 하고, 다투거나 개입해서는 안된다."

2016년 7월 15일(오후 11시 25분 현지시간) ………………… 터키 군부 쿠데타군 국영방송국TRT 장악후 성명: "법이 나라를 지배할 수 있도록 헌법 질서·민주주의·인권·자유를 다시 세울 것이다." 쿠데타 발생, 6시간만에 진압. 군·경찰·시민 265명 사망, 1,440명 부상, 제2군사령관 아뎀 후두티 장군 비롯 군인 6,038명 등 연루자 7,543명 체포·구금. 알탄 헌법재판관 비롯 2,745명의 판검사 해임 및 검거령 / 2002년 집권 후 헌법을 개정하면서 장기집권하고 있는 에르도안 터키 대통령, 스마트폰SNS 통해 국민들에게 호소: "민주주의를 수호하기 위해 거리, 광장, 공항으로 나가 정부에 대한 지지와 단결을 보여달라." 쿠데타 진압 후 일성: "이번 쿠데타는 신이 내린 선물이다. 이 기회를 통해 군부를 깨끗하게 씻어낼 것이다. 무서운 대가를 치를 것이다." / 에르도안 대통령이 쿠데타 배후세력으로 지목한 펫훌라흐 귈렌(현재 미국망명중)은 "이번 쿠데타는 내 지지자들을 기소하기 위해 연출된 자작극일 가능성이 있다." 귈렌은 2008년 "세계 최고 100대 지성"(미국 외교전문지 포린폴리시FP)에서 1위로 뽑힌 이슬람사상가이다. 2013년 우리나라 "만해대상" 수상자이기도 하다 / 19일 쿠데타 진압 후 에르도안 터키 대통령, 사립학교 교사 21,000여 명의 자격증 취소와 45,311명의 군·경·판사·교사 등 7·8만명 축출(군인체포: 6,000명, 경찰 해고: 9,000명, 판사직무정지: 3,000명, 교사 및 교직원 해고: 15,200명, 대학학장 사표 강요: 1,577명, 내무부 공무원 직위해제: 8,777명, 재무부 공무원 해고: 1,500명, 총리실 직원 해고: 257명) / UN 성명: "터키정부는 법치주의와 인권을 준수하라." / 1956·7년의 중국 반우파투쟁으로 곤욕을 치른 지식인들이 552,877명이었고 그 중의 40%가 교육자였다. 터키의 탄압받는 교육자도 현재 37,777명으로 더 높은 비율이다. 비판적 목소리에 재갈 물린 사회는 미래가 없다. 에르도안 치하의 터키가 중국처럼 20여 년간 깊은 수렁에 빠질까 우려스럽다 / 20일 에르도안 터키 대통령은 3개월간의 국가비상사태를 선포했다. 에르도안 대통령은 "(테러배후로 지목한) 펫훌라흐 귈렌 세력에 신속하고 효과적으로 대처하기 위해 이같이 결정했다." / 20일 아랍계 뉴스매체 알자지라 리포팅: "에르도안 대통령이 반대파에 대한 탄압을 정당화하기 위해 쿠데타를 이용하고 있다는 우려가 고조되고 있다." 쿠데타 하면

군부가 나쁜 사람이라는 인상을 주는데 요번 쿠데타 소동은 오히려 군부가 더 민주적이고 합리적일 수도 있다는 생각이 든다. 아타튀르크 이래 터키군부는 세속주의의 길을 걸었다. 전 세계가 종교적 극단주의의 발호아래 신음하고 있다.

MUSTAFA KEMAL ATATÜRK 25×25mm. In Collection.
무스타파 케말 아타튀르크(1881~1938) **터키동전**

터키인TÜRK의 아버지ATA, 국부國父 무스타파 케말이 1923년 터키공화국을 세웠다. 케말 초대 대통령은 종교가 국정운영에 영향을 주지않는 "세속주의"(케말리즘Kemalism)를 건국이념으로 채택했다. 무스타파 케말은 갈리폴리 전투(제1차 세계대전)의 영웅으로 그와 뜻을 함께 하는 터키 군부는 전통적으로 세속주의의 수호자이다.

레제프 타이이프 에르도안(1954~)

에르도안 대통령은 세속주의와는 거리가 먼 이슬람주의를 신봉하는 독실한 수니파이다. 이슬람국가IS는 이슬람 수니파 극단주의 무장단체이다. 검약했던 무스타파 케말 대통령과 달리 에르도안 대통령 부부는 이라크 후세인의 황금궁전 못지않은 대통령궁에 장기 기거하고 있다고 한다. 부인 에민 에르도안은 쇼핑광.

유럽과 아시아를 잇는 보스포루스 다리

15일 오후 10시 29분 쿠데타군이 이스탄불 보스포루스 대교를 장악하면서 "6시간 천하"가 시작되었다. 세계평화를 위해 유엔군으로 6·25전쟁에 참전했던 터키군은 항미원조에 참전한 중공군을 상대로 용맹스럽게 싸웠다. 보스포루스 강가의 "위스키다라 처녀"를 그리워하던 토이기(土耳其, 터키) 전몰장병 462기가 부산의 유엔묘지에 잠들어 있다. 그들은 한국인을 칸카르데쉬(피로 맺은 형제)라고 여긴다. 2003년 6월 3일 현지 촬영

2016년 7월 17일 ..... 중국 하북성 당산시唐山市 낙정현樂亭縣, 미국계 패스트푸드 체인인 KFC 불매운동 시작. 전국으로 확산 조짐: "미국·일본·한국·필리핀을 배척하자. 우리 중화민족을 사랑하자." 중국이 국제상설중재재판소PCA의 남중국해 영유권의 근거가 없다는 판정과 주한미군의 사드배치 결정에 따른 일부 중국인민의 반응이다 / 중국현대사는 당이 주도하는 대중정치운동으로 점철되어왔다. 무산계급문화대혁명 세대를 부모로 둔 세대들은 유산계급有產階級이 되어 세계시장을 휘젓고 다닌다. 그리고 가끔 자발적으로 여론몰이를 하며 과도하게 그들만의 애국심을 표출하기도 한다. 쪽수로 겁박하는 그들을 보면 주변 이웃들은 불편하다. / 20일『인민일보』사설: **"미국 애플사의 아이폰을 부수고 KFC에서 음식을 사먹지 않는 것은 올바른 애국이 아니다." "애국은 감정일 뿐 아니라 능력이며, 능력은 이성적이고 합법적으로 보여줘야 한다."** 관영언론이 중국인민의 비뚤어진 애국심을 계도하면서 신속하게 불매운동진화에 나선 것은 매우 이례적이다.

肯德基, 麥當勞滾出中國 "켄터키(KFC)와 맥도날드는 중국을 떠나라!"

18일 모택동의 고향 호남성 장사長沙의 KFC매장 앞에서 시민들이 펼쳐든 플래카드. 2012년 일본의 조어대釣魚臺 국유화 조치로 중국과 일본이 첨예하게 대립할 때, 토요타 자동차는 오랫동안 주차장에 처박혀 있어야 했다. 토요타를 몰고 다니다간 자동차가 몽둥이세례를 받았다. 2016년 7월 3일 요녕성 대련에서 들은 이야기이다. 사진=신화통신

2016년 7월 19일 ..... **시진핑** 중국공산당 중앙위원회 총서기, **영하회족자치구 시찰**에 나서면서 **장대보**將臺堡 **홍군장정회사**紅軍長征會師 **기념비에 헌화**: "대장정 정신이 있으면 극복하지 못할 곤란은 없다."

習近平 敬獻
시진핑 경헌

우산도 안 쓰고 비를 맞으며 홍군 장정회사 기념비에 헌화하는 시진핑 주석.

"이곳 서북지방은 우리 아버지가 옛날에 활동했던 혁명근거지이다. 그 당시 19세 청년으로 섬감변구의 소비에트 주석이었다."

이 글은 시진핑이 그의 11번째 중국 공산당 입당원서에 쓴 문장이다. 자신의 뿌리에 대한 프라이드가 넘쳐난다. 영하회족자치구도 섬감녕변구정부陝甘寧邊區政府(1937년 9월 6일~1949년 9월) 시절부터 서북군정위원회 제1부주석 시절에 이르기까지 아버지 시종쉰이 발이 닳도록 민정을 시찰하던 곳이다. 1만 2,500km 홍군장정의 투혼과 부정父情에 대한 그리움이 겹쳐 죽죽 내리는 비를 달게 받은 것으로 보여진다. 사진=신화통신

寧夏回族自治區成立紀念
영하회족자치구성립기념 1958. 10.

중화인민공화국의 이념을 잘 표현한 국휘國徽를 변용해서 여러 개 겹쳐진 오성홍기로 회족 특유의 민속모자를 형상화시켰다. 1958년 10월 25일 영하회족자치구의 생일기념빼지는 특별히 인상적이었다. 영하회족자치구는 송나라 시대에 병존했던 서하국西夏國(1038~1227)의 중심지로 서하문자를 소유한 고문명 국가였다. 서하국의 회족은 이슬람을 믿는 터키인·페르시아인·아랍인으로 구성되었고 원나라에서는 그들을 색목인色目人으로 특별 대우했다. 고려가요 〈쌍화점雙花店〉에 등장하는 "회회回回아비"도 서하국의 상인으로 추정된다.
고려와 무역하던 서역대식국西域大食國(아라비아)인들이 개성 벽란도에 만두가게 쌍화점을 차렸을 리가 없다. 중국화된 이슬람 상인이라야 만두가게를 열 수 있다고 생각하면, 그 당시는 서하국 사람들이 고려에 와서 활약했을 것이라고 추정된다.
"쌍화점(만두집)에 쌍화(만두)를 사러 갔더니만 / 회회回回 아비가 내 손목을 쥐더이다 / 이 말이 가게 밖에 나며 들며 하면 / 다로러거디러 조그마한 새끼광대 네 말이라 하리라." 고려시대 예성강변의 벽란도碧瀾島는 생기발랄하고 화려한 국제무역도시였다. 35×40mm. In Collection.

2016년 7월 25일 .... **제23차 아세안지역안보포럼**(ARF: ASEAN Regional Forum) 외교장관회의 개최(~26일, 라오스 비엔티안). 왕이 중국 외교부장의 전시행정에 가까운 "특별동행"으로, 리용호 북한 외무상이 라오스에 도착했다. 6자회담 당사국의 외교부장관이 총출동했다(윤병세 · 왕이 · 리용호 · 세르게이 라브로프 · 키시다 후미오 · 존 케리) / 동아시아 정세를 격동시키고 있는 한반도 사드 배치 결정과 남중국해 분쟁이 핵심 쟁점이다. 미국 · 호주 · 일본 · 필리핀 · 베트남 등 주장: **"중국은 남중국해 국제상설중재재판소 판결을 준수하라."** 중국 · 러시아 · 북한 등 요청: ***"한반도 사드 배치가 우려스럽다는 것을 의장성명에 포함시켜라."*** / 중 · 미 · 남 · 북한 치열한 외교전: 중국(사드 반대) · 미국(남중국해 판결 준수) · 북한(핵보유는 정당) · 한국(북핵불용) / 26일 윤병세 외교부 장관 모두 발언: "UN안보리 결의를 충실하게 이행한다는 차원에서라도 일치단결해 한 목소리로 북한에 경고 목소리를 보내자." / 27일 ARF 의장성명 8항(한반도 관련): "장관들은 UN안보리

아시아 · 태평양 27개국 외교부장관이 참석한 제23차 아세안지역안보포럼 현장
박근혜정부가 중국인민해방군을 열병하면서까지 공을 들여온 "대북제재강화와 북한고립정책"이 퇴색되는 자리였다. 한국의 갑작스런 사드 배치 결정으로 냉랭해진 중국의 왕이王毅 외교부 부장이 국제외톨이였던 북한을 보듬었다. 으쓱해진 리용호 북한 외무상은 기자회견을 열었다: "추가 핵실험은 전적으로 미국의 태도에 달렸다." 한중관계는 역시 전략적 협력동반자 관계였다. 하지만 중조우의中朝友誼 앞에선 빛이 바랬다. 그래도 "한반도 비핵화와 한반도의 평화와 안정 수호를 견지하며 협상을 통한 문제해결을 원한다"는 중국의 한반도평화 3대원칙은 견지하고 있다. 사진=YONHAP NEWS

결의들을 위반한 북한의 2016년 1월 6일 핵실험, 2016년 2월 7일 로켓 시험발사, 2016년 7월 9일 탄도미사일 시험발사를 포함한 현 한반도 상황 전개에 대한 우려(concern)를 공유하였다. 장관들은 이 지역에서의 평화와 안전의 중요성을 재확인하고, 평화로운 방식의 한반도 비핵화에 대한 아세안의 지지를 재표명하였다. 대부분의 장관은 또한 안보리 결의 2270호를 포함한 모든 관련 안보리 결의들을 북한이 준수할 것을 촉구하였으며, 모든 당사국들이 역내 평화와 안전을 유지하고 평화로운 방식으로 **한반도 비핵화에 추가 진전을 이룰 수 있도록 6자회담의 조속한 재개에** 유리한 환경을 조성하기 위해 공동의 노력을 경주할 것을 촉구하였다. 장관들은 또한 인도주의적 사안에 대한 대응의 중요성을 강조하였다." / 첨예한 핵심쟁점이었던 "사드배치의 우려"·"(남중국해 영유권주장) 국제법 존중" 문구는 빠졌다. / 28일 "핫하게" 라오스에 도착한 리용호 북한 외무상은 쓸쓸하게 귀국.

6자회담 당사국 외교수장

왼쪽부터 한국 윤병세(1953년생)·중국 왕이(王毅, 1953년생)·북한 리용호(1956년생)·러시아 세르게이 라브로프(1950년생)·일본 키시다 후미오(岸田文雄, 1957년생)·미국 존 케리(Jhon Kerry, 1943년생)

2016년 7월 25일 .... 꾸어뿨시옹郭伯雄 전 중앙군사위 부주석, 뇌물수수 등 유죄로 판단되어 상장上將 박탈, 개인재산 전액몰수, 무기징역 확정 / 2015년 7월 30일 당적박탈開除黨籍.

꾸어빠이시옹郭伯雄(1942년생)·쉬차이허우徐才厚(1943년생) 군사위 부주석은 지앙쩌민江澤民 권좌의 두 버팀목이었다. 지앙쩌민은 늦게까지 중앙군사위 주석으로서 군을 꽉 틀어쥐고 있었기 때문에 2002년 11월 후진타오 총서기체제 출범이 온전하지 못했다. 그 배후에는 꾸어뿨시옹 중앙군사위 부주석의 치밀한 공작이 있었다. 2004년 9월에 지앙쩌민이 정상적으로 후진타오 총서기에게 중앙군사위 주석을 넘기는 듯 했지만 중앙군사위 제2부주석 자리에다 쉬차이허우를 앉힘으로써 지앙쩌민의 실세 상왕정치는 계속되었다. 두 군사위 부주석은 후진타오 군사위 주석을 추앙하는 척 하면서 속으로 배척하고 군실권을 잡았다. 결국 2016년 2월 시진핑의 군개혁은 지앙쩌민의 그림자가 짙게 드리워진 인민해방군 개혁이었다. "서북늑대西北狼" 꾸어뿨시옹의 텃밭이었던 란주군구蘭州軍區를 성도군구로 편입시켜 서부전구西部戰區로 개편하였다.

퇴임 후에도 정책결정에 지대한 영향력을 발하는 지앙쩌민의 상왕정치 대리인들은 지앙의 권좌가 영원할 줄 알았다. 홍콩의 『남화조보南華早報』가 전하는 말에 의하면, "시진핑 5년하면 쫓아내버려. 讓他(指習近平)幹5年就滾蛋"라고 두 부주석이 대화를 나눴다고 한다. 쉬차이허우는 2012년 "3·19군사정변" 시도로 조사받다가 병사했다(2015년 3월 1일). 꾸어뿨시옹은 74세에 무기징역에 처해졌다. 수족이 짤린 지앙쩌민은 이제 두 발 뻗고 잘 수 없게 되었다.

八·一 중국인민해방군

상단의 두 전임 중앙군사위 부주석이 군복깃에 착용한 중국 인민해방군의 뺏지이다. 1927년 8월 1일 남창기의南昌起義의 감격으로 중국인민해방군은 탄생되었다. 그러한 연유로 군휘軍徽의 장章은 "8·1"이다. 중국공농홍군의 "붉은 별"과 전세계 노동자들의 단결을 의미하는 "노란별"을 노란색 테두리로 그 뜻을 십분 살렸다. 이 군휘를 둘러싼 글로리한 광선으로 마무리한 인민해방군 뺏지의 디자인은 심플하지만 함의하는 바를 거의 반영했다. 2016년 4월 시진핑 당중앙군사위 주석은 인민해방군을 대대적으로 개혁하면서 자신의 직위를 하나 더 추가했다. 중앙군사위원회 연합작전지휘부 총사령관(中央軍委聯合作戰指揮部總指揮): 5개전구5個戰區를 포함한 전군全軍을 직접 총지휘한다. 2016년, 중앙군사위 부주석: 환츠앙롱範長龍(1947년생, 육군상장)·쉬치리앙許其亮(1950년생, 공군상장). 28.2×28.7mm. In Collection.

2016년 7월 26일 .... 시진핑 총서기가 주재한 중국공산당 중앙정치국회에서 결정: "중국공산당 제18차 중앙위원회 제6차 전체회의(중공18대 6중전회)가 10월에 북경에서 개최된다." / 현재 376명으로 구성된 중국공산당 중앙위원회는 당과 정부의 경제·정치·외교·안보·사회 등 주요정책을 평가하고 새 정책을 입안한다. 2017년 가을에 개최되는 제19차 당대회를 앞두고 중앙 당·정 기관의 주요인사 포진의 밑그림도 그려질 것이다. 왕이 외교부장도 당중앙위원이다.

2016년 7월 28일 새벽 ... 길림성 백산시 장백조선족자치현 주택가에 북한 출신 총기강도 5명이 난입, 중국 공안과 총격전 끝에 2명 중상. 양강도(함경북도) 혜산시 주둔 국경 경비대 25여단의 탈영병으로 밝혀졌다 / 압록강과 두만강의 배고픈 민간인 탈북자로 인한 소요騷擾로움에서 점차 북한군인 탈영으로 기사화되고 있다. 탈영원인이 두 가지로 압축된다고 현지에서 전한다. ①배가 고프다. ②상급간부와 사이가 틀어졌다 / 1958년 9월 15일 조선족자치현으로 승격된 백두산아래 첫 동네 장백현은 청조의 봉금령封禁令(1677년)에도 불구하고 함경도 사람들이 목숨 걸고 월강越江하여 한시적으로 몰래몰래 사냥하고 농사짓던 곳이다. 1875년 청 정부의 해제금령으로 압록강 건너 조선인들이 대거 몰려와 조선인마을을 형성했다. 일제강점기에는 "조선광복회"·"대한독립광정단光正團"·"대한독립광복단"과 홍범도가 영도하는 "대한독립군"이 장백현 일대에서 항일투쟁을 벌여 독립군촌이라고 불리웠다. 최근까지도 장백현이 주무대였던 동북항일연군의 활동은 살아있는 전설이라고 한다(362쪽 참조).

거대 쇼핑몰로 변신을 서두르는
연길의 서시장(2014년 9월 9일 촬영)

서시장에 가면 모든 걸 구할 수 있다고 연길 사람들은 누구나 그렇게 얘기한다. "6~70년대 북한은 삐까번쩍 잘 살았어요. 북한에 있는 친척연줄로 해서 주렁주렁 보따리 싸들고 두만강을 왕복하는 코신부대들이 연길에서 북한에서 가져온 물건을 팔기 시작했어요. 그래서 그때는 코신시장이라고 불렀어요. 그때 연길의 코신들은 엄청 잘 살았어요. 여자 고무신의 앞쪽, 꼭 코같이 생겼잖아요? 오늘날 연길의 서시장은 고무신 신은 아주머니들(코신부대)로부터 시작된 거예요." 2016년 7월 1일 대련에서 열린 중국조선족기업가경제교류대회에 연변조선족기업가 50명을 이끌고 참석한 손향孫香(연변조선족자치주인대대표)의 흥미로운 우리역사이야기였다. "정협政協"에서도 15년간 공작한 "연변의 국회의원" 손향은 연변대학 졸업생이다.

2016년 7월 28일 .... **제4차 러시아-중국 동북아시아 안보회의 개최(모스크바)**. 이고리 모르굴로프 러시아 외교차관과 콩쉬앤여우孔鉉佑 중국 외교부 부장조리(차관보)의 한반도 사드 배치 반대 공동입장 발표: "한미 사드 배치 결정은 애초의 목적에 부합되지 않을 뿐 아니라 러시아·중국을 포함한 주변국 전략안보에 심각한 타격을 입힐 수 있다고 생각한다. 더 나아가 한반도 긴장을 심화시키게 될 뿐이다." 한반도의 핵문제를 푸는 열쇠는 오직 **6자회담과 남북대화 재개**라고 밝혔다.

공현우(孔鉉佑, 1959년생)

콩쉬앤여우孔鉉佑는 그의 고향에선 "공현우"라고 불리웠을 것이다. 흑룡강사람, 조선족이다. 청동 외교관 출신으로 미 죠지타운대학 외교학대학원에서 공부했다. 중국주일공사駐日公使(2006~2011년)·중국주월남대사(2011~2014년)를 역임했다. 2015년 12월부터 중화인민공화국 외교부 부장조리部長助理로 근무하고 있다. 중국에서 활약하는 조선족으로 꼭 기억할 인물이다.
2017년 8월 우따웨이武大衛 후임으로 북핵6자회담 중국수석대표로 발령. 중국정부 조선반도 사무특별대표 겸임. 2017년 10월 31일 "한·중관계 개선관련양국간 협의"를 이도훈 한반도평화교섭본부장과 함께 도출해냈다.

2016년 8월 1일 ...... 2015년 "**709사건**"으로 1년간 종적이 묘연했던 중국의 탁월한 인권변호사 **왕위王宇**, 돌연 동영상 인터뷰를 통해 죄를 고백했다: "내가 과거에 했던 행동이 후회스럽다. 對自己過往的所作所爲, 感到後悔."(왕위王宇, 1971년생. "중국에서 최고로 용감한 여성변호사中國最勇敢的女律師"·"중국변호사의 긍지中國律師的驕傲"라고 칭송받는 왕위는 다수 법륜공수련자들의 무죄변론을 맡기도 했다. 2016년 6월 국제적으로 인권보호에 기여한 변호사에게 수여되는 "뤼도비크 트라리외Ludovic Trarieux" 수상자로 선정되었다. 그러나 감금되어 있는 왕위는 이 상을 부정하고 거절해야 했다. 7월 9일 미국변호사협회가 제정한 제1회 "국제인권상" 수상자는 왕위로 결정났다. 1989년 "6·4천안문사건"은 호요방 영정을 들고 중국정법대학의 교수와 학생들이 천안문광장까지 행진한데서 비롯된 것이다[4월 17일]. 왕위가 바로 정법대학 출신이다.) / 2015년 7월 9일 새벽 3명의 왕위 가족이 증발되고 연일 인권변호사·인권운동가 수백여 명이 당국에 의해 체포된 사건을 "709사건" 또는 "중국710인권변호사대체포사건"이라고 칭한다. 9월 18일까지 인권변호사, 인권운동가 및 그들의 식구들이 구류·연행·연락두절·단기인신자유제한 조치를 당한 사람들이 286명에 달했다 / **2016년 8월 2일** 천진시 제2중급 인민법원에서 "709사건" 재판(~5일): 인권운동가 **자이옌민翟巖民**(55세), 국가정권전복선동죄(煽動顚覆國家政權罪, 징역 3년, 집행유예 4년, 정치적 권리박탈 4년)를 인정하고 항소하지 않겠다는 입장을 밝혔다. **3일** 반체제 인사 **후스껀胡石根**(61세), 국가정권전복선동죄(징역 7년6개월, 정치적 권리박탈 5년). 후스껀은 북경어언대학 강사출신으로 1989년 "6·4천안문사건"이후 사회운동가로 변신했다. **4일** 인권변호사 **저우스훵周世鋒**(52세), 국가정권전복선동죄(징역 7년, 정치적 권리박탈 5년). 저우스훵은 2008년 30만여 명의 신생아에 해를 끼친 "멜라민분유" 피해가족의 변호를 맡아 유명해졌다. 저우스훵과 자이옌민과 왕위는 북경 법무법인 훵르웨이鋒銳의 동료 변호사이다. **5일 꺼우훙꾸어句洪國**(55세), 국가정권전복선동죄(징역 3년, 집행유예 3년, 정치적 권리박탈 3년). 꺼우훙꾸어는 1년전 인권변호사·활동가들이 구금·심문·제한조처를 당한 "709사건" 286명 중 한 명이다 / 형확정을 받은 4명은 5~60대로 1989년 "6·4천안문참안"에 부채감에 시달리는 세대이다. 이들은 법정에서 부과한 형량을 달게 받고 항소를 하지 않을 방침이라고 한다 / 인권변호사를 탄압하는 음습한 기운이 느껴진다. 중국 당국은 이들과 같은 인권·사회운동가들의 열정을 체제내로 흡수하여 살려나가야 한다. 그래야만 그들이 말하는 "천하위공天下爲公"이 실현된 따통大同사회가 도래할 것으로 본다.

2016년 8월 2일 ...... 중국공산당, **〈공청단중앙개혁방안共靑團中央改革方案〉** 문건을 확정배포했다 / 3일 『인민일보』의 보도: "공청단의 인적 개혁과 조직·기구, 일하는 방식 등을 전면개혁한다. 확정된 개혁방안은 시진핑 주석이 직접 회의를 주재하며 진두지휘한 산물이다." 공청단 중앙조직의 몸집을 줄이고 지방조직을 보완한다는(實行工作力量"**減上補下**") 명목이지만 후진타오 총서기(2002~2012) 이래 정치세력화된 공청단 중앙조직을 전면개혁 대상으로 삼을 것 같다. 후진타오 총서기의 비서실장 링지후아(전 중앙판공청 주임)에 대한 수사 결과 중앙공청단 출신자들의 만연한 부패고리가 드러났기 때문이다. 링지후아도 중앙공청단 서기처서기 출신이다 / **공청단성립사:** 1920년 8월 사회주의청년단 성립(상해. 서기: 유수송俞秀松. 이대조·진독수 주도하에 설립) → 1922년 5월 중국사회주의청년단 제1차 전국대표대회(서기: 방국창方國昌. 정식 공청단 성립년도) → 1925년

1월 중국사회주의청년단 제3차 전국대표대회(총서기: 장태뢰張太雷. 공청단으로 개명) → 1949년 4월 신민주주의청년단 제1차 전국대표대회(서기처서기: 풍문빈馮文彬) → 1953년 7월 신민주주의청년단 제2차 전국대표대회(서기처서기: 호요방胡耀邦, 1978년까지 공청단 제1서기) → 1964년 6월 중국공산주의청년단 제9차 전국대표대회(서기처 제1서기: 호요방胡耀邦) → 2013년 6월 중국공산주의청년단 제17차 전국대표대회(서기처 제1서기: 진의지秦宜智) / **현역 정치인 중 중앙공청단 제1서기 출신:** 후진타오胡錦濤(1984. 12~1985. 11), 리커치앙李克强(1993. 5~1998. 6), 저우치앙周强(1998. 6~2006. 11. 호남성 당서기 겸 중국최고인민법원장, 1960년생), 후츠운후아胡春華(2006. 11~2008. 5. 광동성 당서기 겸 중앙정치국위원, 1963년생), 루하오陸昊(2008. 5~2013. 5. 흑룡강성 성장, 1967년생), 친이즈秦宜智(2013. 5~2017. 7. 국가질량감독검험검역총국國家質量監督檢驗檢疫總局 부국장, 1965년생).

공청단 깃발 단기團旗

모택동과 주은래가 직접 결정해서 1950년 5월 4일 공포했다. 붉은 바탕은 혁명승리를 상징한다. 중국공산당(노란별)을 노란원으로 둘러싸서 긴밀하게 단결하는 중국청년을 상징한다. 14세부터 28세의 청년들로 구성된 공청단은 8,000만여 명으로 미래의 중국공산당원이다. 여성이 45%. 시진핑의 아버지 시종쉰은 공청단원인 엄목삼 선생의 훈도를 받고 1926년 5월 공청단에 입단했다.

2016년 8월 4일 …… 중국정부의 입장을 대변하는 공산당 기관지 『인민일보』 사설 「종성鐘聲」 4회에 걸쳐(7월 29일, 8월 1일, 8월 3일, 8월 4일), "주한사드배치는 동북아평화를 위협한다. 部署'**薩德**'威脅的是東北亞和平" 제하에 연일 주한사드배치 결정에 맹폭猛爆(여론몰이) → "불가항력 이유"로 예약된 한·중 학술교류나 한류스타들의 중국팬미팅 무산·공연취소·방송중단(눈치보기) → **광전총국**(中國國家新聞出版廣電總局, 국장: 차이후우차오蔡赴朝. 신문·방송·영화·인터넷 등 미디어 총괄기구)의 공식 지침: ①한국드라마 방영제약 ②한류스타 중국 예능프로그램 출연제한**限韓令**. / 중국인민이 자생적으로 열광하던 K팝, K뷰티, K드라마, K상품, K관광, K푸드 등 한류韓流를 중국정부가 정책적으로 봉쇄하려는 움직임이다. 그 구체적인 전조가 6월 20일 중국광전총국의 "방송 프로그램

자주・혁신을 추진하기 위한 업무에 관한 통지通知"이다 / 2014년 당시 연길의 어느 식당이나 가게에 가더라도 한국드라마와 한국노래가 흘러나왔다. 2015년 12월 사천성 성도의 여행사 가이드(25세 여성)가 **"어릴 때부터 한국드라마를 보면서 컸다"**면서 한국말 하는 것을 자랑스럽게 여겼다. 감성적으로 스며든 한류에 이다지도 열광했던 이들이 관영매체에 의한 한국의 "사드薩德" 배치가 중국안전이익에 저해된다는 과도한 캠페인에 경도되어 갑자기 애국자가 되었다. 한류스타방송출연 반대에 90% 가까이 지지했다고 한다. 문혁(10년 동란)과 유사한 프로세스. 한국에게는 중국이 제일 큰 교역상대국이지만 중국의 4번째 교역파트너도 한국이다. 대한민국은 세계 13번째 경제대국. UN평화유지활동 예산분담금도 193개국 중 순위 10위이다 / 한국인 상대 상용복수비자 발급 대행기관 등록 취소(공고화).

2016년 8월 5일 ...... 왕이 중국 외교부 부장과 존 케리 미국 국무장관은 9월 3일

죽竹의 장막을 헤치고 북경에 온 닉슨 미국 대통령이 모택동 주석과 악수하다(1972년 2월)

1956년 흐루시초프의 "스탈린격하" 이후 과격한 독자노선을 걷는 중국은 소련과의 관계에 있어서 급격히 금이 가기 시작했다. 미・소냉전시기의 미국과 중국의 이해관계가 딱 맞아떨어졌던 것이다. 패권을 추구하는 소련을 견제하는 것이었다. 이 때 맺어진 평화공존5원칙 중 ②항이 "중국과 미국은 아시아에서 패권을 추구하지 않고 패권주의에 반대한다."는 것이었다. 그런데 지금은 서로 패권을 잡기 위해 아웅다웅하고 있다. 2016년 중국과 러시아는 전면적 전략협조 동반자 관계로 손발이 착착 맞고 있다.

신형대국관계를 주창하며 태평양을 건너 캘리포니아에 상륙한 시진핑 국가주석 진영과 오바마 미국 대통령 진영이 마주 앉았다(2013년 6월)

날카로운 칼날은 칼집에 넣고 소리없이 실력을 키우라는 등소평시대의 "도광양회韜光養晦"정책, 그 어두운 곳에서 나와 웅비의 꿈을 갖고 우뚝 솟으려는 후진타오시대의 "대국굴기大國崛起." "중국몽"을 꿈꾸며 "주동작위主動作爲"하는 시진핑시대는 미국을 상대로 "신형대국관계" 구축을 요구하고 있다.

절강성 항주에서 열리는 미·중 정상회담 개최 문제를 사전 조율했다(전화통화). / 예상되는 한반도 현안: 주한사드배치, 남중국해, 북한의 미사일발사 문제 / "**미·중관계정상화는 아시아와 세계의 긴장완화에 공헌한다.**" 1972년 닉슨 대통령과 모택동 주석·주은래 총리가 동의한 "평화공존 5원칙" 중 ④항이다(429쪽 참조).

2016년 9월 3일 …… 제2차 동방경제포럼EEF 개최(러시아 블라디보스토크 극동연방대학) / 오후 3시 55분 한·러 정상회담. 푸틴 러시아대통령은, "우리 두 나라는 자칭 평양의 핵보유 지위를 용인할 수 없다"고 표명했다 / 한국과 러시아가 교역·투자 분야 등에서 양해각서MOU 24건을 체결했다. 또한 총 3억 9,500만 달러(약 4,412억 원) 규모의 극동지역 프로젝트에 한국의 기업이 참여할 계획이다.

2016년 9월 3일 …… G20 정상회의 개막전, 절강성 항주에서 4시간 넘게 시진핑 국가주석과 버락 오바마 미국대통령의 중·미 정상회담이 열렸다. 회담현장에서 시진핑 주석은 "**중국은 미국의 사드 한국배치에 반대하며, 미국이 중국의 전략적 안보이익을 실질적으로 존중해줄 것을 요구한다**"라고 주동작위主動作爲의 돌직구를 오바마 미국대통령을 향하여 날렸다 / 회담후 미국백악관의 자료발표, "오바마 대통령이 동맹국들의 안보에 대한 미국의 흔들림 없는 약속을 강조했다." / 5일 오전 8시 27분부터 9시 13분까지, 한·중 정상회담. "사드는 오직 북한의 핵과 미사일에 대한 대응수단으로 사용될 것이기 때문에 제3국의 안보이익을 침해할 이유도 필요도 없다. 북핵 및 미사일문제가 해결되면 더 이상 (사드가) 필요없다"고 한반도 사드 배치 결정에 대한 뒤늦은 양해를 구하는 박근혜 대통령 발언에 대해 시진핑 중국 국가주석은 단호했다: "**우리는 미국이 한국에 사드를 배치하는 것에 반대한다. 이 문제를 잘못 처리하면 지역안정에 해롭고 각국의 갈등을 더 높이게 된다.**" 그리고 "**중국의 한반도 비핵화 실현, 한반도 평화 안정수호에 대한 입장은 확고하다. 중국이 안전보장이사회 결의를 계속 완전하고 엄격히 이행해 나갈 것**"이라고 덧붙였다. / 5일 12시 14분경, 북한 탄도미사일 3발을 황해도 황주黃州에서 동해상으로 시험발사. 1,000km를 비행해 일본 방공식별구역JADIZ 해상에 떨어졌다. 탄도미사일의 비행거리 사정권에 G20 정상회담이 열리고 있는 항주杭州도 들어간다 / 6일 UN안전보장이사회는 중국·러시아 포함 만장일치로, 북한이 전날(5일) 동해상으로 탄도미사일을 시험발사한 것을 규탄하는 언론성명을 채택했다 / UN안전보장이사회는 상임이

사국 5개국(미국·영국·러시아·프랑스·중국)과 2년 임기의 비상임이사국 10개국(2016년 현재, 앙골라·말레이시아·뉴질랜드·스페인·베네수엘라·이집트·일본·세네갈·우크라이나·우루과이), 총 15개국으로 구성된다(한국은 2013년·2014년, 2년간 비상임이사국이었다).

2016년 중국 항주에서 개최된 20개국(G20) 정상회의(9월 4일~5일) 폐막식 단체사진

참여국(G20): 중국(의장국)·한국·미국·러시아·독일·영국·캐나다·호주·인도·일본·브라질·남아프리카공화국·프랑스·이탈리아·아르헨티나·인도네시아·사우디아라비아·멕시코·터키·유럽연합. **특별초청국(8개국):** 라오스·태국·싱가포르·스페인·이집트·카자흐스탄·차드·세네갈. **국제기구(7개):** UN(반기문 사무총장)·세계은행(김용 총재)·경제협력개발기구(OECD)·세계무역기구(WTO)·국제노동기구(ILO)·국제통화기금(IMF)·금융안정위원회(FSB).

4대의제: ①신성장을 위한 활로개척－신산업혁명, 디지털 경제. ②효율적 글로벌 경제·금융 거버넌스－반부패 연구센터 설립, 조세회피 대응책, 개별국가의 통화가치 절하 금지. ③견고한 국제 무역·투자－보호무역주의 반대, 과잉생산 대응책. ④포용적 연계 개발－고용협력, 난민문제 대응책, 이슬람국가IS 등 테러단체에 대한 자금원 차단을 위한 협력.

춘추시대에도 제후들 사이에 뭔가 문제가 있을 때 그것을 회의에 부쳐 결론을 맹약하는 국가간 시스템이 있었다. 그 시기 가장 힘이 센 패자霸者가 제후들을 소집하여 토론하는 것을 회맹會盟이라고 한다. 상기의 시진핑 중국 국가주석을 위시한 각국정상들의 단체사진이, 관중管仲의 보필을 받아 패자霸者가 된 제환공齊桓公이 여러 제후들을 소집하여 규구의 회맹(葵丘之會, BC 651년)에 참석한 제후들을 연상시킨다. 규구의 맹약의 의제(命)는 다음과 같은 내용이 있다: 외국에 거주하는 자국민의 보호를 상대국에게 요구하고 있다(무망빈려無忘賓旅). 그리고 하천은 각국의 영내를 흐르고 있기 때문에 이웃나라에 피해가 가지 않도록 제멋대로 제방을 쌓지 못하게 했다(무곡방無曲防). 또한 어느 나라가 기근이 발생하여 식량이 긴급하게 필요할 때, 여유가 있는 나라가 수출금지 등의 조치를 취해서는 안된다는 내용도 있다(무알적無遏糴).

2016년 9월 9일 9시(평양시간) ..... **북한, 제5차 핵실험**(함경북도 길주군 풍계리 핵실험장) / 중국 외교부 신속하게 강력한 반대입장을 밝혔다: "매우 견결堅決하게 반대를 표명한다."

2016년 9월 13일 .... 북경 중남해 빠이따로우八·一大樓에서 **연합후근보장부대聯合後勤保障部隊 성립대회가 열렸다.** 시진핑 중앙군사위 주석은 리스성李士生 사령원과 인즈홍殷志紅 정치위원에게 부대깃발을 수여했다. 군부패의 온상으로 비판받았던 총후근부總後勤部와 7개군구에 분산되어 있던 군수·병참조직을 일원화시켜 **중앙군사위 직속부대로 전환**시킨 것이다. 시진핑 중앙군사위 주석은 출범식에서, "군 지휘체제 개혁과 현대화된 군 보장체제를 위한 전략적 조치" 라고 설파했다.

2016년 9월 13일 .... 제71차 193개국 UN총회 개막(~28일, 뉴욕) / 19일 버락 오바마 미국 대통령과 리커치앙 중국 총리와 회담 후 백악관의 보도자료, "양국 지도자는 북한의 지난 9일 5차 핵실험을 비난하고, UN안전보장이사회에서의 협력과 북한에 대한 사법 채널을 통한 활발한 협력 등을 포함해 한반도 비핵화 달성을 위한 조율을 강화하기로 했다."

2016년 9월 20일 .... 【KOR】『한겨레』 신문, "미르·K스포츠재단 뒤에 최순실 존재" 보도 / 7월 26일 TV조선, "미르재단 청와대 개입" 보도.

2016년 9월 28일 .... **시진핑 중앙군사위 주석,** 리우후아칭劉華淸 전 중앙군사위원회 부주석 탄생 100주년 기념좌담회 연설: "2020년까지 전면적인 샤오캉小康 사회를 건설하려면 군과 국방분야에서도 중대한 진전을 이루어야 한다. **개혁강군**改革强軍·**의법치군**依法治軍 등을 통해 **중국의 꿈**中國夢을 실현할 수 있도록 뒷받침해야 한다."

2016년 9월 30일 ... 【KOR】 대한민국 국방부가 주한미군의 고고도미사일방어(사드)체계를 경북 성주군 롯데스카이힐CC(성주골프장)에 배치하기로 결정했다고 발표했다.

2016년 10월 1일 .... 【KOR】 백남기농민 대학로 추모집회. 서울의대생 102인 성명 발표: "백남기 씨의 죽음은 외인사임이 명백하다." / 2016년 10월 19일 최순실의 딸 정유라의 이화여대 입학특혜 논란이 불거지면서 최경희 이화여대 총장사임(7월 28일부터 농성. 학생들과 교수가 함께 일궈낸 "해방이화") / 2017년 6월 15일 서울대병원 긴급기자회견. 백남기 농민의 사망진단서가 "급성경막하출혈(병사)"에서 "외상성경막하출혈(외인사)"로 수정 발표했다.

2016년 10월 2일 .... 윌리엄 페리 전 미국 국무장관(1994~97년 빌 클린턴 정부) 겸 대북정책조정관의 일갈: "조지 부시 행정부와 버락 오바마 행정부의 대북정책은 실패했다. **북한의 핵포기 대신 핵프로그램 동결 및 비확산을 목표**로 협상을 해라."

2016년 10월 24일(오전) ..... 【KOR】 박근혜 대통령 시정국회연설에서 "개헌추진" 선언(박근혜 대통령 지지율: 28.7%) / 24일 오후 JTBC 뉴스룸 특종, 최순실 국정논단 물증(태블릿 PC) 상세 공개 / 25일 박근혜 대통령, 최순실국정농단에 대한 대국민사과후 지지율 14%.

2016년 10월 24일 ..... **중국공산당 제18계 중앙위원회 제6차 전체회의**(중공18대 6중전회) 개최(~27일). 시진핑 총서기의 지침인 전면적 **"종엄치당從嚴治黨"**(당을 엄중하게 관리한다)과 반부패문제가 집중 논의되면서 2017년 중공19대의 인선과 정책이 광범위하게 검토되는 자리이다. "당의 모든 동지들은 시진핑 동지를 핵심核心으로 하는 당 중앙주위에서 긴밀하게 단결하고, 흔들림없이 당중앙의 권위와 집중 통일적 지도를 지켜야 한다." → 시진핑 총서기는 주요 정책과 인사의 최종결정권을 가짐으로써 당내권력기반이 공고화되었다(모택동은 "혁명으로 중국을 일어서게站起來 한 핵심," 등소평은 "개혁·개방으로 중국과 중국인을 부자되게富起來 한 핵심," 시진핑은 "중국을 G2로 부상할 만큼 강하게强起來 한 핵심"이라고 중국 언론은 홍보에 열을 올리고 있다).

2016년 10월 29일(오후 6시) ... 【KOR】 박근혜 대통령의 비선실세 최순실 국정농단에 대한 첫 번째 국민촛불시위 개최(청계광장~세종대로. 30,000여 명 결집. 경찰 6,300여 명 배치): "박근혜 대통령 비켜!" "박근혜는 하야하라!!" "박근혜는 퇴진하라!!!"

2016년 11월 1일 ..... 시진핑 중국공산당 총서기, 홍시우주洪秀柱 대만 국민당 주석과 "국·공 수뇌회담"(382쪽 참조. 북경 인민대회당). 시주석은 이 자리에서 다음과 같이 말했다: **"대만독립은 국가 주권과 영토 완정을 훼손하고 양안 동포의 적대감과 대립을 부추기는 것이다."** → 대만독립파 차이잉원 대만 총통 배제.

2016년 11월 1일(현지시간) ..... 제임스 코미 미국 연방수사국FBI 국장, 힐러리 클린턴 민주당 대선후보의 "e메일 스캔들" 재수사 의지 표명(10월 28일) 후, 트럼프의 지지율 급등(46%). 힐러리 지지율(45%)을 앞섰다(ABC방송과 워싱턴포스트 여론 조사. 10월 24일 워싱턴포스트는 "트럼프가 승리할 가능성은 0에 가까워지고 있다.") / 11월 6일 힐러리 클린턴 민주당 대선후보의 "e메일 스캔들" 불기소 방침. / 2017년 5월 9일 도널드 트럼프 미국 대통령, 제임스 코미 미국 연방수사국 FBI 국장 전격 경질. 코미는 트럼프 행정부인사들과 러시아의 유착의혹 수사 중이었다. / 11일 모라 힐리 매사추세츠 주 법무장관 등 20개주 법무장관, 특검요구: "코미 국장 해임은 공공의 신뢰를 침해하는 것이다." / 12월 16일 트럼프, 예루살렘을 이스라엘의 수도로 공식인정 / 특별검사의 러시아내통 스캔들 수사로 수세에 몰린 트럼프의 정국돌파용.

2016년 11월 4일(오전 10시 30분) ..... 【KOR】 박근혜 대통령, "비선실세 최순실씨 국정농단" 사태와 관련 대국민담화 2차발표(9분 20초, 생중계). 2선후퇴 사실상 거부 / 8일 지지율 5%(20대 0%).

2016년 11월 8일(미국 현지시간) ..... **도널드 트럼프, 미국 제45대 대통령으로 당선**: "모든 미국민을 위한 대통령이 되겠다. 아메리칸 드림을 부활시키겠다." 상·하의원 공화당 석권. 아시아 금융시장 패닉(코스피지수: 2.25%, 일본 닛케이지수: 5.36%) / 7일 뉴욕타임스는 "클린턴의 당선가능성이 84%이다." 8일 BBC방송은 "이번 미 대선 유세에 담긴 더욱 큰 진실은 깊숙이 양극화된 미국(Disunited State of America)을 보여줬다는 점이다. 트럼프의 유세는 반감을 품고 있고, 소외감을 느끼면서, 분노에 찬, 상당한 소수의 미국민이 있다는 점을 보여준다." 워싱턴포스트의 반성, "우리 기자들은 트럼프 지지층을 취재하면서도 이들 의견을 진지하게 받아들이지 않았다. 더 나아가 우리가 원하는 여론조사 결과만 보며 안도감을 느꼈다." / 9일 트럼프의 대통령 당선에 반대하는 시위가 미국 곳곳에서 열렸다: **"트럼프는 나의 대통령이 아니다**Not my president." "트럼프를 내다 버려라Dump Trump!"

2016년 11월 14일 ... 시진핑 중국 국가주석, 도널드 트럼프 미국 대통령 당선인에게 축하전화: **"협력만이 양국관계를 위한 유일한 선택이다.** 중미수교 37년 동안 양국 관계는 지속적으로 발전해 양국 인민에게 실질적인 이익을 가져다줬고, 세계 및 지역평화와 안정, 번영을 촉진했다."

2016년 11월 17일 … 【KOR】 "최순실 특검법"(박근혜정부 최순실 등 민간인에 의한 국정농단 의혹 사건 규명을 위한 특별검사 임명 법률안, 수사기간 90~120일) 국회 통과. 찬성 196명, 반대 10명, 기권 14명. / 국정조사특별위원회 승인. 찬성 210명, 반대 4명, 기권 11명.

2016년 11월 17일 … 최선희(북한 외무성 미국국장): "북한은 트럼프 행정부의 대북정책을 주시하고 있다. 트럼프 행정부 대북정책의 윤곽이 드러나기 전까지는 북미관계 개선이나 북미대화의 가능성을 차단하는 행동을 취하지 않겠다."

2016년 11월 20일 … 중국 엔터테인먼트 시장조사 업체 예은망藝恩網 등 중국매체는 다음과 같이 보도했다: "**한국 드라마·영화·예능 프로그램과 리메이크 작품의 방송을 금지하는 지침**이 최근에 내려왔으며, 이미 심의를 통과한 작품이나 방송 포맷을 정식으로 수입한 예능 프로그램은 이번 지침에서 제외됐다." 한·미 정부의 사드배치 속도전에 따른 중국의 즉각 반응으로 보인다.

2016년 11월 19일 … 제24회 아시아태평양경제협력체APEC 정상회의 개최(~20, 페루 리마). 시진핑 중국 국가주석의 기조연설: "아시아·태평양 지역은 보호무역주의의 도전과 무역성장 정체에 직면해 있다." "배타적인 무역협정은 옳은 선택이 아니다."

2016년 11월 26일(오후 6시) ..... 【KOR】 전국동시촛불집회 190만 추산. 광화문광장 박근혜 퇴진 5차 범국민운동 촛불집회(150만명). 청와대앞 200m까지 국민행진·함성: "박근혜 내려와!" "근혜님은 청와대를 비우그라" / 중국 신화통신: "한국 국민이 평화롭고 축제형태로 집회의

새 장을 열었다." AP통신: "시위대가 촛불을 들고 박대통령의 퇴진을 외치면서 고궁앞 어두운 밤거리를 빛의 바다로 바꿨다." 뉴욕타임스NYT: "첫눈이 내린 추운 날씨에도 수많은 인파가 서울 중심가를 채웠다." AFP통신: "집회 참가자들이 '박근혜 체포' '감옥으로 보내자'고 외친 구호가 시위장소로부터 1.5km 떨어진 청와대에도 들렸을 것이다."

2016년 11월 26일 … 시진핑 중국 국가주석, 피델 카스트로(1926~2016) 전 쿠바 국가평의회 의장의 타계에 애도를 표명했다: "중국인은 선하고 진실한 동지를 잃었다. 카스트로 동지는 영원히 살아 있을 것이다." / 12월 4일 카스트로의 유지에 따라 화장된 후 나흘간 전국 1,000km 순회를 마치고 1959년 "혁명성공"을 선언한 산티 아고데쿠바의 혁명광장에서 영결식이 진행되었다. 산타 이피헤니아 공원묘지 안장. 피델 카스트로의 마지막 당부: **"내 이름으로 어떤 기념물도 만들지 말라."**

2016년 11월 30일 … UN안전보장이사회, 새로운 대북제재 결의 2321호 채택. 북한의 광물수출을 연 8억 달러이하로 규제 / **12월 11일 중국 상무부, 12월 말까지 북한산 석탄수입을 잠정 중단한다는 공고 게재:** "UN안보리 2321호 결의 집행을 위해 '중화인민공화국 대외무역법'을 근거로 북한산의 석탄수입을 일시 정지한다. 이는 2016년 12월 11일부터 집행하며 유효기간은 2016년 12월 31일이다."

2016년 12월 2일 …. 도널드 트럼프 미국 대통령 당선자, 차이잉원 대만총통과 통화. 1979년 대만과 단교한 미국 정상급(당선자 신분) 지도자와 37년 만에 초유의 일이다("하나의 중국" 원칙 인정은 중미 관계의 기본 합의점[72년 "상하이 코뮈니케"]이라는 사항을 무시한 처사. 429쪽 참조). 트럼프의 의아함: "미국이 대만에 수십억원어치 군사장비를 팔고있는데도 내가 축하전화를 받아선 안된다는 게 흥미롭다." / 3일 껑수앙 중국 외교부 대변인의 엄중한 항의: "'하나의 중국'원칙은 중-미 관계의 정치 기초이며, 미국쪽이 '하나의 중국'정책을 따를 것을 촉구한다."

2016년 12월 2일 …. **시진핑 국가주석, 헨리 키신저 전 미국 국무장관 접견.** 중국인민외교학회초청으로 중국에 온 키신저는 트럼프 미국대통령 당선인의 특사자격. 시진핑주석은, "키신저는 미·중관계 발전을 위해 오랜 기간 적극 공헌했다. **양국은 제로섬 사고를 버리고 충돌하지 않고 대항하지 않으며 상호존중과 협력**

공영하는 신형대국관계 건설해야한다." 이에 키신저는 "미국 신정부도 미·중 관계의 지속적이고 안정적인 발전을 기대한다."

2016년 12월 7일 …. 도널드 트럼프 미국 대통령 당선인, 시진핑 중국 국가주석의 "30년 라오펑여우老朋友" 테리 브랜스테드 아이오와 주지사를 주중 미국대사로 내정했다 / 루캉陸慷 중국외교부 대변인, "브랜스테드는 중국 인민의 '라오펑여우'로 중·미 관계 발전 촉진에 많은 역할을 할 것으로 본다."

2016년 12월 9일 ….. 【KOR】 오후 3시 국회 본회의 개의. 3시 2분 박근혜대통령 탄핵소추안 본회의 상정. 3시 3분 김관영 국민의당 원내수석부대표 제안 설명. 3시 23분 투표시작. 3시 54분 투표 종료. 4시 10분 가결선포(찬성 234, 반대 56, 기권 2, 무효 7, 불참 1). 4시 12분 본회의 산회 선포. 4시 15분 탄핵소추 의결서에 정세균 국회의장 서명. 4시 35분 탄핵소추 의결서에 권성동 법제사법위원장 서명. 5시 56분 권성동 법사위원장, 헌법재판소에 탄핵소추 의결서 정본 전달하면서 소추위원역할로 헌재심판에서 검사역할을 수행하게 된다(2004년 노무현 대통령 탄핵심판의 탄핵소추위원은 유신독재체제를 기획한 김기춘 전前 대통령 비서실장). 헌재의 사건번호·사건명: 2016헌나1 대통령(박근혜) 탄핵. 사건을 맡은 헌재는 곧바로 박 대통령 측에 16일까지 탄핵의결서에 대한 답변서제출 요청. 7시 3분 구현우 국회사무처 의안과장, 청와대 총무처에 탄핵소추 의결서 사본 전달. 탄핵소추 의결서를 수령함으로써 공식적으로 박근혜대통령 직무정지. 7시 6분 임시국무회의 소집. "박근혜 아바타" 황교안 국무총리, 대통령권한대행 체제 가동. 헌법상 국군통수권, 긴급조치권, 계엄선포권, 공무원 임면권, 사면권, 조약체결·비준 등 대통령 권한행사.

2016년 12월 16일 … 【KOR】 박근혜 대통령, 국회가 제기한 탄핵소추 사유를 전면 부정하면서 헌법재판소가 탄핵을 기각해야 한다고 주장했다: "최순실씨의 국정관여는 사실이 아니고 입증된 바 없다. 언론이 제기한 의혹만 놓고 봐도 대통령의 국정수행 총량 대비 최씨 등의 관여비율을 계량화 한다면 1% 미만이다."

2016년 12월 22일(오전 11시 50분 현지시간) … 트럼프의 트위터메시지, "미국은 세계가 핵무기에 대한 분별력을 갖게 되는 시점까지는 핵능력을 대폭 강화하고 확장해야 한다." / 2009년 4월 오바마 대통령의 체코 프라하 선언: "핵무기 없는 세상" / 스톡홀름국제평화연구소의 핵무기 실태(2016년 1월 기준): 세계 총 핵탄두는 15,395개. 러시아(7,290), 미국(7,000개), 중국(260), 인도(100~120), 파키스탄

(110~130), 이스라엘(80), 북한(10).

2016년 12월 22일 … 왕이 중국 외교부 부장의 2017년 핵심외교과제 언급: ①19차 당대회의 성공적 개최를 위한 우호적인 외부환경 조성 ②중국에서 개최되는 일대일로(一帶一路. 육해상 실크로드) 국제협력 정상회의와 9차 브릭스(브라질·러시아·인도·중국) 정상회담의 성공 ③트럼프 행정부와 중·미관계의 안정적 관리 ④해외 민생 프로젝트 추진.

2016년 12월 26일 … 중국『환구시보』, "중국과 바티칸 양측의 수교협상이 마무리 단계에 접어들었으며 1951년 이후 단절된 국교관계를 회복하길 원하고 있다." / 1951년에 바티칸 교황청 단교. 현재 중국의 기독교 인구는 1억 명이 넘고 2030년에는 2억 4000만으로 예상 / 21개의 대만수교국 중 10개 나라가 가톨릭국가다.

2016년 12월 26일 … 중국 공산당 중앙정치국 민주생활회 개최(~27일). 시진핑 총서기는 당조직과 당원들에게 당의 준칙과 조례와 관련하여 당중앙의 권위수호 등 6개 요구사항을 강조했다.

2016년 12월 26일 … 정시앙츠아오鄭相超 산동건축대 예술학원 부원장은 모택동 탄생 123주년을 맞이하여 그의 웨이보 계정에 모택동 비판의 글을 올렸다: "**마오가 1945년에 죽었다면 중국인 60만 명이 (해방전쟁과 항미원조전쟁을 겪지 않아) 덜 죽었을 것이고, 1958년에 죽었다면 3000만 명이 (대약진운동을 겪지않아) 덜 굶어 죽었을 것이고, 1966년에 죽었다면 2000만 명이 (문화대혁명을 겪지않아) 덜 죽었을 것이다. 마오가 제대로 한 유일한 사건은 죽은 것이다.**" / 2017년 1월 8일 홍콩『명보』의 전언: "산동건축대 공산당위원회는 정시앙치아오 부원장을 직무정지 및 조사, 그리고 퇴직을 결정했다.

2016년 12월 31일(오후 7시) ….. 【KOR】 서울 광화문광장 1,000만 촛불집회: "송박영신送朴迎新 10차 범국민행동의 날." "박근혜를 감옥으로! 김기춘은 옆방으로! 우병우도 옆방으로!"

2017년도 …………. 중국의 세계정세 관망: "전 세계 바다의 파도가 거꾸로 치솟고 비와 구름이 무섭게 사나와져서, 전 세계 대륙이 지진과 쓰나미로 요동치고 폭풍우와 천둥번개가 내리꽂을 것이다. 四海翻騰雲水怒, 五洲震蕩風雷激."

2017년 1월 1일 ……. **시진핑 중국 국가주석의 신년사**에서 **빈곤탈피를 강조**하면서 "빈곤층이 어떻게 먹고 어떻게 살고 있는지 걱정"이라며 취업·교육·의료·주택문제 언급. 중국지도부가 경제공작회의에서 2017년도 경제정책 화두로서 **온중구진穩中求進**(안정 속 발전)을 천명했다.

2017년 1월 6일 …… 시진핑 중국공산당 총서기, 제18계 중앙기율검사위원회 제17차 전체회의(~8일)에서 기조연설: **"반부패와의 투쟁을 더욱 심화해야 한다." "전면적인 종엄치당從嚴治黨을 강화하라."** 2016년 10월 중공18대 6중전회와 동일한 메시지 / 8일 시진핑 주석의 연설문 작성자 리수레이李書磊, 중공중앙기율검사위원회 상무위원회위원으로써 7명의 부서기 중 한명으로 승진. 14세에 북경대(78학번) 도서관학과에 합격한 "중국의 신동神童" 리수레이는 시진핑 주석의 고아한 고전을 적재적소에 구사하는 연설문의 작성자로 정평이 나 있다.

2017년 1월 1일 …… 김정은 북한 로동당 위원장의 신년사: "대륙간탄도로케트ICBM 시험발사 준비사업이 마감단계에 이르렀다." / 미국외교협회CFR의 설문조사. 미국정부가 최우선으로 차단해야 할 국제적 위기 7가지에 북한이 포함되었다. 북한의 핵·대륙간탄도미사일 시험발사, 군사도발, 내부정치불안 등 북한의 위기가 트럼프정부가 상대할 가장 시급한 현안이다 / 2일(현지시간) 트럼프 당선인의 단발적 트위터 응수, "북한이 미국 일부지역에 닿을 수 있는 핵무기 개발의 최종단계에 이르렀다는 주장을 했다. 그런 일은 없을 것이다." / 3일 CNN의 북한의 ICBM 개발을 막기위한 트럼프의 4가지 선택 제시: ①중국압박 ②대북제재강화 ③군사공격 ④김정은과의 대화. 결론적으로 김정은과의 대화를 유일한 해결책으로 내놓았다. 제이콥 하일브런 외교전문잡지 내셔널인터레스트 편집인은 트럼프의 취임 첫해 최대과제로 북핵문제를 제시하며, **"트럼프가 정말로 자신을 비판하는 사람들을 이기려면 장거리 폭탄수준의 대외정책, 즉 북한방문을 선택할 필요가 있다."**

2017년 1월 12일 ….. 제6차 중-러 동북아 안전협상 개최(러시아 모스크바): "미-한이 한국사드배치를 계속 추진하는데 재차 엄중한 관심과 견결한 반대를 표명하며, 미-한이 중-러 쌍방의 안보관심을 존중해 배치 프로세스를 중단할 것을 촉구한다."

2017년 1월 15일 ...... **시진핑 중국 국가주석 부부**, 스위스 국빈방문. 도리스 로이타르트 스위스 연방대통령과 정상회담. **다보스 세계경제포럼WEF 참석**(17~20일, 3인의 핵심 동행자: 왕후닝王滬寧 중앙정책연구실 주임, 리잔수栗戰書 중앙판공청 주임, 양지에츠으楊洁篪 외교담당국무원.) / 17일 기조연설: "보호주의는 스스로를 어두운 방에 가두는 것과 같다. 중국시장은 언제나 열려있으며 다른 국가들도 문을 열어두길 바란다." 세계화의 이득이 모두에게 돌아가야 한다는 "포용적 세계화inclusive globalization" 제창 / 『가디언』, "**트럼프 당선은 전세계 리더십에 공백을 초래하겠지만, 시진핑은 이 공백을 채워줄 사람일 수 있다.**" / "소통과 책임의 리더십Responsive and Responsible Leadership"을 2017년 주제로 열리는 다보스포럼은 세계주요 정치·경제 엘리트들의 모임이다. 국가원수급 50여명, 정·재·학계·연예계 3,700여 명 참석. 다보스 포럼의 아젠다가 각국 정부의 정책과 기업경영의 주요지침에 반영된다. **다보스포럼의 〈2017 세계위험보고서〉: ①경제적 불평등 ②사회양극화 ③환경위험 증대.** 세가지 리스크가 향후 10년동안 지구촌을 위협할 것으로 전망. 다보스포럼의 "100대기업"에서 4년 만에 삼성누락 / 2016년의 다보스포럼의 아젠다는 "제4차 산업혁명"을 주제로 인류의 장밋빛 미래전망 → 전세계, "제4차 산업혁명" 요동.

2017년 1월 20일 .... **도널드 트럼프 제45대 미국 대통령 취임:** "미국인을 다시 위대하게! Make America Great Again!" "미국 우선주의 America First." "미국 제품만 사라! 미국인만 고용하라! Buy American, Hire American." / 취임직전 지지율 37%, 역대최저(빌 클린턴 68%, 조지 부시 61%, 버락 오바마 83%).

2017년 1월 26일 ...... **시진핑 중국 국가주석**, "2017년 츠운지에春節 하례식"개최(북경 인민대회당). "**개혁개방과 국방, 군대의 개혁에서 큰 돌파를 가져왔으며 당을 엄히 다스리는 것 또한 심도있게 추진했다.**" "올해는 중국공산당이 19차 전국대표대회를 개최하는 해로 중국특색의 사회주의 사업의 새로운 청사진을 그리게 될 것이다."

2017년 1월 .... 한국 드라마 『도깨비』, 중국정부가 하달한 한류콘텐츠 유통금지조치(한한령)를 뚫고 중국인의 감성을 자극하여 폭발적 인기를 얻고 있다.

2017년 2월 2일 ...... **축구광 시진핑 중국 국가주석**, 축구 특성화학교 2025년까지 5만

곳으로 확대방침 발표. 어린소년 체육특기자들을 대상으로 운동관련 유전자 검사를 실시하면서까지 스포츠세대교체를 제도적으로 진행하면서 스포츠굴기를 꿈꾸고 있다. **한국축구를 이기는 게 소원**이라던 시진핑 주석의 소박한 꿈은, "차세대 호날두와 메시는 중국에서 나온다"며 호언장담하고 있다.

2017년 2월 5일 ...... 중국 국방부 발표: "최근 다탄두대륙간탄도미사일ICBM 똥횡東風-5C 시험발사에 성공했다. 똥횡의 사정거리는 12,000~15,000km로 미국 전역을 타격할 수 있다.

2017년 2월 9일 ...... 미국 백악관의 보도자료: "트럼프대통령과 시진핑 중국 국가주석이 이날 저녁 길게 통화했다. 두 정상이 많은 주제를 놓고 얘기했으며, 트럼프 대통령이 시주석의 요청을 받고 '하나의 중국'정책을 존중한다는 점에 동의했다." / **시진핑 주석, "하나의 중국 원칙은 중-미관계의 정치적 기초**라며 중-미양국의 발전은 서로 보완할 수 있고, 상호 촉진할 수 있어 완전히 아주 좋은 협력동반자가 될 수 있다."

2017년 2월 12일 .... 북한, 트럼프-아베 밀착회담 때 중거리탄도미사일IRBM 시험발사(지상대지상 중장거리전략탄도탄 북극성2형 시험발사 성공) / 13일 절강성 온주시溫州市 북한산 석탄 1,629t(100만 달러 상당) 반송. 중국정부, 북한의 미사일 시험발사에 반대하고 UN안보리 대북제재결의를 성실히 이행하고 있음을 표명. 북한은 중국에게도 미사일 발사시험을 사전통보하지 않았다 / 13일 오전 9시 **김정남(김정일의 장남), 말레이시아 쿠알라룸푸르 공항에서 피살**. 2013년 12월 고모부 장성택 처형 이후 김정남, 신변위협. 중국은 친중파 김정남을 김정은 위원장 유고시 북한체제안정을 위한 포석으로 염두에 두고 있었다(Plan B) → 북·중 관계 악재 / 14일 트럼프 미국 대통령, 대북강경발언: "분명히 북한은 크고 큰 문제. 북한을 아주 강력히 다룰 것이다." / 13일 윤병세 외교부장관의 국회 외교통일위원회 발언: "(대북선제타격론이) 과거보다 미의회, 학계 등을 중심으로 커지고 있고, 일부 행정부내에서도 그러한 검토나 분석이 있을 것으로 예상된다." / 14일 한민구 국방장관의 발언: "미국 조야에서 북한 핵과 미사일 위협에 대한 여러 옵션 중 하나로 선제타격을 거론하는 걸로 알고 있다." 대북압박은 어디까지나 북한을 협상테이블로 끌어들이려는 방편이다.

2017년 2월 13일 … **"스모그의 심각성은 인권상황보다 더 심각한 수준"**이라며 영국 『가디언』에 인터뷰한 중국 인권변호사 위원성余文生 등 4명의 변호사는 북경·천진·하북성 정부 상대로 손해배상청구 소송 제기(2017년 1월): "정부의 무능력과 부주의 때문에 시민들이 고통을 겪는다. 끊임없이 기침을 해대는 내 가족과 나자신도 피해자이다." 뻬이징 중급인민법원에 낸 소장: "시정부가 스모그 책임을 인정하는 사과문을 신문·온라인에 게재하고 시민들에게 65위안의 마스크비용과 9,999위안의 정신적 피해보상금을 지급하라."

2017년 2월 14일 …. 일본 문부과학성, 학습지도요령 개정안(소학교·중학교 사회과목) 〈전자종합창구〉 고시: "타케시마(독도獨島)와 센카쿠열도(땨오위따오釣魚島)는 일본고유의 영토이다." 학습지도요령은 법적 구속력이 있어서 그 내용은 반드시 교과서에 담아낸다 / 15일 껑수앙耿爽 중국 외교부 대변인의 성명: "일본은 역사적 사실을 존중하고, 도발을 멈추어야 한다."

2017년 2월 17일 …. 주요 20개국(G20) 외교장관회의 개최(~18일, 독일 본) / 18일 렉스 틸러슨 미국 국무부장관이 왕이 중국 외교부 부장과 회담하는 자리에서 북핵문제로 중국을 압박했다: "중국이 북한의 비행을 자제시키기 위해 가능한 모든 수단(all available tools)을 써야 한다." / 중국 상무부 공고: "UN 대북제재 결의이행을 위해 19일부터 올 연말까지 북한산 석탄수입을 전면 중단할 예정이다." → 북한, 1조 원 외화벌이 타격.

2017년 2월 26일 …. 한반도 사드배치결정에 따른 중국의 보복은 한한령限韓令(한류금지령)에 이어 한류 동영상 업데이트 금지로 확대되고 있다. 그동안 중국 인터넷에서 풍미했던 한국프로그램이 자취를 감추게 되었다.

2017년 2월 27일 …. 성주골프장을 사드 부지로 제공하는 안건이 롯데 이사회에서 통과 / 국방부, 토지수용 후 환경영향평가·미군기지설계 동시진행하여 5~7월에 사드포대배치 가능성 시사 / 껑수앙 중국 외교부 대변인: "한국에 사드를 배치하는데 반대하는 중국의 의지는 굳다. 앞으로 필요한 조처를 취해 중국의 안보이익을 견결히 지킬 것이다. 이로 인해 발생하는 모든 후과는 미국과 한국의 몫이다."

2017년 2월 27일 .... 양지에츠으 중국 외교담당 국무위원, "중-미 고위층 교류 강화"일환으로 방미(~28). 2017년 첫 번째 중-미 정상회담 성사를 위한 사전정지 작업이다.

2017년 3월 2일 ...... 중국 국가여유국國家旅遊局, 북경의 주요 여행사 관계자 소집. **3월 15일부터 한국관광상품 판매중단 통고: "온라인으로 판매중인 한국관광상품은 모두 삭제하고 롯데 관련 상품도 모두 내리라."** / 3일 상해·강소성·산동성·섬서성까지 전국확대. 롯데의 사드배치부지제공 확정후, 전방위 사드보복 융단폭격. 예비역 소장출신 루어위앤羅援은 "미사일로 한국의 사드배치지역을 겨냥공격하는 '외과수술식타격'을 가하자"고 『환구시보』에 기고했다 / 3일 요녕성 심양 롯데백화점 앞, 롯데상품불매 프래카드시위: "다정한 친구가 찾아오면 아주 좋은 술을 대접하고, 탐욕스런 승냥이·이리떼가 들이닥치면 총을 쏜다. 사드薩德를 지지하는 롯데樂天는 당장 중국을 떠나라! 朋友來了有好酒, 豺狼來了有措槍. 樂天支持薩德, 馬上滾出中國." / 2016년 한국을 방문한 외국인 관광객 1,720만여 명 중 804만 명(46.8%)이 중국인이다. 국내 면세점 업계 매출 12조 2천 7백억 원 중 70%가량이 중국관광객의 구매이다. 한국경제에서 중국의 비중: 대중수출(25.1%)·수입(21.4%).

2017년 3월 10일(오전 11시 21분) ..... 【KOR】 이정미 헌법재판소장 권한대행 선언: "**주문, 피청구인 대통령 박근혜를 파면한다.**" / 대통령탄핵 결정문: 헌법재판소 결정 사건: 2016헌나1 대통령(박근혜) 탄핵. 청구인: 국회, 소추위원 국회 법제사법위원회 위원장, 대리인 명단은 별지와 같음. 피청구인: 대통령 박근혜, 대리인 명단은 별지와 같음. 선고일시: 2017년 3월 10일 오전 11시 21분. 주문: 피청구인 대통령 박근혜를 파면한다.

2017년 3월 22일 .... 6·25전쟁 때 전사한 중국군 20여 구具의 유해·유품송환.

2017년 3월 31일(새벽) ..... 【KOR】 박근혜 전 대통령 구속 수감. 서울 중앙지법 강부영 영장전담판사: "주요 혐의가 소명되고 증거인멸의 염려가 있다." / 2월 17일 새벽 이재용 삼성전자 부회장, 뇌물공여 등 혐의로 구속 수감.

2017년 4월 6일 ...... **시진핑 중국 국가주석과 도널드 트럼프 미국대통령 정상회담**(~7일, 미국 플로리다 회담). 북한이 불법무기프로그램을 포기하도록 함께 설득하는데 합의했다. 정상회담 기간중 미국, 시리아 공군기지 미사일폭격 / 12일 시 주석, 트럼프 대통령과 통화(미국은 중국에게 북한의 6차 핵실험을 설득·회유요청, 북한은 중국에게 미국과의 대화를 주선요망). 북한이 핵·미사일 실험을 중지하면 사드배치 유보의 명분이 생긴다. 미·북수교와 북한의 핵포기라는 외교의 목적은 한반도 평화의 길 / 북한의 도발 → 대북제재 → 북한의 반발 → 긴장고조의 사이클.

2017년 4월 15일 .... 김일성 생일(태양절) 105주년 열병식. 주요 전략무기 총동원하여 미국을 겨냥해서 미국의 선제타격에 굴복하지 않겠다는 의지 표명: 대륙간탄도미사일(ICBM 3종세트, 대기권을 뚫고 고도 2,000km를 치솟아 30분만에 10,000km를 날아 미국 본토에 도착한다), 잠수함발사탄도미사일SLBM, 중장거리 전략탄도미사일IRBM(북극성), 북극성 2형. 최룡해 로동당 중앙위원회 부위원장의 열병식 연설: "미국이 무모한 도발을 걸어온다면 전면전쟁에는 전면전쟁으로, 핵전쟁에는 우리식의 핵 타격전으로 대응할 것이다." / 15일 오후 6시 중국, 중국 국적기의 평양운행 중단 발표 / 16일 오전 6시 20분 북한, 함경남도 신포에서 준장거리탄도미사일(IRBM, 사정거리 1,000~3,000km) 시험발사. 발사 4~5초 후 폭발. 트럼프 대통령, 중국 재차 압박: "중국이 우리와 북한문제를 협력한다면 우리가 왜 중국을 환율조작국이라 부르겠나? 지켜보겠다." / 16일 오후 3시 마이크 펜스 미국 부통령, 2박 3일 방한(대북한·대중국 압박 메시지: "우리는 한반도비핵화라는 목표를 평화적으로 달성하기를 바라지만, 모든 옵션은 테이블위에 있다."). 오바마 정부가 취해온 전략적 인내(strategic patience)의 시대는 끝났다 / 4월 25일 북한인민군창건 85주년, 건군사상 최대규모의 군종합동타격 시위.

2017년 4월 17일 .... 【KOR】 박근혜 전 대통령, 592억 2,800만 원의 뇌물관련 혐의로 기소.

2017년 4월 26일 .... 【KOR】 새벽, 사드체계 경북 성주 골프장에 기습 배치.

2017년 5월 10일 ..... 【KOR】 대한민국 제19대 문재인 대통령 취임("여건되면 평양에도 가겠다. … 빈손으로 취임하고, 빈손으로 퇴임하는 대통령이 되겠다.").

2017년 5월 14일 ..... **중국 일대일로**(一帶一路One Belt One Road: 신 실크로드경제권) **정상회의 개최**(~15일, 북경). 러시아·스페인 등 29개국 정상과 장관급 인사 200여 명 등 1,200여 명 참석. / 14일 오전 5시 28분 북한, 평북 구성에서 중장거리탄도미사일(화성 12형) 시험발사. 최대고도 2,111.5km, 비행거리 787km, 미사일의 사거리 4,500km 추정. 비행시간 30분 11초, 대기권(100km) 재진입성공 → 계속되는 북한의 대륙간탄도미사일ICBM 시험발사는 햇볕정책을 계승하는 문재인정부에게 남북합의 이행을, 협상테이블에 맞설 미국엔 미사일의 능력을 최대한으로 고도화시켜 유리한 고지선점을 위한 의도로 보인다.

2017년 5월 21일 .... 북한, 중거리탄도미사일 북극성 2형(KN-15. 고체형) 시험발사. 500여 km 비행. 잠수함발사 북극성 1형의 지상발사형.

2017년 5월 27일 .... 북한, 신형 지대공 요격유도무기체계(KN-06) 시험발사. 신형 지대공 요격미사일의 출현.

2017년 5월 29일 .... 북한, 스커드 ER급 지대함 탄도미사일 시험발사. 450여 km 비행.

2017년 6월 8일 ...... 북한, 지대함 순항미사일 수발 시험발사. 200여 km 비행. 2차례 선행비행 후 해상목표물 명중.

2017년 7월 4일(미국 독립기념일) .... 북한, 대륙간탄도미사일ICBM급 화성 14형 시험발사. 최대고도 2,802km(고각발사), 933km 비행. 정상발사시 비행거리 8,000km 이상 추정. 미국 알래스카가 사정권에 들어간다(5,940km).

2017년 7월 4일 ...... **시진핑 중국 국가주석, 러시아 모스크바 방문.** 푸틴 러시아 대통령과 회담 후 한반도 긴장완화를 위한 공동성명 발표: "**북한의 핵활동과 한·미군사훈련을 함께 동결하라(쌍중단雙中斷). 한반도 비핵화 프로세스와 북한과의 평화협정 협상을 동시에 진행하라(쌍궤병행雙軌竝行). 한반도에 사드배치를 반대한다.**" / 6일 미국, 북한의 핵활동과 한·미군사훈련을 동시에 동결하자는 중국과 러시아의 제안 거절.

2017년 7월 6일 ...... G20 정상회의 개최(~7일, 독일) / **문재인 대통령의 베를린 선언: "언제 어디서든 북한의 김정은 위원장과 만날 용의가 있다."**(남북정상회담 제안) ***평화체제 달성을 위한 4가지 제안:** ①추석성묘 등 이산가족 상봉 ②북한의 평창올림픽 참가(2018년 2월 9~25일) ③군사분계선에서의 적대행위 중단 ④남북간 대화재개. ***3대불가원칙:** ①북한붕괴를 바라지 않는다. ②흡수통일도 추진하지 않는다. ③인위적 통일도 추구하지 않는다. / 17일 문재인정부의 대북제안: ①군사분계선에서의 적대행위중지를 위한 군사당국회담을 7월 21일 통일각에서 개최하자. ②이산가족상봉 등 인도적 문제해결을 위한 적십자회담을 8월 1일 평화의 집에서 열자.

2017년 7월 28일(오후 11시 41분) ..... 북한, 대륙간탄도미사일ICBM급 화성 14형 시험발사: "최대정점고도 3,724.9km까지 상승하며 거리 998km를 47분 12초간 비행하여 공해상의 설정된 수역에 정확히 탄착되었다." 미사일의 최대사거리는 대략 최고고도의 3배이다. 미국본토 전역이 화성 14형의 사정권.

2017년 7월 29일(새벽 1시) ..... 【KOR】 문재인 대통령, 국가안전보장회의NSC 전체회의 긴급소집. 사드체계 잔여 발사대 4기의 임시추가 배치 지시.

2017년 8월 5일 ...... UN안보리 대북제재결의안 2371호 만장일치로 채택.

2017년 8월 7일 ...... 【KOR】 박영수 특별검사, 결심재판에서 이재용(李在鎔, 1968년생) 삼성전자 부회장에게 징역 12년 구형: "이 사건 범행은 전형적인 정경유착에 따른 부패범죄로 국민주권의 원칙과 경제민주화라는 헌법적 가치를 크게 훼손했다." / 25일 1심 재판부(재판장: 김진동 부장판사), 이재용 징역 5년 유죄 선고: "이 사건의 본질은 정치권력과 자본권력이 부도덕하게 밀착한 것이다. ....(국민으로부터 최고 권력을 위임받은) 대통령과 (최대치의 사적 영리를 추구하는) 대규모 기업집단의 정경유착政經癒着이 과거사가 아닌 현재진행형이었다는 사실로 인해 국민의 상실감은 회복하기 어려워 보인다."

2017년 8월 8일 ...... 트럼프 미국 대통령, (연속적으로 미국 본토를 향한 북한의 탄도미사일 시험발사에 대해) "북한은 '불과 분노Fire and Fury'에 직면할 것이다."

2017년 8월 9일 ...... 북한 전략군 대변인 성명서: "괌도 포위사격방안을 충분히 검토작성돼 곧 최고사령부에 보고하게 되며 우리 공화국 핵무력의 총사령관이신 김정은동지께서 결단을 내리면 임의의 시각에 동시 다발적으로 연발적으로 실행될 것이다." → 9월 3일 북한, 제6차 핵실험

2017년 8월 20일 .... 【KOR】 문재인 대통령 취임 100일 지지율 85.3%.

2017년 8월 21일 .... 한·미 연합군사훈련Ulchi-Freedom Guardian: UFG 실시(~31일). 미군 17,500명(2016년보다 미군 8,000여 명 축소 참가), 한국군 5만여 명 참여. 매티스 미국 국방장관은 "한국을 방어하기 위한 완전히 방어적 훈련이다"라고 표명했다 / 같은 날, 2017년 현재 아프가니스탄 미군 주둔군 8,400명인 상황에서 트럼프 미국 대통령은 4,000명 추가파병에 서명했다.

2017년 8월 24일 ..... 시진핑 중국 국가주석, 한·중수교 25주년 대한對韓 메시지: "한-중관계를 매우 중시하고 있으며, 함께 노력해 정치적 상호신뢰를 공고히 하고, 이견異見을 타당하게 처리하며, 한-중관계를 안정적이고 건전하게 발전시켜나가기를 희망한다."

2017년 8월 26일 .... 북한, 단거리탄도미사일 시험발사(3발). 비행거리 250km.

2017년 8월 29일(국치일國恥日 새벽 5시 57분) ..... 북한 중거리탄도미사일IRBM 시험발사 → 새벽 6시 6분 **탄도미사일 일본 홋카이도오 상공 통과** → 새벽 6시 12분 탄도미사일 태평양 낙하. 최대고도 550km, 2,700km 비행(괌 미군기지 사정권 염두). 트럼프 미국 대통령과 아베 일본총리 인식공유: "지금은 북한과 대화할 때가 아니다."

2017년 9월 3일 ...... (중국 전승일·브릭스 개최일, 낮 12시 29분) **북한, 제6차 핵실험.** 폭발력: 50kt~150kt(나가사키 원폭 폭발력: 21kt). 대륙간탄도미사일 장착용 수소탄 시험 / 김정일의 핵개발은 경제지원이나 체제보장 협상용이었다. 김정은에겐 "국가핵무력완성"(핵보유국)이다.

2017년 9월 3일 ...... 제9차 브릭스 정상회의BRICS XIAMEN SUMMIT 개최(~5일, 복건성 하문시廈門市). 시주석의 개막연설: "다함께 손잡고 브릭스국가(브라질·러시아·인도·중국·남아프리카 공화국)의 '골든 10년'을 만들어가자." / 브릭스 5개국의 경제력이 글로벌경제의 50%가 넘었다.

2017년 9월 11일 ..... 유엔안보리UNSC, 대북제재 결의 2375호를 만장일치로 채택: ①대북 유류 공급통제(연간 400만 배럴인 현 수준에서 동결, 천연가스 전면금지) ②섬유제품 수출금지(북한의 수출 2위 품목) ③개인·기관 제재(박영식 로동당 중앙군사위원 여행금지·자산동결. 로동당 중앙군사위원회·조직지도부·선전선동부 자산동결) ④북한 해외노동자 제한(신규고용금지) ⑤선박 검색 ⑥북한과 합작사업 금지.

2017년 9월 13일 .... 북한의 외무성 보도: "UN안전보장이사회 '제재결의' 제2375호를 우리 공화국의 정정당당한 자위권을 박탈하고 전면적인 경제봉쇄로 우리 국가와 인민을 완전히 질식시킬 것을 노린 극악무도한 도발행위의 산물로 준렬히 단죄규탄하며 전면배격한다." / 강도가 높아지는 유엔제재에도 불구하고 시험발사를 이어가는 북한의 입장: 핵무기는 더 이상 협상카드가 아니다. 핵보유국으로 인정하라.

2017년 9월 14일 .... 한국정부에 사드부지를 제공한 롯데, 중국내 112개 롯데마트 매각방침 발표. 중국의 보복조치는 "한한령限韓令"을 내걸고 전방위적으로 확산되어 작년대비 급감: 현대·기아차 52.3%, 아모레퍼시픽 58%, 오리온 64% 중국인관광객 50%.

2017년 9월 14일 .... 【KOR】 문재인정부, 세계식량계획WFP과 유니세프를 통한 대북 800만 달러 인도적 지원 방침 발표. 통일부, 이명박정부때 폐지된 "인도협력국" 복구 방침.

2017년 9월 15일(오전 6시 57분) ..... 북한, 중거리탄도미사일IRBM 화성 12형 시험발사(이동식 발사차량). 최고고도 770km, 홋카이도오 상공 통과 3,700km 비행 후 태평양에 낙하(괌 앤더슨 공군기지의 사정권 3,400km을 훌쩍 넘겼다. 최장거리 기록) / 오전 7시 3분 대한민국 합동참모부, 순안비행장(250km 사거리)을 가상목표로 지대지탄도미사일 현무 2A 대응발사. 2발 중 1발 실패(1발에 20억~25억) / "화성 12형 전력화 실현" → 실전배치단계미사일 확보.

2017년 9월 19일 .... 제72차 UN총회 개최(~24일, 뉴욕 UN본부). 도널드 트럼프 미국대통령, UN총회 첫연설에서 대북 초강경발언을 쏟아냈다: "미국을 지켜야 한다면 북한을 파괴할 수밖에 없다." / **21일 문재인 대통령, UN총회에서 기조연설: "북한의 붕괴를 바라지 않는다. 지구상 유일한 분단국가의 대통령인 나에게 평화는 삶의 소명이자 역사적 책무이다."** / 21일 트럼프 미국대통령, 북한과 거래하는 제3국의 금융기관 및 기업·개인 등을 모두 제재대상으로 삼을 수 있는 포괄적인 대북제재 행정명령 발표(세컨더리 보이콧 실행). 21일 김정은,

조선민주주의인민공화국 국무위원회 위원장 명의로 성명 발표: "미국의 늙다리 미치광이를 반드시, 불로 다스릴 것이다. 트럼프가 세계의 면전에서 나와 국가의 존재 자체를 부정하고 모욕하며 우리 공화국을 없애겠다는 역대 가장 포악한 선전포고를 해온 이상, 우리도 그에 상응한 사상 최고의 초강경 대응조치 단행을 신중히 고려할 것이다." / 22일 트럼프의 응수, "미친사람madman."

2017년 9월 23일 .... 미 공군 B-1B 폭격기 편대, 큐우슈우 미군기지에서 발진해서 동해 북방한계선NLL넘어 북한 쪽 국제공역 깊숙이 비행.

2017년 9월 28일 .... 중국 상무부 공고: "UN안보리 대북제재결의 2375호에 따라 중국 내 북·중합작기업, 합자기업, 외자기업들은 모두 폐쇄하라."

2017년 9월 28일 .... 일본 중의원 해산. 저출산·고령화·북풍(북핵)으로 인한 "국난돌파해산"으로 규정하면서 아베총리는 "10·22총선"(제48회 일본 중의원 의원총선거)에 주력하여 개헌가능선인 3분의 2(310석) 획득이 목표다.

2017년 10월 5일 .... 홍콩 『빈과일보蘋果日報』의 보도에 따르면, 한국의 관객 1,200만 명을 돌파한 영화 『택시운전사』(감독: 장훈)가 중국에서도 반응이 좋았는데 "6·4 천안문사태"를 연상시킨다는 관객평에 화들짝 놀랜 당국은 갑작스럽게 상영 금지시키고 온라인상에서도 흔적지우기에 여념이 없다고 한다. "광주5·18"과 유사한 "2·28"의 상흔이 있는 대만에서는 열광적으로 관객이 몰리고 있다.

2017년 10월 6일 .... **핵무기폐기국제운동**ICAN(International Campaign to Abolish Nuclear Weapons) 단체가 **2017년 노벨평화상**을 수상했다. "i can"은 101개국 480개 NGO연합체로서 핵무기금지조약을 주도하고 있다(우리나라에선 평화네트워크). 베아트리세 핀 사무총장의 수상소감: "**핵무기는 불법이다. 핵무기를 사용하겠다고 위협하는 행위도 불법이다. 핵무기 보유와 개발 역시 불법이다. … 트럼프 대통령과 김정은 위원장은 멈춰야 한다.**" / 노벨위원회의 수상이유: "우리는 과거 어느 때보다 핵무기사용 위험이 큰 세계에 살고 있다. 어떤 국가들은 자신들의 핵무기를 현대화하려 하고 있고, 북한과 같은 더 많은 국가는 핵무장을 시도하고 있다. 핵무기폐기국제운동은 핵무기를 규탄하고, 금지하고, 제거하기 위해 모든 관계 당사자가 협력할 것을 서약하는 〈인도주의 서약〉을 이끌었고, 현재 108개국이 이 서약에 동의했다."

2017년 10월 7일 .... 조선로동당 제7기 제2차 전원회의. 당 중앙위 전원회의를 주재한 김정은 위원장: "당의 핵-경제 병진로선을 계속 철저히 관철하여 국가 핵무력 건실의 역사적 대입을 빛나게 완수해나길 것이다." "제재압살 책동을 물거품으로 만들고 화를 복으로 전환시키기 위한 기본 열쇠가 바로 자력갱생이고 과학기술의 힘이다. … 인민경제의 자립성과 주체성을 백방으로 강화해 나가야 한다." / 대규모 인사개편: 김여정 당 선전선동부 부부장(백두공주)이 정치국 후보위원으로 승급했고, 리용호 외무상이 정치국 위원에 올랐다. 현재 조선로동당 중앙위원회 정치국 상무위원 5명은 김정은 로동당 위원장, 김영남 최고인민회의 상임위원장, 박봉주 내각총리, 황병서 인민군 총정치국장, 최룡해 중앙위 부위원장. 최룡해(1937년 보천보전투에 참전한 최현 인민무력부장의 차남)는 정치국 상무위원·국무위 부위원장·당 중앙군사위원으로서 당·정·군의 요직을 맡아 실질적으로 서열 2위이다.

2017년 10월 11일 ... 중국공산당 제18기 중앙위원회 제7차 전체회의(중공18대 7중전회, 미공개로 14일까지 개최). 중앙위원 191명과 중앙후보위원 141명이 참석한 가운데 중공18대 성과보고와 향후 5년간 펼칠 정책 19대 업무보고 그리고 "시진핑사상"이 명기된 〈당규약黨章程〉 수정안 의결.

2017년 10월 13일 ... 도널드 트럼프 미국 대통령, 이란 핵협정(JCPOA·포괄적 공동행동계획)을 불인증. 파기여부는 의회가 결정 / UN안보리 상임이사국(5개국)과 독일·EU가 공동으로 참여한 국제사회와 체결한 다자간의 핵협정(2015년)이 한 나라의 대통령이 바뀌었다고 흔들릴 수는 없다. 더군다나 아마노 유키야 국제원자력기구IAEA 의장은 협정당사국 이란은 협정을 잘 이행하고 있으며, "세계에서 가장 견고한 핵검증 체제"를 준수하고 있다고 보증하고 있다. "미국은 신뢰할 수 없는 협상상대"로 인식되면 "이란의 사례"를 보고 북한이 미국을 상대로 협상테이블에 진지하게 나올 리가 만무하다.

2017년 10월 15일 ...... 독일의 프리드리히 에버트 재단, 박근혜 전 대통령의 퇴진을 요구하는 촛불집회에 참여했던 1,700여 만 한국국민들을 인권상 수상자로 선정. 선

정이유: "민주적 참여권의 평화적 행사와 평화적 집회의 자유는 민주주의의 필수요소이다. 한국인들의 촛불집회가 이 중요한 사실을 전세계 시민들에게 각인시키는 계기가 되었다." / 12월 5일 독일 베를린에서 수상식. 대한민국의 국민을 대표해서 박근혜정권퇴진비상국민행동 기록기념위원회(퇴진행동)가 상을 받았다.

2017년 10월 16일 … 한-미해군연합해상훈련(~20일). 핵추진 항공모함 〈로널드 레이건함〉(CVN-76·104,200t급, 장병 5,500여 명)·전략폭격기가 참가한 강도 높은 합동훈련.

2017년 10월 17일 … 중국공산당 제19차 전국대표대회 주석단 제1차 회의. 주석단 상무위원회가 19차 당대회를 주관한다. 시진핑·리커치앙·지앙쩌민·후진타오·쩡칭홍 등 전현직 영도자(42명)로 구성.

2017년 10월 18일 ….. 중국공산당 제19차 전국대표자대회 개최(~24일, 북경 인민대회당). 당원수 88,758,000명에서 선출된 당원대표 2,280명과 지앙쩌민·후진타오 등 특별초청대표 74명, 도합 2,354명에서 피치못할 사정으로 인해 16명은 결석. 2,338명 참석(당대회 사회자: 리커치앙李克强 국무원총리) / 중공18대 중앙위원 대표로 시진핑 총서기가 19차 당대회에 모인 2,338명의 공산당 전국대표자들에게 5년간 성과보고와 향후 5년간 국정운영 방침을 보고하는 자리에서 19차 당대회의 주제를 다음과 같이 설파했다: "초심을 잃지말고 사명을 깊이 가슴속에 새기자. 중국특색사회주의라는 위대한 깃발을 높이들고 샤오캉사회(小康: 모든 국민이 편안하고 풍족한 생활을 누림)를 전면적으로 건설하는 결정적인 승리를 이룩하자. **신시대중국특색사회주의**의 위대한 승리를 탈취하자. 중화민족의 위대한 부흥을 이루는 **중국몽**을 실현하기 위하여 조금도 해이하지 말고 분투하자. 不忘初心, 牢記使命。高興中國特色社會主義偉大旗幟, 決勝全面建成小康社會。奪取**新時代中國特色社會主義**偉大勝利。爲實現中華民族偉大復興的**中國夢**不懈奮鬪。"(오전 9시 6분~12시 31분. 3시간 25분, 생리적으로 참기 어려운 시간. 그러나 영광스러운 당대회에 참석하는 전국에서 모인 당원대표들은 며칠전부터 오랜시간을 버티기 위해 단련을 한다고 한다. A4용지 68쪽, 3만 2천여 자, 『맹자』 분량을 강講한 것이다): "2050년엔 미국 제치고 중국이 세계 최강이 될 것이다."(중국몽中國夢·강군몽强軍夢의 실현) "새로운 중국특색사회주의 사업의 전체구도는 5위1체五位一體며 전략은 4개전면四個全面이다." **4개전면(샤오캉사회 건설·심화개혁深化改革·의법치국依法治國·종엄치당從嚴治黨)**, **5위1체(경제건설·정치건설·문화건설·사회건설·생태문명건설)**. 시진핑 총서기는 중국몽을 실현키 위해서 특히 청년에 방점을 두었다: "청년이 흥하면 국가가 흥하고, 청년이 강하면 국가가 강하다青年興則國家興, 青年强則國家强." 역사학자 장리판(전 중국사회과학원 연구원)의 쿨한 평가: "이번 보고는 매우 평범했으며 실패했다. 중국공산당이 늘 말하는 정치개념을 새로 조합하거나 다시 되풀이했다. 큰 목표를 내놨지만 구체적 결론은 없다. 볼 수 있는 것은 당의 지도뿐이다." / 24일 중앙위원(204명)·중앙후보위원(172명)과 중앙기율검사위원(133명)이 당대표들의 차액선거(差額選擧: 정원보다 10%가 상회하는 후보자 중 찬반투표로 부적격자를 가려내는 투표)로 뽑혔다. / ***중국 역대 지도자들 이념:** 모택동사상(마르크스주의의 중국화), 등소평이론(중국식 사회주의·개혁개방 / 선부先富), 3개대표론(지앙쩌민, 공산당에 자본가를 포용), 과학적 발전관(후진타오, 포용적·지속가능한 발전), 시진핑사상(신시대 중국특색사회주의사상 / **공동부유共富**: 시장경제와 사회주의 결합 및 당의 지도력 강화) / 24일 폐막. "**시진핑 신시대 중국특색사회주의사상習近平新時代中國特色社會主義思想**"이 〈당장정黨章程〉에 명기됨으로써 (나라를 만든) 모택동 – (인민을 잘 살게 해준) 등소평 – (강한 나라를 만든) 시진핑: / 결의문: 시진핑의 신시대사상은 마르크스주의 중국화의 최신 성과이며 당과 인민의 실천적 경험과 집단적 지혜의 결정체이다. **시진핑 신시대사상으로 사상과 행동을 통일하며 시진핑동지를 핵심으로 하는 당중앙의 권위와 중앙집권적 통일영도를 수호해야 한다."**

2017년 10월 20일 ... 【KOR】 자유한국당 중앙윤리위원회, 박근혜 전 대통령에게 탈당 권유징계 의결. / 1997년 12월 박근혜, 한나라당 입당 → 대구 달성 보궐선거로 국회의원(1998년 4월 2일) → 한나라당 부총재(2000년) → 한나라당 탈당·한국미래연합 창당(2002년 5월 17일) → 한나라당과 합당(2002년 11월) → 한나라당 대표(2004년, "차떼기정당"의 천막당사시절) → 한나라당 대선후보경선패배(2007년) → 한나라당 비대위원장(2011년) → 새누리당으로 개명("1호당원" 2012년 2월 13일) → 대한민국 제18대 대통령 취임(2013년 2월 25일) → 대통령(박근혜) 탄핵소추안 발의(2016년 12월 3일) → 탄핵소추안 가결(2016년 12월 9일) → 헌법재판소의 박근혜 대통령 탄핵결정(2016년 3월 10일) → 자유한국당으로 개명(2017년 2월 13일) → 검찰소환(2017년 3월 21일) → 뇌물·직권남용 등으로 기소, 당원권 정지(2017년 4월).

2017년 10월 20일 ... 국제핵비확산회의 개최(모스크바). 최선희 북한 외무성 미국국장(미국연구소 소장, 최영림 최고인민회의 상임위 명예부위원장의 딸): "미국이 핵을 가진 북한과 공존할 준비가 돼 있지 않는 한 핵무기는 협상 대상이 될 수 없다. … 미국 항공모함과 전략폭격기가 참가한 유례없는 핵훈련이 실시되고 있는 현 상황은 우리로 하여금 잠재적 공격을 물리치기 위해 핵무기가 필요하다는 생각을 더욱 굳히게 하고 있다." 카티나 애덤스 미국 국무부 동아태담당 대변인: "우리는 핵으로 무장한 북한을 절대 용납하지 않을 것이고 역내 동맹과 파트너들에 대한 방위공약도 저버리지 않을 것이다."

2017년 10월 25일 ..... 중국공산당 제19기 중앙위원회 제1차 전체회의(중공19대 1중전회)에서 지도부진용 확정(25명의 정치국위원과 상무위원 선출 / 중앙서기처 서기와 중앙

중공19대 1중전회 폐막 후 시진핑 총서기를 필두로 7명의 상무위원이 내외신 기자들이 대기하고 있는 인민대회당의 연단에 올랐다. 걸어나오는 순서가 당내서열을 의미한다: 시진핑(총서기 64세), 리커치앙(국무원총리 62세), 리잔수栗戰書(당중앙판공청 주임 67세), 왕양汪洋(제3부총리 62세) 왕후닝王滬寧(중앙정책연구실 주임 62세), 자오러지趙樂際(중앙조직부장 60세), 한정韓正(상해시 당서기 63세) → 격대지정접반인隔代指定接伴人 그림자는 사라졌고, 7상8하(七上八下: 67세 이하는 유임, 68세 이상은 은퇴. 중공16대부터 시행) 관례는 고수되었다. 지앙쩌민의 파우워가 짙었던 중공18대 상위常委와는 달리 중공19대 상위에서는 지앙쩌민의 영향력이 잔상으로 어른거릴 뿐이다.

군사위원회 위원 비준 / 중앙기율검사위원회 위원 선출). / **중국공산당중앙정치국위원**(간체자 성씨姓氏 획수가 적은 순서로 배열. 시진핑라인이 과도하게 포진): 띵쉬에시앙(丁薛祥 55세), 시진핑(習近平 64세), 왕츠언(王晨 67세), 왕후닝(王滬寧 62세), 리우허(劉鶴 65세), 쉬치리앙(許其亮 67세), 쑨츠운란(孫春蘭 67세), 리시(李希 61세), 리치앙(李强 58세), 리커치앙(李克强 62세), 리홍종(李鴻忠 61세), 양지에츠으(楊潔篪 67세), 양샤오뚜(楊曉渡 64세), 왕양(汪洋 62세), 장여우시아(張又俠 67세), 츠언시(陳希 64세), 츠언취앤꾸어(陳全國 61세), 츠언민얼(陳敏爾 57세), 자오러지(趙樂際 60세), 후츠운후아(胡春華 54세), 리잔수(栗戰書 67세), 꾸어성쿤(郭聲琨 63세), 후앙쿤밍(黃坤明 60세), 한정(韓正 63세), 차이치(蔡奇 61세) / **중앙서기처 서기**: 왕후닝 · 띵쉬에시앙 · 양샤오뚜 · 츠언시 · 꾸어성쿤 · 후아쿤밍 · 우치엔(尤權 중앙위원) / **중앙군사위원회**: 주석(시진핑), 부주석(쉬치리앙 · 장여우시아), 위원(웨이횡허魏鳳和 · 리쭈어츠엉李作成 · 먀오후아苗華 · 장성민張升民) / **중앙기율검사위원회**: 서기(자오러지), 부서기(양샤오뚜 · 장성민張升民 · 리우진꾸어劉金國 · 양샤오차오楊曉超 · 리수레이李書磊 · 쉬링이徐令義 · 샤오페이肖培 · 츠언샤오지앙陳小江)

2017년 10월 26일 … 중국공산당 제19기 중앙정치국위원회 1차회의(25명 참석).

2017년 10월 26일 … **시에청携程 중국 최대 온라인 여행사이트, 한국여행소개를 7개월 만에 재개** / 껑수앙耿爽 중국 외교부 대변인의 정례 브리핑: "각 분야에서 우호관계를 점차 회복하고 한국과 중국관계를 한 단계 더 건강하고 안정적으로 발전시키기를 바란다."

2017년 10월 30일 … 【KOR】 강경화 외교부 장관, 국회에서 대중국메시지: ①사드추가 배치 않겠다. ②미국의 MD참여 않겠다. ③한 · 미 · 일 군사동맹 안한다 / 후아츠운잉 중국 외교부 대변인 정례 브리핑: "우리는 한국의 이 3가지 입장을 중시한다. 우리는 한국이 이 약속을 실제로 이행하여 관련문제를 적절히 해결해 중-한 관계가 빠른 시일 안에 평온하고 건강한 발전궤도로 돌아오도록 추진하기를 바란다." / 31일 이도훈 한반도평화교섭본부장과 콩쉬앤여우(공현우孔鉉佑, 조선족) 한반도사무특별대표, "한 · 중관계 개선관련 협의"(북경).

2017년 10월 31일 …. **중공19대 정치국 상무위원 7명 전원**이 1921년 중국공산당 탄생 성지인 상해와 가흥嘉興을 방문하여 **중국공산당 입당선언서를 복창**했다. 시진핑의 19대 메시지, "초심을 잊지말자不忘初心"를 인민들에게 상기시키고 당의 공고화에 강한 의지를 표현한 횡보로 보인다.

2017년 11월 3일 ..... 도널드 트럼프 미국 대통령의 첫 아시아 순방: 하와이(3~4일. 태평양사령부, 해군 애리조나기념관 방문) → 일본(5~7일. 미·일정상회담, 일왕 만남, 골프라운딩, 납북자가족 만남) → 한국(7~8일. 평택 미군기지 캠프 험프리스 방문, 한·미정상회담, 국회연설) → 중국(8~10일. 미·중정상회담, 리커치앙 총리 면담) → 베트남(10~11일. 아시아·태평양경제협력체APEC 정상회의 참석) → 필리핀(12~13일. 아세안 창설 50주년 행사).

2017년 11월 7일 ..... 한·미 정상회담 공동기자회견. 문재인 대통령의 대북제안: "북한이 올바른 선택할 경우, 밝은 미래 제공할 준비가 돼있다." / 문재인 대통령 취임 후 주요 대북제안. 10월 31일 제18기 민주평통 전체회의 개회사: **"북한이 평창을 향해 내딛는 한 걸음은 평화를 향한 큰 진전이 될 것이다."** / 9월 26일 10·4 선언 10주년 기념사: "10·4선언 중 많은 것은 지금도 이행가능하다." / 9월 21일 UN총회 기조연설: "북한 평화의 길 선택 촉구, 북한의 평창올림픽 참가를 제안한다." / 8·15경축사: "도발중단, 대화촉구, 이산가족 상봉, 평창올림픽 참가 제안. / 7월 6일 독일 베를린 쾨르버재단 초청 연설(베를린 구상): 이산가족상봉, 평창올림픽참가, 적대행위 중단, 평화·협력위한 대화 제안 / 6월 24일 태권도선수권대회 개막식 축사에서 평창동계올림픽(2018. 2. 9~25.) 북한 참가, 남북단일팀 구성, 남북동시 입장 언급 / 6월 15일 6·15정상회담 17주년 기념식 축사: "남북합의 존중돼야 하며, 북한이 핵포기하면 도울 것이다."

2017년 11월 13일(오후 3시 11분) .... 【KOR】 북한군인 오청성(25세), 판문점 공동경비구역JSA을 통해 총격을 받으며 귀순 / 13일 UN총회, 만장일치로 "평창동계올림픽 휴전결의" 채택.

2017년 11월 14일 ... "핵무기 발사 명령 권한" 청문회증인으로 미국 상원 외교위원회에 출석한 로버트 켈러 전 전략사령관은, "미국에 대한 임박한 위협이 없는 상황에서 핵공격 명령을 내리는 대통령에 대해선 견제장치가 있다."/ 18일 존 하이튼 미국 전략사령관이 캐나다 핼리팩스 국제안보포럼에서, "대통령의 지시가 불법적인 일에 해당하면 당연히 '그건 불법입니다'라고 얘기할 것이다."

2017년 11월 15일 .... 【KOR】 오후 2시 29분 31초. 경북 포항시 흥해읍 망천리 지역에서 규모 5.4도 지진 발생. 오후 4시 49분 규모 4.3도 여진(경주 지진의 여파, 2016년 9월 12일) / 15일 밤 8시 20분. 김상곤 사회부총리 겸 교육부 장관, 긴급기자회견: "(16일 치를 예정이던 대학수학능력시험을) 수험생들의 안전과 수능의 공정성·형평성을 고려해 수능을 일주일 뒤인 23일 시행하기로 결정했다."

2017년 11월 17일 ..... **시진핑 중국 국가주석, 1년 9개월만에 북한에 특사파견.** 19차 당대회 결과와 시진핑 2기체제 출범에 대해 설명하기 위해 쑹타오宋濤 중국공산당 대외연락부 부장이 북한을 방문했다(~20일) / 16일(미국 현지시간) 재개된 고위급 중-조회담에 관심이 집중된 상황에서 제임스 매티스 국방장관의 기자회견: "북한이 핵실험과 미사일개발을 중단하고 부기를 수출하지 않는다면 대화를 위한 기회가 있을 것이다." / 17일 북한의 실질적 2인자 최룡해 로동당 부위원장과 면담 / 18일 리수용 로동당 부위원장 겸 외교위원회 위원장과 면담. 김정은 로동당중앙위원회 위원장은 시진핑 총서기가 보낸 특사를 만나지 않았다.

2017년 11월 19일(미국 현지시간) ..... 【KOR】 방탄소년단BTS(7인조 남성그룹), 아메리칸뮤직어워즈AMAs 초청으로 축하공연 데뷔. 무대반응 가히 폭발적: "**걱정하지마 마이 러브, 이 모든 건 우연이 아니니까**" 수백 명의 미국 관객들이 흥겨운 몸짓과 더불어 한국말 가사로 떼창으로 열광의 도가니. 공연도중 구글 실시간 트렌드 1위 기록 / 2017년 5월 빌보드어워드에서 톱소셜아티스트상 수상. 5대양 6대주의 1,000만 광팬을 이미 거느리고 있다 / 2017 12월 11일 미국 빌보드 결산 차트 발표: "방탄소년단BTS, 2017 톱 아티스트 차트 10위"(라디오 방송 횟수와 앨범판매량, 음원 스트리밍 실적 등을 종합 집계).

2017년 11월 20일(미국 현지시간) ..... 도널드 트럼프 미국 대통령, 북한을 테러지원국으로 다시 지정했다. 직접적 사유: 김정남 암살. 북한에 억류되었던 미국 대학생 오토 웜비어 송환 뒤 사망 / 미국 지정 테러지원국 현황: 시리아(1979년), 이란(1984년), 수단(1993년), 북한(1988년 지정 → 2008년 해제 → 2017년 재지정).

2017년 11월 21일 ... 미국 재무부, 단동丹東을 통해 북·중 교역을 하는 중국무역을 포함한 개인(1명)·기관(13곳)·선박(20척)에 대한 추가 제재조치 발표(해상무역 봉쇄) / 22일 북한 외무성 대변인: "테러지원국 지정놀음은 저들에게 굴종하지 않는 자주적인 나라들을 압살하려는 날강도적 수단들 중 하나이며, 미국은 감히 우리를 건드린 행위가 초래할 후과에 대해 전적으로 책임지게 될 것이다."

2017년 11월 22일 … 강경화 외무부장관과 왕이 중국외교부 부장 회담(북경 조어대釣魚臺 국빈관). 왕이 부장: "3불不(글로벌 미사일 방어체계, 한미일군사동맹, 사드추가배치) 입장을 중시한다." 강경화 장관: "12월 문재인 대통령 방중에 앞서 우리 기업활동의 어려움이 해소되고 인적 교류가 예전처럼 활성화되기를 희망한다."

2017년 11월 28일 …… 중국 국가여유국國家旅遊局, 북경과 산동지역에 한해 단체비자를 이용한 한국여행 허용. 사드주둔지를 제공한 롯데그룹이용은 불허 / 2017년 3월 15일 성·시·자치구별로 여행사에 한국행 상품 취급중단지침 구두로 전달.

2017년 11월 29일(새벽 3시 17분) …… 북한, 대륙간탄도미사일ICBM 고각 시험발사. 고도 4,475km. 비행거리 950km(정상각도 발사 시 사거리 13,000km 추정, 역대 최장거리. 평양~워싱턴 거리 11,000km), 50분간 운행 → "새로 개발한 대륙간탄도로케트 화성 15형" 발사 / 김정은 로동당 위원장: **"오늘 비로소 국가 핵무력 완성이 실현되었다."** / 12월 22일 UN안보리, 대북제재결의안 2397호 채택.

2017년 11월 29일(오후 4시 30분 미국 현지시간) …… UN안보리 긴급회의. 회의에 참석한 펠트먼 UN 정무담당 사무차장, "정치적 해결" 강조.

2017년 12월 5일 …. 펠트먼 UN 정무담당 사무차장, 북한의 초청을 받고(9월) 북한 방문(~8일). "북한 당국자들(리용호 북한 외무상·박명국 외무성 부상)과 상호관심사 및 우려사항을 논의할 것이다."

2017년 12월 6일 …. 중공19대에서 사상초유로 수직상승한 차이치蔡奇(594쪽 참조) 뻬이징시 당서기는 그의 내부발언공개로 곤혹을 치르고 있다: "기층민중을 대하는 데는 '진짜 총칼을 빼들고眞刀眞槍 찌른 칼에 피를 묻힌 듯刺刀見紅' 눈에는 눈으로 대응해야 문제를 해결할 수 있다." / 11월 10일·18일 뻬이징시 외곽의 대형화재참사. 화재예방을 이유로 "띠뚜안런커우(低端人口, 하층민·농민공) 정리작업" 명목하에 대규모 빈민촌 철거작업(135개 지역)과 120여개 도소매시장·25개 농수산물시장 폐쇄 돌입. 빈민층 유리걸식流離乞食 / 시진핑의 2017신년사를 기억한다: **"빈곤층이 어떻게 먹고 어떻게 살고 있는지 걱정이다."**

2017년 12월 6일 …… 【KOR】 역대 최대급 한·미연합공군 훈련실시(~8일. B-1B 랜서 폭격기, F-22 랩터 최신형 스텔스 전투기 등 230대 동원).

2017년 12월 6일(미국 현지시간) ..... 트럼프 미국대통령, 예루살렘을 이스라엘의 수도로 공식인정하는 성명서에 사인하고 미국대사관을 예루살렘으로 이전하겠다고 공포. 하마스(팔레스타인 무장정파): "지옥의 문을 연 결정" / 8일 UN안전보장이사회, 긴급회의 개최: "트럼프 대통령의 결정에 일제히 반대한다." 반미시위, 전 세계 이슬람권 확산 / 1980년 UN안보리 결의안: "예루살렘을 이스라엘의 수도로 인정하지 않는다." / 2017년 12월 18일 UN안보리 "예루살렘 수도 선언" 철회 촉구하는 결의안 표결(찬성 14, 반대 1) → 무산(UN주재 미국대사 니키 헤일리[Nimrata "Nikki" Randhawa Haley, 1972년생 인도계 미국인]의 단독 거부권 행사) → UN총회 상정(20일 니키의 협박: "The US will be taking names."[찬성하는 나라]이름 적는다) → 표결(찬성 128, 반대 9, 기권 35) → 21일, 결의안("예루살렘에 대한 어떠한 결정도 취소돼야 한다.") 채택 / 25일 미국, UN분담금 삭감.

2017년 12월 7일 ..... 【KOR】 이명박정부 때 해고당했던 MBC "PD수첩"의 최승호崔承浩(1961년생) PD, MBC 신임사장 선임 / 7일로 KBS 총파업 95일째. KBS노조위원장 무기한 단식돌입 / 9월 4일 MBC노조 총파업(73일간)의 각오: "부패권력 부역방송에서 탈피해 시민의 신뢰를 받는 공영방송으로 거듭나야 한다."

2017년 12월 12일(현지시간) ..... 렉스 틸러슨 미국 국무장관, "환태평양 시대의 한-미 파트너십 재구상" 토론회 기조연설: "**전제조건없이 북한과 첫회동할 준비가 돼있다**(일단 만나보자. 북한이 원한다면 날씨얘기를 할 수 있다. 사각테이블인지 둥근테이블인지에 흥미를 갖는다면 그것에 관해 얘기할 수도 있다. 일단 최소한 테이블에 앉아 얼굴을 마주봐야 되지 않겠는가?)" / 15일 백악관 비롯 보수진영의 사퇴압박에 시달린 틸러슨, UN안보리 장관급 회의에서 대對 북한입장 급선회: "대화를 시작하기 전에 북한의 위협적 행동의 지속적인 중단sustained cessation이 있어야 한다." 안토니우 구테흐스 UN사무총장, 대화채널 복구 강조: "한반도 상황은 지금 세계에서 가장 긴박하고 위험한 평화·안보 이슈이다."

2017년 12월 13일 .... 구글Google, 인공지능AI센타를 뻬이징에 설립 결정 / 2010년 중국정부의 인터넷 검열에 항의하면서 중국에서 철수한 세계 최대 정보기술IT 기업인 구글이 "데이터 부국富國"(네티즌 8억 명, 휴대폰 사용자 14억 명)에 항복했다. 또한 세계 100대 인공지능 관련 학술지(2015년) 내용 가운데 중국과학자들의 기여도가 43%에 이르는게 현실이다.

2017년 12월 13일 …… **문재인 대통령, 중국 국빈방문**(~16일). 시진핑 국가주석, 남경대학살 80주기 추모행사 참석(상위 7인 전원집합, 2014년 추모일 지정) / **14일 제3차 한중정상회담**(뻬이징 인민대회당): ①한반도에서의 전쟁은 절대 용납할 수 없다. ②한반도의 비핵화 원칙을 확고하게 견지한다. ③북한의 비핵화를 포함한 모든 문제는 대화와 협상을 통해 평화적으로 해결한다. ④남북한 간의 관계개선은 궁극적으로 한반도문제를 해결하는데 도움이 된다. / 15일 문재인 대통령, **리커치앙 국무원총리와 회담.** 리커치앙 총리: "향후 양국 경제·무역 부처간 채널을 재가동하고 소통을 강화할 수 있을 것이다"(중국의 사드 보복철회 공식화 수순). "한국의 동계올림픽 조직 경험을 중국이 배울 것이며, 이 기간동안 많은 중국인이 한국을 방문해 경기를 관람하고 관광도 하게 될 것이다." / 16일 문재인 대통령, 중경대한민국임시정부 참관: **"우리는 임시정부수립을 대한민국 건국으로 본다. 그래서 2019년은 3·1운동 100주년이면서 임시정부수립 100주년이 되고 동시에 대한민국 건국 100주년이 된다."** 츠언민얼 충칭重慶시 당서기와 회동. 츠언민얼 화답: "한국의 독립운동 사적지를 보호하고 충칭에 진출하는 한국기업도 적극 지원하겠다." / 7월 6일 G20, 제1차 한중정상회담(독일 함부르크) / 11월 11일 아시아·태평양경제협력체APEC회의, 제2차 한중정상회담(베트남 다낭).

인민대회당 동대청東大廳에서 2시간 15분간 진행된 확대 정상회담에 시진핑 국가주석 좌우로 양지에츠으·띵쉬에시앙 당중앙정치국위원이 배석했다. 통상적으로 왕후닝 정책실장이 앉아야 할 자리에 중공19대에서 가장 핫한 인물 띵쉬에시앙 신임 중앙판공청 주임이 착석해 있다. 북경공항에서 문재인 대통령을 영접한 공현우 북핵 6자회담 수석대표도 참석했다. 인민대회당 서대청西大廳에서 2018년 평창과 2022년 뻬이징동계올림픽과 패럴림픽의 성공을 위한 상호교류 및 협력 양해각서MOU 체결식을 진행했다.

— **지금사**只今史**는 지금도 계속중.**

시진핑習近平, 1953년 6월생 64세

중국공산당 제19기 중앙정치국위원 25명의 역정歷程(2017년 11월 기준)

중국공산당 중앙정치국은 당黨·정政·군軍을 총괄하는 중국 최고의 영도기구領導機構로서 당·정·군의 모든 정책은 25인으로 구성된 중공 중앙정치국위원회 회의에서 결정된다.

리커치앙李克强, 1955년 7월생 62세

리잔수栗戰書, 1950년 8월생 67세

왕양汪洋, 1955년 3월생 62세

왕후닝王滬寧, 1955년 10월생 62세

자오러지趙樂際, 1957년 3월생 60세

한정韓正, 1954년 4월생 63세

【상무위원회 7인, 서열순序列順】

중국공산당 중앙정치국 상무위원회(중공중앙정치국상위中共中央政治局常委)는 중국 공산당과 중화인민공화국을 영도領導하는 최고권력의 일상日常기구로서 당과 국가의 쌍중권력핵심雙重權力核心이며 그 성원은 당黨·정政·군軍 등 각 방면의 최고 책임자이다.

띵쉬에시앙丁薛祥, 1962년 9월생 55세

왕츠언王晨, 1950년 12월생 67세

리우허劉鶴, 1952년 1월생 65세

쉬치리앙許其亮, 1950년 3월생 67세

쑨츠운란孫春蘭, 1950년 5월생 67세

리시李希, 1956년 10월생 61세

리치앙李强, 1959년 7월생 58세

리홍종李鴻忠, 1956년 8월생 61세

양지에츠으楊洁篪, 1950년 5월생 67세

양샤오뚜楊曉渡, 1953년 10월생 64세

장여우시아張又俠, 1950년 7월생 67세

츠언시陳希, 1953년 9월생 64세

츠언취앤꾸어陳全國, 1955년 11월생 61세

츠언민얼陳敏爾, 1960년 9월생 57세

후츠운후아胡春華, 1963년 4월생 54세

꾸어성쿤郭聲琨, 1954년 10월생, 63세

후앙쿤밍黃坤明, 1956년 11월생 60세

차이치蔡奇, 1955년 12월생 61세

시진핑習近平(1953년 6월 15일 출생, 64세). 섬서성陝西省 부평인富平人, 북경 출생. 중국 공산당 가입(1974년 1월). 북경 8·1학교 입학, 소년선봉대 입단(1960년). 국무원 부총리였던 아버지 시종쉰習仲勳이 반당소설로 몰린 『유지단劉志丹』과 연류되어 구속됨에 따라 집안이 풍비박산되었다(1962년). 1968년 12월 22일 마오쩌똥 주석의 지시, "지식청년은 농촌에 내려가서 빈농 및 하층·중층 농민으로부터 재교육을 받는 것이 매우 필요하다知識青年到農村去, 接受貧下中農再教育很有必要."라는 방침에 따라 북경 제25중학에 다니던 15세의 북경소년 시진핑은 섬서성 연안시延安市 연천현延川縣 문안역공사文安驛公社 양가하대대梁家河大隊 생산대生産隊에 입대하여 하루종일 땅을 일구는 농촌소년이 되었다(1969년 1월). 떵샤오핑이 당중앙에 깜짝 복귀한 시기에 10번 재수해서 공산당입당에 성공한(1974년 1월) 시진핑은 양가하대대梁家河大隊 지부의 촌서기가 되어 메탄가스설치 전문가로(1974년 겨울) 성과를 냈다. 그 덕에 연천현 추천으로 공농병학원工農兵學員(노동자·농민·군인 대학생) 중 농민자격으로 청화대학 화학공정과에 입학했다(1975년 9월, 7년간의 하방생활 끝). 중국공산당 제11기 중앙위원회 제4차 전체회의(중공11대 4중전회)에서 아버지 시종쉰은 18년 만에 완전한 복권과 명예회복을 이루고(1979년 8월 4일) 광동성 당서기로 임명되어 개혁개방의 전초지를 진두지휘하는 동안, 아들 시진핑은 청화대를 졸업하고 국무원판공청과 중앙군사위 판공청에 껑뺘오 국방부 부장의 비서로 취직했다(1979년 여름). 중국의 무시무시한 최고권력기구가 밀집해 있는 북경 종난하이中南海를 탈출해서 시진핑은 하북성 정정현正定縣 부서기로 다시 기층사회로 내려왔다(1982년 3월). 32세의 시진핑은 복건성 경제특구 하문시廈門市 부시장으로 부임해 오면서 17년간 복건성 생활이 시작되었고(1985년 6월 15일), 인민해방군 총정치부 문예공작단의 저명가수 펑리위앤(彭麗媛, 1964년생) 인민해방군 소장과 혼인했다(1987년 9월 1일). 중국공산당 복건성위원회 부서기로 취임한 시진핑은 한국기업을 복건성에 적극 유치하기 위해 한국을 방문했다(1995년). 중국공산당 제15차 전국대표대회(중공15대, 1997년 9월)에서 시진핑은 중앙후보위원이 되었다(151명 정원의 151등. 서열 있음). 복건성 인민정부 성장(2000년 1월 27일)에 이어 규모가 큰 절강성浙江省 부서기로 부임했다(2002년 10월 10일).

중공16대에서 중앙위원으로 선출되고(2002년 11월 14일) 중공16대 1중전회에서 중앙정치국위원이 되었다(2002년 11월 15일). 1997년 서열 344위에서 5년후 25위권 안으로 수직상승했다. 중앙정치국위원이라는 날개를 단 시진핑은 곧이어 절강성 당서기에 임명되어 활발한 시정을 펼치면서(2002년 11월 21일), 절강성과 자매결연을 맺은 전라남도 초청으로 한국을 방문하기도 했다(2005년 7월 18일). 츠언리앙위陳良宇 상해시 당서기가 당중앙정책에 반기를 들고 부패에 연루되어(2006년 6월) 해임되는 사단이 벌어져, 시진핑이 상해시위원회 상무위원 겸 서기로 부임했다(2007년 3월 24일). 상해시 당서기는 중앙정치국상무위원 진입을 보장받는 포스트다. 후진타오胡錦濤 총서기(중공16·17대)는 시진핑 상해시 당서기를 차세대 지도자로 공식 선언했다(2007년 10월 1일). 중국공산당 제17차 전국대표대회에서 중앙위원으로 선출된(2007년 10월 21일) 시진핑은 중공17대 1중전회에서 정치국위원과 정치국상무위원회에 진입했다(2007년 10월 22일, 서열 6위). 제22대 중앙당교中央黨校 교장에 취임한(2007년 12월 17일) 시진핑은 중화인민공화국 제11차 전국인민대표대회 1차 회의에서 중화인민공화국 부주석으로 당선되었다(2008년 3월 15일). 시진핑 국가부주석은 북한을 우호방문했고(2008년 6월 17일~18일), 제29회 뻬이징하계올림픽을 총괄했다(2008년 8월 8일~24일). 시진핑 국가부주석은 또다시 북한을 방문하여 김정일 국방위원장과 회담을 하고, 일본을 곧이어 방문하여 하토야마 총리와 아키히토 일왕과 회담을 했다. 그리고 한국을 방문하여 이명박 대통령과 회담했다(2009년 12월 16일). 중공17대 5중전회에서 시진핑은 중국공산당 중앙군사위원회 부주석으로 낙점되고(2010년 10월 18일), 전국인대 상무위원회에서 중화인민공화국 중앙군사위원회 부주석도 결정되었다(2010년 10월 28일).

중국공산당 제18차 전국대표대회에서 중앙위원으로 선출된(2012년 11월 14일) 시진핑은 중공18대 1중전회에서 정치국상무위원으로 당선되었고, 중국공산당 중앙위원회 총서기·중국공산당 중앙군사위원회 주석으로 취임했다(2012년 11월 15일). 중앙기율검사위원회 회의에 참석한 시진핑 총서기는 "호랑이도 쇠파리도 한꺼번에 때려잡겠다腐敗要堅持老虎蒼蠅一起打"며 단호하게 반부패투쟁을 선언했다(2013년 1월 22일). 중화인민공화국 제12차 전국인민대표대회(12전국인대)에서 중화인민공화국 주석과 중앙군사위원회 주석으로 취임하면서 국가의 수장이 되었다(2013년 3월 14일). 시진핑 국가주석은 미국을 방문하여 오바마 미국 대통령과 회담하는 가운데 떵샤오핑시대의 도광양회韜光養晦에서 주동작위主動作爲의 적극적 외교행보를 선보였다(2013년 6월 7일~8일). 박근혜 대통령이 중국을 방문했고(2013년 6월 27일), 이듬해 시진핑 중국국가주석이 동부인해서 한국을 방문했다(2014년 7월 3일~4일). 시진핑 총서기는 러시아 전승 70주년 열병식에 참석하고(2015년 5월 9일), "중국인민 항일전쟁 및 세계 반파시스트전쟁 승리 70주년 기념대회"를 천안문망루에서 푸틴 러시아 대통령 및 박근혜 한국 대통령과 더불어 참관했다(2015년 9월 3일). 열병식에서 시진핑 군사주석은 인민해방군 30만을 감축하겠다면서 군개혁을 천명했다. 모든 인민이 편안하고 풍족한 생활을 누리는 샤오캉小康사회를 이룩하고 천하위공天下爲公이 구현되는 따통大同사회 도래를 희구하는 중국몽中國夢(중화민족의 위대한 부흥)의 실현을 위해 재차 함께 노력해 나가자고 강조했다. 중국공산당 제19차 전국대표대회에서 3시간 25분에 걸친 5년간의 보고서를 낭독했다(2017년 10월 18일). 〈**중국공산당장정**黨章程〉에 "시진핑신시대특색사회주의사상習近平新時代特色社會主義思想"이 명기되어 당지도사상으로 인정되었고, 재차 중앙위원으로 당선되었다(2017년 10월 24일). 중공19대 1중전회에서 정치국위원과 상무위원에 선출되고, 19대 정치국 상무위원인 리커치앙·리잔수·왕양·왕후닝·자오러지·한정을 차례로 호명하는 총서기에 선출되어 시진핑 집권 2기를 맞이 했다(2017년 10월 25일). **시진핑의 공식직책: 중앙정치국상위, 중국공산당중앙위원회 총서기, 중공중앙군사위원회 주석, 중화인민공화국 주석, 중화인민공화국중앙군사위원회 주석.**

리커치앙李克强(1955년 7월 1일, 62세). 안휘성安徽省 정원인定遠人, 안휘성 합비合肥 출생. 중국공산당 가입(1976년 5월). 합비8중에서 학습(1972년~74년). 무산계급문화대혁명시기(1966~1976), 지식청년知識青年 상산하향上山下向으로 안휘성 봉양현鳳陽縣 대묘공사大廟公社에서 노동했다(1974년~1976년). 문혁이 종결되고 대학입시가 부활하여 정식으로 시험쳐서 북경대학 법학과 78학번이 되었다(1978년). 북경대 학생회장으로 두각을 나타내고 중국공청단 중앙서기처 서기로 맹활약하면서

경제학 박사학위까지 획득했다(1994년). 미래 공산당원인 수천만 공청단의 수장, 공청단 중앙서기처 제1서기에 선출되었다(1993년~1998년). 중공15대에서 리커치앙은 사뿐하게 중앙위원(정원 193명, 서열 없음)에 진입한 반면에 복건성 부서기에 근무하던 시진핑은 중앙후보위원 151명 중 151등으로 간신히 라인을 밟았다(1997년 9월 18일). 중앙위원 리커치앙은 하남성河南省 부서기로 지방근무를 시작했다(1998년 6월). 하남성 성장省長을 거쳐(2002년 12월), 하남성 당서기에 임명되었다(2003년 1월). 리커치앙이 하남성에 근무하는 동안 낙후되어있던 하남성을 경제총량 전국 5위로 끌어올리는 기적적인 경제성장을 일궜다. 요녕성遼寧省 당서기와 요녕성인민대표상무위원회 주임을 역임했다(2004년 12월~2007년 11월).

중공17대 1중전회에서 중앙정치국상무위원으로 진입하여(서열 7위) 중국 최고결정권을 갖는 그룹에 속하게 되었다(2007년 10월 22일). 중화인민공화국 제11기 전국대표대회 1차 회의에서 국무원 제1부총리로 당선되었다(2008년 3월 17일). 중공18대 1중전회에서 7명의 정치국상무위원 중 서열 2위가 되어 중화인민공화국 제12기 전국대표대회(전국인대) 1차 회의에서 제7대 국무원총리로 당선되었다(2013년 3월 15일). 중공19대에서 중앙위원으로 선출되고(2017년 10월 24일), 중공19대 1중전회에서 중앙정치국위원과 중앙정치국상무위원으로(서열2위) 당선되었다(2017년 10월 25일). **현재 직무: 중앙정치국상위, 국무원총리, 당조서기黨組書記.**

리잔수栗戰書(1950년 8월 30일, 67세). 하북성河北省 평산인平山人. 중국공산당 가입(1975년 4월). 리잔수는 22세부터 하북성의 기층基層에서 근무하면서(1972년) 하북사범대학 야간반에서 공부했다(1980년). 하북성 무극현無極縣 현서기로 있을 때 인근 정정현正定縣의 현서기로 와있던 시진핑과 양호良好한 네트워크를 형성했다(1983년~1985년). 1998년까지 하북성의 주요 당직을 마치고(하북성위상위·비서장), 섬서성 서안에서 두각을 나타내고(1998년~2003년, 서안시 시장 역임), 흑룡강성 부서기로 재직하면서(2003년 12월) 동북3성의 명문 하얼삔공업대학에서 석사학위를 취득했다. 흑룡강성 성장으로 승진했고(2008년 1월 27일), 연이어 귀주성貴州省 당서기로 부임했다(2010년 8월 21일). 40년의 지방근무를 완수한 리잔수는 중국공산당의 핵심 당기구에 안착한다. 중국공산당 중앙판공청(中辦) 부주임이 되었다(2012년 7월 18일). 후진타오 총서기의 오랜 오른팔 링지후아令計劃가 "3·19군사정변"에 연루되어 낙마落馬하여 부주임이었던 리잔수가 자동적으로 중앙판공청 주임으로 승진했다(2012년 9월 1일. 중앙판공청의 성격은 대통령비서실장+경호실장+국정원장+기무사령관+통신보안과+특수부대 등이 통합된 기구. 2017년 10월 30일 퇴임). 시진핑이 총서기로 등극하는 중공18대 1중전회에서 중공중앙정치국위원이 되면서 중공중앙서기처 서기에 선출되어(2002년 11월 15일) 5년간 시진핑 총서기를 그림자처럼 보좌했다. 중공19대 1중전회에서 리커치앙 총리 바로 뒤에 키가 큰 리잔수(서열3위)가 중앙정치국 상무위원으로 선출되었다(2017년 10월 25일). 리잔수의 인생이 만개滿開했다. 리잔수는 그의 넷째 할아버지 리짜이원(栗再溫, 1908년 3월 13일~1967년 2월 17일)이 중화전국총공회서기처 서기와 산동성 부성장을 역임한 혁명원로가족 출신이다. **현재 직무: 중앙정치국상위, 당중앙국가안전위원회판공실 주임.**

왕양汪洋(1955년 3월 12일 출생, 62세). 안휘성安徽省 숙주인宿州人. 중국공산당 가입(1975년 8월). 17세 때 아버지가 돌아가시고 학교도 자퇴하고 소년가장이 되어 안휘성 숙현지구宿縣地區의 식품공장 노동자로 일했다. 문화대혁명 말기에 숙현지구의 57간부학교에서 하방된 고급 당간부들을 재교육시키는 노동자 출신 교원으로 근무했다(1976년 2월). 중앙당교 이론선전간부반에 발탁되어(1979년 3월) 정치·경제 분야를 체계적으로 공부하고, 학습을 마친 왕양은 다시 숙현의 기층基層당교黨校로 내려가 계속 교원으로 근무했다. 26세의 왕양은 공청단 안휘성 숙현지구위원회 부서기를 거쳐(1981년 10월) 공청단 안휘성위원회 부서기에 올랐다(1982년). 안휘성 동릉시銅陵市 시장(1988년, 33세)을 거쳐 당시 최연소 안휘성 부성장에 임명되었다(1993년, 38세). 못다 이룬 배움의 길을 부성장시절에 중국과학기술대학에 진학하여 관리과학과 공학을 학습했다(1995년 석사학위취득).

안휘성에서 성과를 낸 왕양은 주르옹지朱鎔基 총리에 의해 발탁되어 국무원의 국가발전계획위원회의 부주임이 되었다(1999년 9월). 원지아빠오溫家寶 총리 시절에 왕양은 국무원판공청의 부비서장이 되어 총리의 일상적 업무를 전담했다(2003년 3월). 중경시重慶市 당서기를 거쳐(2005년 5월), 중공17대에서 중앙위원으로 선출됨과 동시에 중앙정치국위원에 임명되는 2단계 동시 승진하는(躍升兩級) 겹경사를 맞이했다(2007년 10월). 주목받는 새시대 지도자로 떠오른 왕양은 광동성 당서기에 부임했다(2007년 12월 1일~2012년 12월 18일). "개혁은 곧 칼을 쥐고 자기살을 도려내는 것改革就是拿刀割自己的肉"이라며 결연하게 반부패척결을 제창한 왕양 광동성 당서기는 광동성의 너무도 많은 부를 소유한 예지엔잉葉劍英 공산당혁명 원로집안과 사사건건 팽팽하게 대립했다. 일설에는 중공18대에 중앙정치국상무위원회의 명단에서 왕양이 억울하게 누락된 원인의 제공자가 예지엔잉집안의 반왕양로비로 보는 견해도 있다. 중공18대 1중전회에서 중앙정치국위원으로 선출되고(2012년 11월 15일), 국무원 제3부총리로 임명되어(2013년 3월 16일) 리커치앙 국무원 총리 산하에서 농업·수리水利·자연재해관리·부빈개발扶貧開發·상무商務·여행 등을 관장하는 수장이 되었다. 미공개로 진행된 중공19대 1중전회가 폐막하고 국내외 기자들이 운집한 인민대회당의 연단에 시진핑, 리커치앙, 리잔수 다음으로 왕양이 나타났다(2017년 10월 25일). 중국공산당의 최고 영도자 그룹에 노동자출신 왕양이 입성한 것을 누구보다도 일반인민들이 제일 기뻐했다. **현재 직무: 중앙정치국상위, 중화민국 제12기 국무원부총리, 당조성원**黨組成員.

왕후닝王滬寧(1955년 10월 6일 출생, 62세). 산동성山東省 래주인萊州人, 상해 출생. 중국공산당 가입(1984년 4월). 하방下放생활하는 중에 공농병工農兵대학생으로 추천받아 상해사범대학(현, 화동華東사범대학)에 입학하여 불어를 전공했다(1974년). 상해복단復旦대학에서 국제정치·법학 석사학위를 받았다(1978년~1981년). 복단대학에서 국제정치학과 주임교수와 법학원 원장을 역임하며 미국의 아이오아대학과 캘리포니아 버클리대학의 방문교수생활을 하면서 국제정세를 폭넓게 파악했다.

왕후닝은 80년대 이미 청년학자로 그의 문명文名을 떨쳤다. 무색무취한 실력자 왕후닝은 상해시 선전부에 근무하면서 중공13대부터 중국공산당의 핵심이론을 창출하기 시작했다.

우빵꾸어吳邦國와 쩡칭훙曾慶紅의 강력추천으로 지앙쩌민江澤民 당총서기의 정책을 이끌어내는 중공중앙정책연구실정치조 조장이 되어(1995년) 북경 종난하이中南海에 입성하여 중앙정책연구실 주임이 되었다(2002년 10월~2017년 10월). 지앙쩌민江澤民의(중공13대~15대) "3개대표三個代表"이론과 후진타오胡錦濤의(중공16대·17대) "과학발전관科學發展觀"이론과 시진핑習近平의(중공18대·19대) "중국몽中國夢"·"시진핑 신시대 중국특색사회주의" 등 중국공산당의 주요이론을 창출하는데 발군의 실력을 발휘해온 왕후닝을 "지혜주머니智囊"라고 자타가 공인한다.

시진핑의 중점정책인 "신형대국관계"와 "일대일로一帶一路"를 설계했고, 시진핑의 해외순방을 비롯한 해외정상회담도 항시 동참하는 것이 눈에 띈다. 중공17대 1중전회에서 중앙서기처 서기에 7명 중 1명으로 당선되었고(2007년 10월), 중공18대 1중전회에서 중앙정치국위원이 되었다(2012년 11월). 또한 시진핑 총서기가 추구하는 국가비젼을 제시하는 중앙전면심화개혁영도소조의 비서장 겸 판공실주임이 되었다(2014년 1월 22일). 중공19대 1중전회에서 중앙정치국 상무위원으로 당선되고 중국공산당 제19기 중앙서기처의 수장 제1서기에 올랐다(2017년 10월 25일). **현재 직무: 중앙정치국상위, 중앙서기처 제1서기, 중앙정책연구실 주임, 중앙전면심화개혁영도소조판공실 주임, 중앙문명위원회 주임.**

자오러지趙樂際(1957년 3월 8일 출생, 60세). 섬서성陝西省 서안인西安人, 청해성靑海省 서녕시西寧市 출생. 중국공산당 입당(1975년 7월). 무산계급문화대혁명시기(1966~1976), 지식청년 상산하향上山下向으로 청해성 귀덕현貴德縣 하덕향河德鄕 공파대대貢巴大隊에서 노동했다(1974년). 공농병工農兵 대학생의 마지막 기수로 북경대학 철학과에 입학했다(1977년 8월~1980년 1월). 대학졸업 후 청해성 상업청商業廳에서 사회에 첫발을 내딛어 약관 29세에 상업청 청장에 올랐다(1991년 3월). 이후 청해성 부성장副省長 겸 성재정청省財政廳 청장(1994년)·청해성 성장(2000년 1월, 42세)·청해성 당서기黨書記(2003년 8월, 45세)에 취임하면서 당시 중국 최연소 성장·당서기라는 기록을 세웠다. 청해성에서 27년 동안 근무하고 섬서성陝西省 당서기로 부임했다(2007년 3월~2012년 11월). 자오러지는 32년간 지방정치를 완수하고 중국공산당 제18기 중앙위원회 제1차 전체회의(중공18대 1중전회)에서 중공중앙정치국위원에 입성하고 동시에 중공중앙서기처 서기에 취임했다. 곧이어 막강한 중공중앙조직부 부장에 발탁되었다(2012년 11월 19일~2017년 10월 28일). 중공19대에서 중공중앙정치국상무위원이 되어 시진핑 총서기와 함께 연단에 섰다(2017년 10월 25일). 시진핑 집권1기(2012년~2017년)에서 부패척결을 주도했던 왕치산王岐山 중기율中紀律 서기의 바톤을 받아 중앙기율검사위원회 서기에 취임했다(2017년 10월 25일). **현재 직무: 중앙정치국상위, 중앙기율검사위원회 서기, 중앙심화국가감찰체제개혁시점공작영도소조 조장.**

한정韓正(1954년 4월 출생, 63세). 절강성浙江省 자계인慈溪人, 상해 출생. 공산당 가입(1979년 5월). 상해시 창고관리원으로 사회에 첫발을 내딛었다(1975년 12월). 한정은 사회생활하면서 지속적으로 배움의 열망이 커서 상해 화동사범대학 야간대학 정교과政教系에서 밤늦도록 공부를 했다(1985~87년). 상해에서 화공化工계통의 공장에서 역량을 축적하면서 상해대중화예교광上海大中華橡膠廣 부광장에 근무하고 있을 때(1987년 5월), 주르옹지朱鎔基 상해시 시장이 이 공장에 현지시찰을 하면서 한정의 실적을 높이 평가했다(1988년 8월). 또한 화동사범대학에서 정치·국제관계·경제 등 폭넓게 공부했다(1994년 석사학위취득). 상해시 공청단共青團의 서기(1992년 11월)를 거쳐 상해시인민정부 부비서장·상해시계획위원회 주임·상해시증권관리판공실 주임을 겸직했다(1995년 7월). 상해시 부시장(1998년 2월)을 거쳐 중화인민공화국 제12차 전국인민대표대회 제1차 회의에서 상해시 시장으로 당선되었다(49세, 2003년 2월 20일~2012년 12월 26일). 중국에서 상해시의 정치적 위상이 큰 만큼 상해시 시장의 정치적 역량은 어마어마한데 49세로 시장이 된 한정은 스포트라이트를 한몸에 받았다. 그러다가 갑작스런 츠언리앙위陳良宇 상해시 당서기가 부패혐의로 구속되고 시진핑 절강성 당서기가 급작스럽게 상해시 당서기(2007년 3월 24일~10월)로 부임해오면서 시진핑과 함께 상해 시정市政을 꾸려나갔다. 2010년 상해세계박람회의 조직위원회의 부주임위원과 집행위원회 주임으로서 개혁적인 마인드로 성공적인 세계행사를 치러 위축되어 있던 상해시를 다시 활기찬 상해로 거듭 태어나게 한 공로로 중공18대 1중전회에서 중국공산당중앙정치국위원에 입성했다(2012년 11월 15일). 그리고 중국공산당상해시위원회서기(당서기)에 취임했다(2012년 11월 20일~2017년 10월 29일). 중공19대 1중전회에서 중앙정치국 상무위원으로 인민대회장 연단에 서면서 시진핑 집권 2기의 핵심적인 인물이 되었다(2017년 10월 25일). **현재 직무: 중앙정치국상위.**

〈중국공산당 제19대 중앙정치국위원 18명, 상위常委 7명 외外〉

(서열순序列順으로 배열된 중앙정치국상무위원과 달리 중앙정치국위원은 간체자 성씨姓氏 획수가 적은 순서대로 배열)

띵쉬에시앙丁薛祥(1962년 9월 출생, 55세). 강소성江蘇省 남통인南通人. 중국공산당 가입(1984년 10월). 16세의 소년 띵쉬에시앙은 대학시험에 합격하여 동북중형기계학원(현, 燕山大學) 기계공정과에 입학했다(1978년). 대학졸업 후 상해재료연구소 연구원으로 취직하여(1982년), 연구소 소장이 되었고(1996년), 이 시기에 복단대학復旦大學에서 이학석사理學碩士를 획득했다(1994년). 상해시 과학기술위원회 부주임으로 이적하면서 학문연구에서 정치에 투신하였다(1999년). 상해시 조직부 부부장·인사국 국장을 거쳐 상해시위

원회 부비서장 겸 판공청 주임이 되어 상해시의 당정기구들을 관할하고 있을 때(2006년 11월), 시진핑이 상해시위원회(시위市委) 상무위원(상위常委) 및 서기로 취임했다(2007년 3월 24일). 띵쉬에시앙은 상해시위상위 겸 비서장으로 승진하여(2007년 5월), 시진핑 당서기를 밀착 보좌하여 상해시 업무가 낯선 시진핑의 든든한 정치비서가 되었다. 중공18대에서 중앙후보위원에 선출되어(2012년 11월 14일), 상해에서 올라와 북경 종난하이中南海에서도 핵심 중에서도 핵심인 중공중앙판공청부주임 겸 국가주석판공실주임으로 시진핑의 모든 활동을 보좌했다(2013년 5월). 중공19대에서 중앙위원이(2017년 10월 24일), 중공19대 1중전회에서 중공중앙정치국위원·중앙서기처 서기로 선출되었다(2017년 10월 25일). 중공19대에서 정치국상무위원으로 오른 리잔수의 후임으로 띵쉬에시앙이 중앙판공청 주임에 무난히 임명될 것으로 예상되었고, 2017년 10월 30일에 취임했다. 62년생인 띵쉬에시앙은 강력한 제6세대영도자中國第6代領導者 후보로 급작스럽게 물망에 올랐다. 19차 당대회가 끝나자마자 고위직 영도자들은 시진핑의 3시간 25분 분량의 〈당보고서〉를 심화학습하는 열공熱工에 빠졌다. 11월 7일 띵시에시앙 신임 중직공위中直工委 서기는 중앙직속기관의 리더 380여 명을 소집해서 제19차 당대회의 핵심정신에 대해 열변을 토했다. "시진핑 총서기의 핵심지위를 견결하게 보호한다堅決維護習近平總書記的核心地位." "당중앙권위의 공고화堅決維護黨中央權威和集中統一領導"등 〈4개의식〉을 강조하며 고위공무원을 상대로 사상교육을 시키는 자리였다. 흥미로운 사실은 띵시에시앙이 겸임하고 있는 당중앙판공청과 총서기판공실 부주임이 츠언스쥐陳世炬(1963년생)라는 점이다. 후진타오胡錦濤 총서기 시절(2002년 5월~2013년 3월) 이미 당중앙위원회 총서기판공실 주임이었고 후진타오의 "지혜주머니胡智囊"라고 불렸다. **현재 직무: 중앙정치국위원, 중앙서기처 제2서기, 중앙판공청 주임, 국가주석판공실 주임, 당중앙위원회 총서기판공실 주임, 중앙직속기관공위工委 서기.**

왕츠언王晨(1950년 12월 출생, 67세). 북경시인北京市人. 중국공산당 가입(1969년 12월). 중학교 졸업 후 지식청년들의 농촌행 행렬에 동참하여(1969년 1월) 섬서성 연안지구 의군현宜君縣 삽대揷隊에서 운좋게 1년 동안만 삽질노동을 했다. 의군현 현위원회 선전부에 발탁되어(1970년) 연안지구위원회 판공실근무를 거쳐 『광명일보光明日報』에 입사해(1974년), 기자생활하면서 중국사회과학원에서 신문학을 전공하여 석사학위를 받았다(1982년). 정치·경제기자로 맹활약하면서 부총편집을 거쳐(1986년) 마침내 『광명일보』 총편집에 승진했다(1995년). 왕츠언은 26년간 근무했던 『광명일보』를 퇴사하고 중공중앙선전부 부부장이 되면서 동시에 당기관지 『인민일보』의 총편집인 되었다(2000년 6월). 『인민일보』의 사장이 되고(2002년~2008년), 그 시기에 중화전국신문공작자협회 부주임으로 당선되기도 했다(2001년). 중국공산당중앙대외선전판공실 주임 겸 국무원신문판공실 주임으로 근무했다(2008년 3월). 제12기 전국인민대표회의 제1차 회의에서 왕츠언은 중화인민공화국전국인민대표대회상무위원회 부위원 겸 비서장에 임명되었다(2013년 3월 14일). 중공16대·17대·18대·19대에서 중앙위원으로 선출되고 중공19대 1중전회에서 중앙정치국위원으로 선임되었다(2017년 10월 25일). **현재 직무: 중앙정치국위원, 중화인민공화국 제12기 전국인대상위회 부위원장 겸 비서장, 당조성원, 기관당조 서기.**

리우허劉鶴(1952년 1월 25일 출생, 65세). 하북성 창려인昌黎人, 북경 출생. 중국공산당 가입(1976년 12월). 훤칠한 리우허의 아버지 리우즈옌劉植巖(1918년 2월 7일~1967년 12월 12일)은 북경학생들이 주도한 "12·9학생애국항일운동"(1935년 12월 9일)에 적극 참여하고, 그 항일애국의 열정으로 중국공산당에 가입했다(1936년). 혁명원로로서 중공중앙서남국의 서기처 서기 겸 비서장과 조직부 부장으로 당사업에 전념하다가 문화대혁명 때 잔혹한 핍박과 모멸감을 견디지 못하고 사천성 성도成都의 금강호텔錦江賓館에서 투신하여 생을 마감했다(1967년 12월). 골수에 사무치는 아픔을 디딘 리우허는 북경시 제25중학교를 졸업하고, 지식청년(知靑)으로 길림성吉林省 조남현洮南縣으로 하방下放되어 와방공사瓦房公社 삽대插隊에서 1년간 열심히 농사에 몰두하다가(1969년), 삽 대신 총을 드는 해방군 38군에 입대했다(1970년). 다시 북경무선전창北京無線電廠의 노동자로 변신했다(1973년). 중국공산혁명의 세 주역 계층인 농민農·노동자工·인민해방군兵을 리우허는 10대 후반과 20대 중반에 몸소 경험하고 나서 지식인 계층에 입문했다. 인민대학에 입학하여 공업경제학을 전공하고(1979년), 1년간 인민대학 강사로 재직하다가(1983년) 공업경제학 석사를 취득했다(1986년). 국무원발전중심간부로 공무원의 첫발을 내딛고(1986년), 국가계획위원회연구실 부주임으로 발탁되었다(1988년). 국가계획위원회정책연구실 부주임에 이어(1993년), 국가계획위원회의 장기계획과 산업정책을 담당하는 부서에서 부사장副司長으로 근무할 때(1994년~1998년), 하바드대학에서 국제금융과 무역을 전공하여 석사학위를 받았다(1995년 6월). 국가경제의 핵심부서인 중앙재경영도소조판공실中央財經領導小組辦公室 부주임(2003년)·주임이 되었다(2013년). 국가발전과 개혁위원회 부주임이라는 직책이 더해져 18대 3중전회에서 "383"(3位一體改革思路·8個重點改革領域·3個關聯性改革組合) 방안을 제시했다(2013년 10월 27일). 시진핑이 중점적으로 지향하는 "생태문명건설"을 주관하는 신설된 조직(中央經濟體制和生態文明體制改革專項小組)을 지휘하고 있다(2017년 4월). 중공18대·19대에서 중앙위원으로 선출되었고 19대 중앙정치국위원에 명단을 올렸다(2017년 10월 25일). 왕후닝이 3대 총서기(지앙쩌민-후진타오-시진핑)의 중국정책이론의 큰 그림의 바탕을 제공했다면, 리우허는 3대 총서기의 중국경제의 밑그림을 제공했다고 볼 수도 있다. 중·미 정상회담(북경 인민대회당, 2017년 11월 9일)과 베트남 다낭(제25차 아시아·태평양경제협력체APEC 정상회의, 11월 10일~11일)에서 열린 한·중 정상회담과 중·일 정상회담장에 시진핑 국가주석의 왼편에 리우허가 착석했다. 오른쪽에는 최근에 당중앙판공청 주임으로 승진한 띵쉬에시앙이 보필하고 있었다. 시진핑의 정치사상과 정책에 심원한 영향력을 주는 책사策士 3인이 있다고 한다. 청화대학 화학공정과 동기인 츠언시陳希 중앙당교 교장과 "공산당정책 지혜주머니" 왕후닝王滬寧 당중앙정책실 주임, 그리고 경제통 리우허이다. 2013년 토마스 도닐런 미국 국가안보 보좌관이 방중하여 시진핑 총서기를 배방할 때, 총서기의 옆자리에 미국유학생 출신의 리우허가 배석했는데 "저에게 매우 중요한 사람"이라고 소개했다고 한다. 리우허는 조직안에서 개인의 영향력은 제한되어야 하며, 집단의사결정을 통해 조직시스템을 이끌어야 한다는 평소 지론에 따라 외면적으로 잘 드러나지 않는다. "민주주의의 결핍·개인숭배가 모든 폐단의 근원이다"라고 갈파한 펑떠화이彭德懷의 논지를 십분 동의한 것이며, 이것은 개인숭배가 치성하던 문화대혁명 때 부친의 극단적인 선택을 지켜봐야 했던 15세 소년의 절규에서 리우허는 깨달음을 얻은 것으로 사료된다. **현재 직무: 중앙정치국위원, 중앙재경영도소조판공실 주임, 중화인민공화국국가발전과 개혁위원회 부주임, 당조부서기, 중앙경제체제와 생태문명체제개혁전항소조 조장.**

쉬치리앙許其亮(1950년 3월 출생, 67세). 산동성 임구인臨朐人. 중국공산당 가입(1967년 7월). 16세의 쉬치리앙은 공군제1항공예비학교에 입학해서 공군제8·제5항공학교에서 연마하고 졸업 후 공군조종사가 되어(1969년 8월) 공군참모장에 이르렀다(1994년). 심양군구부사령원 겸 심양군구공군사령원에 재직하는 동안(1999년~2004년) 국방대학에서 장군직 이상의 간부반에서 학습을 진행했다. 해방군 부총참모장(2004년)을 거쳐 공군사령원空軍司令員(2007년 9월~2012년 10월)과 중공중앙군사위원회 위원에 임명되었고(2007년, 중공17대 1중전회), 제11기 전국인대 제1차 회의에서 중화인민공화국중앙군사위원회 위원에 임명되었다(2008년). 중공17대 7중전회에서 중국공산당중앙군사위원회 부주석이 되어 인민해방군 전군을 영도하게 되었다(2012년 11월). 중공14대(1992년)부터 중앙위원 전체회의에 빠짐없이 참석해온 쉬치리앙은 중공19대 1중전회에서도 중앙정치국위원과 중공중앙군사위원회 부주석으로 재선임되었다(2017년 10월 25일). **현재 직무: 중앙정치국위원, 중공중앙군사위원회 부주석, 중화인민공화국중앙군사위원회 부주석, 공군상장上將.**

쑨츠운란孫春蘭(1950년 5월 24일 출생, 67세). 하북성 요양인饒陽人. 공산당 가입(1973년 5월). 약관 15세 나이로 요녕성遼寧省 안산시鞍山市에 있는 공업기술학교(현, 요녕과학기술대학)에 입학하여 기계공학을 전공하고(1965년), 안산시계공장에 노동자로 취직해서(1969년), 당활동도 열심히 했다. 쑨츠운란의 또래 학생들이 하방되어 농촌에서 죽도록 고생하는 동안 노동자인 그녀는 평상적인 생활을 영위할 수 있었다. 문혁종결 이후 안산시 방직공장의 공산당 상무위원이 되고(1978년), 부공장장에다가 공산당 상무위원 서기가 되었다(1986년). 요녕성 안산시 부녀연합(婦聯)의 주임을 거쳐(1988년) 요녕성부련婦聯 주석이 되고(1993년), 요녕성총공회總工會 주석에 올랐다(1995년). 요녕성 부서기에 재임하면서 성위당교省委黨校 교장도 맡았다(1998년). 쑨츠운란은 중공대련시위원회 제9기 1차 전체회의에서 찬성률 100%로 대련시大連市 당서기에 선출되었다(2001년 6월). 전국총공회중앙당조 서기로 임명되면서 요녕성을 떠나 중앙에 진출하게 되었고(2005년 11월), 전국총공회의 부주석·서기처 제1서기에 취임했다. 복건성 당서기에 취임함으로써(2009년 11월) 여성으로서는 두 번째로 성급省級 당서기가 되었고, 복건성인대상위회福建省人大常委 주임도 겸했다(2010년 1월). 중공15대(1997년)부터 중앙위원회 전체회의에 참석해온 쑨츠운란은 중공18대 중앙정치국위원에 당선되고(2012년 11월 15일), 정치국 상무위원으로 승임陞任한 장까오리張高麗의 후임으로 천진시天津市 당서기로 임명되었다(2012년 11월 21일). 중국공산당은 당적黨籍과 공직公職이 최고위층일수록 혐의가 인정되어 수사에 돌입하게 되면 공직을 하향조정한 다음에 죄를 물어 공직을 박탈한다. "3·19군사정변"에 연루된 링지후아令計劃 중앙판공청 주임이 이 케이스에 해당되어 중앙판공청 주임에서 해임되고(2012년 9월 1일) 중국공산당중앙위원회통일전선공작부(中央統戰部) 부장으로 이임되어(2012년 9월 1일~2014년 12월 31일) 수사받다가 뇌물수수·직권남용·국가기밀절취竊取 죄 등으로 무기징역에 처해졌다(2016년 7월 4일). 당중앙의 이러한 스산한 분위기에서 링지후아 후임으로 쑨츠운란은 중앙통전부 부장에 취임했다(2014년 12월 31일~2017년 11월 7일). 시진핑과 쑨춘란과 함께 중공15대 당중앙후보위원으로 입성한 연변자치주 조선족 전철수(全哲洙, 1952년 3월 용정 출생)는 2008년부터 중앙통전부 부부장으로 오랫동안 재직했지만 중공19대 중앙위원에는 그의 이름이 누락되었다. 중공19대 중앙위원(204명)에는 조선족이 전무하며 중앙후보위원(172명) 중 연변자치주 주장州長을 역임한 리경호(李景浩, 1961년 7월 안도현安圖縣 출생)가 20위에 올라있고, 현재 길림성의 통전부 부장으로 재직하고 있다(2017년 5월). 올해 67세가 된 여걸 쑨춘란은 중공18대에 이어 중공19대에도 중앙정치국위원이 되는 영화를 누리고 있다(2017년 10월 15일).
현재 직무: 중앙정치국위원, 중화해외연의회聯誼會 회장.

리시李希(1956년 10월 16일 출생, 61세). 감숙성甘肅省 양당인兩當人. 중국공산당 가입(1982년 1월). 19세의 리시는 지식청년(知靑)으로 감숙성 양당현 운병공사雲屛公社에 소속되어 노동을 했다(1975년 7월). 양당현 문교국 현위원회판공실에서 공작工作하다가(1976년), 부활한 대학입학시험을 보고 서북사범대학 중문과에 입학하여 문학을 전공했다(1978년). 졸업 후 곧바로 감숙성위원회의 직속기관에서 근무하면서 성위省委지식분자공작판공실 주임을 거쳐 감숙성위원회 비서장에 도달했다(2004년). 22년간의 감숙성근무를 마치고 인근 섬서성위원회상무위원의 비서장으로 자리를 옮기고(2004년), 중국공산당의 성지聖地 연안시 당서기가 되었다(2006년 5월). 또다시 남하하여 상해로 내려가 상해시위원회 상무위원이면서 조직부 부장을 거쳐(2011년 5월), 상해시 부서기에 이르렀다(2013년 4월). 리시는 또다시 북상하여 요녕성 부서기·부성장(2014년 4월)에서 요녕성 성장으로 정식으로 선출되었다(2014년 10월 17일). 1년도 안되어 또다시 요녕성 당서기에 취임했다(2015년 5월). 중공17대(2007년)·중공18대(2012년)에서 중앙후보위원이었던 리시는 중공19대에서 중앙위원에 선출되고 중앙정치국위원으로 쾌속승진했다(2017년 10월 25일). 그리고 후츠운후아의 보좌寶座를 꿰차서 광동성 당서기가 되었다(2017년 10월 28일).
현재 직무: 중앙정치국위원, 요녕성인대상위회 주임, 중국공산당광동성위원회 서기.

리치앙李强(1959년 7월 출생, 58세). 절강성 서안인瑞安人. 중국공산당 가입(1983년 4월). 리치앙은 젊은 날 농기구관련 직공으로 근무하다가(1976년) 대학입시를 준비하여 절강농업대학 영파寧波분교 농기계학과에 입학했다(1978년 9월). 2002년 11월 21일 시진핑이 절강성 당서기로 부임하기 전까지 리치앙은 절강성 곳곳에서 농촌전문가로 활약하면서 절강성정부판공청 부주임(1998년)을 거쳐 온주시溫州市 서기로 있었다(2002년). 절강성위 비서장(2004년)에 이어 절강성위상위浙江省委常委 비서장으로 승진하여(2005년) 시진핑 절강성 당서기를 밀착보필했다. 절강성 부서기를 거쳐(2011년) 절강성 성장에 정식으로 취임했다(2013년 1월). 또다시 급작스럽게 강소성江蘇省 당서기에 취임하고(2016년 6월 30일), 이어서 강소성인대상위회江蘇省人大常委會 주임에 선출되었다(2017년 2월 10일). 중공18대에서

중앙후보위원으로 처음 명함을 내민 리치앙은 중공18대 7중전회(2017년 10월 11일~14일)에서 결원된 중앙위원자리를 물려받아 중앙위원이 되었다. 중공19대에서 중앙위원으로 선출되고(2017년 10월 24일) 1중전회에서 중앙정치국위원으로 진입했다(2017년 10월 25일). 초고속 승진. 지앙쩌민 상해파의 마지막 "태자"로 불리는 한정 상해시 당서기가 정치국상무위원으로 진입했고 그의 후임에 리치앙이 점쳐진다는 예측이 나도는 와중에 2017년 10월 29일 상해시 당서기로 취임했다. **현재 직무: 중앙정치국위원, 중공상해시위원회 상위 · 서기.**

리홍종李鴻忠(1956년 8월 출생, 61세). 산동성 창락인昌樂人, 요녕성 심양출생. 중국공산당 가입(1976년 12월). 지식청년의 마지막 하방대열에 끼어서 요녕성 심양시 소가두구蘇家屯區 요간공사姚千公社 전두대대前陡隊大 삽대揷隊에 입대하여 노동했다. 문혁종결후 길림대학 역사학과에 정식으로 시험 봐서 입학했다(1978년). 졸업 후 심양시정부판공실 비서처에 근무를 시작으로 요녕성위원회판공실 비서로 있을 때(1985년 4월) 리티에잉李鐵映 요녕성 당서기의 눈에 들었다. 북경 전자공업부 부장으로 취임하는 리티에잉 부장을 따라 나선 리홍종도 북경에서 전자공업부판공실 비서로 근무하게 되었고(1985년 6월), 판공실 부주임까지 승진했다(1987년). 중공13대 · 14대 · 15대에 걸쳐 정치국위원을 지낸 리티에잉 부장의 아버지는 저우언라이 · 떵샤오핑과 함께 프랑스에서 아르바이트하면서 공부를 한(勤工儉學) 리웨이한(李維漢, 1896년~1984년)이다. 리웨이한은 호남성립湖南省立제1사범학교를 졸업한 마오쩌똥毛澤東과 동창으로 추수기의秋收起義(1927년 9월 9일)도 함께 한 중공최고원로그룹에 속한다. 모친은 떵샤오핑鄧小平을 차버린 미모의 진웨이잉金維映이다. 일찍이 리티에잉의 후의를 입은 리홍종은 광동성 혜주시惠州市 부시장으로 취임하면서(1988년) 광동성 근무가 시작되었다. 혜주시 시장 · 당서기와 광동성 부성장(2001년)을 거쳐 심천시(深圳市) 당서기(2005년)로 마무리하고, 호북성湖北省 부서기 겸 성장대리로 취임했다(2007년 12월). 이듬해 정식으로 성장으로 당선되고(2008년 1월) 호북성 당서기에 임명되었다(2010년 12월). 리홍종이 주재하는 중공호북성위상위에서 "시진핑핵심론習核心論"을 표명하여(2016년 1월 15일) 우려와 충성경쟁을 동시에 불러일으켰다. 천진시 당서기로 북상했다(2016년 9월 13일). 리홍종은 중공16대 · 17대에서 중앙후보위원으로 있다가 중공18대 · 19대에 중앙위원으로 선출되었고 제19대 중앙정치국위원으로 입성했다(2017년 10월 25일). **현재 직무: 중앙정치국위원, 천진시 당서기.**

양지에츠으楊洁篪(1950년 5월 1일 출생, 67세). 상해출생. 중국공산당 가입(1971년 12월). 13세의 양지에츠으는 상해외국어대학부속 외국어학교에 입학하여(1963년) 열심히 영어를 배우다가 문화대혁명으로 인해 학교를 그만둘 수밖에 없었다. 도시의 지식청년들이 모택동의 "상산하향上山下鄉"하라는 지시를 받들고 수천만 명이 학업도 중단하며 오지에서 농민 · 노동자로 전락할 때, 양지에츠으는 상해를 떠나지 않고 상해전표電表공장에서 노동자로 일했다(1968년~1972년). 중국이 UN가입

하면서(1971년 10월 25일) 서방세계와 해빙무드가 조성될 때, 외교부에서 운영하는 외국유학준비반에 들어가 학습을 하고(1972년), 영국 런던정치경제대학에서 국제관계학을 전공했다(1973년). 귀국하여 외교부 번역실에서 근무하다가(1975년) 중국주미대사관의 2등서기관으로 부임해가면서 12년간의 미국 정치활동이 시작되었다(1983년). 3년간 중국주미공사를(1993년~95년) 마치고 귀국하여 외교부 부장조리로 근무했다(1995년). 중국외교부 부부장 신분으로(1998년 2월) 중국주미대사로 임명되어 임지 미국으로 건너갔다(2001년 2월 16일~2004년 12월). 4년간의 미국대사의 대임을 마치고 외교부에서 근무하면서 남경대학 역사학과에서 세계사를 전공하여 박사학위를 받았다(2006년). 중화인민공화국 제10기 전국인대상위회全國人大常委會 제27차 회의에서 외교부 부장으로 승진했다(2007년 4월 27일~2013년 3월 16일). 중화인민공화국 제12기 전국인민대표대회 제1차 회의에서 국무위원으로 임명되고(2013년 3월) 중공중앙외사공작영도소조비서장 겸 판공실(中央外事辦) 주임이 되었다(2013년 8월). "온화하고 문아한 유가 선비의 풍모가 넘치는溫文爾雅, 有儒家風範" 양지에츠으는 중공16대에서 중앙후보위원이, 중공17대·18대에서 중앙위원으로 선출되었다. 어느 때보다도 대미외교가 중시되는 이 시점에 "미국통"인 양지에츠으가 중공19대에서 중앙위원과 중앙정치국위원이 되어 중국외교부의 위상이 높아졌다고 한다. **현재 직무: 중앙정치국위원, 국무위원, 국무원당조성원, 중앙외사공작영도소조판공실 주임, 중앙유호**維護**해양권익공작영도소조판공실 주임.**

양샤오뚜楊曉渡(1953년 10월 출생, 64세). 상해시인. 중국공산당 가입(1973년 9월). 지식청년 양샤오뚜가 안휘성安徽省 태화현太和縣 송집공사宋集公社 고묘대대高廟大隊에서 노동하다가(1970년 5월) 운좋게도 상해중의학원 약학과에 입학했다(1973년 9월). 졸업 후 서장자치구나곡지구의약공사西藏自治區那曲地區醫藥公司에서 공작工作에 입문했다(1976년 12월). 서장자치구 재정청財政廳 청장으로 재임하다가(1995년) 서장자치구인민정부 부주석으로 선출되었다(1998년 5월). 상해시 부시장 겸 상해시문물관리위원회 주임으로 재임하는 동안(2001년 5월~2006년) 중앙당교에서 법학이론을 전공했다. 상해시위원회 상무위원·통전부 부장과 사회주의학원 원장으로 승진해서 근무하고 있을 때(2006년 10월~2012년) 시진핑이 상해시 당서기로 부임해 왔다(2007년 3월 24일). 중공상해시 기율검사위원회紀律檢査委員會 서기로 선출되고(2012년 5월), 중공18대에서 중앙기율검사위원회(中紀律) 위원으로 피선되었다(2012년 11월 14일). 부패청산에 가속페달을 밟는 왕치산王岐山 중기율 서기를 적극 보좌하는 부서기로 발탁되었다(2014년 1월 15일). 양샤오뚜는 무시무시한 중화인민공화국 감찰부 부장이 되고(2016년 12월 25일), 국가예방부패국國家豫防腐敗局 국장 그리고 중앙심화국가감찰체제개혁시점공작영도소조(조장: 왕치산王岐山) 성원 겸 판공실주임에다가 그것도 부족해서 중앙순시巡視공작영도소조(조장: 왕치산) 성원을 더했다(2017년 1월). 중공18대 중앙기율검사위원회 부서기를 거쳐 중공19대에서 처음으로 중앙위원으로 선출되고(2017년 10월 24일. 중기율 부서기로 재선), 중공19대 1중전회에서 중앙정치국위원으로 급상승했다(2017년 10월 25일). **현재 직무: 중앙정치국위원, 중앙서기처 서기, 중앙기율검사위원회 부서기, 감찰부 부장, 국가예방부패국 국장.**

장여우시아張又俠(1950년 7월 출생, 67세). 섬서성 위남인渭南人, 북경출생. 아버지 장쭝쉰(張宗遜, 1908~1998) 인민해방군 상장上將은 황포군관학교黃埔軍官學校 4기다. 약산 김원봉・리우즈딴劉志丹・린뺘오林彪와 동기생으로 북벌北伐에도 참전한 전우이다. 마오쩌뚱의 추수기의秋收起義(1927년 9월 9일)에도 동참했고 공농홍군工農紅軍 12군 군장으로 장정長征을 통솔했다. 신중국에서 중국인민해방군 부총참모장을 지낸 개국공신이다. 북경 경산景山학교를 졸업한 18세 장여우시아는 집안의 분위기에 따라 육군 제14군軍 40사師에 입대했다(1968년). 군사학원에서 기본을 학습하고(1984년~1986년), 국방대학에서 합동전역지휘반에서 고차원의 공부를 계속 했다(1996년~1997년, 소장少將). 육군제13집단군 군장(2000년 8월)・북경군구 부사령원(2005년 12월)・심양군구 사령원(2007년 9월, 중장中將)을 역임하고 상장上將으로 진급했다(2011년 7월). 중공18대에서 중앙위원・중공중앙군사위원회 위원으로 선출되고, 해방군총장비부 부장으로 발탁이 되었다(2012년 10월). 이듬해 중화인민공화국 제12기 전국인대에서 중화인민공화국중앙군사위원회 위원으로 선출되었다(2013년 3월). 중공19대에서 중앙위원에 당선되고 19대 1중전회에서 중앙정치국위원과 동시에 중공중앙군사위원회 부주석으로 선출되었다(2017년 10월 25일). **현재 직무: 중앙정치국위원, 중공중앙군사위원회 부주석, 중화인민공화국중앙군사위원회 위원, 육군상장上將.**

츠언시陳希(1953년 9월 출생, 64세). 복건성福建省 포전인莆田人, 복건성 복주시福州市 출생. 공산당 가입(1978년 11월). 5년간 복주대학 기계공장의 노동자로 문혁시대를 지내다가(1970년) 근무하던 공장에서 추천을 해서 공농병학원工農兵學員 중 노동자(工) 자격으로 북경 청화대학淸華大學 화학공정과化學工程科에 입학했다(1975년 9월). 시진핑과 과동기동창科同期同窓이다. 대학원에 진학하여 석사학위를 받고(1982년) 계속 청화대학에 남아서 당조직사업과 학술활동을 활발히 수행하면서 미국 스탠퍼드斯旦福대학의 방문학자로 미국에서 연구생활도 했다(1990년~1992년). 청화대학당위黨委 서기 겸 교무위원회 주임으로 7년간 근무하다가(2002년~2008년) 중화인민공화국 교육부 부부장에 임명되었다(2008년 11월). 30여년 동안 교육계에서 종사하다가 요녕성 부서기에 임명되었다(2010년). 이어서 중국과학기술협회당조 서기(2011년)를 거쳐 중앙조직부의 상무 부부장에 부임했다(2013년). 당중앙조직부는 인사결정을 담당하는 부서로 실질적으로 가장 막강한 조직이다.

시진핑의 과동기로 편안하게 오래도록 교류해온 학자풍의 츠언시는 중공16대・17대에서 중앙기율검사위원회 위원으로 선출되었다. 중공18대・19대에 중앙위원에 피선되고 중앙정치국위원에 입성했다(2017년 10월 25일). 정치국상위常委에 오른 자오러지의 후임으로 중공중앙조직부 부장에 승임되었다(2017년 10월 28일). 시진핑이 제5세대영도자 후계자로 확정되었을 시기에나(2007년 12월) 맡을 정도로 최고위직인 중앙당교 교장을 츠언시가 접수했다. **현재 직무: 중앙정치국위원, 중앙서기처 서기, 중공중앙조직부 부장, 제24대 중공중앙당교 교장.**

츠언취앤꾸어陳全國(1955년 11월 출생, 61세). 하남성河南省 평려인平輿人. 중국공산당 가입(1976년 2월). 중학교를 졸업한 후 18세에 중국인민해방군 포병대에 입대했다가(1973년 12월) 기계부품을 생산하는 공장에 노동자로 취직했다(1977년). 대학입시가 부활되어 정주대학鄭州大學 경제학과 78학번이 되었다. 대학을 졸업한 엘리트가 하남성의 기층에 자진해서 내려와 고향인 평려현平輿縣 신점공사辛店公社에 근무하면서 정계에 입문했고(1981년 12월), 주마점駐馬店지구위원회판공실 비서를 거쳐 정책연구실 주임이 되었다(1985년 4월). 하남성의 여러 지역의 부서기·시장을 섭렵하고 하남성인민정부 부성장에 임명되었다(1998년 1월).

북경을 떠나 부서기로 지방근무를 처음 시작한 리커치앙이 도착한 곳이 하남성이었다(1998년 6월). 7년간 하남성 성장을 공작工作한 리커치앙이 최하위에 머물던 하남성의 경제총량을 전국 5위권에 끌어올릴 수 있었던 것은 농촌기층사정에 밝은 동년배인 츠언취앤꾸어 부성장의 보필의 힘이 컸기 때문이다. 하남성 조직부장을 겸하면서 츠언취앤꾸어는 무한武漢이공대학에서 관리학 박사를 취득했다(2004년). 하남성 부서기를 거쳐(2004년) 하북성 부서기로 부임해와(2009년) 하북성 성장에 취임했다(2009년 12월 15일). 또다시 티베트西藏자치구 서기로 5년간 근무하고(2011년~2016년) 신강위구르자치구 서기로 발령났다(2016년 8월 29일). 진정한 마음으로 농촌기층사회에 다가간 츠언취앤꾸어는 중공17대 중앙후보위원, 18대·19대 중앙위원에 선출되고 19대 중앙정치국위원에 당선되기까지 한 단계씩 올라가는 계단식 승진의 전형을 보여주었다. **현재 직무: 중앙정치국위원, 신강新疆위구르자치구 당서기, 신강생산건설병단 제1서기.**

츠언민얼陳敏爾(1960년 9월 29일 출생, 57세). 절강성 제기인諸暨人, 제기 출생. 중국공산당 가입(1982년 9월). 절강성 소흥紹興사범대학에서 중문학을 전공하고(1978년) 모교에 남아 당선전부일을 하다가 성위당교에서 교원일을 했다(1983년). 1984년부터 소흥시인민정부의 선전부에서 근무를 시작해서 절강성 선전부 부장에 임명되었다(2001년). 그 사이 영파시寧波市 부시장(1997~1999)과 『절강일보』 사장으로도 있었다(1999년~2001년). 츠언민얼이 절강성 선전부 부장과 중국공산당절강성위원회상무위원으로 승급한 상태에서(2002년 6월), 시진핑이 절강성 당서기로 부임해왔다(2002년 11월 21일). 시진핑은 『절강일보』에 당서기의 비젼을 담은 단평短評을 232편 연재해(2003년 2월 25일~2007년 3월 25일) 인민들의 호응을 크게 얻었고, 『지강신어之江新語』라는 한 권의 책으로 펴냈다(절강인민출판사, 2007년). 『지강신어』 집필과정에서 한학과 문학에 소양있는 츠언민얼 절강성 선전부 부장의 공이 컸다고 회자되고 있다. 절강성 부성장에 임명되어(2007년) 시정施政을 펴는 츠언민얼을 급작스럽게 중공중앙이 귀주성貴州省 부서기로 발령냈고(2012년 2월), 귀주성인민정부의 성장으로 당선되었다(2013년 1월). 중공중앙은 또다시 귀주성 당서기로 임명하고(2015년 7월 31일), 2017년 4월 20일 연임되었다. 중공19대 중앙정치국 상무위원진입이 확실시 되었던 쑨정차이(孫政才, 1963년생) 중경시 당서기(중공18대 중앙정치국위원)가 중국공산당 제19차 당대회를 3개월 앞두고 부패혐의로 낙마했다(쌍개雙開처분: 당적·공직박탈, 2017년 9월 29일). 당중앙은 "중대한 정치적 우환"으로 공시했다("부패6인방"으로 지목: 뿨시라이·저우용캉·쉬차이허우·링지후아·꾸어빠이시옹·쑨정차이). 쑨정차이가 가지고 있던 직책인 중경시 당서기黨書記·상위常委·위원委員 직무를 하루아침에 츠언민얼이 떠안게 되자마자(2017년 7월 15일) 츠언민얼이 중공19대에서 정치국상위로 가뿐하게 오르고 2022년에 중국제6세대 최고영도자의 반열(총서기나 국무원 총리)에 오를 것이라고 흥분해서 떠드는 내외신 보도로 정작 본인은 경직되어갔다. 중공17대에서 중앙후보위원, 중공18대에서 중앙위원, 중공19대에서 큰 파격 승진없이 중앙정치국위원으로 당선되었다(2017년 10월 25일). **현재 직무: 중앙정치국위원, 중경시 당서기.**

후츠운후아胡春華(1963년 4월 출생, 54세). 호북성湖北省 오봉인五峰人, 오봉토가족土家族자치현 마암돈촌馬巖墩村 출생. 중국공산당 가입(1983년 4월). 16세의 후츠운후아는 북경대학 장원壯元으로 입학하여 중문과에서 공부했다(1979년 9월). 1983년 인민대회당에서 열린 대학졸업생대회에서 졸업생대표로 연단에 선 후츠운후아는 개혁개방의 정책은 자기고향을 개변改變시키는 것이고 낙후된 소수민족지구를 현대화시키는 정책을 적극 수행하는 것이 내륙소수민족지구에서 태어난 자신의 명운命運이라며 졸업생대표 연설을 마치고 티베트西藏자치구로 달려가 공청단工青團의 조직부 간부로 사회의 첫발을 내딛었다(1983년). 27세도 안되어서 공청단티베트자치구위원회 부서기로 부청급副廳級을 거쳐(1990년 2월) 부부급副部級의 공청단 중앙서기처 서기 겸 전국청련全國青聯의 부주석이 되었다(1997년 12월, 34세). 이 즈음에 중공중앙당교 연구생으로 입학하여 세계경제학을 학습했다(1996년~1999년, 이때 중앙당교 교장이 후진타오胡錦濤였다). 티베트자치구당위원회 상무위원의 비서장으로 다시 티베트자치구에 내려와 근무하고(2001년), 정부상무 부주석과 당상위상무黨常委常務 부서기에 임명되었다(2005년). 정부급正部級관원으로 8,000만 공청단의 수장인 공청단중앙서기처 제1서기에 승급되었다(2006년 11월, 43세). 중앙근무에서 다시 지방근무를 시작했다.

중국최고로 젊은 성급행정구의 영도인으로 주목을 받으며 하북성 당 부서기로 부임해와 인민정부성장省長을 지냈다(2008년 4월~2009년 12월). 내몽골자치구 당서기로 4년간 근무하다가, 국무원부총리로 중앙으로 승급한 왕양汪洋을 이어서 광동성廣東省 당서기로 부임했다(2012년 12월 18일~ 2017년 10월 28일). 중앙후보위원 시절이 없이 중공17대에 중앙위원이 된 후츠운후아는 중공18대에서 49세 나이로 중앙정치국위원이 되면서 40대로 함께 진입한 쑨정차이孫政才와 더불어 "격대지정접반인隔代指定接伴人"으로 암암리 5년간 예상되어 시진핑-리커치앙 후계구도習李組合처럼(2007년 10월 동반 정치국상위 진입) 중공19대에서는 당연히 정치국상무위원이 될 것이라고 예견되어왔다. 2017년 10월 25일 인민대회당에서 시진핑 총서기의 정치국상무위원을 호명하는데 후츠운후아는 없었다. 중공18대와 동일한 신분에 머물렀다. 3일 후 광동성 당서기 신분이 종료되었다. **현재 직무: 중앙정치국위원.**

꾸어성쿤郭聲琨(1954년 10월 출생, 63세). 강서성江西省 흥국객가인興國客家人. 중국공산당 가입(1974년 12월). 흥국현 평천平川중학교를 졸업한 18세의 꾸어성쿤은 지식청년으로 분류되어 흥국현 오리정공사五里亭公社 삽대插隊로 하향下鄕되어 4년간 노동을 했다(1973년 8월). 공농병학원생工農兵學員生으로 강서야금학원江西冶金學院(현, 강서이공대학)에 입학하고(1977년 3월), 졸업 후 기층基層으로 다시 내려와 흥국현 경내의 야금공업부에서 종사하면서 당활동도 했다(1979년 12월). 향후 14년간을 종사하게 되는 중국유색금속공업총공사中國有色金屬工業總公司에 입사하여(1985년 8월), 부총경리副總經理 겸 당조성원黨組成員에 이르렀다(1997년). 중앙의 중국유색금속공업총공사의 부총경리와 당조성원으로 발탁되어 북경생활이 시작되었다(1998년). 국무원 산하 국유중점대형기업감사회 주석에 임명되고(2000년 6월) 더불어 중국연업鉛業공사주비조籌備組 조장이 되었고(2000년 8월), 연업공사의 수임首任 총경리(사장)로 취임한 이래(2001년 2월), 당조서기 겸 중국연업고빈유한공사中國鉛業股份有限公司의 동사장董事長(회장)·총재로 또 취임식을 거행했다(2001년 9월). 이 시기에 중앙당교에 입교하여 성부급省部級 간부진수반幹部進修班에서 학습했다(2002년 3월~5월). 대형국가기업을 훌륭하게 관리한 경험이 인정되어 광서성廣西省 장족壯族자치구 당위黨委 부서기와 자치구인민정부 부주석·당조 부서기로 발령되었고(2004년 4월), 당서기와 당조 서기, 자치구인대상위人大常委 주임으로 승진하는 가운데(2008년 1월) 북경과기대학에서 관리학박사학위를 취득했다(2007년 7월). 중공18대에서 중앙위원에 선출되어 재차 북경에 돌아 온(2012년 12월) 꾸어성쿤을 기다리고 있는 직책이 공안부公安部 당위 서기였다. 중화인민공화국 제11기 전국인대상위회 제13차 회의에서 공안부 부장과 무경武警부대 제1정위政委로 임명되었다(2012년 12월 29일). 곧이어 제12기 전국인대 제1차 회의에서 국무위원國務委員에 선임되고(2013년 3월 16일), 한 달 후 중공중앙정법政法위원회 부서기에도 취임했다. 중공16대(2002년)·17대(2007년)에서 중앙후보위원 명단에 올렸고, 18대(2012년)에 중앙위원이 되어 19대 당대회에서 시진핑 총서기가 5년간 진행된 당무黨務 보고를 인민대회당 주석단에 착석해서 듣는 위치에 있었다(2017년 10월 18일). 연이어 19대에서도 중앙위원으로 선출되고(2017년 10월 24일), 그 다음날 중앙정치국위원에 호명되었다. **현재 직무: 중앙정치국위원, 중앙서기처 서기, 국무위원, 국무원당조성원 겸 공안부 부장, 당위서기, 중앙정법위원회 부서기, 무장경찰부대 제1정위, 당위제1서기, 총경감.**

후앙쿤밍黃坤明(1956년 11월 출생, 60세). 복건성 상항인上杭人. 중국공산당 가입(1976년 10월). 4년간 인민해방군 육군복무를 마치고 고향 상항현 통현공사通縣公社에서 당지부위원으로 있을 때, 복건사범대학에 입학했다(1978년). 졸업 후 복건성 용암지구龍巖地區의 조직부 간부로 첫발을 내딛인 후, 시市로 승격한 용암시의 시장으로 취임하기까지의(1998년 2월) 17년간 복건성 용암지역에서 내내 공작工作했다. "내 청춘의 아름다운 시절을 복건성에서 보냈다"고 회고하는 시진핑의 복건성공작시기(1985년~2002년)와 많이 겹치는 후앙쿤밍의 다음 임지는 공교롭게도 절강성이다(1999년~2013년). 중앙후보위원(중공17대, 1997년)에서 2단계 도약하여 중공18대에는 중앙정치국위원에 선출되고 절강성 당서

기로 고속승진한(2002년 11월 21일) 시진핑과 절강성 호주시湖州市 부서기와 시장으로 먼저 부임해온 후앙쿤밍은 지역적 연緣이 깊다. 중국공산당혁명전통에 무한한 자부심을 갖는 시진핑에게는 가흥시嘉興市(1921년 7월 중국공산당 제1차 전국대표대회 개최를 상해에서 시작해서 가흥에서 무사히 폐막할 수 있었다)는 아주 특별했다. 후앙쿤밍이 가흥시 당서기가 되었다(2003년 2월~2007년). 가흥시 당서기로 근무하면서 청화대학 공공관리학원에서 학습을 연마하여 관리학박사학위를 받았다(2005년~2008년). 절강성 선전부 부장을 5년간 하다가 절강성 부성장에 취임한 츠언민얼을 뒤이어 후아쿤밍이 선전부 부장에 임명되었다(2007년 6월). 절강성위상위의 신분으로(2007년) 아름다운 고도古都 항주시杭州市 당서기로 부임했다가(2010년 1월) 중공중앙선전부 부부장으로 임명되어 북경근무가 시작되었다(2013년 10월. 이때 선전부 부장은 리우치빠오劉奇葆로 2016년 5월에 서울에서 열린 제8차 한·중 고위언론인 포럼에 참석했다. 중공19대에서도 중앙위원으로 등재되어 있다). 중공18대에서 처음으로 중앙후보위원이었던 후앙쿤밍이 중공19대에서 중앙위원과 중앙정치국위원으로 선출되는 큰 복을 누리고 있다(2017년 10월 25일). 후앙쿤밍은 중앙서기처 서기(2017년 10월 25일)와 중앙정신문명건설지도위원회판공실 주임으로도 활약하고 있다(2017년). 2017년 10월 30일 중앙선전부 부장으로 취임했다. **현재 직무: 중앙정치국위원, 중앙서기처 서기, 중앙선전부 부장, 중앙정신문명건설지도위원회판공실 주임.**

차이치蔡奇(1955년 12월 출생, 61세). 복건성 우계인尤溪人, 복건성 영안永安 출생. 중국공산당 가입(1975년 8월). 17세 지식청년 차이치는 복건성 영안현 서양공사西洋公社 삽대插隊에서 3년간 노동을 했다(1973년). 영안현의 추천으로 공농병학원 자격으로 복건사범대학 정교과政教系에 입학했다(1975년. 후앙쿤밍의 같은 정교과 3년 선배이다). 졸업 후 학교에 남아 당활동을 하다가 복건성위원회 판공청에 임용되면서 본격적인 정계에 입문했다(1983년). 이후 대학후배 후앙쿤밍과 비슷한 정치역정(政治歷程: 복건성-절강성-북경)을 걷게 되고(항주시 부서기와 시장을 2007~2010년에 담당) 당연히 시진핑의 동선動線과 많이 겹친다. 2010년 1월에 절강성위원회상무위원·절강성위원회 조직부장·성위당교교장省委黨校校長·절강성 부성장을 거쳐(2013년 11월~2014년 3월 27일) 중앙에 새로 설치된 중앙국가안전위원회(國安委. 주석: 시진핑, 판공실 주임: 리잔수栗戰書)의 판공실 부주임(正部級)으로 북경에 입성했다(2014년 3월). 2016년 북경시 부서기로 발령된 즉시 제14기 북경시인민대표대회 상무위원회에서 차이치를 북경시 인민정부 부시장·대리시장으로 임명했다(2016년 10월 31일). 제23회 2018 평창동계올림픽에 이어 열리는 제24회 2022 뻬이징동계올림픽조직위원회 집행주석으로 위임받았다(2016년 11월. 제29회 2008 뻬이징하계올림픽 총책은 시진핑이었다). 2017년 1월 20일 북경시 시장에 당선되었고 5개월 후 북경시 당서기에 임명되면서(2017년 5월 27일) 시장직은 사퇴했다. "시진핑총서기중요사상重要思想"을 공식 석상에서 발언한(2017년 6월. "모택동사상"은 귀에 닳도록 들은 중국인들에겐 매우 생경한 어휘였다) 차이치의 승진속도는 폭주기관차급이다. 중앙후보위원도 아니면서 북경시 당서기가 된 경우가 중국공산당역사에는 없다. 중공19대에서 처음으로 중앙위원으로 선출되고(2017년 10월 24일), 바로 다음 날 중앙정치국위원이 되어 "당과 국가의 영도인"이 되었다. **현재 직무: 중앙정치국위원, 북경시 당서기, 제24회 2022 베이징동계올림픽조직위원회 주석, 당조서기.**

중국공산당 당기黨旗

중국공산당 당휘黨徽

【중국공산당 중앙조직도】

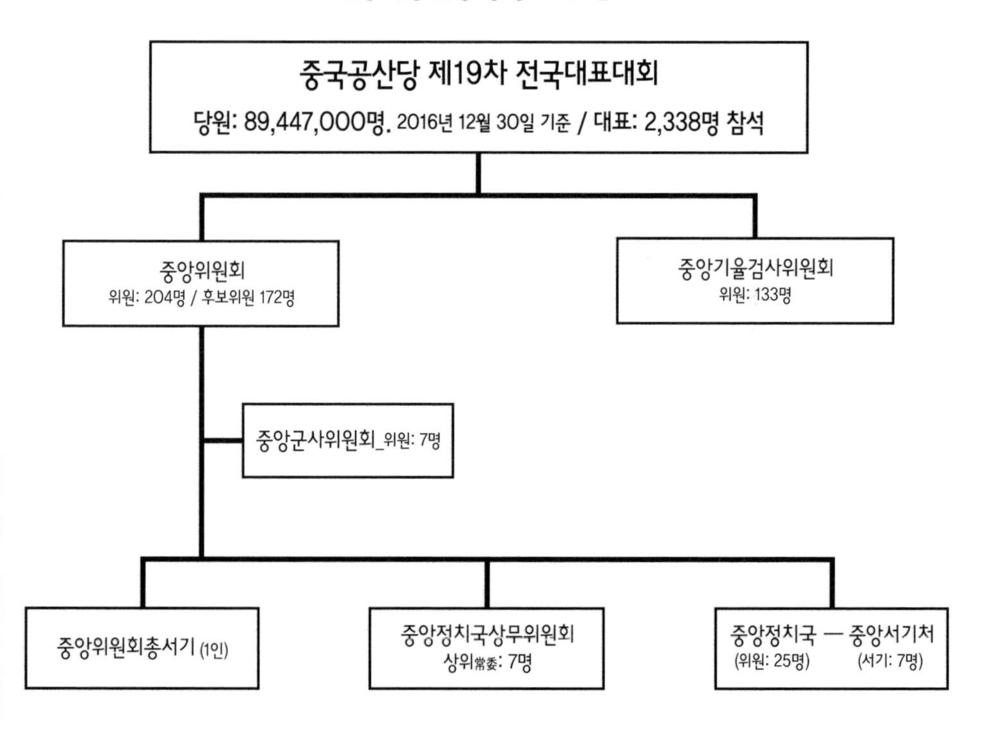

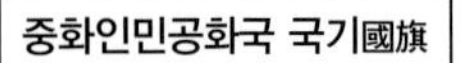
중화인민공화국 국기國旗

중화인민공화국 국휘國徽

【중화인민공화국 국가기구체계】

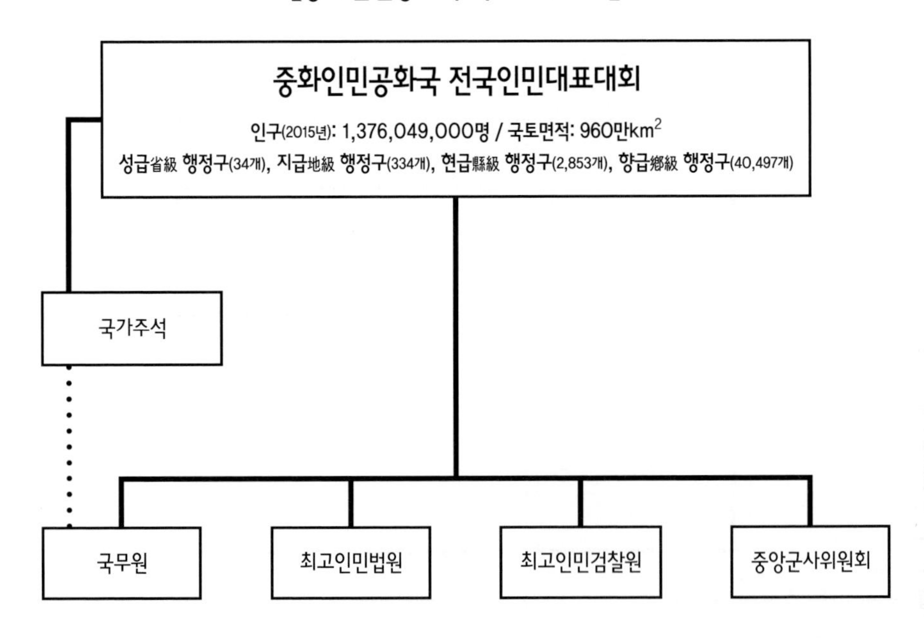

중국인민해방군 군기軍旗

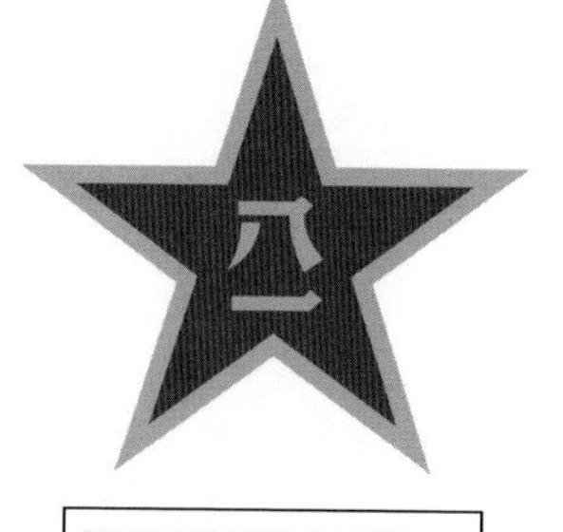

중국인민해방군 군휘軍徽

【중국인민해방군 조직도】

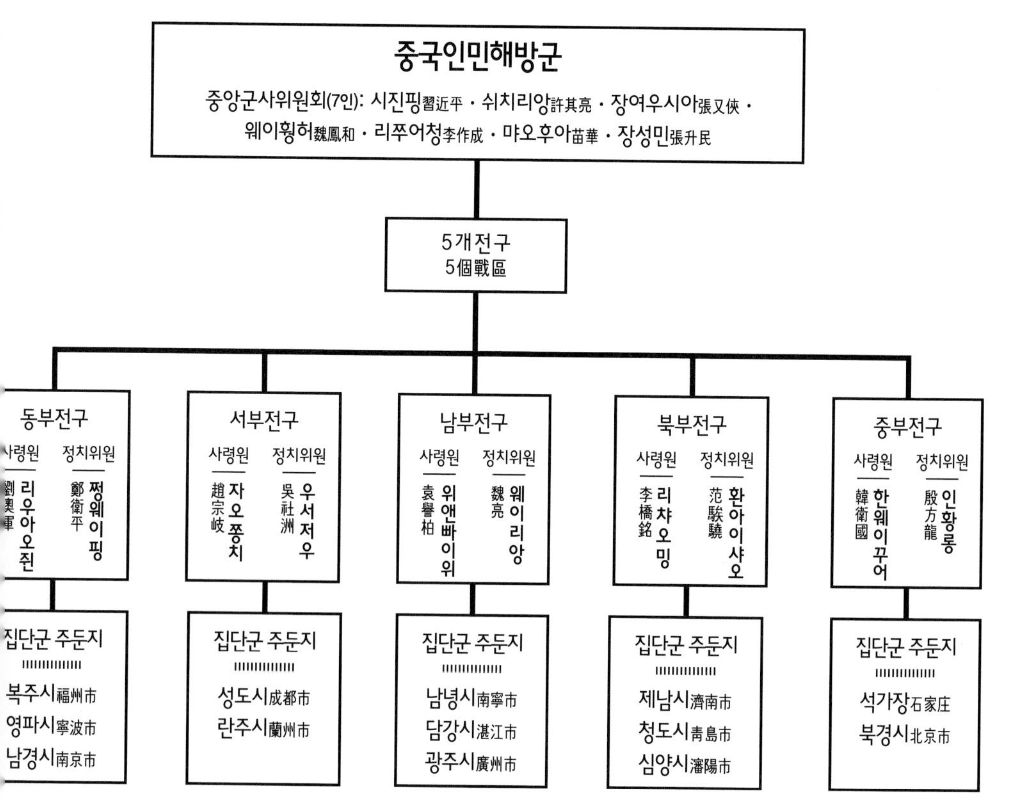

2017년 현재 230만 명(모병제募兵制)으로 구성된 인민해방군(육군155만 명, 해군29만 명, 공군39만 명, 미사일부대火箭軍, 전략지원부대)은 7개군구軍區 18개집단군이 5개전구戰區 13개집단군集團軍(육군·해군·공군·미사일부대·전략지원부대 5군종軍種이 통합된 형태)으로 개편되었다.

연표 참고도서 목록

【국내출판 … 저서】

강영심 지음. 『신규식의 생애와 독립운동』. 충청남도: 독립기념관 한국독립운동사 연구소, 1992.

강용권 · 김택 지음. 『홍범도 장군』. 서울: 도서출판 장산, 1996.

강창일 · 하종문 지음. 『일본사 101장면』. 서울: 가람기획, 1998.

古典研究室 編纂. 新書苑 編輯部 編輯. 『北譯 高麗史』(전11책). 서울: 신서원, 1992.

고준석 지음. 김영철 옮김. 『조선공산당과 코민테른』. 서울: 공동체, 1989.

김경묵 엮음. 『이야기 러시아사』. 서울: 청아출판사, 1990.

김득황 지음. 『만주의 역사와 간도 문제』. 서울: 남강기획출판부, 2005.

김명호 지음. 『중국인 이야기』(1 · 2 · 3 · 4). 서울: 한길사, 2012~2015.

김삼웅 지음. 『서대문형무소 근현대사』. 서울: 나남출판, 2000.

金聖七 지음. 『역사 앞에서』. 서울: 창작과비평사, 1993.

金永根 編著. 『建國勳章受勳者功勳錄』(1 · 2). 서울: 삼한출판사, 1994.

김용옥 연출. 『도올이 본 한국독립운동사 10부작』(EBS), 2005.

김용옥 지음. 『도올의 중국일기』(5권). 서울: 통나무, 2015.

김용직 · 손병희 편저. 『李陸史全集』. 서울: 깊은샘, 2004.

金仁植 著. 湖亭 林鍾文 監修. 『韓國貨幣價格圖錄』. 서울: 오성 K&C, 2009.

김주용 지음. 『만주지역 친일단체(친일, 비겁한 변명)』. 서울: 역사공간, 2014.

金河龍 著. 『中國政治論』. 서울: 博英社, 1984.

金學俊 著. 『러시아革命史』. 서울: 文學과 知性社, 1981.

金學俊 지음. 『梅軒 尹奉吉 評傳』. 서울: 민음사, 1992.

김효순 지음. 『간도특설대』. 경기도: 서해문집, 2014.

독립기념관 편. 『독립기념관 전시품 도록』. 충청남도: 독립기념관, 2002.

독립기념관 편. 『한국독립운동사사전』(전7책). 충청남도: 한국독립운동사연구소, 2004.

류연산 지음. 『일송정 푸른 솔에 선구자는 없었다』. 경기도: 아이필드, 2004.

문유근 지음. 『시진핑의 차이나드림』. 경기도: 북스타, 2014.

박태원 저. 『약산과 의열단』. 서울: 깊은샘, 2000.

박현택 지음. 『오래된 디자인』. 서울: 컬처그라퍼, 2013.

박현택 지음. 『보이지 않는 디자인』. 서울: 안그라픽스, 2016.

박환 지음. 『러시아한인민족운동사』. 서울: 탐구당, 1995.

반병률 지음. 『성재 이동휘 일대기』. 서울: 범우사, 1998.

백선기 지음. 『미완의 해방노래』. 서울: 正宇社, 1993.

백승욱 지음. 『문화대혁명』. 경기도: 살림출판사, 2014.

백태남 편저. 『한국사 연표』. 서울: 다홀미디어, 2013.

서대숙 지음. 『현대 북한의 지도자(김일성과 김정일)』. 서울: 을유문화사, 2000.

송건호 지음. 『의열단』. 서울: 창작과비평사, 1985.

신봉수 지음. 『마오쩌둥』. 경기도: 한길사, 2010.

辛勝夏 著. 『중국근대: 개혁과 혁명』(上·下). 서울. 大明出版社, 2004.

신채호 지음. 『조선상고사』. 서울: 일신서적출판사, 1998.

안수길. 『북간도』(상·하). 서울: 삼중당, 1994년.

楊昭全·李輔溫 著. 『朝鮮義勇軍抗日戰史』. 서울: 도서출판 高句麗, 1995.

염인호 지음. 『김원봉 연구』. 서울: 창작과비평사, 1993.

윤휘탁 지음. 『중일전쟁과 중국혁명』. 서울: 일조각, 2003.

이강칠 지음. 『대한제국시대 훈장제도』. 서울: 白山出版社, 1999.

이규헌 해설. 『사진으로 보는 獨立運動』(上·下). 서울: 서문당, 2002.

이기형 지음. 『여운형 평전』. 서울: 실천문학사, 2004.

李萬烈 엮음. 『韓國史年表』. 서울: 역민사, 1990.

이이화 감수. 한국사사전편찬회 편. 『한국근현대 사전』. 서울: 가람기획, 1990.

이종석 지음. 『새로 쓴 현대북한의 이해』. 서울: 역사비평사, 2000.

이종한 지음. 『정율성 평전』. 서울: 지식산업사, 2006.

이중근 편저. 『6·25전쟁 1129일』. 서울: 우정문고, 2014.

이희철. 『터키』. 서울: 리수, 2002년.

林相範 著. 『現代中國의 出發』. 서울: 一潮閣, 2000.

林永周 著. 『韓國紋樣史』. 서울: 미진사, 1983.

임중빈 著. 『단재 신채호 일대기』. 서울: 범우사, 2003.

임채숙 · 임양택 공저. 『세계의 디자인과 기술: 기념주화 · 은행권 · 우표 · 훈장』. 서울: 도서출판 국제, 2006.

정철훈 지음. 『김 알렉산드라 평전』. 서울: 필담, 1996.

趙甲濟 지음. 『내 무덤에 침을 뱉어라』(1 · 2 · 3). 서울: 朝鮮日報社, 1999.

조동걸 지음. 『독립군의 길을 따라 대륙을 가다』. 서울: 지식산업사, 1995.

조영남 지음. 『덩샤오핑 시대의 중국』(1 · 2 · 3). 서울: 민음사, 2016.

최광식 역주. 『단재 신채호의 天鼓』. 서울: 안연출판부, 2004.

河正雄 콜렉션. 『무용가 최승희崔承喜 사진전』. 서울: 수림문화재단, 2016년.

한국박물관개관 100주년 예술의전당 기획 한국서예사특별전27. 『의거 · 순국 100주년 安重根』. 서울: 예술의전당, 2009년.

한국정신문화연구원 지음. 『한국사연표』. 서울: 동방미디어, 2004.

한상도 지음. 『韓國獨立運動과 中國軍官學校』. 서울: 문학과지성사, 1994.

허은 구술. 변창애 기록. 『아직도 내 귀엔 서간도 바람소리가』. 서울: 正宇社, 1995.

黃浿根 著. 『韓國文樣史』. 서울: 悅話堂, 1979.

【국내출판 … 역서】

김상중 · 현무암 지음. 이목 옮김. 『기시 노부스케와 박정희』. 서울: 책과 함께, 2012.

장롱 · 존 할리데이 저. 이양자 역. 『송경령평전』. 서울: 지식산업사, 2004.

블라지미르 김 지음. 김현택 옮김. 『중앙아시아 한인 강제 이주사』. 서울: 경당, 2000.

와다 하루끼 지음. 이종석 옮김. 『김일성과 만주항일전쟁』. 서울: 창작과 비평사, 1992.

遠山茂樹 · 藤原彰 · 今井清一 지음. 박영주 옮김. 『일본현대사』. 서울: 한울, 1988.
히라이와 슌지 저. 이종국 역. 『북한 · 중국관계 60년』. 서울: 선인, 2013.
리홍(李虹) 외 엮음. 이양자 · 김형열 옮김. 『주은래와 등영초』. 서울: 지식산업사, 2013.
미네무라 겐지 지음. 박선영 옮김. 『13억분의 1의 남자』. 서울: 레드스톤, 2016.
벤자민 양 지음. 권기대 역. 『등소평 평전』. 서울: 황금가지, 2004.
토마스 쿠오 지음. 권영빈 역. 『陳獨秀評傳』. 서울: 民音社, 1985.
왕단 지음. 송인재 옮김. 『왕단의 중국현대사』. 서울: 동아시아, 2014.
리우샤오보 지음. 김지은 옮김. 『류샤오보 중국을 말하다』. 서울: 지식갤러리, 2011.
루시앵 비앙코 지음. 이윤재 옮김. 『現代中國의 起源』. 서울: 종로서적, 1985.
白壽彝 주편. 이진복 · 김진옥 옮김. 『中國全史』(현대편). 서울: 학민사, 1990.
佐伯有一 · 野村浩一 外著. 吳相勳 譯. 『中國現代史』. 서울: 한길사, 1989.
시프린 저. 閔斗基 譯. 『孫文評傳』. 서울: 지식산업사, 1990.
김산 · 님 웨일즈 지음. 조우화 옮김. 『아리랑』. 서울: 동녘, 1994.
金九 原著. 禹玄民 現代語譯. 『원본 백범일지』. 서울: 서문당, 1989.
조너선 펜비 지음. 노만수 옮김. 『장제스 평전』. 서울: 민음사, 2014.
와다 하루끼 지음. 서동만 옮김. 『한국전쟁』. 서울: 창작과비평사, 2003.
벤자민 I 슈워츠 著. 權寧彬 譯. 『중국공산주의 운동사』. 서울: 形成社, 1989.
김 블라지미르 저. 조영환 역. 박환 편 · 해제. 『재소한인의 항일투쟁과 수난사』. 서울: 국학자료원, 1997.
소연방맑스 · 레닌주의연구소 지음. 이재화 옮김. 『레닌전기』(1 · 2). 서울. 백산서당, 1986.
버트런드 러셀 지음. 이순희 옮김. 『러셀, 북경에 가다』. 서울: 천지인, 2011.

카를 마르크스 · 프리드리히 엥겔스 지음. 이진우 옮김. 『공산당선언』. 서울: 책세상, 2014.
제임스 L 맥클레인 저. 이경아 옮김. 『일본 근현대사』. 서울: 다락원, 2004.
모리스 메이스너 지음. 권영빈 옮김. 『李大釗』. 서울: 지식산업사, 2002.
에드가 스노우 記. 申福龍 옮김. 『毛澤東自傳』. 서울: 평민사, 1985.
와다 하루키 지음. 서동만 · 남기정 옮김. 『북조선』. 서울: 돌베개, 2002.
沈志華 저. 김동길 역. 『조선전쟁의 재탐구』. 서울: 선인, 2014.
翦伯贊 편. 이진복 · 김진옥 옮김. 『중국전사』(하). 서울: 학민사, 1993.
패멀라 카일 크로슬리 지음. 양휘웅 옮김. 『만주족의 역사』. 서울: 돌베개, 2014.
프랑크 디쾨터 지음. 고기탁 옮김. 『해방의 비극, 중국혁명의 역사1945~1957』. 서울: 2016.
에드가 스노우 著. 愼洪範 譯. 『中國의 붉은 별』. 서울: 두레, 1992.
宇野重昭 외 지음. 이재선 옮김. 『中華人民共和國』. 서울: 학민사, 1988.
아마코 사토시 지음. 임상범 옮김. 『중화인민공화국 50년사』. 서울: 일조각, 2011.
우밍 지음. 송상현 옮김. 『시진핑 평전』. 서울: 지식의숲, 2014.
마르코 폴로 지음. 蔡義順 譯. 『東方見聞錄』. 서울: 東西文化社, 1978.
케리 브라운 지음. 도지영 옮김. 『CEO 시진핑』. 서울: 시그마북스, 2017.
한도 가즈토시 지음. 박현미 옮김. 『쇼와사』(1 · 2). 서울: 루비박스, 2010.
丁學遊 지음. 허경진 · 김형태 옮김. 『詩名多識』. 서울: 한길사, 2007.
중공중앙문헌연구실 편. 성균중국연구실 옮김. 『시진핑, 개혁을 심화하라』. 서울: 성균관대학교 출판부, 2014.
시진핑 지음. 차혜정 옮김. 『시진핑, 국정운영을 말하다』. 서울: 미래엔, 2015.

【중국출판】

延邊大學大事記編寫組 編.『延邊大學大事記 1949-2009』. 중국: 연변대학출판사, 2009.

張立 編著.『徽章』. 중국: 遼寧教育出版社, 1999.

中華收藏與鑒賞研究會 編.『中國徽章圖錄』. 중국: 新疆人民出版社, 2005.

晓地 主編 · 致武天逸 副主編.『"文革"之謎』. 중국: 朝华出版社, 1993.

류연산 지음.『혈연의 강들』(상, 하). 중국: 延邊人民出版社, 1999.

蔡宁 · 李彤 著.『中國徽章』. 중국: 白花文艺出版社, 2001.

류연산 저.『불멸의 영령-최채』. 중국: 민족출판사, 2009.

류연산 저. 김병민 감수.『불멸의 지사 류자명평전』. 중국: 연변인민출판사, 2003.

최성춘 주필.『연변인민 항일투쟁기』. 중국: 민족출판사, 1999.

류연산 저.『류연산 그가 만난 사람들』. 중국: 민족출판사, 2013.

김학철 저. 김학철전집 5.『나의 길』. 중국: 연변인민출판사, 2011.

김학철 저. 김학철전집 7.『항전별곡』. 중국: 연변인민출판사, 2012.

리희일, 반룡해, 박창욱, 김우종 外 編.『중국조선민족발자취총서』(전8권). 중국: 민족출판사, 1991.

孟中洋 著.『徽章的故事』. 중국: 山東畵報出版社, 2007.

秦月 編著.『你沒見过的历史照片』第四集. 중국: 山東畵報出版社, 2004.

謝春濤 主編.『中國共産黨 重大历史事件 紀实』. 중국: 宁夏人民出版社, 2006.

中國地图出版社 編著.『中國地图册』. 중국: 中國地图出版社, 2014.

최국철 저. 『주덕해 평전』. 중국: 연변인민출판사 · 민족출판사, 2012.
김호웅 저. 『이 세상 사람들 모두 형제여라 – 중국 조선족 저명한 혁명가이고 교육가인 림민호 교장의 일대기』. 중국: 민족출판사, 2009.
류연산 집필. 『연변대학 산책』. 중국: 민족출판사, 2009.
김동섭 저. 『제4야전군 제10종대와 조선족장병들』. 중국: 민족출판사, 2009.
류연산·박청산·안화춘. 『이 땅에 피 뿌린 겨레 장병들 – 해방전쟁편』(상 · 하). 중국: 민족출판사. 2008.
윤광수 편. 『세월속의 중국조선민족』. 중국: 연변인민출판사, 2005.
정협 연변조선족자치구 문사자료위원회 편. 『해방초기의 연변』. 중국: 료녕민족출판사, 2000.
류연산 저. 『삼인삼색의 운명』. 중국: 민족출판사, 2008.
中華人民解放軍軍事科學院 編. 『中國人民解放軍大事記』. 중국: 軍事科學出版社, 1984.
高庆达 · 徐文學 · 楊忠虎 · 郭志民 編著. 『中華民國簡史』. 중국: 陝西師範大學出版社, 1989.
賈逸君 著. 『中华民国史』. 중국: 岳麓書社, 2011.
趙大川 著. 『抗戰時期證章圖錄』. 중국: 西泠印社出版社, 2005.
«習仲勳»編委會 編. 『習仲勳傳』(上, 下卷). 중국: 中央文獻出版社, 2013.
大鷹 지음. 『志愿軍战俘紀事』. 중국: 昆仑出版社, 1988.
방학봉 저. 『발해주요유적을 찾아서』. 중국: 연변대학출판부, 2003.
張明胜 編. 『延安革命史畵卷』. 중국: 民族出版社, 2000.

尙荣生 主編.『晋冀魯豫抗日殉國烈士公墓 · 朝鮮義勇軍烈士紀念館』. 중국: 中國文史出版社, 2004.
武月星 主編.『中國抗日戰爭史地圖集』. 중국: 中國地圖出版社, 1995.
武月星 主編.『中國現代史地圖集』. 중국: 中國地圖出版社, 2006.
張爱生 編著.『細說毛澤東紀念章』. 중국: 中央文獻出版社, 2007.
中國人民革命軍事博物館 編.『中國人民革命軍事博物館館藏証章圖錄』. 중국: 山東畵報出版社, 1997.
中華人民共和國第四套人民幣.『中華珍鈔』. 중국: 中國人民銀行, 2015.
楊秀英 編.『徽章鉴賞』. 중국: 內蒙古人民出版社, 2005.

【홍콩출판】

樊如 編著. 潘星輝 增訂.『中外歷史 大事年表』. 香港: 中華書局, 2010.
吳鳴 著.『習近平』. 香港: 南風窗出版社, 2012.

【대만출판】

總統府第二局 編印.『中華民國勳章圖說』. 대만: 總統府第二局, 中華民國96年.

【일본출판】

安藤正士 著.『現代中國年表1941−2008』. 일본: 岩波書店, 2010.

池田 誠 · 安井三吉 · 副島昭一 · 西村成雄 著.『図說 中國近現代史』. 일본: 法律文化史, 1993.

家近亮子 編.『中國近現代政治史年表』. 일본: 晃洋書房, 2004.

楊中美 · 高橋博 共著.『中國指導者相關圖』. 일본: 蒼蒼社, 2008.

惠谷 治 著.『金正日大圖鑑』. 일본: 小學館, 2000.

天兒慧 等 編.『岩波現代中國事典』. 東京: 岩波書店, 1999.

【미국출판】

Guido Rosignoli 지음. *Army Badges and Insignia*(Book 1. Book 2). 미국: Macmilan Publishing Co., INC., 1975.

도올, 시진핑을 말한다

2016년 9월 9일 초판발행
2016년 10월 3일 2판 2쇄
2018년 1월 9일 증보신판 1쇄

지은이 도올 김용옥
펴낸이 남호섭
편집책임 김인혜
편집·사진 임진권
편집·제작 오성룡, 신수기
표지디자인 박현택
인쇄판출력 발해
라미네이팅 금성L&S
인쇄 봉덕인쇄
제책 강원제책
펴낸곳 통나무

주소: 서울시 종로구 동숭동 199-27
전화: (02) 744-7992
팩스: (02) 762-8520
출판등록 1989. 11. 3. 제1-970호
값 19,800원

ISBN 978-89-8264-135-0 (03910)